PROFESSEUR DES ÉCOLES

CRPE
2020
2021

Français et Mathématiques

Les connaissances à maîtriser

PROFESSEUR DES ÉCOLES

CRPE 2020 2021

Français et Mathématiques

Les connaissances à maîtriser

En français

Frédérique Saez
Christel Le Bellec

En mathématiques

Jean-François Bergeaut
Christophe Billy
Marc Cailhol
Michèle Couderette
Pierre Danos
Romy Delbreil-Deblaize
Cédric Fruchon
Marie-Hélène Lallement-Dupouy
Isabelle Laurençot-Sorgius
Nicolas Ros
Madeleine Vaultrin-Pereira

DUNOD

Concept de couverture : Domino
Concept de maquette intérieure : Domino
Mise en page : Belle Page

11 rue Paul Bert, 92240 Malakoff
www.dunod.com

ISBN 978-2-10-080168-8

Table des matières

Partie 3 Orthographe

Partie 4 Lexique

Analyse critique de supports d'enseignement

Partie 5 Didactique du français

Mathématiques

Partie 4 Grandeurs et mesures

Partie 5 Organisation et gestion des données

Présentation du CRPE et des épreuves

Cours et méthodes

1 La formation des enseignants du premier degré

1.1 La formation

a. Les Écoles Supérieures du Professorat et de l'Éducation (ESPE)

Depuis la rentrée 2013, les concours se préparent principalement dans le cadre des Écoles Supérieures du Professorat et de l'Éducation (ESPE). Leur mission est, entre autres, d'assurer la formation initiale de tous les enseignants et personnels d'éducation, de la maternelle à l'enseignement supérieur.

b. Le master Métiers de l'Enseignement, de l'Éducation et de la Formation (MEEF)

Les ESPE organisent des formations de master MEEF à vocation professionnelle. Ces formations comportent différents modules permettant la maîtrise des savoirs et leur didactique, une initiation à la recherche, une ouverture sur l'international, un volet apprentissage par et au numérique, des outils et méthodes pédagogiques innovants.

c. Une formation renouvelée

Le futur enseignant doit acquérir un haut niveau de qualification et un corpus de savoirs et de compétences indispensable à l'exercice du métier. La formation s'appuie sur :

- un cadre national ;
- un référentiel national de compétences pour les futurs enseignants ;
- des concours, spécialement dédiés aux métiers de l'enseignement, de l'éducation et de la formation.

1.2 Le recrutement

Pour être recruté par l'Éducation nationale et exercer la profession de professeur des écoles, il faut être admis au concours de recrutement des professeurs des écoles (CRPE). Pour s'inscrire au CRPE, il faut au minimum être titulaire d'une licence et être inscrit **en master 1 ou être titulaire d'un titre ou diplôme reconnu équivalent.** Les mères et les pères d'au moins trois enfants et les sportifs de haut niveau sont dispensés de diplôme.

Pour l'ensemble des conditions[1], voir avant votre inscription le site du ministère www.devenirenseignant.gouv.fr, cela de façon à avoir la dernière version des conditions.

1.3 La titularisation

La titularisation dans le corps enseignant se fait à l'issue d'une année de stage, comportant un mi-temps en responsabilité dans une classe et un mi-temps de formation à l'ESPE. Elle intervient après examen du dossier de titularisation par un jury académique s'appuyant sur une validation de master ou de formation et deux avis :

- le stagiaire a obtenu un master 2 MEEF ou a un master et a validé la formation dispensée à l'ESPE ;
- l'avis de l'employeur, représenté par le corps d'inspection et/ou le tuteur établissement qui a effectué le suivi du stagiaire ;
- l'avis du directeur de l'ESPE, s'appuyant sur l'avis du tuteur ESPE et de l'équipe pédagogique de formation.

2 Le concours de recrutement

Le cadrage des épreuves et les modalités d'organisation du concours sont définis dans l'arrêté du 19 avril 2013 (MENH1310119A).

2.1 Les épreuves

Épreuve	Durée	Notation
ADMISSIBILITÉ : ÉPREUVES ÉCRITES		
Français Partie 1 : Réponse argumentée à une question portant sur plusieurs textes Partie 2 : Connaissance de la langue Partie 3 : Analyse d'un dossier	**4 heures**	**40 points** Partie 1 : 11 pts Partie 2 : 11 pts Partie 3 : 13 pts 5 points permettent d'évaluer la correction syntaxique et la qualité écrite de la production du candidat. Une note globale égale ou inférieure à 10 est éliminatoire.

1. • Posséder la nationalité française ou être ressortissant d'un autre État membre de l'Union européenne ou partie à l'accord sur l'Espace économique européen, ou d'Andorre ou de Suisse ;
• jouir de vos droits civiques ;
• ne pas avoir subi une condamnation incompatible avec l'exercice des fonctions ;
• être en position régulière au regard des obligations du service national ;
• justifier des conditions d'aptitude physique requises.

Épreuve	Durée	Notation
ADMISSIBILITÉ : ÉPREUVES ÉCRITES		
Mathématiques Partie 1 : Problème Partie 2 : Exercices indépendants Partie 3 : Analyse d'un dossier	**4 heures**	**40 points** Partie 1 : 13 pts Partie 2 : 13 pts Partie 3 : 14 pts 5 points au maximum pourront être retirés pour tenir compte de la correction syntaxique et de la qualité écrite de la production du candidat. Une note globale égale ou inférieure à 10 est éliminatoire.
Mise en situation professionnelle dans un domaine au choix du candidat : – sciences et technologie – histoire – géographie – histoire des arts – arts visuels – éducation musicale – enseignement moral et civique – langues vivantes étrangères (allemand, anglais, espagnol ou italien) Le candidat remet préalablement au jury un dossier de 10 pages au plus. Partie 1 : Présentation du dossier Partie 2 : Entretien avec le jury	**1 heure** Partie 1 : 20 min Partie 2 : 40 min	**60 points** Partie 1 : 20 pts Partie 2 : 40 pts
Entretien à partir d'un dossier Partie 1 : Sujet relatif à une activité physique, sportive et artistique Partie 2 : Sujet relatif à une situation professionnelle inscrite dans le fonctionnement de l'école primaire	**1 h 15min** (+ 3 h de préparation) Partie 1 : 30 min Partie 2 : 45 min	**100 points** Partie 1 : 40 pts Partie 2 : 60 pts

Le cadre de référence des épreuves d'admissibilité est celui des programmes pour l'école primaire en vigueur l'année du concours, voir les détails dans le paragraphe 4. Les connaissances attendues des candidats sont celles que nécessite un enseignement maîtrisé de ces programmes. Le niveau attendu correspond à celui exigé par la maîtrise des programmes de collège.

a. Deux épreuves d'admissibilité

- Une épreuve écrite de français découpée en trois parties : réponse argumentée à une question portant sur plusieurs textes, connaissance de la langue et analyse d'un dossier composé de plusieurs supports d'enseignement du français.
- Une épreuve écrite de mathématiques découpée en trois parties : résolution d'un problème, résolution d'exercices indépendants et analyse d'un dossier composé de plusieurs supports d'enseignement. Voir paragraphe 4.

b. Deux épreuves d'admission

- Une première épreuve vise à mettre le candidat dans une situation professionnelle dans un domaine de son choix (à choisir au moment de l'inscription) parmi les suivants : sciences et technologie, histoire, géographie, histoire des arts, arts visuels, éducation musicale, enseignement moral et civique. L'épreuve comporte la présentation d'un dossier devant le jury puis un entretien.
- Une seconde épreuve est organisée en deux parties. La première permet d'évaluer les connaissances du candidat sur l'enseignement de l'éducation physique et sportive et l'éducation à la santé. La seconde partie de l'épreuve vise à apprécier les connaissances du candidat sur le système éducatif français.

c. Attestations requises

Deux attestations sont également exigées pour l'admission définitive au concours de professeur des écoles :
- une attestation certifiant qu'un parcours d'au moins cinquante mètres a été réalisé dans une piscine ;
- une attestation de formation aux premiers secours (PSC1).

Il est conseillé de vérifier régulièrement les textes en vigueur[1].

2.2 Le calendrier

Le concours a lieu à la fin de la première année de master. Pour les étudiants admis, la deuxième année de master inclut une période en alternance en responsabilité dans une école. Ces étudiants auront alors le statut de fonctionnaires stagiaires.

Consulter pour les dates le site : www.devenirenseignant.gouv.fr

2.3 Le référentiel des compétences professionnelles des métiers du professorat et de l'éducation

Texte	Arrêté du 01/07/2013, BO n° 30 du 25 juillet 2013

1. Faire partager les valeurs de la République
2. Inscrire son action dans le cadre des principes fondamentaux du système éducatif et dans le cadre réglementaire de l'école
3. Connaitre les élèves et les processus d'apprentissage
4. Prendre en compte la diversité des élèves
5. Accompagner les élèves dans leur parcours de formation
6. Agir en éducateur responsable et selon des principes éthiques
7. Maitriser la langue française à des fins de communication
8. Utiliser une langue vivante étrangère dans les situations exigées par son métier
9. Intégrer les éléments de la culture numérique nécessaires à l'exercice de son métier
10. Coopérer au sein d'une équipe

1. [www.devenirenseignant.gouv.fr/pid33983/enseigner-maternelle-elementaire-crpe.html].

Texte	Arrêté du 01/07/2013, BO n° 30 du 25 juillet 2013

11. Contribuer à l'action de la communauté éducative
12. Coopérer avec les parents d'élèves
13. Coopérer avec les partenaires de l'école
14. S'engager dans une démarche individuelle et collective de développement professionnel

Compétences communes à tous les professeurs

P 1. Maitriser les savoirs disciplinaires et leur didactique

P 2. Maitriser la langue française dans le cadre de son enseignement

P 3. Construire, mettre en œuvre et animer des situations d'enseignement et d'apprentissage prenant en compte la diversité des élèves

P 4. Organiser et assurer un mode de fonctionnement du groupe favorisant l'apprentissage et la socialisation des élèves

P 5. Évaluer les progrès et les acquisitions des élèves

3 L'épreuve écrite de français

3.1 Objectifs de l'épreuve

L'épreuve vise à évaluer la maîtrise de la langue française des candidats (correction syntaxique, morphologique et lexicale, niveau de langue et clarté d'expression) ainsi que leurs connaissances sur la langue. Elle doit aussi évaluer leur capacité à comprendre et à analyser des textes (dégager des problématiques, construire et développer une argumentation) ainsi que leur capacité à apprécier les intérêts et les limites didactiques de pratiques d'enseignement du français (arrêté du 19 avril 2013, NOR : MENH1310119A).

L'épreuve de français comporte trois volets (arrêté du 19 avril 2013, NOR : MENH1310119A) :

- **volet 1 :** la production d'une réponse, construite et rédigée, à une question portant sur un ou plusieurs textes littéraires ou documentaires ;
- **volet 2 :** une partie portant sur la connaissance de la langue (grammaire, orthographe, lexique et système phonologique). Le candidat peut avoir à répondre à des questions de façon argumentée, à une série de questions portant sur des connaissances ponctuelles, à procéder à des analyses d'erreurs-types dans des productions d'élèves, en formulant des hypothèses sur leurs origines ;
- **volet 3 :** une analyse d'un dossier composé d'un ou plusieurs supports d'enseignement du français, choisis dans le cadre des programmes de l'école primaire qu'ils soient destinés aux élèves ou aux enseignants (manuels scolaires, documents à caractère pédagogique), et de productions d'élèves de tous types, permettant d'apprécier la capacité du candidat à maîtriser les notions présentes dans les situations d'enseignement.

Nous vous renvoyons aux chapitres introductifs des différentes parties correspondant à chacune des épreuves de français pour une présentation des objectifs spécifiques à chacune d'elles.

L'épreuve de français est notée sur 40 points répartis comme suit : 11 pour la première partie, 11 pour la deuxième et 13 pour la troisième ; 5 points permettent d'évaluer la correction syntaxique et la qualité écrite de la production du candidat. Une note globale égale ou inférieure à 10 est éliminatoire.

REMARQUE

Conseil relatif à la gestion du temps

L'ensemble de l'épreuve dure 4 heures et elle est notée sur 40 points. Si l'on estime que le temps passé doit être proportionnel au barème de points attribués et en prenant compte le type des épreuves, le temps consacré à la partie 1 doit être d'environ 1 h 30, le temps consacré à la partie 2 doit être d'environ 1 h 00, et le temps consacré à la troisième partie doit être d'environ 1 h 30. Bien évidemment, il ne s'agit là que d'un repère à moduler en fonction de vos compétences dans chacune des disciplines.

3.2 Programme de la partie Français

L'épreuve prend appui sur le programme de français de l'école primaire, organisé en trois grands domaines de connaissances : la grammaire, l'orthographe et le lexique. Vous trouverez dans les chapitres introductifs de ces parties le détail des notions exigibles pour chacun de ces domaines.

4 L'épreuve écrite de mathématiques

4.1 Présentation de l'épreuve

Durée : quatre heures.

L'épreuve vise à évaluer la maîtrise des savoirs disciplinaires nécessaires à l'enseignement des mathématiques à l'école primaire et la capacité à prendre du recul par rapport aux différentes notions. Dans le traitement de chacune des questions, le candidat est amené à s'engager dans un raisonnement, à le conduire et à l'exposer de manière claire et rigoureuse.

L'épreuve comporte trois parties :

1. Une première partie constituée d'un problème portant sur un ou plusieurs domaines des programmes de l'école ou du collège, ou sur des éléments du socle commun de connaissances, de compétences et de culture, permettant d'apprécier particulièrement la capacité du candidat à rechercher, extraire et organiser l'information utile.
2. Une deuxième partie composée d'exercices indépendants, complémentaires à la première partie, permettant de vérifier les connaissances et compétences du candidat dans différents domaines des programmes de l'école ou du collège. Ces exercices pourront être proposés sous forme de questions à choix multiples, de questions à réponse construite ou bien d'analyses d'erreurs-types dans des productions d'élèves, en formulant des hypothèses sur leurs origines.

3. Une analyse d'un dossier composé d'un ou plusieurs supports d'enseignement des mathématiques, choisis dans le cadre des programmes de l'école primaire qu'ils soient destinés aux élèves ou aux enseignants (manuels scolaires, documents à caractère pédagogique), et productions d'élèves de tous types, permettant d'apprécier la capacité du candidat à maîtriser les notions présentes dans les situations d'enseignement.

Il y a quatre groupements académiques ; la date du concours étant la même, il faut choisir au moment de l'inscription le groupement indépendamment de l'ESPE où l'on prépare éventuellement, mais cela engage en cas de réussite pour l'affectation de stage l'année suivante ; depuis 2016 il y a un concours supplémentaire pour les académies de Créteil-Versailles à une autre date (en général deux à trois semaines après). Cela permet d'avoir une double inscription.

Il est indispensable d'avoir travaillé les sujets de l'ensemble des groupements d'au moins les deux années précédentes.

Exemple

Exemple de première page d'un sujet

Mathématiques (Durée : 4 heures)

L'épreuve est notée sur 40 points : 13 pour la première partie, 13 pour la deuxième et 14 pour la troisième. 5 points au maximum peuvent être retirés pour tenir compte de la correction syntaxique et de la qualité écrite de la production du candidat.

Une note globale égale ou inférieure à 10 est éliminatoire.

Ce sujet contient n pages, numérotées de $1/n$ à n/n. Assurez-vous que cet exemplaire est complet. S'il est incomplet, demandez un autre exemplaire au chef de salle.

4.2 L'utilisation de la calculatrice pendant l'épreuve

Le site devenirenseignant.gouv.fr indique : « Information sur l'usage des calculatrices : Les changements de réglementation sur les calculatrices avec "mode examen" définis dans la note de service n° 2015-056 du 13 mars 2015 ne s'appliquent pas aux épreuves du CRPE. L'utilisation des calculatrices, sous réserve qu'elles soient autorisées, est toujours soumise à la réglementation définie dans la circulaire n° 99-186 du 16 novembre 1999 qui précise que "le matériel autorisé comprend toutes les calculatrices de poche y compris les calculatrices programmables, alphanumériques ou à écran graphique à condition que leur fonctionnement soit autonome et qu'il ne soit pas fait usage d'imprimante". »

Le candidat n'utilise qu'une seule machine sur la table. Toutefois, si celle-ci vient à connaître une défaillance, il peut la remplacer par une autre. Afin de prévenir les risques de fraude, sont interdits les échanges de machines entre les candidats, la consultation des notices fournies par les constructeurs ainsi que les échanges d'informations par l'intermédiaire des fonctions de transmission des calculatrices. Le candidat doit faire figurer sur la calculatrice : son nom, prénom et numéro d'inscription.

Si vous estimez que le texte du sujet, de ses questions ou de ses annexes comporte une erreur, signalez lisiblement votre remarque dans votre copie et poursuivez l'épreuve en conséquence. De même, si cela vous conduit à formuler une ou plusieurs hypothèses, il vous est demandé de la (ou les) mentionner explicitement.

N.B. : Hormis l'en-tête détachable, la copie que vous rendrez ne devra, conformément au principe d'anonymat, comporter aucun signe distinctif, tel que nom, signature, origine etc. Tout manquement à cette règle entraîne ***l'élimination du candidat****.*

!

Attention, quant à l'usage de la calculatrice, on peut aussi trouver dans l'en-tête du sujet : « L'usage de la calculatrice est interdit. »

4.3 Rapports de jury

Il est conseillé de lire les rapports de jury du CRPE de quelques académies, sur deux ou trois années (disponibles sur les sites académiques : mettre sur un moteur de recherche « rapport jury CRPE académie de… année »).

Voici à titre d'exemple quelques extraits toujours d'actualité de deux rapports de jury du CRPE de Toulouse. Dans la partie Mathématiques, de nombreux autres extraits sont donnés au fur et à mesure.

(2018) « *On note que les parties […] sollicitaient des connaissances et des qualités de raisonnement conséquentes permettant au candidat de prendre des initiatives et de construire une démarche.* »

Recherche d'un potentiel scientifique chez le candidat

(2016) « *Le sujet qui correspond à une épreuve de 4 heures demandait un bon niveau de connaissance global. Il touche à de très nombreuses parties des programmes : statistique, probabilité, fonction, calcul algébrique, géométrie plane, raisonnement, décimaux, proportionnalité, grandeurs et mesures, raisonnement…* ».

(2016) « *la question sur les formules "tableur" a bien montré qu'encore certains candidats ne les maîtrisent pas* ».

Remarques sur le raisonnement et les méthodes de démonstration

(2017) « *Dans le premier exercice, il fallait indiquer si des affirmations étaient vraies ou fausses en "justifiant la réponse". Ce dernier point a été parfois oublié et chaque réponse limitée à oui ou non, ou accompagnée d'une justification inexacte ou lacunaire n'accorde aucun point.* »

Erreurs sur les raisonnements algébriques

(2013) « *La démonstration de propriétés algébriques […] est un attendu récent et important des programmes de collège. Le maniement des expressions littérales reste un incontournable. On continue à observer trop de candidats qui raisonnent sur de simples exemples […] pour démontrer un résultat au lieu de raisonner de manière littérale. […] La question 2 met en œuvre des maniements algébriques sur des situations géométriques. Ceci, sans être difficile, demande cependant une expertise que beaucoup de candidats n'avaient pas.* »

Le candidat sera vigilant aux nombreux points cités ci-dessous qui sont la source de la plupart des faiblesses repérées dans les copies.

Conseils d'ordre général à partir de ceux donnés par des rapports de jury

- Faire une lecture attentive des énoncés ;
- Proposer une argumentation concise ;
- Faire preuve d'esprit de synthèse ;
- Rechercher la clarté de l'expression écrite ;
- S'imposer une grande rigueur dans l'argumentation ;
- Rechercher la précision de l'expression ;
- Proposer des démonstrations suffisamment argumentées pour être convaincantes ;
- Faire preuve de bon sens ;
- Faire preuve de rigueur scientifique ;
- Ne pas recopier inutilement les consignes ;
- Éviter les contradictions flagrantes.

Conseils disciplinaires à partir de ceux donnés par des rapports de jury

- Avoir de bonnes connaissances en logique ;
- Bien utiliser divers raisonnements (contre-exemple, disjonction de cas, par l'absurde…) ;
- Maîtriser les fonctions de base du tableur ;
- Bien utiliser le raisonnement déductif ;
- Justifier tous les calculs ;
- Faire des schémas ;
- Connaître les formules de volume ;
- Maîtriser les conversions d'unités ;
- Maîtriser les ordres de grandeur ;
- Étudier les fondamentaux de géométrie.

··· SYNTHÈSE D'UN RAPPORT DU JURY ···

« La correction prend en compte les calculs, les résultats mais donne un poids très important à la qualité du raisonnement et à la pertinence de la démarche, c'est-à-dire à la valeur scientifique. Les attentes générales, en termes scientifiques, sont des connaissances de base mathématiques basées sur le niveau « troisième » mais avec une réelle clairvoyance et une certaine hauteur de vue.
On attend une capacité du candidat à analyser les situations et à mettre en œuvre un raisonnement simple et cohérent, à défaut d'une démonstration théorique. L'enseignement des mathématiques à l'école primaire est un enjeu important dans le cursus scolaire. La qualité de l'enseignement des mathématiques conditionne la réussite des élèves bien au-delà de la discipline mathématique.
L'exigence importante dans l'analyse des copies est à la hauteur de cette ambition. »

5 Programmes de l'école primaire

5.1 Où trouver les programmes ?

Les programmes de l'école maternelle et élémentaire sont publiés[1] dans le Bulletin Officiel de l'Éducation Nationale (abréviation BO ou BOEN). Les programmes sont ceux en vigueur à la rentrée de l'année scolaire du concours.

- le programme de maternelle 2015 paru au BO spécial n° 2 du 26 novembre 2015 ; il a été mis en œuvre à la rentrée 2015 ;
- le programme de l'école élémentaire paru au BO spécial n° 30 du 26 juillet 2018 ; il a été mis en œuvre à la rentrée 2018 (une première version a été mise en place à la rentrée 2016). Des repères annuels de progression par niveau scolaire avec des attendus de fin d'année sont parus au BO n° 22 du 29 mai 2019

Depuis la rentrée 2016, le cycle 2 comprend les classes de CP, CE1, CE2 (le CE2 passe ainsi du cycle 3 au cycle 2), le cycle 3 comprend les classes de CM1, CM2, 6e (la 6e est englobée dans le cycle 3).

Depuis la rentrée 2016, le nouveau socle[2], désormais intitulé « socle commun de connaissances, de compétences et de culture » est entré en vigueur.

Différents documents, dits « ressources d'accompagnement » ou « documents d'accompagnement » pour le professeur sont aussi disponibles sur le portail national des professionnels de l'éducation « éduscol »[3].

On consultera ce site régulièrement : de nouveaux documents y sont mis en ligne.

On pourra aussi consulter des documents ressources des programmes précédents pour leurs contenus didactiques (pour les progressions, on se réferera aux programmes en vigueur). Certains appartiennent à la collection « Ressources pour faire la classe ». Pour les mathématiques on pourra consulter :

- DURPAIRE Jean-Louis, MÉGARD Marie *et al. Le nombre au cycle 2*. Ressources pour faire la classe. MEN-CNDP, 2010[4] ;
- DURPAIRE Jean-Louis, MÉGARD Marie *et al. Le nombre au cycle 3. Apprentissages numériques*. Ressources pour faire la classe. MEN-CNDP, 2012[5].

5.2 Quelle est la structure des programmes ?

a. Le programme de maternelle 2015 paru au BO spécial n° 2 du 26 mars 2015

Après une explicitation des objectifs de l'école maternelle, le programme explicite les modalités d'apprentissage dans le paragraphe 2 :

« 2.1. Apprendre en jouant

2.2. Apprendre en réfléchissant et en résolvant des problèmes

1. Publication en ligne : [www.education.gouv.fr], rubrique Bulletin Officiel.
2. Décret n°2015-372 du 31 mars 2015 ; BOEN n°17 du 23/04/2015.
3. [eduscol.education.fr/pid34138/ressources-d-accompagnement-cycles-2-3-et-4.html].
4. [media.eduscol.education.fr/file/ecole/00/3/Le_nombre_au_cycle_2_153003.pdf].
5. [cache.media.eduscol.education.fr/file/Mathematiques/67/4/NombreCycle3_web_V2_226674.pdf].

2.3. Apprendre en s'exerçant

2.4. Apprendre en se remémorant et en mémorisant. »

Il donne ensuite les cinq domaines d'apprentissage, avec pour chacun des domaines (ou des thèmes des domaines) les objectifs visés et éléments de progressivité, ainsi que les attendus en fin de maternelle. Ce qui relève des mathématiques est présent dans différents domaines, puisqu'en mathématiques, on va mobiliser le langage, l'écrit, construire des outils pour structurer sa pensée, se repérer dans le temps et l'espace. Des compétences de type mathématique seront aussi travaillées lors d'activités artistiques et physiques (trier les gommettes bleues nécessaires à la confection d'un masque, constituer des groupes en salle de motricité, etc.).

Les domaines et thèmes des domaines sont :

1. Mobiliser le langage dans toutes ses dimensions

2. Agir, s'exprimer, comprendre à travers l'activité physique

3. Agir, s'exprimer, comprendre à travers les activités artistiques

4. Construire les premiers outils pour structurer sa pensée

4.1. Découvrir les nombres et leurs utilisations

4.2. Explorer des formes, des grandeurs, des suites organisées

5. Explorer le monde

5.1. Se repérer dans le temps et l'espace

5.2. Explorer le monde du vivant, des objets et de la matière.

b. Le programme de l'école élémentaire paru au B.O. n° 30 du 26 juillet 2018

Après une introduction sur les mathématiques, sur l'apprentissage par résolution de problèmes, les compétences propres aux mathématiques sont déclinées suivant les verbes d'action « **chercher, modéliser, représenter, raisonner, calculer et communiquer** ».

Pour chacun des trois thèmes, « *Nombres et calculs* », « *Grandeurs et mesures* » et « *Espace et géométrie* », après une brève présentation générale et l'explicitation des attendus de fin de cycle, les éléments du programme sont détaillés dans un tableau.

On trouve aussi à la fin de chaque programme des pistes de croisements entre enseignements.

Les attendus du socle commun de connaissances, de compétences et de culture

On retrouve principalement les mathématiques dans les domaines 1 et 4 du socle.

Domaine 1 : les langages pour penser et communiquer :

« *Comprendre, s'exprimer en utilisant les langages mathématiques, scientifiques et informatiques.* »

Domaine 4 : les systèmes naturels et les systèmes techniques :

« *L'élève comprend que les mathématiques permettent de développer une représentation scientifique des phénomènes, qu'elles offrent des outils de modélisation, qu'elles se nourrissent des questions posées par les autres domaines de connaissance et les nourrissent en retour. [...] La maîtrise des acquis du socle commun doit se concevoir dans le cadre du parcours scolaire de l'élève et en référence aux attendus et objectifs de formation présentés par les programmes de chaque cycle. La vérification de cette maîtrise progressive est faite tout au long du parcours scolaire et en particulier à la fin de chaque cycle.* » ou « *Art. D. 122-3. - Les acquis des élèves dans chacun des domaines de formation sont évalués au cours de la scolarité sur la base des connaissances et compétences attendues à la fin des cycles 2, 3 et 4, telles qu'elles sont fixées par les programmes d'enseignement.* »

Français

Liste des abréviations utilisées

REMARQUE Au concours, il est fortement déconseillé d'utiliser des abréviations dans vos réponses, sans avoir défini au préalable à quoi celles-ci renvoient. Si vous souhaitez le faire, voici comment devrait se présenter la première mention de l'abréviation : « un groupe nominal (désormais GN) ».

Abréviations

CC	Complément circonstanciel
CE1, CE2, CM1, CM2	Cours élémentaire/moyen 1re année et 2e année
cf.	*confer*
CO/COD/COI/COS[1]	Complément d'objet/direct/indirect/second
CP	Cours préparatoire
GAdj.	Groupe adjectival
GAdv.	Groupe adverbial
GN/GP/GV	Groupe nominal/prépositionnel/verbal
PE	Professeur des écoles
P1, P2, ..., P6	Première personne du singulier, deuxième personne du singulier... troisième personne du pluriel
PS, MS, GS	Petite section, moyenne section, grande section
PS	Proposition subordonnée
vs.	*versus*

Symboles utilisés dans l'ouvrage

« * » :	signifie qu'une proposition est agrammaticale, c'est-à-dire qu'elle n'est pas conforme aux règles grammaticales du français (ex. **Moi venir*).
« ? » :	signifie qu'une proposition est ininterpretable, c'est-à-dire qu'elle n'a pas de sens (ex. ? *Le veste traverse la rivière en mangeant*).
« # » :	signifie que l'utilisation d'un test modifie le sens de la phrase d'origine (ex. Malheureusement le lapin a échappé au chasseur – # *Le lapin a échappé malheureusement au chasseur*).

1. Les nouveaux programmes parlent désormais de « complément du verbe » et, si nous conservons ici la terminologie traditionnelle pour une meilleure lisibilité, dans le cadre du concours il faut bien parler de « complément de verbe », en précisant entre parenthèses s'il est direct, indirect, etc.

1

Compréhension et exploitation de textes

1 Introduction à la production d'écrit

Cours et méthodes

Proportionnellement au temps total qui vous est imparti (4 heures) et au nombre de points alloués à cette épreuve (11 points pour un total de 40), nous vous conseillons de traiter cette question en 1 h 30 maximum.

1 Les textes officiels

Nous vous invitons vivement à consulter les textes officiels que vous trouverez facilement à l'adresse suivante : www.devenirenseignant.gouv.fr/cid101617/les-epreuves-des-concours-recrutement-professeurs-des-ecoles.html.

Nous vous invitons également à vous exercer en faisant le plus de sujet d'annales que vous puissiez[1].

Ces textes officiels fixent les modalités de l'organisation du concours de professeur des écoles, les annales vous permettent de prendre connaissance de l'épreuve et des exigences des examinateurs (*cf.* les rapports de jury consultables à la même adresse que les sujets et textes officiels).

1.1 La notation

Cette partie de l'épreuve, que nous appelons *production d'écrit* par économie, est notée sur 11 points ; elle n'est donc pas négligeable dans l'ensemble de la notation de l'épreuve de français.

1.2 Les compétences évaluées

Les textes officiels précisent que cette épreuve consiste en « la production d'une réponse, construite et rédigée, à une question portant sur un ou plusieurs textes littéraires ou documentaires » (arrêté du 19 avril 2013).

Voici donc les compétences évaluées (NOR : MENH1310119A) :

- Comprendre et exploiter des textes et documents ;
- Analyser une problématique complexe ;

1. F. Saez, C. Le Bellec, *CRPE 2020-2021 Français et Mathématiques. Les annales corrigées*, Dunod, 2019.

- Rédiger de façon argumentée, claire et accessible, on attend donc :
  - une introduction, un développement à sections équilibrées et cohérentes, et une conclusion finale ;
  - la présence effective et pertinente de transitions, articulations logiques, mention des sources et références ;
  - une qualité réelle de la langue écrite (syntaxe, orthographe et justesse de l'expression).
- Gérer son temps (le temps conseillé est d'1 h 30).

L'ensemble de ces compétences rédactionnelles vous seront détaillées dans l'ouvrage, assorties de commentaires vous permettant d'améliorer vos propres productions.

2 Quels types d'écrits attend-on ?

La définition des épreuves précise que l'on attend : « la production d'une réponse, construite et rédigée, à une question portant sur un ou plusieurs textes littéraires ou documentaires » (http://www.devenirenseignant.gouv.fr/cid98653/les-epreuves-crpe-externe-troisieme-crpe-second-crpe-interne.html).

Vous pouvez être interrogé sur un ou plusieurs textes. Une question vous sera donc systématiquement donnée. Si la question porte sur plusieurs textes ou document, l'exercice s'apparente donc à un exercice de synthèse (type question sur corpus au baccalauréat). En revanche si la question ne porte que sur un seul texte, alors l'exercice se rapproche d'un commentaire composé.

Nous avons remarqué que depuis 2014, la quasi-totalité des sujets exigent une synthèse à partir de corpus littéraires, ce qui vous impose une solide culture dans le domaine, notamment autour des thèmes littéraires à traiter en CM2 et 6e (v. BO2015).

Deux types d'exercices peuvent donc être demandés :

2.1 La question sur corpus (type synthèse/analyse)

Il s'agit d'un exercice complexe au cours duquel on exige du candidat d'être capable de **confronter les textes** (montrer en quoi est-ce qu'ils se correspondent ou s'opposent) selon le thème donné dans l'intitulé du sujet, et de rendre compte de cette confrontation dans un développement clair, structuré et argumenté.

2.2 L'analyse d'un texte (type commentaire composé)

L'exercice du commentaire est très différent de celui de la synthèse/analyse, et plutôt littéraire. En effet, il s'agit de **mettre en évidence la façon dont les éléments formels du texte permettent de rendre compte du fond**. Il faut ici que vous ayez des connaissances spécifiques en matière de description littéraire. Ces connaissances vous seront apportées dans l'ouvrage.

Dans votre production devront donc apparaître : 1. des éléments d'ordre thématique, 2. des éléments relatifs à l'analyse textuelle (citation, description formelle du raisonnement de l'auteur, etc.), 3. une organisation pertinente, les axes de lecture retenus (au moins deux) devront être cohérents par rapport à la problématique posée.

3 Conseils méthodologiques

Nous vous proposons ici une méthode qui vous permettra – à condition d'un entraînement rigoureux[1] – de répondre à tous les types de sujets, que vous ayez ou non des connaissances préalables sur le thème à traiter.

Pour ce faire nous exposons une démarche dont certaines étapes sont communes aux deux types d'écrits (synthèse, analyse et commentaire), la distinction entre les deux se situant plus précisément non pas dans la méthode, mais dans la rédaction.

Pour ce qui est de la méthode générale, elle se découpe en cinq étapes :

- étape 1 : analyse du sujet, analyse du paratexte et mobilisation des connaissances ;
- étape 2 : lire le(s) texte(s) : vous devez lire – dans l'idéal – au moins deux fois les textes, mais il ne s'agit pas de lire pour lire, mais de lire pour analyser les documents afin de proposer une réponse argumentée, concise et claire à la question posée. Il convient donc de lire en annotant les textes dès la première lecture ;
- étape 3 synthèse/analyse : élaboration du tableau de confrontation,
- ou étape 3 commentaire : lecture analytique ;
- étape 4 : élaboration du plan ;
- étape 5 : rédaction.

Chacune de ces étapes est détaillée ci-dessous, et le cas échéant, nous indiquerons les spécificités propres aux deux sujets (synthèse/analyse, commentaire). Enfin nous finirons par un chapitre de conseils rédactionnels généraux.

Maintenant… au travail !!!

1. F. Saez, C. Le Bellec, CRPE *2020-2021 Français et Mathématiques. Les annales corrigées*, Dunod, 2019.

2 Étape 1 : analyse du sujet, paratexte et mobilisation des connaissances encyclopédiques

Cours et méthodes

Cette étape préliminaire est commune aux deux types d'épreuves, aussi nous vous conseillons de prendre très sérieusement en considération les éléments qui vous sont donnés ici.

Dans ce chapitre, vous sont proposés des éléments fondamentaux pour vous préparer aux lectures des textes du dossier, ce qui vous fera gagner un temps très précieux le jour de l'épreuve. Naturellement, ce « gain de temps » ne sera effectif que si vous vous entrainez régulièrement, ce qui peut se faire très aisément en analysant n'importe quel type de texte (extrait de roman, article de journal…).

Il s'agit donc préalablement de mobiliser des connaissances de **culture générale** (être capable d'identifier le contexte socioculturel de la problématique soumise à votre jugement ainsi que les liens possibles entre le sujet et les textes) et de **culture littéraire**, en raison de la présence dans le dossier de textes littéraires qui exigent une lecture experte (il faut être capable d'identifier les arguments en relation avec la problématique et leur mise en œuvre rhétorique, et posséder une bonne connaissance des auteurs). Les éléments soumis ici vous permettront d'utiliser ces connaissances.

1 Analyse du sujet et mobilisation des connaissances

1.1 Identifier le type d'exercice demandé

Il s'agit ici de prendre connaissance de la consigne et d'identifier ce qui vous est demandé : synthèse ou commentaire. Le type d'exercice est clairement défini, par exemple voici quelques libellés dans lesquels sont mis en gras les types d'exercice demandés aux candidats :

> « À partir du corpus proposé, vous **analyserez** les enjeux d'une maitrise assurée de la parole. »
>
> « À partir du texte suivant, établissez un **commentaire** composé. »

1.2 Mobiliser ses connaissances pour définir les termes clefs du sujet

Une fois que vous aurez identifié ce que l'on attend de vous, vous pouvez mobiliser des connaissances encyclopédiques concernant la problématique, et définir les termes du sujet afin de les problématiser.

Exemple

Dans le sujet 2011-1, *à partir du corpus proposé, vous analyserez les enjeux d'une maitrise assurée de la parole* : les connaissances à mobiliser préalablement sont relatives à la parole. Vous devez donc définir les termes suivants : *enjeux*, *maitrise assurée* et *parole*.

Naturellement il est impossible de connaitre tout sur tout. Si vous vous trouvez en présence d'un sujet dont vous ne pouvez définir les termes *a priori*, il ne faut pas paniquer. Les textes du corpus vous permettront de pallier ce défaut de connaissances préalables, ce qui vous aidera à problématiser votre sujet, même si le sujet « ne vous dit rien… » en soi. Les textes sont choisis par les examinateurs pour que vous puissiez réaliser l'épreuve dans de bonnes conditions, si vous avez préalablement travaillé pour y parvenir. De plus, cet ouvrage vous permet d'apprendre à retirer l'essentiel des textes et donc de pouvoir répondre à la question posée, quelle qu'elle soit.

2 Le paratexte, une orientation préalable aux lectures

Ce que l'on désigne par le terme de *paratexte*, ce sont tous les éléments qui *entourent* le texte, soit : le(s) auteur(s), date(s) de parution, titre(s)/sous-titre(s), partie(s)/sous-partie(s), chapeau, quatrième de couverture, préface, genre (article de journal, extrait de site web, texte épistolaire, extrait de roman, de nouvelle, d'essai, d'interview, etc.).

Exemple

Dans le cadre d'un article de journal, il faut être vigilant aux données suivantes : sa périodicité (quotidien, hebdomadaire, mensuel), son genre (revue thématique, générale etc.), son orientation politique, etc.

Tous ces éléments doivent préparer votre lecture dans le sens où ils vous donnent accès au contexte (soit le contexte socioculturel dans lequel le texte a été écrit), et dans le sens où ils vous préparent à ce que vous allez trouver dans le texte. En effet, on n'aborde pas de la même façon un extrait d'essai ou de roman.

Voici comment mettre à profit les informations paratextuelles.

---

1. Voir la correction guidée du sujet 2011-1, voir « La méthode illustrée ».

2.1 Les auteurs

Sont-ils connus de vous ? contemporains ? tous de la même nationalité ? La connaissance de l'auteur peut vous donner des clefs de lecture et d'analyse.

Exemple

Dans le sujet 2011-2, on vous propose un extrait de *Germinal* d'Émile Zola. Le texte ne dit rien en soi de la lutte des classes, mais si vous savez que l'auteur a fortement défendu la classe ouvrière, alors votre analyse sera conduite – et rendue plus riche – par la présence sous-jacente de cette idée de révolution ouvrière chère à l'auteur.

2.2 Les dates de publication

Les textes sont-ils récents ou anciens ? Sont-ils contemporains les uns des autres ou alors y a-t-il un décalage chronologique sensible ? Et dans ce cas-là, peut-on voir une évolution ou *a contrario* une certaine permanence, dans la question abordée par le corpus ? Les problématiques ne sont pas forcément posées dans les mêmes termes selon les époques.

Il faut toutefois prendre garde à une chose : les dates de publications données ne sont pas nécessairement celles des premières éditions. Ainsi, dans le sujet 2011-2, le texte 4 de Zola est ainsi présenté : Émile ZOLA, *Germinal*, chapitre 3, Éditions Hachette, 1979, pp. 27-30. Naturellement, il s'agit d'une réédition de *Germinal*, la première publication de l'ouvrage ayant été faite en 1885. Dans ce cas, si vous ne connaissez pas la date exacte de la première publication, il vaut mieux ne pas la citer et parler de « réedition de l'ouvrage en 1979 » par Hachette.

Exemple

Dans le sujet 2011-1, il vous est proposé un extrait d'Isocrate, philosophe grec attique[1], au milieu de textes contemporains. Cet élément inscrit la question posée par le corpus dans une certaine permanence, mais on peut observer aussi une évolution dans le sens où Isocrate distingue l'être humain des autres animaux parce qu'il est capable de communiquer avec ses congénères (voir à ce sujet l'analyse proposée du texte). Aujourd'hui on sait que, parmi les mammifères ou les insectes, nombreux sont ceux qui sont doués de communication non verbale (les abeilles, les fourmis, les singes, les cétacés...), l'argument d'Isocrate n'a donc plus cours aujourd'hui au plan biologique (voir « La méthode illustrée »).

2.3 Les titres et sous-titres

Quelles informations apportent-ils préalablement sur la thématique des textes ?

Les titres, et sous-titres lorsqu'ils sont présents, peuvent être soit descriptifs, soit proposer déjà une vision, introduire une direction dans l'argumentation.

1. **Attique :** qui est relatif aux anciens Athéniens.

Exemple

Dans le sujet 2011-1, l'extrait d'Isocrate a pour sous-titre « Éloge de la parole ». Ce texte est issu d'un groupement d'œuvres du même auteur titré *Discours III*. Ces titres présupposent que la question de l'oralité est une question majeure chez cet auteur (rien d'étonnant d'ailleurs puisque l'on se situe en Grèce antique, royaume par excellence de la rhétorique). Le sous-titre annonce l'objectif de l'auteur, objectif qui se présente comme une défense de la parole, puisque s'il convient de faire son éloge, c'est qu'elle rencontre des détracteurs (*cf.* les sophistes).
Voir aussi le sujet 2011-2 dans lequel les titres orientent la lecture par leur opacité.

2.4 Chapeau, quatrième de couverture, préface

En dehors du chapeau (quelques phrases qui introduisent contextuellement le texte), ces éléments vous seront rarement donnés puisqu'ils sont généralement associés aux œuvres complètes (quatrième de couverture et préface). Attention : les chapeaux ne doivent pas être pris en considération dans votre analyse que ce soit pour la synthèse ou pour le commentaire.

2.5 Les genres et sous-genres des textes

Est-ce un roman, un essai, une nouvelle, une autobiographie, un pamphlet, un éloge, un article de revue, de journal, etc. ? Toutes ces indications sont précieuses puisqu'elles prédisposent le lecteur à ce qu'il va trouver dans les textes. On distingue traditionnellement trois grands genres[1] (ou « archigenres » selon l'expression de Genette[2]) : lyrique (ou poétique), épique (ou romanesque) et dramatique (ou théâtral).

!

- La notion de genre n'est pas une classe aux frontières infrangibles et au contraire, la notion de genre est souvent renégociée.
- Le genre d'un texte est à distinguer du type de texte. Le genre est la catégorie auquel le texte appartient (lyrique, épique, dramatique ou littérature d'idée), elle est définie à partir de caractéristiques formelles spécifiques et historiques. Les types de textes[3] ou de discours sont les formes que prennent les séquences textuelles, ou discursives, à l'intérieur d'un texte. Elles peuvent être articulées les unes aux autres, et plusieurs séquences peuvent constituer un texte (c'est d'ailleurs ce qui jette le doute sur l'appartenance du texte à tel ou tel genre). Les grands types de textes ou séquences discursives sont les suivants : narratif, descriptif, explicatif, injonctif, argumentatif, dialogal et poétique.

1. Voir Boite à outils en complément en ligne sur le site Dunod pour quelques caractéristiques de ces grands genres et les sous-genres qui leur appartiennent.
2. Gérard Genette, *Introduction à l'architexte*, Le Seuil, 1979.
3. Pour les différents types de séquences textuelles, voir Boite à outils en complément en ligne sur le site Dunod.

3 Étape 2 : lecture des textes

Cours et méthodes

1 Lecture synthétique

1.1 De quoi s'agit-il ?

Il s'agit d'une première lecture des textes du corpus, que nous vous conseillons de lire dans l'ordre dans lequel ils sont présentés, car les concepteurs du sujet orientent généralement votre réflexion. Cette lecture vise à défricher le texte, c'est-à-dire à dégager la façon dont le texte aborde la problématique.

1.2 Objectif

Au terme de cette première lecture, vous devez être capable de proposer une reformulation synthétique (une ou deux phrases) du contenu argumentatif du texte.

Cette reformulation est précieuse car elle vous servira en introduction dans la présentation des textes.

1.3 Méthode

On vous demande de repérer les grandes articulations thématiques à l'intérieur de chacun des textes. Les questions suivantes peuvent vous aider à dégager cette structure thématique :

- comment le texte entre en raisonnance avec la question posée ?
- quelle est la thèse de l'auteur ?
- quelles sont les idées principales et comment l'auteur les énonce-t-il ?
- y a-t-il intertextualité (*cf. infra*) et sert-elle la thèse de l'auteur ?
- que sont les exemples et/ou illustrations et comment servent-ils l'argumentation ?

Pour répondre à ces questions vous devez déjà, à l'intérieur même des textes, procéder à un premier repérage et souligner :

- les **mots-clefs**, qui vous permettent de comprendre la façon dont l'auteur actualise le thème dans son texte ;
- les **liens logiques**[1] (adverbes et conjonctions de coordination ou de subordination) qui vous donnent accès aux différentes étapes argumentales de l'auteur et vous permettent de repérer de quelle façon l'auteur défend sa thèse.

1. Pour une liste des adverbes de liaison les plus courants, voir Boite à outils en complément en ligne sur le site Dunod.

- l'**intertextualité**, ce terme désigne la capacité d'un texte à référer à d'autres. Elle peut être explicite (*cf.* sujet 2011-3, texte 1 de G. Flaubert : « Ils lurent d'abord Walter Scott. ») ou implicite (*cf.* sujet 2011-3, texte 2 de R. Vecchioni : « Et qui du coup est devenu fou et a tué tous les bœufs du campement. ») ; l'identification de l'intertextualité vous permet de situer le texte dans un courant (*cf.* sujet 2011-2, texte 4 d'É. Zola dont l'intertextualité implicite, soit la référence au mythe du Minotaure et de son labyrinthe, pousse à interpréter ce texte comme la présentation d'un mythe moderne), ou bien encore d'accéder à l'implicite de l'extrait (p. ex. dans le sujet 2011-3, texte 1 de G. Flaubert : trop de connaissances littéraires nuisent au plaisir de la lecture).

Exemple

Illustration de la méthode sur le début du texte 1 du sujet 2011-1, soit : ISOCRATE, « Éloge de la parole », in *Discours III* (IVe siècle avant J.-C.), Les Belles Lettres, 1966, p. 165-166

« Il faut donc avoir sur la parole la même opinion que sur les autres occupations, ne pas juger différemment les choses semblables et ne pas montrer d'hostilité contre celle des facultés naturelles de l'homme qui lui a valu le plus de bien. En effet, comme je l'ai déjà dit, de tous nos autres caractères aucun ne nous distingue des animaux. Nous sommes même inférieurs à beaucoup sous le rapport de la rapidité, de la force, des autres facilités d'action. Mais, parce que nous avons reçu le pouvoir de nous convaincre mutuellement et de faire apparaitre clairement à nous-mêmes l'objet de nos décisions, non seulement nous nous sommes débarrassés de la vie sauvage, mais nous nous sommes réunis pour construire des villes ; nous avons fixé des lois ; nous avons découvert des arts ; et, presque toutes nos inventions, c'est la parole qui nous a permis de les conduire à bonne fin. [...] »

Voici le marquage après cette première lecture :

Sur le texte lui-même :	En marge :
Il faut donc (*conséquence*) avoir sur la parole la même opinion que sur les autres occupations, ne pas juger différemment les choses semblables et ne pas montrer d'hostilité contre celle des facultés naturelles de l'homme qui lui a valu le plus de bien.	Parole = objet d'étude aussi (sinon plus) noble que les autres
En effet (*explicitation*), comme je l'ai déjà dit (*par cette expression, l'auteur réfère à ses propres travaux, il s'agit d'une référence intertextuelle qui lui permet de passer vite sur l'idée qu'il introduit*), de tous nos autres caractères aucun ne nous distingue des animaux. Nous sommes même (*surenchérissement*) inférieurs à beaucoup sous le rapport de la rapidité, de la force, des autres facilités d'action.	Parole = homme *vs* animaux
Mais (*opposition*), parce que nous avons reçu le pouvoir de nous convaincre mutuellement et de faire apparaitre clairement à nous-mêmes l'objet de nos décisions, non seulement (*adjonction différentielle : non seulement... mais encore*) nous nous sommes débarrassés de la vie sauvage, mais nous nous sommes réunis pour construire des villes ; nous avons fixé des lois ; nous avons découvert des arts ;	Parole = contrat, pacte social
et, presque toutes nos inventions, c'est la parole qui nous a permis de les conduire à bonne fin. [...]	Parole = évolution possible

...>

Exemple (suite)

Légende :

- surlignement gris : mots-clefs
- surlignement violet : connecteurs logiques
- soulignement : idées principales

Exemple de reformulation possible :

Isocrate propose de voir dans la parole un objet d'étude noble, en raison de ce qu'elle est ce qui distingue l'homme des animaux, et en effet, sans parole, pas de pacte social, donc pas d'évolution possible.

2 La lecture analytique

2.1 De quoi s'agit-il ?

Il s'agit d'une lecture très attentive du texte puisqu'il faut faire une analyse précise des arguments/thèmes/thèses de l'extrait, spécifiquement dans le cadre du commentaire composé.

2.2 Objectif

Comprendre le texte, soit accéder à la thèse de l'auteur dans le cadre d'un essai ou à l'implicite pour un extrait d'œuvre littéraire.

La lecture analytique sert essentiellement pour le commentaire composé.

2.3 Méthode

En plus des questions suscitées pour la lecture synthétique, il s'agit de répondre aux questions ci-dessous :

- comment les idées principales et secondaires s'articulent-elles ?
- comment les idées secondaires rendent-elles compte ou délayent-elles l'idée principale ?
- comment la problématique a-t-elle été abordée ?
- comment l'auteur y répond-il ?
- quels sont et comment les procédés littéraires servent-ils le propos de l'auteur ?

Il faut donc être capable de rendre compte des étapes du raisonnement de l'auteur et pour ce faire, il faut prendre en considération – entre autres – les éléments suivants :

- les **marqueurs spatio-temporels** et **expressions référentielles** (par ex. *en France*, *en 1998*, *à 8 h 12*) qui vous permettent d'accéder au contexte réel ou fictif du texte ;
- les **champs lexicaux** (dont la prise en compte est obligatoire dans le cadre d'un commentaire de texte) qui vous donnent de précieuses indications quant aux idées maitresses du texte et indiquent le passage d'une idée à une autre ;

> **!**
> Il ne faut pas confondre **champ sémantique** et **champ lexical** :
> - un champ sémantique recouvre les différents sens d'un mot selon les contextes dans lesquels il est employé (voir partie 2 : Lexique) ;
> - un champ lexical désigne un regroupement de termes qui ont une certaine proximité sémantique ou connotative (voir partie 2 : Lexique).

- le **système d'énonciation** (dont la prise en compte est obligatoire dans le cadre d'un commentaire de texte) qui est le lieu par excellence de l'expression de la subjectivité de l'auteur. Un texte met en œuvre deux mondes distincts : celui du *moi-ici-maintenant* de l'auteur (désormais T_0S_0) et un monde fictionnel (désormais T_FS_F) ; parfois ces deux situations spatio-temporelles sont confondues (dans le cadre d'une autobiographie par exemple). L'énonciation se matérialise à travers la prise en compte des marqueurs déictiques ou anaphorique/cataphoriques.

Elle est le lieu où se dévoile le locuteur (celui qui parle) ou le scripteur (celui qui écrit). On distingue généralement entre entre énonciation embrayée et distanciée.

Exemple

Extrait du sujet 2011-2, texte 4, Émile Zola, *Germinal* (1885), réédité par Hachette en 1979, chapitre 3, p. 27-30.

Il [Étienne] ne comprenait bien qu'une chose : le puits avalait des hommes par bouchées de vingt et de trente, et d'un coup de gosier si facile, qu'il semblait ne pas les sentir passer. Dès quatre heures, la descente des ouvriers commençait. Ils arrivaient de la baraque, pieds nus, la lampe à la main, attendant par petits groupes d'être en nombre suffisant. Sans un bruit, d'un jaillissement doux de bête nocturne, la cage de fer montait du noir, se calait sur les verrous, avec ses quatre étages, contenant chacun deux berlines pleines de charbon. Des moulineurs, aux différents paliers, sortaient les berlines, les remplaçaient par d'autres, vides ou chargées à l'avance des bois de taille. Et c'était dans les berlines vides que s'empilaient les ouvriers, cinq par cinq, jusqu'à quarante d'un coup, lorsqu'ils tenaient toutes les cases. Un ordre partait du porte-voix, un beuglement sourd et indistinct, pendant qu'on tirait quatre fois la corde du signal d'en bas « sonnant à la viande », pour prévenir du changement de chair humaine. Puis après un sursaut, la cage plongeait silencieuse, tombait comme une pierre, ne laissait derrière elle que la fuite vibrante du câble.

···>

Exemple (suite)

Analyse des marqueurs spatio-temporels :

– *Dès quatre heures* (l. 4) : l'heure, pour le moins matinale, indique les rudes conditions de travail des « ouvriers » ;

– *De la baraque* (l. 5) : le terme « baraque » montre l'inconfort dans lequel vivent les « ouvriers ».

Analyse des champs lexicaux :

– L'animalité : « jaillissement doux » (l. 7), « bête nocturne » (l. 8), « beuglement sourd et indistinct » (l. 16), « gosier » (l. 3) ;

– La déglutition : « avalait » (l. 2), « [ne pas] sentir passer » (l. 4) ; « bouchées » (l. 2), « gosier » (l. 3) ;

– La nourriture : « bouchées » (l. 2), « viande » (l. 18), « chair humaine » (l. 18).

→ **Commentaire** : le champ de l'animalité, associé à celui de la déglutition invite à interpréter « le puits » (l. 1) comme une gueule géante, notamment parce que le verbe dont il est sujet est celui qui indique par excellence l'acte de sustentation : « avalait » (l. 2). De la même façon on comprend l'expression « des hommes » (l. 2), comme la nourriture même du puits en raison de ce que « des hommes » est l'objet direct du verbe « avaler », et que l'auteur adjoint au verbe un complément circonstanciel de manière « par bouchées de vingt ou trente » qui confirme l'interprétation. Cette afférence sémique est encore justifiée dans la suite du texte par les expressions « viande » (l. 18) et « chair humaine » (l. 18).

Si l'on considère ces trois champs, animalité, déglutition et nourriture, alors la dernière phrase du texte n'est plus une simple description de la descente des cages au fond du puits, mais bien la description d'une bouchée descendant dans l'estomac, ce que l'on peut ainsi formuler : le « sursaut » (l. 19) devient le *coup de langue* permettant aux aliments d'atteindre le fond de la gorge, « la gage plongeait silencieuse, tombait comme une pierre », représente la descente de la nourriture au fond de l'estomac et « ne laiss[ant] derrière elle que la fuite vibrante du câble » illustre le goût que laisse un aliment ingéré dans la bouche.

Analyse du système d'énonciation :

On se trouve en présence de trois personnages : Étienne, la masse des ouvriers et la machine.

– Les **pronoms personnels** : Étienne : *il* (l. 1) // Les ouvriers : *les* (l. 3), *ils* (l. 5), *ils* (l. 15), *on* (l. 16) // La machine : *il* (l. 3), *se* (l. 8), *elle* (l. 20).

– Les **déterminants** : Les ouvriers : *des (hommes)* (l. 2), *des ((de + les) ouvriers)* (l. 4), *des (moulineurs)* (l. 10), *les (ouvriers)* (l. 13-14), *la (viande)* (l. 17-18) // La machine et ses attributs : *le (puits)* (l. 1), *la (cage de fer)* (l. 8), *ses (quatre étages)* (l. 9), *les (berlines)* (l. 10, 11 et 13), *les (cases)* (l. 15), *la (cage)* (l. 19).

→ **Commentaire** : le relevé des pronoms personnels montre clairement que nous sommes en présence de trois personnages distincts :

– Étienne, qui jouit parmi la masse des êtres humains d'un traitement à part puisqu'il est le seul à être défini ;

– les hommes qui n'ont de désignation que massive (« ils ») ou indéfinie (« on ») lorsqu'il s'agit de l'un d'entre eux, nulle individualité ne peut donc émerger ;

– et enfin la machine, qui comme Étienne bénéficie d'un traitement singulier (« il », « elle ») et même réfléchi (« se ») ce qui lui confère une sorte d'indépendance, dans le sens où elle n'aurait pas besoin des ouvriers pour fonctionner (« se calait sur les verrous », l. 8-9).

···›

Exemple (suite)

Ce système est corroboré par l'analyse des déterminants et en effet les « hommes » n'ont de détermination définie que lorsqu'ils sont désignés par leur utilité pour la machine (« les ouvriers », « la viande »). En revanche la machine et ses attributs jouissent d'une détermination définie ce qui participe à en faire un personnage à part entière. On voit donc se dessiner ici un schéma actanciel mythologique classique : un héros (« Étienne »), le peuple à défendre (« des hommes ») et le monstre à combattre (« le puits »).

4 Étape 3 synthèse : élaboration du tableau de confrontation

Cours et méthodes

1 Définition de la synthèse/analyse

La synthèse (ou analyse à partir de plusieurs textes) est un exercice qui consiste non seulement à **rendre compte du contenu des documents du dossier sous forme condensée et objective** (on ne vous demande pas votre avis mais d'être capable de rendre celui des auteurs), mais en plus de **confronter ces contenus** selon qu'ils s'opposent ou convergent.

Votre travail consiste donc en une argumentation structurée autour de cette confrontation et toujours en lien avec la question posée.

Voici la définition donnée par le TLFi[1] :

> « **I. A. 2. a)** Opération consistant à rassembler des éléments de connaissance sur un sujet, une discipline et à donner une vue générale, une idée d'ensemble de ce sujet. **B.** Procédé, opération qui consiste à unir, à faire fusionner des éléments différents pour obtenir un tout, un nouvel élément cohérent. »

La synthèse est une opération déductive et rationnelle, qui, allant du simple au complexe, produit un texte autonome, unaire, cohérent et efficace résolvant une problématique dont l'origine et la résolution se situent dans les relations intertextuelles[2].

Pour vous aider, dites-vous que votre lecteur ne devrait pas avoir à lire les textes du corpus pour comprendre de quoi il retourne.

2 Méthode : élaboration d'un tableau de confrontation

Pour une synthèse, votre lecture doit s'orienter pour que vous soyez capable de dire quels sont les points de convergence (et leurs nuances) ou divergence entre les auteurs, et les raisons de ces divergences. Tous ces éléments doivent apparaitre clairement sur votre brouillon.

1. **TLFi** : Trésor de la langue française informatisé. Il s'agit du dictionnaire de l'Académie française en ligne : atilf.atilf.fr.
2. La problématique vous est donnée sous forme de question.

Ces éléments sont fournis par l'étude de l'intertextualité, soit :

- regrouper les thèmes équivalents et divergents ;
- regrouper les opinions équivalentes ou divergentes ;
- inscrire au brouillon les raisons de ces regroupements ;
- le cas échéant, faire la même chose pour les données implicites.

Pour vous aider, c'est souvent le premier texte du corpus qui comporte le nombre le plus élevé d'arguments. Aussi c'est par rapport à ce document que vous devez définir les autres. Il ne s'agit donc pas d'analyser *pour analyser*, mais d'analyser *pour confronter*, soit :

- en quoi est-ce que les textes se *rapprochent* ? et *comment* ?
- en quoi est-ce que les textes se *distinguent* ? et *comment* ?
- en quoi est-ce que les textes se *complètent* ? et *comment* ?

Le plus simple est d'intégrer ensuite vos remarques (qui consistent en la reformulation des idées des textes), au fur et à mesure de vos lectures dans un tableau dont nous vous proposons la structure suivante.

REMARQUE

Présenter les choses de façon tabulaire ne convient pas à tout le monde, cependant pour une synthèse de documents c'est un excellent moyen de ne rien oublier. Entrainez-vous à le remplir dès la première lecture et complétez-le ou précisez-le lors de la seconde lecture des documents.

Voici le tableau à double entrée proposé :

Textes / Arguments	Mettre ici le n° de chacun des documents qui se trouvent dans le dossier et prévoir une colonne par document. Précisez éventuellement l'auteur, l'intitulé, l'année de parution, etc.
	Inscrire ici l'intitulé du sujet
Une ligne par argument	*Confrontations et nuances*

Conseil : si vous savez que vous n'écrivez pas vite, alors nous vous conseillons de numéroter les arguments sur les textes avec un code couleur, ainsi vous n'aurez qu'à reporter les numéros dans le tableau de confrontation.

Une fois que vous avez rempli les colonnes du tableau directeur, le travail est terminé, il ne vous reste plus qu'à rédiger.

Votre rédaction devra être organisée en fonction des regroupements que vous aurez élaborés entre les textes selon leur(s) affinité(s) argumentale(s) et thématique(s), ou bien selon leur(s) divergence(s) ou encore selon leur(s) complémentarité(s). Naturellement, le texte le plus riche en arguments doit vous servir de fil conducteur dans l'élaboration de votre synthèse.

Exemple de tableau

À partir du sujet 2011-1 :
« À partir du corpus proposé, vous analyserez les enjeux d'une maitrise assurée de la parole. »
Tableau de confrontation :

	Textes / Arguments	T1 : Isocrate, (1966), *Éloge de la parole*	T2 : C. Ladjali, (2007), *Les monosyllabes*	T3 : C. Chalier, (2008), *Écouter*
1	Parole = propriété distinctive de l'espèce humaine	+	Non concerné (désormais n.c.) : *cf.* évolution des connaissances entre antiquité grecque et aujourd'hui	
2	Parole = communication = pacte social	+	+ : dans la notion de débat	n.c.
3	Parole = justice	+	n.c.	
4	Parole = transmission du savoir et éducation	+	+ : avec notion d'« écoute »	+ : avec notion d'écoute comme prérequis de toute transmission
5	Parole = pensée = miroir de soi-même	+	+ : les élèves poussés au silence deviennent transparents : parole = existence	+ : rendre l'élève intellectuellement indépendant
6	Parole = progrès collectif et individuel	+	+ : sans parole (débat) pas d'évolution	+ : sans inscription de la transmission dans le temps, alors l'élève ne peut évoluer
7	Parole = intelligence parce que réflexion	+	+ : sans parole, pas de débat	n.c.
8	Parole = plus difficile que l'expression écrite	n.c.	+	n.c.
9	L'écoute comme prérequis à la parole	Sous-entendu dans 4	+	+
10	Écoute/parole = temps	n.c.	+	+ : transmettre exige du temps (pour émetteur et destinataire) : si empressement, alors éparpillement et surcharge cognitive

···›

Exemple (suite)

Ce tableau permet de rendre compte de la confrontation entre les trois textes dans le sens où l'on observe une évolution de la pensée générale au niveau biologique (aujourd'hui on sait qu'il y a une communication animale non verbale), et où il permet de mettre en avant les nuances argumentales entre les trois textes du dossier.

Une autre présentation serait possible : enlever la colonne « argument » et inscrire dans les colonnes propres à chaque texte les arguments et leurs nuances. Un jeu de couleurs permettrait alors de rendre compte des convergences et divergences.

3 L'élaboration du plan

Il n'y a pas de plan type puisqu'il dépend de la confrontation entre les documents. Vous devez sans cesse garder à l'esprit que le plan de votre développement doit **guider clairement votre lecteur jusqu'à la réponse à la problématique**, sans omettre aucun des arguments présentés dans les textes.

Pour élaborer le plan il suffit d'opérer des regroupements entre les thèmes relevés dans la colonne « thèmes » du tableau de confrontation.

REMARQUE

Il ne faut en aucun cas négliger cette étape de votre travail puisque c'est sur le plan que se fonde votre argumentation. C'est souvent là que pèchent les candidats qui partent sur la rédaction sans préalablement construire une ossature à leur production. Dans ce cas, les correcteurs lisent souvent des « copier-coller » d'arguments sans liens les uns avec les autres, ce qui nuit fondamentalement à la production écrite du candidat.

Trois grands types de plans sont généralement prescrits pour une synthèse :

- plan **analytique** : qui examine une notion ou un phénomène selon les causes dont il provient et les conséquences qui en découlent. Il s'agit aussi de proposer d'éventuelles solutions. C'est le plan le plus usité pour la synthèse de documents et le plus immédiatement reconnaissable dans la mesure où, très souvent, les documents eux-mêmes sont structurés selon ce plan pour la progression de leurs arguments (description du phénomène/analyse des causes/examens des conséquences et solutions possibles) ;
- plan **thématique** ou par catégories : il permet d'envisager un phénomène dans toutes ses dimensions. Il s'agit alors de classer les arguments en fonction des perspectives qu'ils exploitent autour du domaine concerné, puis de trouver un fil directeur qui donnera à votre plan un aspect progressif (passé/présent/avenir ou tradition/modernité ; individu/société ; nature/culture ; droits/devoirs ; plan économique/social/politique/matériel/culturel/symbolique, etc.) ;
- plan **dialectique** : il s'utilise lorsque les documents s'opposent à propos d'un même phénomène. Il est alors aisé de construire deux parties l'une 'pour' et l'autre 'contre', la troisième partie servant de résolution à l'opposition (thèse/antithèse/dépassement).

!

Tous les documents doivent être utilisés dans toutes les parties de votre plan, aussi vous ne pouvez utiliser ce plan dialectique que dans la mesure où vos documents se présentent eux-mêmes sous forme dialectique, c'est-à-dire qu'ils traitent tous à la fois du « pour » et du « contre ». Si l'un de vos documents ne traite que du 'pour' ou du 'contre' alors il faut choisir une autre structure générale.

Exemple

À partir du sujet d'annales 2011-1, un plan de type thématique s'imposait. Voici une proposition de plan :
I- Au plan biologique : une propriété distinctive : (T1, implicitement *vs.* T2/T3) : argument à traiter rapidement puisque seul T1 le mentionne ;
II- Au plan social (T1/T2/T3) : 1 L'éducation (T1/T2/T3) ; 2 La parole et le temps (T2/T3) ;
III- Au niveau individuel et interpersonnel (T1/T2/T3) : 1 Permettre la pensée par le débat : une parole efficace est polyphonique (transmetteur/récepteur) (T1/T2/T3) ; 2 Confère l'existence (T1/T2/T3).

Nous allons maintenant voir en détail les parties introductive, développementale et conclusive de votre production.

4 Rédiger la synthèse

4.1 L'introduction

a. Phrase d'accroche

Il s'agit ici de poser le thème dans une phrase dite d'accroche servant de préambule à votre synthèse. Une phrase suffit, vous n'avez ni le temps, ni la nécessité de faire plus. Par contre, cette phrase doit être soignée puisqu'elle constitue l'ouverture de votre travail, il s'agit donc d'éviter les évidences universelles ou platitudes et les formules comme « de tout temps/en tout lieu… ».

b. Présentation des documents

Cette seconde partie de votre introduction doit présenter les documents. Il s'agit de donner pour chacun d'eux :

- le prénom et le nom du ou des auteurs ;
- les sous-titres et titres ;
- dates de parution ;
- nom de l'éditeur.

➥ Voir chapitre 6 « Conseils rédactionnels généraux ».

Cela correspond aux indications données dans la présentation des documents. Seuls les numéros de pages sont inutiles, tout le reste doit apparaitre dans votre copie.

De plus **on attend que vous problématisiez d'une phrase chacun des documents par rapport à la problématique donnée**. Vous devez donc commenter déjà chacun des textes du corpus d'où la nécessité de la phase de lecture synthétique.

Pour présenter ces documents, vous pouvez choisir de le faire selon l'ordre dans lequel ils apparaissent dans le dossier (option la plus prudente) ou bien de les classer (divergence/convergence). Cette dernière option est la plus habile puisqu'elle permet de montrer immédiatement que vous avez compris les documents.

Il convient particulièrement de soigner son style, en évitant la paraphrase et les répétitions et en donnant à votre correcteur envie de lire votre travail. Ne perdez jamais de vue que tout travail rédactionnel participe d'un échange différé entre celui qui écrit et celui qui lit. Cette partie de l'introduction va déterminer l'humeur de votre correcteur. Elle est donc fondamentale et l'on voit immédiatement si vous avez compris ou non le travail demandé.

c. Problématique et annonce du plan

Généralement la problématique et le plan sont présentés sous forme de questions liées (explicitement en lien les unes avec les autres), ce qui facilite la lecture de cette étape de votre introduction. La problématique doit consister en une reformulation simple de la question posée.

REMARQUE

Si le dossier comporte une question directe, vous pouvez la répéter telle quelle à condition de l'introduire par un articulateur logique qui fasse le lien avec la partie précédente, soit la présentation des documents.

Dans l'annonce du plan, il convient d'éviter les phrases du type : « nous allons traiter successivement… » ou « en première partie nous verrons… en deuxième partie… et enfin… ». Essayez de trouver une formulation plus fine (par ex. : « Ces documents conduisent à [annonce du plan] ») qui vous permette d'annoncer votre plan sans ennuyer les correcteurs, dès la fin de l'introduction…

Votre introduction doit être stylistiquement irréprochable, c'est-à-dire qu'il faut qu'elle rayonne de clarté sur l'ensemble de votre synthèse, que le ton soit incisif et dynamique – ce qui permet d'éviter l'ennui et de montrer que vous êtes sûr de vous… Elle doit donc globalement être brillante, claire et efficace.

➥ Voir « La méthode illustrée » pour un exemple d'introduction en complément en ligne sur notre site Dunod.

4.2 Le développement

Lors de la rédaction du développement, vous devez nécessairement garder sous les yeux le plan que vous avez construit, c'est le seul moyen de ne pas s'éparpiller et d'éviter ainsi les redondances malheureuses.

La seule difficulté de l'exercice vient des transitions et de la variété des articulateurs logiques et verbes introducteurs.

a. Les transitions

Elles sont nécessaires au guidage du lecteur et sont donc fondamentales pour assurer la cohésion de votre production, elles constituent les charnières de votre réflexion. Une bonne transition est constituée de deux phases : une phase de synthèse de ce qui vient d'être traité, et une phase d'ouverture vers ce qui arrive. Naturellement la seconde phase doit découler de la première. On doit retrouver dans vos transitions les mots-clefs de la problématique.

Nous vous conseillons de rédiger au brouillon les différentes transitions entre vos parties. Même si dans la version finale vous ne recopiez pas exactement ce premier jet articulatoire, au moins cela vous permettra de gagner du temps et de ne pas les oublier entre les différentes parties.

b. Articulateurs logiques

Ils assurent la cohésion et guident le lecteur à l'intérieur de vos paragraphes. Vous ne devez donc en aucun cas les négliger, et il faut par ailleurs les choisir avec soin car souvent l'on voit chez les candidats un usage abusif de « mais » ou « alors » qui infèrent une nuance respectivement oppositive et de consécussion parfois absente de la structure argumentale. L'utilisation de ces termes, si elle est nécessaire, peut vous mener au contresens si elle n'est pas maitrisée. Nous renvoyons à la Boite à outils (rubrique : Quelques adverbes de liaison) pour observer les nuances de sens entre quelques-uns de ces articulateurs.

c. Les verbes introducteurs de pensée

Ils vous permettent de présenter les arguments des auteurs, ils sont donc nécessaires. Il s'agit ici encore d'être précis dans les termes que vous choisissez. Par exemple, il y a une différence entre « montrer » et « ajouter » puisque le premier énonce un fait objectif lorsque le second renforce une idée. Nous renvoyons à la Boite à outils (rubrique : Des outils en production d'écrit), pour observer les distinctions sémantiques entre quelques-uns de ces verbes.

➥ Voir « La méthode illustrée » pour un exemple de développement en complément en ligne sur notre site Dunod.

4.3 La conclusion

Son importance est capitale puisque c'est la dernière impression que votre correcteur a de votre travail. Il faut soigner cette touche finale. La conclusion consiste en deux mouvements :

- une phrase récapitulative qui se présente comme une réponse claire et concise à la problématique initiale dont on attend qu'elle reprenne les mots clefs. Si on lit séparément la problématique et cette phrase, alors on doit voir une question et sa réponse, sans avoir besoin de lire le développement. C'est un bon moyen de voir si ces deux éléments ont bien été construits au moment de la relecture ;
- éventuellement un élargissement. Cette étape n'est pas obligatoire et l'élargissement doit être justifié par l'argumentation. Il ne s'agit pas ici de donner votre point de vue ou d'étaler vos connaissances mais de montrer votre ouverture d'esprit, dans le sens où vous devez envisager une autre façon d'aborder la question. Ici encore il faut éviter les platitudes et ouvertures trop larges et insipides.

REMARQUE

Nous vous conseillons vivement de rédiger intégralement l'introduction, la conclusion et les transitions sur votre brouillon afin de ne pas bâcler ces étapes fondamentales.

➥ Voir « La méthode illustrée » pour un exemple de conclusion en complément en ligne sur notre site Dunod.

➥ Pour la rédaction et les questions fréquentes relatives à cette même rédaction, nous renvoyons au chapitre 6 « Conseils rédactionnels généraux ».

5 Le commentaire : lecture analytique

Cours et méthodes

1 Définition

Le commentaire est un exercice très différent du précédent : il ne porte que sur un seul texte et suppose du candidat des connaissances littéraires précises. Pour cet exercice, il s'agit de **dégager d'un texte une problématique** et d'**appuyer votre argumentation sur des critères formels** (soit sur l'analyse stylistique du texte proposé). Cela suppose rigueur et méthode, la difficulté de l'exercice résidant dans le fait que les candidats s'égarent souvent dans des arguments absents du texte.

2 Méthode

Le commentaire est donc une composition argumentée de votre interprétation du texte. Tout ce que vous avancez doit être appuyé par la forme du texte. Aussi les phases préliminaires sont plus que nécessaires ici.

2.1 Étapes préliminaires et lectures

Pour la méthode générale nous renvoyons aux chapitres précédents que nous agrémentons ci-dessous pour cet exercice spécifiquement.

a. Analyse du paratexte et mobilisation des connaissances

- Qui est l'auteur ? Que connaissez-vous de sa vie et son œuvre (son engagement littéraire) ?
- De quel type de document s'agit-il ? Quel est le genre du texte ? S'agit-il d'un texte poétique ? Est-ce de la prose ? Est-ce de la prose poétique ? S'agit-il d'un extrait de roman, d'une nouvelle, d'un récit autobiographique ? À quel public s'adresse-t-il ? Et comment l'auteur en tient-il compte ?

La prise en compte de ces éléments vous permet de concentrer votre attention sur les composés suivants :

- Pour un extrait de roman :
  - observer d'abord l'énonciation (qui parle ? à qui ? et comment ?) et préciser le genre textuel ;

– identifier et analyser les temps verbaux et leurs valeurs ;
– identifier la focalisation (ou point de vue du narrateur) (voir Boite à outils) ;
– commenter la construction des phrases et le lexique employé ;
– identifier le cas échéant les champs lexicaux ;
– présenter le cadre spatio-temporel ;
– évoquer la tonalité du texte (voir Boite à outils), etc.

- Pour un texte poétique :
  – sur le vers (c'est-à-dire le mètre, le rythme et la rime) ;
  – sur la structure du texte ;
  – sur les figures de style (voir Boite à outils), etc.
- Pour un texte théâtral :
  – identifier avant tout les différents types de parole (monologue, dialogue, aparté, etc.) ;
  – définir le cas échéant la structure du dialogue ;
  – commenter les didascalies ;
  – faire des remarques sur les personnages, sur le genre du texte théâtral (c'est-à-dire tragédie, comédie, etc.).

Voici quelques questions à se poser au cours des lectures, et qui sont spécifiques au commentaire.

- En fonction de ce que vous savez sur l'auteur et le contexte, le texte contient-il des omissions évidentes ou implicites ? Si oui, comment peuvent-elles être interprétées ?
- Quelle est la tonalité du texte ?
- Quel est le registre de langue employé (soutenu, courant, familier) ? (Les registres de langue peuvent par exemple donner des indications sur le niveau social d'un personnage, sur ses sentiments, etc.)
- Quelle est la focalisation et que signifie-t-elle ?
- Le vocabulaire est-il péjoratif, mélioratif ou emphatique ? Qu'est-ce que cela signifie ? Et quelle idée cela démontre-t-il ?
- Le cas échéant, identifiez les figures de style (nommez-les si vous le pouvez ; sinon contentez-vous d'expliquer ce que vous observez et les effets produits) et interprétez-les (voir Boite à outils).
- Quels sont les temps des verbes ? Quels sont leurs modes et aspects ? (par exemple l'impératif est le mode de l'injonction, du conseil, de la prière ; l'indicatif est le mode de la certitude, le conditionnel de l'éventualité, etc.), quels sont les types de verbes utilisés ?
- Examinez les sonorités (allitérations, assonances) et leurs significations (essentiellement pour un texte poétique ou lorsque cela parait évident).
- Attardez-vous sur le rythme du texte : observez la ponctuation, longueur des phrases, etc. et leurs significations.
- Quel est l'implicite ?
- Quelle est l'organisation structurelle du texte ? et que signifie-t-elle ? (Attention : la structure du texte est toujours signifiante, aussi est-il nécessaire d'établir le plan du texte et d'essayer de l'interpréter).

Exemple d'analyse de texte pour un commentaire

Voici quel pourrait en être l'intitulé : « vous élaborerez un commentaire argumenté du texte suivant ».

Nous empruntons le texte 4 du sujet 2011-2, soit le texte d'Émile Zola, *Germinal* (1885), réédité par Hachette en 1979, chapitre 3, p. 27-30 :

> Étienne, descendu enfin du terri, venait d'entrer au Voreux ; et les hommes auxquels il s'adressait, demandant s'il y avait du travail, hochaient la tête, lui disaient tous d'attendre le maitre-porion. On le laissait libre, au milieu des bâtiments mal éclairés, pleins de trous noirs, inquiétants avec la complication de leurs salles et de leurs étages. Après avoir monté un escalier obscur à moitié détruit, il s'était trouvé sur une passerelle branlante, puis avait traversé le hangar du criblage, plongé dans une nuit si profonde, qu'il marchait les mains en avant, pour ne pas se heurter. [...] Il était sous le beffroi, dans la salle de recette, à la bouche même du puits. [...]
>
> Un instant Étienne resta immobile, assourdi et aveuglé. Il était glacé, des courants d'air entraient de partout. Alors, il fit quelques pas, attiré par la machine, dont il voyait maintenant luire les aciers et les cuivres. Elle se trouvait en arrière du puits, à vingt-cinq mètres, dans une salle plus haute, et assise si carrément sur son massif de briques, qu'elle marchait à toute vapeur, de toute sa force de quatre cents chevaux, sans que le mouvement de sa bielle énorme, émergeant et plongeant avec une douceur huilée, donnât un frisson aux murs. [...]
>
> Il ne comprenait bien qu'une chose : le puits avalait des hommes par bouchées de vingt et de trente, et d'un coup de gosier si facile, qu'il semblait ne pas les sentir passer. Dès quatre heures, la descente des ouvriers commençait. Ils arrivaient de la baraque, pieds nus, la lampe à la main, attendant par petits groupes d'être en nombre suffisant. Sans un bruit, d'un jaillissement doux de bête nocturne, la cage de fer montait du noir, se calait sur les verrous, avec ses quatre étages, contenant chacun deux berlines pleines de charbon. Des moulineurs, aux différents paliers, sortaient les berlines, les remplaçaient par d'autres, vides ou chargées à l'avance des bois de taille. Et c'était dans les berlines vides que s'empilaient les ouvriers, cinq par cinq, jusqu'à quarante d'un coup, lorsqu'ils tenaient toutes les cases. Un ordre partait du porte-voix, un beuglement sourd et indistinct, pendant qu'on tirait quatre fois la corde du signal d'en bas « sonnant à la viande », pour prévenir du changement de chair humaine. Puis après un sursaut, la cage plongeait silencieuse, tombait comme une pierre, ne laissait derrière elle que la fuite vibrante du câble.

L'auteur et l'œuvre :

É. Zola (1840-1902), romancier et journaliste français, est considéré comme le père du naturalisme littéraire. En effet, l'écrivain avant toute rédaction se documentait très précisément sur les lieux et la situation socioprofessionnelle de ses personnages. On parle de naturalisme car sa méthode de travail se voulait proche de la méthode des sciences humaines et sociales. Coller au plus près de la réalité, voilà quelle était la volonté de l'auteur, qui propose dans son œuvre une vision sombre du monde et des hommes, frappés par le déterminisme social et génétique. Les caractéristiques formelles de ce courant littéraire sont les suivantes : un style efficace, une focalisation généralement externe, usage d'un vocabulaire précis et documenté, un schéma actanciel (ou narratif) sobre et présentation de personnages (proto)typiques.

Exemple (suite)

Type de texte :
Germinal est un roman en prose appartenant à la série des Rougon-Macquart.

Tonalité du texte :
Réaliste

Registre de langue :
Courant

Focalisation :
Il y a deux types de focalisations dans le texte : les paragraphes 1 et 2 présentent une focalisation externe, le dernier une focalisation interne. La focalisation externe est classique dans une esthétique naturaliste. Le changement de focalisation au troisième paragraphe est donc particulièrement signifiant puisque l'on passe d'une relative objectivité à un point de vue totalement subjectif. C'est ce changement qui marque le passage de la description sociale à la réécriture du mythe.

Vocabulaire défavorable :
- champ lexical de la pénombre (ce champ lexical s'oppose à celui de la lueur qui est attaché à la machine) : *mal éclairés, de trous noirs, escalier obscur, plongé dans une nuit si profonde, aveuglé, dès quatre heures, la lampe à la main, montait du noir, charbon* ;
- champ lexical du danger : *escalier* […] *à moitié détruit, passerelle branlante se heurter* ;
- champ lexical du froid : *glacé, courants d'air, pieds nus* ;
- champ lexical du silence (ce champ lexical est péjoratif puisque paradoxal par rapport à la situation : une énorme machine en fonctionnement) : *assourdi, sans un bruit, fuite vibrante, douceur huilée* ;
- champ lexical du bruit : *un ordre partait du porte-voix ; beuglement sourd et indistinct, la corde du signal d'en bas*, contrairement à ce que l'on pourrait attendre, ce sont les êtres humains que l'on entend

Figures de style :
- Métaphore filée : verbes (*le puits avalait, sonnant à la viande*), noms (*bouchées de vingt et de trente, un coup de gosier, beuglement sourd et indistinct*) ;
- Comparaison : *d'un jaillissement doux de bête nocturne*.

Ces figures participent de la réification[1] des êtres humains (transformés en nourriture) et à la bestialisation de la machine (transformée en animal).

Les verbes : temps, mode et interprétation
- Indicatif : imparfait, plus-que-parfait, passé simple ;
- Subjonctif : imparfait ;
- Interprétation des temps, modes et types de verbes utilisés : généralement l'imparfait et le plus-que-parfait de l'indicatif sont les temps de la narration et de la description. Le passé simple permet de dynamiser l'action et de la faire avancer. Dans ce texte on observe trois mouvements qui suivent la division typographique :

– premier paragraphe : exclusivement à l'imparfait (« Étienne venait d'entrer au Voreux », « il [Étienne] s'adressait », « les hommes […] hochaient la tête », « les hommes […] lui disaient », « on le laissait », « il [Étienne] marchait les mains en avant », « il [Étienne] était sous le beffroi ») et au plus-que-parfait (« il [Étienne] s'était trouvé », « [Étienne] avait traversé le hangar du criblage ») permet de poser le décor dans lequel évolue le personnage principal Étienne ;.

···›

Exemple (suite)

– second paragraphe : l'auteur établit une rupture puisque ce paragraphe est introduit par le passé simple (« resta immobile »). Le passé simple indique l'évolution de la narration vers l'action, or ici cette valeur générale accordée au passé simple est contrée par le statisme exprimé dans le groupe verbal. Viennent ensuite deux verbes à l'imparfait qui permettent à l'auteur de rappeler la situation inconfortable, étrange, dans laquelle se trouve son personnage (« Il [Étienne] était glacé », « des courants d'air entraient de partout »). Ici on imagine qu'Étienne se trouve dans l'antre de la bête. À nouveau une rupture temporelle est établie par l'utilisation du passé simple (« il fit quelques pas ») qui signale une action, un mouvement du personnage sortant de sa stupeur, et ce mouvement permet à l'auteur de revenir sur le temps de la description, l'imparfait (« il [Étienne] voyait maintenant luire ») afin de présenter le troisième personnage de cet extrait : la machine (« Elle [la machine] se trouvait en arrière du puits », « elle [la machine] marchait à toute vapeur »). La personnification (ou bestialisation) de l'instrument est ici remarquable dans le traitement linguistique dont elle bénéficie : elle est sujet des verbes de position et de mouvement. Le dernier verbe du paragraphe parfait le tableau, puisqu'il est à l'imparfait du subjonctif (« sans que le mouvement [...] donnât un frisson aux murs »). Ici encore c'est un attribut de la machine, son « mouvement », qui est sujet – donc actant – du verbe *donner*. Il exprime ici la simultanéité entre l'absence de vibration et le fonctionnement de la machine. Le choix du subjonctif n'est jamais anodin dans un texte et ici encore il provoque un effet d'irréel ce qui participe fortement de la décentration[2] ;

– troisième paragraphe : les trois personnages (Étienne, la machine, le groupe d'humains) étant posés, l'auteur peut les décrire et confirmer les implicitations précédentes. Il introduit judicieusement son paragraphe en annonçant implicitement une focalisation interne, soit l'intellection, la vision du personnage principal Étienne (« Il [Étienne] ne comprenait bien qu'une chose »), ce qui justifie par la suite l'utilisation exclusive de l'imparfait pour décrire d'un côté les ouvriers (« la descente des ouvriers commençait », « ils [les ouvriers] arrivaient de la baraque », « des moulineurs [...] sortaient les berlines », « [des moulineurs] les remplaçaient par d'autres », « c'était dans les berlines vides que s'empilaient les ouvriers », « ils [les ouvriers] tenaient toutes les cases », « un ordre partait du porte-voix », « on tirait quatre fois la corde ») et de l'autre le fonctionnement de la machine (« le puits avalait des hommes », « il [le puits] semblait ne pas les sentir passer », « la cage de fer montait du noir », « [la cage de fer] se calait sur les verrous », « la cage plongeait silencieuse », « [la cage] tombait comme une pierre », « [la cage] ne laissait derrière elle »). Entre ces deux descriptions (ouvriers *vs* machine) on observe une opposition entre les verbes attachés aux êtres humains et ceux qui déterminent la machine. Pour les êtres humains : utilisation de sujets inanimés dès que cela est possible (« la descente des ouvriers commençait » et « un ordre partait du porte-voix » *vs* « les ouvriers commençaient à descendre » et « on ordonna dans le porte-voix ») : dans la seconde formulation, les hommes sont actifs, or, le choix de l'auteur est de les réifier en nourriture, ce qui justifie l'utilisation d'un sujet inanimé (la descente) ou encore de la construction clivée *c'est... que* dans l'expression : « c'était dans les berlines vides que s'empilaient les ouvriers ».

···>

1. **Réification** (d'après le TLFi) : « Procédure narrative qui consiste à transformer un sujet humain en objet, en l'inscrivant dans la position syntaxique d'objet à l'intérieur du programme narratif d'un autre sujet. »

2. **Décentration** (d'après le TLFi) : « Possibilité d'adopter d'autres points de vue que le sien ; *par ext.* Fait de s'éloigner de son moi considéré comme unique centre d'intérêt. »

Exemple (suite)

Cette tournure est un procédé de mise en évidence d'un élément – en l'occurrence un attribut de la machine (« les berlines ») –, mise en saillance absente de la formulation neutre suivante : « les ouvriers s'empilaient dans les berlines vides ». Lorsque les hommes bénéficient d'un verbe de mouvement ou d'action (« des moulineurs [...] sortaient les berlines », « [des moulineurs] les remplaçaient par d'autres », « ils [les ouvriers] tenaient toutes les cases ») ou encore d'un verbe pronominal (« s'empilaient ») ce n'est que parce que leur action est essentielle au fonctionnement de la machine, ou encore parce qu'il est trop invraisemblable que la machine agisse seule (« on tirait quatre fois la corde »). Cette description de l'action des hommes est contraire à la présentation de la machine qui, elle, semble vivre. En effet, elle bénéficie dans la description d'une autonomie d'action puisqu'elle est sujet de tous les verbes d'action ou de mouvement : (« avalait », « montait », « se calait », « plongeait », « tombait », « ne laissait ») et parait même avoir une sensibilité niée (« il [le puits] semblait ne pas les sentir passer »). Par l'utilisation des temps, modes et types de verbes, les hommes sont donc totalement assujettis au fonctionnement de la machine, qui elle, existe.

Cette analyse est corroborée par celle de l'énonciation que nous proposons dans la correction du sujet 2011-2 disponible en Objectif concours en complément en ligne sur le site Dunod.

Sonorités et ponctuation :

Ici rien de très saillant sinon que l'on peut observer, avec le passé simple, une lecture rendue plus dynamique par la présence de nombreuses virgules, ce qui accompagne l'avancée de la narration.

Implicite :

Si l'on met en parallèle ce que l'on sait de l'engagement personnel de l'auteur, et sa description (des hommes assujettis à une machine), on observe un paradoxe qui conduit à penser que l'auteur souhaite une réaction de ses esclaves modernes. Le vecteur de cette réaction sera le personnage principal, Étienne, qui se situe entre la masse et l'animal. Cette lecture politique est rendue possible par l'immixtion du mythologique dans la description : on peut voir en Étienne un Thésée se tenant devant le Minotaure (*cf.* aussi la correction du sujet 2011-2 en Objectif concours en complément en ligne sur le site Dunod.

Structure du texte :

L'organisation du texte soutient les mouvements de l'énonciation et l'analyse des verbes. Nous référons donc à ces deux descriptions.

Cette analyse étant maintenant effectuée, il ne vous reste plus qu'à organiser les éléments afin de proposer un plan à votre commentaire.

REMARQUE

Pour gagner du temps, le marquage des champs lexicaux ainsi que des verbes peut se faire sur le texte lui-même avec un code couleurs qui vous est propre. Nous vous conseillons aussi, avant de commencer la lecture, de noter les lignes du texte si elles ne sont pas indiquées. Attention, s'il s'agit de votre numérotation, vous ne pouvez pas vous en servir pour désigner les termes au sein de votre production.

2.2 La rédaction

a. Élaboration du plan

Comme pour la synthèse, l'élaboration du plan est une étape fondamentale de votre travail. Naturellement le plan dépend des thèmes abordés par le texte, et le plus souvent votre plan suit celui du texte.

Exemple

Proposition de plan

Pour le texte de Zola, nous pouvons proposer le plan suivant, qui n'est naturellement pas la seule réponse possible : du naturalisme au mythologique : une voie possible vers la révolte.

I- L'écriture naturaliste

I-1 Une dissection sociale

I-1.1 Une description à caractère scientifique : vocabulaire de spécialité et focalisation externe

I-1.2 Un personnage pluriel : la masse des ouvriers *vs* Étienne (*cf.* les pronoms personnels)

I-2 Le déterminisme

I-2.1 L'absence de libre arbitre des mineurs

I-2.2 Le fatalisme

II- Du naturalisme au presque fantastique

II-1 Un lieu d'une « inquiétante étrangeté[1] » (champs lexicaux)

II-2 La bestialisation de la machine et réification des humains (métaphore et comparaison)

III- L'inférence et l'utilisation du mythe : un message sociétal

III-1 Le parallélisme avec le mythe du Minotaure…

III-2 … Une voie contre l'esclavagisme industriel

REMARQUE

Remarque sur le plan du commentaire : le développement du commentaire composé ne doit surtout pas reposer sur la juxtaposition de remarques sur le sens du texte et sur les formes d'écriture. C'est d'ailleurs l'un des pièges les plus fréquents dans lequel tombent les candidats. En effet, s'il est composé, c'est que le commentaire est organisé : il est et doit se présenter comme le fruit d'une réflexion poussée, destinée à rendre le texte intelligible. Les paragraphes qui composent votre développement doivent éclairer le texte initial car ils en proposent une lecture argumentée et cohérente et qui aborde tous les aspects du document.

Dans cette mesure, le commentaire doit présenter une certaine progression des idées du texte, c'est-à-dire qu'il faut partir de l'explicite pour arriver progressivement à l'implicite du texte initial.

Cela signifie que les éléments formels du texte ne peuvent pas constituer une partie à part de votre développement mais doivent être organisés en fonction de ce que vous

1. En allemand : *Das Unheimliche* : par ce concept, Freud désigne une rupture dans notre intimité, ce qui provoque l'inquiétude, voire l'effroi. Cette rupture a pour fondement la transformation d'un élément de notre quotidien, dans le texte de Zola, cet élément est l'univers de la mine pour un mineur, qui, ici, acquiert une vie propre, indépendante du regard du héros. Par conséquent, elle en devient étrange (extérieure à l'intimité d'Étienne) et donc inquiétante.

affirmez, afin de le démontrer, de servir de preuve : la forme est le support du fond, donc son actualisation et sa valorisation.

Le plan se décline en deux ou trois parties (en fonction des thèmes abordés par le texte initial), et chacune d'entre elles doit comporter un thème précis. Il vous appartient d'articuler ces parties selon que les thématiques se complètent, s'opposent, se confirment ou se dépassent les unes avec les autres.

b. Introduction

L'objectif de l'introduction est d'**annoncer clairement votre interprétation du texte**.

L'introduction d'un commentaire comprend trois phases :

- une phrase d'accroche : cette phrase doit indiquer immédiatement le thème que vous problématisez ;
- la contextualisation du document : il s'agit de situer le document. Il faut donc donner l'auteur, le titre et la date de parution (*cf.* synthèse). Naturellement, la présentation du document doit être accompagnée d'un commentaire qui doit s'appuyer sur l'environnement culturel, politique, économique et social du texte, mais attention, il ne s'agit pas d'étaler ses connaissances, aussi va-t-il falloir être sélectif dans l'information que vous donnerez : ne faites de commentaire sur le contexte que dans la mesure où vous pensez que celui-ci a pu avoir une influence sur l'auteur lors de la rédaction de son œuvre ;
- problématique et annonce du plan : la problématique doit être énoncée de façon très claire puisque c'est le fil conducteur de votre développement. Elle doit être amenée par la phase de contextualisation qui la précède, et ce de façon logique. L'annonce de la problématique et du plan peut prendre plusieurs formes, dont le questionnement.

Exemple

Proposition d'introduction rédigée

À partir de l'analyse précédente du texte de Zola.

[Phrase d'accroche] « La vérité monte d'un coup d'aile jusqu'au symbole. » Zola, par cette phrase juste, incisive, extraite de la *Lettre à Henry Céard sur Germinal* décrit sa visée esthétique romanesque.

[Présentation du document] Le texte, issu du chapitre 3 de *Germinal*, paru en 1885 et réédité en 1979 chez Hachette, est une illustration de cette recherche esthétique. En effet, rédigé en plein mouvement naturaliste, le texte propose une dissection de l'univers socialement défavorisé des mineurs. Cette dissection d'un monde n'est pas une fin en soi et cela permet à son auteur de proposer sa vision politique par le biais de la décentration mythologique.

[Problématique et annonce du plan] Ici donc, le texte, qui n'échappe pas à cet objectif, et l'écriture naturaliste par le vecteur de l'étrange inquiétant, se présentent ici comme la réécriture moderne du mythe grec du Minotaure, dont l'interprétation est la salvation de l'humanité face au monstrueux.

c. Développement

Il doit suivre scrupuleusement le plan annoncé dans l'introduction. Il est un va-et-vient constant entre les arguments que vous avancez et ce que donne le texte. Rien ne doit être dit sans que cela ne soit démontré par un élément formel.

Il s'agit donc de soigner tout particulièrement les transitions et articulateurs logiques, qui seules garantissent la cohésion de l'ensemble de votre commentaire et permettent au lecteur d'en apprécier l'intelligence.

Exemple

Proposition de développement

Nous indiquons dans le développement les étapes du plan défini précédemment :

[I-1.1] Zola, dans ce court extrait, décrit l'univers des mineurs. Cette description est assortie d'un lexique de spécialité qui lui donne un caractère documenté, quasi scientifique : « terri », « maitre-porion », « hangar du criblage », « beffroi », « salle de recette », « bielle », « berlines », « moulineurs ». La focalisation externe des deux premiers paragraphes renforce cet aspect scientifique, objectif. [I-1.2] Cette présentation fait l'effet d'une dissection d'un monde de fourmis dans lequel le personnage principal souhaite entrer. Toutefois, dans ce monde, il est perçu comme étranger et l'usage des pronoms personnels pluriels est réservé aux ouvriers. Seul le personnage principal est nommément cité, Étienne, le reste de l'humanité étant présenté de façon massive par l'usage des articles définis ou indéfinis pluriels « les hommes », « des hommes », « des ouvriers », « des moulineurs » ou des pronoms sujets indéfinis ou pluriels, « on », « ils », ou encore des pronoms personnels compléments pluriels, « les ». Aucun être humain, hormis Étienne, n'est caractérisé.

[I-2.1] Par conséquent la description donne l'impression que les êtres humains suivent inéluctablement, c'est-à-dire sans libre arbitre, le mouvement général. Cette impression est explicite dans la phrase suivante : « les hommes [...] hochaient la tête, lui disaient tous d'attendre le maitre-porion ». Ici les ouvriers semblent refuser la responsabilité d'une réponse, aussi ils se réfèrent à leur supérieur. L'impression que ces ouvriers sont sans voix est confirmée dans le dernier paragraphe dans lequel même l'ordre donné dans le porte-voix est détourné par la comparaison « beuglement sourd et indistinct ». [I-2.2] La seule caractérisation attachée aux ouvriers vient de leur fonction par rapport à la machine et en effet on voit apparaitre des groupes d'hommes (« des moulineurs »). Cette seule caractérisation donne à cette présentation sociale déterministe un caractère fataliste.

[II-1] Ce caractère fataliste, sombre, est renforcé par l'usage des champs lexicaux de la pénombre (« mal éclairés », « trous noirs », « escalier obscur », « plongé dans une nuit si profonde », « aveuglé », « dès quatre heures », « la lampe à la main », « montait du noir », « charbon »), du danger (« inquiétant », « escalier [...] détruit », « passerelle branlante », « se heurter »), du froid (« glacé », « courants d'air »), et du silence (« assourdi », « sans un bruit », « fuite vibrante » et « douceur huilée ») qui tendent à donner à ce lieu, pourtant familier à Étienne, un aspect étrangement inquiétant. En effet, la présence du champ lexical du silence, est paradoxale en regard de la situation : une énorme machine en fonctionnement dans une mine de charbon devrait normalement faire beaucoup de bruit. Or ici, on se trouve dans une atmosphère rendue étrange par l'absence de bruit. De surcroit, la description du lieu dans le premier paragraphe permet une interprétation labyrinthique de la mine, et le personnage principal Étienne se trouve « au milieu des bâtiments mal éclairés, pleins de trous noirs, inquiétants avec la complication de leurs salles

…›

Exemple (suite)

et de leurs étages ». Naturellement ses pérégrinations le conduisent inéluctablement au cœur du labyrinthe, « à la bouche même du puits ». Au terme de ce premier paragraphe, on voit apparaitre un nouveau personnage : la machine. En effet, la machine, au même titre qu'Étienne, bénéficie d'un traitement pronominal individuel puisqu'elle est sujet des verbes qui la caractérisent : « elle se trouvait… », « elle marchait… », ainsi que les participes passés et présents qui lui sont attachés : « assise si carrément sur son massif de briques », « émergeant et plongeant avec une douceur huilée ». Ce système énonciatif donne à la machine un aspect vivant, rendu saillant par le seul champ lexical de la lumière présent dans le texte : « luire les aciers et les cuivres ». La machine est donc, au même titre qu'Étienne, un personnage indépendant du reste du lieu et cette présentation, associée au subjonctif, lui donne un caractère surnaturel. En effet, le subjonctif est le temps de l'irréel, or ici, l'imposante machine est silencieuse. Nous entrons donc dans un univers distinct de celui du premier paragraphe, à savoir un lieu d'une « inquiétante étrangeté », au sens freudien. On voit donc comment l'auteur, par l'utilisation des champs lexicaux et des systèmes d'énonciation et verbal modifie l'univers qu'il crée en passant du naturalisme au surnaturel. [II-2] Ce mouvement est confirmé totalement par le troisième paragraphe qui atteste les sentiments éveillés dans le second par l'usage de deux figures de style : la métaphore et la comparaison. Ces figures participent de la bestialisation de la machine et de la réification des humains (Étienne excepté). Si l'expression finale du premier paragraphe pouvait être équivoque « la bouche du puits », la première phrase du troisième paragraphe lève toute ambiguïté et nous ne sommes plus dans la métaphore mais dans la réalité : « le puits avalait des hommes par bouchées de vingt et de trente, et d'un coup de gosier si facile, qu'il semblait ne pas les sentir passer. » La machine est donc un animal silencieux (« sans un bruit ») et félin (« d'un jaillissement doux de bête nocturne ») qui se nourrit de « chair humaine ». Les êtres humains ne sont donc plus que « viande », laissant dans le gosier de la bête un goût de sang : « la cage plongeait silencieuse, tombait comme une pierre, ne laissait derrière elle que la fuite vibrante du câble. ». Ce troisième paragraphe confirme le passage précédemment amorcé du naturalisme au presque fantastique. Ce mouvement esthétique est soutenu encore par le système de focalisation mis en place puisqu'on observe, au dernier paragraphe l'émergence d'une focalisation interne explicitement donnée : « Il ne comprenait bien qu'une chose : ». On passe donc d'un regard relativement objectif, à la seule intellection et sensibilité d'Étienne. Comment donc ne pas voir dans ce personnage une sorte de héros ? C'est là que le recours à la mythologie nous permet de comprendre le message du texte.

[III-3] En effet, l'aspect dédaléen de la mine (*cf.* premier paragraphe), ainsi que la présence de la machine-animal avalant des hommes « jusqu'à quarante d'un coup, lorsqu'ils tenaient toutes les cases », industrialisation oblige, nous conduisent insidieusement vers le mythe du Minotaure qui, s'il ne pouvait sortir de son labyrinthe imaginé par l'architecte Dédale, recevait tous les sept ans sept jeunes gens et sept jeunes filles envoyés en sacrifice par Égée (roi d'Athènes). Thésée, fils d'Égée, y est lui-même envoyé mais, aidé d'Ariane, il vaincra le Minotaure. [III-2] Le parallélisme avec ce mythe est ici justifié et nous permet de comprendre le message politique de Zola, à savoir que son personnage Étienne, représente, par son détachement des autres humains, une voie possible contre l'esclavagisme industriel et le fatalisme social. Au même titre que dans l'antiquité, il s'agit bien de la libération d'un peuple contre le déterminisme, alors divin, ici sociopolitique.

d. Conclusion

Elle est constituée de trois phases.

- Phase **synthétique** : montrer que l'exercice a été bien articulé.
- Donner la **portée du document** : contrairement aux autres exercices qui vous demandent de conclure, la deuxième phase de la conclusion d'un commentaire n'est pas une réponse à la problématique. Le texte pose une question à laquelle vous êtes censés avoir répondu en donnant votre interprétation de ce dernier. Cette partie est donc destinée à montrer l'importance du texte que vous avez eu à interpréter, il s'agit donc d'indiquer sa représentativité dans le genre auquel il appartient ; les questions suivantes peuvent vous y aider :
  - s'agit-il d'un texte fondateur de mouvement littéraire ?
  - le texte réfère-t-il à un courant de pensée dominant, minoritaire ou opposant ?
  - qu'apporte-t-il à ce mouvement ?
  - quelles sont les conséquences directes ou indirectes du texte ?

Cette deuxième partie doit préparer la suivante :

- **L'ouverture** : il s'agit de dépasser le champ chronologique et thématique du texte pour l'inscrire dans un domaine plus large, comprendre à quoi le texte fait référence et à quoi se rattachent ces références implicites. L'ouverture doit inviter votre lecteur à s'interroger lui-même sur le texte et ses incidences. C'est une étape difficile puisqu'il s'agit de poser une nouvelle question qui prend appui sur le thème du texte initial et cette question doit se présenter comme la suite logique de la seconde partie de votre conclusion. L'ouverture, ou élargissement, peut prendre plusieurs formes :
  - l'interrogation directe ou, plus élégamment, l'interrogation rhétorique ;
  - une citation d'auteur qui ne doit pas être celui du texte. Ici encore quelques règles sont à respecter, comme l'usage des guillemets et l'indication précise du nom de l'auteur. De plus, il faut introduire la citation par une transition qui fasse à la fois le lien avec la seconde partie de la conclusion, et qui annonce la citation à venir ;
  - l'assertion, qui est la forme la plus simple.

Exemple

Proposition de conclusion

À partir du texte de Zola, la conclusion proposée ci-dessous suit le développement précédent.

[Synthèse] La vérité en soi n'est pas pertinente, en revanche lorsque « d'un coup d'aile » elle approche le symbole alors elle devient signifiante. Telle est ici le mouvement du texte de Zola qui invite, par un parallélisme avec la mythologie, à une libération, à recouvrer le libre arbitre face à un adversaire monstrueux : le déterminisme social.

[Portée du document] *Germinal*, et toute la série des Rougon-Macquart sont des textes fondamentaux dans la recherche esthétique de leur auteur qui, à la fin de cette série, modifie sa façon d'envisager son art et confiera à Jules Huret dans l'*Écho de Paris* du 31 mars 1891 : « L'avenir appartiendra à celui ou à ceux qui auront saisi l'âme de la société moderne, qui, se dégageant de théories trop rigoureuses, consentiront à une acceptation plus logique, plus attendrie de la vie. Je crois à une peinture de la vérité plus large, plus complexe, à une ouverture plus grande sur l'humanité, à une sorte de classicisme du naturalisme. »

···›

Exemple (suite)

[Ouverture] Zola ne sort donc pas indemne des Rougon-Macquart, ainsi que son lecteur qui est invité à repenser le monde moderne. L'invitation de Zola est atemporelle, il n'est pas besoin de montrer son actualité, et la nécessité de recourir au symbole est aujourd'hui impérieuse, salvatrice.

! Si vous n'avez pas le temps de soigner l'ouverture, alors il vaut mieux ne pas en proposer du tout.

➥ Pour la rédaction et les questions fréquentes relatives à cette même rédaction, voir « Conseils rédactionnels généraux ».

6 Conseils rédactionnels généraux

Cours et méthodes

Ce chapitre rassemble un ensemble de questions récurrentes des candidats en ce qui concerne leur production d'écrit. Sauf indication contraire, les conseils présents dans ce chapitre concernent les deux types d'épreuve.

1 À faire

1.1 Énoncer les noms et prénoms des auteurs

Lorsque vous citez un document dans l'introduction vous devez donner l'intégralité du prénom et du nom du ou des auteurs. En revanche, dans le développement, puisque les auteurs ont déjà été cités une fois, vous pouvez abréger le prénom à sa première lettre (par ex. C. Chalier).

Lorsqu'un document comporte plusieurs auteurs, vous devez tous les donner à la première référence au document. Par la suite vous pouvez ne donner que le premier d'entre eux puis inscrire *et al.* ou *et alii* (par ex. pour l'ouvrage *Une grammaire d'aujourd'hui* écrit par Éveline Charmeux, Michel Grandaty et Françoise Monier-Roland : *Une grammaire d'aujourd'hui* de E. Charmeux *et al.*).

1.2 Respecter la typographie des titres

Le titre d'un article se met entre guillemets (par ex. sujet 2011-1 : « Les monosyllabes »), mais le titre d'une revue ou d'un ouvrage se met en italique à l'ordinateur (par ex. sujet 2011-1 : *Mauvaise Langue*) et souligné en écriture manuscrite (par ex. sujet 2011-1 : <u>Mauvaise langue</u>).

1.3 Utiliser les mots clefs des textes du corpus

Globalement, pour chacun des trois exercices, s'il faut éviter la paraphrase, il est possible de répéter les **termes clefs**. Ceux-ci, dans le cadre d'une synthèse, ne doivent pas être mis entre guillemets (contrairement à l'analyse ou au commentaire). Toutefois, si le texte comporte un néologisme (ex. « pourriel » pour *poubelle* et *courriel*), et si vous choisissez de le reprendre, alors celui-ci doit apparaitre systématiquement entre guillemets.

1.4 Aérer sa présentation

Aérer sa présentation signifie revenir à la ligne et sauter des lignes. Cela ne se fait pas de façon arbitraire :

- saut de ligne : entre introduction et développement et entre développement et conclusion ;
- retour à la ligne et alinéa : entre chaque paragraphe et dans les sous-parties du développement (*cf.* les exemples de rédaction dans les annales).

1.5 Soigner son vocabulaire

Veillez à la correction de la langue et à la richesse et la précision terminologiques de votre travail. Il faudrait que chacun de vos mots soit soigneusement choisi.

Soignez tout particulièrement les organisateurs discursifs et logiques qui lient vos arguments puisqu'ils assurent la cohésion de votre pensée, ainsi que le guidage du lecteur.

Soignez également les verbes introducteurs de pensée, évitez les verbes de paroles (« l'auteur dit que… parle de… »).

N'utilisez aucune abréviation.

1.6 Relire son travail

Il faut que vous pensiez à intégrer cette étape dans le temps de l'épreuve. En effet, durant la relecture vous devez :

- vérifier, pour une synthèse ou une analyse, que vous n'avez pas oublié une idée essentielle ;
- vérifier que votre production renvoie à une seule et même problématique et que celle-ci ait été clairement définie en introduction ;
- vérifier les transitions entre les parties et sous-parties, ainsi qu'entre vos phrases ;
- vérifier l'orthographe, la grammaire et le vocabulaire.

1.7 Rendre votre production autonome

Veiller à l'autonomie de votre production signifie qu'il faut que le correcteur ait une idée claire et précise de chacun des textes du dossier, sans qu'il n'ait besoin de s'y référer. Dans l'idéal, il faudrait, après lecture de votre travail, être capable de reconstituer les documents du dossier.

2 À éviter

2.1 Les titres et sous-titres dans le développement

Ils ne doivent en aucun cas apparaitre dans votre copie, ce qui montre l'importance que vous devez accorder à la phase d'annonce du plan et aux transitions qui structurent votre devoir puisqu'elles tiennent lieu de titre.

2.2 Paraphraser et résumer les textes

S'il s'agit d'une synthèse de document, on attend donc une confrontation de ces documents et non pas une juxtaposition de résumés de textes ou une simple paraphrase argumentative. On attend de vous que vous problématisiez votre reformulation. Cette remarque concerne aussi l'analyse et le commentaire, où vous devez montrer votre capacité à analyser ou commenter mais non pas à répéter.

2.3 Donner son avis ou étaler ses connaissances

L'on n'attend pas du candidat qu'il propose son point de vue (à moins que cela ne soit explicitement demandé dans l'intitulé) mais qu'il rende compte de l'intertextualité du corpus dans le cadre d'une synthèse, de l'analyse du corpus pour une analyse et d'une analyse formelle dans le cadre d'un commentaire.

Par conséquent, seuls les arguments présents dans les textes du corpus doivent se retrouver dans votre production.

2.4 Ne pas donner à lire un texte brouillon

Votre argumentation doit être construite d'où la nécessité d'élaborer un plan préalable.

Nous vous déconseillons d'élaborer pour la synthèse un plan convergence/divergence qui ne permet pas de rendre compte de la confrontation mais qui serait un simple résumé des textes.

De la même façon, si vous construisez l'ossature générale de votre production vous ne devez en aucun cas négliger la construction de vos paragraphes. À l'intérieur de ceux-ci, les liens entre les arguments doivent être soigneusement choisis, faute de perdre votre lecteur dans un texte « chamois » (sauter d'une idée à l'autre) ou pire, redondant (répéter inlassablement de façon différente le même argument dans tous les paragraphes).

2.5 Utiliser la première personne

Vous ne devez pas apparaitre dans votre production, aussi bannissez de votre rédaction les *nous* et *je*. Mettez en avant les auteurs, ainsi vous éviterez d'apparaitre.

3 Quelques remarques des jurys

- Les connaissances grammaticales et orthographiques de base doivent encore être renforcées afin de construire des phrases dont la syntaxe est maîtrisée (supprimer les répétitions, éviter les tournures de phrases trop lourdes…) et choisir un vocable précis.
- Écrire lisiblement dans un registre de langue soutenu, approprié à la fonction d'enseignant, en soignant tout particulièrement l'orthographe aussi bien lexicale que grammaticale. La syntaxe est également un élément important de la mise en forme de la pensée comme l'écriture et l'organisation de la copie.
- Les candidats veilleront notamment à effectuer une relecture vigilante.
- Les membres du jury ne peuvent que recommander aux candidats d'acquérir une culture générale sur les questions relatives à l'enseignement.
- Trop de candidats ne présentent pas suffisamment, de manière explicite, leur problématique dans l'introduction. Il subsiste une confusion entre thème et problématique. Quelques copies souffrent d'une insuffisance de construction dans l'introduction. L'annonce du plan est trop souvent oubliée.
- Les membres du jury insistent sur la nécessité de développer les analyses.
- Veiller à ne pas tomber dans l'écueil de la paraphrase.
- Les liens logiques sont nécessaires. Penser à aménager des transitions.
- Les membres du jury valorisent les copies où les candidats font dialoguer les textes et établissent des liens ou les opposent pour structurer le raisonnement proposé. L'argumentation doit être plus développée et clairement explicitée.
- Porter toute l'attention nécessaire à l'écriture de leur conclusion. On peut regretter les conclusions n'ouvrant sur aucune perspective.
- Nous ne saurions trop vous conseiller de prendre connaissance des rapports de jury des académies dans lesquelles vous présentez le concours.

2

Grammaire

7 Introduction aux questions de grammaire

Cours et méthodes

1 Compétences mises en œuvre

La question de grammaire implique systématiquement un **relevé** exhaustif des formes à étudier, puis un **classement** qui permet de mettre en évidence les caractéristiques communes de ces formes.

On attend donc du candidat qu'il fasse preuve d'un esprit synthétique et clair, ce qui implique une grande maitrise de la langue (grammaire, orthographe et lexique) et des outils qui permettent son analyse. De surcroit on attend de vous que vous sachiez présenter vos réponses. Cette présentation doit rendre compte de votre capacité analytique.

Des outils vous sont donnés dans cet ouvrage, ils vous permettront de réussir cette épreuve mais à condition d'un entrainement régulier, vu le temps dont vous disposez.

Proportionnellement au temps total qui vous est imparti (4 heures) ainsi qu'au nombre de points alloués à cette épreuve (11 pour un total de 40 points), nous vous conseillons de traiter ces questions en 1 heure maximum.

2 Types de questions en grammaire

Voici les différentes questions posées au concours depuis 2014 que nous synthétisons ci-dessous.

Nous mettons en italique le verbe indiquant la consigne, en gras la notion de cours à étudier :

2015 (groupe 1)	Vous *identifierez* les différentes **propositions** de la phrase suivante et vous en donnerez **les natures et les fonctions**. *Donnez* la **classe grammaticale** des deux occurrences de « leur » dans la phrase suivante : « On leur donnait le nom de leur auteur ».
2015 (groupe 2)	Dans le texte de Fénelon, *précisez* la **nature** des mots suivants en gras. *Donnez* la **fonction des pronoms** signalés en gras dans la citation suivante.

2015 (groupe 3)	Dans l'extrait suivant de la fable de Jean Anouilh, *relevez* les différentes **propositions**, *donnez* **leur nature et leur fonction**.
Sujet 2016 (groupe 1)	Dans la phrase suivante, extraite du texte de Victor Hugo, vous *identifierez* les **éléments constitutifs de la construction verbale** soulignée. a. Vous *relèverez* les différentes **désignations des villageois** dans ce passage. b. *Que nous apprennent* ces différentes désignations quant au **regard** que porte le **narrateur** sur ces villageois ? Dans le texte de René Char, vous *analyserez* la **construction de la phrase** « Les clés sur les portes. » et *commenterez* l'effet produit par ce choix
Sujet 2016 (groupe 2)	a. *Identifiez* précisément la **nature** et la **fonction** des mots soulignés. b. *Justifiez* **l'orthographe** de « nudité ». *Indiquez* la **nature** de « qu' » dans les deux phrases ci-dessous (texte 1).
Sujet 2016 (groupe 3)	Vous *distinguerez* dans cet extrait du texte 2 les **propositions** que comporte cette phrase et vous *donnerez* leur **nature** et leur **fonction** le cas échéant.
Sujet 2017 (groupe 1)	1. **Relevez**, dans l'extrait suivant (texte 1), les *différentes occurrences* de « que/qu' » et **distinguez**-les selon *leurs classes grammaticales*.
Sujet 2017 (groupe 2)	2. **Identifiez** les *formes et les fonctions des pronoms personnels* dans le passage suivant (texte 2) et **proposez** un *classement*.
Sujet 2017 (groupe 3)	2. Vous répondrez aux questions suivantes : a. **Analysez** la *construction des phrases* dans le paragraphe ci-dessous, extrait du texte 2. b. Donnez la nature et la fonction des deux mots soulignés.
Sujet 2018 (groupe 1)	3. Vous **identifierez** la *classe grammaticale* des deux termes soulignés dans les extraits suivants du texte 1. 5. Dans cet extrait du texte 3, vous **relèverez** et **classerez** les *différentes propositions subordonnées*.
Sujet 2018 (groupe 2)	4. **Analysez** de *façon grammaticale* les quatre mots soulignés de la phrase suivante, extraite du texte 3.
Sujet 2018 (groupe 3)	3. Dans cet extrait du texte de Zola, vous **relèverez** et **classerez** les *expansions du nom en indiquant leur classe grammaticale et leur fonction*.
Sujet 2019 (groupe 1)	Dans l'extrait suivant, vous *identifierez* les différentes **propositions** et, le cas échéant, indiquerez leur **fonction**. Vous *transposerez* le passage suivant tiré du texte 2 au **discours indirect** en commençant par « Lysistrata affirma... ».
Sujet 2019 (groupe 2)	Dans cet extrait du texte de Claude Lévi-Strauss, vous *indiquerez* **la nature et la fonction** des mots ou groupes de mots entre crochets. Vous *relèverez* les **propositions subordonnées** dans les phrases suivantes, extraites du texte de Lévi-Strauss, et vous donnerez leurs **nature et fonction**.

Sujet 2019 (groupe 3)	« elles sont déjà tendues et anxieuses » (texte 1). a. *Identifiez* la **nature** de « tendues » et « anxieuses ». b. *Identifiez* la **fonction** de « tendues » et « anxieuses » dans cette phrase. c. *Expliquez* **l'accord** de ces deux mots. « Cette petite formalité remplie, nous attendons qu'on veuille bien nous dicter quelque chose. » (texte 1). a. *Identifiez* la **nature** de la proposition soulignée. b. *Identifiez* la **fonction** grammaticale de la proposition soulignée. c. *Transposez* la proposition soulignée en une **proposition subordonnée conjonctive** qui conservera la même fonction grammaticale.

3 Recommandations

Voici trois éléments de consigne qui sont récurrents et qui demandent une grande attention : le relevé, le classement et l'analyse.

3.1 Le relevé

Lorsqu'il vous est demandé de « **relever** » certaines formes, faites-le avec un minimum de contexte. Par exemple :

- relever les sujets : « sujet (verbe) » (ex. Ils (parlent)) ;
- relever les verbes : « (sujet) verbe » (ex. (Ils) parlent) ;
- relever les compléments de verbe : « (verbe) complément » (ex. (manger) des pâtes) ;
- relever les déterminants : « déterminant (nom) » (ex. Le (chat)) ;
- relever les prépositions : « préposition (suite du groupe) » (ex. à (Paul)) ;
- relever les adjectifs : pour les épithètes donner le nom qualifié : « adjectif (nom) » ou « (nom) adjectif » (ex. gentil (chat) ou (chat) gris).

Exemples

Relevez les formes verbales conjuguées de l'extrait suivant (sujet 0, 2e épreuve) :
« Nicolas et Alexandra échangèrent un rapide coup d'œil. Et l'orateur, comme s'il avait senti qu'il était temps d'évoquer l'essentiel, amplifia les vibrations de sa voix en s'interrogeant d'une manière très rhétorique. »
Type de relevé attendu :
(Nicolas et Alexandre) échangèrent ;
(il) avait senti ;
(il) était (temps) ;
(l'orateur) amplifia.

Cette recommandation est particulièrement importante car cela montre vos capacités à rédiger une réponse complète et à traiter une question de langue. De plus, cela permet à l'examinateur de ne pas avoir à chercher les termes dans le texte ; ce qui lui fait gagner un temps précieux dans sa correction et le met dans de bonnes dispositions à votre égard.

Par ailleurs, si vous devez relever des groupes, veillez à relever **l'ensemble du groupe**. Par exemple, pour une question portant sur les propositions subordonnées ou les groupes prépositionnels (GP), relevez la séquence jusqu'à son terme, même en cas d'enchâssements multiples.

Exemples

Relevez la proposition subordonnée complétive dans l'énoncé suivant :
Je crois que Pierre, dont je t'ai longuement parlé hier alors qu'il pleuvait et dont les trois enfants ont une vilaine grippe, souhaiterait venir demain à ta soirée afin de se changer les idées.

Type de relevé attendu :
La proposition complétive est la suivante : « que Pierre, dont je t'ai longuement parlé hier alors qu'il pleuvait et dont les trois enfants ont une vilaine grippe, souhaiterait venir demain à ta soirée afin de se changer les idées » et pas uniquement « que Pierre souhaiterait venir demain à ta soirée ».

Si la séquence est très longue, comme ici, notez le début puis le mot final avec des points de suspension entre crochets : « [...] ».

Exemple

Pour la proposition de l'exemple précédent : « que Pierre [...] les idées ».

De même, lorsque vous devez relever des termes ayant une fonction donnée, veillez à relever tout le groupe et non seulement le mot-tête.

Exemple

Relevez l'attribut du sujet dans la proposition suivante :
Très chaud à la première représentation, il serait épuisé et froid comme un marbre à la troisième.
Type de relevé attendu :
« épuisé et froid comme un marbre » : GAdj., attribut du sujet « il ».
Et non pas uniquement : « épuisé et froid » : attribut.

3.2 Le classement

S'il vous est demandé de procéder à un classement des mots relevés (ce qui est très souvent le cas), ne plaquez pas automatiquement un classement appris par cœur, mais essayez d'adapter votre réponse aux éléments que vous trouverez dans l'extrait. C'est là que votre singularité analytique doit apparaitre ainsi que votre capacité d'adaptation, capacité nécessaire à l'enseignement.

Exemple

Pour le classement des pronoms, plusieurs possibilités s'offrent à vous :
- classement par type de pronoms (personnels, possessifs, indéfinis, etc.) ;
- classement par valeur référentielle (déictique, anaphorique, etc.) ;
- classement par fonction syntaxique.

Le choix de l'un ou l'autre dépendra du type de pronoms que vous aurez relevés, mais aussi du classement avec lequel vous vous sentirez le plus à l'aise ou, le cas échéant, de l'orientation de classement qui serait donnée dans la consigne.

3.3 L'analyse

Lorsqu'on vous demande d'analyser un élément du texte, il s'agit d'en donner **la nature ainsi que la fonction**, à moins que ne soit stipulé dans l'énoncé de ne donner que la nature ou que la fonction des éléments à analyser.

➥ *cf.* chapitre « L'analyse grammaticale ».

4 Les notions en grammaire

Dans les programmes officiels, les notions en grammaire se répartissent en quatre grands domaines : les classes de mots, le verbe, les fonctions et la phrase. Voici un récapitulatif des différents domaines traités à l'école primaire d'après les programmes (2015).

4.1 Les classes de mots

Reconnaitre les noms et les verbes, distinguer le nom et l'article, utiliser les pronoms personnels sujets (dès le CP).

4.2 Le verbe

Utiliser le présent, le futur et le passé composé (dès le CP).

4.3 Les fonctions

- Identifier le verbe et son sujet (dès le CE1) ;
- distinguer les compléments du verbe et les compléments du nom (dès le CE2) ;
- comprendre la fonction des éléments constitutifs du GN : le nom (noyau du GN), le déterminant qui le détermine, l'adjectif qualificatif qui le qualifie (dès le CE2) ;
- connaitre les fonctions de l'adjectif (épithète et attribut du sujet) (dès le CM1) ;
- comprendre la distinction entre compléments essentiels et compléments circonstanciels (CM2).

4.4 La phrase

- Identifier les phrases d'un texte en s'appuyant sur la ponctuation (point et majuscule) (dès le CP) ;
- formes et types de phrase (dès le CE1) ;
- distinction entre phrase simple et phrase complexe (CM2) ;
- reconnaitre les propositions indépendantes coordonnées, juxtaposées et la proposition relative (CM2).

8 Les outils linguistiques

Cours et méthodes

En linguistique – et maintenant dans la plupart des manuels scolaires, ainsi que dans les programmes – on utilise certaines opérations qui permettent de mettre en évidence la structure d'une phrase ou d'un groupe et ainsi de mieux comprendre le fonctionnement des éléments de la langue. On attend de vous que vous sachiez les utiliser dans votre enseignement et naturellement pour le concours. Nous vous les présentons ici, mais nous préciserons dans chacun des chapitres leur utilité.

1 Test de commutation (ou substitution)

Il consiste à remplacer un élément de la langue par un autre, et permet notamment :

- de déterminer les frontières des groupes, soit leur début et leur fin ;
- de déterminer la catégorie grammaticale des termes ;
- de déterminer la fonction grammaticale des segments définis.

Exemples

La vieille tante de ma mère dont le chat est gros mange beaucoup.
Elle mange beaucoup.
= Le groupe nominal est donc tout le segment [La vieille tante de ma mère dont le chat est gros], et pas uniquement [la tante]. De plus, la commutation par le pronom personnel sujet « elle » prouve qu'il s'agit d'un sujet.

Exemple d'utilisation pratique du test dans l'enseignement[1]

Intitulé : *Je m'entraîne à lire*.
Texte : Le plus extraordinaire :
c'est de jouer aux cartes avec **des** Martiens.
c'est de jouer aux cartes avec **dix** Martiens.
c'est de jouer aux cartes avec **trois** Martiens.

Dans cet exercice de lecture pour le CP, l'opération de commutation est utilisée afin de montrer la variation d'un déterminant. Un tel usage prépare donc à la fois à la lecture, mais aussi à la reconnaissance du déterminant (qui varie à gauche du nom) ce qui sera exigé en CE.

1. Exemple tiré de Jean-Pierre Demeulemeester, Nadine Demeulemeester, Marie-Hélène Lacroix et Monique Geniquet, *Ribambelle CP série verte. Cahier d'activités 1+ livret 1 + Mes outils pour écrire*, Hatier, 2009. Voir également les deux manuels suivants, faits à partir des programmes 2016 : Philippe Dorange, Jean-Christophe Pellat, Françis Alix et Sabrina Raymondaud, *Grammaire et Cie. Étude de la langue. Guide de l'enseignant*, Hatier, 2016 (*CM1* et *CM2*). Vous devez vous construire une culture des manuels scolaires au cours de cette année de formation.

··· EN CLASSE ···

Il est important de faire manipuler des énoncés aux élèves[1] afin de leur permettre de mieux comprendre le fonctionnement de la langue. Par exemple, pour s'approprier les différents déterminants, on peut leur demander de trouver les « petits mots » que l'on peut mettre à la place de *mon* devant le nom *chat*, dans : *Mon chat s'appelle Lilith*. Ainsi, on attendra par exemple : *Le/un/ce/ton chat s'appelle Lilith*[1].

Dans le descriptif de chaque test, nous évoquons différents types de groupes (GN, GP…), ainsi que les pronoms. Naturellement, toutes les catégories évoquées dans ce chapitre feront l'objet d'une description détaillée dans leurs chapitres dédiés.

2 Test d'extraction avec *c'est… qui/que*

Si un segment d'énoncé peut être extrait au moyen de *c'est… qui/que* (que l'on appelle **construction clivée**) cela indique :

- qu'il s'agit d'un groupe (autre que le groupe verbal) ;
- que ce groupe est sujet du verbe si on peut l'extraire dans *c'est… qui* ; ou complément (d'objet ou circonstanciel) si on peut l'extraire dans *c'est… que*.

Exemples

La vieille ville brille = *C'est* la vieille ville *qui* brille

→ le GN *la vieille ville* peut être extrait au moyen de *c'est… qui* : il est donc sujet du verbe *briller*.

Je mange *des pâtes* = *C'est* des pâtes *que* je mange

→ le GN *des pâtes* peut être extrait au moyen de *c'est… que* : il est donc complément du verbe *manger*.

3 Test de pronominalisation

Ce test sert à trouver les compléments sélectionnés par le verbe, c'est-à-dire les compléments obligatoires. Si un groupe peut être remplacé par un pronom personnel, alors il est sélectionné par le verbe de l'énoncé.

Exemple

La voisine a donné des croquettes à son chat dans la soirée = *Elle lui en* a donné dans la soirée

→ on peut pronominaliser 3 groupes : le GN sujet [la voisine] en *elle* ; le GN COD [des croquettes] en *en* et le GP COS [à son chat] en *lui*. Le verbe *donner* a donc 1 sujet (*elle*) et 2 compléments essentiels (*en, lui*), il est donc ici bitransitif. Le seul constituant non sélectionné par le prédicat verbal est le GP *dans la soirée* (non pronominalisable), il est donc complément circonstanciel.

1. Ces encarts vous permettent d'avoir quelques pistes d'activité en classe. Vous lirez d'ailleurs à profit les activités proposées sur le site « eduscol ». Il conviendrait cette année de vous construire une véritable culture des pratiques pédagogiques afin de vous positionner avec votre sensibilité. C'est ce qu'attendra le jury à l'oral.

2. Pour de plus amples exemples d'utilisation des tests en situation de classe, voir l'ouvrage suivant : Carole Tisset, *Enseigner la langue française à l'école*, Hachette Éducation, 2010.

4 Test de déplacement

Il s'agit d'un procédé qui consiste à déplacer une unité dans la phrase et qui s'applique surtout à une suite de mots ayant la fonction syntaxique de complément circonstanciel (CC), donc de complément facultatif :

Exemple

La vieille ville brille dans la nuit = *Dans la nuit* la vieille ville brille : le groupe prépositionnel *dans la nuit* est donc un CC facultatif puisqu'il est mobile.

5 Test d'effacement ou de suppression

Il consiste en l'effacement d'éléments, et sert à identifier :

- dans une phrase, les constituants essentiels (non effaçables) ou facultatifs (effaçables) ;
- dans un groupe, le nom noyau qui donne sa nature au groupe (on parle de tête du segment).

Exemples

Dans une phrase :

	Aujourd'hui	*je vais*	à Paris
	Ø	*je vais*	à Paris
mais : *	*Aujourd'hui*	*je vais*	Ø

→ *aujourd'hui* est donc un constituant facultatif (on peut le supprimer), contrairement au GP *à Paris* qui est essentiel (non effaçable).

Dans un groupe :

	La	*vieille*	*tante*	*de ma mère*
	La	*vieille*	*tante*	Ø
	La	Ø	*tante*	
mais : *	*La*	*vieille*	Ø	*de ma mère*

→ il s'agit donc d'un GN, puisque le noyau (non supprimable) est le nom *tante*.

!

- Dans le GN, deux éléments sont obligatoires : le déterminant et le nom, mais c'est néanmoins le nom qui donne sa nature au groupe et l'on parle de groupe nominal.
- Dans le cadre d'un groupe introduit par une préposition, c'est cette dernière qui est considérée comme tête du segment, d'où son nom : groupe prépositionnel.

9 L'analyse grammaticale

Cours et méthodes

1 Qu'est-ce que l'analyse grammaticale ?

L'analyse (grammaticale) d'un mot ou d'un groupe de mots consiste à en donner la nature ainsi que la fonction syntaxique :

- la **nature** du mot correspond à la catégorie grammaticale à laquelle il appartient, c'est-à-dire la catégorie dans laquelle on range des mots qui ont en commun des propriétés morphologiques, syntaxiques ou sémantiques ;
- la **fonction** syntaxique correspond au rôle qu'il joue dans la phrase, aux liens qu'il entretient avec les autres mots de la phrase.

2 Les catégories grammaticales : le classement des mots[1]

On répartit les mots en **catégories** ou **classes** (ou traditionnellement **parties du discours**), d'après certaines propriétés que ces mots ont en commun. Voici les classements que l'on retient.

2.1 Classes variables *vs.* invariables

Le classement le plus souvent utilisé dans les grammaires traditionnelles et scolaires est celui fondé sur la **variabilité** des mots consistant à les classer en deux grands ensembles de classes :

- les classes **variables**, c'est-à-dire ceux qui varient en genre, en nombre et en personne (*nom, adjectif, déterminant, pronom, verbe*) ;
- les classes **invariables**, qui restent inflexibles à ces variations (*préposition, conjonction, adverbe, interjection*).

1. Nous vous présentons ici différents types de classements de mots car nous estimons important que vous les connaissiez pour mieux comprendre la distinction des classes, même si cela ne vous sera certainement pas demandé au concours.

2.2 Classes lexicales *vs.* grammaticales

Il existe un autre type de classement qui est plus couramment adopté par la linguistique moderne[1], qui oppose les classes lexicales (ou mots pleins) aux classes grammaticales (ou mots grammaticaux). Voici un tableau présentant les caractéristiques qui les opposent :

Classes lexicales	Classes grammaticales
Comprennent le **matériel lexical** de la langue, soit les éléments porteurs de sens, indispensables pour donner un sens à la phrase : *le nom*, *l'adjectif*, *l'adverbe*, *le verbe* et *l'interjection*	Comprennent les **mots-outils**, qui permettent de faire le lien entre les mots lexicaux de la phrase ou de les actualiser : *les déterminants*, *les pronoms*, *les prépositions* et *les conjonctions*
Classes **ouvertes** : leur nombre est illimité, il est impossible de tous les recenser car elles sont soumises à la néologie (création de mots nouveaux), (exemple de néologisme : *tapuscrit = texte tapé à l'ordinateur*).	Classes **fermées** : elles sont en nombre limité : par exemple, on ne peut créer de nouveaux déterminants ni de nouveaux pronoms.

2.3 Classes polyfonctionnelles *vs.* monofonctionnelles

Le critère de la fonctionnalité permet de faire le lien entre catégorie et fonction. On distingue alors les mots **polyfonctionnels** (capables d'avoir différentes fonctions dans la phrase) des mots **monofonctionnels** (qui ne peuvent avoir qu'une seule fonction).

Ainsi, le nom (ou le groupe nominal), le pronom, l'adjectif et l'adverbe peuvent assumer diverses fonctions dans la phrase, comme :

- sujet, complément d'objet direct ou indirect, complément circonstanciel, etc. pour le **groupe nominal** et le **pronom** ;
- épithète, attribut, apposition pour **l'adjectif** ;
- complément de l'adjectif, de l'adverbe, du verbe ou de la phrase pour **l'adverbe**.

Certaines catégories ont toujours la même fonction, c'est pourquoi il est peu probable que l'on vous demande de donner leur fonction. C'est le cas des mots suivants qui sont donc **monofonctionnels** :

- le **verbe** a généralement pour fonction de prédiquer (c'est-à-dire *dire quelque chose à propos d'une entité*) ;
- les **prépositions** ont pour fonction de relier un complément à un autre afin de créer un segment plus grand ;
- les **déterminants** ont pour rôle de déterminer et d'actualiser un nom ;
- les **conjonctions** ont pour fonction de relier des mots ou groupes de mots entre eux (dans une relation de même niveau (coordination) ou hiérarchique (subordination)).

1. On oppose généralement la grammaire traditionnelle à la linguistique moderne, dans la mesure où la grammaire traditionnelle est normative, orientée vers l'acquisition de l'orthographe et fortement marquée par la grammaire du latin, tandis que la linguistique moderne est une approche descriptive et scientifique du langage.

Grammaire

··· EN CLASSE ···

La reconnaissance des catégories grammaticales est l'une des compétences préalables à l'analyse linguistique :

- tout d'abord, parce que les classes de mots constituent l'une des grandes structurations du lexique et que cette structuration lexicale a des conséquences directes sur ses emplois dans la phrase et donc sur ses fonctions ;
- ensuite, parce que cette reconnaissance est une compétence sous-jacente indispensable à l'orthographe, afin que l'élève puisse systématiser les marques spécifiques à chaque classe (*cf.* l'accord sujet-verbe, nom-adjectif, etc.).

Le travail sur les catégories grammaticales ne se fait au cycle 2 que dans la mesure où l'identification des classes est un préalable à la maitrise des règles d'accord, au cours de ce cycle la priorité étant donnée à la maitrise de l'orthographe. C'est au cycle 3 qu'un travail plus systématique est mené sur l'identification des classes de mots (nom, verbe, déterminant, adjectif et pronom), le cycle 3 étant centré notamment sur une étude de la langue plus réflexive, explicite.

3 Les fonctions syntaxiques

La fonction syntaxique d'un mot ou d'un groupe de mots indique le **rôle** qu'il joue par rapport aux autres éléments de la phrase. Une même fonction peut être remplie par des groupes de mots de nature différente, même si certaines fonctions sont parfois réservées à certaines catégories (ex. la fonction épithète est le plus souvent représentée par un adjectif).

3.1 Le groupe

Un **groupe** se définit comme un ensemble de mots qui gravitent autour d'un noyau ou d'une tête (c'est-à-dire un mot dans le groupe qui en est le cœur, l'élément central, ex. *le gros nuage est passé* : le nom *nuage* est le noyau du GN *le gros nuage*) et qui forment avec lui une unité syntaxique.

C'est le noyau qui donne son nom au groupe, on distingue donc les groupes suivants : groupe nominal (GN), groupe verbal (GV), groupe prépositionnel (GP), groupe adjectival (GAdj.) et groupe adverbial (GAdv.).

! C'est le groupe et non l'élément noyau qui joue une fonction syntaxique dans la phrase. Par exemple, dans : « **Les enfants** sont partis », c'est le GN *les enfants* qui a la fonction sujet et non le seul mot noyau *enfants*.

3.2 La fonction

Une **fonction** met en relation deux constituants ou groupes de mots. Il ne faut pas perdre cette dimension de vue car on a tendance à raccourcir les formulations.

Ainsi, pour une phrase comme : « Le chat mange la souris », on devrait dire : « le groupe nominal *le chat* est le sujet du verbe *manger* » et non se contenter de dire :

« *chat* est sujet ». En effet *chat* n'est pas sujet mais c'est l'ensemble du GN, soit le déterminant associé au nom (*le chat*) qui occupe la fonction *sujet* du verbe *manger*.

À partir de cette idée qu'une fonction est un lien entre deux groupes, on peut proposer un regroupement des principales fonctions identifiées par rapport[1] :

- au **verbe** : un sujet, un complément d'objet direct (COD), un complément d'objet indirect (COI), un complément d'objet second (COS), un complément circonstanciel (CC), un complément d'agent ;
- au **nom** : un attribut, une épithète, un complément de nom, une apposition ;
- à d'autres catégories : un complément de l'adjectif, du pronom, de l'adverbe.

1. Nous vous renvoyons aux chapitres qui correspondent à chacune des catégories et des fonctions.

10 Le nom

Cours et méthodes

1 Définition du nom

Traditionnellement en grammaire, le nom (ou *substantif*) est défini comme la catégorie qui regroupe les mots désignant les êtres (*mère, chien*) et les choses (*table, bijou*). Pourtant ils servent aussi à désigner des propriétés (*gentillesse, beauté*), des états (*excitation, sérénité*), des sentiments (*amour, rancune*), des procès (*lecture, nettoyage*), des relations (*antériorité, éloignement*), etc.

En réalité, le nom sert à *nommer*, à désigner tout objet de pensée, il renvoie à des réalités notionnelles de tous ordres.

Définir ainsi le nom en termes **sémantiques** comme le fait la grammaire traditionnelle est une tâche sans fin, en revanche en termes **syntaxiques**, cela est plus simple puisque le nom a pour caractéristique essentielle de pouvoir être précédé d'un déterminant.

D'un point de vue **morphologique**, le nom possède un genre qui lui est intrinsèque (masculin ou féminin) et peut varier en nombre (singulier ou pluriel) en fonction des besoins du discours.

2 Le genre des noms

Le genre est le plus souvent révélé par le déterminant utilisé (*une, la, sa, cette*, etc. qui indiquent le féminin *vs un, le, son, ce*, etc. qui indiquent le masculin). Le genre se transmet également aux adjectifs, qui s'accordent avec le nom.

Le genre est **inhérent au nom**, c'est-à-dire qu'il appartient au mot et pas à son référent[1] (sauf pour les noms épicènes, c'est-à-dire des mots dont la forme est indifférenciée en genre, tels que *un/une pianiste, un/une élève*, etc.).

Le genre des noms est une donnée conventionnelle, **arbitraire**, surtout pour les noms référant à des inanimés, puisqu'en effet rien ne motive, par exemple, le fait que *bois* soit un nom masculin alors que *forêt* est un nom féminin.

En revanche, pour les noms référant à des animés, l'opposition des sexes conduit parfois à une opposition en genre (ex. *un homme/une femme, un père/une mère*).

Mais ce n'est pas une généralité puisque pour quelques noms référant à des animés humains, le genre n'est pas conforme au sexe : *une sentinelle* ou *une vigie* désignent des hommes, tandis que *un mannequin, un bas-bleu* désignent des femmes.

1. Le référent est l'entité du monde réel ou fictif à quoi l'on fait référence (par ex. un personnage réel ou fictif, un objet, etc.).

3 Différents types de noms

3.1 Nom propre *vs.* nom commun

DÉFINITION

Le **nom commun** est pourvu d'une signification et il est utilisé selon cette signification. Il sert ainsi à désigner des référents partageant des caractéristiques communes, alors que le **nom propre** désigne un référent qui est unique, selon une convention particulière. Les noms propres se caractérisent par la présence d'une majuscule, ils sont invariables et n'ont généralement pas besoin de déterminant puisqu'ils se déterminent eux-mêmes.

!

Les noms de lieux (villes, pays, mers, etc.) et les noms de personnes (noms de familles, prénoms, personnages mythologiques, etc.) sont de véritables noms propres. En revanche, les mots désignant des dynasties (*les Capétiens, les Mérovingiens*) et les noms désignant les habitants d'un pays, d'une ville, c'est-à-dire les *gentilés* (*les Français, les Parisiens*, etc.) ne sont pas de vrais noms propres, mais bien des noms communs parce qu'ils ont une définition (ex. *les Montpelliérains* = les habitants de Montpellier).

REMARQUE

Le nom propre peut passer dans la catégorie des noms communs et acquérir un vrai statut de nom commun (ex. *la poubelle, un apollon*, etc.), à l'inverse, mais plus rarement, un nom commun peut passer dans celle des noms propres (ex. *le Sauveur*, etc.). Dans les deux cas, on parle d'**antonomase**.

3.2 Les noms animés *vs.* inanimés

DÉFINITION

On distingue les noms **animés**, c'est-à-dire ceux qui désignent des êtres vivants (*chien, souris, boulangère*, etc.), des noms **inanimés**, qui désignent des choses (*table, camion, orchidée*, etc.).

À l'intérieur de la catégorie des noms animés, on distingue les noms **humains** (*facteur, oncle*, etc.) et **non-humains** (*poule, papillon*, etc.).

La distinction animé/inanimé a des conséquences syntaxiques, notamment dans l'utilisation de certains pronoms :

- la substitution par un pronom personnel :

Exemples

Je pense *à lui/à elle* (= à Jean/à Marie/à mon chat) : représente un animé ;
J'y pense (= à mon enfance) : représente un inanimé.

Grammaire

- l'utilisation des pronoms interrogatifs ou indéfinis :

Exemples

Qui connais-tu ? Patrick/*Personne* : la question et la réponse portent sur un animé ;
Que connais-tu ? Toute la leçon sur les noms/*Rien* : la question et la réponse portent sur un inanimé.

3.3 Les noms comptables *vs.* massifs

DÉFINITION

Les **noms comptables** sont des noms qui renvoient à des référents que l'on peut dénombrer, comme : *deux/plusieurs maisons*, tandis que les **noms non comptables** (ou **massifs**) sont des noms qui renvoient à des substances que l'on ne peut compter, comme : *du mobilier*, *des cendres*. Ces noms exigent un déterminant partitif, en effet, on ne peut pas dire : **deux mobiliers*, **quatre cendres*.

3.4 Les mots convertis en noms

Certains mots provenant d'autres catégories grammaticales peuvent occasionnellement passer dans la catégorie des noms car ils sont utilisés comme tels, c'est-à-dire qu'ils prennent dans la phrase les mêmes fonctions que le nom, et ceci grâce à la présence d'un déterminant. Ce phénomène dit de **conversion** ou de **dérivation impropre** permet *a priori* de faire passer n'importe quelle catégorie de mots dans la classe des noms, ainsi :

- des **adjectifs** : une *blonde*, les *jeunes*, le *chaud*, le *vert* ;
- des **noms propres** : un *sandwich*, la *guillotine*, un *adonis* ;
- des **lettres**, des **sons** : le *h* peut être muet ou aspiré ;
- des **pronoms** : le *moi*, un *rien*, faire *des siennes* ;
- des **verbes à l'infinitif** : un *aller* et *retour*, le *déjeuner*, un *devoir* ;
- des **prépositions** : peser le *pour* et le *contre* ;
- des **adverbes** : le *bien* et le *mal*, le *mieux*, l'*arrière* ;
- des **conjonctions** : Avec des *si* on mettrait Paris en bouteille ;
- des **phrases nominalisées** : les *sot-l'y-laisse*, un *fier-à-bras*.

!

Ne pas confondre un adjectif avec le nom tête du groupe dans le cas des noms adjectivés ou des adjectifs nominalisés.
Par exemple, dans le GN : *une vague impression*, pour distinguer le nom-tête de l'adjectif, il suffit d'en supprimer un et de voir si le sens du GN reste le même : *une vague* n'a rien à voir avec *une vague impression*, donc *vague* n'est pas le nom-tête mais l'adjectif, tandis que *une impression* conserve le sens initial, donc *impression* est bien le nom-tête.

··· EN CLASSE ···

Pour aborder le nom à partir du CP, on peut commencer par faire réfléchir les élèves sur des noms qui désignent des objets facilement observables, comme :

- les objets présents dans la classe (mobilier, matériel scolaire, etc.)
- ce que l'on observe sur une photographie ou une illustration ;
- des catalogues de vente par correspondance ou de grands magasins (catalogues de jouets par exemple)[1].

1. Renée Léon, *Enseigner la grammaire et le vocabulaire à l'école. Pourquoi ? Comment ?*, Hachette Éducation, 2008. Voir aussi les ouvrages et articles de Roland Goigoux, ainsi que les manuels de Brigitte Louichon (*Littéo CE1*, Magnard, 2007) et d'Agnès Perrin (*À l'école des livres CE1*, Retz, 2009).

11 Les expansions du nom

Cours et méthodes

Le nom constitue généralement la tête ou le noyau d'un groupe nominal. Autour de ce nom gravite un déterminant et éventuellement :

- un ou plusieurs **adjectifs** (en fonction d'épithète) ;
- un **groupe prépositionnel** (complément du nom) ;
- une **proposition subordonnée relative** adjective (épithète de son antécédent) ou une proposition subordonnée **complétive** conjonctive (complément du nom) qui constituent ses expansions, la plupart étant cumulables :

Exemples

Le vieux monsieur attend devant la boulangerie.
Le vieux monsieur en costume attend devant la boulangerie.
Le vieux monsieur en costume qui siffle attend devant la boulangerie.
L'espoir qu'il réussisse son concours l'anime.

Les expansions du nom sont donc des mots ou groupes de mots qui dépendent d'un nom. D'un point de vue syntaxique, elles ne sont pas obligatoires, à la différence du déterminant.

1 L'adjectif épithète

DÉFINITION

Les **adjectifs épithètes** sont liés au nom (à la différence des adjectifs attributs) et peuvent être **antéposés** (placés avant) ou **postposés** (placés après) au nom. Ils s'accordent en genre et en nombre avec le nom.

Exemple

Tu as *une grosse pustule noire* sur le nez : adjectifs épithètes liés au nom *pustule*.

La place des adjectifs par rapport au nom dépend très souvent du type d'adjectif. Ainsi, les adjectifs ordinaux (*premier*, *deuxième*, etc.) et beaucoup d'adjectifs courts courants sont généralement **antéposés**, alors que les adjectifs relationnels (*français*, *présidentiel*, etc.), les adjectifs de couleur (*orange*, *marron*, etc.) et les adjectifs verbaux (*excellent*, *vivant*, etc.) sont généralement **postposés** au nom.

> **!**
> Pour certains adjectifs, l'antéposition ou la postposition par rapport au nom peut entrainer des changements de sens.

Exemple

Un *grand* homme (= un homme brillant, remarquable) *vs.* un homme *grand* (= un homme de grande taille).

> **!**
> Ne confondez pas l'adjectif épithète d'un nom avec l'adjectif attribut de l'objet. Voir le chapitre 6 « Les adjectifs » pour la distinction entre les deux.

2 Le groupe prépositionnel complément du nom

DÉFINITION

Le complément du nom est généralement un **GP introduit par une préposition**, qui modifie le nom auquel il se rapporte en limitant son sens.

Exemples

Une tasse *de thé*, une cuillère *à soupe*, un manteau *en cuir*, un sirop *contre la toux*...

Le complément du nom est **toujours postposé** au nom et il peut s'emboiter à l'intérieur d'autres compléments de nom de façon (théoriquement) infinie. On appelle ça la **récursivité** (on dit que le complément du nom est *récursif*).

Exemple

Le chat [de la mère [de la voisine [de l'oncle [du mari [de Micheline]]]]] s'est fait renverser.

> **!**
> **Attention aux confusions :**
> - **Le complément du nom vs. le complément d'un verbe.** Dans la phrase : *J'ai reçu un bouquet d'un inconnu*, même si le GP est placé après le nom *bouquet*, ce n'est pas pour autant qu'il complète ce nom. Ici, *d'un inconnu* se rapporte au verbe *recevoir* car ce verbe nécessite ce type de complément : *recevoir qqch de qqn*.
> - **Le complément du nom vs. la locution prépositionnelle.** Dans la phrase : *Il est assis à côté de son frère*, la suite *de son frère* n'est pas un GP complément du nom *côté*, car *à côté de* constitue une locution prépositionnelle que l'on identifie grâce à la substitution par une autre préposition : *derrière son frère*.

3 Les subordonnées

3.1 Les subordonnées relatives

Le nom peut être suivi d'une subordonnée relative qui assure alors la même fonction qu'un adjectif.

Exemple

Tu as un bouton *qui noircit* sur le nez = tu as un bouton *noir* sur le nez.

3.2 Les subordonnées complétives

Certains noms peuvent être suivis d'une subordonnée complétive. Il s'agit le plus souvent des noms : *idée, fait, hypothèse, espoir, envie*, etc. (ex. L'idée *que tu partes* m'attriste). Généralement, la complétive peut être remplacée par un groupe prépositionnel contenant un nom dérivé du verbe de la complétive ou le même verbe à l'infinitif :

Exemples

L'idée *que tu partes* m'attriste.
L'idée *de ton départ* m'attriste.
L'idée *de partir* m'attriste.

4 Le type d'expansions

Si les expansions du nom sont, d'un point de vue **syntaxique**, facultatives, contrairement au déterminant qui est obligatoire, d'un point de vue **sémantique** en revanche, leur effacement peut générer des changements de sens, voire des agrammaticalités. C'est pourquoi on distingue deux types d'expansions : les expansions obligatoires ou **déterminatives** et les expansions facultatives ou **explicatives**.

4.1 Les expansions déterminatives

Certaines expansions sont nécessaires, d'un point de vue sémantique, pour identifier ce que désigne le nom. On dit alors qu'elles sont **déterminatives** (ou restrictives) car elles restreignent l'extension du nom, et leur effacement provoque un changement de sens :

Exemples

Les étudiants *sérieux* ont réussi les examens = seuls les étudiants sérieux ont réussi les examens.
Les étudiants *qui ont travaillé dur* ont réussi les examens = seuls les étudiants qui ont travaillé dur ont réussi les examens.
Les étudiants *en linguistique* ont réussi les examens = les étudiants en linguistique ont réussi les examens (pour les autres on ne sait pas...).
Mais : *Les étudiants Ø ont réussi les examens* = tous les étudiants ont réussi leurs examens.

REMARQUE

La plupart des compléments de nom sont des expansions déterminatives.

4.2 Les expansions explicatives

Certaines expansions ne modifient pas l'interprétation globale du GN. On dit qu'elles sont **explicatives** (ou non-restrictives) car elles ne limitent pas l'extension du nom et n'apportent qu'une indication facultative :

Exemple

Les étudiants, *qui ont travaillé dur*, ont réussi les examens = tous les étudiants ont travaillé dur et tous ont réussi les examens.

REMARQUE

La distinction entre épithète **liée** et **détachée** (c'est-à-dire séparée du nom par des virgules ou les deux points) permet bien souvent de distinguer entre une interprétation déterminative et explicative.

12 Les adjectifs

Cours et méthodes

DÉFINITION

L'**adjectif** est un mot qui s'associe au nom qu'il précise ou modifie et dont il prend le genre et le nombre.

La catégorie des adjectifs peut être augmentée par l'emploi d'expressions appartenant à l'origine à d'autres catégories grammaticales, grâce à l'opération de **conversion** ou de **dérivation impropre**. Il peut s'agir :

- de noms de couleur notamment (ex. Une veste *orange*) ;
- d'adverbes (ex. Un homme *bien*, Les roues *arrière*, Les places *debout*) ;
- de verbes au participe présent, dits alors *adjectifs verbaux* (ex. une lame *coupante*, un teint *brillant*) ou au participe passé (ex. un homme *fatigué*, un verre *cassé*).

REMARQUE

Les **noms** ou **adverbes** employés occasionnellement comme adjectifs n'intègrent pas totalement cette catégorie puisqu'ils restent souvent invariables (*cf.* les noms de couleur et les adverbes ci-dessus).

1 Le groupe adjectival (GAdj.)

Comme les noms, les adjectifs peuvent également constituer la tête d'un groupe avec ses expansions et former ainsi un groupe adjectival. Parmi les expansions (ou compléments) de l'adjectif on peut trouver :

- un adverbe de degré (ou d'intensité) (ex. Un enfant [*très/trop* gentil])
- un complément prépositionnel (ex. Il est [fier *de ses enfants*]) ;
- une subordonnée complétive (ex. Nous sommes [contents *qu'ils partent*])

2 Les adjectifs qualificatifs *vs.* relationnels

Les adjectifs **qualificatifs** indiquent une caractéristique du terme auquel ils se rapportent. Les adjectifs **relationnels** indiquent une relation avec le référent du nom dont ils sont dérivés (d'où leur nom *relationnels*).

On distingue ces deux types d'adjectifs par leurs propriétés syntaxiques.

- Les adjectifs relationnels ne s'emploient qu'en fonction d'épithète liée (voir paragraphe 4 « Les fonctions de l'adjectif »), tandis que les adjectifs qualificatifs peuvent être également attributs.

Exemple

Relationnel : Un discours *présidentiel*, mais : *Ce discours est *présidentiel*.
Qualificatif : Cet homme *prétentieux* = Cet homme est *prétentieux*.

- Les adjectifs qualificatifs ont pour principale propriété de pouvoir varier en degré, alors que les adjectifs relationnels ne le peuvent pas.

Exemple

Relationnel : *Un discours *présidentiel*, mais : *Un discours *très* présidentiel.
Qualificatif : Un paysage *très/si/trop/assez* joli.

- Les adjectifs relationnels mettent en relation le nom dont ils dérivent avec un autre nom, ce qui peut s'exprimer aussi à l'aide d'un complément du nom, commutation impossible pour un adjectif qualificatif.

Exemple

Relationnel : Un discours *présidentiel* = Un discours *du Président*.
Qualificatif : Un être *aimable*, mais : *Un être *de l'amabilité*.

3 Les degrés de l'adjectif

Les adverbes de degré indiquent les variations d'intensité d'un adjectif[1].

L'évaluation en degré peut se faire de deux manières distinctes :

- le degré **relatif** (ou de **comparaison**), qui procède par comparaison avec un point de repère (ex. Jean est *plus* bruyant *que* son cousin) ;
- le degré **absolu** (ou d'**intensité**), qui ne procède pas par comparaison avec un repère (ex. Jean est *peu/très/énormément* bruyant).

Dans le degré relatif, on distingue deux types : le **comparatif** et le **superlatif**.

3.1 Le comparatif

Au comparatif, la comparaison se fait avec un point de repère. Le complément du comparatif est l'élément qui constitue le point de référence de la comparaison. Il est introduit par la conjonction de subordination *que* (ex. Jean est aussi bruyant *que Marc/son cousin/toi*).

Ainsi, on distingue les types de comparaisons suivants :

- le **comparatif de supériorité** est exprimé par les adverbes *plus* et *davantage* qui sont des formes dites **analytiques**, par opposition aux formes dites **synthétiques** comme

1. Ils servent également à indiquer les variations d'intensité d'un verbe ou d'un adverbe.

meilleur (comparatif de l'adjectif *bon*), *pire* (comparatif de l'adjectif *mauvais*), *moindre* (comparatif de l'adjectif *petit*) (ex. Il est *plus* bruyant *que* ses camarades) ;
- le **comparatif d'infériorité** est exprimé par l'adverbe *moins* (ex. Il est *moins* bruyant *que* son cousin) ;
- le **comparatif d'égalité** est exprimé par les adverbes *aussi* et *autant* (ex. Il est *aussi* bruyant *que* sa sœur).

3.2 Le superlatif

Au **superlatif**, la comparaison se fait avec la **totalité** d'un ensemble de choses ou d'êtres. Le complément du superlatif est habituellement introduit par la préposition *de* à valeur partitive (parfois par *parmi*) (ex. Jean est le plus bruyant *de tous ses camarades*).

Le **superlatif relatif** d'infériorité ou de supériorité a la même forme que le comparatif (de supériorité ou d'infériorité), mais s'en distingue par la présence de l'article défini (ex. C'est *le plus/le moins* bruyant de tous ses camarades).

4 Les fonctions de l'adjectif

4.1 L'attribut du sujet

L'attribut du sujet implique une équivalence entre le sujet et son attribut, avec lequel il est lié par l'intermédiaire d'un verbe d'état ou attributif. (Ex. Tu sembles *très grand*)

➥ Voir chapitre 13 « Les constructions verbales ».

L'attribut du sujet est une fonction à valeur adjectivale mais il peut aussi être réalisé par d'autres catégories.

➥ Voir chapitre 17 « Les compléments essentiels du verbe »

! Attention à la confusion entre l'**attribut du sujet** et le **COD** ; voir chapitre 17 « Les compléments essentiels du verbe ».

4.2 L'attribut de l'objet

L'attribut de l'objet est le mot qui attribue une qualité ou une propriété, non plus au sujet mais au complément d'objet (ex. Je trouve ce garçon *insolent*).

➥ Voir chapitre 17 « Les compléments essentiels du verbe » pour le type de verbes introduisant un attribut de l'objet.

> **!**
>
> Attention à ne pas confondre l'**attribut de l'objet** et l'**épithète liée** qui parfois peuvent prêter à confusion lorsque l'attribut suit le COD. Si l'élément en question peut être supprimé sans nuire au sens de la phrase, alors il s'agit d'une épithète, en revanche si la suppression est impossible ou si elle change le sens de la phrase, alors il s'agit d'un attribut de l'objet. De plus, l'attribut étant désolidarisé du COD, il peut être pronominalisé seul sans son attribut, tandis que l'épithète, faisant partie du COD, se pronominalise avec lui :
>
> | | |
> |---|---|
> | Je trouve ce livre *provocateur* | = je *le* trouve *provocateur :* attribut de l'objet *ce livre* |
> | | = *je trouve ce livre Ø (change de sens) |
> | Je dénonce ce livre *provocateur* | = je *le* dénonce : épithète liée au nom *ce livre* |
> | | = je dénonce ce livre Ø (ne change pas de sens) |

4.3 L'épithète

L'épithète est généralement représentée par un adjectif se rapportant au nom. Elle peut être **liée** (ex. Le *petit* garçon s'est mis à pleurer) ou **détachée** (ex. Le garçon, *déçu*, s'est mis à pleurer).

➥ Voir chapitre 5 « Les expansions du nom » pour l'interprétation déterminative ou explicative de l'épithète.

··· EN CLASSE ···

Généralement, on étudie l'adjectif au sein du GN et en relation avec ses propriétés syntaxiques : en tant qu'expansion de ce groupe (au même titre que le complément du nom et la proposition subordonnée relative) et en tant qu'élément non essentiel dans le GN.
Mais l'adjectif qualificatif est aussi une catégorie très intéressante dans la perspective de l'expression, orale ou écrite, puisqu'il joue un rôle important dans de nombreux types de textes : portrait, description, argumentation, etc.

13 Les déterminants : caractéristiques générales

Cours et méthodes

1 Caractéristiques générales

Constituant du GN, le déterminant apparait toujours à gauche du nom (*le* chat, mais : *chat *le*).

REMARQUE

Bien que la tradition grammaticale ait nommé « adjectif » un certain nombre de mots fonctionnant comme des actualisateurs du nom (*cf.* les adjectifs démonstratifs, possessifs, etc.), nous les incluons parmi les déterminants car ils fonctionnent comme tels, et que c'est ainsi qu'ils sont le plus couramment désignés. En effet, ils se distinguent des vrais adjectifs par un certain nombre de propriétés, notamment par le fait que le déterminant est obligatoire pour constituer avec le nom un GN : *la maison*, mais non **maison*, alors que l'adjectif épithète est facultatif.

1.1 Morphologie

Il s'accorde en genre avec le nom qu'il actualise et définit son nombre.

1.2 Sémantisme

Les déterminants **actualisent** le nom dans le discours, c'est-à-dire qu'ils permettent son apparition en contexte linguistique, en formant avec lui des expressions référentielles, qui désignent des occurrences particulières du référent du nom. Ils spécifient notamment si ce référent renvoie à des entités massives ou comptables (*de l'*eau *vs* *une* eau (de source)), saisies de manière singulière ou plurielle (*le* pain *vs les* pains), partitive ou globale (*du* pain *vs le* pain). Sans déterminant, le nom tout seul ne peut pas apparaitre en contexte, et surtout, ne réfère à rien.

1.3 Types

On distingue deux grandes classes de déterminants en fonction de l'identifiabilité de leur référent.

a. Les déterminants définis

L'article (*le, la, les*), le démonstratif (*ce, cette, ces*) et le possessif (*mon, ton, son...*) : ils participent à l'actualisation du nom en indiquant :
- soit que le référent est connu des partenaires de l'échange ;
- soit que des expansions vont suivre permettant au destinataire d'identifier le référent (ex. le chat *de mon voisin* a disparu) ;

b. Les déterminants indéfinis

L'article (*un, une, des*), l'article partitif (*du, de la*), les déterminants indéfinis (*tout, quelques, certains, plusieurs, chaque*), les déterminants négatifs (*nul, aucun, pas un*), les déterminants numéraux cardinaux (*deux, quatre*, etc.) : ils servent à introduire des référents non encore identifiés (ex. « *Un* corbeau sur *un* arbre perché, tenait en son bec *un* fromage. » La Fontaine)

2 L'absence de déterminant

L'absence de déterminant est généralement due à deux facteurs : soit parce que le contexte ou la situation discursive permettent d'identifier le référent associé au nom, soit au contraire parce que le nom n'est pas totalement actualisé. On peut donc observer les cas suivants où le nom est dépourvu de déterminant :
- devant la plupart des **noms propres**, puisqu'ils réfèrent à un être unique, ils se suffisent donc à eux-mêmes pour identifier le référent : *Paul, Paris*, etc. ;
- en emploi **autonymique**, c'est-à-dire un mot qui se désigne lui-même en tant que mot : *le mot « chien » n'aboie pas* ;
- devant le nom en **apostrophe** puisqu'il est identifié par la situation de communication (le contexte) : *Garçon, deux cafés !* ;
- devant un nom formant une **étiquette**, comme un titre de livre (ex. *Linguistique pour les concours*), d'enseigne (ex. *Papeterie*), de panneau (ex. *chaussée glissante*), etc., où la situation lève toute ambiguïté ;
- lorsque le nom a la fonction **attribut** ou **apposition** et qu'il désigne une profession, un rôle, une nationalité : *il est médecin, il a été élu président* ;
- dans les **GP** compléments de noms : *une cuillère à soupe, une tasse de thé*, etc. ;
- dans des **GP** compléments circonstanciels : *à pied, en juillet, par hasard*, etc. ;
- dans les textes **elliptiques** (télégrammes ou petites annonces) : *appartement à vendre* ;
- dans des **locutions verbales** (ex. *avoir faim, avoir raison*, etc.) ou **proverbes** (ex. *Pierre qui roule n'amasse pas mousse*).

3 Conversion et combinaison

L'adjonction d'un déterminant devant un mot qui n'est pas un nom permet d'intégrer ce terme dans la classe des noms, ce processus s'appelle la « conversion » (ex. *le* boire et *le* manger : V → N).

Selon certaines règles, certains déterminants peuvent se combiner avec d'autres : les numéraux (*un, deux*, etc.) et certains indéfinis (*quelques* et *tout*) peuvent se combiner avec l'article défini, le déterminant possessif et le démonstratif (voir chapitre 8 « Les déterminants définis et indéfinis »).

Exemples

Les trois chats/mes deux enfants/ces quelques mots...
Toute la nuit/*tous mes* enfants/*tous ces* mots...

REMARQUE

Selon que les déterminants indéfinis et numéraux suivent ou précèdent un autre déterminant, on les appelle **postdéterminant** (ex. les *trois* chats), ou **prédéterminant** (ex. *tous* ces mots).

14 Les déterminants définis et indéfinis

Cours et méthodes

1 Les déterminants définis

1.1 L'article défini

Singulier	*Le, la, l'* (devant une voyelle)
Pluriel	*Les*
Articles définis contractés	*Du, des, au, aux*

REMARQUE

Les articles contractés sont l'agglutination d'une préposition *à* ou *de* et des articles définis *le* ou *les*, soit : *de + le = du* ; *de + les = des* ; *à + le = au* ; *à + les = aux*.

1.2 Le déterminant démonstratif

Singulier	*Ce, cet, cette*
Pluriel	*Ces*

REMARQUE

Il existe une forme dite « renforcée » du démonstratif : *ce N-ci, ce N-là* (et variantes de genre et nombre : *ce(s) gâteau(x)-ci/cette fille-là*...)

1.3 Le déterminant possessif

Morphologie

Il varie en genre, nombre et – à la différence des autres déterminants – en personne.

Personne représentée	NOM DÉTERMINÉ		
	Singulier		Pluriel
	Masc.	Fém.	Masc./Fém.
P1 (je)	*mon*	*ma*	*mes*
P2 (tu)	*ton*	*ta*	*tes*
P3 (il/elle/on)	*son*	*sa*	*ses*
P4 (nous)	*notre*		*nos*
P5 (vous)	*votre*		*vos*
P6 (ils/elles)	*leur*		*leurs*

REMARQUE

- Devant un nom féminin singulier à initiale vocalique, on utilise le déterminant masculin (*mon, ton, son*) par euphonie (pour éviter un *hiatus*, c'est-à-dire la rencontre de deux voyelles) (ex. *mon/ton école* au lieu de **ma/ta école*)
- Si l'appartenance est évidente (pour les parties du corps notamment) et qu'il ne peut y avoir aucun doute sur l'identité du possesseur, on évite habituellement l'emploi du possessif (ex. J'ai mal à *la* tête, au lieu de : *J'ai mal à *ma* tête).

2 Les déterminants indéfinis

2.1 L'article indéfini

Singulier	*Un, une*
Pluriel	*Des, de*

REMARQUE

L'article indéfini pluriel *des* devient *de* dans les cas suivants :

- lorsque le substantif est précédé d'un adjectif épithète : *De* belles fleurs
- dans les phrases négatives avec négation du sujet inversé ou du COD : Ici, ne poussent pas *de* fleurs
- après les adverbes de quantité : Peu/beaucoup *de* fleurs poussent ici.

2.2 L'article partitif

Morphologie

Il est constitué de la préposition *de* et de l'article *le* ou *la.* On associe la forme *des* à des noms massifs au pluriel (ex. Il mange *des* épinards).

Sémantisme

Il désigne une partie d'un tout (d'où son nom **partitif**) et s'emploie devant des noms massifs (*du* lait, *de la* farine), ou devant des noms abstraits ou non comptables (*de la* joie, *de la* force, *du* courage).

➥ Voir chapitre 21 « L'homonymie grammaticale » pour la distribution entre *de* (article partitif) et *de* (préposition).

2.3 Le déterminant indéfini

On distingue les formes simples et les locutions déterminatives, appelées **quantifieurs** (ayant la même forme que les adverbes correspondants).

Formes simples	Altérité : *autre* ; Identité : *même, tel(le)(s)* ; Absence d'identité : *quelconque, n'importe quel(le)(s)* ; Nullité : *aucun(e), nul(le), pas un(e)* ; Pluralité : *certain(e)(s), différent(e)(s), divers(e(s)), maint(e)(s), plusieurs, quelque(s)* ; Distributif : *chaque* ; Globalité : *tout(e), tous, toutes*
Quantifieurs	*Beaucoup de, peu de, moins/plus de...*

!

- Il faut prendre garde à l'homonymie entre certains déterminants indéfinis et certains adjectifs qualificatifs : si le terme est placé après le nom (des objets *divers*), en fonction d'attribut (ces objets sont *divers*), ou encore apposé (ces objets, *divers*, sont beaux), on doit alors l'analyser comme un adjectif qualificatif. S'il est avant le nom (*divers* objets) il est alors déterminant indéfini.
- Les déterminants négatifs (*aucun, nul, pas un*) n'ont logiquement pas de pluriel, sauf *aucun* lorsqu'il est employé devant un nom toujours pluriel (ex. *aucuns* frais).

➥ Pour la distinction entre *tout* pronom ou déterminant indéfini, voir chapitre 21 « L'homonymie grammaticale ».

2.4 Les déterminants numéraux cardinaux *vs.* adjectifs ordinaux

Morphologie

Déterminants numéraux cardinaux	*Un, deux, trois, dix, cent, mille, million...*
Adjectifs (ou adverbes) ordinaux	*Premier, second/deuxième, troisième, millième...* *Premièrement, deuxièmement, troisièmement...*

Distinction cardinaux vs. ordinaux

Les déterminants numéraux **cardinaux** peuvent occuper la place d'un déterminant et sont alors considérés comme appartenant à cette classe.

Les adjectifs numéraux **ordinaux** servent essentiellement à organiser le discours, et ont alors le statut de **connecteurs discursifs** (*en premier… en second…*). Ils peuvent aussi : occuper la place d'un adjectif et assument alors les fonctions de l'adjectif (ex. Le *troisième* enfant de J. : *troisième* a la fonction d'épithète du nom *enfant*).

2.5 Les déterminants interrogatifs et exclamatifs

Déterminants interrogatifs	*Quel, quelle, quels, quelles* Ex. *Quel* chien t'a mordu ?
Déterminants exclamatifs	*Quel, quelle, quels, quelles* Ex. *Quelle* surprise de te rencontrer ici !

··· EN CLASSE ···

Les déterminants représentent une catégorie très importante dans la mesure où :

- ils actualisent le nom dans une phrase ;
- ils portent les marques du genre et du nombre (ce sont eux qui permettent notamment d'identifier le genre d'un nom masculin ou féminin, lorsque celui-ci est **épicène** : *un/une élève, le/la concierge*) ;
- ils ont un rôle sémantique : leur choix est conditionné par la situation ou le contexte (dire *les enfants sont sages* et *des enfants sont sages* n'est pas la même chose).

15 Les pronoms

Cours et méthodes

DÉFINITION

C'est une classe dont les unités présentent des propriétés sémantiques et des fonctionnements référentiels très diversifiés. Étymologiquement, **pronom** signifie « à la place du nom », traditionnellement il est donc défini comme « un mot qui remplace le nom ».

Tout pronom fonctionne comme un [nom + déterminant] et peut occuper les mêmes fonctions que le nom.

On distingue généralement entre pronoms **substituts** et pronoms **déictiques** :

- Les **pronoms substituts** remplacent des GN ou GP (ex. *L'enfant* parle *de ses vacances à la maitresse* → *Il lui en* parle).
- Les **pronoms déictiques** ne remplacent rien, mais désignent directement leurs référents (objets dans le monde) (ex. *Je* désigne toujours le locuteur).

Il existe cinq sous-catégories de pronoms : les pronoms personnels, possessifs, démonstratifs, relatifs et interrogatifs.

1 Les pronoms personnels

Ils indiquent les six personnes verbales (d'où *personnels*). Ils varient également en fonction du genre (masculin ou féminin), du nombre (singulier ou pluriel) et de la fonction (sujet, complément, etc.). On distingue les pronoms **clitiques** (ou **conjoints**) et les pronoms **disjoints**.

1.1 Les pronoms personnels clitiques

Les clitiques (ou conjoints) se répartissent en clitiques sujets ou compléments.

Sujets		je, tu, il, elle, on, nous, vous, ils, elles
Compléments	Réfléchis	me, te, se, nous, vous, se
	Objet direct	P3 : *le, la, les, l'*
	Objet indirect	P3 : *lui, leur, en, y*

Exemple

Il lui en parle ; *je me le* dis.

!

Le pronom réfléchi entre dans la formation des verbes pronominaux, on le reconnait car il est de même personne que le pronom sujet. Il ne faut pas le confondre avec un pronom personnel complément (ex. *Je m'entends* : le pronom *me* est de même personne que le pronom sujet *je* et il sert à former le verbe pronominal *s'entendre*, tandis que dans *Je t'entends*, le pronom *te* n'est pas de même personne que le pronom sujet, c'est donc un pronom complément).

REMARQUE

Pour identifier la fonction d'un pronom réfléchi, il faut le remplacer par son antécédent si c'est possible (ex. Il se parle = Il parle à *lui-même*, le pronom réfléchi *se* est donc COI du verbe *parler*).

Les clitiques se distinguent des autres pronoms par les caractéristiques suivantes :

- ils n'apparaissent que devant une forme verbale (ex. *Je leur en* ai parlé, mais pas : **J'*ai parlé *leur en*) ;
- ils ne peuvent en être séparés que par d'autres clitiques ou par le *ne* de négation (ex. *Je ne leur en* ai pas parlé, mais pas : **Je leur vite en* ai parlé) ;
- leur forme et leur position indiquent leur fonction syntaxique (*cf.* tableau page précédente).

1.2 Les pronoms personnels disjoints

Pronoms personnels disjoints	*moi, toi, soi, lui, elle, nous, vous, eux, elles*

Les pronoms personnels disjoints se distinguent des clitiques car ils peuvent apparaitre dans les mêmes positions syntaxiques que des GN, soit :

- précédés d'une préposition (ex. Je parle *de nous*) ;
- en position détachée, où ils redoublent le pronom sujet (ex. *Moi*, je pense !) ;
- dans les constructions présentatives (ex. C'est *nous* qui pensons) ;
- en tant que sujet coordonné à un GN (ex. Mon fils *et moi* partons) ;
- précédés de la conjonction *que* (ex. Il parle mieux *que lui*).

REMARQUE

Lui, elle(s), nous et *vous* appartiennent à la fois aux pronoms conjoints et disjoints, leur nature dépend de leur position syntaxique (ex. *Nous, nous restons* : le premier *nous* est disjoint, il est séparé du verbe par une virgule, le second *nous* est conjoint : il est sujet du verbe *rester*).

2 Les pronoms possessifs

Ils sont formés de l'adjectif possessif *mien, tien, sien*, etc. qui renvoie à la personne du possesseur et de l'article défini *le, la, les* qui renvoie au genre et au nombre du nom déterminé.

Personne représentée	Singulier		Pluriel	
	Masculin	Féminin	Masculin	Féminin
P1 (moi)	*le mien*	*la mienne*	*les miens*	*les miennes*
P2 (toi)	*le tien*	*la tienne*	*les tiens*	*les tiennes*
P3 (lui/elle)	*le sien*	*la sienne*	*les siens*	*les siennes*
P4 (nous)	*le nôtre*	*la nôtre*	*les nôtres*	
P5 (vous)	*le vôtre*	*la vôtre*	*les vôtres*	
P6 (eux/elles)	*le leur*	*la leur*	*les leurs*	

3 Les pronoms démonstratifs

On distingue entre formes simples et composées :

	Singulier			Pluriel	
	Masc.	Fém.	Neutre	Masc.	Fém.
Formes simples	*celui*	*celle*	*ce/ça*	*ceux*	*celles*
Formes composées	*celui-ci* *celui-là*	*celle-ci* *celle-là*	*ceci/ça* */cela*	*ceux-ci* *ceux-là*	*celles-ci* *celles-là*

Les démonstratifs de forme simple ne sont pas autonomes : ils sont toujours suivis d'un complément qui les détermine. Il peut s'agir :

- d'un GP (ex. Celui *de mes enfants* qui pleure)
- d'une proposition subordonnée relative (ex. Prends ce *que tu veux*)

Les formes composées en revanche sont autonomes : elles assument seules les fonctions nominales (ex. Je veux *celui-ci* = COD du verbe *vouloir*).

4 Les pronoms interrogatifs

On distingue trois formes :

Forme simple	*qui, que, quoi, etc.*
Forme renforcée	*qui est-ce qui, qu'est-ce qui*
Forme composée	*lequel, laquelle, etc.*

Comme les relatifs, leur forme varie selon leur fonction dans la phrase et selon la nature du référent (animé ou inanimé).

Exemples

Référent animé en position de sujet : *qui est-ce qui* parle ? – Paul.
Référent inanimé en position de sujet : *qu'est-ce qui* tombe ? – De la pluie.

Ils figurent dans des interrogations partielles et peuvent recevoir un complément introduit par la préposition *de* (ex. Quoi *de nouveau* dans ta vie ?).

Ils occupent dans la phrase la fonction sur laquelle porte l'interrogation. Pour identifier leur fonction il faut donc rétablir une phrase déclarative :

Exemple

À quoi penses-tu ? = tu penses *à quoi* : *à quoi* est COI puisque la question porte sur le COI de *penser*.

5 Les pronoms indéfinis et numéraux

Ils sont pour la plupart homonymes d'un déterminant indéfini : *tout, tous, nul, plusieurs, certains, beaucoup, peu*, etc. (ex. je sais *tout* sur *tout*).
Les pronoms numéraux cardinaux ont également la même forme que les déterminants cardinaux : *un, deux, trois*, etc.

➥ Voir chapitre 21 : « L'homonymie grammaticale ».

Les pronoms indéfinis peuvent recevoir un complément introduit par la préposition *de* (ex. Certains *d'entre nous* sont connus, Rien *de neuf*…)

··· EN CLASSE ···

Les pronoms substituts jouent un rôle essentiel dans la progression d'un texte, sa cohérence et sa clarté (absence d'ambiguïté sur le personnage dont on parle). Ils sont aussi souvent une solution pour supprimer les répétitions.
Ainsi, dès le cycle 2, des activités de repérage des substituts dans un texte peuvent être menées en classe, consistant par exemple à rechercher tous les mots qui représentent tel personnage.

16 Les pronoms relatifs

Cours et méthodes

1 Syntaxe et sémantique du pronom relatif

C'est un type particulier de pronom, qui joue un rôle à la fois syntaxique et sémantique :

- au **plan syntaxique**, il est :
  - **démarcatif** puisqu'il introduit une proposition subordonnée ;
  - **fonctionnel** puisqu'il occupe une fonction (sujet, COD, etc.) dans la proposition relative ;
- au **plan sémantique**, il est :
  - **anaphorique** (ou représentant) s'il possède un antécédent avec lequel il est **coréférent**, c'est-à-dire que le relatif et son antécédent renvoient à la même entité dans le monde.
  - **nominal** s'il n'a pas d'antécédent.

Analyser un pronom relatif c'est donc :

- donner – le cas échéant – son antécédent, ou préciser qu'il est déictique ;
- et donner sa fonction dans la relative.

Exemples

Le chat *qui dort* mange beaucoup.
Qui : pronom relatif anaphorique, ayant pour antécédent le nom *chat*, sujet du verbe *dormir*.
Qui m'aime me suive.
Qui : pronom relatif nominal, sujet du verbe *aimer*.

2 Morphologie

Ils possèdent un genre, un nombre et une personne même s'ils n'en portent pas nécessairement la marque, et se divisent en deux formes qui dépendent de leur antécédent et de leur fonction dans la relative :

Formes simples		*Qui, que, quoi, dont, où*
Formes composées	Masculin singulier	*Lequel, duquel, auquel*
	Féminin singulier	*Laquelle, de laquelle, à laquelle*
	Masculin pluriel	*Lesquels, desquels, auxquels*
	Féminin pluriel	*Lesquelles, desquelles, auxquelles*

➥ Voir chapitre 21 « L'homonymie grammaticale » pour la distinction entre *que* (pronom relatif) et *que* (conjonction de subordination).

3 Fonctions des pronoms relatifs

Ils occupent une fonction syntaxique dans la proposition qu'ils introduisent (la relative), et ce par rapport :

- au verbe de la proposition relative :
  - qu'il soit conjugué : C'est ma sœur *qui* parle = *qui* est sujet du verbe *parler ;*
  - ou à l'infinitif : Pensez à ce *qu'*il vous faut prendre = *qu'* est COD du verbe *prendre ;*
  - ou au gérondif ou participe présent : *En quoi* faisant = *quoi* est COD de *faisant ;*
- à un autre terme de la relative :
  - un GN : Ma voisine *dont* l'hygiène laisse à désirer… = *dont* est complément du nom *hygiène ;*
  - un adjectif : L'enfant *dont* elle est fière = *dont* est complément de l'adjectif *fière.*

Procédure d'identification de la fonction du pronom relatif

Il faut transformer la phrase complexe en deux phrases simples. Il s'agit alors de remplacer le relatif par son antécédent (s'il est anaphorique) ou bien par un GN indéfini (si le pronom relatif est nominal) :

Exemples

Mon chat, *dont* je t'ai déjà parlé, mange tout le temps = « mon chat mange tout le temps » + « je t'ai déjà parlé *de mon chat* » : *dont* est COI de *parler.*
Qui dort dîne = « *Quelqu'un* dort » + « Celui-là dîne » : *qui* est sujet de *dormir.*

REMARQUE

Dans certains cas, *qui* ne peut plus être considéré comme un relatif, il faut alors l'analyser comme un pronom indéfini : ex. *Les randonneurs marchaient qui avec un sac, qui avec des chaussures de montagne…*
De même lorsqu'il se trouve dans une proposition interrogative directe (ex. *Qui est là* ?) ou indirecte (ex. *Je me demande qui est là*), il s'analyse alors comme un pronom interrogatif.

17 Valeurs des déterminants et des pronoms

Cours et méthodes

Connaitre ces valeurs est fondamental pour l'analyse d'un texte, ainsi que l'analyse d'une production d'élève, dans la mesure où ces éléments participent de la cohérence et cohésion d'un texte.

1 Emploi générique ou spécifique des déterminants

Deux oppositions majeures règlent le fonctionnement des déterminants :

- au niveau de l'actualisation, c'est-à-dire de la façon dont le nom apparait dans le discours : générique *vs.* non générique (ou spécifique) ;
- au niveau référentiel, c'est-à-dire la façon dont le référent est appelé : déictique *vs.* anaphorique/cataphorique.

1.1 Emploi générique

L'article défini en emploi générique n'actualise aucune référence particulière puisqu'il renvoie non à l'individu mais à l'espèce ou à la classe dans son entier.

Exemple

Le cheval est ami de l'homme = on ne considère pas *un cheval* en particulier mais toute la classe *des chevaux*.

L'article indéfini en emploi générique actualise le référent de telle sorte qu'il soit saisi comme un élément prototypique de sa classe.

Exemple

Autrefois *une* personne âgée était respectée = *toutes* les personnes âgées étaient respectées.

1.2 Emploi spécifique ou non générique

L'article défini renvoie à un individu donné dont l'existence est admise.

Exemple

Le chien m'a mordu : le locuteur suppose que le destinataire connait le chien.

L'article indéfini permet d'extraire un ou plusieurs sous-ensembles dans des classes d'éléments.

Exemple

Hier, je me suis fait agresser par *une* personne âgée = on parle d'un individu bien particulier.

2 Valeurs référentielles des déterminants et des pronoms

2.1 Référence déictique

a. L'article défini et les déterminants démonstratifs

Ils réfèrent à un objet ou un être présent dans la situation d'énonciation et que le destinataire est en mesure d'identifier. Ils peuvent alors être accompagnés d'un geste, d'une mimique ou d'un mouvement qui facilite l'identification (ex. Fermez *la* porte, Donne-moi *ce* livre).

b. Les pronoms

Ils réfèrent alors à un élément de la situation d'énonciation identifiable par le destinataire. En dehors des pronoms déictiques qui désignent les partenaires de l'échange (*je* = le locuteur, *tu* = le destinataire), beaucoup sont susceptibles d'un emploi déictique, notamment :

- les pronoms personnels de P3 et P6 (*il, elle, eux, elles*) ;
- les pronoms démonstratifs (*ce, ceci, cela*).

2.2 Référence anaphorique ou cataphorique

En emploi **anaphorique**, l'article défini, le déterminant démonstratif ou les pronoms renvoient à un référent déjà identifié dans le discours, il s'agit donc d'un rappel de référent. Les pronoms qui peuvent avoir une valeur anaphorique sont, d'une part, les pronoms personnels de P3 et P6 ainsi que les pronoms démonstratifs, possessifs et interrogatifs.

Exemples

Article défini : Mon voisin a un chien. *Le* chien est jaune.
Déterminant démonstratif : Mon voisin a un chien. *Ce* chien est jaune.
Pronom : Mon voisin a un chien. *Il le* promène le soir : *il* réfère au GN *mon voisin* et *le* réfère au GN *un chien*.

En emploi **cataphorique**, ils renvoient à un objet ou être non encore évoqué, ils annoncent le référent ou ce qui permet de l'identifier :

Exemples

Article défini : Il a déjà consulté *l'*ouvrage que tu lui as offert.
Déterminant démonstratif : Mon voisin possède *ce* château, dont je te parlais.
Pronom : *Il* est méchant ce chien !

2.3 Référence par défaut

Pour les pronoms (indéfinis et relatifs), si ni le contexte linguistique, ni la situation d'énonciation immédiate ne permettent d'identifier leur référent, on parle alors de référence par défaut. Une interprétation générique s'impose, comme c'est le cas dans de nombreux proverbes : *Nul* n'est parfait, *Qui* dort dine…

➥ Voir chapitres 35 « Cohérence et cohésion » & 36 « Les procédés de substitution ».

18 Le verbe : généralités

Cours et méthodes

Avec le GN sujet, le verbe fait partie des groupes obligatoires pour former une phrase grammaticale en français.

Il sert à énoncer quelque chose à propos d'un référent, c'est pourquoi on dit qu'il a une fonction prédicative et qu'on le nomme **prédicat de la phrase**. En raison de cette fonction prédicative, le verbe a la propriété d'imposer une structure syntaxique : il détermine le nombre de ses compléments, c'est ce qu'on appelle la **valence verbale**, soit le nombre d'arguments que le verbe est susceptible de régir (ou avec lesquels il est susceptible de se construire).

On distingue les verbes :

- intransitifs : ils n'ont qu'un seul actant, le sujet ;
- transitifs : ils possèdent deux actants, sujet et objet ;
- bitransitifs : ils possèdent trois actants, 1 sujet et 2 objets.

➥ Voir chapitre 13 « Les constructions verbales » pour un examen approfondi de la transitivité verbale.

Le verbe varie en personne, nombre, temps, mode et comporte un aspect.

… EN CLASSE …

Comme première approche du verbe à partir du CP, on peut proposer les activités suivantes (sachant que la notion de verbe est très liée à celle d'action) :

- faire mimer des verbes comme *écrire*, *chanter*, *rêver*, *courir*, etc.
- établir la chronologie de la journée sous la forme d'une suite de phrases simples : *D'abord, je…* ; *ensuite, je…*, etc.
- repérer les actions dans des textes prescriptifs : recettes de cuisine, consignes, règles de jeu, etc.[1]

1 Formes active et passive

1.1 La voix active

La voix active, valable pour tous les verbes, constitue la forme dite neutre ou non marquée et elle peut se combiner avec diverses constructions :

- transitive (ex. *Je cherche mon chat*) ;
- intransitive (ex. *Je sors*) ;

1. Renée Léon, *Enseigner la grammaire et le vocabulaire à l'école. Pourquoi ? Comment ?*, Hachette Éducation, 2008.

- pronominale (ex. *Je m'endors*) ;
- impersonnelle (ex. *Il fait beau*).

1.2 La voix passive

La forme (ou voix) passive est généralement décrite comme le résultat d'une transformation syntaxique : le complément d'objet (généralement direct) de la voix active devient sujet à la forme passive, et le sujet de l'actif est exprimé de façon facultative sous la forme d'un complément d'agent (introduit par les prépositions *par* ou *de*). Pour former la voix passive, on utilise l'auxiliaire *être* suivi du participe passé du verbe.

Exemple

Actif : Les enfants lisent une histoire.
Passif : Une histoire est *lue* (*par les enfants*).

La voix passive n'est possible qu'avec deux types de constructions (voir chapitre 13 « Les constructions verbales ») :

- transitive directe (ex. Il est aimé de ses enfants) ;
- plus rarement transitive indirecte (ex. Il est obéi de ses élèves).

!

Attention à la confusion entre formes passives et formes verbales aux temps composés. La forme passive présente un complément d'agent explicite ou implicite ; de fait, on peut transposer la phrase à la voix active :
Ex. Il est arrivé *par le train de minuit* : le GP en *par* est CC de moyen, donc le verbe *rentrer* est au passé composé (de plus, on ne peut pas reconstruire de voix active)
Ex. Il est jugé *par ses collègues* (voix passive) = *ses collègues* le jugent (voix active)
Au passif, si le complément d'agent est implicite, on peut toujours le restituer grâce au pronom indéfini sujet *on* (ex. Il est jugé Ø → *On* le juge)

2 L'aspect[1]

L'aspect est défini comme le temps interne au procès. En effet, indépendamment de toute chronologie, tout processus implique *en soi* du temps, une durée plus ou moins longue pour se réaliser. On peut concevoir ce déroulement interne de façon globale ou l'analyser dans ses phases successives (de son début à sa fin). Les principales oppositions aspectuelles du français sont les suivantes :

1. Ici encore, il est peu probable que l'on vous pose une question relative à l'aspect des verbes. Toutefois, il faut connaitre les principales oppositions aspectuelles pour comprendre comment fonctionnent les verbes et pouvoir les analyser dans un texte.

2.1 L'aspect accompli *vs.* inaccompli

L'aspect **accompli** envisage le procès lorsque celui-ci est achevé, réalisé. *A contrario*, l'aspect **inaccompli** présente le procès en cours de développement :

Exemples

Accompli : Il a travaillé = il *n'est plus en train* de travailler.
Inaccompli : Je parle = je suis *toujours en train* de parler.

Cette opposition aspectuelle accompli *vs.* inaccompli est d'ordre grammaticale et se manifeste dans l'opposition entre temps simples (saisissant le procès au moment de sa réalisation, donc inaccomplis) et temps composés (saisissant le procès lors de son achèvement, donc accomplis).

! Le passé simple exprime un aspect accompli, contrairement aux autres temps simples qui expriment tous un aspect inaccompli.

2.2 L'aspect inchoatif *vs.* terminatif

L'aspect **inchoatif** indique le commencement de l'action. Il s'exprime dans des périphrases aspectuelles (*commencer à, se mettre à...*), et est inhérent à certains verbes (*s'endormir, se réveiller...*), dont les verbes en *-ir* dérivés d'adjectifs de couleurs (*rougir, noircir, blanchir, jaunir...*) ou les verbes en *-iser* dérivés de noms (*scandaliser, moderniser, intellectualiser, constitutionnaliser...*).

A contrario, l'aspect **terminatif** indique la fin du procès. Il s'exprime dans des périphrases aspectuelles (*cesser de, terminer de, achever de, arrêter de, finir de...*) :

Exemples

Inchoatif : Enfin l'enfant *s'endort* = il *commence à* dormir.
Terminatif : Il *cesse de* pleuvoir.

2.3 L'aspect semelfactif *vs.* itératif

L'aspect **semelfactif** (du latin *semel* « une fois » et *factif*, « faire, accomplir ») indique, que le procès n'a lieu qu'une seule fois. *A contrario*, l'aspect **itératif** désigne un procès qui se répète dans le temps. Il s'exprime par l'adjonction d'adverbes (*souvent, quelquefois, une fois par jour/semaine/mois/ans, tous les jours/semaines/mois/ans, rarement...*) ou par l'adjonction du préfixe *re-* au radical du verbe (*redire, refaire, reconduire...*), ou du suffixe *-ailler* (*se chamailler, piailler, criailler, disputailler...*) :

Exemples

Semelfactif : « Le petit chat est mort. » (Molière) : on ne meurt qu'une fois.
Itératif : Les oisillons *piaillent* ; J'allais à l'école *tous les jours*.

3 Les verbes dans les programmes (BO15)

Au cycle 3, les élèves confortent les différentes procédures qui leur permettent d'identifier le verbe, s'exercent à l'identifier dans des situations plus complexes et approfondissent son étude.

Les programmes insistent sur la mise en évidence du lien sens-syntaxe : place et rôle du verbe, constructions verbales, compléments du verbe et groupe verbal.

De plus, l'aspect verbal (valeurs des temps) est abordé à travers l'emploi des verbes dans les textes lus et en production écrite ou orale (le récit au passe simple à la 3e personne, le discours au présent ou au passe composé, etc.).

19 Les constructions verbales

Cours et méthodes

On distingue différentes constructions verbales dont :

1 La construction intransitive

Les verbes sont intransitifs lorsqu'ils se construisent **sans complément d'objet.** On peut toutefois leur adjoindre des **compléments circonstanciels** (CC) qui modifient les circonstances de réalisation du procès. Cette modification apporte des précisions sémantiques (temps, lieu, manière, cause, condition, concession, etc.) :

Exemple

Je voyage Ø = intransitif.
À cette condition (1), je voyagerais aujourd'hui (2), en avion (3) vers la Sicile (4), avec plaisir (5), à cause de ma fatigue (6)
= (1) GP, CC de condition ; (2) Adverbe, CC de temps ; (3) GP, CC de moyen ; (4) GP, CC de lieu ; (5) GP, CC de manière ; (6) GP, CC de cause.

2 La construction transitive

Les verbes se construisent avec un **complément d'objet** (CO) qui complète le sens du verbe.

➡ Voir chapitre 17 « Les compléments essentiels du verbe ».

On distingue verbes transitifs directs ou transitifs indirects :

- **transitifs directs** : le CO est construit sans préposition, le verbe est dit transitif direct et régit donc un complément d'objet direct (COD) (ex. Il gronde *son fils* = le GN *son fils* est COD de *gronder*).
- **transitifs indirects** : le CO est introduit par une préposition, le verbe est dit transitif indirect et régit donc un complément d'objet indirect (COI) (ex. Il ressemble *à Paul* = le GP *à Paul* est COI de *ressembler*).

Par ailleurs, la plupart des verbes transitifs sont susceptibles d'être employés « absolument », c'est-à-dire sans complément d'objet explicite. On distingue deux cas majeurs :

- soit l'objet est **sous-entendu** et donc restituable grâce au contexte, le cas est fréquent en conversation (ex. – Veux-tu aller danser ? – Je ne *sais* pas *si je veux aller danser*) ;
- soit le verbe prend un sens **générique**, marquant l'habitude ou la disposition (ex. Il *boit* = il est alcoolique ; il *fume* = c'est un fumeur).

3 La construction bitransitive (ou doublement transitive)

Le verbe bitransitif (ou doublement transitif) possède deux CO, qui peuvent être :

- l'un direct (COD) et l'autre indirect : dans ce cas, l'objet indirect est dit complément d'objet second (COS) (ex. *Je donne [une pomme]$_{COD}$ [à ma fille]$_{COS}$*) ;
- tous deux indirects (COI + COI) (ex. *Je parle [de mon travail]$_{COI}$ [à mon mari]$_{COI}$*) ;

La présence explicite des deux CO n'est pas obligatoire, mais si l'un des deux CO n'est pas exprimé, il est toujours implicite.

Exemple

Je parle à mon mari = sous-entendu *de quelque chose*.
Je parle de mon travail = sous-entendu *à quelqu'un*.

REMARQUE

Certains verbes acceptent plusieurs types de transitivité (généralement intransitive et transitive), au prix d'une modification de leur sens :
Ex. Je parle *français* (transitif direct) et Je parle *de mon travail à Paul* (bitransitif).

4 La construction pronominale

Les verbes sont dits **pronominaux** en raison de la présence d'un pronom réfléchi de forme complément (*me/te/se/nous/vous/se*), référant à la même personne que le sujet, d'où sa dénomination de pronom *réfléchi*.

Exemple

Il *se* lave = *se* est un pronom réfléchi, mais : Il *le* lave = *le* n'est pas réfléchi, il ne renvoie pas à la même personne que le sujet.

Aux temps composés, les verbes pronominaux ont la particularité de ne se construire qu'avec l'auxiliaire *être* (ex. Je me *suis* lavée, mais pas : *Je m'*ai* lavée).

5 La construction impersonnelle

Ces verbes ne sont employés qu'à la P3 du singulier. Leur singularité vient de ce que le pronom sujet *il* n'a pas de référent, il est **impersonnel**[1] (ex. *Il* bruine).

On reconnait un verbe impersonnel à l'impossibilité de substituer au pronom impersonnel un pronom personnel (ex. *Il* bruine, mais pas : **Je* bruine).

La présence de ce pronom impersonnel (que l'on appelle aussi **explétif**) est purement fonctionnelle : il donne au verbe le support sujet dont l'expression est obligatoire en français, c'est pourquoi certaines grammaires le nomment **sujet apparent** ou **grammatical**.

On peut distinguer entre verbes véritablement impersonnels, et constructions impersonnelles.

5.1 Les verbes impersonnels

Ce sont ceux pour lesquels la forme impersonnelle est la seule possible, comme les verbes météorologiques (ex. *Il tonne/vente/pleut,* etc.)

5.2 Les constructions impersonnelles

Ce sont celles pour lesquelles les deux constructions sont possibles (impersonnelle et personnelle). Lors du passage de la construction personnelle à impersonnelle, le sujet syntaxique devient **sujet réel** (ou **régime**) de la construction impersonnelle à droite de la forme verbale. Le verbe prend alors comme marque de sujet le pronom impersonnel *il*, et s'accorde avec lui : *Un malheur est arrivé* → *Il (sujet apparent) est arrivé un malheur (sujet réel).*

!

Attention à la confusion entre le sujet réel d'un verbe impersonnel et le COD d'un verbe transitif direct. Le sujet réel n'est pas un COD, puisque seuls les verbes intransitifs peuvent avoir une construction impersonnelle. En cas de doute utilisez l'opération de pronominalisation. Il est possible de pronominaliser le COD, mais pas le sujet réel :
Ex. Je mange une pomme = Je *la* mange *vs.* Il passe quelqu'un = *Il *le* passe.

6 La construction attributive

Les verbes attributifs instaurent entre l'élément attribut et leur argument (sujet ou objet) une relation sémantique particulière puisqu'ils lui attribuent une propriété. Cette relation sémantique est marquée par l'accord en genre et en nombre de l'attribut (ex. *Ce chat* est *idiot*, Je trouve *ces filles* très *belles*…).

1. C'est ce pronom impersonnel que l'on retrouve dans les présentatifs *il y a*, *il est* et *c'est*.

Les verbes attributifs sont classés selon le type de relation qu'ils expriment :

Type de relation exprimée	Verbes
État	*Être*
Entrée dans un état	*Devenir, se faire, tomber + adj., passer + adj.*
Continuité d'un état	*Demeurer, rester, passer (inaperçu)*
Apparence de l'état	*Avoir l'air, paraitre, sembler, faire, s'annoncer*
Jugement sur l'état	*Passer pour, être considéré comme*
Prise de conscience	*Apparaitre comme, se montrer, se révéler, s'avérer, se trouver*

Tous les verbes d'état peuvent être remplacés par le verbe *être*, que l'on appelle dans ce cas *copule* (voir chapitre 14 « Les verbes *être* et *avoir* »). C'est un test fiable pour les identifier.

!

Certains verbes sont susceptibles de recevoir une construction dite *occasionnellement attributive*. Il faut alors analyser le complément comme un attribut :
Ex. Paul arriva *ivre* = *ivre* n'est pas CC de manière mais attribut du sujet *Paul*.
Cette construction est identifiable en raison de ce que la proposition équivaut à deux phrases simples coordonnées dont la seconde comporte la copule *être*, soit : *Paul arriva et Paul était ivre*.

20 Les verbes *être* et *avoir*

Cours et méthodes

Les verbes *être* et *avoir* connaissent plusieurs types de fonctionnements qui vont d'un emploi pleinement lexical à un emploi purement grammatical.

1 Verbes de sens plein

Lorsque le verbe *être* est employé intransitivement avec le sens d'« exister », il a alors un sens plein (ex. Je pense, donc je *suis*).

Quant au verbe *avoir*, lorsqu'il est employé en sens plein, il est transitif direct et exige donc un COD. Il exprime la possession (ex. J'*ai* deux enfants).

2 Emplois intermédiaires

2.1 *Être* : verbe copule

Le verbe *être*, introduisant l'attribut du sujet, est traditionnellement classé parmi les « verbes d'état », aux côtés des verbes comme *demeurer, rester, devenir, paraître, sembler*, etc. mais à la différence de ces derniers, on l'appelle verbe **copule** car il est sémantiquement vide ; il sert uniquement à faire le lien entre sujet et attribut (ex. Je *suis* gentille, Tu *es* en forme).

2.2 *Avoir* : verbe support

Le verbe *avoir* peut fonctionner comme verbe support lorsqu'il se combine avec un nom prédicatif pour former une locution verbale (ex. *avoir besoin de* = *nécessiter, avoir peur/faim*, etc.).

La locution verbale s'analyse alors comme un tout, le nom qui y figure n'est donc pas à analyser comme un COD.

3 Les présentatifs *c'est* et *il y a*

Les verbes *être* et *avoir* peuvent figurer dans des présentatifs qui fonctionnent comme des unités, résultant d'un figement et qui sont donc non décomposables en sujet-verbe-(complément)

➥ Voir chapitre 16 « Les présentatifs ».

Exemples

C'est moi !
Il est minuit.
Il y a du monde aujourd'hui.

!

Attention à la confusion *c'est* présentatif ou démonstratif + copule. On a affaire à la séquence démonstratif + copule, si le démonstratif peut être remplacé par un pronom personnel ou impersonnel. En revanche, on a affaire au présentatif, si la commutation avec un autre présentatif est possible, comme : *voici, voilà, il y a*.
Ex. *C'est* malpoli = *cela/il* est malpoli : démonstratif suivi d'une copule.
Ex. *C'est* moi = Me *voici* : présentatif.

4 Verbes auxiliaires

Les verbes *être* et *avoir* peuvent avoir un rôle d'auxiliaire lorsque, suivis d'un verbe au participe passé, ils servent à former les temps composés du verbe qui traduisent l'aspect accompli (ex. *J'ai mangé, je suis parti*) et le passif (ex. *J'ai été poussé*).

Dans les formes composées, l'auxiliaire apporte les informations grammaticales (personne, mode, temps et aspect) et le participe passé porte le sens lexical.

L'auxiliaire ***être*** est souvent utilisé avec des verbes intransitifs qui expriment un mouvement ou un changement d'état, comme : *arriver, devenir, entrer, sortir, tomber, venir*, etc. Il est également utilisé pour les formes passives et pour les formes composées des verbes pronominaux :

Exemples

Verbe intransitif : *Il est tombé.*
Forme passive : *Elle a été renversée.*
Verbe pronominal : *Elle s'est lavée.*

L'auxiliaire ***avoir*** sert à construire les formes composées d'*être* et de lui-même (ex. *il a été/il a eu*), les formes composées du passif (ex. *il a été vu*) et les formes surcomposées (ex. *il a eu fini*).

Il s'emploie avec la plupart des verbes transitifs, avec certains verbes intransitifs et avec les verbes impersonnels :

Exemples

Verbe transitif : *Elle a mangé son gâteau.*
Verbe intransitif : *Elle a beaucoup dormi.*
Verbe impersonnel : *Il a fallu qu'elle parte ce matin.*

21 Les modes impersonnels

Cours et méthodes

Les **modes impersonnels** (ou non personnels) qui représentent les formes non conjuguées du verbe, ne varient pas (en personne) et on les distingue d'après la classe de mots à laquelle ils s'identifient et dont ils partagent les fonctions dans la phrase :

- l'**infinitif** est la forme **nominale** du verbe, dans la mesure où il exprime le nom du procès : ***Rire** est bon pour la santé*
- le **participe** est la forme **adjectivale** du verbe, dans la mesure où il partage les fonctions adjectivales : *Un homme **averti** en vaut deux*
- le **gérondif** est la forme **adverbiale** du verbe, puisqu'il sert à indiquer une circonstance à la manière d'un adverbe : *Il travaille **en mangeant**.*

1 L'infinitif

L'infinitif (du latin *infinitivus* renvoie au caractère non *fini* de la forme) connait deux types d'emploi : verbaux et nominaux.

1.1 Emplois verbaux

a. En proposition indépendante

En proposition indépendante, l'infinitif peut se présenter à toutes les modalités :

- infinitif de **narration** dans une phrase déclarative : *Et tous de se taire*
- infinitif **délibératif** dans une phrase interrogative : *Que faire ?*
- infinitif **d'ordre** dans une phrase injonctive : *Ne pas fumer*
- infinitif **exclamatif** : *Lui, réussir ce concours ! Évidemment.*

b. En proposition subordonnée

On le rencontre :

- en proposition subordonnée (PS) **interrogative indirecte** : *Je ne sais pas **quoi faire***
- en **PS relative** : *Je cherche un lit **où dormir***
- en **PS infinitive** : *J'entends **les enfants crier***

c. Dans une périphrase verbale

La périphrase verbale est une structure verbale complexe composée d'un semi-auxiliaire (qui vient préciser les valeurs temporelle, aspectuelle ou modale du verbe) et d'une forme à l'infinitif. L'infinitif entretient avec le semi-auxiliaire le même type de rapport que le participe passé avec les auxiliaires *être* et *avoir*. Voici les principales valeurs que l'on peut distinguer pour les périphrases.

Temporelle

Elle permet de situer le procès dans le temps en exprimant :
- le futur proche : *je vais rentrer* ;
- le passé proche : *il vient de finir.*

Aspectuelle

Elle montre le procès dans les étapes de sa durée interne en exprimant :
- le début du procès (aspect inchoatif) : *elle commence à/se met à manger* ;
- le cours du procès (aspect continuatif) : *il continue de/est en train de manger* ;
- la fin du procès (aspect terminatif) : *il termine/finit de manger.*

(↪voir chapitre 12 « Le verbe : généralités ».)

Modale

Elle indique le point de vue du locuteur sur le contenu de l'énoncé et s'exprime grâce aux verbes *vouloir, pouvoir* et *devoir* : *Nous voulons manger de suite.*

Actancielle

Elle modifie le nombre des participants (ou actants) et en précise le rôle, elle peut être :
- causative : *J'ai fait courir le chien* ;
- permissive : *Il a laissé sortir le chat* ;
- passive : *Il s'est fait arnaquer.*

1.2 Emplois nominaux

Outre la valeur purement verbale, l'infinitif peut avoir une valeur nominale, il occupe alors les fonctions nominales, telles que :
- sujet : *Fumer* tue ;
- COD ou COI : Il adore *jouer*, Je regrette *d'être parti* ;
- attribut du sujet : L'essentiel est *de participer* ;
- apposition : J'ai deux loisirs : *marcher et courir* ;
- CC de temps : Préviens-moi *avant de partir* ;
- complément de nom : L'idée *de partir* l'effraie ;
- complément de l'adjectif : Nous sommes prêts *à partir.*

2 Le participe

Tous les participes sont susceptibles d'avoir deux emplois : verbaux et adjectivaux, en raison de leur nature, à la fois verbale et adjectivale.

2.1 Le participe passé

a. Emploi verbal du participe passé

En emploi **verbal**, il se combine avec un verbe auxiliaire pour constituer les temps composés du verbe, ainsi que la forme passive :

Exemples

Temps composés : Ils sont *arrivés*/Ils ont *couru*.
Passif : Ils ont *été rangés*.

Il peut être prédicat d'une proposition participiale, dans ce cas il s'accorde en genre et nombre avec son sujet exprimé :

Exemple

Sitôt le jour levé, Marie est partie travailler.

Il existe un emploi verbal à valeur adjectivale où, dans ce cas, le participe se combine avec ses arguments, mais s'accorde avec le nom qu'il qualifie :

Exemple

Marie, *fatiguée par sa journée*, est allée se coucher tôt.

b. Emploi adjectival du participe passé

En emploi **adjectival**, il est adjoint à un nom et peut prendre toutes les fonctions adjectivales (voir chapitre 6 « Les adjectifs ») :

Exemples

Épithète détachée : Jean, *déçu*, est rentré chez lui.
Attribut du sujet : Il est très *fatigué*.

REMARQUE

Seule la présence ou l'absence d'argument permet de distinguer l'emploi verbal à valeur adjectivale et l'emploi adjectival du participe passé, puisque tous deux s'accordent en genre et nombre.

2.2 Le participe présent

Comme tout participe, le participe présent connait deux types d'emploi :
- l'un adjectival : il est alors nommé **adjectif verbal** et se comporte comme un adjectif ;
- l'autre verbal : il est alors nommé **participe présent** et partage des propriétés à la fois verbales et adjectivales.

Les propriétés syntaxiques et sémantiques de l'un et l'autre de ces emplois sont différentes, comme l'illustre ce tableau :

Participe présent	Adjectif verbal
Est **invariable** : Je l'ai trouvée *riant* sur le canapé.	Varie en **genre** et en **nombre** : Elle est *changeante* comme la lune.
Peut avoir un **COD ou COI** : Je l'ai vu promenant *ses enfants*.	Peut occuper **toutes les fonctions de l'adjectif** : Elle est *changeante* comme la lune (ici : attribut du sujet *elle*), Le photographe s'inspire d'une lumière *changeante* (ici épithète liée de *lumière*).
Peut être précédé de la négation ***ne*** : J'étais repu, *ne* voulant *plus* rien manger.	**Ne peut supporter la négation** : *elle est *ne* changeante *pas* comme la lune.
Peut être suivi d'un adverbe s'y rapportant, sauf un adverbe de degré : un enfant bavardant *toujours* mais *un enfant *très* bavardant.	**Peut être précédé d'un adverbe** de degré qui la modifie : Ces pantalons sont *très* moulants.
Peut être un verbe pronominal : Elle vit les enfants *se bousculant*.	**Ne peut être un verbe pronominal** : *ces filles *se bousculantes*.
Exprime une action qui progresse dans une durée déterminée (soit qui a un début et une fin).	**Exprime généralement un état**, une qualité plus ou moins permanente sans délimitation temporelle.

- **Emploi verbal du participe présent**

Il peut être prédicat d'une proposition participiale, mais contrairement au participe passé, il ne s'accorde pas avec son sujet exprimé.

Exemple

Le jour/l'aube se levant, Marie est partie travailler.

Grammaire

Il peut avoir un emploi verbal à valeur adjectivale et dans ce cas il se combine avec ses arguments, mais ne s'accorde pas avec le nom qu'il qualifie.

Exemple

[Ils suivent] le navire *glissant sur les gouffres amers* (Baudelaire, « L'albatros », *Les Fleurs du Mal*).
Si on met l'exemple au féminin, *glissant* ne varie pas sinon la phrase devient agrammaticale : *ils suivent la galère *glissante sur les gouffres amers.*

- **Emploi adjectival du participe présent** (➥voir tableau *supra* et chapitre 6 « Les adjectifs »).

3 Le gérondif

C'est la forme **adverbiale** du verbe, il précise, à la manière d'un adverbe, les circonstances dans lesquelles s'effectue le procès principal. Le gérondif se forme à partir du participe présent précédé de la préposition *en*, parfois renforcé par l'adverbe *tout* (ex. Il travaille *tout en écoutant* de la musique).
Le gérondif est invariable et peut avoir des compléments. Il a dans la phrase la fonction de CC, par conséquent il possède diverses valeurs sémantiques :

- la simultanéité (très fréquente) : *En sortant*, il a trébuché.
- la manière : Il travaille *en écoutant* de la musique.
- l'hypothèse : *En travaillant* sérieusement, tu réussiras.
- la concession : *Tout en sachant* la vérité, il gardera le silence.
- la cause : *En baissant* ses prix, il a gagné une nouvelle clientèle.

22 Les présentatifs

Cours et méthodes

1 Définition et origine

DÉFINITION

C'est un terme qui a la particularité de pouvoir fonctionner comme base d'une phrase, en l'absence de tout verbe et ayant comme rôle de présenter un élément afin qu'il soit mis en évidence (processus dit de **focalisation**).

En français l'on possède quatre présentatifs : *voici/voilà* et les locutions *il y a, c'est* et *il est* :

Exemple

Voici/voilà Paul qui arrive enfin ! ; *Il y a* deux minutes il était là ; *C'est* Pierre ! ; *Il est* trois heures...

Tous ces éléments sont à l'origine des verbes. Pour les locutions *il y a*, *c'est* et *il est* la présence des verbes *avoir* et *être* est encore perceptible. Mais, même si cela est moins perceptible, c'est aussi le cas pour les présentatifs *voici* et *voilà*, formés sur l'impératif du verbe *voir* suivi des adverbes de lieu *-ci* et *-là*.

C'est cette origine verbale qui explique qu'ils puissent fonctionner comme noyau de la phrase.

2 Morphologie

Ils ont perdu leur autonomie de verbe fléchi et se sont plus ou moins figés : *il y a* et *il est* peuvent varier en temps seulement et *c'est* peut varier en temps et en nombre, même si cette dernière variation est facultative et souvent liée au contexte oral *vs.* écrit (ex. *C'est* des chats, *Ce sont* des chats).

Grammaire

Les présentatifs introduisent généralement des éléments nominaux qui ont la fonction de **régime**[1] du présentatif et peuvent être :

- un nom ou un GN (*cf.* exemples précédents) ;
- un pronom (ex. Ah, te voilà *toi* !, Il y *en* a, C'est *toi* le chat !) ;
- une PS (ex. Voilà *qui est bien* !, Il y a *que j'en ai assez* !, C'est *que je suis fatigué* !, Voici *venir le temps des cerises*) ;
- un adverbe ou un adjectif (ex. Voici déjà *demain*, Il y a *bon et mauvais*, C'était *hier* !).

REMARQUE

Il y a peut être placé après le nom dans des propositions subordonnées introduites par *si* ou *puisque* : *Si/puisque* mensonge *il y a*, je pars !

1. Pour les verbes et constructions impersonnelles, on peut parler indifféremment de sujet réel ou de régime du verbe impersonnel. En revanche, lorsqu'il s'agit de présentatifs, on ne peut parler que de régime.

23 Les compléments essentiels du verbe

Cours et méthodes

Généralités

Les compléments d'objet[1] (CO) sont des constituants **essentiels**, sélectionnés par le verbe. Ils peuvent appartenir aux catégories suivantes :

- un GN déterminé (ex. COD : vendre *sa maison* ; COI : parler *à un enfant*)
- un pronom personnel (ex. COD : *la* vendre ; COI : *lui* parler)
- un pronom relatif (ex. COD : la maison *que* je vends ; COI : l'enfant *à qui* je parle)
- un pronom interrogatif (ex. COD : *Que* vends-tu ? ; COI : *À qui* parles-tu ?)
- une proposition subordonnée :
  - infinitive (ex. COD : J'entends *chanter les enfants*)
  - complétive (ex. COD : Je souhaite *que tu t'en ailles* ; COI : Je tiens *à ce que tu manges*)
  - relative sans antécédent (ex. COD : Embrassez *qui vous voudrez* ; COI : Pensez *à ce que vous voudrez*).

1 Complément d'objet direct (COD)

Il fait partie de la transitivité directe du verbe (non introduit par une préposition). Voici les manipulations qui permettent de l'identifier :

- **pronominalisation** par un clitique objet : *le/la/les/l'* (ex. Je mange *des fraises* = Je *les* mange) ;
- **passivation** : au passif, le COD devient sujet du verbe (ex. L'enfant mange *les fraises* = *Les fraises* sont mangées par l'enfant). Cette opération ne concerne donc que les verbes transitifs directs ;
- **interrogation** par *qu'est-ce qui… ?* si le COD est inanimé, ou *qui est-ce qui… ?* si le COD est animé (ex. Je mange *des fraises* = *Qu'est-ce que* je mange ?) ;
- **extraction** dans la construction clivée *c'est… que* (ex. Je mange *des fraises* = *C'est des fraises que* je mange) ;

Toutes ces propriétés syntaxiques permettent de le distinguer du complément circonstanciel (voir chapitre 18 « Le complément circonstanciel »).

1. Les nouveaux programmes parlent désormais de « complément du verbe », mais nous conservons ici la terminologie traditionnelle pour une meilleure de lisibilité.

2 Compléments d'objet indirect (COI) et second (COS)

Le COI est introduit par une préposition, la plupart du temps *à* ou *de*. Cette préposition est imposée par le verbe, contrairement au CC dont la préposition est libre :

Exemples

COI : Je pense *à* vous, mais pas : *Je pense *sur* vous
vs. CC : Je vais *au* marché/*en* ville/*chez* le médecin...

En cas de bitransitivité, si le COI accompagne un COD, il est alors considéré comme un complément d'objet second (COS). Il s'agit le plus souvent de verbes exprimant le dire et le don (ex. *Dire [quelque chose]*$_{\text{COD}}$ *[à quelqu'un]*$_{\text{COS}}$; *Donner* [*quelque chose*]$_{\text{COD}}$ [*à quelqu'un*]$_{\text{COS}}$). Si le COI accompagne un autre COI, alors son appelation ne change pas.
On reconnait le COI grâce aux manipulations suivantes :

- **pronominalisation** par un clitique objet *lui/leur* ou *en* et *y* (ex. Je tiens *à mes bijoux* = J'*y* tiens ; Je parle *aux candidats* = Je *leur* parle) ;
- **interrogation** par *à qui ?* si le COI est animé, ou *de qui/quoi ?* si le COI est inanimé (ex. Je parle *aux candidates* = *À qui* parles-tu ?, Je tiens *à mes bijoux* = *À quoi* tiens-tu ?) ;
- **extraction** dans la construction clivée *c'est... que* (ex. Je parle *aux candidats* = *C'est aux candidats que* je parle).

3 Complément d'agent

Il est présent dans une phrase passive et est introduit par la préposition *par* (ou *de* avec un verbe de sentiment, ex. *Il est aimé de ses enfants*).

On l'identifie en transformant la phrase passive à l'actif. Il occupe alors la fonction sujet :

Exemple

Passif : Les fraises sont mangées *par Paul* (par Paul est complément d'agent).
Actif : *Paul* mange les fraises (*Paul* est sujet).

4 Attribut

Il exprime une qualité ou une propriété que l'on donne à un autre terme de la phrase. On distingue, selon le verbe, l'attribut du sujet ou de l'objet.

4.1 L'attribut du sujet

L'attribut du sujet est un complément obligatoire du verbe et il établit un caractère d'équivalence entre le sujet et son attribut. On identifie l'attribut du sujet par la présence d'un verbe d'état ou attributif.

L'attribut du sujet peut être[1] :

- un GN ou un nom (ex. Il deviendra *un grand avocat/avocat*) ;
- un pronom (ex. L'amour est aussi *cela*) ;
- un adjectif (ex. Il est *idiot*) (voir chapitre 6 « Les adjectifs ») ;
- un GP (ex. Je suis *en colère*) ;
- un adverbe à valeur adjectivale (ex. Je suis *bien*) ;
- un groupe infinitif (ex. Délicat est *de contester son enseignant*) ;
- une PS complétive conjonctive (ex. Le pire serait *qu'ils nous licencient*) ;
- une PS relative sans antécédent (ex. Il est *qui vous savez*).

!

Attention à la confusion attribut du sujet *vs.* COD. **Le COD se construit avec un verbe transitif et non attributif**. Avant de donner la fonction de l'élément à droite du verbe, il convient de s'interroger sur le type de verbe introduisant cet élément. S'il est attributif, il peut généralement être remplacé par le verbe *être*, tandis que cette substitution est impossible si le verbe est transitif :
Ex. Paul deviendra *un grand chirurgien* = Paul *sera* un grand chirurgien : *devenir* est donc un verbe attributif et *un grand chirurgien* est attribut du sujet *Paul*.
Ex. Paul connait *un grand chirurgien* : le verbe *connaitre* est transitif direct, donc *un grand chirurgien* est COD de ce verbe.
Un autre test peut vous permettre d'identifier l'attribut, c'est le phénomène de l'accord. En effet, l'attribut s'accorde en genre et nombre avec le N auquel il est attribué (ex. Marie est *heureuse*), contrairement au COD qui ne s'accorde jamais avec le sujet (ex. *Paul/Marie connait Pierre*, mais dans *Marie connait Pierre*, ce n'est pas parce que *Marie* est féminin que *Pierre* devient féminin, ce sont deux entités différentes dans le monde).
D'autre part, ils diffèrent sur le plan sémantique : le COD complète le sens du verbe alors que l'attribut dit quelque chose à propos du sujet (d'où l'accord).

4.2 L'attribut de l'objet

Certains verbes établissent une relation d'équivalence entre leur objet et un attribut (ex. Je la trouve *sympathique* = sympathique est attribut de l'objet *la*). Ce sont :

- les verbes de jugement et d'appréciation : *juger, trouver, estimer, considérer comme, regarder comme*, etc.
- les verbes indiquant un changement d'état : *laisser, rendre, faire*, etc.
- les verbes conférant un titre ou une dénomination : *proclamer, nommer, élire, traiter de, appeler*, etc.

Le CO est le plus souvent direct, mais on peut trouver des attributs de COI, avec des verbes comme : *se servir de qc comme qc, user de qn/qc comme qc, faire de qc. qc.* (ex. Je fais de mon père *un dieu*)

1. Dans les programmes, seuls les adjectifs sont exigibles des élèves dans cette position. Les autres catégories sont introduites ultérieurement.

> **!**
>
> Certains verbes acceptent l'ellipse[1] de leur CO, notamment *dire, jurer, croire* et *penser* au conditionnel ou au subjonctif plus-que-parfait (ex. À le voir, on croirait *son père* = le GN *son père* est attribut de l'objet direct implicite *le*).

L'attribut de l'objet peut être :

- un adjectif (ex. On l'a trouvé *compétent*) ;
- un GP (ex. On l'a qualifié *d'incompétent*) ;
- un pronom interrogatif (ex. *Pour qui* le prends-tu ?) ;
- un groupe infinitif (ex. J'appelle ça *gagner du temps*) ;
- une PS relative, notamment avec *avoir* (ex. J'ai le foie *qui ne va pas*).

> **!**
>
> Attention à la confusion entre l'**attribut de l'objet** et l'**adjectif épithète lié** (voir chapitre 6 « Les adjectifs »).

5 Les compléments essentiels du verbe dans les programmes (BO15)

Au cycle 3, les élèves sont amenés à mettre en relation le fonctionnement syntaxique du verbe et ses variations de sens en fonction des constructions. Pour cela, ils comparent les constructions d'un même verbe, ils les catégorisent (rapport sens-syntaxe) et les réemploient (*jouer avec, jouer à, jouer pour/la plante pousse - Lucie pousse Paul*).

1. L'ellipse consiste en l'effacement d'un constituant qui reste sous-entendu.

24 Le complément circonstanciel

Cours et méthodes

Les compléments circonstanciels (CC) ne sont généralement **pas sélectionnés** par le prédicat verbal. En grammaire traditionnelle, l'appellation *circonstanciel* renvoie à une réalité sémantique : ces compléments sont censés exprimer les circonstances de réalisation du procès. Pour identifier leur valeur sémantique, le recours à l'interrogation est un moyen efficace. Toutefois, cette valeur sémantique ne précise par leur statut syntaxique (essentiel ou facultatif)[1].

1 Nature des compléments circonstanciels

Ils peuvent être représentés par un GN, un GP, un adverbe, un gérondif ou une proposition[2]. Voici une série d'exemples vous donnant les valeurs sémantiques les plus fréquentes :

Sens	Interrogation	Exemples
Temps	Quand ?	Je mange *la journée* (GN)
		Je mange *à midi* (GP)
		Je mange *aujourd'hui* (Adv.)
Lieu	Où ?	Je mange *à Paris* (GP)
		Je mange *ici* (Adv.)
Manière	Comment ?	Je mange *avec voracité* (GP)
		Je mange *goulûment* (Adv.)
Moyen	Avec quoi ?	Je mange *avec les doigts* (GP)

1. Certains manuels (par ex. : *Interlignes. Cycle 3 - CM1*, Sed, 2009) privilégient les critères sémantiques avec questionnement : *quand ? où ? comment ?* sans traiter les critères syntaxiques. D'autres le font partiellement (Alain Bentolila, *Par mots et par phrases CM2. Étude de la langue*, Nathan, 2008).

2. Pour les PS circonstancielles et le gérondif, voir chapitres 27 « Les propositions subordonnées circonstancielles » & 15 « Les modes impersonnels ».

Sens	Interrogation	Exemples
Mesure	Combien ?	Je mesure *un mètre* (GN)
Cause	Pourquoi ?	Je mange *par grosse faim* (GP)
But	Pour quoi ?	Je mange *pour grossir* (GP)
Concession	Malgré quoi ?	Je mange *malgré mon poids* (GP)
Condition	À quelle condition ?	Je mange *à condition d'avoir faim* (GP)

2 Critères de distinction entre compléments de verbe et compléments circonstanciels (= arguments vs. circonstants)

Les programmes précisent que les enfants doivent être en mesure de distinguer les compléments essentiels du verbe des compléments circonstanciels. Le tableau ci-dessous récapitule les manipulations généralement utilisées dans les manuels et qui permettent de distinguer les deux types de compléments (le symbole « + » signifie que la manipulation est possible, le symbole « – » qu'elle entraine l'agrammaticalité ou l'ininterprétabilité de la proposition) :

Manipulations/Tests	Compléments essentiels de verbe (arguments)	Compléments circonstanciels (circonstants)
Effacement/suppression	–	+
Déplacement	–	+
Extraction dans la construction clivée en *c'est... qui/que*	+	+
Pronominalisation par un clitique	+	–

Test d'effacement/suppression

- argument : il évoque *son enfance* = *il évoque Ø[1] ;
- circonstant : je marche *toute la journée* = je marche Ø.

Test de déplacement/mobilité

- argument : ? *Son enfance* il évoque ;
- circonstant : *Toute la journée* je marche.

Test d'extraction dans la construction clivée : ce test ne permet pas de distinguer entre circonstants et arguments, mais permet de distinguer ces deux fonctions des constituants extra-propositionnels (compléments de phrase exprimant le jugement du locuteur et qui ne dépendent pas du verbe, voir *infra*) :

1. Ce test est à prendre avec précaution car dans certains cas il est possible d'ellipser les arguments, notamment lorsqu'ils sont fortement sous-entendus (ex. je mange *une pomme*/je mange [sous-entendu : on mange forcément qqch]).

- argument : C'est *son enfance* qu'il évoque ;
- circonstant : C'est *toute la journée* que je marche.

Test de pronominalisation par un pronom clitique (ou pronom personnel conjoint) :

- argument : il *l'*évoque ;
- circonstant : *je *la* marche.

3 Les compléments circonstanciels (CC) : compléments essentiels ou compléments de phrase ? Critères de reconnaissance

Une fois que l'on sait distinguer entre complément d'objet (arguments) et complément circonstanciel (circonstants), il convient également de faire la distinction entre deux types de CC qui ont un comportement syntaxique très différent :

- les **CC facultatifs** ou compléments de phrase ;
- les **CC essentiels** ou compléments de verbe qui ne sont pas facultatifs mais obligatoires, et qui sont à distinguer des compléments d'objet de verbe.

3.1 Les CC facultatifs ou compléments de phrase

Ils modifient l'intégralité de l'énoncé. Ces CC sont :

- **mobiles** (ex. Je mange *la nuit* = *La nuit* je mange) ;
- **facultatifs** (ex. Je mange *la nuit* = Je mange Ø).

Parmi les CC facultatifs on distingue traditionnellement deux types :

- les **circonstants** qui indiquent le mode de réalisation du procès (temps, lieu, destination, provenance, moyen, but, cause, opposition ou concession). Ce type de CC peut être extrait dans la construction clivée en *c'est… que* (ex. C'est *la nuit* que je mange) ;
- les **modalisateurs** qui indiquent le jugement du locuteur sur ce qui est dit (ex. *Selon moi/de toute évidence/malheureusement/à mon avis*, il est heureux) ou bien sur sa manière de dire (ex. *Franchement/sérieusement*, vous y croyez ?). Ces CC ne peuvent être extraits dans la construction clivée (ex. C'est *à mon avis* qu'il est heureux).

3.2 Les CC essentiels ou compléments de verbe

Ils complètent le verbe. Ils sont :

- **fixes** (non mobiles) (ex. Je passe *à Paris*, mais : **À Paris* je passe) ;
- **obligatoires** (ex. Je passe *à Paris*, mais : *Je passe Ø[1]) ;
- **pronominalisables** par les pronoms adverbiaux *y* et *en* (ex. je vais *à Paris* = j'*y* vais) ;
- **remplaçables** par les adverbes *ici/là* (ex. je vais *à Paris* = je vais *là*), contrairement aux arguments.

Les verbes appelant la présence d'un **CC essentiel** sont les suivants :

- les verbes **locatifs** : *habiter, résider, loger, se trouver, être* (sens locatif), etc. ;
- les verbes de **mesure** indiquant le poids, le prix, la durée ou la distance : *peser x kilo, coûter x euros, durer x temps, courir x km.*

1. Si l'on prend un exemple tel que *ça pèse trois kilos*, il est possible de trouver *ça pèse* mais dans ce cas la proposition comporte un tout autre sens que celui d'origine. Il s'agirait alors d'une construction avec un CC sous-entendu *ça pèse lourd, son poids…*

Grammaire

!

À la distinction *y/en* pronoms clitiques ou pronoms adverbiaux : lorsqu'ils sont pronoms adverbiaux, *y/en* sont remplaçables par *ici/là* (ex. j'*y* vais = je vais *ici/là*). Lorsqu'ils sont pronoms clitiques (pronoms personnels conjoints), une telle substitution est impossible (ex. je pense à lui = j'*y* pense mais *je pense *ici/là*).

Aux **ambiguïtés structurales** : on parle d'ambiguïté structurale lorsque la phrase peut recevoir plusieurs interprétations, en raison de sa structure syntaxique :

Ex. Il chante *la nuit*

Dans cette phrase, le GN *la nuit* peut être analysé comme un COD (il *la* chante) et à ce moment-là on peut considérer que « il chante quelque chose qui s'appelle la nuit », mais ce même GN peut aussi être analysé comme un CC de temps et à ce moment-là il devient mobile (*La nuit* il chante) et facultatif (il chante Ø).

4 Les compléments circonstanciels dans les programmes (BO15)

Au cycle 3 on parle de complément de phrase et on distingue les compléments du verbe (ceux qui appartiennent au groupe verbal) des compléments de phrase (ceux qui complètent la phrase). Le terme de complément circonstanciel n'est pas abordé.

C'est grâce à la manipulation (opérations de suppression, déplacement, pronominalisation) que l'élève va repérer les groupes nominaux en position de compléments et faire la distinction entre compléments de verbe et compléments de phrase.

25 La fonction sujet

Cours et méthodes

Le terme (ou le groupe) à fonction sujet ne peut être omis, c'est un constituant obligatoire de la phrase.

! Il n'est pas exprimé à l'impératif, car l'impératif est suffisamment distingué par les désinences pour identifier les participants du discours.

1 Critères de reconnaissance du sujet

On reconnait le sujet par différents critères.

1.1 Accord du verbe

L'interdépendance du groupe [sujet-verbe] se traduit sur le plan morphologique par l'accord obligatoire du verbe avec son sujet. Ce dernier donne au verbe ses marques de personne et de nombre (ex. Ils parlai*ent* : *-ent* = marque de P6), parfois de genre dans le cas du participe passé (ex. Elle es*t* parti*e* : *-t* : marque de P3, *-e* = marque du féminin singulier) :

1.2 Place du sujet

Le sujet est généralement placé à gauche du verbe, ce qui le distingue d'autres constituants obligatoires, comme les COD et attributs qui se placent à droite (ex. *Je* parle trois langues, *Je* suis enrhumé).

1.3 Extraction du sujet

Le sujet peut être extrait au moyen de la construction *clivée* ***c'est... qui*** (ex. *Nous* mangeons des pâtes = *C'est nous qui* mangeons des pâtes.)

1.4 Pronominalisation du sujet

Le GN sujet peut être remplacé par un pronom personnel sujet (*il/elle, ils/elles*), s'il n'est pas déjà sous cette forme (ex. *Les enfants* sont allés à l'école = *Ils* sont allés à l'école).

2 Les éléments à fonction sujet

La fonction sujet peut être remplie par différents constituants de type nominal :
- un groupe nominal (ex. *La soupe* est servie) ;
- un nom propre (ex. *Marc* dort encore) ;
- un pronom (ex. *Quelqu'un/il/celui-là* vient de rentrer) ;
- un verbe à l'infinitif (ex. *Fumer* tue).
- une PS complétive (ex. *Qu'il abandonne tout* m'attriste) ;
- une PS relative (ex. *Qui vole un œuf* vole un bœuf).

3 L'inversion du sujet

Il arrive que le sujet, au lieu de précéder le verbe, occupe la place à droite. Voici quelques cas d'inversion du sujet :
- en modalité **interrogative** : l'élément sur lequel porte l'interrogation étant placé en tête de phrase, il entraîne la postposition du sujet (ex. Qu'avez-*vous* mangé ?) ;
- dans les propositions **incises** (ex. J'arrive, s'écria *le jeune homme*) ;
- dans une **PS** le sujet peut suivre le verbe (ex. Le travail qu'a fourni *cet étudiant* est impressionnant) ;
- avec un **verbe indiquant la survenue d'un événement**, comme *surgir, arriver, survenir*, etc. (ex. Tout à coup surgit *un monstre avec des poils partout*) ;
- en cas d'**énumération** des sujets (ex. Sont reçus à l'examen *les candidats suivants : Durand Paul, Dupont Marie, etc.*) ;
- avec un **attribut en tête** de phrase (ex. Tel est *ton destin*) ;
- avec un **circonstant en tête** de phrase (ex. Ici vivait *une célébrité*)

!

Attention à la confusion entre l'inversion du sujet et la construction impersonnelle, telle que : *Il reste* du pain. En construction impersonnelle, le verbe possède un sujet syntaxique représenté par le pronom impersonnel *il* (voir chapitre 13 « Les constructions verbales »).

4 Le sujet et le thème

Le sujet syntaxique interfère fréquemment avec la notion de **thème** en relation avec le **rhème** ou propos. Ces notions relèvent d'une perspective communicative qui part du principe que communiquer consiste à transmettre une information à autrui. Dans cette perspective, la phrase s'analyse en deux parties :

- le **thème** est ce dont on parle, il est généralement connu de l'interlocuteur ;
- le **rhème** (ou propos) est ce qu'on en dit, c'est l'information nouvelle sur le thème.

Dans la phrase canonique, le thème correspond au sujet de la phrase et le rhème au GV (ex. *Paul* joue au ballon = *On dit de* Paul qu'il joue au ballon), mais certaines constructions verbales ou formes de phrases peuvent modifier cet ordre :

- la **voix passive** convertit le COD en thème (sujet) de la phrase ;

Exemples

Active : Un camion a renversé *notre voisin*.
vs. Passive : *Notre voisin* a été renversé par un camion.

- la **construction impersonnelle** transforme le thème en rhème ;

Exemples

Personnelle : *Une aventure* m'est arrivée.
Impersonnelle : Il m'est arrivé *une aventure*.

- la **dislocation gauche** ou thématisation : un constituant détaché en tête de phrase et repris par un pronom est transformé en thème (thématisé) (ex. *Les légumes*, j'adore *ça* !, *Le frère de Paul*, je *le* connais).

··· EN CLASSE ···

La notion de sujet grammatical n'est abordée qu'à partir du CE1, quand les enfants savent distinguer le verbe des autres mots, car c'est à partir du verbe qu'on peut poser l'existence de la fonction sujet.

La reconnaissance du sujet a un but **orthographique**. On peut faire travailler l'accord en dictée par exemple, en faisant varier :

- la place du sujet (avec un sujet postposé par ex.) ;
- le nombre du GN sujet (singulier et pluriel) ;
- les exemples où la variation s'entend et ne s'entend pas ;
- la taille du groupe nominal sujet : quand le GN est étendu, c'est le test de suppression qui permet de trouver le nom tête du groupe.

On n'hésitera pas, à partir du CM1, à donner des moyens linguistiques pour trouver le sujet du verbe, comme : sa non-suppression, l'encadrement en *c'est... qui*, le remplacement par un pronom quand c'est un nom, visant notamment à montrer que le sujet ne fait pas toujours l'action[1].

1. Carole Tisset, *Observer, manipuler, enseigner la langue au cycle 3*, Hachette Éducation, 2005.

Exemple d'application

Le repérage du groupe sujet[1]

Observe ces couples de phrases.

En hiver, la route devient très dangereuse.

En hiver, les routes deviennent très dangereuses.

Mon frère, demain matin, ne jouera pas dans le jardin.

Mes frères, demain matin, ne joueront pas dans le jardin.

La pie a fait un nid en haut du peuplier.

Les pies ont fait un nid en haut du peuplier.

Quel est le groupe qui fait varier le verbe ?

5 La fonction *sujet* dans les programmes (BO15)

Au cycle 3, la fonction sujet est étudiée en tant que constituant d'une phrase simple. Les élèves doivent mettre en évidence des groupes syntaxiques : le sujet de la phrase (un groupe nominal, un pronom, une subordonnée), le prédicat de la phrase, c'est-à-dire ce qu'on dit du sujet (très souvent un groupe verbal formé du verbe et des compléments du verbe s'il en a) et éventuellement le complément de phrase : un groupe nominal, un groupe prépositionnel, un adverbe ou un groupe adverbial, une subordonnée.

Les élèves doivent pouvoir identifier le sujet (soit un groupe nominal – un pronom – un nom propre) et gérer l'accord en personne avec le verbe (sujet avant le verbe, plus ou moins éloigné et inversé). Ils identifient également l'attribut et gèrent l'accord avec le sujet (à rapprocher de l'accord du participe passé avec *être*).

1. Exemple tiré de Isdey Cohen et Annick Mauffrey, *Français. Étude de la langue. CE2*, Belin, 2009.

26 Les mots invariables

Cours et méthodes

Les mots invariables sont : les **adverbes**, les **prépositions** et les **conjonctions**, dont nous allons présenter les particularités.

1 L'adverbe

L'adverbe peut modifier :

- un verbe (ex. Il parle *rapidement*) ;
- un adjectif (ex. C'est *trop* chaud) ;
- un autre adverbe (ex. Il marche *très* lentement) ;
- une phrase (ex. *Franchement*, je ne le pense pas).

De nombreux adjectifs peuvent être employés adverbialement et ainsi modifier des verbes, des adverbes ou des adjectifs. Ils sont alors considérés comme des adverbes et restent invariables.

Exemples

Tu parles *fort* = l'adjectif adverbialisé *fort* modifie le verbe *parler*.
Nous mangeons *fort lentement* = l'adjectif adverbialisé *fort* modifie l'adverbe *lentement*.
Il est *fort heureux* = l'adjectif adverbialisé *fort* modifie l'adjectif *heureux*.

!

Parmi ces adverbes (provenant de la catégorie des adjectifs), certains s'accordent avec l'adjectif qu'ils accompagnent :

Les fenêtres sont *grandes* ouvertes.
Des fleurs *fraîches* écloses.
Seuls les enfants sont restés.

L'adverbe peut recevoir des modifieurs, on parle alors de groupe adverbial. Les modifieurs de l'adverbe peuvent être :

- des adverbes d'intensité (*(le) plus/moins, aussi, beaucoup, peu, davantage, pis, bien, (le) mieux*) qui graduent leur noyau qui peut être un adverbe de temps (*tôt, tard*), de lieu (*près, loin*) de manière (*heureusement, lentement*) ou des formes simples (*bien, volontiers, peu*).
- quelques adverbes se construisent avec un GP introduit par à ou *de* (*contrairement à, indépendamment de, parallèlement à*), mais les grammaires ont tendance à considérer ces constructions comme des locutions prépositionnelles en raison de leur commutation possible avec *selon* : *j'ai agi conformément/selon à vos instructions.*

2 Les prépositions et conjonctions

Ce sont des termes appartenant à la catégorie générale des mots dits **de relation**, ainsi appelés car ils servent à relier des mots ou propositions pour les intégrer dans des constructions plus vastes.

Exemples

Le fils *de Paul* est heureux = le nom propre *Paul* est relié au GN sujet *Le fils* par le biais de la préposition *de*.
Je me promène *quand il fait beau* = la proposition *il fait beau* est reliée à la proposition *je me promène* par le biais de la conjonction *quand*.

2.1 Les prépositions

a. Morphologie

Elles sont invariables et d'un point de vue morphologique on distingue deux types :
- les prépositions simples, héritées pour la plupart directement du latin ;
- les locutions prépositionnelles ou prépositives, issues d'autres catégories ou qui contiennent l'une des prépositions simples *à*, *de* ou *en* :

Formes simples	*à, de, en, par, pour, sans, vers, outre, devant, derrière, sauf, plein, vu, excepté, hormis, etc.*
Locutions prépositionnelles	*à cause de, à côté de, à force de, à l'exception de, à moins de, à travers, afin de, au-dedans de, au-dessous/dessus de, au lieu de, auprès de, autour de, avant de, d'après, en dehors de, face à, grâce à, hors de, jusqu'à, loin/près de, quant à, etc.*

Les prépositions, comme l'indique l'étymologie du mot « placé devant », se placent immédiatement devant le terme avec lequel elles forment une unité syntaxique, c'est pour cela qu'on les considère comme des têtes fonctionnelles et qu'elles donnent leur nom au groupe qu'elles introduisent, soit un groupe prépositionnel.

b. Fonctions du GP

Il peut assumer diverses fonctions syntaxiques :
- complément du nom : Il est la fierté *de ses parents* ;
- complément d'un adjectif : Il est gentil *en tout* ;
- complément d'un adverbe : Il est près *de la porte* ;
- complément obligatoire d'un verbe :
  - COI : Je me souviens *de lui* ;
  - Attribut : Je suis *en colère* ;
- complément circonstanciel :
  - facultatif : Il parle *en connaisseur.*
  - essentiel : Je vais *à Toulouse.*
- complément de phrase : À *huit heures*, Paul viendra. À *mon avis*, il ne viendra pas.

2.2 Les conjonctions

Invariables, elles établissent une relation d'**équivalence** (conjonctions de coordination) ou de **hiérarchie** (conjonctions de subordination) entre les deux constituants qu'elles relient.

Selon la grammaire traditionnelle, les conjonctions n'ont pas de fonction dans la proposition qu'elles introduisent, et c'est ce qui les distingue des pronoms relatifs. La seule fonction qui leur soit reconnue est démarcative dans le sens où elles introduisent un segment coordonné ou subordonné.

a. Les conjonctions de coordination

Elles établissent une relation **d'équivalence** entre deux segments (mots, groupes ou propositions), de même nature et/ou de même fonction syntaxique.

Les conjonctions de coordination sont les suivantes : *mais, ou, et, donc, or, ni, car.*

b. Les conjonctions de subordination

Elles relient deux segments de nature différente, dans un rapport de **hiérarchisation**. On parle alors de subordination (du latin *subordinatio* « ordonné sous »). La subordination est une relation de dépendance entre une proposition dite **subordonnée** et une proposition dite **principale**.

D'un point de vue morphologique, on distingue généralement deux types de conjonctions de subordination : les formes simples et les locutions conjonctives. S'il est délicat d'établir une liste exhaustive des locutions conjonctives, la plupart possèdent en revanche la particularité d'intégrer la conjonction *que*.

Formes simples	*Que, comme, lorsque, puisque, quand, quoique, si*
Locutions conjonctives	*À tel point que (conséquence) ; à mesure que (manière) ; à moins que (condition) ; afin que (but) ; alors que (temps, concession) ; aussitôt que (temps) ; bien que (concession) ; comme si (comparaison-hypothétique) ; depuis que (temps) ; même si (concession) ; parce que (cause) ; pendant que (temps) ; pour peu que (condition) ; pour que (but) ; pourvu que (condition) ; sans que (manière) ; selon que (manière, condition) ; tandis que (opposition) ; vu que (cause)…*

REMARQUE

En cas de coordination de deux PS, il est convenu d'éviter la répétition de la conjonction de subordination. Elle est reprise par *que* dont l'emploi est dit **vicariant** (du latin *vice* « à la place de ») : ex. Je me promène quand il fait beau et *que* les oiseaux chantent. Ces mots invariables sont parfois employés comme *connecteurs* dans des textes, ou entre deux phrases. À ce moment-là, il convient de distinguer les cadrateurs spatio-temporels (« *Longtemps*, je me suis couché de bonne heure », M. Proust, *Du côté de chez Swann*) et les articulateurs argumentatifs (*mais, donc, alors*) ou organisationnels (*d'abord, ensuite, puis*).

27 L'homonymie grammaticale

Cours et méthodes

DÉFINITION

Par **homonymie grammaticale** on désigne des termes s'écrivant et se prononçant de même façon mais qui appartiennent à des catégories syntaxiques différentes. L'homonymie grammaticale pose souvent des problèmes d'analyse aux candidats. Pour identifier à quelle classe grammaticale appartiennent les termes homonymes, on se sert de l'opération de **commutation**.

➥ Voir chapitre 2 « Les outils linguistiques ».

1 Article partitif/contracté/indéfini ou préposition

Soient les formes suivantes :

Articles contractés	*au (à+le)/aux (à+les)/du (de+le)/des (de+les)*
Articles partitifs	*du/de la/des*
Articles indéfinis	*un/des*
Préposition	*de*

1.1 *Des* : article indéfini *vs.* article partitif

L'article indéfini et l'article partitif ne se distinguent qu'au singulier *un vs. du*. Pour les distinguer au pluriel, il faut faire commuter la forme *des* avec *un* : si la commutation fonctionne, il s'agit alors de l'article indéfini, sinon du partitif.

Exemples

Tu coupes *des* poires = Tu coupes *une* poire (article indéfini).
Tu manges *des* lentilles, mais : * Tu manges *une* lentille (article partitif).

1.2 *Du/de la/des* : article partitif *vs.* article contracté

Pour distinguer article partitif et article contracté, il suffit de faire commuter la forme *des* avec la forme *un/une* : si la commutation fonctionne, il s'agit alors de l'article partitif, sinon d'une préposition et d'un article défini. Il faut faire de même avec les formes *de la* et *des*.

Exemples

Tu manges *du* steak = Tu manges *un* steak (article partitif : *du steak* = GN).
Tu reviens *du* marché, mais : *Tu reviens *un* marché (préposition + article défini, soit *de* + *le* : *du marché* est un GP).
Boire *de la* bière = Boire *une* bière (article partitif = GN).
Parler *de la* bière, mais : *Parler *une* bière (préposition + article = GP).
Je voudrais *des* cafés = Je voudrais *un* café (article partitif = GN).
Le Rat *des* champs[1], mais : * Le Rat *un* champ (préposition + article = GP).

1.3 *De* : préposition *vs.* article indéfini pluriel

Pour distinguer entre préposition *de* et article indéfini pluriel *de*, il suffit de faire commuter *de* avec les formes *un(e)* ou *de la*. Si la commutation fonctionne, il s'agit donc de l'article indéfini pluriel *de*, sinon il s'agit de la préposition *de*.

Exemple

Une coupe *de* fruits, mais : *Une coupe *un* fruit (préposition, donc GP).

2 *Le/La/les* : article défini *vs.* pronom clitique

L'article défini s'emploie toujours devant un nom (*le* chien, *la* pluie) il est donc difficile de le confondre avec les clitiques compléments qui se trouvent toujours devant des verbes.

En cas de doute, il suffit de faire commuter la forme *le/la* par *un/une* : si la commutation fonctionne, il s'agit de l'article défini, sinon du clitique complément :

Exemple

Je donne *la* robe à Marie = je donne *une* robe à Marie (article défini).
Ma robe, je *la* donne à Marie, mais *je *une* donne à Marie (pronom).

3 Déterminant indéfini *vs.* pronom indéfini

Le déterminant indéfini (ex. *tout, plusieurs, divers, différents*, etc.) se trouve devant le nom qu'il actualise (ex. *divers* enfants) ; en revanche, le pronom indéfini n'est pas précédé d'un nom et on peut le remplacer par la forme *ça* ou *cela* :

1. Personnage d'une fable de Jean de La Fontaine, *Le Rat de ville et le Rat des champs.*

Exemple

Je parle à *tout* le monde, mais *Je parle à *cela/ça* le monde (prédéterminant indéfini).
Je parle de *tout* = je parle de *ça/cela* (pronom indéfini).

De plus, les pronoms indéfinis occupent des fonctions nominales (sujet, objet, attribut) que ne peuvent occuper les déterminants. En cas de doute il faut faire commuter la forme à tester par un article (*le/la*) :

Exemple

Tous/certains/beaucoup/plusieurs sont invités, mais : **Le/la* est invité(e) (pronom indéfini).

4 *Que* : pronom relatif/conjonction de subordination/adverbe d'intensité

Que pronom relatif peut être remplacé dans la relative par son antécédent ou par un pronom indéfini. Une telle commutation est impossible avec *que* conjonction de subordination.

Exemples

Advienne *que* pourra = il pourra advenir *quelque chose* (pronom relatif).
Je crois *qu'il* viendra, mais : *il viendra *quelque chose* (conjonction).

Une difficulté des candidats est la confusion entre *que* (conjonction) introduisant une complétive complément de nom, et *que* (pronom relatif) introduisant une relative épithète d'un nom. Le test de remplacement de *que* par l'antécédent ou *quelque chose* fonctionne très bien.

Exemples

L'espoir *qu'il l'épouse* la fait vivre, mais : *il l'épouse *l'espoir/quelque chose* (conjonction de subordination).
L'espoir *que Marie place en lui* la fait vivre = Marie place en lui *l'espoir/quelque chose* (pronom relatif).

Une autre difficulté est la confusion entre les deux formes précédentes (pronom relatif ou conjonction) avec *que* pronom interrogatif ou adverbe exclamatif. Dans ce cas la modalité interrogative ou exclamative de la phrase sert de guide et *que* commute alors avec d'autres pronoms interrogatifs ou adverbes exclamatifs.

Exemples

Que penses-tu de cela ? = *Qu'est-ce que* tu penses de cela ? (pronom interrogatif).
Que tu es bête ! = *Comme* tu es bête ! (adverbe exclamatif).
L'espoir *qu'il l'épouse* la fait vivre, mais : *L'espoir *qu'est-ce/comme* il l'épouse... (conjonction de subordination).
L'espoir *que Marie place en lui* la fait vivre, mais : *L'espoir *qu'est-ce/comme* Marie place en lui... (pronom relatif).

5 *En* : préposition *vs.* pronom

En préposition est généralement suivie d'un GN. En revanche *en* pronom peut occuper des fonctions nominales et précède généralement le verbe. Il est relativement facile de distinguer le pronom de la préposition puisque dans le premier cas *en* appartient à la catégorie des clitiques, sa place est fortement contrainte, et il ne peut en aucun cas être suivi d'un GN.

Exemples

J'*en* voudrais trois, mais : *J'*en des pommes* voudrais trois (pronom).
Je voyage *en* bateau (préposition).

6 *Avant/devant/derrière/après* : adverbe *vs.* préposition

Les formes *avant* et *après* sont des prépositions si elles sont suivies d'un GN, d'un pronom, ou d'une proposition infinitive. *A contrario* l'adverbe ne peut introduire de groupe.

Exemple

Il marche *devant* (adverbe).
Il marche *devant toi/avant de manger/après déjeuner*… (préposition).

REMARQUE

Avant et *après* suivis de *que* (*avant que, après que*) sont toujours conjonctions de subordination.

➥ Voir chapitre 45 « Les homophones grammaticaux ».

Grammaire

28 Les types de phrases

Cours et méthodes

1 Qu'est-ce qu'une phrase ?

Avant toute chose, il importe de définir ce qu'est une phrase. Circonscrire cet objet d'étude central n'est pas chose facile. La phrase se délimite formellement par la ponctuation (elle commence par une majuscule et se termine par un point), mais elle se caractérise aussi, et surtout, par d'autres critères linguistiques :

- critère **syntaxique** : une phrase est une structure complète et autonome, dont les constituants entretiennent entre eux des rapports de dépendance. Une phrase est donc constituée au minimum d'un GN sujet et d'un GV : P = GN + GV (ex. $[\text{Pierre}]_{\text{GN}}$ $[\text{pense}]_{\text{GV}}$) ;
- critère **pragmatique** : une phrase est constituée d'un sujet et d'un prédicat (thème + rhème[1]). Le prédicat asserte quelque chose au sujet d'un thème : P = thème + rhème (ex. $[\text{Pierre}]_{\text{Thème}}$ $[\text{dit qu'il viendra}]_{\text{Rhème}}$). De plus, une phrase constitue un acte de langage susceptible de recevoir différentes modalités (v. *supra*).

2 Les différentes modalités d'une phrase

La modalité d'une phrase est la **manifestation de l'attitude du locuteur** vis-à-vis du **contenu** de la phrase. On distingue d'ordinaire quatre modalités (dont trois fondamentales) : **déclarative**, **interrogative**, **injonctive** et **exclamative**.

Elles sont exclusives les unes des autres, une phrase ne peut comporter qu'une seule modalité, et toute phrase doit être affectée de l'une des quatre modalités.

2.1 La phrase déclarative

On parle aussi de phrase assertive. C'est le modèle canonique de la phrase en français, elle sert à donner une information à un interlocuteur, et par conséquent présente le contenu de la phrase comme vrai pour le locuteur. Elle est marquée à l'écrit par un point final.

Exemple

Pierre mange des pâtes.

1. Voir chapitre 19 « La fonction sujet ».

2.2 La phrase interrogative

Elle sert à formuler une requête (demande) ou un questionnement. Elle se caractérise à l'écrit par la présence d'un point d'interrogation final.

Exemples

Manges-tu des pâtes ?
Est-ce que tu manges des pâtes ?
Que manges-tu ?

!

La modalité interrogative ne concerne que l'interrogation **directe** (ex. *Mangeras-tu des pâtes ?*), l'interrogation **indirecte**, constituée d'une proposition subordonnée en est exclue, puisqu'elle ne constitue pas véritablement un acte de questionnement, n'appelant aucune réponse de l'interlocuteur (ex. *Je me demande s'il mangera des pâtes* = phrase déclarative).

a. Types d'interrogation courants

On distingue deux types d'interrogation :

- l'interrogation **totale** porte sur l'ensemble de l'énoncé et appelle une réponse par *oui, non* ou *peut-être*. Elle peut se réaliser de plusieurs façons :
  – l'inversion du sujet : *Manges-tu* des pâtes ? – Oui/non
  – l'expression « est-ce que » : *Est-ce que* tu manges des pâtes ?
  – l'intonation montante à l'oral : Tu manges des pâtes ?
- l'interrogation **partielle** porte sur un élément de l'énoncé inconnu du locuteur, elle appelle donc un complément d'information. Cet élément est représenté par un mot interrogatif qui peut être :
  – un **déterminant** (*quel, combien de*) : À *quelle* heure arrives-tu ? – À trois heures ;
  – un **pronom** (*qui, que, quoi, lequel*, etc.) : Avec *qui* viens-tu ?
  – un **adverbe** (*où, quand, comment, pourquoi*) : *Quand* arrives-tu ?

b. Autres types d'interrogation

Nous vous donnons à titre indicatif trois autres types d'interrogation, mais il est peu probable qu'ils fassent l'objet d'une question de concours. Toutefois il faut être capable de les distinguer dans le cadre d'une analyse de texte :

- l'interrogation **disjonctive**, qui propose une alternative (ex. *Est-ce que tu veux boire du vin blanc ou rouge ?*) ;
- l'interrogation **rhétorique**, qui n'appelle aucune réponse (ex. *Veux-tu obéir ?*) ;
- l'interrogation **délibérative**, lorsque l'on s'adresse à soi-même (ex. *Que vais-je faire ?*).

2.3 La phrase injonctive

Elle sert à l'expression d'une interdiction ou d'un ordre.

Exemple

Range ta chambre !

Il existe trois façons d'exprimer l'injonction :
- l'**impératif** : *Mange tes pâtes !*
- le **subjonctif** (qui complète les personnes manquantes au mode impératif) : *Qu'il range sa chambre !*
- l'**infinitif** : *Faire fondre le chocolat à feu doux.*

2.4 La phrase exclamative

Elle donne une information doublée d'une nuance affective, qui indique le ressenti du locuteur. Elle est marquée à l'écrit par un point d'exclamation final.

Exemple

Comme tu es beau !

!

Il ne faut pas confondre la phrase **injonctive** (qui exprime un ordre) avec la phrase **exclamative** lorsqu'elles sont terminées par un point d'exclamation. On reconnait la phrase injonctive grâce au mode subjonctif et la phrase exclamative grâce au mode indicatif :
Phrase exclamative : *Qu'il est beau !* (mode indicatif)
Phrase injonctive : *Qu'il soit beau !* (mode subjonctif)

REMARQUE

La phrase déclarative et la phrase interrogative peuvent également servir à l'injonction de façon indirecte : *Tu vas ranger ta chambre immédiatement* (phrase déclarative au futur accompagnée d'une intonation descendante) ; *Pourrais-tu ranger ta chambre ?* (phrase interrogative qui n'attend pas de réponse en *oui/non* mais que l'interlocuteur se mette en action).

··· EN CLASSE ···

On peut ainsi travailler sur différents supports et types de textes pour aborder les modalités de la phrase : par exemple sur les recettes de cuisine ou les règles de jeu pour la phrase injonctive ; sur des BD ou le théâtre pour les phrases déclarative, interrogative et exclamative.

29 Les formes de phrases

Cours et méthodes

1 Forme négative

Toute phrase peut être positive (dite alors affirmative) ou négative.

! La polarité (positive ou négative) ne constitue pas une modalité. Elle peut se combiner avec les quatre modalités citées dans le chapitre précédent et on doit la considérer comme une variante possible des divers types de phrases.

La plupart du temps, la négation se marque par l'adjonction d'un adverbe dans la proposition (typiquement *ne… pas*), mais elle peut aussi utiliser d'autres marques, par exemple la préposition *sans*, la conjonction de subordination *sans que*, la conjonction de coordination *ni… ni*, les mots phrases tels que *non,* ou *guère*, l'adjonction de préfixes comme *a-* ou *in-*, ou encore par voie sémantique en utilisant des verbes comme *refuser, nier* (*vs. accepter, affirmer*)…

1.1 Portée de la négation

La négation peut être **totale** ou **partielle** :

- la négation **totale** porte sur l'intégralité de la proposition et se réalise par le biais de l'adverbe *ne… pas/point* qui encadre le verbe de la proposition (ex. Je *ne* mange *pas/point*) ;
- la négation **partielle** ne porte que sur un élément de la proposition. Elle s'exprime au moyen de différents types d'unités, généralement associés à *ne*, précisant l'objet de la négation, tels que :
  – des **adverbes** de négation : Elle *ne* mange *jamais* de pâtes, Il n'y a *nulle part* où aller ;
  – des **pronoms** : *Personne* ne viendra, Tu n'aimes *rien* ;
  – des **déterminants** : À *aucun* moment elle ne parle, Je n'ai *nulle* envie de parler.

1.2 La négation exceptive

La négation **exceptive** ou **restrictive** n'est pas véritablement une négation mais plutôt une restriction dans le sens où elle exclut de son champ tout ce qui n'est pas exprimé après elle. Elle se réalise au moyen de la locution *ne… que* qui équivaut sémantiquement aux adverbes *seulement, uniquement* avec lesquelles elle commute (ex. Elle *ne* mange *que* des pâtes = Elle mange *seulement/uniquement* des pâtes).

> **!** L'adjonction d'un terme négatif à la séquence *ne… que* restrictive annule la restriction (ex. *Elle ne mange pas que des pâtes* = phrase affirmative).

1.3 Le *ne* explétif

Il n'a pas véritablement de valeur négative, puisque la proposition à laquelle il est adjoint conserve son sens positif. Quoique facultatif, il est présent dans certaines subordonnées :

- les complétives COD d'un verbe marquant la crainte (ex. *craindre, avoir peur*), l'empêchement ou la défense (*empêcher, éviter, prendre garde, se garder de…*) (ex. Elle craint *qu'il ne tombe*) ;
- les propositions circonstancielles introduites par av*ant que, à moins que, de peur que* (ex. Elle parle *avant qu'il n'arrive*) ;
- les comparatives d'inégalité marquées par *autre/plus/moins/autrement… que* (ex. Il est *moins* grand *que je ne croyais*).

2 Forme emphatique

Il s'agit d'un procédé par lequel on met en valeur un constituant de l'énoncé. Ce procédé se fait par :

- la dislocation gauche ou droite avec reprise pronominale (ex. *Pierre, il* arrive, ou : *Il* arrive, *Pierre*) ;
- l'extraction du constituant par un présentatif suivi d'une proposition en *qui/que*, soit :
  - la construction clivée *c'est… qui/que* (ex. *C'est* Pierre *qui* arrive) ;
  - la construction pseudo-clivée *ce que… c'est* (ex. *Ce que* je préfère *c'est* les pâtes) ;
  - les constructions présentatives *il y a/voici/voilà… qui/que* (ex. *Voilà* Pierre *qui* arrive).

➥ Voir chapitre 16 « Les présentatifs ».

> **!** Il ne faut pas confondre la dislocation gauche ou droite avec une apostrophe (voir chapitre 28 « Les propositions incise, incidente et l'apostrophe »).

30 Phrase simple et phrase complexe

Cours et méthodes

1 Phrase verbale *vs.* phrase non verbale (ou averbale)

On distingue traditionnellement entre phrase verbale (comprenant un verbe conjugué) et phrase non verbale (ne comprenant pas de verbe conjugué). Dans une phrase non verbale le verbe est généralement sous-entendu.

Exemples

Phrase verbale : *Je dors.*
Phrase non verbale : *À père avare fils prodigue* ; *Chose promise, chose due…*

Dans un deuxième temps, parmi les phrases verbales on distingue entre phrase simple et phrase complexe.

2 Phrase simple *vs.* phrase complexe

2.1 La phrase simple

DÉFINITION

Une **phrase simple** est une phrase autonome (ou **indépendante**) qui comprend un GN sujet et un GV dont le verbe est à un mode personnel (conjugué).

!

- On utilise le terme de proposition **indépendante** pour désigner non seulement la phrase simple, c'est-à-dire celle qui ne dépend d'aucune autre proposition et dont aucune autre proposition ne dépend, mais aussi des propositions juxtaposées ou coordonnées (voir section ci-après).
- On parle de phrase simple lorsque la proposition ne comprend qu'un seul GV (conjugué), ce qui signifie que si la proposition comprend un GV à l'infinitif, au participe ou au gérondif la proposition conserve son statut de phrase simple.

a. De la phrase simple à la phrase complexe

La présence d'une proposition subordonnée relative, même dépendante du nom, entraine un changement de statut puisque la phrase devient complexe en raison de la présence d'un autre GV au sein de la relative (ex. *Je mange des frites* = phrase simple *vs. Je mange les frites que j'ai achetées* = phrase complexe)

b. La phrase simple peut être minimale ou étendue

Elle est dite **étendue** lorsqu'elle comporte des expansions ou des compléments circonstanciels qui peuvent être effacées. Elle est dite **minimale** quand elle ne peut plus être réduite sans devenir agrammaticale :

Exemples

Phrase étendue : Le *gros* chien *noir de mes voisins* est effrayant.
Phrase minimale : Le chien est effrayant.

2.2 La phrase complexe

DÉFINITION
On parle de **phrase complexe** lorsque l'énoncé comprend au moins deux propositions possédant chacune un GN sujet et un GV dont le verbe est à un mode personnel. On distingue alors les phrases complexes dont les propositions constitutives sont indépendantes, autonomes et les phrases complexes dont les propositions sont dans une relation de dépendance.

a. Propositions indépendantes

Les propositions de la phrase complexe sont indépendantes, ce qui signifie que la relation qui les lie n'altère pas leur autonomie et qu'elles peuvent apparaitre seules, indépendamment les unes des autres. On distingue deux cas :
- la **juxtaposition** : les propositions sont alors séparées par une virgule, un point-virgule ou deux points (ex. *J'ai vu, j'ai vaincu : je suis heureux* = phrase complexe comprenant trois propositions indépendantes juxtaposées) ;
- la **coordination** : les propositions sont séparées par une conjonction de coordination[1] ou un adverbe de liaison (*alors, puis, ensuite, aussi, pourtant…*) (ex. J'ai vu *et* j'ai vaincu, *pourtant* je ne suis pas heureux = phrase complexe comprenant trois propositions indépendantes coordonnées).

b. Phrases dans une relation de dépendance

Dans les cas où les propositions constitutives de la phrase complexe sont dans une relation de dépendance, l'une est donc considérée comme **principale** et les autres sont appelées **subordonnées**. Cette relation est généralement marquée par la présence d'un **mot subordonnant** (pronom relatif, conjonction de subordination ou mot interrogatif).

1. Voir chapitre 20 « Les mots invariables ».

Il est possible pour une subordonnée d'être enchâssée dans une autre subordonnée, c'est-à-dire de se trouver dans la dépendance d'une autre subordonnée d'un niveau supérieur :

Exemple

[Il m'a dit [qu'il serait heureux [quand je me marierai]]] = la proposition principale *il m'a dit* régit la proposition subordonnée complétive *qu'il serait heureux quand je me marierai* et la principale *qu'il serait heureux* régit elle-même la proposition subordonnée circonstancielle *quand je me marierai*.

On distingue trois types de propositions subordonnées :

- les relatives (➥voir chapitre 25 « Les propositions subordonnées relatives ») ;
- les complétives (comprenant les conjonctives pures, les interrogatives indirectes et les infinitives) (➥voir chapitre 26 « Les propositions subordonnées complétives ») ;
- les circonstancielles (➥voir chapitre 27 « Les propositions subordonnées circonstancielles »).

Grammaire

31 Les propositions subordonnées relatives

Cours et méthodes

Les propositions subordonnées relatives sont introduites par un pronom relatif (voir chapitre 10 « Les pronoms relatifs »).

Exemple

J'aime les gens *qui aident leurs prochains* = la PS relative est introduite par le pronom relatif *qui*.

On distingue deux grands types de relatives :
- les PS **relatives substantives** (elles n'ont pas d'antécédent et sont remplaçables par un GN ou un pronom) ;
- et les PS **relatives adjectives** (elles ont un antécédent et sont remplaçables par un adjectif).

Exemples

Substantive : *Qui dort* dine : la relative commute avec un pronom : *Il* dine.
Adjective : Ce chien *qui m'a mordu* est méchant : la relative commute avec un adjectif : Ce chien *brun* est méchant.

1 Les relatives substantives[1]

En raison de leur caractère nominal, elles possèdent les fonctions des noms soit :
- sujet (ex. *Quiconque voyage* ménage sa monture) ;
- régime des présentatifs *c'est*, *il y a*, *voici* et *voilà* (ex. Il y a *de quoi être choqué* !) ;
- complément d'agent (ex. Il est aimé *par quiconque le connait*) ;
- COD (ex. Choisis *qui tu veux*) ;
- COI et COS (ex. Je donnerais cela [*à qui/quiconque me respectera*] et parlerais [*à qui voudra m'entendre*] = respectivement COS de *donner* et COI de *parler*) ;
- CC (ex. Allez *où vous voulez* = CC de lieu de *aller*) ;

1. Parmi les relatives substantives on distingue les vraies relatives substantives (celles qui n'ont pas d'antécédent) et les relatives substantives périphrastiques. Ces dernières ont un antécédent pronominal, mais dans la mesure où ce pronom réfère au contenu propositionnel de la relative (cataphorique), on parle de relative substantive (j'aime *ce* que tu es devenu). Cette terminologie n'est pas en vigueur dans les programmes.

- complément de nom ou d'adjectif (ex. Tu as les yeux *de qui/quiconque est craintif* mais semblables *à qui est heureux* = respectivement complément du nom *yeux* et complément de l'adjectif *semblable*) ;
- attribut du sujet (ex. Je reste *celui que je suis*).

2 Les relatives adjectives

Les relatives adjectives jouent le rôle d'une épithète liée ou détachée et se divisent elles-mêmes en deux types : les **relatives adjectives déterminatives** (ou restrictives) et les **relatives adjectives explicatives** (ou non restrictives).

➥ Voir chapitre 5 « Les expansions du nom ».

2.1 Les relatives déterminatives

La relative est **déterminative** (ou restrictive), si elle *restreint* l'extension sémantique du terme qu'elle accompagne permettant ainsi son identification. Sa suppression entraine alors un changement notable du sens.

Exemple

Une poule *qui subit un trauma* ne pond pas = seule une poule traumatisée ne pond pas. La suppression de la relative entraine une contrevérité : # *Une poule ne pond pas* = Aucune poule ne pond.

2.2 Les relatives explicatives

La relative est **explicative** (ou non restrictive) si elle ne restreint pas l'extension sémantique du terme qu'elle accompagne, c'est-à-dire qu'elle apporte une précision sur le référent sans que cette précision ne soit nécessaire à son identification. Elle est facultative et se trouve souvent entre virgules.

Exemple

Sa poule, *qui a eu des poussins*, ne pond plus : la suppression de la relative n'entraine pas un changement global du sens : *Sa poule ne pond plus*.

2.3 Fonctions des relatives

En raison de leur caractère adjectival, ces relatives peuvent occuper les fonctions suivantes :

- épithète liée (ex. l'homme *que je vois* est ivre) ;
- épithète détachée (ex. l'homme, *qui est assis sur les marches*, est ivre) ;
- attribut du sujet (ex. Il est *qui il est*) ;
- attribut de l'objet (ex. J'ai les mains *qui tremblent*).

32 Les propositions subordonnées complétives

Cours et méthodes

Une **proposition complétive** fonctionne comme un **constituant obligatoire** d'une autre proposition.

Elle remplit donc des fonctions nominales essentielles et commute d'ailleurs avec des GN (ex. Je crains *qu'il ne vienne* = Je crains *sa venue*)

Elles sont introduites par une conjonction de subordination *que* ou *à/de ce que.*

Parmi les PS complétives, on distingue :

- les **conjonctives pures** (introduites par *que*) ;
- les **interrogatives indirectes** (introduites par un mot interrogatif) ;
- les **infinitives** (sans mot subordonnant).

1 La proposition subordonnée complétive conjonctive

REMARQUE

Le subordonnant *que* n'a aucune fonction dans la subordonnée (par opposition au pronom relatif), il est sémantiquement vide et il est toujours placé en tête de la subordonnée, il n'a donc qu'une fonction démarcative.

Voici les fonctions possibles de la proposition complétive :

- sujet (ex. *Qu'il se trompe* est certain) ;
- sujet réel ou régime du verbe impersonnel (ex. Il faut *que vous y alliez*) ;
- COD ou COI (ex. COD : Je veux *que tu viennes* ; COI : Je parle *de ce que je connais*) ;
- attribut du sujet (ex. Ma fierté reste *que tu sois admissible au concours*) ;
- complément du nom (ex. La crainte *qu'il ne vienne* me pétrifie) ;
- complément d'un adjectif (ex. Je suis fière *que tu sois admissible au concours*).

2 La proposition subordonnée complétive interrogative indirecte

Elle assume généralement la fonction de complément d'objet direct du verbe de la principale qui lexicalise la notion d'interrogation par le biais d'un verbe d'interrogation (*demander, interroger*, etc.) ou de recherche d'information (*dire, savoir*, etc.).

Selon l'introducteur, elles peuvent être de deux types :

- introduites par *si*, il s'agit d'une **interrogation totale** (ex. Je me demande *s'il viendra*) ;
- introduites par un mot interrogatif, il s'agit alors d'une **interrogation partielle**, qui peut être :
  - un **déterminant** interrogatif (ex. Je me demande *quelle* heure il est) ;
  - un **pronom** interrogatif (ex. Je ne sais pas *qui* est arrivé) ;
  - un **adverbe** interrogatif (ex. Je voudrais savoir *quand* il arrive).

3 La proposition subordonnée complétive infinitive

Elle est constituée d'un GV à l'infinitif qui possède son sujet propre. Elle commute généralement avec les complétives pures.

Exemple

Je vois *les enfants chanter* = Je vois *que les enfants chantent.*
→ le GN *les enfants* est agent de l'infinitif *chanter*.

33 Les propositions subordonnées circonstancielles

Cours et méthodes

Elles sont introduites par une conjonction de subordination. Elles présentent les mêmes propriétés syntaxiques que les CC[1] : la mobilité et la facultativité. Au plan sémantique, elles répondent également à une interrogation.

Exemples

Je viens parce que je suis heureux.
Mobilité : *Parce que je suis heureux, je viens.*
Effacement : *Je viens Ø.*
Extraction : *C'est parce que je suis heureux que je viens.*
Interrogation : *Pourquoi viens-tu ? – Parce que je suis heureux.*

Elles véhiculent du sens et ce sens est déterminé en partie par la conjonction introductive. Voici les différentes distinctions sémantiques que l'on retient :

1 La proposition circonstancielle de temps (ou temporelle)

Sens	Elle exprime l'antériorité, la postériorité ou la simultanéité d'un fait par rapport au procès donné dans la principale (ex. J'ai froid *quand il fait humide*)
Introducteurs	*Quand, comme, lorsque, après/avant que, pendant que, en même temps que, alors que, tandis que, dès que, etc.*
Interrogation	*Quand... ?*

1. Voir chapitre 18 « Le complément circonstanciel ».

2 La proposition circonstancielle de cause (ou causale)

Sens	Elle exprime la cause, la raison d'être du procès donné dans la principale (ex. Je viens *parce que je le veux*).
Introducteurs	*Comme, parce que, puisque, vu que, etc.*
Interrogation	*Pourquoi… ?*

3 La proposition circonstancielle de concession (ou concessive)

Sens	Elle exprime en général une contradiction ou un manquement à la logique attendue des choses, entre le procès principal et la subordonnée (ex. J'ai froid *quoiqu'il fasse 35°*).
Introducteurs	*Bien que, quoique, encore que, quand même, d'autant que, etc.*

4 La proposition circonstancielle de condition (ou hypothétique)

Sens	Elle exprime la condition de réalisation du procès principal (ex. Je viens *si tu me le demandes*).
Introducteurs	*Si, quand, chaque fois, supposons que ;* *Comme si (comparative hypothétique), même si (conditionnelle hypothétique), lors même que/quand bien même (conditionnelle hypothétique), etc.*
Interrogation	*À quelle condition… ?*

5 La proposition circonstancielle de conséquence (ou consécutive)

Sens	Elle exprime les conséquences du procès principal (ex. Hier il a crié *de telle sorte qu'il est aphone aujourd'hui*).
Introducteurs	*Au point que, tellement que, de façon que, de manière que, de sorte que, si bien que, à (un) point tel que, etc.*

6 La proposition circonstancielle de manière

Sens	Elle exprime la façon dont le procès principal s'est déroulé (ex. Je me déguise *de manière que ce soit ridicule*)
Introducteurs	*De manière (à ce) que, de sorte que, de façon (à ce que) que, comme, ainsi que, de même que, à mesure que, au fur et à mesure que, à proportion que, sans que, etc.*
Interrogation	*Comment... ?*

7 La proposition circonstancielle de but (ou finale)

Sens	Elle marque la finalité de l'action exprimée dans le procès principal (ex. Je me déguise *pour que ce soit ridicule*)
Introducteurs	*Afin que, pour que, à seule fin que, à cette fin que, de façon à ce que, de manière (à ce) que, que + V impératif*
Interrogation	*Pour quoi... ? À quelle fin... ?*

8 La proposition circonstancielle de comparaison (ou comparative)

Sens	Elle exprime la comparaison, la conformité ou la proportion (ex. Je te traite *comme (j'aurais traité) mon fils*).
Introducteurs	*Comme, au fur et à mesure que, à mesure/proportion que, etc.*

REMARQUE

- La proposition circonstancielle **comparative** est très souvent non verbale ; le locuteur, par économie, évite ainsi de répéter tout ce qui a déjà été exprimé dans le contexte, on parle alors d'**ellipse** (ex. Je mange *comme quatre* [GV elliptique : *comme quatre mangeraient*]).
- Un attribut peut être suivi d'une comparative introduite par *comme*. Elle sert alors à identifier l'être ou l'objet et occupe la fonction de complément de l'adjectif (ex. Il est beau *comme un dieu*).

34 Les propositions incises, incidentes, l'apostrophe et l'apposition

Cours et méthodes

1 La proposition incise

La phrase complexe peut recevoir une proposition **incise**, juxtaposée ou coordonnée, mais qui n'est pas placée sur le même plan énonciatif. En effet, au niveau énonciatif, l'incise est une rupture qui constitue une sorte de parenthèse, ce que traduisent les deux virgules qui l'encadrent. Elle est marquée par la postposition du sujet et n'est pas introduite par un mot subordonnant. Elle indique toujours que le locuteur prend en charge les paroles ou les pensées d'un autre (ce qui la distingue de la proposition incidente).

Exemple

Je pense, *me dit-il*, à tout ce que j'aurais voulu faire.

2 La proposition incidente

À côté des incises, limitées aux verbes rapportant les paroles ou les pensées, on rencontre des propositions **incidentes**, qui ouvrent une parenthèse dans la phrase qu'elles commentent.

Elle prend la forme d'une proposition indépendante, et se présente comme une proposition juxtaposée qui peut apparaitre entre virgules, parenthèses ou tirets. Elle possède une modalité propre qui traduit une intonation généralement forte.

Exemple

Je pense – *mais je peux me tromper* – que je vais réussir le concours.

3 L'apostrophe

Le mot en **apostrophe** (rejeté à gauche ou à droite de la phrase) est un nom ou pronom désignant l'être animé ou la chose personnifiée à qui l'on s'adresse.

Exemple

Paul, dis-moi ce que tu préfères pour Noël.

!

Il ne faut pas confondre l'**apostrophe** avec la **dislocation gauche**. Le terme en apostrophe n'a pas de fonction dans la proposition qui le suit. À l'inverse, le terme disloqué à gauche, en tant que la reprise pronominale, a bien une fonction dans la proposition qui le suit (voir chapitre 23 « Les formes des phrases »).

4 L'apposition

L'apposition est constituée par un mot ou groupe de mots mis en position détachée, se rapportant à un groupe nominal et pouvant être assumée par des éléments de nature diverse comme un groupe adjectival, un groupe nominal, un groupe prépositionnel ou une proposition relative explicative.

À la différence des expansions du nom, l'apposition modifie non pas le seul nom mais l'ensemble du GN. Le détachement de l'apposition se matérialise généralement par la présence de virgules à l'écrit et par une pause à l'oral.

Exemple

Cet ouvrage, *écrit de façon remarquable*, est mon livre de chevet : GAdj.
Cet ouvrage, *un chef-d'œuvre*, est mon livre de chevet : GN.
Cet ouvrage, *d'un style remarquable*, est mon livre de chevet : GP.
Cet ouvrage, *qui a été publié en 2012*, est mon livre de chevet : relative explicative.

35 Le discours rapporté

Cours et méthodes

Le discours rapporté sert à rapporter les paroles ou pensées d'un personnage.

On distingue généralement trois types de discours rapporté : le discours direct[1], indirect et indirect libre, auxquels s'ajoute un quatrième type : le discours narrativisé.

1 Le discours direct

Le locuteur rapporte directement les propos d'une autre personne sans les modifier. Il présente donc toutes les caractéristiques du discours :

– introduit par un verbe de parole ou suivi d'une incise ;
– encadré par des guillemets (ou, dans le cas d'un dialogue inséré dans un récit, précédé d'un tiret pour chaque réplique).

Exemples

Il m'a dit : « Je souhaite venir te voir demain. »
« Je souhaite venir te voir demain », m'a-t-il dit.

Les verbes utilisés dans les incises sont généralement les suivants : *dire, penser, rétorquer, demander, répliquer, déclarer, ordonner, affirmer, crier, hurler, murmurer, jurer, répondre, ajouter, avouer, prétendre, conclure, indiquer, s'écrier, s'exclamer, songer, s'étonner, insister, s'interroger, plaisanter…*

2 Le discours indirect

Le locuteur rapporte les propos d'une autre personne en adaptant les pronoms personnels, les compléments spatio-temporels et le temps des verbes à la situation d'énonciation.

1. Attention, il est souvent demandé au concours de transposer un § d'un type de discours à l'autre. Vous devez donc absolument les maîtriser tous.

Le discours indirect est dit **lié** (par opposition au discours indirect libre) puisqu'il est généralement introduit par une conjonction de subordination *que* ou, dans le cas d'une interrogation indirecte, par un mot interrogatif (voir chapitre 26 « Les propositions subordonnées complétives »). Dans tous les cas, aucun guillemet ou tiret n'est requis pour marquer ce type de discours.

Exemple

Il m'a dit qu'il souhaitait venir me voir demain.

3 Passage du discours direct au discours indirect

On passe d'une double énonciation à une énonciation simple, par conséquent on passe du point de vue du locuteur à celui du seul rapporteur. Ce passage induit les modifications sur les éléments suivants.

3.1 Les personnes grammaticales

Il s'agit des déterminants, pronoms personnels ou possessifs et verbes.

Exemple

Il m'a demandé : « *Tu me* le donnes ? » → Il m'a demandé si *je* pouvais le *lui* donner/de le *lui* donner.

3.2 Les compléments spatio-temporels

Les compléments spation-temporels sont modifiés comme sit.

ici → *là ; venir* → *aller ; maintenant* → *alors ; aujourd'hui* → *ce jour-là ; hier* → *la veille ; avant-hier* → *l'avant-veille ; demain* → *le lendemain ; après-demain* → *le surlendemain ; il y a trois jours* → *trois jours avant ; dans trois jours* → *trois jours après ; passé ou dernier* → *précédent ; prochain* → *suivant ; cette nuit* → *cette nuit-là*

Exemple

Il m'a affirmé : « J'arrive *demain.* » → Il m'a affirmé qu'il arrivait *le lendemain*.

3.3 Les temps des verbes

À l'indicatif, si le verbe introducteur est au présent ou au futur, il n'y a pas de changement, mais s'il est au passé, on observe les changements suivants dans la subordonnée :

– le présent → imparfait

Exemple

Il disait : « Je t'aime. » → Il disait qu'il *m'aimait*.

– le passé composé → plus-que-parfait

Exemple

Il disait : « Je t'ai aimé. » → Il disait qu'il *m'avait aimé*.

– le futur → conditionnel

Exemple

Il disait : « Tu l'aimeras. » → Il disait que je *l'aimerais*.

3.4 Les apostrophes

Elles sont rattachées comme complément au verbe introducteur.

Exemple

J'ai dit : « *Marc*, j'arrive. » → J'ai dit *à Marc* que j'arrivais.

4 Le discours indirect libre

Le discours indirect libre est parfois introduit par un verbe de parole et il n'est pas lié au reste de l'énoncé par une conjonction de subordination, c'est pourquoi on le dit libre : les propositions rapportant les paroles d'un tiers ne sont pas dans la dépendance grammaticale d'une principale. La voix du personnage et celle du narrateur s'enchevêtrent, de sorte qu'on ne sait jamais vraiment si c'est le narrateur ou le personnage qui parle.

Exemple

Il met bas son fagot, il songe à son malheur.
Quel plaisir a-t-il eu depuis qu'il est au monde ?
(Jean de La Fontaine, *La Mort et le Bûcheron*)

5 Le discours narrativisé

Il s'agit d'un énoncé qui évoque l'acte de dire (*dire, parler,* etc.) ou qui donne une information sur le contenu d'un message (*raconter, narrer, réciter,* etc.).

Il ne s'agit pas exactement d'un discours rapporté mais plutôt de l'expression synthétique ou condensée des paroles ou pensées d'un tiers.

Exemple

Il dit du mal de son voisin/Il énumère ses points faibles…

36 L'énonciation et la modalisation

Cours et méthodes

L'énonciation est la manifestation du locuteur. Étudier l'énonciation c'est repérer les marques qui indiquent la présence du locuteur dans ce qui concerne sa subjectivité et l'interaction avec le destinataire. L'analyse d'une situation d'énonciation se fait donc en réponse aux questions suivantes : *Qui parle ? À qui ? De quoi ? Où ? Quand ?*

Selon les travaux d'Émile Benveniste[1], on distingue généralement deux systèmes d'énonciation : l'énonciation **impliquée**, qui est propre au « discours », et l'énonciation **à distance** qui est propre au « récit ».

1 Énonciation impliquée ou embrayée

Le contenu du message se définit par rapport au *moi-ici-maintenant* du locuteur. Une énonciation impliquée se caractérise par la présence de **déictiques** (c'est-à-dire des expressions déterminées par rapport à la situation de communication) :

- pronoms déictiques : *je, tu, nous, vous* et *on* s'il incorpore le locuteur ;
- pronoms démonstratifs (*celui, celle, ceux*, etc.) : ils ont une valeur de localisation spatiale par rapport à *je*, ils indiquent que l'élément désigné est plus ou moins proche du locuteur : *là* = neutre ; *ici* /*-ci* = proche du locuteur et *là-bas* /*-là* = éloigné du locuteur ;
- T_0 (moment où l'on parle) à partir duquel vont se définir les temps du passé et du futur ;
- indicateurs spatio-temporels qui se définissent par rapport à la situation d'énonciation et se réfèrent au *ici* et *maintenant* du locuteur, soit T_0 :
  - simultanés à T_0 : *en ce moment, maintenant, à partir de x, actuel, moderne…* ;
  - antérieurs à T_0 : *hier, l'autre jour, la semaine passée/dernière, il y a x heures/jours, récemment, depuis x temps, ancien…* ;
  - postérieurs à T_0 : *demain, l'année prochaine, dans x jours, dorénavant, bientôt, prochainement, à partir de x temps, futur, prochain…* ;
  - neutres[2] : *aujourd'hui, lundi (= le lundi le plus proche, antérieur ou postérieur, de T_0), ce N_p tout à l'heure…*
  - localisation spatiale : *x est derrière/devant y* et *x est à droite/gauche de y, près, loin, proche, lointain.*

1. Émile Benveniste, *Problèmes de linguistique générale*, Gallimard, 1976.
2. Expressions indifférentes à l'opposition simultanéité/antériorité/postériorité du type « *Aujourd'hui* je dors ».

Elle se caractérise aussi par la présence de modalisateurs[1] :

- modalisateurs **affectifs** lorsque le locuteur montre ses sentiments : Cet enfant est *aimable*, *j'aime* cet enfant ;
- modalisateurs d'**évaluation** quand le locuteur montre ses opinions : Il est *grand*, il fait *chaud*. Dans les modalisateurs évaluatifs on distingue les appréciations du locuteur qui se définissent :
  – en terme de bon ou mauvais (appelées **axiologiques**) ;
  – ou selon le vrai, le faux ou l'incertain (appelées alors **épistémiques** puisqu'elles dépendent du savoir du locuteur).

La **modalisation** se révèle dans :

- la ponctuation et la mise en page : utilisation des polices de caractères, de l'italique et du gras, des guillemets, des points d'exclamation et d'interrogation ;
- la présence d'interjections : *hélas, aïe…* ;
- la présence d'adverbes ou GP exprimant l'opinion : *peut-être, sans doute, probablement…* ;
- la présence de propositions incidentes (voir chapitre 28 « Les propositions incises, incidentes, l'apostrophe et l'apposition ») ;
- le choix du lexique (*aimer, regretter, papa, maman, penser, juger, beau laid…*) et des diminutifs ou suffixes péjoratifs ou mélioratifs (*politicard, franchouillard, fillissime…*) ;
- l'emploi des modes et temps verbaux (futur et conditionnel notamment).

Exemple

Dans l'extrait suivant sont mis en italique tous les termes qui rendent compte de l'énonciation embrayée :

« *Aujourd'hui*, *maman* est morte. Ou *peut-être hier*, *je* ne *sais* pas. *J'*ai reçu un télégramme de *l'*asile : « Mère décédée. Enterrement demain. Sentiments distingués. » *Cela ne veut rien dire*. C'était *peut-être hier*.

*L'*asile de vieillards *est* à Marengo, à quatre-vingts kilomètres d'Alger. *Je* prendrai l'autobus *à 2 heures* et *j'*arriverai *dans l'après-midi*. *Ainsi*, *je* pourrai veiller et *je* rentrerai *demain soir*. *J'*ai demandé deux jours de congé à *mon* patron et il ne pouvait *me* les refuser avec une excuse pareille. »

Albert Camus, *L'Étranger*, Gallimard, 1942.

2 Énonciation distanciée ou non embrayée

Le contenu du message ne se situe pas par rapport au *moi-ici-maintenant* du locuteur, mais en dehors de la situation d'énonciation. Une énonciation à distance se caractérise par :

- la présence de pronoms personnels de P3 : *il, elle, ils, elles* et *on* s'il n'incorpore pas le locuteur pour les reprises pronominales ou la présence de groupe nominaux ;

1. Voir la Boite à outils pour une liste de quelques modalisateurs affectifs ou évaluatifs.

- l'emploi des temps verbaux, notamment dans l'alternance imparfait/passé simple (voir chapitre 32 « Valeurs des temps du passé ») ;
- la présence de marqueurs spatio-temporels dont la localisation ne se fait que par rapport à des éléments déjà donnés dans le texte :
  – simultanéité : *à ce moment-là, alors* ;
  – antériorité : *la veille, la semaine précédente, quelques heures plus tôt, peu avant* ;
  – postériorité : *le lendemain, l'année suivante, x jours plus tard, peu après, dès lors* ;
  – neutre : *une fois, un autre jour…*

Exemple

Dans l'extrait suivant sont mis en italique tous les termes qui rendent compte de l'énonciation à distance :

« *Un* meunier *avait* trois *fils*, *son* moulin, *un* âne et *un* chat ; *les* fils *avaient* à moudre, *l'*âne à quérir le grain puis à porter la farine ; et *le* matou à attraper les souris. À la mort du meunier, *les trois fils procédèrent* au partage de *l'*héritage : *l'*ainé *reçut le* moulin, *le* cadet *l'*âne et *le* benjamin n'*eut* que le chat, puisque c'*était* tout ce qui *restait*. »

« Le chat botté », *Les grands contes de Grimm*, Albin Michel Jeunesse, 2004

Toutefois, les choses ne sont pas aussi clairement séparées qu'il n'y parait et souvent les énonciations s'entremêlent. On distingue en fait quatre sous-systèmes d'énonciation, soit quatre degrés de distanciation par rapport à T_0 :

T_0 ↓	Énonciation embrayée	**Discours pur** ou **interactif** : le locuteur s'adresse directement à un destinataire présent dans la situation d'énonciation
		Narration liée et **récit interactif** : le locuteur s'adresse à un destinataire fictif (*cf.* récits autobiographiques…)
↓	Énonciation distanciée	**Discours théorique** : le discours présent dans les écrits scientifiques
T_F		**Narration historique** ou **récit pur** : *cf.* les contes

··· EN CLASSE ···

Dans une production d'élève

L'énonciation est à travailler en réception (interprétation des textes lus par l'adulte ou par l'enfant) et en production (toute production écrite exige la maitrise du système d'énonciation).
Pour éviter toute redondance, nous référons aux chapitres 35 « Cohérence et cohésion » et 36 « Les procédés de substitution ».

37 Valeurs du présent

Le présent s'emploie généralement pour exprimer des événements qui se produisent au moment de l'énonciation (ou T_0) (ex. *Je parle*). Ce moment d'énonciation peut occuper un laps de temps très **étroit**, par exemple avec un énoncé qui sert à réaliser le procès décrit (et que l'appelle alors énoncé *performatif*). Dans ce cas, les événements exprimés se produisent au moment même où l'énoncé est produit.

Exemple

Je vous déclare mari et femme.

Il peut, à l'inverse, occuper un intervalle de temps beaucoup plus **étendu**, généralement spécifié par un complément temporel qui indique le début ou la fin du procès

Exemple

Ils sont mariés ***depuis sept ans.***

Il peut aussi servir à exprimer :

- des faits habituels spécifiés par un complément temporel, on parle de **présent d'habitude** (ex. *Je me couche à dix heures (tous les jours)*) ;
- des faits intemporels, comme des vérités générales, des proverbes, des maximes, on parle alors de **présent de vérité générale** ou **présent gnomique** (ex. *L'eau bout à 100 degrés, Pierre qui roule n'amasse pas mousse*) ;
- une **condition** après la conjonction de subordination *si* (le verbe de la principale se met alors au futur) (ex. *Si je mange*, il mangera aussi) ;
- une action au **passé ou futur proche**, il est alors accompagné d'un CC de temps spécifiant sa temporalité (ex. *Je viens tout de suite, Je sors de cours à l'instant*).

Le présent s'emploie aussi dans des récits au passé pour donner l'impression que certains faits se produisent au moment où l'on parle, cela donne au récit un aspect plus vivant, dynamique, on parle alors de **présent historique** (ou **de narration**) :

Exemple

Je venais de partir. Tout d'un coup le loup *sort* du bois.

38 Valeurs des temps du passé

Cours et méthodes

1 L'imparfait et le passé simple

1.1 Dans le récit

a. Valeur générale de l'imparfait

La valeur générale de l'imparfait est de présenter un fait en train de se dérouler dans le passé, mais dont on ne verrait ni le début ni la fin, c'est pourquoi il convient à la **description**.

Exemple

Il *s'agitait* comme un fou furieux.

Cette valeur aspectuelle lui permet de fonctionner en opposition avec le passé simple ou le passé composé dans le récit. Il permet ainsi de décrire le décor, la toile de fond (les procès d'arrière-plan) sur lesquels vont se détacher les événements principaux relatés au passé simple (les procès de premier plan).

Exemple

Il *faisait* sombre, les loups *hurlaient*, quand soudain un cri humain se fit entendre.

Il peut aussi exprimer des faits **habituels**.

Exemple

Tous les soirs avant de se coucher, il *priait*.

b. Valeur générale du passé simple

Le passé simple, quant à lui, exprime des faits passés qui ont eu lieu à un moment déterminé, dont les limites de début et de fin sont visibles. De plus il ne s'emploie que dans la langue écrite (à l'oral il est supplanté par le passé composé).

Exemple

Nous *l'aperçûmes* quand il *daigna* tourner la tête vers nous.

Il est souvent employé dans le récit car il permet d'individualiser les procès et de présenter ainsi une succession ou une énumération de faits passés, d'événements saillants qui vont se détacher du fond (exprimé à l'imparfait).

Exemple

Je le *reconnus*, je me *mis* à sa poursuite, puis je le *perdis* de vue.

REMARQUE

L'impression de durée de l'imparfait est à l'origine de la distinction scolaire entre action ponctuelle et action qui dure, ce qui est incorrect car le passé simple peut exprimer aussi un procès qui dure : *il attendit très longtemps*.

1.2 Valeurs modales de l'imparfait

L'**imparfait d'atténuation** ou de **politesse** est un tour stylistique qui permet de rejeter un fait dans le passé pour en atténuer l'expression.

Exemple

Je *voulais* savoir s'il était possible d'assister à ce cours.

Dans une **subordonnée hypothétique** en *si* et en corrélation avec une principale au conditionnel, on utilise l'imparfait qui présente la condition de réalisation du procès principal.

Exemple

Si tu *travaillais* plus régulièrement, tu réussirais certainement tes études.

2 Le passé composé

Le passé composé sert, de façon générale, à l'expression d'un fait antérieur à T_0 et considéré comme achevé (aspect accompli).

Exemple

Hier, *j'ai mangé* des pâtes.

Il peut également exprimer :
- un **fait passé sans rapport avec T_0** : il concurrence alors le passé simple (ex. Je *suis née* le 9 janvier 1981) ;
- un **fait en lien avec T_0** ou dont les conséquences sont encore sensibles à T_0 ; il s'oppose alors au passé simple (ex. Ça fait trois heures qu'il *est parti*) ;
- un **fait futur** lorsque l'on veut présenter un fait comme s'il était déjà accompli, et dans ce cas il est accompagné d'un adverbe (ex. J'ai *bientôt* fini) ;
- un **fait futur antérieur à un autre fait futur**. Dans ce cas le passé composé est précédé de la conjonction *si* à valeur hypothétique ou conditionnelle et la principale se met au futur ou à l'impératif présent (ex. *Si* je ne *suis* pas *réveillée* dans cinq minutes, appelez-moi/vous m'appellerez).

39 Valeurs du futur et du conditionnel

Cours et méthodes

Grammaire

1 Le futur

1.1 Le futur simple

a. Valeur temporelle

Le futur se présente sous deux formes qui n'ont pas exactement les mêmes valeurs. Le **futur simple** est un futur dit morphologique par opposition au **futur proche** (formé au moyen du verbe *aller* suivi d'un infinitif) :

Exemple

Futur simple : Je *partirai*.
Futur proche : Je *vais partir*.

Le futur simple situe le procès dans l'avenir (qui peut être plus ou moins lointain) par rapport au moment de la parole, alors que le futur proche reste relié au présent d'énonciation. Il présente le procès à venir comme imminent.

b. Valeur modale

Le futur simple peut exprimer différentes valeurs modales, telles que :

- une valeur **injonctive**, qui est une forme atténuée de l'impératif : *Tu copieras dix fois ta leçon* ;
- l'**atténuation** : le futur est employé à la place du présent pour atténuer une affirmation : *Je vous ferai remarquer que vos employés ne sont pas venus.*

1.2 Le futur antérieur

Le futur antérieur (formé au moyen de l'auxiliaire au futur simple suivi du participe passé) permet de présenter un procès **accompli** dans l'avenir, généralement associé à un complément de temps.

Exemple

Demain, *j'aurai terminé* mon travail.

Il marque l'**antériorité** lorsqu'il est en corrélation avec un futur simple dans une phrase complexe.

Exemple

Je partirai quand *j'aurai terminé* de corriger mes copies (= j'aurai terminé, et après je partirai).

2 Le conditionnel

REMARQUE

Traditionnellement, le conditionnel était considéré comme un mode à part entière. Actuellement il est considéré comme un temps de l'indicatif (au présent et au passé). Cela se justifie, d'une part du point de vue du système de l'indicatif, puisqu'autour du pivot du présent, le futur simple est le pendant du passé simple et le conditionnel présent (que l'on peut appeler aussi « le futur du passé ») est le pendant de l'imparfait. D'autre part, du point de vue des formes, le conditionnel utilise les mêmes désinences que l'imparfait et se caractérise par la présence de la consonne « r » comme au futur simple.

2.1 Le conditionnel présent

a. Valeur temporelle

Le conditionnel présent marque un fait futur par rapport à un moment du passé, c'est pourquoi on l'appelle « **futur du passé** », de la même façon que le futur simple marque un fait futur par rapport à un moment présent :

Exemple

Il m'a dit qu'il *viendrait* me voir (est le correspondant passé de : Il me dit qu'il *viendra* me voir).

b. Valeurs modales

Le conditionnel présente un fait imaginaire et dont l'accomplissement dépend d'une **condition**. Il fonctionne en corrélation avec une subordonnée à l'imparfait introduite par *si*.

Exemple

S'il avait des difficultés, je *l'aiderais*.

Lorsqu'il s'emploie dans le futur ou le présent, il indique un fait **hypothétique** par rapport au moment de la parole.

Exemple

Vous *devriez* vous taire.

Il s'emploie aussi pour exprimer une **information incertaine**, lorsque le locuteur a un doute sur la réalisation d'un procès ou sur la véracité de l'information véhiculée par son énoncé.

Exemple

Cet acteur *serait* décédé.

Le conditionnel sert à demander poliment, à exprimer un souhait. **L'atténuation** est plus forte qu'avec le futur, en raison de la valeur hypothétique du conditionnel.

Exemple

J'*aimerais* obtenir un rendez-vous.

2.2 Le conditionnel passé

Le conditionnel passé (formé au moyen de l'auxiliaire conjugué au conditionnel présent suivi du participe passé) a les mêmes valeurs que le conditionnel présent, mais pour le passé. Autrement dit, il peut exprimer un fait qui est à la fois futur par rapport à un moment du passé et antérieur à un autre fait exprimé par un conditionnel présent.

Exemple

Il m'a dit qu'il viendrait me voir dès qu'il *se serait libéré*.

Les valeurs **modales** du conditionnel passé sont les mêmes qu'au conditionnel présent :

- il peut servir à marquer un fait imaginaire, à donner une **information incertaine**, concernant le passé : Il *aurait demandé* à changer de classe ;
- il sert à exprimer l'**irréel du passé** (le regret) : Tu *aurais dû* travailler davantage.

40 Emplois du subjonctif

Cours et méthodes

Contrairement à l'indicatif qui est le seul mode temporel, le subjonctif est un mode qui ne situe pas le procès dans un temps : le locuteur laisse le verbe entre virtualité et actualisation complète.

1 Le subjonctif en proposition indépendante

Le subjonctif s'emploie pour l'expression de l'ordre dans des phrases **injonctives**, surtout lorsque l'impératif n'est pas disponible, c'est-à-dire à la P3 (ex. *Qu'il vienne tout de suite !*).

Il s'emploie aussi pour exprimer un **souhait** (ex. *Que la chance soit avec nous !*).

Il peut exprimer la **supposition**, notamment dans le discours didactique (ex. *Soit un triangle isocèle…*) ou indiquer que le locuteur ne s'engage pas sur la réalité d'un fait (ex. *Qu'il vienne ? Mais vous rêvez !*).

Il peut aussi concurrencer la subordonnée hypothétique introduite par *si* (ex. *Qu'il m'appelle, je ne lui répondrai pas*).

2 Le subjonctif en proposition subordonnée

L'emploi du subjonctif en proposition subordonnée est généralement conditionné par un élément de la principale.

2.1 Subordonnée complétive

Dans la complétive introduite par *que*, c'est le verbe de la principale, exprimant le plus souvent une volonté ou un sentiment, qui exige l'emploi du subjonctif : Je doute *qu'il soit élu*.

Après certains verbes, il est possible de choisir entre l'indicatif et le subjonctif : avec le subjonctif, le procès est vu à travers une interprétation subjective, tandis qu'avec l'indicatif, il est envisagé en tant que tel :

Exemples

Au subjonctif : Il semble qu'elle *ait compris*.
À l'indicatif : Il semble qu'elle *a compris*.

2.2 Subordonnée relative

Dans les subordonnées relatives déterminatives[1], on emploie le subjonctif lorsque :

- l'antécédent présent dans la principale contient un **superlatif relatif** (*le plus* + adjectif) ou un **adjectif** comme : *dernier, premier, seul*, etc. ;
- la principale est **négative** ;
- le nom antécédent est déterminé par un **indéfini**.

Exemples

C'est la seule personne *que je connaisse*.
Il n'y a personne *qui soit d'accord avec lui*.
Je cherche un chat *qui soit blanc*.

2.3 Subordonnée circonstancielle

L'emploi du mode dans les subordonnées circonstancielles est imposé par le sens de la conjonction de subordination.

Ainsi, le subjonctif est obligatoire dans :

- quelques subordonnées **temporelles** : celles introduites par *avant que, en attendant que, jusqu'à ce que*. (**Attention** : toutes les autres, introduites par exemple par : *quand, lorsque, après que*, etc. sont à l'indicatif) ;
- les subordonnées de **but** (*pour que, afin que, de peur que*, etc.) ;
- les subordonnées **concessives** (*bien que, quoi que*, etc.) ;
- les subordonnées **hypothétiques** (*à moins que, pourvu que, pour peu que*, sauf celles introduites par *si*).

Exemples

Prends-en *avant qu'il ne soit trop tard*.
Je m'occupe de toi, *pour que tu te sentes mieux*.
Quoi que tu fasses, il ne bougera pas.
Nous irons à la plage, *pourvu qu'il ne pleuve pas*.

Grammaire

1. Voir chapitre 25 « Les propositions subordonnées relatives ».

41 Cohérence et cohésion

Cours et méthodes

Ces deux termes renvoient à la précision relative aux enchainements à l'intérieur d'un discours ou d'un texte.

1 La cohérence d'un texte

On désigne par là tout ce qui fait d'un texte un ensemble autonome. Cette autonomie du texte dépend des règles définies par M. Charolles[1] et dont nous retenons les deux suivantes :

- la **règle de répétition** ou de **continuité thématique** : pour qu'un texte soit cohérent, il faut que son développement comporte des éléments récurrents du début à la fin, pour constituer un fil conducteur qui assure la continuité thématique du texte. On appelle cela une chaine référentielle et elle se manifeste par le procédé de substitution (voir chapitre 36 « Les procédés de substitution ») ;
- la **règle de progression sémantique** : pour qu'un texte soit cohérent, il faut que son développement apporte des informations nouvelles sur le thème dont il est question, le texte ne doit donc pas *tourner en rond*.

La cohérence est liée à l'interprétation du texte que le lecteur peut fournir. Elle a donc à voir avec le sens et les connaissances du lecteur. Elle peut se faire par le biais de nos connaissances du monde et de la situation, et il n'est pas nécessaire, pour qu'un texte soit cohérent, que toutes les relations logiques entre les énoncés soient explicitement indiquées par des connecteurs. Ainsi, l'on peut écrire par exemple : *L'eau est trop froide. Je reste sur la plage.* Le tout reste cohérent parce qu'on sait qu'il est plus facile de se baigner quand l'eau est bonne.

2 La cohésion d'un texte

On désigne par là tous les **phénomènes d'articulation formels** du texte qui assurent la continuité entre les phrases d'un texte pour former un ensemble solidaire. On distingue quatre éléments d'articulation formels :

- les procédés de reprise (voir chapitre 36 « Les procédés de substitution ») ;
- la présence de connecteurs (voir chapitre 37 « Les connecteurs ») ;
- la ponctuation ;
- l'emploi des temps verbaux (voir chapitres 31 à 34 sur les valeurs des temps).

1. Michel Charolles, « Introduction aux problèmes de cohérence textuelle », *Langue française* 38, 1976.

42 Les procédés de substitution

Cours et méthodes

Ce sont des procédés qui participent de la continuité thématique d'un texte en en assurant la cohésion. Ces procédés forment ce qu'on appelle une **chaine anaphorique**, c'est-à-dire une chaine de mots (pronoms ou GN) qui, dans un texte, renvoient à une même entité.

Il existe deux grands types de substitution : la substitution **grammaticale** (ou anaphore pronominale) et **lexicale** (ou anaphore nominale).

1 L'anaphore pronominale

C'est un cas très fréquent d'anaphore. Traditionnellement, on dit que l'emploi d'un pronom permet d'éviter la répétition d'un GN ou d'un nom, mais la représentation n'est pas nécessairement équivalente. On distingue représentation totale et représentation partielle :

- la **représentation totale** : le pronom représente totalement le GN antécédent. C'est le cas des pronoms personnels de P3 (sauf *en*), de certains démonstratifs et des relatifs ;

Exemple

Le roi a choisi sa reine. Il *la* chérira et *lui* fera de beaux enfants.

- la **représentation partielle** : le pronom représente une partie seulement du GN. C'est le cas des possessifs, de certains démonstratifs et du pronom *en*, ainsi que des pronoms indéfinis et numéraux.

Exemple

Mes enfants sont ici. *Deux* viendront = *deux* est une représentation partielle du référent *mes enfants*.

2 L'anaphore nominale

On distingue l'anaphore fidèle de l'anaphore infidèle :

- l'anaphore **fidèle** : il s'agit d'une simple répétition du nom antécédent avec un changement de déterminant (indéfini → défini) ou à l'identique ;

Exemple

Il était une fois *un chaton*. *Ce chaton* aimait le lait.

- l'anaphore **infidèle** : il s'agit d'une reprise avec changement lexical. Le GN anaphorique contient des éléments distincts de l'antécédent, l'anaphore peut consister à utiliser :
  - un **autre GN** qui décrit les caractéristiques de l'antécédent : *Rousseau* est mort en 1778. *Cet écrivain* fait toujours autorité.
  - un **synonyme** : *Rousseau est un écrivain français, cet auteur* est souvent cité.
  - un **hyperonyme** : Camille mange *une reine-claude*, elle adore *les prunes*.

2.1 L'anaphore conceptuelle ou résumante

L'expression anaphorique ne reprend pas un GN ou un segment antérieur particulier. Elle condense et résume le contenu d'une phrase, d'un paragraphe ou de tout un fragment de texte antérieur.

Exemple

Le gouvernement a augmenté de 0,5 % le salaire des fonctionnaires. *Cette mesure* a été jugée insuffisante par les syndicats.

2.2 L'anaphore associative

Dans ce cas, le GN anaphorique n'entretient pas de relation de coréférence stricte avec son antécédent. La relation anaphorique est indirecte : le GN anaphorique renvoie à un référent qui est identifié indirectement par l'intermédiaire d'un GN antérieur (antécédent) auquel le GN anaphorique est associé par une relation stéréotypique de type partie-tout. Cette association entre les deux GN repose sur notre connaissance générale du monde.

Exemple

Il est venu <u>au village</u>. *L'église* était toute illuminée = ce n'est que parce que souvent les églises se trouvent dans les villages que l'on peut comprendre le rapport entre les deux propositions indépendantes.

··· EN CLASSE ···

Travailler sur les procédés de reprise (pronominale et nominale) peut se faire :

- en lecture pour vérifier que les élèves comprennent bien qu'il s'agit de la même personne désignée par des mots différents ;
- en production d'écrits pour éviter des répétitions ou des ruptures thématiques.[1]

Exemple d'application

Niveau CE2 : « Je comprends de qui on parle dans un texte[2] »

Lis ce texte.

« Hier, **on** a joué à cache-cache dans le parc avec deux copains. C'est moi qui ai collé. **J'**ai cherché partout **Jordan et Florian** mais je ne **les** ai pas trouvés. **Ils** s'étaient cachés dans un arbre ! Comme **ils** en avaient assez d'attendre, ils ont fini par crier : "**Félix, tu** as perdu !" **On** est rentrés **tous les trois** à la maison et ils ont goûté chez moi. »

Qui se cache derrière le mot on ? derrière les mots deux copains ? derrière le mot moi ?

Trouve de qui parlent les mots dans les autres étiquettes et classe-les comme dans l'exemple ci-dessous :

On	Moi	Deux copains

3 Cohérence, cohésion et procédés de substitution dans les programmes (BO15)

En réception, seules la compréhension et l'analyse de chaines de référence permettent l'identification des personnages principaux et secondaires. Ce sont des compétences à travailler en **C1** (réception/production), et qui se poursuivent tout au long de la scolarité.

- En **C2** (lecture), l'identification des personnages ainsi que l'identification des circonstants cadratifs (spatio-temporels) sont prioritaires ;
- En **C3** (lecture, rédaction), le travail porte plus spécifiquement sur la gestion des substituts et des procédés de cohérence en production écrite.

1. Carole Tisset, *Observer, manipuler, enseigner la langue au cycle 3*, Hachette Éducation, 2005.
2. Exemple tiré de Antoine Fetet, *C.L.É.O. Français. Manuel d'entrainement. CE2*, Retz, 2009.

43 Les connecteurs

Cours et méthodes

DÉFINITION

Les **connecteurs** sont des termes qui participent à la cohésion du texte en permettant au destinataire de faire le lien entre les informations qu'il comporte.

Ce sont donc des articulateurs de séquences textuelles qui orientent l'interprétation du lecteur.

Les connecteurs sont empruntés aux catégories grammaticales suivantes :

- les conjonctions de coordination ;
- les adverbes et locutions adverbiales ;
- des groupes prépositionnels (*d'abord, au début*, etc.) ;
- des expressions figées (*toujours est-il que, il est vrai que…*).

On distingue différents types de connecteurs selon leur rôle dans le texte.

1 Les connecteurs d'organisation textuelle

On distingue :

- les **connecteurs temporels** qui prennent en charge la chronologie du contenu et sont constitués par :
  – des adverbes : *maintenant, puis, ensuite, avant, après, soudain, tout à coup…*
  – des GP : *en 1990, à x heures/minutes…*
- les **connecteurs spatiaux** qui prennent en charge la localisation spatiale du contenu et sont constitués par :
  – des adverbes ou locutions adverbiales : *ici, là, plus haut, plus loin…*
  – des GP : *en France, à Paris…*
- les **connecteurs de progression** du texte et qui expriment :
  – l'énumération : *d'abord, ensuite, premièrement, deuxièmement…*
  – la continuité logique et thématique : *et, aussi, alors, puis…*
  – l'illustration : *par exemple…*

2 Les connecteurs argumentatifs

On les trouve en nombre dans les textes argumentatifs. Ils servent à orienter l'argumentation pour emporter la conviction du lecteur. On distingue :

- les **connecteurs coorientés** (pour lier les arguments qui vont dans le même sens) ; ils peuvent marquer le lien entre les arguments (*et, aussi, également, non seulement..., mais encore...*) ou la disjonction argumentative (*or, ni... ni..., soit... soit...*) ;
- les **connecteurs d'opposition** ou de concession : ils consistent à émettre une objection à l'argument qui les précède et cette objection peut se faire de façon directe, par le biais de l'opposition (*mais, cependant, alors, tandis que, en revanche, a contrario*) ou indirecte par le biais de la concession (*pourtant, alors, toutefois, bien que, quoique, certes... mais...*). On parle d'opposition indirecte pour la concession car le locuteur fait mine par son vecteur d'accepter certains arguments de l'opposition ;
- les **connecteurs d'explicitation** ou de **justification** : ils introduisent des arguments qui expliquent les arguments antérieurs par le biais de la reformulation (*c'est-à-dire, autrement dit, à savoir*), ou en ajoutant à l'explicitation des nuances causales (*car, en effet, puisque, parce que*) ou consécutives (*donc*) ou concessives/hypothétiques (*si*).

3 Les connecteurs indiquant la prise en charge énonciative

Ils indiquent un changement d'énonciateur ou le fait que le locuteur ne prend plus en charge son discours – il en évite ainsi la responsabilité (*selon x, d'après x, pour x, quant à x*).

44 Éléments d'analyse du français parlé

Cours et méthodes

L'analyse de l'oral a été une question récurrente aux concours antérieurs à 2010, les sujets 2016 confirment la tendance, c'est pourquoi il convient de bien prendre en considération ce chapitre. C'est en effet sur les critères énoncés ici qu'il convient d'étudier la transcription d'énoncés oraux en vue d'une comparaison entre l'oral et l'écrit et/ou en vue de l'analyse des conduites discursives en classe.

1 Comparaison oral/écrit

1.1 Les notions de registre/niveau de langue

La notion de « registre » renvoie à une norme d'usage venant du français courant. À l'inverse, la notion de « niveau » renvoie à une norme prescriptive. Dans les faits, ces deux notions sont souvent confondues.

La notion de registre de langue (ou variation diaphasique) recouvre les variations lexicales individuelles observables selon les situations d'énonciation (on ne parle pas de la même façon à un enseignant et à un ami proche). Un locuteur n'a donc pas un lexique homogène, mais une diversité qui se manifeste dans les situations diverses dans lesquelles il évolue.

Exemple

Pour le verbe *manger*, un locuteur français dispose de la classe d'équivalence suivante (non exhaustive) : *bouffer, becqueter, grailler, boulotter, bâfrer* qui toutes sont des variantes familières et populaires du terme standard *manger*.

Le français se démultiplie donc en usages spécifiques définis par leur appartenance à des registres de langue distincts, dont les principales distinctions sont les suivantes :

- le **soutenu**, dont les variantes sont : soigné, recherché, élaboré, châtié, cultivé, tenu, contrôlé ;
- le **standard**, dont les variantes sont : courant, commun, neutre, usuel ;
- le **familier**, dont les variantes sont : relâché, spontané, ordinaire ;
- le **populaire**, dont la variante est : vulgaire.

Le classement du lexique en situation scolaire se fait généralement selon les registres suivants : cultivé, courant, familier, populaire, vulgaire.

1.2 Quelques caractéristiques de la syntaxe du français parlé

Le français parlé dispose d'une syntaxe qui lui est propre. Celle-ci n'est donc pas « fautive », mais très distincte de la syntaxe normative de l'écrit. Ses principales caractéristiques sont liées aux comportements des locuteurs (hésitations, répétitions, autocorrections, inachèvements), caractéristiques que l'on peut analyser selon les phénomènes récurrents suivants.

a. Inachèvements

Ils sont très fréquents et il convient de distinguer entre :

- inachèvements volontaires qui provoquent un effet d'indicible ;

Exemple

« Parce que, à ce moment-là, j'avais seize ans. Alors je dis pas qu'il avait pitié, *mais enfin...*[1] ».

- inachèvements contraints qui montrent un échec, une obligation de changer de structure syntaxique au milieu d'une phrase et donc d'abandonner la construction initiale.

Exemple

« Il y a des hottes où on a... euh... *L'air qui passe dans la hotte* est complètement stérilisé » (*ibid.*, p. 46).

b. Économie et redondance

Ces phénomènes sont des phénomènes d'ellipse ou de répétition, aisément identifiables.

Exemple

Économie : souvent à l'oral, pour *il y a* on dit [ja] (*y'a*) au lieu de [ilija], on peut donc considérer une liaison phonologique entre le [j] et le [a] fonctionnant sur l'économie (ellipse) des sons [i] et [l].
Redondance : *moi, moi, ben moi* à mon école *moi* j'apprends des choses (oral spontané).

c. Rupture syntaxique et étagement syntagmatique/paradigmatique

Ils donnent un effet de bribes de discours, particulièrement évident dans l'exemple suivant.

1. Exemple tiré de Claire Blanche-Benveniste, *Approche de la langue parlée en français*, Ophrys, 2000, p. 46.

Grammaire

Exemple

« Non tu la population elle est contre toi tu peux convaincre personne de la population si ils sont contre toi tu toi tu vas quelqu'un il te déteste tu vas essayer de lui dire viens avec moi et tout et tout eh non tu peux pas » (*ibid.*, p. 47), dont voici une représentation en liste paradigmatique, afin de mieux reconstruire cet énoncé :

non			
	tu		
		la population elle est contre toi	
	tu peux convaincre personne de la population si ils sont contre toi		
	tu		
toi	tu vas		
		quelqu'un il te déteste	
	tu vas essayer de lui dire viens avec moi		
			et tout
			et tout
et non			
	tu peux pas		

d. Reformulation/autocorrection

Ces autocorrections sont très fréquentes et montrent le contrôle que nous exerçons sur notre production linguistique.

Exemple

« Je pense que, bon, de plus en plus, euh, le niveau intellectuel, euh – non, pas le niveau intellectuel, mais le niveau culturel – ayant quand même évolué, euh, l'instituteur, c'est plus la science infuse » (*ibid.*, p. 49).

Des chercheurs ont montré que ces corrections ne jouent pas sur l'interprétation des interlocuteurs, par conséquent, ceux-ci ne les prennent pas en compte dans la gestion de l'interaction.

e. Parenthèses énonciatives

Il s'agit des précisions informationnelles, épistémiques, jugement du locuteur sur son propre dire et/ou le dire de l'interlocuteur.

Exemple

« Il y a une boite qui est parfaitement étanche et complètement fermée, et cette boite c'est le... (eh ben ça y est, le mot m'échappe... Voilà, je trouve plus le mot... C'est le « carter », ça y est, c'est revenu !)... c'est le carter, dans lequel pratiquement baigne le vilebrequin » (*ibid.*, p. 123).

En plus de ces parenthèses énonciatives on trouve souvent la présence de particules énonciatives comme « donc », « vous voyez », « déjà » qui signalent une opération énonciative de maintien de l'attention de l'interlocuteur.

Exemple

« Donc, vous voyez la notion de traduction libre déjà elle est totalement distincte pour... un traducteur disons [...] » (*ibid.*, p. 71) ;

f. Interlocution

Si l'oral est polygéré, il convient de prendre garde à :

- la gestion/respect des tours de parole (cédés ou refusés) ;
- la coopération (respect de la continuité thématique et de l'enrichissement informationnel + expression des accords/désaccords). Voici un exemple de collaboration absolu (on parle alors parfois de *locuteur collectif*) :
  « L1 : Mon mari travaillait dans la rue Colbert. C'était…
  L2 : oui, non la rue…
  L1 : … Puvis de Chavannes
  L2 : voilà c'est ça. » (*ibid.*, p. 50) ;
- rôle interactionnels : leader/victime : dans l'exemple *infra*, L2 est victime :
  « L3 : Tu veux descendre ton frigi-, ton réfrigérateur, comment tu fais ?
  L4 : Tu le démontes.
  L2 : Attends ! Ne dis pas, ne dis pas…
  L4 : Sûr ! Tu enlèves la porte, tu descends la porte…
  L2 : Attends, attends ! non, non, attends ! Laisse-moi parler ! Ne dis pas que c'est tous les jours qu'il y a pas d'ascenseur ! » (*ibid.*, p.50) ;
- gestion/respect des conduites discursives : relater, débattre, expliquer, décrire, narrer (voir BO08).

g. Marques d'oralité

Il peut s'agir :

- d'onomatopées (euh…) ;
- de constructions clivées (*c'est* moi *qui* l'ai dit, c'est pas lui), ou pseudo-clivées (*ce que* je veux dire *c'est que* c'est moi qui l'ai dit) ;
- de la dislocation gauche, qui concerne souvent le sujet (*moi, je…*, *toi, tu…*).

Exemple

Dans l'énoncé suivant (élève de PS, 5e période, oral spontané), identifiez et expliquez les marques de l'oralité : « eh bé moi regarde qu'est-ce que j'ai ».

Les marques de l'oralité sont :

1. **les onomatopées** (*eh bé*) qui servent ici à attirer l'attention de l'interlocuteur ;
2. **l'insertion** *qu'est-ce que* au lieu de *ce que*, que l'on peut analyser de deux façons distinctes, soit c'est le relatif renforcé *c'est que* que l'on trouve souvent précédé de *où* à l'oral (*où c'est que*) et qui se trouve ici tronqué (*qu'est-ce que [c'est que] j'ai*), ou bien c'est une utilisation non canonique d'une interrogative indirecte, l'enfant visant ainsi à ne pas dévoiler linguistiquement l'objet qu'il montre.

Grammaire

2 Critères d'analyse du français parlé

Outre l'analyse spécifique de la syntaxe de la langue parlée, voici les axes majeurs sur lesquels vous devez élaborer vos critères si l'on vous demande d'analyser les interactions verbales entre élèves :

- **plan discursif** : analyse du comportement dialogal des élèves et de leurs coopérations (ou absence de coopération) ;
- **plan informationnel** (respect de la consigne) : gestion des conduites discursives ;
- **plan sémantique** : précision du vocabulaire employé ;
- **plan pragmatique/textuel** : analyse de la cohérence/cohésion ;
- **plan syntaxique** : analyse de la syntaxe (voir *supra*).

Voici les grilles d'évaluation proposées par les équipes INRP/ORAL de Toulouse pour les cycles 1 et 2 :

Gestion de l'échange en situation scolaire	L'élève doit être capable de : • repérer la tâche discursive prescrite ; • collaborer avec l'enseignant en repérant ses modes d'étayage ; • gérer les tours de parole avec les pairs en coopérant sur la tâche discursive ; • commencer à utiliser les modes d'étayage de l'enseignant en situation d'autonomie.
Gestion des conduites discursives	L'élève doit être capable de : • repérer l'enjeu discursif (expliquer/argumenter - décrire/raconter) ; • se mettre en situation d'être témoin sur des faits/agent sur des valeurs (c'est-à-dire, relater et exprimer son jugement) ; • monogérer une conduite : 1. en coopérant à la construction du discours (polygérer en enchainant sur le discours des pairs pour le compléter, le prendre en compte), 2. en respectant la cohérence de la polygestion (thème/rhème), 3. en complétant/reprenant une construction syntaxique de son propre discours, 4. en reformulant, reprenant des formulations, cherchant le mot juste… ; • repérer et d'écouter sans l'interrompre un discours monogéré par des pairs ; • introduire des commentaires (modalisations, métalangage) sur l'élaboration de son propre discours.

Gestion d'un discours (exemple de l'explicatif)	L'élève doit être capable de : • distinguer un fait d'une opinion ; • élaborer un questionnement en comment ou pourquoi ; • produire une hypothèse ; • justifier, questionner, relater... ; • reformuler pour atteindre un lexique de spécialité ; • définir une notion par un mot technique ; • organiser un raisonnement chronologique : 1. par des connecteurs (Puis... ensuite... alors), 2. par des procédés oraux spécifiques (N.B. : éviter la normativité de l'écrit), • produire un rapport de cause à conséquences : 1. par l'utilisation de termes de spécialités (se dilater), 2. par des connecteurs logiques (*si... alors ; d'où, donc, parce que, car, de sorte que, par conséquent...*), 3. par des procédés oraux spécifiques (N.B. : éviter la normativité de l'écrit) ; • utiliser temps et modes appropriés (*Il faut qu'il puisse...*) ; • repérer que le discours explicatif polygéré ou monogéré est achevé.

Exemple d'analyse

Exemple de transcription issu du sujet d'annales 2006-groupe 1 : Vous analyserez les conduites discursives des élèves dans la transcription du début d'une activité collective de langage en classe de moyens-grands (20 enfants et l'enseignant [E]) :

E-classe	Je vais vous montrer quelque chose (*montre une grande image aux élèves, en se déplaçant pour que chacun puisse voir*). Pour l'instant on regarde seulement... On regarde seulement... On regarde tout... tout ce qu'il y a sur l'image. Chut ! On ne dit pas... On racontera tout à l'heure. ... On regarde tout ! Regardez bien parce que je vais la cacher cette image. Tout à l'heure vous ne la verrez plus ! ... On garde bien dans sa tête ce qu'on a vu sur l'image. ... Ah ! qu'est-ce qu'on a vu sur cette image ?
Damien	Des fleurs.
E-Julien	Julien ? (*brouhaha*)
E-classe	Si tout le monde parle à la fois, vous savez qu'on ne peut pas comprendre.

···›

Exemple d'analyse (suite)

Virginie	Elle cueille des radis.
E	Parlez plus fort ! Je n'entends rien.
Ludovic	C'est moi.
Camille	La brouette.
Romain	Le chat.
E-Damien	Damien ?
Damien	Des carottes.
Jessica	Des citrouilles.
Kévin	Des radis.
E-Julie	Julie, qu'est-ce que tu veux nous dire ?
Julie	Y a un papa qu'avait un râteau.
E-Jessie	Y a l'enfant qui creuse.
E-Classe	Bon alors, où est-ce que ça se passe ?
Sarah	Dans un jardin.
E	Ça se passe dans un jardin… Et à qui est ce jardin ?
Damien	Au papa.
E-Camille	Camille.
Camille	Des choux !
E-Camille	Oui, mais tu n'écoutes plus ce que je dis ! …
E-Classe	Combien de personnes voit-on sur cette image ?
Valentin	Trois *(montre le trois avec ses doigts)*
E-Classe	On voit trois personnes… lesquelles exactement ?
Camille	Le papa, une petite fille et un petit garçon
E-Camille	Deux enfants et le papa, trois personnes oui ! Et que font ces trois personnes dans le jardin ?
Mikaël	Ils travaillent.

Exemple d'analyse (suite)

Nous utilisons la grille de critère précédemment donnée, en l'adaptant à la situation :

I- Gestion de l'échange : l'élève est capable de :

- Repérer la tâche discursive prescrite : pour la plupart oui, sauf Camille (l. 39) qui n'a pas été attentive à ce qu'a dit l'enseignante.
- Collaborer avec l'enseignant en repérant ses modes d'étayage : tous suivent l'étayage proposé par l'enseignant, sauf Camille (l. 39) mais qui suit dans la suite de l'échange.
- Gérer les tours de parole avec les pairs en coopérant sur la tâche discursive : globalement tous semblent capables de gérer les tours de parole, sauf au démarrage de l'activité (l. 18) mais après l'intervention de l'enseignant (l. 18), on n'observe plus de mention *brouhaha*.

II- Gestion des conduites discursives : l'élève est capable de :

- Repérer l'enjeu discursif : ici l'enjeu est défini au début de l'activité par l'enseignant, qui le rappelle au fur et à mesure de son étayage, et les enfants semblent avoir compris ce que l'on attend d'eux, ce qui est visible à la l. 31 où Julie fait avancer la description en passant de la description des objets à celle des personnages et de leurs activités.
- Monogérer une conduite :
  – en coopérant à la construction du discours : oui ce qui est visible dans les lignes 23 à 29, ainsi qu'aux lignes 31/32 ;
  – en reformulant : l. 43 et 45, l'intervention de Camille précise celle de Valentin.
- Repérer et d'écouter sans l'interrompre un discours monogéré par des pairs : oui sauf au début de l'activité.
- Introduire des commentaires sur l'élaboration de son propre discours : c'est ce que l'on peut observer par la gestuelle de Valentin (l. 3) qui s'assure de la compréhension de l'enseignant (et du groupe classe) en illustrant le chiffre 3 avec ses doigts.

III- Au plan linguistique :

- Au niveau syntaxique, si l'on écarte les interventions de l'enseignant, alors peu de phénomènes syntaxiques émergent ici, sinon un certain mimétisme (enchainement de GN). Ce sont des propositions averbales (syntaxe elliptique) aisément explicables puisque les enfants répondent à l'enseignant. On remarque également, d'un point de vue syntaxique la structure pseudo-clivée « y a X qui » (l. 31 & 32).
- Au niveau phonologique (analyse des marques d'oralité), on peut remarquer la liaison *y a* au lieu de *il y a*, liaison très fréquente à l'oral et qui fonctionne sur l'ellipse (économie) du son [l].

3

Orthographe

45 Introduction aux questions d'orthographe

Cours et méthodes

1 Types de questions en orthographe

Voici les différentes questions posées au concours (sujets depuis 2013[1]) que nous synthétisons ci-dessous. Nous mettons en italique le verbe indiquant la consigne et en gras la notion de cours à étudier.

Sujet 2016 de la p. 181.

Sujet 2016 (groupe 1)	(Il n'y a pas de question d'orthographe pour ce groupe.)
Sujet 2016 (groupe 2)	*Identifiez* la **forme** (mode, temps, personne, voix) de tous les verbes en *précisant* leur **infinitif**.
Sujet 2016 (groupe 3)	Dans les phrases suivantes, *mettez les verbes* écrits entre parenthèses **au temps et au mode** qui s'imposent. Justifiez votre choix.
Sujet 2017 (groupe 1)	2. **Relevez** les *participes passés* dans cet extrait du texte 4 et **justifiez** *leur accord.*
Sujet 2017 (groupe 2)	3. **Analysez** et **justifiez** *l'orthographe des terminaisons en [e]* soulignées dans le passage suivant (texte 1). 4. **Analysez** la *valeur des temps des formes verbales conjuguées* dans le passage suivant (texte 4).
Sujet 2017 (groupe 3)	1. **Transposez** au *discours indirect* le passage suivant, extrait du texte 2, en **soulignant** et en **commentant** les *modifications*. 3. « Je les écouterais, je m'emplirais de discours cérémonieux, je saurais tout. » (texte 3) : **identifiez** la *forme des verbes*, **donnez**-leur *infinitif et groupe*, **justifiez** leur *emploi*. 4. **Proposez** une *réécriture* de ce passage en respectant les règles orthographiques.
Sujet 2018 (groupe 1)	1. Dans cet extrait du texte 2, vous **identifierez** les *modes et les temps* des verbes soulignés et vous **justifierez** *leur emploi en proposant un classement*. 2. Vous **transposerez** au *discours indirect* les paroles que le narrateur adresse au musicien (texte 2), en commençant par : Il lui demanda...

1. Les corrigés des sujets 2011 à 2014 sont disponibles en ligne sur www.dunod.fr. Les corrigés des sujets 2015 sont proposés à la fin du *Tome 2*, et ceux des sujets 2016 à la fin du présent ouvrage.

Sujet 2018 (groupe 2)	2. Dans le texte 2 : a) **Relevez** et **classez** les verbes conjugués selon leur mode et leur temps et justifiez leur emploi. b) **Quelle remarque pouvez-vous faire** sur l'occurrence « *éblouit* » (« Sa grandeur éblouit l'histoire ») ? 3. Dans le passage suivant du texte 1, **relevez** les *participes passés* et **justifiez leur accord.**
Sujet 2018 (groupe 3)	1. Dans cet extrait du texte de Lusseyran, vous **relèverez** les *participes passés*, vous **identifierez** les *formes verbales* dans lesquelles ils apparaissent et vous **justifierez** *l'accord des participes*. Vous pourrez présenter votre réponse dans un tableau. 2. « Ce soir-là, on nous envoya simplement coucher, en nous disant que, le lendemain, nous aurions sans doute réfléchi. » (texte de Zola). a) Vous **justifierez** *l'emploi des temps verbaux* dans les paroles rapportées ci-dessus. b) Vous **réécrirez** cette phrase en utilisant le *discours direct*.
Sujet 2019 (groupe 1)	Dans cet extrait du texte 2, vous *indiquerez* **le temps et le mode** de chaque verbe souligné et vous *justifierez* son **emploi**.
Sujet 2019 (groupe 2)	Dans l'extrait suivant du texte de Montaigne, vous *identifierez* **les temps et les modes** des verbes en caractères gras et *justifierez* leur emploi. Votre réponse pourra être présentée dans un tableau.
Sujet 2019 (groupe 3)	Dans cet extrait du texte 3, *identifiez* **les formes verbales** en caractères gras et *justifiez* **l'emploi des temps et des modes. Classez** les occurrences relevées dans un tableau organisé.

2 Recommandations

Dans la plupart des questions d'orthographe, il vous est demandé de « **justifier** » certaines marques graphiques (le pluriel le plus souvent, mais cela peut aussi être le genre, la personne, etc.). Cette justification exigée dans vos réponses signifie que vous devez fournir des arguments en faveur des éléments de réponse que vous relevez.

Exemples

Justifiez les marques de pluriel pour les mots soulignés (sujet 0, 1re épreuve) :

« Les écarts demeurent grands entre l'obsédante présence de la révolution électronique dans les discours (y compris celui-ci...) et la réalité des pratiques de lecture qui restent massivement attachées aux objets imprimés et qui n'exploitent que très partiellement les possibilités offertes par le numérique. Il nous faut être assez lucides pour ne pas prendre le virtuel pour un réel déjà là. »

Remarque sur le type de réponse attendue :

Cette question amène deux traitements différents mais complémentaires, qu'il faut nécessairement prendre en compte dans votre réponse :

- d'une part, la distinction de la **catégorie** des mots au pluriel : en effet, le nom n'aura pas la même justification que les autres catégories, puisque le marquage du nom au pluriel est lié à un choix sémantique : le référent est envisagé dans sa pluralité plutôt que dans sa singularité (ici, les noms *écarts* et *pratiques*). Les catégories se rapportant à ce référent pluriel recevront logiquement la marque du pluriel de ce nom (soit les verbes, adjectifs et participes passés).

Orthographe

Exemple (suite)

- d'autre part, la distinction des **chaines d'accord** (voir chapitre 44 « Les accords ») : dans l'extrait, on distingue quatre chaines d'accord, on peut alors partir de chacune de ces chaines pour expliquer les marques de pluriel sur les différentes catégories :
  - les écarts (nom masc. plur.) demeurent (verbe : s'accorde à la 3e personne du pluriel avec le GN *les écarts*) grands (adjectif attribut du sujet les écarts s'accorde au masc. plur. avec ce GN) ;
  - la réalité des pratiques (nom fém. plur.) de lecture qui restent (verbe : s'accorde non pas avec le nom tête *réalité* mais avec son complément *pratiques de lecture*, donc au pluriel : l'accord se fait selon le sens et non selon les traits grammaticaux du nom-tête, on parle alors d'accord *sylleptique*[1]) attachées (participe passé attribut du sujet : s'accorde au fém. plur. avec le nom *pratiques*) (...) et qui n'exploitent (verbe coordonné au précédent et possédant le même sujet *qui* : accord au pluriel également) ;
  - aux objets imprimés (participe passé épithète du nom *objets* : accord au masc. plur.) ;
  - il nous faut être assez lucides (adjectif attribut du sujet *nous* : accord au pluriel).

3 La grille typologique des erreurs d'orthographe de Nina Catach

Dans son ouvrage (*L'orthographe française*), Nina Catach propose le classement suivant pour analyser les erreurs d'orthographe :

Catégories d'erreurs	Remarques	Exemples
Erreurs extragraphiques		
0. Erreurs à dominante calligraphique	Ajout ou absence de jambages, etc.	*mid/(nid)
0bis. Reconnaissance et coupure des mots	Peut se retrouver dans toutes les catégories suivantes	le *lévier (l'évier)
1. Erreurs à dominante extragraphique (en particulier phonétique)	Omission ou adjonction de phonèmes Confusion de consonnes Confusion de voyelles : ex. [o]/[ə]	*maitenant (maintenant) *suchoter (ch/s) *moner (mener)
Erreurs graphiques proprement dites		
2. Erreurs à dominante phonogrammique (règles fondamentales de transcription et de position)	Altérant la valeur phonique N'altérant pas la valeur phonique	*merite (mérite) *briler (briller) *recu (reçu) *binètte (binette) *pingoin (pingouin) *guorille (gorille)

···›

Catégories d'erreurs	Remarques	Exemples
3. Erreurs à dominante morphogramique 1. Morphogrammes grammaticaux	Confusion de nature, de catégorie, de genre, de nombre, de forme verbale, etc. Omission ou adjonction erronée d'accords étroits Omission ou adjonction erronée d'accords larges	*chevaus (chevaux) *les rue (les rues) ceux que les enfants ont *vu (vus)
2. Morphogrammes lexicaux	Marques du radical Marques préfixes/suffixes	*canart (canard) *anterrement (enterrement), *annui (ennui)
4. Erreurs à dominante logogrammique	Logogrammes lexicaux Logogrammes grammaticaux	j'ai pris du *vain (vin) ils *ce sont dit (se)
5. Erreurs à dominante idéogrammique	Majuscules Ponctuation Apostrophe Trait d'union	l'*état (l'État) *et, lui (et lui) *létat (l'État) *mot-composé (mot composé)
6. Erreurs à dominante non fonctionnelle	Lettres étymologiques Consonnes simples ou doubles non fonctionnelles Accent circonflexe (non distinctif)	*sculteur, *rume (sculpteur, rhume) *boursouffler (boursoufler) *anerie, *patisserie

C'est ce type de classement que vous devrez utiliser si vous avez une copie d'élève à analyser au niveau orthographique. Voici un exemple d'analyse d'erreurs orthographiques à partir d'extraits de trois réponses d'élèves :

12) Tu préfères : ☐ regarder un dessin animé ☒ lire un livre
Pourquoi ? Je préfère lire un livre par-que je m'envais dans l'istoire je mimagine mieux dedans.

12) Tu préfères : ☒ regarder un dessin animé ☐ lire un livre
Pourquoi ? Pacequе sa me repose et sa mandore.

12) Tu préfères : ☒ regarder un dessin animé ☐ lire un livre
Pourquoi ? Je préfère regarder un dessins animé car ont les enten parler.

3.1 Erreurs à dominante phonogrammique

- *pas-que* (au lieu de *parce que*: le remplacement des lettres « ce » par la lettre « s » altère la valeur phonique : le son [s] est remplacé par un « s » muet)
- *préfére* (au lieu de *préfère* : l'utilisation de l'accent aigu au lieu de l'accent grave altère la valeur phonique)
- *déssins* (au lieu de *dessins*: la présence redondante de l'accent aigu n'altère pas la valeur phonique)
- *entan* (au lieu de *entend* : la confusion *en/an* n'altère pas la valeur phonique)

3.2 Erreurs à dominante morphogrammique

- *mandore* (au lieu de *m'endort* : morphogrammes lexicaux : erreur sur le préfixe *en-*)
- *mandore* : morphogrammes grammaticaux : utilisation de la désinence *-e* du présent des verbes du 1er groupe au lieu du *-t* des verbes du 3e groupe)
- *déssins* (au lieu de *dessin* : adjonction erronée d'une marque de pluriel)
- *entan* : morphogrammes lexicaux : oubli de la lettre *d* du radical du verbe *entendre*

3.3 Erreurs à dominante logogrammique

- *sa* (au lieu de ça : logogrammes grammaticaux)
- *ont* (au lieu de *on* : logogrammes grammaticaux)

Erreurs à dominante extragraphique :

- *pas-que* (omission du phonème [ʀ])
- *paceque* (omission du phonème [ʀ])

3.4 Erreurs à dominante non fonctionnelle

- *istoire* (au lieu d'*histoire* : absence de la lettre étymologique *h*)

3.5 Erreurs à dominante idéogrammique

- *m'envais* (au lieu de *m'en vais*: absence d'espace entre le pronom adverbial et le verbe)
- *mimagine* (au lieu de *m'imagine*: absence d'espace entre le pronom réfléchi et le verbe)
- *pas-que* (utilisation du trait d'union au lieu de l'espace)
- *paceque* (absence d'espace entre les deux mots)
- *mandore* (au lieu de *m'endort* : absence d'espace entre le pronom réfléchi et le verbe)

46 Les sons du français

Cours et méthodes

La langue française connait trois types de sons : les voyelles, les consonnes et les semi-voyelles (ou semi-consonnes) et on dénombre 37 phonèmes : 16 voyelles, 18 consonnes et 3 semi-voyelles.

DÉFINITION

Un **phonème** est un son qui a une fonction distinctive dans le système de la langue, c'est-à-dire qui permet de distinguer deux mots de sens différent. Par exemple, [b] et [p] sont des phonèmes car ils sont distinctifs : ils permettent en effet de distinguer les mots *bain* et *pain*.

! Il existe 6 lettres représentant des sons voyelles (*a*, *e*, *i*, *o*, *u*, *y*), mais il existe 16 sons vocaliques (voir l'API dans la Boite à outils).

Pour noter chaque son, on utilise l'**alphabet phonétique international** (API) : à chaque son correspond un seul signe (1 signe = 1 son).

L'API permet ainsi de noter la prononciation des mots, sans tenir compte de la manière dont ils s'orthographient.

➥ Vous trouverez l'alphabet phonétique international (API) dans le rabat de la couverture.

1 Les voyelles

DÉFINITION

Les **voyelles** sont des sons produits par les vibrations des cordes vocales, l'air s'échappant sans avoir été arrêté ou freiné nulle part. Chaque voyelle se définit par les traits suivants.

1.1 Le degré d'aperture

Il concerne l'écartement des mâchoires et l'éloignement de la langue par rapport au palais. On distingue les voyelles *fermées* pour lesquelles l'écartement ou l'éloignement est minime, des voyelles *ouvertes* pour lesquelles l'écartement est grand. Ainsi, on peut opposer :

- [ɔ] ouvert pour *port* et [o] fermé pour *mot* ;
- [ɛ] ouvert pour *vert* et [e] fermé pour *blé* ;
- [ø] fermé pour *feu* et [œ] ouvert pour *peur*, etc.

1.2 Le point ou lieu d'articulation

Il concerne la région du palais vers laquelle la langue se soulève. Ainsi, on distingue les voyelles *antérieures* (ou *palatales*) parce que la langue se soulève vers la partie dure du palais et les *postérieures* (ou *vélaires*) parce que la langue se soulève vers la partie molle du palais (le voile). Par exemple, les voyelles [i] et [e] sont prononcées à l'avant tandis que [u] et [o] sont prononcées vers l'arrière de la bouche.

1.3 La labialité

Les voyelles sont dites *labiales* (ou *arrondies*) quand on les prononce en arrondissant les lèvres projetées en avant, il s'agit des voyelles [y] comme dans : *lu*, [ø] (*jeu*), [œ] (*œuf*), [u] (*mou*).

1.4 La nasalité

On distingue les voyelles **orales**, quand l'air sort uniquement par la bouche, et les voyelles **nasales** (au nombre de quatre : [ɛ̃], [ɑ̃], [ɔ̃], [œ̃]), quand l'air sort aussi par le nez.

2 Le *e* caduc

DÉFINITION

Le ***e* caduc** (ou *e* muet), que l'on représente phonétiquement par ce symbole : [ə], est un *e* qui est susceptible de disparaitre à l'oral.

Il tend à rester présent là où il y a une accumulation de consonnes et disparait dans le cas contraire :

Exemple

Je ne te le donne pas/Je ne te l'donne pas/Je n'te l'donn' pas/*j'n't'l'donn' pas.

Cependant, selon les « accents » des locuteurs il est plus ou moins constant. En effet il est presque toujours réalisé dans l'accent méridional, alors qu'il est souvent omis dans l'accent parisien. Par exemple : « Je ferme la fenêtre » sera plutôt prononcé « j'ferm'la f'nêtr' » dans l'accent parisien et « jeu fermeu la feunêtreu » (ou [ʒəfɛrməlafənɛtʀə]) dans l'accent méridional.

De même, en langue soutenue, on a tendance à éviter de trop nombreuses rencontres de consonnes, c'est pourquoi on s'attache généralement à prononcer les *e* muets des mots-outils, comme *je, ne, ce*, etc.

3 Les consonnes

> **DÉFINITION**
> Les **consonnes** sont des bruits de frottement ou d'explosion produits par le souffle qui rencontre dans la bouche divers obstacles. Ces obstacles résultent de la fermeture ou du resserrement des organes (articulateurs : langue, lèvres, dents).

Chaque consonne se définit par les traits suivants.

3.1 La présence ou l'absence de vibration des cordes vocales

Les **consonnes** sont *sonores* quand le souffle qui les produit comporte des vibrations des cordes vocales, elles sont *sourdes* dans le cas contraire. On peut donc opposer chaque consonne sonore avec sa correspondante sourde respectivement : [b] et [p] (ex. *bain/pain*), [d] et [t] (ex. *don/ton*), [g] et [k] (ex. *gars/cas*), [v] et [f] (ex. *vent/faon*), [z] et [s] (ex. *cousin/coussin*), [ʒ] et [ʃ] (ex. *jars/char*).

3.2 Le mode d'articulation

Les consonnes *occlusives* se produisent avec une fermeture totale puis une ouverture brusque du canal buccal produisant un bruit d'explosion, comme [p], [b], [m] où l'air est momentanément bloqué. Les consonnes *fricatives* (ou *constrictives*) résultent d'un frottement dû au rétrécissement du canal et où l'air continue à s'échapper, comme [f], [v], [s], [z], [ʃ] et [ʒ].

3.3 Le lieu d'articulation

On distingue les consonnes *labiales*, qui font intervenir les lèvres, que l'on peut diviser en *bilabiales*, pour lesquelles les deux lèvres se joignent : [b], [p] et [m], et en *labiodentales*, pour lesquelles la lèvre inférieure s'appuie sur les incisives supérieures : [v] et [f]. On distingue aussi les consonnes *dentales*, qui se forment entre la langue et les incisives : [d], [t], [z], [s], [l], [n] ; les consonnes *palatales*, qui se produisent entre la langue et la partie dure du palais : [ʃ], [ʒ] et [ɲ] et les consonnes *vélaires*, qui se produisent entre la langue et la partie molle du palais : [g], [k], [ʀ] et [ŋ].

3.4 La nasalité

Les consonnes sont dites *nasales* quand le souffle s'échappe par le nez, (elles sont au nombre de 4 : [m], [n], [ɲ] et [ŋ]) ; quand il ne s'échappe que par la bouche, les consonnes sont *orales*.

4 Les semi-voyelles

DÉFINITION

Les **semi-voyelles** (ou **semi-consonnes**) sont très proches des voyelles, mais comme les consonnes, elles ne peuvent pas former à elles seules une syllabe.

On distingue trois semi-voyelles : [j], [w] et [ɥ] ; elles s'articulent au même endroit dans la bouche que, respectivement les voyelles [i], [u] et [y], et elles alternent souvent avec celles-ci, dans une famille de mots ou dans la conjugaison : *Il plie/nous plions* [pli]/[plijɔ̃], *il joue/nous jouons* [ʒu]/[ʒuwɔ̃], *il mue/nous muons* [my]/[myɥɔ̃].

5 La syllabe

DÉFINITION

La **syllabe** est un son ou un groupe de sons que l'on prononce par une seule émission de voix. Elle peut être constituée d'une seule voyelle (ex. ***a**mi, **ou**bli, **en**fant*) ou, facultativement, d'une ou plusieurs consonnes qui précèdent ou suivent une voyelle (ex. *ou**bli**, en**fant**, **strict***).

On dit d'une syllabe qu'elle est **ouverte** quand elle se termine par une voyelle ou un son vocalique : ***ba**/nal, **sen**/tir* (*sen-* se termine par une lettre consonne *-n*, mais il s'associe à la voyelle *e* pour former le son vocalique [ɑ̃]). Elle est dite **fermée** quand elle se termine par une consonne prononcée : ***fer**/mer, **pas**/tèque.*

Lorsqu'un mot est constitué d'une seule syllabe, on parle de **monosyllabe** : *feu, mer*, etc.

··· EN CLASSE ···

Il est important pour l'enseignant de bien connaitre les sons du français, pour les raisons suivantes :

- Pour comprendre les problèmes qui affectent la prononciation des enfants (ex. le zozotement où [ʒ] est prononcé [z] et [ʃ] est prononcé [s]) ;
- Pour comprendre les erreurs orthographiques entre sourdes et sonores, fréquemment commises par les enfants dyslexiques.

De plus, la connaissance du système phonologique est d'une grande importance pour le développement de la « **conscience phonologique** » de l'enfant, c'est-à-dire le fait de pouvoir repérer les syllabes dans un mot, les compter (*au/to*), en enlever ou doubler une (*au* ou *to*), isoler son attaque (le son initial *au*) ou sa rime (le son final *to*), la mettre en relation avec d'autres (*auto, bateau, photo*, etc.), repérer un intrus dans la série (*vélo*, par exemple). Cette compétence se développe vers l'âge de 3-4 ans, puis vers 6-7 ans, l'enfant doit être capable de décomposer la syllabe pour retrouver les phonèmes (par exemple, dans *to*, /t/ et /o/), ce qui renvoie au **principe alphabétique** de la langue. Cette compétence est plus abstraite et elle constitue un préalable fondamental à l'apprentissage de la lecture.

6 Les sons du français dans les programmes (BO15)

Dès l'école maternelle, le travail sur les sons de la parole est nécessaire, aussi bien en production (expression à l'oral) qu'en réception (écoute de textes lus par l'enseignant, etc.). Il va permettre l'acquisition du principe alphabétique qui est un préalable à l'apprentissage de la lecture et de l'écriture.

La distinction des différents sons se fait par le biais de la manipulation. Ils commencent à distinguer des syllabes, plus faciles à percevoir que les sons, qu'ils vont manipuler : enlever une syllabe, la déplacer, la doubler, etc. Puis ils vont distinguer les sons grâce à diverses manipulations : substitution, inversion, ajout, etc.

Ceci leur permettra d'aborder (fin GS et C2) le principe alphabétique qui gère la correspondance entre l'oral et l'écrit. L'approche peut se faire grâce à l'observation d'expressions connues (la date, le titre d'une histoire ou d'une comptine) qui vont permettre à l'enfant de comprendre que l'écrit est fait d'une succession de mots et de lettres qui correspondent à des sons à l'oral.

47 Le système orthographique du français

Cours et méthodes

1 L'écriture alphabétique

Pour décrire le système orthographique d'une langue, on utilise le terme de **graphème**, qui est une unité graphique représentant un phonème. Le graphème peut être constitué d'une seule lettre, ou d'un groupe de deux lettres (*digramme*) ou trois lettres (*trigramme*). Par exemple, dans le verbe *chasser*, il y a 7 lettres, mais 4 graphèmes : *ch/a/ss/er* qui renvoient aux 4 phonèmes : [ʃase].

L'écriture française est **alphabétique**, c'est-à-dire qu'elle utilise les 26 lettres de l'alphabet pour représenter les phonèmes du français. Elle repose sur deux principes de fonctionnement :

- les graphèmes représentent des phonèmes (dans 85 % des cas) ;
- les graphèmes apportent des informations sémantiques de plusieurs sortes : grammaticales (marques de pluriel, de féminin, etc.), lexicales (rattachement à une famille de mots) et parfois des informations historiques ou étymologiques indiquant un lien avec le latin (*doigt, temps*) ou le grec (*théorie, philosophie*, etc.).

Mais dans la réalité, on est loin d'une correspondance biunivoque où un graphème correspondrait systématiquement à un phonème. En effet, un même phonème peut être représenté par plusieurs graphèmes (ex. le phonème [s] peut être représenté par : *s* dans *sac, ss* dans *lessive, c* dans *face, ç* dans *façade, sc* dans ***scène***, *t* dans *addition, x* dans *six*), à l'inverse, un même graphème peut correspondre à plusieurs phonèmes (ex. le graphème « s » correspond à [s] dans *sac*, [z] dans *vase*, à rien dans *bras*).

2 Le plurisystème orthographique du français

Pour expliquer le fonctionnement de l'orthographe du français, Nina Catach a montré, dans ses travaux[1], que notre orthographe n'est pas aussi irrégulière qu'on le croit.

Ainsi, notre système orthographique constitue un ensemble cohérent, un **plurisystème**, subdivisé en plusieurs sous-systèmes. Ce plurisystème fonctionne sur la base de trois systèmes et à chacun correspondent des graphèmes particuliers :

1. Nina Catach, *L'Orthographe française*, Nathan Université, 1995.

- le système **phonogrammique** : les phonogrammes notent les unités de l'oral ;
- le système **morphogrammique** : les morphogrammes portent des informations grammaticales et lexicales ;
- le système **logogrammique** : les logogrammes permettent de distinguer les homophones.

2.1 Les phonogrammes

Les phonogrammes sont des graphèmes chargés de transcrire les phonèmes. Le système graphique du français est phonogrammique à 85 %.

Il existe différentes sortes de phonogrammes :

- des lettres simples : chaque lettre correspond à un phonème (ex. dans *ma* : *m* = /m/ et *a* = /a/) ;
- des lettres simples surmontées d'un signe auxiliaire (ex. les accents : *é, è, ê*, le tréma dans *maïs*, la cédille dans *ça*) ;
- des **digrammes** : groupes de deux lettres correspondant à un phonème : *au* pour [o], *ai* pour [ɛ], *an* pour [ɑ̃], *ph* pour [f], *ou* pour [u], etc.
- des **trigrammes** : groupes de trois lettres correspondant à un phonème : *eau* pour [o], *ill* pour [j] (dans *paille*), *ain* pour [ɛ̃], etc.

Pour certains graphèmes, on distingue la valeur de base de leur valeur de position :

- la **valeur de base** correspond à la manière la plus fréquente de lire la lettre. Par exemple, la valeur de base de « s » est [s], la valeur de base de « c » est [k] et non [s] parce que *c* ne se prononce [s] que devant *e* et *i*, alors que sa valeur [k] est possible dans tous les autres contextes : *ca, co, cu, cl, cr*, et en finale : *sac*.
- la **valeur de position** correspond à la valeur prise dans certaines positions. Ainsi, certaines lettres changent de valeur selon leur environnement, par exemple, la lettre *s* prend la valeur phonétique [z] entre deux voyelles : *rose*.

Orthographe

2.2 Les morphogrammes

Les morphogrammes sont des marques morphologiques grammaticales et lexicales. La plupart correspondent à des lettres finales écrites mais non prononcées, sauf en cas de liaison (ex. *les* [z] *enfants*) : ce sont des lettres muettes, elles ont alors une **valeur zéro** du point de vue phonographique.

On distingue deux sortes de morphogrammes :

- les morphogrammes **grammaticaux** sont porteurs d'une information grammaticale. Ils correspondent aux marques du genre, du nombre et de la personne, par exemple :
  - le graphème *e* dans *jolie* est la marque du genre féminin ;
  - le graphème *s* dans *les chiens* est la marque du pluriel ;
  - le graphème *s* dans *tu joues* est la marque de la P2 ;
  - le graphème *t* dans *il rit* est la marque de la P3.
- les morphogrammes **lexicaux** sont porteurs d'une information d'ordre lexical. Ils établissent un lien graphique entre le radical et les dérivés, par exemple : le *t* de *chat* relie le radical à ses dérivés : *chaton, chatoyer*, etc.

2.3 Les logogrammes

La principale fonction des logogrammes est de distinguer des **homophones** (mots se prononçant de la même façon). On distingue les logogrammes **lexicaux** qui renvoient à des oppositions affectant le lexique : *mer/mère, encre/ancre, fois/foi/fois*, etc. et les logogrammes **grammaticaux** qui renvoient à des oppositions affectant les mots outils : *son/sont, ce/se, ou/où, ces/ses, on/ont, et/est, à/a*, etc.

➥ Voir chapitre 45 « Les homophones grammaticaux ».

La plupart du temps les graphèmes distinctifs sont des lettres **muettes**, qui peuvent être aussi des lettres étymologiques ou historiques récupérées à des fins distinctives, par exemple : *doit vs. doigt* (du latin *digitum*).

> **!** Un même graphème peut parfois donner plusieurs types d'informations. Ainsi, certains morphogrammes lexicaux ont aussi une valeur logogrammique (ex. le *d* de *bond* renvoie à la famille de *bondir* mais permet aussi d'opposer les mots *bond/bon*) et certains morphogrammes grammaticaux peuvent aussi avoir une valeur phonogrammique (ex. le graphème *-ez* dans *mangez* marque la P5 mais il correspond aussi au son [e]).

Valeur auxiliaire

Certaines lettres, sans forcément être prononcées, peuvent influer sur la prononciation d'une autre lettre précédente ou suivante. On distingue plusieurs cas :

- les lettres *u* et *e* peuvent avoir une valeur auxiliaire dans les cas suivants : dans *guitare*, le *u* n'est pas prononcé mais il redonne au *g* sa valeur de base [g] (puisque cette lettre prend la valeur de position devant *e* et *i*, comme dans *girafe*) ; dans *nous mangeons*, le *e* lui redonne sa valeur de position.
- la valeur auxiliaire du *e* permet de prononcer des consonnes finales, en particulier au féminin, comme dans *grand/grande*.
- certaines consonnes finales ont une valeur auxiliaire car elles donnent au *e* sa valeur de position [e], comme : *pied, les, poulet, carnet, nez, parler*.
- certains graphèmes prononcés peuvent aussi avoir une valeur auxiliaire, notamment en consonne finale. Par exemple, le *r* final de *mer* permet au *e* qui précède d'être prononcé [ɛ].

··· EN CLASSE ···

Pour enseigner l'orthographe à l'école, il convient d'insister sur les régularités et les cohérences de la langue, en aidant les élèves à développer des procédures productives :

- les **lois de position** et l'environnement : par exemple, on sait que seules quelques consonnes peuvent être doublées en français : on trouve « ll », « mm », mais pas « vv » et le doublement n'est possible qu'à certains endroits : jamais en début ni à la fin ; « an » et « en » deviennent « am » et « em » devant le *p* et le *b*, etc. Il faut faire découvrir aux enfants ces lois de position qui rationalisent le système ;
- la **morphologie dérivationnelle** et la famille lexicale : *galop/galoper, baleineau/éléphanteau*, sachant que les diminutifs se terminent en *-eau*, etc.

48 Les correspondances phonie/graphie

Cours et méthodes

Il existe des différences entre le code phonique et le code graphique au niveau des relations entre phonèmes et graphèmes et au niveau des marques grammaticales dont nous allons voir les particularités.

1 Phonèmes et graphèmes

On peut illustrer les difficultés des relations entre l'oral et l'écrit à propos des correspondances entre les **phonèmes** et les **graphèmes**.

Dans l'idéal graphique représenté par la transcription phonétique, un seul phonème devrait correspondre à un seul graphème et inversement, mais aucune orthographe ne suit ce principe. En français, la relation biunivoque entre les phonèmes et les graphèmes est loin d'être assurée et ce pour trois raisons :

1.1 Le nombre de phonèmes diffère du nombre de lettres

- Le plus souvent, un graphème complexe, constitué de deux ou trois lettres, correspond à un phonème unique. Par exemple, le digramme *ch* = [ʃ] dans *chien* ou le trigramme *eau* = [o] dans *bateau*.
- À l'inverse, une lettre peut correspondre à deux phonèmes. Ce cas ne concerne que la lettre *x* en français, qui correspond à [ks] dans *exécrable, taxe* et à [gz] dans *exiger*.

1.2 Les deux systèmes ne sont pas en correspondance

- Un phonème correspond à différents graphèmes selon les mots :
  – le phonème [s] correspond aux graphèmes *s* (*sac*), *ss* (*coussin*), *c* (*celui*), *ç* (*balançoire*), *t* (*fiction*), *x* (*soixante*) ;
  – le phonème [o] correspond aux graphèmes *o* (*mot*), *au* (*haut*), *eau* (*bateau*).
- À l'inverse, une même lettre ou groupe de lettres peuvent correspondre à différents phonèmes : *s* correspond à [s] (*salle*) ou à [z] (*maison*), *in* correspond à [ɛ̃] (*pin*) ou à [in] (*mine*), *-ill-* correspond à [j] dans *paille*, mais à [il] dans *ville* et à [ij] dans *fille*.

Orthographe

1.3 Les lettres muettes

Certaines lettres (muettes) ne correspondent à aucun phonème : *-p* dans *compte*, *-ct* dans *aspect*, *-nt* du pluriel (ex. *ils mangent*), etc. mais elles sont souvent audibles dans des dérivés d'une même famille : *aspect* > *aspectuel, climat* > *climatiser*, etc.

··· EN CLASSE ···

Les activités de classement de mots, qui présentent des divergences entre phonie et graphie, sont nombreuses, surtout au cycle des apprentissages fondamentaux. Elles ont pour but de faire repérer la différence entre la lettre et le son transcrit.

Exemple d'activité de classement de la lettre « a »

Niveau CE1 : « Je m'entraîne à décoder[1] »

Consigne : Classe les mots dans le tableau :

chasseur, oiseau, renard, sanglier, chaud, paon, mai, craintif, animal, triangle, laine, campeur, taon

[a]	[o]	[ã]	[ɛ̃]	[ɛ]

2 Les marques grammaticales

Le fonctionnement des marques de genre, de nombre, de personne, de temps et de mode diffère à l'oral et à l'écrit.

Par exemple, dans la conjugaison du verbe *chanter* au présent de l'indicatif : *je chante, tu chantes, il chante, nous chantons, vous chantez, ils chantent*, on distingue 5 personnes à l'écrit par les désinences (*-e, -es, -ons, -ez, -ent*) et seulement 3 personnes à l'oral ([o], [e] et le [ə] muet).

À l'écrit, on observe ainsi une redondance des marques grammaticales, qui se répètent sur plusieurs segments distincts, alors que l'oral comporte généralement moins de marques grammaticales que l'écrit, comme dans la phrase : *les enfants sont couchés*. En effet, la marque du pluriel apparait à quatre reprises à l'écrit : le *-s* du pluriel (*les, enfants* et *couchés*) et la terminaison *-nt* de la P6. En revanche, on ne l'entend que trois fois : [le] (qui diffère des articles singuliers *le* et *la*), [z] qui marque la liaison et [sɔ̃] le verbe *être* conjugué au pluriel.

Le phénomène de l'accord, fondé sur cette redondance des marques grammaticales, permet d'assurer la cohésion du message écrit en indiquant clairement les relations entre les éléments de la phrase, afin d'éviter d'éventuelles équivoques à l'écrit.

➡ Voir chapitre 44 « Les accords ».

1. Tiré de Françoise Bouvard, Mohammed Dib et Sylvie Girard, *À l'école des livres. Lecture et langue. CE1*, Retz, 2009.

3 Les correspondances phonie/graphie dans les programmes (BO15)

3.1 Cycle 1

Dès l'école maternelle, les enfants se familiarisent avec le principe de la correspondance entre l'oral et l'écrit (…). Grâce à l'observation d'expressions connues (la date, le titre d'une histoire ou d'une comptine) ou de très courtes phrases, les enfants comprennent que l'écrit est fait d'une succession de mots où chaque mot écrit correspond à un mot oral.

Ils découvrent que les mots qu'ils prononcent ou qu'ils entendent sont composés de syllabes ; ils mettent en relation les lettres et les sons. Ils apprennent progressivement le nom de la plupart des lettres de l'alphabet et pour une partie d'entre elles, ils leur associent le son qu'elles codent et le distinguent du nom de la lettre quand c'est pertinent. Les enfants découvrent ainsi le principe alphabétique, sans qu'il soit nécessaire de travailler avec eux toutes les correspondances.

3.2 Cycle 2 et cycle 3

Aux cycles suivants, les élèves sont conduits à écrire en respectant les correspondances entre lettres et sons et les règles relatives à la valeur de certaines lettres.

Au cycle 2, votre vigilance doit notamment porter sur la maitrise des relations entre l'oral et l'écrit (BO2015) :

- correspondances grapho-phonologiques ;
- valeur sonore de certaines lettres (s – c – g) selon le contexte ;
- composition de certains graphèmes selon la lettre qui suit (*an/am, en/em, on/om, in/im*).

En CM1 et CM2, pour les élèves qui ont encore des difficultés de décodage, il importe de revenir, chaque fois que nécessaire, sur la correspondance entre graphèmes et phonèmes et pour les autres, de consolider ce qui a été acquis au cycle 2.

49 Les accents et signes auxiliaires

Cours et méthodes

DÉFINITION

Les **signes auxiliaires** sont des signes qui se placent sur certaines lettres et qui ont pour fonction principale de modifier la valeur phonétique de certaines lettres : c'est le cas des **accents** (aigu, grave et circonflexe), du tréma et de la cédille.

1 L'accent aigu

L'accent aigu (*é*) se place uniquement sur la voyelle *e*, il note le timbre fermé de la voyelle (ex. *bébé, été*).

Il n'apparait jamais sur le *e* devant les lettres finales *d, f, z, r* (ex. *pied, clef, nez, chanter*, etc.) ni devant une consonne double (*presser, nettoyer*, etc.).

2 L'accent grave

L'accent grave (*è*) note le timbre ouvert de la voyelle *e* (*nièce, pièce*, etc.).

Il se place sur le *e* lorsque la syllabe suivante contient un *e* muet : *père, mèche, secrètement*, etc.

Cette règle explique l'apparition d'un accent ou le changement d'accent dans une même famille de mots : *aérer > il aère, célébrer > célèbre, fidélité > fidèle.*

Cela explique aussi pourquoi, quand la dernière syllabe du radical d'un verbe à l'infinitif se termine par -*e*, comme *acheter*, cette syllabe devient une syllabe en -*è* devant un *e* muet, au présent, au futur et au conditionnel pour les verbes *jeter* et *acheter* : *il achète, j'achèterai, j'achèterais* (dans les autres cas, ce *e* ouvert est noté par le redoublement de la consonne : *j'appelle, il jette*, etc.).

L'accent grave est omis quand le *e* est suivi d'une consonne double et devant une consonne prononcée : *celle, chapelle, effort, avec, merci.*

L'accent grave sur *a* et *u* sert à distinguer des homophones : *à/a, là/la, où/ou, çà/ça* (voir chapitre 45 « Les homophones grammaticaux »).

3 L'accent circonflexe

L'accent circonflexe peut se placer sur toutes les voyelles du français, sauf *y*.

Lorsque l'accent circonflexe s'est introduit en français, il a servi à noter la contraction (de voyelles ou de consonnes) et la distinction de longueur qui en résultait. Ainsi, la voyelle accentuée de *fête* est plus longue que la voyelle non accentuée de *belle*, de même que celle de *côte* par opposition à celle de *cote* et *pâte* vs. *patte*, mais cette distinction de longueur n'est plus perceptible en France.

L'accent circonflexe rappelle donc souvent une lettre disparue de l'ancien français, comme : *forêt* (de *forest*), *bête* (de *beste*), *fête* (de *feste*). La consonne *s* réapparait parfois dans certains dérivés (ex. *forestier, bestial, festival*, etc.).

Il sert également de signe distinctif entre des homophones, par exemple : *dû/du, mûr/mur, sûr/sur, nôtre/notre, tâche/tache*, etc.

4 La cédille

La cédille (qui vient de l'espagnol *cedilla* « petit c ») est le signe graphique qui, placé sous le *c*, permet de prononcer [s] devant *a, o, u* : *façade, leçon, reçu*, etc. Devant les voyelles *e, i, y*, le *c* n'a plus besoin de cédille, car le *c* se prononce [s].

Ce fonctionnement est parallèle à celui de la lettre *g* qui utilise la lettre auxiliaire *e* pour obtenir le son [ʒ], devant *a, o* (ex. *il mangea, nous mangeons*) et reste seul devant les voyelles *e, i, y* pour le même son (ex. *gens, girafe, gynécologie*).

5 Le tréma

Le tréma est un signe de division qui surmonte les voyelles *e, i, u* pour indiquer qu'elles se prononcent indépendamment de la voyelle précédente. Autrement dit le tréma indique que l'on n'a pas affaire à un digramme : *archaïque, exiguïté, égoïste, paranoïa, coïncider, Noël*, etc.

Sur le *u*, le tréma est très rare et le plus souvent remplacé par *h* qui a la même fonction : *capharnaüm*, mais *cahot, ahuri, souhait, trahir*.

50 Les accords

Cours et méthodes

L'accord est un phénomène qui consiste pour un mot variable à recevoir d'un autre mot de la phrase ses particularités morphologiques, à savoir son genre (masculin ou féminin), son nombre (singulier ou pluriel) et éventuellement sa personne.

Le donneur d'accord est généralement un nom ou un pronom, le receveur peut appartenir à différentes classes de mots, telles que : le déterminant, l'adjectif, le verbe (ainsi que le participe passé) et le pronom.

Ce transfert de traits morphologiques a lieu selon certaines configurations syntaxiques et/ou sémantiques entre le nom tête ou le GN et d'autres constituants.

Il arrive parfois que seul l'accord permette de lever l'ambiguïté de séquences linéaires qui admettent plus d'une analyse syntaxique. Par exemple, dans le groupe nominal : *une veste de cuir noir(e)*, le genre de l'adjectif épithète fonctionne comme indice de son rattachement : soit au nom *veste*, soit à son complément *cuir*.

1 Les chaines d'accord

Les mécanismes d'accord se répartissent en trois types, selon leurs dimensions syntagmatiques :

- à l'intérieur du GN (**déterminant/adjectif-nom**), ex. *les (grands) enfants* ;
- dans le cadre de la phrase (**accord sujet-verbe**), ex. *nous mange**ons**, elle **est** contente* ;
- au-delà des limites de la phrase (**GN-apposition** ou **GN-pronom**), ex. *les enfants, <u>fatigués de leur journée</u>, étaient couchés ; <u>ils</u> se sont réveillés à cause d'un bruit étrange…*

2 L'accord dans le groupe nominal

Le nom, qui possède un genre de façon inhérente (tout nom est soit masculin, soit féminin, alors que le nombre est lié aux besoins du discours), donne ses marques d'accord de genre et de nombre à son déterminant et à l'adjectif épithète qui éventuellement l'accompagne.

Ainsi, l'adjectif épithète prend le genre et le nombre du nom qu'il accompagne, ex. *la belle maison fleurie.*

!

Avec les formes en *-ant* : si c'est un participe présent, il reste invariable : *une personne fatiguant son entourage*, si c'est un adjectif verbal, il s'accorde : *c'est une personne fatigante* (voir chapitre 15 « Les modes impersonnels »).

Si le nom est complété par un complément de nom, ce dernier ne s'accorde pas avec le nom tête du groupe nominal mais peut varier en nombre selon qu'il renvoie à un référent pluriel ou singulier :

Exemples

Des lunettes de *soleil* (il n'y a qu'un soleil) ;
Une brosse à *dents* (il y a plusieurs dents).

2.1 L'accord avec le nom

Lorsque le groupe nominal contient un complément de nom à tête nominale suivi d'un adjectif, il faut veiller à bien repérer le nom auquel se rapporte cet adjectif, car l'accord se fera avec ce dernier. Par exemple dans : *un cheval de race noir*, c'est le cheval qui est noir et pas la race, ce qui justifie l'accord au masculin singulier de l'adjectif, tandis que dans *un cheval de race pure*, c'est la race qui est pure et non le cheval, ce qui justifie l'accord au féminin singulier.

2.2 L'accord avec le pronom relatif

Lorsque le groupe nominal est complété par une subordonnée relative, c'est le pronom relatif sujet qui détermine les traits d'accord du verbe de la relative. Par ex. *c'est moi qui ai mangé le gâteau* : le verbe *manger* prend les traits d'accord de la 1re personne car le pronom sujet *qui* a pour antécédent le pronom *moi*.

3 L'accord sujet-verbe

L'accord du verbe avec le sujet renforce la cohésion de la phrase en indiquant l'interdépendance de ses deux constituants de base. Le sujet donne ses marques de personne et de nombre au verbe, et ses marques de genre et de nombre à l'adjectif attribut.

L'accord constitue un critère pour identifier le sujet du verbe, puisqu'il transmet ses marques au verbe. Quand le sujet est inversé (voir chapitre 19 « La fonction sujet ») (ex. *Dehors tombent de gros grêlons*) ou quand un autre terme vient s'insérer entre le sujet et le verbe (ex. *Il les voie*), l'accord peut servir à identifier le sujet.

3.1 L'accord avec le GN ou le pronom

Si le sujet est un GN, il entraine nécessairement l'accord à la 3e personne (singulier ou pluriel) (ex. *Les enfants mangent*), si c'est un pronom, il donne sa marque de personne au verbe, selon les 6 personnes (ex. *Tu manges ta soupe*).

Si le sujet n'est ni un groupe nominal, ni un pronom, l'accord se fait par défaut à la 3e personne du singulier (ex. *Fumer est dangereux pour la santé*).

3.2 L'accord avec un nom collectif

Dans le cas des groupes nominaux comprenant un nom collectif (*une foule de, une troupe de, un paquet de, une centaine de, une multitude de, une bande de*, etc.), on fait l'accord soit avec le nom collectif (qui est le nom noyau du GN) soit avec son complément, suivant l'idée qui domine.

Exemples

Une bande de singes se *mit* à tout casser ;

Une bande de singes se *mirent* à tout casser.

Lorsque l'accord se fait avec le nom complément, on parle d'un accord *sylleptique*, car l'accord se fait selon le sens et non selon les traits grammaticaux du nom noyau.

L'accord avec le nom collectif, au singulier, donne une interprétation collective, globale, tandis que l'accord avec le nom complément, au pluriel, souligne la pluralité des individus.

3.3 L'accord du participe passé

Lorsque le participe passé est employé avec le verbe *être*, il s'accorde en genre et en nombre avec le sujet. Il existe trois cas :

- le participe passé forme un temps composé avec l'auxiliaire : *Elle est partie* ;
- dans une forme passive : *Elle a été invitée à une soirée très huppée* ;
- le participe passé est employé comme adjectif précédé de la copule *être* : *Elle est fâchée*

Lorsque le participe passé est employé avec le verbe *avoir*, il ne s'accorde jamais avec le sujet du verbe. En revanche, il s'accorde avec le COD si (et seulement si) celui-ci précède le verbe : *J'ai mangé ta tarte* mais *Ta tarte, je l'ai mangée* ou *La tarte que j'ai mangée était délicieuse.*

4 L'accord au-delà des limites de la phrase

Les pronoms substituts qui reprennent un groupe nominal s'accordent en genre et en nombre avec ce dernier : *Les enfants sont levés. <u>Ils</u> vont s'habiller pour aller à l'école.*

Certains pronoms sont invariables (*personne, rien, autrui*, etc.), d'autres ne varient qu'en genre (*aucun(e), certain(e), chacun(e)*, etc.), d'autres varient en genre et en nombre (*il(s)/elle(s), le(s) tien(s)/le(s) tienne(s), celui-ci/celle(s)-ci/ceux-ci*, etc.). Certains pronoms ont un nombre inhérent, comme : *je, nous, quelqu'un*, mais peuvent varier en genre selon la nature du référent (ex. *Nous sommes seules*), si « nous » renvoie à plusieurs personnes de sexe féminin.

··· EN CLASSE ···

L'identification des trois classes de mots piliers : le nom, l'adjectif et le verbe est prioritaire car les accords ne seront possibles que si l'identification de ces catégories est sûre. Ce travail se met en place dès le CP-CE1.

Ensuite, il s'agit de repérer les deux grands types d'accords dans la phrase : le verbe avec son sujet et l'adjectif avec le nom. Ce repérage s'accompagne de celui des marques d'accord pour chacune des trois grandes classes de mots : le nom et l'adjectif changent en fonction du genre et du nombre, tandis que le verbe change en fonction de la personne. Cela implique que les marques des accords ne sont pas les mêmes pour le nom et l'adjectif que pour le verbe.

5 Les accords dans les programmes (BO15)

Dès le cycle 2, les élèves sont amenés à raisonner pour résoudre des problèmes orthographiques, d'accord essentiellement, ce qui inclut (BO2015) :

– compréhension que des éléments de la phrase fonctionnent ensemble (groupe nominal) ;
– compréhension de la notion de « chaine d'accords » pour déterminant/nom/adjectif (variation singulier/pluriel en priorité ; variation masculin/féminin) ;
– relation sujet-verbe (identification dans des situations simples) ;
– notions de singulier et pluriel ; de masculin et féminin ;
– marques d'accord pour les noms et adjectifs : nombre (-s) et genre (-e) ;
– marque de pluriel pour les verbes à la 3e personne (-nt).

À la fin du cycle 3, les élèves doivent maitriser les accords (BO2015) :

– dans le groupe nominal (déterminant, nom, adjectif) ;
– entre le verbe et son sujet dans des cas simples (sujet placé avant le verbe et proche de lui, sujet composé d'un groupe nominal comportant au plus un adjectif ou un complément du nom ou sujet composé de deux noms, sujet inversé suivant le verbe) ;
– de l'attribut avec le sujet.

51 Les homophones grammaticaux

Cours et méthodes

Les homophones grammaticaux sont des mots qui se prononcent de la même façon mais qui s'écrivent différemment. Ils appartiennent le plus souvent à des catégories grammaticales différentes.

Pour identifier ces mots qui posent souvent problème aux candidats, il faut procéder à des **substitutions** par des éléments de même catégorie. On peut aussi procéder à des **adjonctions** pour mettre en évidence la catégorie grammaticale à laquelle appartient le mot homophone (voir les exemples du tableau ci-dessous).

1 Principaux types d'homophones

Voici un classement des principaux homophones grammaticaux, qui sont au programme de l'école primaire, selon les traits orthographiques qui permettent de les distinguer :

- homophones distingués par la présence d'un **accent grave** : *ou/où, a/à, la/là* ;
- homophones contenant une ou plusieurs **lettres** (consonne ou graphème) distinctives : *ses/ces, ce/se, c'/s', sa/ça, mes/mais* ;
- homophones distingués par l'ajout d'une lettre muette ou d'une **marque d'accord** (marque de personne ou de nombre) : *est/et, ont/on, sont/son, leur/leurs* ;
- enfin, certains des homophones sont constitués de **plusieurs mots** dont l'un avec élision : *on/on n' [on + ne], la/l'a [le + la], sans/s'en [se + en], quel(le)/qu'elle [que + elle].*

2 Tableau des substitutions et adjonctions possibles

Dans ce tableau nous vous donnons les couples d'homophones (colonne de gauche) ainsi que le moyen de les distinguer l'un de l'autre (colonne du milieu), assortis d'un exemple (colonne de droite).

Homophones	Substitution/adjonction	Exemples
Présence d'un accent distinctif		
ou : conjonction de subordination	Ajouter *bien* à la conjonction = *ou bien*	Veux-tu du café *ou* du thé ? > Veux-tu du café *ou bien* du thé ?
où : pronom relatif ou adverbe de lieu	Commute avec un adverbe de lieu : *ici, là(-bas), etc.*	C'est l'endroit *où* j'habite > j'habite *là/ici* ; *Où* vas-tu ? > tu vas *ici*
a : verbe *avoir* au présent à la P3	Conjuguer *avoir* à l'imparfait	Il *a* dormi > il *avait* dormi
à : préposition	Substitution *à/avait* impossible	Je te dis *à* demain > Je te dis **avait* demain
***la* + nom** : article défini	Commute avec d'autres déterminants	Je veux *la* pomme > Je veux *cette* pomme
***la* + verbe** : pronom personnel COD	Commute avec d'autres pronoms, mais en changeant de place	Je *la* veux > Je veux *cela/celle-ci/ça*
là : adverbe de lieu	Commute avec d'autres adverbes de lieu	J'habite *là* > J'habite *ici*
Présence d'une lettre distinctive		
ses : déterminant possessif	Commute avec le singulier *son* ou adjoindre le GP : *à lui*	Il a rangé *ses* jouets > Il a rangé *son* jouet ou Il a rangé ses jouets *à lui*
ces : déterminant démonstratif	**Rem.** La consonne *c* se retrouve dans toute la série (ex. *cette, cet, ce*, etc.). Adjoindre l'adverbe de lieu *-là*	*Ces* tableaux sont magnifiques > *Ces* tableaux-*là* sont magnifiques
***ce* + nom** : dét. démonstratif	Adjoindre l'adverbe de lieu *-là*	Je prends *ce* plat > Je prends ce plat-*là*
ce/c' : pronom démonstratif	Commuter avec le pronom démonstratif neutre *cela/ça*	On a *ce* qu'il faut > On a *cela/ça* *C'*est dommage > *cela* est dommage
se/s' : pronom réfléchi	Le pronom réfléchi appartient à un verbe pronominal, il suffit donc de changer de personne.	Il *se* souvient de moi > Tu *te* souviens de moi
sa : déterminant possessif	Commute avec un autre déterminant	Il a cassé *sa* lampe > Il a cassé *la* lampe
ça : pronom démonstratif	Commute avec le pronom démonstratif *cela*	Il veut tout *ça* > Il veut tout *cela*
mes : déterminant possessif pluriel	Commute avec un autre déterminant	J'ai perdu *mes* lunettes > J'ai perdu *les* lunettes

Orthographe

Homophones	Substitution/adjonction	Exemples
mais : conj. de coordination	Commute avec une autre conjonction (ex. *et*)	Il est gentil *mais* fatigant > Il est gentil *et* fatigant
Ajout d'une lettre muette ou d'une marque d'accord		
est/es : verbe *être* au présent à la P3 ou P2	Conjuguer *être* à l'imparfait	Il *est* très tard > Il *était* très tard Tu *es* parti > Tu *étais* parti
et : conjonction de coordination	Commute avec une autre conjonction	Tu peux courir *et* danser > Tu peux courir *ou* danser
on : pronom personnel sujet	Commute avec un autre pronom sujet (*il, nous*)	*On* rentre demain > *Il* rentre ou *Nous* rentrons demain
ont : verbe *avoir* au présent à la P6	Conjuguer *avoir* à l'imparfait	Ils *ont* gagné > Ils *avaient* gagné
son : déterminant possessif sing.	Commute avec un autre déterminant	Il a perdu *son* manteau > Il a perdu *un* manteau
sont : verbe *être* au présent à la P6	Conjuguer *être* à un autre temps	Ils *sont* rentrés > Ils *étaient* rentrés
***leur* + verbe** : pronom personnel pluriel	*Leur* est l'équivalent de *lui* au singulier. On peut donc le remplacer par *lui*	Nous *leur* avons téléphoné > Nous *lui* avons téléphoné
***leur(s)* + nom** : déterminant possessif	*Leur(s)* varie en nombre selon le nom qu'il détermine. Il commute avec d'autres déterminants ou on peut lui adjoindre le GP *à eux*.	Je connais *leurs* enfants > Je connais leurs enfants *à eux* ou Je connais *les* enfants
Plusieurs éléments avec élision		
on n' : pronom suivi du *ne* de négation devant voyelle	Ne pas oublier le *n'* en présence d'un autre élément de négation (*jamais, plus, pas, rien*, etc.)	*On n'*en veut plus, *on n'*ira jamais, *on n'*aime pas ça, *on n'*aime rien
l'a/as : pronom élidé suivi du verbe *avoir* à la P3 ou P2	Conjuguer le verbe *avoir* à un autre temps	Il *l'a* connu > Il *l'avait* connu Tu *l'as* connu > Tu *l'avais* connu
sans : préposition	Commute avec la préposition *avec*	Tu pars *sans* nous > Tu pars *avec* nous
s'en : pronom réfléchi suivi du pronom *en*	Conjuguer le verbe pronominal à une autre personne	Il *s'en* souvient > Tu *t'en* souviens
***quel(les)* + nom** : dét. interrogatif	Commute avec d'autres déterminants	*Quelle* robe choisis-tu ? > Tu choisis *une* robe

Homophones	Substitution/adjonction	Exemples
***quel(les)* + verbe** : pronom interrogatif	Commute avec d'autres pronoms interrogatifs (ex. *lequel*, *lesquels*, etc.)	*Quelles* sont les épreuves ? > Les épreuves sont *lesquelles* ?
qu'elle : conj. ou relatif + pronom personnel *elle*	Remplacer le pronom *elle* par le pronom masculin *il*	Il faut *qu'elle* vienne > Il faut *qu'il* vienne

··· EN CLASSE ···

On a l'habitude de présenter les homophones grammaticaux en tandem : *et/est, a/à, ou/où, son/sont*, etc. Or, cette présentation risque de créer des confusions.

Il convient donc de **dissocier les couples** et de faire observer les contextes linguistiques où chaque homophone apparait et de les grouper par fonctionnements syntaxiques similaires, par exemple[1] :

- les verbes conjugués : *avoir* (*a/ont*) et *être* (*est/sont*) ;
- les conjonctions de coordination : *et/ou/mais* ;
- les adverbes de lieu et prépositions : *à/là/où* ;
- les déterminants possessifs (*mes, ses, sa, leur(s)*) et démonstratifs (*ces, ce*).

Orthographe

1. Carole Tisset, *Observer, manipuler, enseigner la langue au cycle 3*, Hachette Éducation, 2005.

52 La ponctuation

Cours et méthodes

À l'écrit la ponctuation est l'ensemble des signes graphiques servant :
- à **indiquer des faits de la langue orale** comme les pauses et l'intonation ;
- à **marquer des rapports syntaxiques** ;
- à **indiquer des relations sémantiques.**

On distingue onze signes de ponctuation : la virgule « , », le point-virgule « ; », le point « . », le point d'exclamation « ! », le point d'interrogation « ? », les points de suspension « ... », les deux points « : », les guillemets « », le tiret « – », les parenthèses « ( ) » et les crochets « [ ] ».

Les signes de ponctuation peuvent avoir trois fonctions : prosodique, démarcative et sémantico-syntaxique, que nous allons voir ci-dessous.

1 La fonction prosodique

Les signes de ponctuation correspondent partiellement aux pauses de la voix et à l'intonation de la phrase :
- les **pauses** : les signes comme le point, la virgule, le point-virgule marquent des frontières syntaxiques qui correspondent aux pauses de la voix. Ils suivent une progression décroissante : le point marque une pause importante, le point-virgule une pause intermédiaire et la virgule une courte pause.
- l'**intonation** : les signes comme le point d'exclamation et le point d'interrogation indiquent en partie les nuances intonatives : les courbes intonatives de l'interrogation correspondent aux différentes structures interrogatives et les courbes intonatives de l'exclamation correspondent à différents sentiments (tels que l'étonnement, la colère, etc.). Ces deux signes se distinguent du point qui marque la fin d'une phrase déclarative, marquée par une intonation plus ou moins constante.

2 La fonction démarcative

2.1 Délimitations des phrases

C'est la fonction fondamentale de la ponctuation : la phrase est l'unité syntaxique de base sur laquelle repose le fonctionnement de la langue écrite. La démarcation de la phrase s'opère en combinant deux signes de nature différente : la majuscule en début de phrase et le point à la fin.

2.2 Délimitations internes

À l'intérieur des phrases, la ponctuation permet de délimiter des groupes syntaxiques. C'est en général la virgule (ou le point-virgule) qui remplit cette fonction. Elle sépare des propositions juxtaposées ou des termes coordonnés.

Exemple

Il prit un café, lut son journal, fuma une cigarette et disparut.

Les guillemets, les parenthèses, les tirets doubles (à la manière des parenthèses) et les virgules permettent d'insérer une phrase (incidente, incise ou discours direct) dans la phrase de base, marquant ainsi un changement de niveau énonciatif.

Exemples

Incise : Je suis très occupé, *répondit-il*.
Incidente : Il vient pour annoncer – *je crois* – son mariage.
Discours direct : Il criait : « *Au secours !* »

Les deux points introduisent l'insertion du discours rapporté ou marquent une séparation avec ce qui précède en introduisant une explication, un exemple, etc.

Exemple

Il a de nombreux loisirs : la lecture, la danse, la course à pied, etc.

La virgule permet de séparer des éléments qui ne font pas partie de la phrase de base, comme l'apostrophe, les compléments circonstanciels ou le thème (voir chapitre 19 « La fonction sujet »).

Exemples

Apostrophe : *Garçon*, l'addition s'il vous plait !
CC de temps : *Demain*, il pleuvra dans le Sud.
Thème : Ils sont fous, *ces Romains* !

3 La fonction sémantico-syntaxique

3.1 Indication de la modalité de la phrase

La nature du point terminant la phrase permet d'identifier les types de phrases (exclamative, interrogative ou déclarative).

3.2 Indication de l'interprétation de la phrase

Dans ce type de fonctionnement, il s'agit essentiellement de la virgule. Elle permet de distinguer certaines fonctions syntaxiques qui orientent l'interprétation de la phrase.

a. Complément de phrase *vs.* complément de verbe

Par exemple : *Il est beau, naturellement* et *Il est beau naturellement* : la virgule de la première phrase indique que l'adverbe *naturellement* est un complément de phrase. Il porte donc sur l'ensemble de l'assertion (= de toute évidence, il est beau). L'absence de virgule dans la deuxième phrase indique que l'adverbe se rattache directement au verbe, dont il constitue un complément (= il est beau au naturel ou de façon naturelle).

b. Épithète *vs.* apposition

Les élèves malades sont restés au lit et *Les élèves, malades, sont restés au lit* : dans la première phrase, l'adjectif épithète permet de déterminer de quels élèves il s'agit (= seuls les élèves malades sont restés au lit), elle est déterminative ou restrictive. Dans la seconde phrase, la mise entre virgules de l'adjectif indique qu'il s'agit d'une apposition qui apporte un renseignement supplémentaire sur les élèves (= tous les élèves sont restés au lit, et cela parce qu'ils étaient tous malades), elle est explicative ou non restrictive.

c. Indication sémantique

Certains signes sont directement porteurs de sens, par exemple dans : *Je n'irai pas à la plage aujourd'hui : il y a trop de vent.* Les deux points sont l'équivalent d'un connecteur logique, marquant une relation de cause entre les deux propositions (*car, parce que, étant donné que*, etc.).

53 La conjugaison

Cours et méthodes

La conjugaison des verbes concerne les différentes formes qui servent à donner des indications relatives à la personne, au nombre, au temps et au mode.

1 Les personnes grammaticales

REMARQUE

Traditionnellement, on distingue trois personnes du singulier que l'on oppose aux trois personnes du pluriel. Le problème d'une telle distinction est que *nous* n'est pas le pluriel de *je*, de même que *vous* n'est pas le pluriel de *tu*. En fait, *nous* est une pluralité qui englobe *je*. Seuls *il(s)* et *elle(s)* connaissent l'opposition singulier/pluriel, non seulement morphologiquement mais aussi sémantiquement. C'est pourquoi il est préférable de les nommer P1, P2, P3, P4, P5 et P6 au lieu de 1re et 2e personnes du singulier et du pluriel.

Orthographe

Voici les six rangs de personnes grammaticales :

- 1re personne (P1) : ***je*** (désigne le locuteur = celui qui parle)
- 2e personne (P2) : ***tu*** (désigne le destinataire du discours = celui à qui l'on s'adresse)
- 3e personne (P3) : ***il/elle*** (réfère à un être ou une chose dont on parle), de nombreux autres pronoms (ex. *celui-ci*, *on*, etc.) ou des noms (ex. *l'oiseau*, *Jean*, etc.)
- 4e personne (P4) : ***nous*** (réfère le plus souvent à un groupe de personnes, incluant le locuteur)
- 5e personne (P5) : ***vous*** (réfère à un groupe de personnes incluant le destinataire, ou bien la forme de politesse)
- 6e personne (P6) : ***ils/elles*** (réfère à un groupe de personnes ou de choses dont on parle).

2 Modes personnels et non personnels

Le **mode** représente la manière de concevoir et de présenter le procès[1] décrit par le verbe.

On distingue les modes **personnels**, qui font varier le verbe selon la personne grammaticale : l'indicatif[2], le subjonctif et l'impératif et les modes **impersonnels** (ou non personnels), qui ne varient pas (en personne) : l'infinitif, le participe et le gérondif.

➥ Voir chapitre 15 « Les modes impersonnels ».

3 Les trois groupes de verbes

Traditionnellement, on distingue trois groupes de verbes[3] :

- le **1er groupe** comprend tous les verbes dont l'infinitif est en -***er*** (sauf *aller*) (il rassemble plus de 10 000 verbes !) ;
- le **2e groupe** réunit les verbes en -***ir*** dont le radical comporte, à certaines formes (au présent et à l'imparfait de l'indicatif, au présent du subjonctif et au participe présent), l'affixe -***iss***- (ex. *je finissais, finissant*) ;
- le **3e groupe** réunit tous les autres verbes, essentiellement irréguliers, les *inclassables*, ceux dont l'infinitif est en -***oir*** (*apercevoir*), en -***re*** (*boire*), et quelques-uns en -***ir*** (*cueillir*) qui ne forment pas leur participe présent en -***iss***- (*cueillant*).

4 Les temps composés

Les différents temps peuvent se scinder en deux groupes : les temps simples et les temps composés. Les **temps simples** ne recourent à aucun élément autre que le verbe pour se former, tandis que les **temps composés** utilisent un verbe auxiliaire (*être* ou *avoir*) qui se conjugue aux temps simples correspondants, suivi du participe passé du verbe.

On peut ainsi mettre en relation dans le tableau suivant chaque temps simple avec un temps composé, à l'aide des verbes *parler* (conjugué avec *avoir*) et *venir* (conjugué avec *être*) :

Temps simple	Exemples	Temps composé	Exemples
Présent (indicatif)	*Je parle* *Je viens*	**Passé composé**	*J'ai parlé* *Je suis venue*
Futur simple	*Je parlerai* *Je viendrai*	**Futur antérieur**	*J'aurai parlé* *Je serai venue*

1. Le procès désigne le contenu sémantique du verbe, il peut donc, selon le cas, correspondre à une action, un état, une relation entre deux termes, etc.

2. Voir la remarque sur l'inclusion du conditionnel dans le mode indicatif, dans le chapitre 33 « Valeurs du futur et du conditionnel ».

3. La pertinence de la distinction des trois groupes de verbes est remise en question dans la mesure où cette classification ne permet pas toujours de mettre en avant les régularités liées aux personnes et aux temps. En effet, certains temps, comme l'imparfait et le futur, présentent les mêmes désinences quel que soit le groupe du verbe, tandis que des temps comme le présent et le passé simple présentent au contraire différentes désinences même pour des verbes classés dans un même groupe (*cf.* 3e groupe). Par exemple : -***d*** ou -***t*** au présent pour *rendre* et *vouloir* ou encore -***it*** ou -***ut*** pour ces mêmes verbes au passé simple.

Temps simple	Exemples	Temps composé	Exemples
Passé simple	*Je parlai* *Je vins*	**Passé antérieur**	*J'eus parlé* *Je fus venue*
Imparfait (indicatif)	*Je parlais* *Je venais*	**Plus-que-parfait**	*J'avais parlé* *J'étais venue*
Conditionnel présent	*Je parlerais* *Je viendrais*	**Conditionnel passé**	*J'aurais parlé* *Je serais venue*
Présent du subjonctif	*Que je parle* *Que je vienne*	**Passé du subjonctif**	*Que j'aie parlé* *Que je sois venue*
Imparfait du subjonctif	*Que je parlasse* *Que je vinsse*	**Plus-que-parfait du subjonctif**	*Que j'eusse parlé* *Que je fusse venue*

5 Terminaisons des temps simples

Il y a deux parties dans un verbe : le **radical** et la **terminaison** (ou **désinence**). La terminaison varie, le radical reste invariable et c'est lui qui porte le sens que le verbe garde à travers ses formes. Ainsi, dans *je parlais*, on distingue le radical *parl-* et la désinence *-ais*.

Pour certains verbes très irréguliers, le radical peut prendre plusieurs formes (on dit qu'il est *allomorphe*), c'est le cas par exemple du verbe *devoir* : *doi-*, dans *je dois*, *dev-* dans *nous devons*, *doiv-* dans *ils doivent* et *du-* dans *il dut*, etc.

Les terminaisons du **présent de l'indicatif** sont les suivantes :

- *-e, -es, -e, -ons, -ez, -ent* pour les verbes du 1er groupe et certains verbes du 3e groupe en *-ir* ;
- *-s, -s, -t, -ons, -ez, -ent* pour les verbes des 2e et 3e groupes.

Les terminaisons du **subjonctif présent** sont :

- *-e, -es, -e, -ions, -iez, -ent.*

Les terminaisons de l'**imparfait** sont :

- *-ais, -ais, -ait, -ions, -iez, -aient.*

Le **passé simple** présente quatre séries de désinences :

- *-ai, -as, -a, -âmes, -âtes, -èrent* pour les verbes du 1er groupe ;
- *-is, -is, -it, -îmes, -îtes, -irent* pour les verbes du 2e groupe et quelques-uns du 3e groupe (notamment ceux en *-ir* et *-re*) ;
- *-us, -us, -ut, -ûmes, -ûtes, -urent* pour les verbes en *-oir* et quelques verbes en *–re* ;
- *-ins, -ins, -int, -înmes, -întes, -inrent* pour *tenir* et *venir*.

Le **futur simple** est formé à partir du radical du verbe et de la consonne **–*r*-** suivie des terminaisons :

- *-ai, -as, -a, -ons, -ez, -ont.*

Le **conditionnel présent** est formé sur la même base que le futur et au moyen de la marque **-*r*-** suivie des terminaisons de l'imparfait :

- *-ais, -ais, -ait, -ions, -iez, -aient.*

Orthographe

REMARQUE

À l'origine, le futur était un temps composé, il a été formé en ajoutant à l'infinitif le présent du verbe *avoir* : *j'ai à chanter → je chanter + ai.*

L'**impératif présent** ne possède que trois personnes, qui sont identiques à celles du présent de l'indicatif : *finis, finissons, finissez.* Les verbes en *-er* perdent à l'écrit le *-s* de la 2e personne (*chante, va*), qui réapparait avec les pronoms *en* et *y* : *donnes-en, penses-y, vas-y.*

6 La conjugaison dans les programmes (BO15)

Au cycle 2, les élèves sont amenés à comprendre comment se forment les verbes et à orthographier les formes verbales les plus fréquentes (BO2015), ce qui inclut :

- familiarisation avec l'indicatif présent, imparfait et futur des verbes *être, avoir, faire, aller, dire, venir, pouvoir, voir, vouloir, prendre* et des verbes dont l'infinitif se termine par – *ER* ;
- mémorisation des formes les plus fréquentes (troisième personne du singulier et du pluriel) ;
- compréhension de la construction de la forme conjuguée du verbe (radical ; terminaison) ;
- mémorisation de marques régulières liées à des personnes (*-ons, -ez, -nt*) ;
- notions de temps simples et temps composés ; formation du passé composé ;
- notions de marques liées au temps (imparfait et futur en particulier) ;
- mémorisation des verbes être et avoir au présent, à l'imparfait et au futur ;
- homophones : les formes verbales *a/est/ont/sont* distinguées des homophones (*à/et/on/son*).

Au cycle 3, les élèves observent le fonctionnement du verbe et apprennent à l'orthographier, ce qui inclut :

- travail sur la morphologie verbale écrite en appui sur les régularités et la décomposition du verbe (radical-marques de temps-marques de personne) ;
- distinction temps simples/temps composés ;
- mémorisation des verbes fréquents (*être, avoir, aller, faire, dire, prendre, pouvoir, voir, devoir, vouloir*) et des verbes dont l'infinitif est en *–er* à l'imparfait, au futur, au présent, au présent du mode conditionnel, à l'impératif et aux 3e personnes du passé simple.

4

Lexique

54 Introduction aux questions de vocabulaire

Cours et méthodes

1 Types de questions en vocabulaire

Voici les différentes questions posées au concours depuis 2016 que nous synthétisons ci-dessous.

Nous mettons en italique le verbe indiquant la consigne et en gras la notion de cours à étudier :

Sujet 2017 (groupe 1)	3. À partir de **l'analyse** de ces deux *prises de paroles*, **expliquez** les *effets produits*. 4. **Expliquez** dans le texte 3 *le sens du mot « dé-légitimation »*. **Faites l'analyse morphologique** de ce terme.
Sujet 2017 (groupe 2)	1. Dans l'extrait suivant du texte de Racine (texte 2), **remplacez** les mots et expressions soulignés *par des synonymes ou des expressions de sens équivalent dans le contexte*.
Sujet 2017 (groupe 3)	5. « À moi ces voix séchées dans leurs petits herbiers » (texte 3) : **expliquez** *cette expression* et **identifiez** *la figure de style utilisée*.
Sujet 2018 (groupe 1)	4. a) Vous **expliquerez** la *formation du mot « compassion »* et **donnerez** *son sens* dans son contexte (texte 2). b) Vous **proposerez** *deux adjectifs* appartenant à la même famille. 6. En vous appuyant sur au moins deux procédés d'écriture qui vous semblent significatifs, vous **identifierez** *l'effet de la musique* sur les deux personnages.
Sujet 2018 (groupe 2)	1. **Expliquez** la *formation et le sens des mots* suivants dans le texte 1 : « incompréhension » et « appréhension ». 5. Dans l'extrait du texte 4, à partir de « Imaginez l'exemple le plus complet... » jusqu'à « d'un homme, d'un peuple ou d'une civilisation », **précisez** sur *quels réseaux d'images* se construit l'argumentation de Nietzsche.
Sujet 2018 (groupe 3)	4. a) Vous **expliquerez** la *formation des mots* suivants en les décomposant : « dédaigneusement » (texte de Zola, paragraphe 1) et « infaillible » (texte de Rousseau, fin du paragraphe 2). b) Vous **expliquerez** le *rôle des préfixes et des suffixes* dans ces mots. 5. Vous **relirez** les trois derniers paragraphes du texte de Lusseyran. **Que révèle** cet épisode du *rapport des hommes à la poésie* ? Vous **identifierez** deux *procédés d'écriture* qui vous semblent, à ce titre, remarquables et vous les **commenterez**.

Sujet 2019 (groupe 1)	Vous *expliquerez* la **composition** et le **sens** du mot « approbation » (texte 1) puis vous *donnerez* deux mots de la **même famille**. En vous appuyant sur deux **procédés d'écriture** au moins, vous *analyserez* les moyens par lesquels Étienne exprime ses convictions et cherche à persuader ses interlocuteurs (texte 3).
Sujet 2019 (groupe 2)	Vous *expliquerez* la **formation** du mot « inarticulation », extrait du texte de Claude Lévi-Strauss, et vous *donnerez* le **sens des éléments** identifiés. Vous *expliquerez* le **sens** de la dernière phrase du texte de Claude Lévi-Strauss et *analyserez* un **procédé stylistique**.
Sujet 2019 (groupe 3)	« les moyens dont elle se sert familièrement » (texte 1). b. *Trouvez*, dans l'extrait de Claudine à l'école (texte 1), un **mot formé** de la même façon. *Relevez* dans cet extrait du texte 2 au moins deux **procédés d'écriture** qui vous semblent particulièrement intéressants. Vous en *expliquerez* **l'effet** produit sur le lecteur.

2 Recommandations

La consigne qui revient le plus souvent est **l'explication** du sens d'un ou plusieurs mot(s) dans son contexte. De façon secondaire, l'explication de la formation du mot est parfois demandée.

Ce qui a trait au sens des mots est donc privilégié au concours car ce sont les **notions prioritaires au programme de l'école primaire** (voir ci-dessous le tableau des notions lexicales).

Donner l'explication d'un mot en contexte signifie que vous devez vous aider de tous les éléments contextuels pertinents pour le définir, que vous maitrisiez la définition du mot au préalable ou pas. Vous devez donc examiner l'entourage de ce mot, à savoir la phrase, le paragraphe ou le texte complet afin de mieux le comprendre et surtout vous devez observer les systèmes d'opposition ou de ressemblance dans lesquels il est placé, car ce sont eux qui vous seront le plus éclairants.

Exemple

Expliquez le sens du mot *accréditation* dans son contexte (Sujet 0, 1re épreuve) :

« Si les formes des écrits affectent leur sens, il nous faut comprendre comment, pour les textes de savoir, les livres électroniques organisent de manière nouvelle la relation entre la démonstration et les sources, les modalités de l'argumentation ou les critères de la preuve. Écrire ou lire cette nouvelle espèce de livre suppose de se déprendre des habitudes acquises et de transformer les techniques d'**accréditation** du discours savant : ainsi, la citation ou la note en bas de page. Chacune de ces manières de prouver la validité d'une analyse se trouve profondément modifiée avec le texte électronique. »

Éléments du contexte à prendre en compte :

Nous sommes dans un contexte scientifique, comme nous le montrent certains des éléments de la phrase antérieure (et notamment le vocabulaire spécialisé) : *textes de savoir, la démonstration et les sources, l'argumentation ou les critères de la preuve*.

Le mot *accréditation* figure dans le groupe nominal : *les techniques d'accréditation du discours savant* qui nous donne un premier éclairage : il s'agit des techniques qui vont donner du crédit, une valeur scientifique au discours savant. Ces techniques d'accréditation sont

···>

Exemple (suite)

exemplifiées après les deux points : *la citation ou la note de bas de page* qui vont dans le sens de cette autorité scientifique reconnue au discours savant.
La phrase suivante renforce cette nécessité de reconnaitre une valeur scientifique au texte savant par le groupe verbal : *prouver la validité d'une analyse*.

Par ailleurs, lorsque vous donnez la définition des termes demandés, veillez à utiliser les formules appropriées pour chaque catégorie. Par exemple, pour définir un nom, utilisez une formule du type : « … est/désigne … », s'il s'agit d'un adjectif : « … se dit de… ou qualifie… », s'il s'agit d'un verbe : « … indique/désigne l'action de ou le fait de… ».

3 Les notions lexicales

Les mots peuvent être étudiés du point de vue de leur signification, de leur formation et de leur origine, ce qui donne lieu aux trois domaines d'études suivants :

- la **sémantique** qui étudie le sens des mots ;
- la **morphologie** (lexicale) qui étudie la formation des mots ;
- l'**étymologie** qui étudie l'origine historique des mots.

Voici dans le tableau suivant un récapitulatif des différents domaines traités à l'école primaire d'après les programmes (2015) et qui correspondent aux notions qui seront traitées dans les chapitres de cette partie.

Notions et définitions	
Sémantique	
Le sens des mots	Le sens d'un mot **en contexte**
	La **polysémie** : un mot peut avoir plusieurs sens
	Sens propre/sens figuré : le sens propre est le sens premier d'un mot ; son sens figuré est un sens secondaire
Les relations de sens entre les mots	**Synonymie** : relation d'équivalence de sens entre les mots
	Antonymie : relation d'opposition de sens entre les mots
	Homonymie : similitude formelle entre les mots
	Termes génériques ou hyperonymes : relation de hiérarchie et d'inclusion entre les mots
	Champ lexical : regroupement autour d'un thème
	Registre de langue : usage des termes en fonction de la situation de communication
Morphologie	
Dérivation ou mots d'une même famille : formation d'un mot à partir d'une base à laquelle on peut adjoindre un préfixe ou un suffixe	
Composition : formation d'un mot à partir de mots existant de façon autonome dans la langue	
Étymologie	
Étude de l'origine d'un mot et emprunts à d'autres langues	

55 Le sens des mots

Cours et méthodes

1 Le sens d'un mot : dénotation et connotation

Le sens d'un mot comporte un noyau stable : la **dénotation**, qui est commun à tous les usagers de la langue, il correspond à la définition que l'on trouve dans le dictionnaire. Mais, à ce noyau sémantique peut s'ajouter une partie variable, subjective : la **connotation** qui relève des associations d'idées, du vécu, de l'affectivité, de la création individuelle. L'emploi d'un mot peut comporter une connotation savante ou au contraire populaire ou argotique, il peut être ressenti comme péjoratif ou mélioratif. Par exemple, le mot « rouge » dénote la couleur mais il peut connoter, selon les situations, la colère, l'interdiction, la passion, etc.

2 Le sens en contexte

Un mot employé dans un contexte particulier tire son sens de différents éléments contextuels qu'il faut nécessairement prendre en compte.

D'une part, son environnement **syntaxique** : différents éléments sont à prendre en compte selon la catégorie du mot :

- le **nom** : sa détermination est importante pour le sens du GN, en effet, l'emploi du déterminant *les enfants* n'est pas la même chose que l'emploi de *un enfant*[1] ;
- le **verbe** : sa construction influe sur son sens : le verbe *jouer d'(un instrument)* n'a pas le même sens que *jouer avec qqn* ;
- **l'adjectif** : selon sa place par rapport au nom, son sens peut varier : *un pauvre homme* (= un homme misérable, pitoyable) n'a pas le même sens que *un homme pauvre* (= sans argent) ;
- **l'adverbe** : selon sa place dans la phrase, il peut changer l'interprétation de celle-ci : *il travaille sérieusement* (= il travaille de façon sérieuse) et *sérieusement, il travaille* (= je confirme qu'il travaille).

D'autre part, son environnement **lexical** : les indices donnés par le contexte (antérieur ou postérieur) permettent d'inférer le sens d'un terme (notamment, les relations d'opposition ou de ressemblance, les champs lexicaux), surtout lorsqu'il s'agit

1. Voir chapitre 11 « Valeur des déterminants et des pronoms ».

d'un mot nouveau, et de sélectionner l'une des acceptions (celle qui est actualisée par le contexte) si ce terme est polysémique (voir ci-dessous).

3 La polysémie

La polysémie (du grec *poly-* « plusieurs » et *-sémie* « signifier ») est la propriété pour un mot d'avoir plusieurs sens ; on dit alors qu'il est *polysémique*. La **monosémie** (du grec *mono-* « unique » et *-sémie*), au contraire, est la propriété pour un mot de n'avoir qu'un seul sens.

La polysémie répond au besoin d'économie linguistique de toute langue naturelle qui peut exprimer avec un nombre limité d'éléments une grande variété de sens. Si nous avions des termes distincts pour chaque notion, notre mémoire serait beaucoup trop encombrée !

Pour prendre conscience du phénomène de la polysémie, il suffit de regarder les entrées des mots polysémiques dans le dictionnaire, où l'on voit apparaitre les différentes acceptions numérotées pour une seule entrée.

Exemple

BOUTON (Le Petit Robert) :

1. Petite excroissance d'où naissent les branches, feuilles, fruits ou fleurs d'un végétal : *Les marronniers sont en boutons* ;
2. (par analogie) Petite tumeur faisant saillie à la surface de la peau : *bouton d'acné, de varicelle* ;
3. (par extension) Petit objet circulaire, servant à l'assemblage de leurs diverses parties : *bouton de chemise, de braguette* ;
4. Petite saillie ronde : *bouton de porte*.

L'ensemble des définitions constitue le **champ sémantique** du mot (c'est-à-dire ses différents sens).

Plus de 40 % des mots sont polysémiques : plus un mot est courant, plus il est polysémique et donc plus son champ sémantique est large.

La polysémie se manifeste surtout dans le passage du **sens propre** au **sens figuré**, par exemple : le mot *cœur* au sens propre désigne l'organe, tandis qu'au sens figuré il renvoie au siège des sentiments, dans : *avoir bon cœur* (voir ci-dessous).

La polysémie et l'homonymie

On parle d'**homonymie** et non de polysémie, lorsque l'on ne peut expliquer le rapport de sens qui unit deux mots de même forme. La différence apparait dans les étymologies : en effet, les deux mots, provenant d'une origine différente ont évolué de telle sorte que leur forme converge de façon tout à fait fortuite. Dans les dictionnaires, les homonymes ont des entrées différentes. Par exemple, le mot *louer* signifie soit « faire l'éloge de (qqn) » soit « donner ou prendre (qqch) à loyer ». Il n'y a aucun rapport de sens entre les deux car ils ont une origine différente : le premier vient du latin *laudare* « prôner, vanter », tandis que le second vient du latin *locare* « placer, disposer ».

Un mot polysémique, en revanche, provient d'une étymologie unique qui revêt plusieurs sens.

··· EN CLASSE ···

La polysémie est une notion centrale dans la structuration du vocabulaire car elle concerne de nombreux mots très courants (par exemple : *glace, carte, tableau, billet, casse, pièce,* etc.).
Ce sont des mots que l'enfant croit connaitre alors qu'en réalité il n'en connait qu'un aspect. En conséquence, c'est la compréhension, aussi bien orale qu'écrite, qui peut s'en trouver altérée.

4 Le sens propre et le sens figuré

Un mot est employé dans son sens propre lorsqu'il est employé dans son sens premier, c'est-à-dire son sens le plus concret. En revanche, il est employé au sens figuré lorsqu'on passe d'une image concrète à des relations abstraites. Dans les dictionnaires, c'est le sens propre qui apparait le premier.

Le passage du sens propre au sens figuré repose essentiellement sur l'analogie (métaphore) ou la proximité (métonymie) entre les deux sens.

Ainsi, un mot peut prendre des sens figurés par passage :

- du **concret** à **l'abstrait** : *dégringoler* dit à propos d'un être humain qui tombe dans les escaliers et *dégringoler* pour la bourse ;
- **analogique** : *le pied* d'un homme et *le pied* de la chaise ;
- du **contenant** au **contenu** : une *bouteille* de vin et boire une *bouteille.*

Beaucoup d'expressions figées sont formées au moyen de mots pris au sens figuré. Le corps humain, avec ses différentes parties, est par exemple une source inépuisable de formation d'expressions, par exemple : *être tombé sur la tête, casser les pieds à quelqu'un, avoir le cœur sur la main*, etc.

Les noms d'animaux également se prêtent souvent aux expressions figurées pour qualifier (souvent de façon péjorative) des individus. Par exemple, *le rapace* qui est un oiseau de proie, peut servir à qualifier une personne avide de gain au détriment d'autrui.

5 Comment définir un mot ?

Il existe plusieurs sortes de définitions. La plus courante est la définition dite « logique » ou « **par inclusion** » où le mot est défini par un terme générique (ou hyperonyme) qui l'englobe (voir chapitre 52 « Les classements ») puis il est défini par un ou plusieurs traits définitoires, plus spécifiques, permettant de le distinguer des autres membres de la même catégorie.

Exemples

tabouret : siège pour une personne sans bras ni dossier ;
canapé : siège pour plusieurs personnes avec des bras et un dossier.

Ainsi, le *tabouret* est un siège (terme générique) et les traits /sans dossier/, /sans bras/, /pour une seule personne/ sont les traits qui le différencient du canapé, du fauteuil, etc. Le *canapé* est également un siège, mais les traits spécifiques qui le distinguent des autres sièges sont différents : /pour plusieurs personnes/, /avec des bras/ /avec dossier/.

Lexique

Pour les mots suivants, c'est le préfixe (*in-*) ou le suffixe (*-té*) qui est défini, mais pas la base elle-même. La définition renvoie donc de façon économique à une autre définition et on fait appel aux éléments (morphologiques) constitutifs du mot pour le définir. On parle de définition « **morphosémantique** ».

Exemples

inaccessible : qui n'est pas accessible.
beauté : qualité de ce qui est beau.

La définition peut aussi renvoyer à un autre mot qui n'est pas un mot-racine mais dont la définition est supposée connue, il s'agit de la définition par équivalence ou opposition. Elle se fait au moyen d'un **synonyme** ou par le biais d'une relation **antonymique**.

Exemples

Synonyme (définition par équivalence) : *autoriser* : permettre à qqn de faire qqch.
Antonyme (définition par opposition) : *cru* : qui n'est pas cuit.

6 Le sens des mots dans les programmes (BO15)

Dès l'école maternelle, l'appropriation du langage par l'enfant se fait notamment par l'acquisition quotidienne de nouveaux mots dont le sens est précisé.

Comme le stipule le BO2015, tout au long du cycle 3, l'acquisition et l'étude de mots nouveaux se fait en contexte (compréhension en lecture et écriture) et hors contexte (activités spécifiques sur le lexique et la morphologie).

En lecture, les élèves apprennent à utiliser le contexte ainsi que leurs connaissances morphologiques pour comprendre les mots inconnus. Ils sont incités régulièrement à paraphraser le sens des mots ou expressions rencontrés. Ils progressent en autonomie au cours du cycle dans leur capacité à raisonner pour trouver le sens des mots ou leur usage des dictionnaires.

Le sens et la graphie des mots nouveaux font l'objet d'un travail de mémorisation qui passe par une mise en relation entre les mots (séries, réseaux) et un réinvestissement dans d'autres contextes, en production écrite notamment.

Chaque fois que nécessaire et plus particulièrement dans les séances consacrées au lexique, les élèves observent, manipulent des formes, classent des mots, formulent des définitions, organisent leurs savoirs lexicaux sous forme de schémas, établissent des collections et des réseaux de mots.

56 La synonymie et l'antonymie

Cours et méthodes

1 La synonymie

Des synonymes (du grec *syn-* « avec » et *-onoma* « mot ») sont des termes de même catégorie dont le sens est proche, car la synonymie pure ou absolue n'existe pas. Il y a toujours une nuance entre des termes de sens proche, qui dépend généralement :

- des **variations temporelles** : *bru* (inusité de nos jours)/*belle-fille* ;
- des **variations géographiques** : *wassingue* dans le Nord/*serpillière* dans le Sud ; *septante* (en Suisse ou en Belgique)/*soixante-dix* (en France, au Canada ou en Afrique) ;
- de l'opposition entre **langue courante** et **langue de spécialité** : *migraine/céphalée* ;
- du **contexte d'emploi** : les termes *briser, rompre* et *casser* sont en principe synonymes, mais pas dans tous les emplois : *briser la glace, rompre un traité/le silence, casser sa tirelire, les pieds*, etc. ;
- du **registre de langue** (courant/soutenu/familier) : le choix de l'un ou l'autre mot dépend de la situation de communication, notamment du statut de l'interlocuteur, du contexte et de l'effet recherché : *pied* (courant), *panard, ripaton* (populaire et argotique), *peton* (familier), *arpions* (argotique) ;
- des **tabous** qu'une société se donne : on utilisera les euphémismes afin de déguiser une réalité gênante : *décéder, s'éteindre* ou *disparaitre* au lieu de *mourir*, jugé trop brutal.

··· EN CLASSE ···

La recherche des synonymes est fortement dépendante des activités d'écriture, dans le but d'éviter des répétitions, elle contribue à la richesse de la langue et participe à l'évaluation de la compréhension d'un texte : dès le CE1, il faut que les élèves puissent donner « des synonymes, par exemple pour reformuler le sens d'un texte ou pour améliorer une expression orale ou écrite[1] ».

Lexique

2 L'antonymie

Des antonymes (du grec *anti-* « contre » et *-onoma*) sont des mots qui s'opposent par le sens. Mais on ne peut comparer que ce qui est comparable. On n'opposera pas *meuble* et *fromage*, par exemple, parce qu'il n'y a aucune communauté de sens entre les deux : il faut qu'il y ait au moins un trait commun. Par exemple, *père* et *mère*

1. Micheline Cellier, *Le Vocabulaire à l'école primaire. Guide pour enseigner*, Retz, 2008.

peuvent s'opposer parce qu'ils ont en commun les traits : *êtres humains, parents*, et s'opposent sur le trait : *sexe masculin vs. féminin.*

On peut ainsi opposer *blanc/noir, mort/vivant*, etc. Mais tous les mots ne possèdent pas d'antonymes. Ainsi, la relation d'antonymie existe essentiellement pour les mots représentant :

- des qualités ou des valeurs : *beau/laid, bien/mal*, etc.
- des quantités ou des dimensions : *grand/petit, long/court*, etc.
- des localisations : *haut/bas, dessus/dessous, gauche/droite, amont/aval*, etc.
- des rapports chronologiques : *avant/après, jeune/vieux*, etc.

L'opposition de sens peut se faire de deux manières, à l'aide de :

- mots différents (antonymes **lexicaux**) :
  - noms : *le jour/la nuit, le bien/le mal*, etc.
  - adjectifs : *grand/petit, chaud/froid*, etc.
  - verbes : *grossir/maigrir, monter/descendre*, etc.
  - adverbes : *devant/derrière, facilement/difficilement*, etc.
- mots de même radical mais de préfixe ou suffixe différent (antonymes **morphologiques**) (voir chapitre 53 « La dérivation ») :
  - préfixe de sens opposé, tels que les mots construits sur *philo-* et *miso-* (ex. *philanthrope/misanthrope*), *poly-* et *mono-* (ex. *polysémique/monosémique*), *eu-* et *caco-* (ex. *euphonie/cacophonie*), *in-* et *ex-* (ex. *importer/exporter*) ;
  - suffixe de sens opposé, comme les mots en *-phile* et *-phobe* (ex. *xénophile/xénophobe*) ;
  - préfixe de sens opposé (indiquant la négation) : *capable/incapable, réel/irréel, content/mécontent, adresse/maladresse, plaire/déplaire, normal/anormal.*

3 Relation avec la polysémie

Avec les mots polysémiques (qui comportent plusieurs acceptions), on ne peut pas mettre en relation l'ensemble des acceptions avec les mêmes synonymes, ni avec les mêmes antonymes. Chaque acception sera rapprochée d'un ou plusieurs synonymes particuliers et/ou d'un ou plusieurs antonymes particuliers.

Par exemple, l'adjectif polysémique « aigu » aura pour chaque acception des synonymes et des antonymes différents :

Exemples	Acception	Synonyme	Antonyme
un pignon *aigu*	qui se termine en pointe	pointu	émoussé
une voix *aigüe*	de fréquence élevée	perçante	grave
une douleur *aigüe*	intense et pénétrante	vive	sourde
un esprit *aigu*	particulièrement vif et pénétrant	subtil	lourd, lent

57 L'homonymie

Cours et méthodes

Des homonymes sont des mots qui se prononcent de la même façon mais qui s'écrivent différemment et n'ont pas le même sens. Parmi les homonymes, on peut distinguer ceux qui sont :

- **homophones** et **homographes** : ils ont la même prononciation et la même forme graphique, par exemple : ***pêcher** le poisson* et *un **pêcher** qui donne de beaux fruits* ;
- **homophones** mais **non homographes** : ils ont la même prononciation, mais ont une graphie différente : *un **ver** de terre, un **verre** à pied, les **vers** d'un poème*, etc. ;
- **homographes** mais **non homophones** : ils ont la même orthographe mais des prononciations différentes, par exemple : *le **couvent** des bénédictines* et *les poules **couvent** les œufs*.

Tous ont en commun le fait de ne pas avoir le même sens et parfois ils appartiennent à des catégories grammaticales différentes, comme *pêcher du poisson* (verbe) et *le pêcher porte des fruits* (nom commun).

Le terme d'**homonymie** s'applique généralement à tous les homophones, qu'ils soient homophones ou homographes.

Deux formes qui sont à la fois *homophones* et *homographes* sont dites *homonymes vrais*, par exemple : *avocat* (voir ci-dessous). Parfois, ces homonymes sont distingués grâce une différence de genre (masculin *vs.* féminin), par exemple : *une **somme** d'argent* et *faire un **somme** après manger*.

On distingue les homophones **lexicaux** qui concernent les mots pleins (ex. *ver/vers/verre*, etc.) des homophones **grammaticaux** qui concernent les mots-outils (ex. *a/à, ou/où, et/est*, etc.)

➡ Voir chapitre 45 « Les homophones grammaticaux ».

Lexique

1 L'homonymie et la polysémie

Les homonymes sont des mots différents, contrairement aux mots polysémiques, ils ont donc plusieurs entrées dans le dictionnaire. Par exemple, le mot « avocat » a deux entrées dans le dictionnaire car il correspond à deux mots différents et donc à deux étymologies différentes.

Exemple

Avocat (du latin *advocatus* « avoué ») : personne défendant les intérêts de quelqu'un ou de quelque chose.
Avocat (du nahuatl *ahuacatl* (langue des Aztèques), puis en espagnol *aguacate*) : fruit de l'avocatier.

2 La paronymie

À la notion d'homonymie est associée celle de la paronymie, dans la mesure où les paronymes sont des mots presque homonymes qui peuvent être confondus à cause de leur sonorité ou graphie ressemblante, et bien entendu ils diffèrent par le sens (ex. *conjoncture/conjecture, notable/notoire*, etc.).
Souvent ils ont la même origine et ne diffèrent que par un préfixe ou un suffixe différent (ex. *un accident/un incident* ; *l'adhérence/l'adhésion*) ou ils ont une même origine mais ont eu une évolution différente (ex. *dédicacer/dédier*).
La paronymie peut donner lieu à des confusions gênantes à l'oral, mais elle peut aussi donner lieu à la **paronomase** qui permet de rapprocher des paronymes dans une phrase afin de faciliter la mémorisation (ex. *Qui se ressemble s'assemble*).

3 Comment distinguer les homonymes ?

La plupart du temps, il suffit de recourir aux **dérivés de la même famille** pour les distinguer, car les consonnes muettes s'entendent dans d'autres mots de la famille.

Par exemple, les mots *pain* et *pin* :

- le mot *pain* peut être mis en relation avec les mots *panifier* (transformer la farine en pain), *panier* (le panier étant à l'origine une corbeille où l'on mettait le pain), *pané*. Le mot *pain* vient du latin *panem*, où l'on retrouve la voyelle *a*.
- le mot *pin* peut être mis en relation avec les mots *pinède, pinicole* (qui vit dans les pins), ce mot vient du latin *pinus*, dans lequel on retrouve la voyelle *i*.

Par ailleurs, le **contexte d'emploi** est très important car c'est lui seul qui permet de les distinguer à l'oral. Ainsi, on trouvera ces deux mots dans des contextes différents et significatifs : *un morceau de* ***pain****, avoir du* ***pain*** *sur la planche vs. un terrain planté de* ***pins****, une pomme de* ***pin***, etc.

La distinction des paronymes se fera de la même façon, on aura recours à la dérivation et au contexte d'emploi.

Par exemple, les mots *éruption* et *irruption* viennent tous les deux du latin *rumpere, ruptus* « rompre, briser », mais le premier est préfixé en *é-* du latin *ex-* qui exprime une sortie, tandis que l'autre est préfixé en *in-* (*ir-* : la consonne s'assimile au radical) qui indique une entrée.

De plus, leurs contextes d'apparition sont différents, puisqu'en effet, on dira : *une* ***éruption*** *volcanique* ou *une* ***éruption*** *de boutons*, mais *faire* ***irruption*** *dans un lieu*.

58 Les classements

Cours et méthodes

Dans ce chapitre, nous présentons deux grandes notions importantes dans les programmes qui ont pour objectif, entre autres, de classer pour mieux comprendre, cela concerne : l'hyperonymie et les champs lexicaux.

1 L'hyperonymie

L'hyperonymie désigne la relation hiérarchique qui unit un **mot générique**, l'**hyperonyme**, (du grec *hyper-* « au-dessus » et *-onyme* « mot ») à un ou plusieurs mots spécifiques, l'**hyponyme** (du grec *hypo-* « au-dessous »).

Ainsi, *oiseau* est un hyperonyme de *mouette* ou de *corbeau*, et *mouette* et *corbeau* sont des hyponymes d'*oiseau*.

Le rapport entre l'hyperonyme et l'hyponyme est hiérarchique : l'hyperonyme peut se substituer à l'hyponyme dans une phrase, mais pas l'inverse (ex. *Je vois une mouette voler > je vois un oiseau voler*). Cette propriété est liée au fait que l'hyperonyme est riche au plan référentiel, car il désigne potentiellement tous les membres de la classe, mais il est pauvre au plan sémantique, car il contient moins de traits spécifiques que ses hyponymes.

On rencontre la notion d'hyperonymie, notamment dans les domaines suivants :

- dans les textes, car l'utilisation d'un hyperonyme est un procédé de reprise anaphorique fréquent ;
- dans la définition par inclusion, car on utilise d'abord un hyperonyme puis des traits spécifiques qui viennent s'ajouter pour distinguer le mot des autres de la même classe.

On peut avoir plusieurs paliers dans la relation d'hyperonyme à hyponyme et ainsi avoir des hyponymes qui sont à leur tour des hyperonymes d'autres hyponymes, par exemple : *animal > quadrupède > canidé > chien*. On voit que l'hyperonyme *animal* est le terme englobant toute une série d'hyponymes qui à leur tour deviennent hyperonymes de l'hyponyme qui suit. On pourrait élargir la liste :

- **Vivant**
  - **Animal**
    - **Mammifères** : chien, ours, vache, tigre, etc.
    - **Poissons** : lieu, requin, brochet, espadon, etc.
    - **Oiseaux** : aigle, moineau, corbeau, mouette, etc.
  - **Végétal**
    - **Plantes** : menthe, rosier, romarin, thym, etc.
    - **Arbres** : cerisier, pin, palmier, chêne, etc.

Lexique

… EN CLASSE …

Cette notion est essentielle, aussi bien à l'école maternelle qu'à l'école primaire. En effet, la capacité à classer les termes dans des rubriques plus générales renvoie aux activités de **catégorisation** des objets du monde que les enfants exercent dès la maternelle et qui sont déterminantes pour l'organisation du lexique.

À partir du CP, cette hiérarchisation entre les catégories devient explicite et permet aux élèves de comprendre des **définitions de dictionnaire** qui procèdent en allant du général au particulier, du genre à l'espèce.

2 Le champ lexical

La notion de champ lexical, à la différence de l'hyperonymie, est **thématique**, c'est-à-dire que dans un champ lexical donné vont figurer un ensemble de termes qui lui sont liés par le sens, mais sans qu'il y ait de rapport hiérarchique. Par exemple, le champ lexical de « l'école » peut contenir les termes suivants : *cahier, cour, maitresse, élève, étudier, classe*, etc.

… EN CLASSE …

Il est important que les élèves constituent des regroupements par champs lexicaux car ils permettent :

- de comprendre comment se structure la langue en des ensembles plus ou moins vastes ;
- d'analyser les thèmes dominants d'un texte ou les termes d'un même domaine revenant avec régularité.

!

Il ne faut pas confondre le terme qui chapeaute le champ lexical avec un terme générique. Par exemple : « meuble » est l'hyperonyme de *table, bureau, armoire, étagère*, etc. En effet, *meuble* peut remplacer n'importe lequel de ses hyponymes : *Il faut déplacer ce meuble* peut équivaloir à *Il faut déplacer cette armoire*.

En revanche, dans le champ lexical de « meuble », on pourrait trouver aussi : *tiroir, décoration, salon, habitation*, etc. Ces termes se rapportent au thème en lien avec le meuble, mais le mot *meuble* ne peut remplacer chacun de ces mots. *J'aime cette décoration*, n'a pas du tout le même sens que *J'aime ce meuble*.

Les hyponymes attachés à un terme générique peuvent donc constituer une partie du champ lexical mais non sa totalité. Le travail sur un champ lexical donné permet parfois des regroupements autour de plusieurs hyperonymes.

3 Les classements dans les programmes (BO15)

Dès le C1, la compréhension, la mémorisation et l'emploi des mots sont facilités par des activités de classement qui recourent notamment à des termes génériques.

Les activités de classement sont un préalable nécessaire pour aborder l'utilisation du dictionnaire, grâce notamment à la maitrise du classement alphabétique et des termes génériques.

59 La dérivation

Cours et méthodes

Dans la langue, il existe des **mots simples** que l'on ne peut pas décomposer en unités plus petites (ex. *meuble, bain, lapin*, etc.) et des **mots construits** que l'on peut décomposer en unités plus petites (ex. *chant-eur*). Parmi ces derniers, certains sont construits par dérivation, d'autres par composition (voir chapitre 54 « La composition »).

1 La dérivation

La dérivation est un procédé qui consiste à former des mots grâce à l'ajout d'affixes à une base lexicale (ou radical).

On distingue deux types de dérivation : la **préfixation** (adjonction d'un préfixe à la base, par exemple : ***mé**content, **re**faire*) et la **suffixation** (adjonction d'un suffixe, par exemple : *pur**isme**, mange**able***). La base est l'élément qui reste d'un mot si on lui enlève ses affixes. Par exemple, les mots *défaire* et *refaire* sont formés à partir de la base *faire*, grâce aux préfixes *re-* et *dé-*.

Tous les mots ainsi formés par dérivation à partir d'une même base forment une **famille de mots**.

1.1 La préfixation

La préfixation apporte une variation sémantique au mot servant de base (par exemple : *in-, im-, dé-* expriment le contraire de la base) et elle conserve la catégorie grammaticale du mot, par exemple pour l'adjectif : *perméable* > ***im**perméable*, le verbe : *geler* > ***dé**geler*, le nom : *fortune* > ***in**fortune* et l'adverbe : *heureusement* > ***mal**heureusement*.

Un même préfixe peut se présenter sous des formes différentes selon la base à laquelle il s'est adjoint, du fait de l'assimilation de la consonne du préfixe à la consonne du mot de base, on les appelle des **allomorphes**. Ainsi, le préfixe ***in***- devient ***ir***- devant *r* (***ir**radier*), ***il***- devant *l* (***il**légal*), ***im***- devant *p*, *b* et *m* (***im**patient*, ***im**battable*, ***im**munité*) et reste tel quel ailleurs (***in**faisable*, ***in**existant*). De même, le préfixe *ad-* (du latin) peut prendre les formes : ***a-, ac-, af-, ap-, ar-***, par exemple : *aborder, accourir, affluer, apporter, arranger*, etc. (voir la Boite à outils pour une liste des principaux préfixes).

1.2 La suffixation

La suffixation permet au mot de changer de classe grammaticale tout en lui apportant une variation sémantique. En outre, ils indiquent le genre grammatical des dérivés, par exemple, les noms suffixés en *-age* sont toujours du genre masculin, tandis que ceux suffixés en *-tion* sont féminins.

L'adjonction d'un suffixe à une base peut entraîner des **allomorphes** de la base, par exemple : *majeur* > *majorité.*

On peut regrouper les suffixes en fonction de la nature grammaticale du mot qu'ils créent.

a. La suffixation nominale

Ainsi, l'adjonction d'un suffixe permet de former des **noms** à partir d'un autre nom : *une fille* > *une fill**ette***, d'un adjectif : *clair* > *clar**té*** ou d'un verbe : *nettoyer* > *nettoy**age***. Ces suffixes peuvent véhiculer des sens très différents (voir Boite à outils).

b. La suffixation adjectivale

On peut former des **adjectifs** à partir d'un autre adjectif : *bleu* > *bleu**âtre***, d'un nom : *planète* > *planét**aire***, d'un verbe : *manger* > *mange**able***. Trois suffixes adjectivaux sont prioritaires, ceux qui expriment :

- la possibilité : *-able* (*-ible, -uble*) : *buvable, lisible, soluble* ;
- la relation : *-al(e), -el/-elle* : *grammatical, naturel* ;
- la propriété : *-if/-ive* : *pensif, admiratif, instructif* ;
- la qualité : *-eux/-euse* : *monstrueux, orageux, merveilleux.*

c. La suffixation verbale

On peut former des **verbes** à partir d'un autre verbe : *sauter* > *saut**iller***, d'un nom : *tyran* > *tyrann**iser***, ou encore d'un adjectif : *noir* > *noir**cir***.

Certains verbes sont dérivés de noms ou d'adjectifs avec les suffixes *-iser* ou *-ifier* et servent à former des verbes d'action : *immobile* > *immobiliser, personne* > *personnifier*. D'autres sont dérivés de verbes déjà existants avec des suffixes diminutifs, comme *-eter, -oter* (*voleter, pianoter*) ou péjoratifs, comme *-asser* (*rêvasser*), *-ouiller* (*mâchouiller*).

d. La suffixation adverbiale

On peut former des **adverbes** à partir d'un adjectif : *franc* > *franch**ement***. C'est le suffixe *-ment*, très productif, qui a cette fonction. La suffixation s'opère généralement avec la forme féminine de l'adjectif : *franc* > *franche* > *franchement.*

Les adjectifs en *-ant* et *-ent* forment des adverbes en *-amment* et *-emment* respectivement (la consonne *m* est doublée et la voyelle de l'adjectif est maintenue) : *brillant* > *brillamment, excellent* > *excellemment.*

Lexique

REMARQUE

- On parle de dérivation **régressive** lorsqu'on enlève un suffixe au verbe pour former le nom : *accueillir > accueil, galoper > galop*, etc. mais ce type d'information n'est fournie que par référence à l'étymologie.
- Un mot dérivé peut aussi être formé de la combinaison d'un ou plusieurs préfixes ou suffixes. Ils ne s'adjoignent pas en même temps, mais interviennent selon un certain ordre, par exemple : *ir-remplaç-able* se décompose de la façon suivante : (1) *remplacer + able = remplaçable* ; (2) *in + remplaçable = irremplaçable*, mais pas l'inverse car le verbe **irremplacer* n'existe pas.

!

On parle de dérivation **parasynthétique** lorsque l'on ajoute simultanément un préfixe et un suffixe à une base, comme dans *alunir*. En effet, ce mot est formé de la base : *-lun-* à laquelle on a ajouté à la fois le préfixe a- et le suffixe verbal -ir. La preuve est que **lunir*, et **alune* n'existent pas. Il faut donc ajouter les deux éléments en même temps pour obtenir ce mot.

1.3 La dérivation impropre

La **dérivation impropre** (ou **conversion**) est une opération qui fait changer un terme de catégorie grammaticale sans changer de forme.

Ainsi, le **nom** peut devenir un adjectif (en particulier les noms de couleur) : *une jupe orange, un pull marron* ou une interjection : *Silence !*

L'**adjectif** peut devenir un nom : *le rouge, le noir*, un adverbe : *parler fort, coûter cher*, une interjection : *parfait ! faux !* ou une préposition : *vu, étant donné, plein.*

L'**infinitif** peut devenir un nom : *le boire et le manger* et l'**adverbe** peut devenir un nom : *un avant, un arrière* ou un adjectif : *une femme bien, un homme debout.*

2 Les familles de mots

Une famille de mots est constituée de l'ensemble des mots dérivés, par suffixation ou préfixation, d'un même mot de base (ou mot-souche). Cette famille se justifie du point de vue **formel** : elle a le même radical, même s'il est parfois un peu modifié, par exemple : *re**fleur**ir, **flor**aison, dé**flor**er* (en raison du rattachement à l'étymon latin *flor* ou au mot *fleur*) et du point de vue **sémantique** : tous les mots sont apparentés par le sens car ils ont un élément de sens commun.

Ainsi, *en**terr**er, dé**terr**er, en**terr**ement, **terr**itoire, **terr**oir* font partie de la famille du mot *terre* : tous ces mots sont apparentés par le sens et la forme, même s'ils peuvent appartenir à des catégories grammaticales différentes.

En revanche, *terrible* ne fait pas partie de la famille du mot *terre*, même si on retrouve le segment ***terr***- à l'intérieur : il n'y a en effet aucun rapport de sens avec les mots de la famille de *terre*.

··· EN CLASSE ···

Le travail sur la dérivation est très important à l'école pour plusieurs raisons :

- il y a des constantes au niveau **orthographique**, par exemple toute la famille de *terre* s'écrit avec deux *r* ;
- la dérivation concerne la plupart des mots français (environ 80 %) ;
- la dérivation est un système **économique** : à partir d'un nombre restreint d'éléments lexicaux, les élèves peuvent comprendre un grand nombre de mots.

3 Les familles de mots dans les programmes (BO15)

À partir du cycle des approfondissements, l'acquisition du vocabulaire s'appuie notamment sur l'étude des relations qui concernent à la fois la forme et le sens (familles de mots).

En CM1-CM2, on étudie les procédés de dérivation en partant à la fois des formes orales et des formes écrites. On étudie de manière systématique un certain nombre de préfixes et de suffixes fréquents à partir de corpus de mots. Au fur et à mesure de leur découverte et de leur étude, les préfixes et les suffixes font l'objet d'un classement sémantique qui s'enrichit au cours du cycle.

On aborde en contexte la formation des mots par composition (découverte des bases latines et grecques, repérage des mots appartenant au vocabulaire savant).

60 La composition

Cours et méthodes

La composition est le procédé par lequel on forme une nouvelle unité lexicale en unissant au moins deux éléments. On distingue deux types de composition : la composition savante et la composition populaire.

1 La composition populaire

La composition populaire est une opération dans laquelle les éléments entrant dans la formation d'un mot composé sont des unités lexicales autonomes ailleurs, deux ou plusieurs bases se combinent entre elles pour créer un nouveau sens.

Pour déterminer si on a affaire à un mot composé, on utilise le critère de l'**inséparabilité**, c'est-à-dire l'impossibilité d'insérer un élément quelconque à l'intérieur de l'unité complexe. Ainsi, on peut dire : *une pomme de terre crue*, mais pas **une pomme crue de terre*, car on a bien affaire à un mot composé.

Le mot composé peut se présenter sous différents aspects graphiques où les éléments constitutifs sont :

- séparés par un espace : *chemin de fer, pomme de terre* ;
- reliés par un trait d'union : *arc-en-ciel, gratte-ciel* ;
- soudés : *portefeuille, vinaigre, gendarme.*

La nature des éléments entrant dans la formation des mots composés est variée :

- pour les noms, il peut s'agir des éléments suivants :
  - nom + nom : *une couche-culotte* ;
  - nom + complément de nom : *une pomme de terre, un arc-en-ciel* ;
  - adjectif épithète + nom : *une chauve-souris* ;
  - adjectif + adjectif : *un sourd-muet* ;
  - verbe + nom complément : *un sèche-cheveux* ;
  - verbe + verbe : *le savoir-vivre* ;
  - préposition + nom : *un sans-abri* ;
  - expression ou phrase lexicalisée : *un pied-à-terre, un coq-à-l'âne* ; *le qu'en dira-t-on, un m'as-tu-vu* ;
- pour les adjectifs, il peut s'agir de :
  - adjectif + adjectif : *aigre-doux* ;
  - adverbe + participe : *nouveau-né* ;
  - adjectif + nom : *rouge brique, jaune citron.*
  - *etc.*

Les unités figées complexes appartenant aux autres catégories sont appelées « **locutions** ». Ainsi, les locutions peuvent être verbales : *avoir peur, prendre feu* ; adverbiales : *tout à coup, d'arrache-pied* ; prépositionnelles : *à cause de, grâce à* ; conjonctives : *afin que, de même que* ou interjectives : *Nom de Dieu !, Mais enfin !*

2 La composition savante

On parle de composition savante quand les mots sont formés de bases grecques ou latines, qui ne constituent généralement pas des unités lexicales autonomes, comme *anthropologie, carnivore*, etc. (voir la Boite à outils pour une liste des principaux éléments grecs et latins).

La plupart de ces bases peuvent se trouver indifféremment au début ou à la fin : *misanthrope/philanthrope, phonologie/téléphone*, tandis que certaines peuvent se placer uniquement à gauche (ex. *acro-* dans *acrobate*) ou uniquement à droite des mots composés (ex. *-phobe* dans *claustrophobe*).

Les éléments latins utilisés en composition savante sont moins fréquents que les éléments grecs. La première partie de ces composés se termine souvent par la voyelle de transition *-i* : *carn**i**vore, hom**i**cide*, etc.

Les éléments grecs sont extrêmement nombreux, surtout dans les domaines scientifiques. La voyelle de transition *-o-* relie habituellement les deux éléments : *psych**o**logie, né**o**logisme*, etc.

Il existe aussi des composés hybrides formés d'un élément grec et d'un élément latin : *automobile* (composé de l'élément grec *auto-* « soi-même » et de l'élément latin *-mobile* « qui se meut »), ou dans lesquels l'un des deux éléments n'est ni latin ni grec, mais français : *hyperactif*, etc.

3 Autres procédés de formation

3.1 La troncation

La troncation consiste à abandonner une partie d'un mot. Il peut s'agir de :

- la partie finale du mot (l'**apocope**), comme *instit* pour *instituteur* ;
- la partie initiale du mot (l'**aphérèse**), comme *bus* pour *autobus*.

3.2 Les mots-valises

Un mot-valise (calque de l'anglais *portmanteau word* créé par Lewis Carroll pour faire référence aux valises porte-manteaux qui se replient) est un *néologisme* obtenu par la fusion de deux mots, souvent de la partie initiale d'un mot et de la partie finale d'un autre (ex. *adulescent*, formé à partir de *adulte* et *adolescent*).

REMARQUE

Le **néologisme** est l'emploi d'un mot nouveau, non répertorié dans le lexique officiel, obtenu par dérivation, composition, troncation, emprunt, etc. (ex. *courriel, tapuscrit*, etc.).

Lexique

61 L'origine des mots

Cours et méthodes

1 L'étymologie

L'étymologie est l'étude de l'origine et de l'évolution des mots. Le mot *étymologie* vient du grec *etymo-* « vrai » et *-logie* « science, étude », autrement dit, à l'origine le sens étymologique était pour les Grecs, le vrai sens des mots, toute évolution sémantique des mots était considérée comme une dégénérescence.

L'étymologie indique l'*étymon*, c'est-à-dire le mot ancien, originel, généralement latin ou grec, à partir duquel, par évolution phonétique, morphologique et sémantique au fil du temps, s'est constitué le mot français.

On appelle *base* ou *radical* le mot que l'on retrouve dans les dérivés qui en sont issus : ainsi au mot *œuf* correspond la base *ov-* dans *ovule, ovipare*.

La langue évolue au rythme des événements qui marquent l'histoire : invasions, guerres, migrations, échanges commerciaux, développements technologiques. Le lexique d'une langue est donc façonné par l'usage et par l'influence d'autres cultures et d'autres langues.

On peut répartir les origines des mots français en deux catégories :

- les mots issus d'un **fonds primitif**, notre vocabulaire hérité, constitué pour l'essentiel du latin dit *vulgaire*, du gaulois et du germanique ;
- les mots **empruntés** à d'autres langues, en fonction des besoins ou de l'histoire de notre pays.

1.1 Le fonds primitif

Les principales origines du français sont :

- le **latin**, parlé en Gaule après la conquête romaine (en 51 avant J.-C.). C'est l'apport le plus important : 80 % du vocabulaire français est d'origine latine. Il ne s'agit pas du *latin classique* (qui est la langue des grands écrivains, comme Cicéron, des philosophes et des savants), mais du *latin populaire* ou *vulgaire*, c'est-à-dire le latin parlé par les paysans, les artisans et les soldats.
- le **francique** (langue germanique), parlé par les Francs qui fut importé pas le biais de l'invasion franque au Ve siècle. Quelques mots nous sont restés comme : *bannir, blanc, bourg, franc, gagner, hache, haïr, honte, gars, guerre, honte, riche*, etc.

- le **gaulois**, parlé par les Gaulois. Le fonds gaulois est le plus ancien, mais se réduit à quelques dizaines de mots qui correspondent souvent à un vocabulaire de la nature ou de l'agriculture, comme : *alouette, bec, bouc, bouleau, char, chemin, chêne, lieue, sillon,* etc.

1.2 Les emprunts

On appelle emprunts les éléments qu'une langue, au cours de son histoire, a pris à d'autres langues[1].

Entre le XVe et le XXe siècle, de nombreux mots provenant de langues étrangères sont passés en français. En effet, au cours de son histoire, le français a emprunté à toutes les langues avec lesquelles il a été en contact, quelle qu'ait été la nature des relations établies : échanges commerciaux, influences culturelles et artistiques, politiques, invasions, guerres, etc. le nombre des emprunts dépend de l'importance et de la durée de ces contacts.

Les emprunts aux langues étrangères constituent environ 10 % de notre vocabulaire.

Ainsi, le français a emprunté aux langues suivantes :

- au **latin**, pendant le Moyen Âge, par les savants (voir section suivante : La formation savante) ;
- au **grec**, dans l'Antiquité, qui était la langue des savants, des médecins ; les emprunts grecs ont fourni à la langue plus d'éléments de construction que de mots simples (voir chapitre 54 « La composition »), notamment dans le domaine des sciences. La plupart d'entre eux comportent les lettres « ch », « th », « ph », « rh » et « y » ;
- à **l'arabe**, pendant la période des croisades du Moyen Âge. De nombreux mots sont arrivés au français par l'intermédiaire de l'italien ou de l'espagnol. On reconnait l'origine arabe de certains mots grâce à la présence de la syllabe *al* qui correspond à l'article défini, par exemple dans : *alcool, alcôve, alezan, algarade, algèbre, algorithme, almanach,* etc.
- à **l'italien**, pendant la Renaissance, comme : *alarme* (de *all'arma* « aux armes »), *farniente* (de *far(e)* « faire » et *niente* « rien »), *fiasco, mezzanine, paparazzi, tramontane, tutti quanti* (« tous tant qu'ils sont »), etc. ;
- à **l'espagnol**, au XVIe siècle, lors de la colonisation de l'Amérique par les Espagnols. C'est l'apport le plus important car les colonisateurs ont emprunté des mots aux Amérindiens, que les Français ont par la suite repris et adaptés, comme : *avocat* (de *auacatl*, de l'espagnol *aguacate*), *cacahuète* (de *tlacacahuatl* « cacao de terre », de l'espagnol *cacahuate*), *chocolat* (de *chocolatl*, de l'espagnol *chocolate*) ;
- à **l'anglais**, beaucoup au cours du XIXe et du XXe siècle, comme : *best-seller, black-out, bulldozer, dealer, handicap* (de *hand in cap* « main dans le chapeau »), *hold-up* (de *hold up one's hands* « tenir les mains en l'air »), *puzzle, rocking-chair, scrabble* (de *to scrabble* « gribouiller »), etc. ;
- à l'**allemand**, à partir du XVe siècle : *bivouac, chenapan, hussard, ersatz, blockhaus* (de *Block* « poutre » et *Haus* « maison »), *quartz, vasistas* (de *was ist das ?* « qu'est-ce que c'est ? »), *bunker, etc.*

1. Voir les ouvrages d'Henriette Walter sur les emprunts, notamment *L'Aventure des mots français venus d'ailleurs*, Robert Laffont, 1997 et, avec Gérard Walter, *Dictionnaire des mots d'origine étrangère*, Larousse-Bordas, 1998.

2 La formation savante

Pendant tout le Moyen Âge, les savants sont allés puiser directement dans le latin pour couvrir des besoins liés à l'évolution des sciences et des techniques et ont simplement reproduit la forme latine du mot en se contentant de la franciser. C'est pourquoi on appelle ces mots des mots de **formation savante**, par exemple *auscultare* a donné *ausculter*.

Dans de nombreux cas, un mot de formation savante, qui reproduit la forme latine, vient doubler un mot primitif de même origine, mais dont la forme s'est modifiée suite à l'évolution de la langue parlée. Ce sont les **doublets**. Ils ont la même étymologie (ils sont issus du même étymon), mais n'ont plus le même sens, ni la même forme.

Par exemple, le mot latin *hospitale* a donné le mot *hôtel* (formation populaire) et *hôpital* (formation savante), le mot *ministerium* a donné les mots : *métier* et *ministère*. L'une des formes (*métier*) est ancienne et a subi l'évolution phonétique normale, tandis que l'autre (*ministère*) a été empruntée directement au latin à une époque ultérieure.

3 L'origine des mots dans les programmes (BO15)

Au C3, les compétences acquises en C2 sont renforcées et on adjoint la découverte des bases latines et grecques. Sans parler toutefois d'étymon, l'étymologie reprend implicitement ses lettres de noblesse, ayant totalement disparue des programmes 2008.

5

Didactique du français

62 Présentation des programmes : BO15

Cours et méthodes

Note : nous ne présenterons ci-après que les compétences afférentes à la « maitrise de la langue ». De plus, ce chapitre ne vous dispense en rien de la lecture des documents officiels, elle condense son contenu programmatique. Au terme de chaque chapitre, nous détaillerons les compétences afférentes au thème traité.

Ces programmes présentent une avancée par rapport à l'approche par compétence définie dans le *socle commun de connaissance, de compétences et de culture*. En effet, les enfants doivent acquérir les compétences définies au terme d'un cycle de trois ans, et non plus au terme d'une année scolaire.

Si des éléments de progression sont naturellement donnés dans le BO15 qui définit les programmes depuis la rentrée 2016, cette approche par cycle plutôt que par niveau montre une volonté de prendre en compte la diversité des élèves. Cette volonté est particulièrement louable en maternelle et en début d'élémentaire où la maturité des élèves joue énormément sur leurs acquisitions : un élève né en début d'année aura plus de facilités à acquérir des compétences complexes (comme le graphisme qui requiert une motricité fine) qu'un élève né en fin d'année. D'ailleurs ce point fait l'objet d'un rappel au sein même du BO15 lors du passage du C1 au C2 : « Les bilans de fin de GS sont à prendre en compte pour organiser une entrée dans le cycle qui valorise les acquis et prenne en compte les besoins ; la diversité des situations ne traduit que rarement de réelles difficultés, **elle révèle plutôt des écarts de maturité ou de rythme d'apprentissage** qui peuvent évoluer vite. »[1]

Par conséquent ces programmes offrent aux enseignants plus de latence dans l'organisation de la différentiation pédagogique.

1 Cycle 1 : les apprentissages premiers ; école maternelle

Rappel : le cycle 1 comprend la petite section (PS) (éventuellement la très petite section), la moyenne section (MS) et la grande section de maternelle (GS).

1. Nous soulignons.

Référence : NOR : MENE1504759A, BO spécial n° 2 du 26 mars 2015.

Ce programme s'articule autour de deux grands axes :

- la prise en compte de tous les acteurs de ce cycle, déclinés sous forme de « devoir » qui sont dévolus à l'école maternelle ;
- la définition d'un certain nombre d'objectifs déclinés dans les 5 domaines d'apprentissage définis par le socle commun de connaissance, de compétence et de culture.

1.1 Les devoirs de l'école au cycle 1

Voici succinctement présentés sous forme de tableau les acteurs de l'école considérés par le BO et les modalités selon lesquels ces acteurs sont intégrés au cycle 1 :

Une école...	Modalités de réalisation
1. ... qui s'adapte aux jeunes enfants (3 à 5 ans)	**Accueillir enfants et parents :** « un dialogue régulier et constructif s'établit entre enseignants et parents ; il exige de la confiance et une information réciproques ». Les modalités de ce dialogue sont définies par l'équipe enseignante. De plus, l'enseignant doit s'engager reconnaitre « en chaque enfant une personne en devenir et un interlocuteur à part entière, quel que soit son âge. »
	Accompagner les « moments » de la vie de l'enfant : l'équipe pédagogique n'agit pas seule et il convient d'accompagner l'enfant au cours de ce que le BO nomme des « transitions », terme qui présente l'avantage de montrer l'impact psychologique et affectif de ces temps chez l'enfant : • famille/école ; • temps scolaire (enseignement) périscolaire (collectivités) ; • enseignant/ATSEM (agents territoriaux spécialisés des écoles maternelles) ; • temps scolaire/restauration ; • école/institutions diverses de la petite enfance (PMI...) ; • cycle 1 (maternelle)/ cycle 2 (élémentaire) ; • école/RASED. L'école a donc le devoir d'accompagner l'enfant dans ces « transitions » afin d'assurer une continuité pédagogique et sociale.
	Prendre en compte le développement de l'enfant : au plan cognitif, sensoriel, moteur et relationnel, l'école doit mettre en place une véritable différenciation pédagogique, et ce non seulement dans les activités d'enseignement, mais également à tous les « moments » de la vie de l'enfant. Tous les acteurs de l'école doivent – dans leurs domaines – pratiquer cette différenciation.
	Pratiquer l'évaluation positive : il incombe à l'enseignant de mettre en avant de façon systématique les progrès de l'enfant et non pas ses échecs.

···>

Une école…	Modalités de réalisation
2. … qui organise des modalités spécifiques d'apprentissage	Des situations d'apprentissage multiples et variées doivent être proposées par toute la communauté éducative, il s'agit (et l'ordre importe) d'apprendre : • en **jouant** : les situations de jeu sont fondamentales à cet âge, car elles permettent « aux enfants d'exercer leur autonomie, d'agir sur le réel, de construire des fictions et de développer leur imaginaire, d'exercer des conduites motrices, d'expérimenter des règles et des rôles sociaux variés. [Elles favorisent] la communication avec les autres et la construction de liens forts d'amitié. » ; • en **réfléchissant** et **résolvant** des problèmes : ce qui favorise l'éveil de la curiosité et développe l'estime de soi par le sentiment d'accomplissement ; • en **s'exerçant** : il convient de fixer les apprentissages par le maniement régulier des nouveaux acquis ; • en se **remémorant** et en **mémorisant** : l'apprentissage passe par la mémoire, et il convient donc de solliciter régulièrement cette dernière chez les enfants.
3. … où les enfants vont apprendre et vivre ensemble	**Comprendre** le fonctionnement de l'école.
	Se construire comme une personne singulière au sein d'un groupe.

Objectif « J'ai mon concours ! » : C'est autour de ces dimensions que nous avons nommé « devoirs de l'école » que vous devrez centrer votre proposition de programmation et progression, le cas échéant lors de l'épreuve écrite d'admissibilité, et lors de la seconde épreuve orale d'admission.

C'est également autour de ces dimensions que vous devrez évaluer en didactique et pédagogie, la programmation indiquée dans le sujet de l'épreuve d'admissibilité. De plus, lors de l'entretien avec les membres du jury, il convient d'avoir conscience que l'enseignant n'est pas un individu isolé, mais qu'il participe de toute la communauté éducative, et qu'à ce titre, il doit y référer et connaitre tous les acteurs de cette communauté.

1.2 Les programmes du cycle 1

Ainsi que pour le « socle commun de connaissance, de compétence et de culture », l'orientation des programmes est extrêmement transversale : tout savoir acquis **doit être** réinvesti dans un autre domaine que celui de la situation d'apprentissage, d'où le titre « mobiliser le langage dans toutes ses dimensions. »

> Les compétences sont donc à décliner dans 5 domaines d'apprentissage, dont les objectifs sont définis (nous ne présentons ici que le domaine relatif à la maitrise de la langue, pour les autres domaines, nous vous renvoyons à la lecture des programmes) :

Domaine 1 du socle : Mobiliser le langage dans toutes ses dimensions	
Objectifs pour l'oral	Oser entrer en communication. Comprendre et apprendre. Échanger et réfléchir avec les autres. Commencer à réfléchir sur la langue et acquérir une conscience phonologique : • acquisition et développement de la conscience phonologique ; • éveil à la diversité linguistique.
Objectifs pour l'écrit	Écouter de l'écrit et comprendre. Découvrir la fonction de l'écrit. Commencer à produire des écrits et en découvrir le fonctionnement. Découvrir le principe alphabétique. Commencer à écrire tout seul, en trois étapes : • étape 1 : exercices graphiques ; • étape 2 : essai d'écriture de mots ; • étape 3 : premières productions autonomes.
Compétences attendues en fin de cycle 1	• Communiquer avec les adultes et avec les autres enfants par le langage, en se faisant comprendre. • S'exprimer dans un langage syntaxiquement correct et précis. Reformuler pour se faire mieux comprendre. • Pratiquer divers usages du langage oral : raconter, décrire, évoquer, expliquer, questionner, proposer des solutions, discuter un point de vue. • Dire de mémoire et de manière expressive plusieurs comptines et poésies. • Comprendre des textes écrits sans autre aide que le langage entendu. • Manifester de la curiosité par rapport à l'écrit. Pouvoir redire les mots d'une phrase écrite après sa lecture par l'adulte, les mots du titre connu d'un livre ou d'un texte. • Participer verbalement à la production d'un écrit. Savoir qu'on n'écrit pas comme on parle. • Repérer des régularités dans la langue à l'oral en français (éventuellement dans une autre langue). • Manipuler des syllabes. • Discriminer des sons (syllabes, sons-voyelles ; quelques sons-consonnes hors des consonnes occlusives). • Reconnaître les lettres de l'alphabet et connaître les correspondances entre les trois manières de les écrire : cursive, script, capitales d'imprimerie. Copier à l'aide d'un clavier. • Écrire son prénom en écriture cursive, sans modèle. • Écrire seul un mot en utilisant des lettres ou groupes de lettres empruntés aux mots connus.

2 Cycle 2 : les apprentissages fondamentaux ; CP, CE1, CE2

Référence : NOR : MENE1526483A, BO spécial n° 11 du 26 novembre 2015.

Les programmes réaffirment que la langue française est l'un des apprentissages fondamentaux de ce cycle, en raison justement de ce que sans une parfaite maitrise de la langue, les élèves ne peuvent acquérir que difficilement d'autres savoirs disciplinaires (voir les autres domaines du socle). Les enjeux de ce cycle 2 sont triples : 1. l'acquisition des correspondances grapho-phonologiques ; 2. la lecture et compréhension ; et 3. l'écriture-production.

D'ailleurs, un paragraphe intitulé « croisement entre enseignements » indique clairement cette dimension transversale de la discipline : « Les activités langagières sont constitutives de toutes les séances d'apprentissage et de tous les moments de vie collective qui permettent, par leur répétition, un véritable entrainement si l'attention des élèves est mobilisée sur le versant langagier ou linguistique de la séance. Les activités d'oral, de lecture, d'écriture sont intégrées dans l'ensemble des enseignements quotidiennement. »

Les programmes s'articulent donc au sein du domaine 1 du socle (*Les langages pour penser et communiquer*) et spécifient la compétence suivante : « comprendre, s'exprimer en utilisant la langue française à l'oral et à l'écrit. »

Le tableau ci-dessous présente les différentes compétences qui sont détaillées dans le BO15 assorties d'activités à mener avec les élèves :

Le langage oral	
Compétences	Écouter pour comprendre des messages oraux (adressés par un adulte ou par des pairs) ou des textes lus par un adulte (*lien avec la lecture*).
	Dire pour être entendu et compris en situation d'adresse à un auditoire ou de présentation de textes (*lien avec la lecture*).
	Participer à des échanges dans des situations diversifiées (séances d'apprentissage, régulation de la vie de la classe).
	Adopter une distance critique par rapport au langage produit.
Attendus en fin de cycle	Conserver une attention soutenue lors de situations d'écoute ou d'interactions et manifester, si besoin et à bon escient, son incompréhension.
	Dans les différentes situations de communication, produire des énoncés clairs en tenant compte de l'objet du propos et des interlocuteurs.
	Pratiquer avec efficacité les formes de discours attendues - notamment raconter, décrire, expliquer - dans des situations où les attentes sont explicites ; en particulier raconter seul un récit étudié en classe.
	Participer avec pertinence à un échange (questionner, répondre à une interpellation, exprimer un accord ou un désaccord, apporter un complément...).

...>

Lire	
Compétences	Identifier des mots de manière de plus en plus aisée (lien avec l'écriture : décodage associé à l'encodage).
	Comprendre un texte (lien avec l'écriture).
	Pratiquer différentes formes de lecture.
	Lire à voix haute (lien avec le langage oral).
	Contrôler sa compréhension.
	Comprendre un texte (en lien avec l'écriture).
	Pratiquer différentes formes de lecture.
	Lire à voix haute (lien avec le langage oral).
	Contrôler sa compréhension.
Attendus en fin de cycle	Identifier des mots rapidement : décoder aisément des mots inconnus réguliers, reconnaitre des mots fréquents et des mots irréguliers mémorisés.
	Lire et comprendre des textes adaptés à la maturité et à la culture scolaire des élèves.
	Lire à voix haute avec fluidité, après préparation, un texte d'une demi-page ; participer à une lecture dialoguée après préparation.
Écrire	
Compétences	Copier de manière experte (*lien avec la lecture*).
	Produire des écrits en commençant à s'approprier une démarche (*lien avec la lecture, le langage oral et l'étude de la langue*).
	Réviser et améliorer l'écrit qu'on a produit (*lien avec l'étude de la langue*).
Attendus de fin de cycle	Copier ou transcrire, dans une écriture lisible, un texte d'une dizaine de lignes en respectant la ponctuation, l'orthographe et en soignant la présentation.
	Rédiger un texte d'environ une demi-page, cohérent, organisé, ponctué, pertinent par rapport à la visée et au destinataire.
	Améliorer une production, notamment l'orthographe, en tenant compte d'indications.
Comprendre le fonctionnement de la langue (étude de la langue : grammaire, orthographe, lexique). Voir tome 1 pour plus de précisions	
Compétences	Maitriser les relations entre l'oral et l'écrit (*lien avec la lecture*).
	Mémoriser et se remémorer l'orthographe de mots fréquents et de mots irréguliers dont le sens est connu *(lien avec l'écriture)*.
	Identifier les principaux constituants d'une phrase simple en relation avec sa cohérence sémantique (de quoi on parle, ce qu'on en dit).

···>

Comprendre le fonctionnement de la langue (étude de la langue : grammaire, orthographe, lexique). Voir tome 1 pour plus de précisions	
Compétences	Raisonner pour résoudre des problèmes orthographiques, d'accord essentiellement *(lien avec l'écriture)*.
	Comprendre comment se forment les verbes et orthographier les formes verbales les plus fréquentes *(lien avec l'écriture)*.
	Identifier des relations entre les mots, et leur contexte d'utilisation ; s'en servir pour mieux comprendre *(lien avec la lecture et l'écriture)*
Attendus en fin de cycle	Orthographier les mots les plus fréquents (notamment en situation scolaire) et les mots invariables mémorisés
	Raisonner pour réaliser les accords dans le groupe nominal d'une part (déterminant, nom, adjectif), entre le verbe et son sujet d'autre part (cas simples : sujet placé avant le verbe et proche de lui ; sujet composé d'un groupe nominal comportant au plus un adjectif).
	Utiliser ses connaissances sur la langue pour mieux s'exprimer à l'oral, pour mieux comprendre des mots et des textes, pour améliorer des textes écrits.

3 Cycle 3 : le cycle de consolidation ; CM1, CM2, 6e

Références : NOR : MENE1526483A, BO spécial n° 11, 26 novembre 2015.

Ce programme stipule que l'intégration de la classe de 6e dans ce cycle doit permettre aux élèves de mieux s'adapter aux rythmes du collège. Il faut comprendre que pour les élèves, le passage au collège présente une véritable rupture. En effet, jusqu'alors ils n'avaient qu'un seul enseignant par an, qui leur enseignait toutes les disciplines, et éventuellement des intervenants extérieurs. À partir de la 6e, les élèves se trouvent confrontés à un enseignant par discipline (c'est-à-dire, autant de méthodes de travail différentes), et on exige d'eux un approfondissement de chacune d'entre elles. De plus, ces élèves doivent changer de classe à chaque heure, donc rapidement s'habituer à ranger toutes leurs affaires, se déplacer et se réinstaller : autant d'éléments qui perturbent ces jeunes élèves et qui sont susceptibles de nuire à leur attention, *a fortiori* pour les élèves en difficulté.

Certains collèges proposent d'ailleurs des salles de classe uniques pour les élèves de sixième, et ce sont alors les enseignants qui tournent.

La sixième ainsi conçue est donc bien une véritable modification de la représentation de l'école que se font les élèves jusqu'à l'entrée en 6e, et il est bénéfique que ce niveau soit aujourd'hui envisagé comme une phase d'adaptation, dont les apprentissages sont en continuité avec ceux initiés au cycle 2. On peut, de cette façon, espérer diminuer les situations de difficultés, voire d'échec scolaire, à l'entrée en sixième.

Les programmes de ce cycle s'articulent également au sein du domaine 1 du socle (*Les langages pour penser et communiquer*) et spécifient la compétence suivante : « comprendre, s'exprimer en utilisant la langue française à l'oral et à l'écrit ». Trois axes sont définis : le langage oral, la lecture et l'écriture, auquel s'ajoute l'acquisition d'une culture littéraire et artistique. Ces axes doivent être naturellement réinvestis dans les autres disciplines.

Le tableau ci-dessous présente les différentes compétences et connaissances précisées dans le BO :

Le langage oral	
Compétences	Écouter pour comprendre un message oral, un propos, un discours, un texte lu.
	Parler en prenant en compte son auditoire : • pour partager un point de vue personnel, des sentiments, des connaissances ; • pour oraliser une œuvre de la littérature orale ou écrite ; • pour tenir un propos élaboré et continu relevant d'un genre de l'oral.
	Participer à des échanges dans des situations de communication diversifiées (séances d'apprentissage ordinaire, séances de régulation de la vie de classe, jeux de rôles improvisés ou préparés).
	Adopter une attitude critique par rapport au langage produit.
Attendus en fin de cycle	Écouter un récit et manifester sa compréhension en répondant à des questions sans se reporter au texte.
	Dire de mémoire un texte à haute voix.
	Réaliser une courte présentation orale en prenant appui sur des notes ou sur diaporama ou autre outil numérique.
	Interagir de façon constructive avec d'autres élèves dans un groupe pour confronter des réactions ou des points de vue.
Lecture et compréhension de l'écrit	
Compétences	Renforcer la fluidité de la lecture.
	Comprendre un texte littéraire et l'interpréter.
	Comprendre des textes, des documents et des images et les interpréter.
	Contrôler sa compréhension et adopter un comportement de lecteur autonome.
Attendus de fin de cycle	Lire, comprendre et interpréter un texte littéraire adapté à son âge et réagir à sa lecture.
	Lire et comprendre des textes et des documents (textes, tableaux, graphiques, schémas, diagrammes, images) pour apprendre dans les différentes disciplines.

···›

Écrire	
Compétences	Écrire à la main de manière fluide et efficace.
	Écrire avec un clavier rapidement et efficacement.
	Recourir à l'écriture pour réfléchir et pour apprendre.
	Produire des écrits variés en s'appropriant les différentes dimensions de l'activité d'écriture.
	Réécrire à partir de nouvelles consignes ou faire évoluer son texte.
	Prendre en compte les normes de l'écrit pour formuler, transcrire et réviser.
Attendus de fin de cycle	Écrire un texte d'une à deux pages adapté à son destinataire.
	Après révision, obtenir un texte organisé et cohérent, à la graphie lisible et respectant les régularités orthographiques étudiées au cours du cycle.
Étude de la langue (grammaire orthographe lexique). Voir tome 1 pour des précisions	
Compétences	Maitriser les relations entre l'oral et l'écrit.
	Acquérir la structure, le sens et l'orthographe des mots.
	Maitriser la forme des mots en lien avec la syntaxe.
	Observer le fonctionnement du verbe et l'orthographier.
	Identifier les constituants d'une phrase simple en relation avec sa cohérence sémantique ; distinguer phrase simple et phrase complexe.
Attendus de fin de cycle	En rédaction de textes dans des contextes variés, maitriser les accords dans le groupe nominal (déterminant, nom, adjectif), entre le verbe et son sujet dans des cas simples (sujet placé avant le verbe et proche de lui, sujet composé d'un groupe nominal comportant au plus un adjectif ou un complément du nom ou sujet composé de deux noms, sujet inversé suivant le verbe) ainsi que l'accord de l'attribut avec le sujet.
	Raisonner pour analyser le sens des mots en contexte et en prenant appui sur la morphologie.

Objectif « J'ai mon concours ! » : vous devez maitriser parfaitement les objectifs tels qu'ils sont déclinés dans les documents du ministère auxquels nous référons, ainsi que les compétences, qu'il conviendra de citer exactement.

63 Introduction à l'analyse critique de supports d'enseignement

Cours et méthodes

Proportionnellement au temps total qui vous est imparti (4 heures) et au nombre de points alloués à cette épreuve (13 points pour un total de 40), nous vous conseillons de traiter ces questions en 1 h 30 maximum.

1 Compétences mises en œuvre

Voici un extrait de l'arrêté du 19 avril 2013 fixant la troisième question :

> Une analyse d'un dossier composé d'un ou plusieurs supports d'enseignement du français, choisis dans le cadre des programmes de l'école primaire qu'ils soient destinés aux élèves ou aux enseignants (manuels scolaires, documents à caractère pédagogique), et de productions d'élèves de tous types, permettant d'apprécier la capacité du candidat à maîtriser les notions présentes dans les situations d'enseignement.

Cette question rejoint ce qui était nommé, antérieurement à 2010, la « question complémentaire ».

Une telle question implique du candidat qu'il fasse preuve d'une parfaite connaissance, non seulement des programmes, mais également de la didactique du français, ainsi que des enjeux propres à l'apprentissage dans ce domaine.

1.1 Comment se préparer ?

Trois éléments sont à travailler :

1. **Maitriser les programmes de l'école et le socle commun de connaissances, de compétences et de culture** ;
2. **Se former à la didactique** : on attend de vous que vous sachiez comment les notions sont enseignées et comment les compétences sont mises en œuvre en situation d'apprentissage dans les classes. Il vous faudra éventuellement opérer des choix didactiques ou pédagogiques et les justifier. C'est un moyen de savoir si vous êtes dans une posture de recherche de culture et d'identité professionnelles ;
3. **Se familiariser avec les ouvrages** composant la bibliographie, ou dont sont extraits les documents du dossier : au cours de l'année, vous devez avoir consulté un grand nombre de manuels scolaires, fichiers d'élèves et livres de l'enseignant. Dans l'idéal, vous devriez avoir opéré un tri des ouvrages, et listé leurs points forts et faibles.

De plus, il faut se forger une culture générale en littérature jeunesse en particulier avec la refonte des cycles et la publication des nouveaux programmes. Nous vous conseillons également de consulter les sites internet pour vous documenter (sites de l'inspection académique ou départemental, du ministère, éditeurs...).

Nous reprenons à titre d'illustration les questions les plus récentes, afin que vous preniez conscience de ce que l'on est susceptible de vous demander.

1.2 Les types de questions

Dans ces questions, nous mettons en italique la consigne et en gras l'objet d'étude :

Sujet 2015 (groupe 1)	Vous répondrez aux questions suivantes : 1. *Relevez et classez* les **erreurs** contenues dans le texte de cet élève. 2. En fonction de cette analyse, vous *choisirez* **deux types d'erreurs** qui vous semblent devoir être traitées prioritairement. *Quelles réponses pédagogiques* adaptées mettriez-vous en place ? 3. Outre l'exercice de **dictée**, *quels autres types d'activités* peut-on programmer dans une classe pour améliorer les **compétences orthographiques** des élèves ?
Sujet 2015 (groupe 2)	À partir d'une analyse critique des documents ci-après, utilisés dans une classe de CM1, vous répondrez aux questions suivantes : 1. *Quelle pourrait être* la **compétence spécifique** visée par une séance qui utiliserait ces deux supports d'enseignement ? 2. Dans le document 1, *identifiez* le **rôle pédagogique** de la question « Quels sont les mots du texte qui t'ont permis de répondre ? » 3. Dans une séance visant la compétence identifiée dans la question 1, *comment utiliseriez-vous ces documents* ? Comment les *articuleriez-vous* ? Vos choix seront justifiés dans votre réponse. 4. Document 2 : a) *Pour quelle raison* ce texte peut-il susciter un **débat interprétatif** ? b) À la question « Où se trouve Félicien ? », *quelle trace écrite* proposeriez-vous à vos élèves ?
Sujet 2015 (groupe 3)	À partir des trois retranscriptions d'entretiens, présentées ci-dessous, vous répondrez aux questions suivantes : 1. Le choix de l'album *Roule galette* est-il pertinent pour une **activité de rappel de récit** ? Pour quelles raisons ? 2. *Quelles compétences* l'enseignante peut-elle évaluer chez les élèves, à l'occasion de cet exercice ? 3. *Quelles sont* les **fonctions de la parole magistrale** lors des trois entretiens ? 4. *Vous analyserez* les trois récits de Ninon, Elodie et Florent, en soulignant **les réussites et les difficultés** éventuelles de chacun des élèves.

Sujet 2016 (groupe 1)	Le corpus regroupe trois documents. À partir d'une analyse de ces documents, vous répondrez aux questions suivantes : 1. Dans le document 1, *quelles sont* les **compétences visées** ? 2. *Quels* **objectifs d'apprentissage** l'enseignante poursuit-elle ? 3. *À quel moment de la journée et de l'année* placeriez-vous cette séance ? 4. *Quelles sont* les **fonctions de la parole magistrale** dans cette séance ? 5. *À quelles* **modalités d'apprentissage** mises en avant dans le programme 2015 cette séance renvoie-t-elle ? 6. Dans le **prolongement** de ce temps d'échange, *proposez, en les décrivant brièvement, deux utilisations* que vous feriez de l'album (document 2).
Sujet 2016 (groupe 2)	À partir de la séance proposée par un enseignant à une classe de CM1, vous répondrez aux questions suivantes : 1. *Analysez* les **objectifs et les compétences formulés par l'enseignant** pour cette séance. 2. *Quelles remarques pouvez-vous faire* sur la **démarche pédagogique** proposée ? 3. En prenant appui sur l'extrait, *quelles* **autres modalités d'exploitation** du texte pourriez-vous envisager ? 4. Le **travail interdisciplinaire** proposé vous *parait-il pertinent* ? Quels **prolongements** *proposeriez-vous* ?
Sujet 2016 (groupe 3)	Deux documents sont à prendre en compte pour répondre aux questions : 1. *Quelles* **compétences** *sont mobilisées* dans cette activité ? Justifiez votre réponse par des **références précises à la situation de classe** et au dialogue. 2. Les **consignes** données, oralement et par écrit, ainsi que les questions posées par l'enseignante *vous semblent-elles adaptées* à l'âge des élèves ? *Donnez* quelques exemples venant illustrer votre réponse. 3. *Analysez* **les différents rôles de l'enseignante**. 4. *Relevez* trois ou quatre **traits d'oralité** dans les paroles de l'enseignante ou des élèves, durant ces échanges. 5. *Quelles idées émergent* de ce débat ? Vous paraissent-elles correspondre **aux intentions de l'enseignante** ?
2017 (groupe 1)	1. *Comment analysez-vous* les rubriques « Objectifs » et « Compétences » présentes dans la **fiche de préparation** au regard des nouveaux programmes ? 2. *Analysez le travail proposé* sur la fiche de préparation. 3. *À quelles conditions* les élèves pourront-ils **être actifs** lors de la phase d'institutionnalisation ? 4. *Proposez une activité* de départ qui soit en cohérence avec l'objectif visé pour cette séance.
2017 (groupe 2)	1. *Décrivez le corpus* de ressources réunies par l'enseignant (doc. 1 et 2), et les sélections qu'il opère ensuite pour construire sa séquence (doc. 3 et 4). 2. À la lecture des doc. 3 et 4, *quelles sont* les compétences travaillées ? 3. À la lumière de vos connaissances du programme de français pour le cycle 3, *quel regard portez-vous* sur les choix d'exploitation des ressources et les propositions d'activités que fait l'enseignant (doc. 3 et 4) ? 4. *Quelle analyse* faites-vous de la production de l'élève au regard de la consigne d'écriture (fiche de travail n° 2, doc. 4)

2017 (groupe 3)	1. *Quels sont* pour vous les **intérêts et les limites** de cette situation d'écriture ? 2. À l'aide du doc. 2, *analysez* les **quatre productions d'élèves** en tenant compte du niveau de classe. 3. *Quelles pistes de travail* proposeriez-vous pour améliorer les productions 3 et 4 ? 4. En prenant appui sur une situation d'écriture de votre choix dans une classe de CP, *montrez* quelles sont les **différentes étapes d'une séquence** de production écrite et *expliquez* comment vous les mettriez en œuvre.
2018 (groupe 1)	1. *Quelles compétences* relevant du domaine de l'écrit définies par le programme de maternelle sont visées dans la séquence proposée (doc. 1) ? 2. *Analysez* la séquence proposée par l'enseignant (doc. 1). 3. *Quelles sont* les **difficultés d'accès à la compréhension** que les élèves sont susceptibles de rencontrer ? En vous appuyant sur l'intégralité du dossier, *vous proposerez des situations pédagogiques* permettant de les lever. 4. *Quelles sont* les **fonctions des différentes traces** et des outils présentés dans le document 2 ? *Vous paraissent-ils tous pertinents* au regard des compétences visées ?
2018 (groupe 2)	1. Dans le doc. 1, *quels sont* le **rôle et la place de l'enseignant** ? *Faites toutes les remarques que vous estimerez nécessaires* sur les prises de parole de Marie, de Quentin et de Lou. 2. *Comment, selon vous, l'enseignant va-t-il exploiter* le doc.2 après l'échange collectif ? 3. À partir du doc. 3, *identifiez les compétences* mobilisées par Marie dans sa production orale. 4. *Quelle analyse* portez-vous sur la grille de critères de réussite (doc. 4) ? 5. *Quels autres supports l'enseignant pourrait-il mobiliser* afin de favoriser la mémorisation et la restitution ?
2018 (groupe 3)	1. En vous appuyant sur vos connaissances des programmes et du socle commun, *vous direz quelles compétences* sont travaillées dans cette séquence. 2. *Quelle analyse* faites-vous des productions des élèves (doc. 3) ? 3. Dans le cadre d'un **travail d'écriture** sur le portrait en CE2, *quelles activités proposeriez-vous* dans le **domaine de l'étude de la langue** ? Justifiez votre réponse. 4. *Quel regard* portez-vous sur la démarche proposée ?
2019 (groupe 1)	1. *Quelles compétences* définies par le programme sont travaillées dans la séquence proposée (doc. 1) ? 2. En vous inscrivant dans le projet de cette séquence (doc. 1), *vous concevrez le déroulement de la séance 4* et expliquerez vos choix. 3. En vous appuyant sur une analyse du texte source (doc. 2), *vous identifierez* les obstacles éventuels à la **lecture autonome** de ce texte par les élèves et *vous préciserez* comment ces **difficultés peuvent être anticipées**. 4. Dans le cadre du travail d'écriture à travers les séances 5 et 6, *quels étayages pourriez-vous proposer ?*

2019 (groupe 2)	1. En vous appuyant sur le programme du cycle 3, *vous analyserez le dispositif* mis en place. 2. *Que pensez-vous* du choix des mots retenus par l'enseignant ? *Quels objectifs* d'apprentissage sont visés ? 3. *Vous analyserez* les productions individuelles des élèves (doc. 2). 4. *À quoi l'enseignant* doit-il être attentif lors d'une phase orale collective ? 5. *Quelles activités* mettant en œuvre des **justifications orthographiques** pourrait-on mettre en place après cette activité ?
2019 (groupe 3)	1. Au regard des compétences spécifiques déclinées pour la séquence pédagogique proposée (doc. 1), *vous indiquerez* à quelles **compétences** du programme et quels **domaines** du socle commun de connaissances, de compétences et de culture elles correspondent. 2. *Quelle est la pertinence* du doc. 3 dans la programmation de la séquence pédagogique proposée ? *Vous définirez* le **rôle de l'enseignant** qui figure dans la colonne « Tâche du maître » pour les phases d'apprentissage B, E et F (cases 2, 5 et 6). 3. *Quel regard portez-vous* sur la grille d'autoévaluation proposée (doc. 2) ? 4. *Après avoir analysé* le texte support de Yak Rivais (doc. 4), *vous situerez son étude* dans la séquence d'apprentissage et vous proposerez une mise en œuvre pédagogique.

2 Recommandations

Si l'on synthétise, les questions peuvent donc porter sur tous les thèmes relatifs à l'apprentissage du français (*oral, étude de la langue, lexique*, etc.), et les types de consignes peuvent être regroupés ainsi :

- **analyse/comparaison de manuel ou document de travail des enseignants**, ce qui suppose que le candidat soit capable :
  - d'énoncer des compétences (objectifs principaux et secondaires) ;
  - d'analyser la démarche d'apprentissage[1] à l'œuvre ;
  - de mener un examen critique (les points forts/faibles) du point de vue du contenu (savoir-savant) et des outils pédagogiques.

Une analyse de manuel ou document de travail d'un futur collègue se conduit donc selon deux axes : analyse de la démarche didactique et de la démarche pédagogique. Les exercices proposés dans ce manuel vous permettront de vous entrainer à cette question.

- **analyse du rôle de l'enseignant**, ce qui suppose du candidat :
  - une connaissance experte des différentes modalités d'étayage ;
  - la capacité à émettre une critique avisée sur l'attitude pédagogique d'un(e) collègue, il faut savoir ici faire preuve d'humilité.

Dans chaque chapitre, nous indiquerons les modalités d'étayage suivant les domaines (*s'approprier le langage, étude de la langue*, etc.)

1. Voir chapitre 65 « Les démarches pédagogiques ».

- **proposer une évaluation**, ce qui suppose que le candidat soit capable de :
  - définir les objectifs[1] de la séance au terme de laquelle l'évaluation doit être élaborée ;
  - connaitre les types d'évaluation et en choisir une en justifiant son choix ;
  - préciser les critères d'évaluation et les modalités d'élaboration de ces critères.

➥ Voir chapitre 66 « L'évaluation ».

- **proposer des pistes de remédiation et/ou de différenciation**[2], ce qui suppose de :
  - définir les objectifs sur lesquels les enfants travaillent ;
  - définir les points forts et faibles des enfants ;
  - proposer des pistes de remédiation et/ou de différenciation en fonction des deux points précédents.

➥ Voir chapitre 67 « Remédiation et différenciation pédagogique ».

- **analyse de séquence/séance**, ce qui suppose que le candidat soit capable de :
  - définir les objectifs de la séquence/séance ;
  - inscrire la séquence/séance dans une programmation ;
  - définir la démarche pédagogique adoptée ;
  - formuler une analyse critique (points forts/faibles) ;
  - constituer une séance/séquence ;
  - proposer des prolongements.

Dans les chapitres thématiques, vous seront donnés les principes d'élaboration de séquences/séances, afin que vous n'ayez aucune difficulté à répondre à la question.

On attend du candidat qu'il adopte un comportement de futur enseignant. Par conséquent, vous devez absolument vous documenter seul (par ex. sur les sites des différentes académies qui proposent des séquences d'apprentissage, ainsi que des procédures d'évaluation, remédiation et différenciation).

3 Bibliographie succincte

- Mireille Brigaudiot, *Première maîtrise de l'écrit. CP, CE1 et secteur spécialisé*, Hachette Éducation, 2014.
- Mireille Brigaudiot (coord.), *Apprentissages progressifs de l'écrit à la maternelle*, Hachette Éducation, 2014.
- Mireille Brigaudiot, *Langage et école maternelle*, Hatier, 2015.
- Micheline Cellier, *Guide pour enseigner le vocabulaire à l'école élémentaire*, Retz, 2015.
- Roland Goigoux (dir.), *Lire et écrire. Étude sur l'influence des pratiques d'enseignement de la lecture et de l'écriture sur la qualité des premiers apprentissages*, Rapport de recherche, IFE, 2015. En ligne : ife.ens-lyon.fr/ife/recherche/lire-ecrire/rapport/rapport-lire-et-ecrire.

1. Voir Boite à outils pour une définition des différents objectifs pédagogiques.
2. Attention, dans le BO15, la notion de différenciation est utilisée à de nombreuses reprises. L'accent est donc mis sur la remédiation et la différenciation pédagogique, et on peut prédire que ces postures seront attendues de vous le jour du concours.

- Agnès Perrin-Doucey, « Apprentissage de la lecture et construction de l'identité de lecteur au cours préparatoire », Thèse de doctorat : Didactique de la littérature, Université de Grenoble, 2012. En ligne : hal.archives-ouvertes.fr/tel-01083079/document.
- Carole Tisset, *Enseigner la langue française à l'école. La grammaire*, l'*orthographe et la conjugaison*, Hachette Éducation, 2010.

Remarque méthodologique : lorsque vous formulez vos requêtes dans les moteurs de recherche, n'hésitez pas à inclure le vocabulaire de spécialité (par exemple : « séquence sur le principe alphabétique en GS »), ainsi vous êtes sûr d'être envoyé sur les sites des académies et les sites officiels.

64 Introduction à la question d'analyse de copie d'élève

Cours et méthodes

La question d'analyse de copie d'élève exige un traitement rapide de la part du candidat, ce qui impose une parfaite connaissance des textes officiels (BOEN spécial n° 2 et n° 11 du 26 novembre 2015, et BOEN n° 17 du 23 avril 2015, *Socle commun de connaissance, de compétence et de culture*).

Vous devriez traiter cette question en 10 à 15 minutes maximum.

1 Arrêté du 19 avril 2013 : présentation de la question et compétences mises en œuvre

Voici ce que l'on peut lire dans l'arrêté fixant les modalités du nouveau concours :

> « Le candidat peut avoir à [...] procéder à des analyses d'erreurs-types dans des productions d'élèves, en formulant des hypothèses sur leurs origines. »

On attend donc du candidat qu'il soit en mesure :

- d'analyser les erreurs dans les productions d'élèves, ce qui suppose que le candidat ait lui-même des connaissances solides en grammaire, orthographe et lexicologie ;
- d'organiser et fonder son analyse sur des compétences en didactique et pédagogie ;
- d'émettre des hypothèses justifiant ou expliquant les erreurs des élèves ;
- de montrer une parfaite maitrise des compétences définies par les programmes.

Il s'agit donc de montrer votre aptitude à mobiliser et utiliser vos connaissances théoriques en étude de la langue (grammaire, orthographe, vocabulaire), au service d'une argumentation didactique.

2 Types de questions portant sur une analyse de copie d'élève

Voir tableau précédent, les sujets relatifs à l'analyse d'une copie d'élève ainsi que les sujets ci-dessous antérieurs à 2015. Nous indiquons en gras la consigne.

2015 (Groupe 1)	1. **Relevez** et **classez** les erreurs contenues dans le texte de cet élève. 2. En fonction de cette analyse, vous **choisirez** deux types d'erreurs qui vous semblent devoir être traitées prioritairement. Quelles réponses pédagogiques adaptées mettriez-vous en place ? 3. Outre l'exercice de dictée, quels autres types d'activités peut-on **programmer** dans une classe pour améliorer les compétences orthographiques des élèves ?
2017 (Groupe 2)	4. Quelle analyse faites-vous de la production de l'élève au regard de la consigne d'écriture (fiche de travail n° 2, document 4) ?
2017 (Groupe 3)	2. À l'aide du document 2, analysez les quatre productions d'élèves en tenant compte du niveau de classe.
2018 (Groupe 3)	2. Quelle analyse faites-vous des productions des élèves (document 3) ?

Les textes que vous aurez à analyser peuvent donc être très divers, allant de l'analyse de productions écrites d'enfants plus ou moins autonomes (dictée à l'adulte, création d'imagier, écrire la suite d'une histoire, etc.) à l'analyse de transcription d'échange en classe. Par conséquent il convient d'être vigilant quant au type de document, car la nature de celui-ci modifie les types de compétences mises en œuvre (par exemple, on n'écrit pas comme on parle et inversement; pourquoi en serait-il autrement pour des productions d'enfants?

3 Recommandations

Voici les éléments de consigne récurrents dans ce type de question.

3.1 Analyser

Lorsqu'il vous est demandé d'analyser, on attend de vous que vous sachiez identifier, relever et classer. Votre démarche devrait également être explicitée au vu des programmes en vigueur (énoncez des compétences).

Afin d'éviter que votre réponse ne prenne la forme d'une liste de remarques sans cohérence, nous vous conseillons de construire un plan préalable qui articule les compétences définies dans les programmes et les niveaux d'analyse (morphosyntaxique, sémantique et pragmatique). Vous pourrez vous reporter au tableau de critères donné *infra*.

Le plan peut apparaitre sur votre copie, à condition que les sous-parties soient clairement indiquées et numérotées, et tout en gardant en mémoire qu'un titre de plan ne se substitue pas à une rédaction argumentée.

Un traitement efficace de la question passe nécessairement par une lecture attentive (souvent regrettée par les jurys) de la question posée (libellé) afin de définir :

- le thème relatif à la production de l'enfant ;
- le niveau de l'élève (généralement précisé) ;
- et éventuellement la période de l'année[1].

Ce travail nécessaire d'analyse vous permet de :

- définir le(s) objectif(s) d'apprentissage[2] des séquences ou manuels ;
- mettre en rapport les objectifs avec les compétences définies dans les textes officiels (BO15 et Socle commun) ;
- déterminer enfin les réussites et lacunes de la production afin d'émettre des hypothèses.

Exemple

Consigne : analysez le premier jet d'une dictée à l'adulte (MS, 5e période), qui fait suite à une séquence d'apprentissage en vocabulaire (imagier) sur les noms de vêtement (habillage).

Organisation de la réponse : l'objectif principal de cette dictée est le réinvestissement des noms de vêtement, c'est donc ce point qu'il faudra examiner en priorité, sans omettre (objectifs secondaires) de relever les erreurs concernant le genre et le nombre des noms, les accords sujet-verbe et dans le GN, l'utilisation d'expansions du nom et la cohérence du texte, en classant vos remarques selon qu'elles portent sur la grammaire, l'orthographe, le vocabulaire ou la cohérence textuelle (cohérence et cohésion).

Attention, cohérence et cohésion sont des éléments à corriger et à faire travailler dès le cycle 1, mais qui ne peuvent être instruites dans une évaluation puisqu'elles ne font pas partie des compétences à acquérir en C1.

1. L'année scolaire est divisée en trimestres ou peut l'être en 5 périodes : septembre/octobre, novembre/décembre, janvier/février, mars/avril, mai/juin.

2. Voir Boite à outil pour une définition des différents objectifs.

3.2 Émettre des hypothèses

Pour ce point, nous vous conseillons d'élaborer une grille de critères qui vous permettra de hiérarchiser vos remarques, suite à la mise en relation des objectifs et des compétences attendues.

Il convient bien entendu d'éviter tout commentaire psychologique (« l'enfant parait fatigué/étourdi ») ou tout jugement de valeur sur l'élève (« c'est une mauvaise copie »), qui seraient lourdement pénalisés. Vos hypothèses relatives à l'explicitation des lacunes ou réussites des élèves doivent s'appuyer sur une approche didactique et pédagogique experte, et sur les compétences exigibles selon les niveaux.

Exemple

Production spontanée de Thalia, élève de PS, 5e période (mai) : l'élève écrit son prénom seule sans exemple, pour signer son dessin.

L'écriture de son prénom n'est pas une compétence attendue en fin de PS (mais en fin de MS), toutefois en PS, l'enfant doit être capable de :

- reconnaitre son prénom écrit en majuscules d'imprimerie (*se familiariser avec l'écrit*) ;
- imiter des gestes amples dans différentes directions (*se préparer à apprendre à écrire*).

On peut donc émettre l'hypothèse que l'élève, au vu de sa production spontanée (ITHALIA), possède les compétences exigibles à son niveau. Il est néanmoins impossible de se prononcer quant au contrôle kinesthésique (l'enfant écrit de gauche à droite, forme dans le bon sens ses lettres, tient son stylo correctement, etc.) sans voir l'enfant écrire.

Concernant la lettre I antéposée au prénom, il conviendrait de demander à l'enfant ce qu'il a voulu écrire, afin de déterminer si cette lettre correspond à un mot (mais ne sachant écrire que les lettres de son prénom, elle écrit donc un I) ou bien si c'est une graphie anticipée de la pénultième lettre. L'absence de point sur ce I (*vs.* le second), peut pousser à interpréter ce I comme une graphie anticipée, donc erronée, l'enfant en aurait pris conscience seule et l'aurait abandonnée.

Dans les parties qui suivent (grammaire, orthographe, lexique), nous vous proposons pour chaque chapitre, les niveaux concernés par l'étude des phénomènes linguistiques (références précises au BO15), ainsi qu'un certain nombre de points sur lesquels vous devez être vigilant dans l'analyse d'une copie d'élève.

4 Les critères d'évaluation

➥ Voir chapitre 66 « L'évaluation ».

Nous présentons ici les critères d'évaluation de l'oral et de production d'écrit.

Nous ne saurions que trop vous conseiller, en plus des critères énoncés ici, de vous rendre sur les sites des académies qui comportent pour la plupart des grilles de critères élaborées par des enseignants. Cela vous permettra de vous familiariser avec ces grilles, et de voir comment les adapter aux différents niveaux.

4.1 Critères d'évaluation d'une production orale

Évaluer l'oral n'est pas chose aisée, car cela implique notamment de considérer toute l'attitude de la personne, et que cette dernière est « invisible » (à moins de pouvoir filmer les élèves en situation d'interaction). Faute de moyens (caméra), l'évaluation de l'oral se fait généralement par le recours à l'écrit (transcriptions d'échange en classe).

Voici un exemple (relativement exhaustif) de critères (dits *indicateurs de progrès*) à prendre en compte dans l'évaluation de l'oral, d'après un travail effectué par des maitresses et relayé par Claudine Garcia-Debanc *et al.*[1] :

Indicateurs de progrès
Reconnaissance du statut de locuteur et d'interlocuteur pour soi-même et pour les autres.
Abandon de la relation relayée par l'enseignant pour entrer dans une relation directe avec les pairs sur des notions disciplinaires.
Diminution significative de la répétition dans les situations de coopération.
Inscription du groupe dans un scénario d'interactions repérées et attendues dans la gestion des situations d'oral : • utilisation du non-verbal (*il y a des tours de paroles ; je ne coupe pas la parole à mauvais escient ; j'accepte le temps de réponse de l'autre, même si c'est un silence ; j'écoute pour compléter…*) • utilisation de formules marquant la modalisation (*je pense que/je crois que/il me semble que c'est ce que je voulais dire, je suis d'accord avec lui, on l'a déjà dit, tu ne m'as pas laissé terminer, etc.*)
• Variété plus grande des connecteurs : emploi de connecteurs en relation avec la nature séquentielle de l'échange (indications chronologiques, causales). • Entrée dans un oral scriptural.
Transformation du sujet par une construction de différentes postures : • de locuteur gérant seul une séquence orale ; • de locuteur cogérant avec d'autres une séquence orale ; • d'interlocuteur.
Passage d'une posture à l'autre et flexibilité du *je/jeu* par rapport à l'enjeu discursif énoncé ou repéré.
Expérimentation du champ du système d'adresse pour rester dans la situation et dans le groupe, même sans prise de parole (quand la tâche discursive met le sujet en grande difficulté). Ex : *acquiescer, sourire, observer, tendre un objet, chercher l'approbation du maître…*
Réalisation de pratiques discursives : *compléter, donner un exemple, décrire en liste, s'opposer, justifier…*
Prise en compte de son/ses interlocuteur(s) par le regard, l'attitude corporelle, le système d'énonciation (*tu, il(s), vous*), le choix du lexique ou la reformulation lexicale…

1. Dans « Évaluer l'oral », *Comment enseigner l'oral à l'école primaire ?*, INRP, Hachette Pédagogie, 2004, p. 335.

Indicateurs de progrès
Passage des actes de langage à un oral scriptural, dans les situations où l'enfant est témoin sur des faits : séparation entre l'agir et le dire.
Réalisation de pratiques discussives complexes : récapituler, résumer, décrire une organisation, contredire.

Vous pouvez également construire vos propres critères en vous inspirant du *Livret personnel de compétences*[1] qui donne des indications d'évaluation, et dont nous en reproduisons les principales relatives à la question de l'oral :

Indications d'évaluation
Oral monogéré : *s'exprimer clairement à l'oral en utilisant un vocabulaire approprié* : L'évaluation porte sur la capacité à : évoquer des faits, raconter une histoire entendue ou lue, décrire un lieu, une expérience, un personnage, un objet. L'observation porte sur : • la clarté et la pertinence de l'expression ; • le vocabulaire employé ; • l'emploi des connecteurs appropriés (relations causales et spatio-temporelles) ; • la capacité à s'exprimer en situation duelle, en petit groupe ou devant la classe.
Oral polygéré : *participer en classe à un échange verbal*. L'observation porte sur : • le respect des règles d'écoute, de prise de parole et d'échange ; • la précision et la clarté du propos ; • la capacité à questionner, à demander des explications, à apporter des réponses ; • l'utilisation d'un registre de langue adapté ; • la capacité à réagir en fonction de ce qui a été dit ; • la capacité à tenir compte de son/ses interlocuteur(s) et de s'en faire comprendre ; • la capacité à exprimer un accord ou un désaccord et à justifier son point de vue.
Écouter : *Dégager le thème d'un paragraphe ou d'un texte court* L'évaluation repose sur la capacité de l'élève, à l'oral comme à l'écrit, à identifier de quoi parle le texte. L'observation porte sur : • les choix effectués pour rendre compte du texte lu (mots, expressions, etc.) ; • l'utilisation de retours au texte pour valider des propositions.

4.2 Critères d'évaluation d'une production écrite

L'écrit ne s'évalue naturellement pas de la même façon que l'oral. Le groupe EVA est un collectif de chercheurs dont les travaux (publiés sur le site de l'INRP) proposent des pistes d'évaluation des productions écrites. Nous vous conseillons l'ouvrage[2] de Catherine Tauveron *et al.* dont est extrait le tableau de classement des lieux d'intervention didactique suivant (une des dernières versions du « tableau EVA[3] ») :

1. Édité par le MEN, cache.media.eduscol.education.fr/file/socle_commun/99/5/Socle-Grilles-de-reference-palier1_166995.pdf.
2. *Comment les élèves évaluent-ils leurs écrits ?*, INRP, 1993. Consultable en ligne : lara.inist.fr/bitstream/handle/2332/1241/INRP_DD_93_01op.pdf?sequence=2.
3. Extrait de l'ouvrage collectif *Évaluer les écrits à l'école primaire*, « Questions pour évaluer les écrits », Hachette Éducation, 1991.

Unité / niveau	Texte dans son ensemble	Relations entre phrases	Phrase
Pragmatique	• **L'auteur** tient-il compte de la situation ? (*qui parle ou est censé parler ? à qui ? pour quoi faire ?*) • A-t-il **choisi** un type d'écrit adapté ? (*lettre, fiche technique, conte*) • L'écrit produit-il **l'effet** recherché ? (*informer, faire rire, convaincre…*)	• La **fonction de guidage** du lecteur est-elle assurée ? (utilisation d'organisateurs textuels : *d'une part/d'autre part ; d'abord, ensuite, enfin*) • La **cohérence thématique** est-elle satisfaisante ? (*progression de l'information, absence d'ambiguïté dans les enchaînements*)	• La **construction des phrases** est-elle variée, adaptée au type d'écrit ? (*diversité dans le choix des informations mises en tête de phrase*) • Les **marques de l'énonciation** sont-elles interprétables, adaptées ? (*système du récit ou du discours, utilisation des démonstratifs*)
Sémantique	• **L'information** est-elle pertinente et cohérente ? • Le **vocabulaire** dans son ensemble et le registre de langue sont-ils homogènes et adaptés à l'écrit produit ?	• La **cohérence** sémantique est-elle assurée ? (*absence de contradiction d'une phrase à l'autre, substituts nominaux appropriés, explicités*) • **L'articulation** entre les phrases ou les propositions est-elle marquée efficacement (choix des connecteurs : *mais, si, donc, or*)	• Le **lexique** est-il adéquat ? (*absence d'imprécisions ou de confusions portant sur les mots*) • Les **phrases** sont-elles sémantiquement acceptables ? (*absence de contradictions, d'incohérences*)
Morpho-syntaxe	• Compte tenu du **type d'écrit** et du type de texte, le système des temps est-il pertinent ? homogène ? (*imparfait/PS pour un récit*) • Les **valeurs des temps verbaux** sont-elles maitrisées ?	• La **cohérence syntaxique** est-elle assurée ? (*utilisation des articles définis, des pronoms de reprise*) • La **cohérence temporelle** est-elle assurée ? • La **concordance des temps** et des modes est-elle respectée ?	• La **syntaxe** de la phrase est-elle grammaticalement acceptable ? • La **morphologie verbale** est-elle maitrisée ? (*absence d'erreurs de conjugaison*) • **L'orthographe** répond-elle aux normes ?

Unité / niveau	Texte dans son ensemble	Relations entre phrases	Phrase
Aspect matériel	• Le **support** est-il bien choisi ? (*cahier, fiche, panneau mural…*) • La **typographie** est-elle adaptée ? (*style et taille des caractères*) • **L'organisation** de la page est-elle satisfaisante ? (*éventuellement, présence de schémas, d'illustrations…*)	• La **segmentation** des unités de discours est-elle pertinente ? (*organisation en paragraphes, disposition typographique avec décalage, sous-titres*) • La **ponctuation** délimitant les unités de discours est-elle maitrisée ? (*points, ponctuation du dialogue*)	• La **ponctuation** de la phrase est-elle maitrisée ? (*virgules, parenthèses*) • Les **majuscules** sont-elles utilisées conformément à l'usage ? (*en début de phrase, pour les noms propres*)

Ce tableau est très complet, et il ne faut naturellement pas l'apprendre par cœur, mais il convient de bien en connaitre les grandes lignes, car c'est sur ces critères que l'on attend que vous évaluiez les productions écrites des élèves. Souvent, les enseignants en utilisent une version simplifiée (notamment en maternelle), que vous trouverez aisément sur les sites des académies.

Exemple

Niveau CM2 : « Je rédige un conte »

Consigne : je rédige un conte (entrée : Héros, héroïnes et personnages).
Voici le premier jet d'une copie d'élève de CM2.

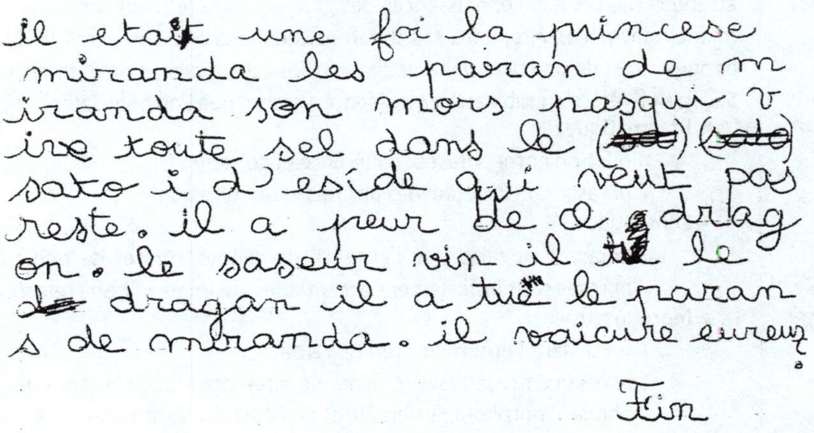
il etait une foi la princese miranda les paran de miranda son mors pasqui vive toute sel dans le sato i d'eside qui veut pas reste. il a peur de ce dragon. le saseur vin il tue le dragan il a tué le parans de miranda. il vaicure eureuz.

Fin

Texte de l'élève (la ponctuation n'est pas corrigée) : « Il était une fois la princesse Miranda les parents de Miranda sont morts parce qu'elle vivait toute seule dans le château elle décide qu'elle ne veut pas rester. Elle a peur de ce dragon. Le chasseur vient il tue le dragon il a tué les parents de Miranda. Ils vécurent heureux. »

Exemple (suite)

Compétences visées (BO15) :

- Produire des écrits variés en s'appropriant les différentes dimensions de l'activité d'écriture[1] :
  - **connaissance des caractéristiques principales des différents genres d'écrits à produire** ;
  - **construction d'une posture d'auteur** ;
  - **mise en œuvre d'une démarche de production de textes :** convoquer un univers de référence, un matériau linguistique, trouver et organiser des idées, élaborer des phrases ;
  - connaissances sur la langue (mémoire orthographique des mots, règles d'accord, ponctuation, organisateurs du discours...).
- Prendre en compte les normes de l'écrit pour formuler, transcrire et réviser :
  - en lien avec la lecture, prise de conscience des éléments qui assurent la cohérence du texte (connecteurs logiques, temporels, reprises anaphoriques, temps verbaux) pour repérer des dysfonctionnements ;
  - en lien avec la lecture et l'étude de la langue, mobilisation des connaissances portant sur la ponctuation (utilité, usage, participation au sens du texte) et sur la syntaxe (la phrase comme unité de sens) ;
  - prise en compte de la notion de paragraphe et des formes d'organisation du texte propres aux différents genres et types d'écrits ;
  - en lien avec l'étude de la langue, mobilisation des connaissances portant sur l'orthographe grammaticale : accord du verbe avec le sujet ; morphologie verbale en fonction des temps ; accord du déterminant et de l'adjectif avec le nom ; accord de l'attribut du sujet ;
  - mobilisation des connaissances portant sur l'orthographe lexicale et capacité à vérifier l'orthographe des mots dont on doute avec les outils disponibles dans la classe.

Analyse succincte de la copie :

Au vu de la consigne, il s'agit donc d'un premier jet d'écriture relativement réussi pour les attendus relatifs aux connaissances des genres littéraire. Tout un travail sur la langue est maintenant nécessaire, dans ses différentes dimensions. Les items du BO15 donnent de bonnes pistes de travail et de remédiation (donc d'étayage et de différenciation).

Si l'on s'en réfère au tableau EVA présenté, voici ce que l'on peut retenir[2] :

- Pragmatique :
  - relation entre phrases : cohérence et cohésion ;
  - phrase : construction des phrases et énonciation.
- Sémantique :
  - phrase : en raison de l'absence de connecteurs et de ponctuation, certaines phrases sont difficilement acceptables, ou imposent une relecture attentive.
- Morphosyntaxe :
  - texte dans l'ensemble : temps verbaux ;
  - relation entre phrases : chaines de référence et concordance des temps ;
  - phrase : morphologie verbale et orthographe anormales.

1. Les réussites de l'élève sont signalées en gras.
2. Nous indiquons les items qui posent problèmes dans la copie de l'élève, toutefois nous vous laissons le soin de relever exactement les occurrences en guise d'entrainement.

65 Les démarches pédagogiques

Cours et méthodes

Toute démarche pédagogique articule deux composantes fondamentales : la démarche d'apprentissage (celle de l'élève) et la méthode d'apprentissage (celle de l'enseignant). On distingue généralement trois démarches pédagogiques :

- la démarche **frontale** (ou magistrale) ;
- la démarche **déductive** (ou pédagogie des modèles) ;
- la démarche **inductive** (ou pédagogie constructiviste).

1 La démarche frontale ou magistrale

Elle correspond à une approche transmissive, c'est-à-dire à un cours magistral, un ensemble de *règles à apprendre*, associée à un contrôle des connaissances.

Le savoir-savant est donc transmis par l'enseignant. Le rôle des élèves est d'écouter, prendre des notes, faire des exercices et préparer des contrôles. L'erreur est considérée comme une faute et est sanctionnée par une évaluation sommative[1].

Ce type de démarche est peu adapté à l'école primaire.

2 La démarche déductive (ou pédagogie des modèles)

C'est une démarche appropriative puisqu'elle correspond à une approche active. Par conséquent le savoir est *découvert* par l'élève, par étapes :

1. l'enseignant fournit des documents aux élèves ;
2. les élèves recherchent l'objet d'étude et les caractéristiques de cet objet de façon individuelle puis collective ;
3. les élèves élaborent collectivement une synthèse de leurs découvertes ;
4. l'élève produit individuellement un document avec possibilité de se référer aux documents sources.

Les élèves ont donc un rôle actif (*participer, chercher, débattre*) et le rôle de l'enseignant est d'aider l'élève à résoudre les tâches proposées par étayage. Dans cette perspective,

1. Voir chapitre 66 : « L'évaluation ».

l'erreur n'est plus une faute mais une étape dans la démarche de découverte et elle est corrigée (par l'enseignant, en collaboration avec l'enfant) au cours de l'apprentissage. Il s'agit donc d'abord d'évaluations formatives, l'évaluation sommative n'étant proposée qu'en fin de séquence.

3 La démarche inductive

C'est une démarche appropriative qui correspond à une approche constructive, puisqu'elle privilégie le tâtonnement expérimental. Par conséquent le savoir est *construit* par les élèves à partir d'une situation-problème (observation d'un fait ou projet de classe) à résoudre. Les étapes de cette construction sont :

1. présentation de la situation-problème à résoudre ;
2. formulation d'hypothèses et confrontation des points de vue ;
3. élaboration d'une expérience scientifique qui donne lieu à un 1er jet d'écriture ;
4. synthèse des résultats et interprétation ;
5. analyse des dysfonctionnements des résultats par confrontation à un corpus plus important ou à d'autres expériences ;
6. conclusion de ce nouveau tâtonnement et modification du 1er jet d'écriture, par élaboration d'une règle plus générale.

Dans une telle démarche l'erreur est inhérente à l'apprentissage et il convient nécessairement d'élaborer trois évaluations : diagnostique/formatrice, formative et sommative (voir chapire 66 « L'évaluation »).

Aujourd'hui, et à tous les niveaux (premier et second degrés), on privilégie les démarches appropriatives pour faire acquérir des connaissances aux élèves.

Au fur et à mesure des chapitres, vous seront données des trames de séquences afin que vous puissiez vous représenter concrètement ces différentes démarches didactiques.

Ces trames vous permettront également de comprendre et d'analyser correctement les séquences données dans le dossier (ainsi que celles que vous consulterez sur les sites des académies).

66 L'évaluation

Cours et méthodes

1 Définition

Selon le livre *Pédagogie, le dictionnaire des concepts clés* (ESF éditeur, 2012) :

> « Une évaluation est une épreuve construite pour déterminer, par rapport à un référent, la valeur d'un processus d'apprentissage. Pour les objectifs du domaine cognitif, on construit généralement des tests qui servent à vérifier les connaissances […]. »

Les évaluations consistent donc à mesurer les apprentissages et sont indispensables puisqu'elles permettent la régulation de l'apprentissage par l'enseignant. Elles doivent avoir lieu :

- avant : *que connait l'élève de la notion à étudier ?*
- pendant : *où en est l'élève dans son apprentissage ?*
- après : *qu'est-ce que l'élève a retenu et comment transfère-t-il ses connaissances ?*

Il faut donc considérer l'évaluation comme partie intégrante et structurante de l'apprentissage.

2 Les différents types d'évaluation

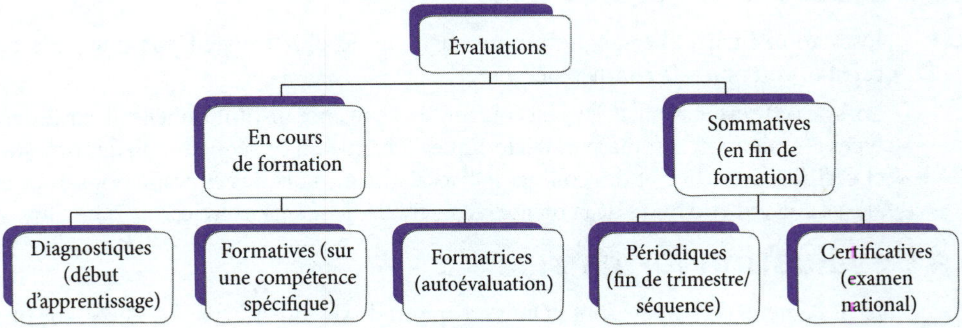

2.1 L'évaluation diagnostique

Évaluation de départ sur une notion précise, elle permet de connaitre les acquis notionnels ainsi que les représentations des élèves, afin que l'enseignant puisse envisager les orientations de sa séquence.

L'évaluation diagnostique peut prendre plusieurs formes :

- en début d'année, s'appuyer sur le travail de fin d'année des collègues antérieurs : ex. en CM2, prendre une évaluation sommative de CM1 ;
- en milieu d'année, s'appuyer sur votre propre évaluation sommative de fin de séquence antérieure.

Dans la mesure où il s'agit d'estimer les acquis des élèves, il ne faut pas, dans cette évaluation, anticiper sur les compétences que vous comptez leur faire acquérir au cours de la séquence à venir (ce qui mettrait les élèves en échec), mais, au contraire, mesurer ce qu'ils savent faire pour mieux préparer votre enseignement.

C'est ici qu'il conviendra également d'évaluer les écarts entre le milieu social/géographique et le savoir scolaire attendu à un niveau donné.

2.2 L'évaluation formative

Intégrée à l'apprentissage, elle permet de mesurer les performances de l'élève par référence à des objectifs d'enseignement bien caractérisés, donc de mesurer l'écart entre les objectifs fixés et les objectifs atteints. Par ce biais, l'enseignant peut moduler (différenciations/remédiations) son apprentissage.

Cette évaluation peut être très courte et porter sur un point très précis que vous avez abordé au cours de la séance ou des séances précédentes. Ces différentes évaluations vont vous permettre de mieux cibler le niveau d'acquisition des compétences par chacun des élèves de la classe. De fait, ici entre pleinement la pédagogie de l'explicitation : remarquer une difficulté chez un élève et l'amener à la verbaliser afin de corriger avec lui son schéma d'apprentissage (résolution de problème). Pour un exemple d'évaluation formatrice, voir l'analyse de l'exemple d'un premier jet d'écriture en CM2.

À ce niveau d'évaluation, il est également possible de différencier la notation selon les difficultés particulières des élèves : donner le même exercice à tous, mais ne pas noter de la même façon un élève allophone, un élève en situation de handicap et un élève sans difficulté spécifique. Il s'agit donc de s'adapter aux profils des élèves, et de pratiquer une véritable différenciation pédagogique.

2.3 L'évaluation sommative

Évaluation finale, elle sanctionne une activité, le plus souvent par une note qui certifie – ou non – la compétence visée.

Lors de cette évaluation, l'élève est confronté à l'exigence institutionnelle. Il existe deux types d'évaluation sommative : **périodiques** (chaque fin de séquence ou de trimestre) et **certificatives** (brevet des collèges et baccalauréat). Lors de ces évaluations, tous les élèves doivent être notés de la même façon et faire le même exercice.

2.4 L'évaluation formatrice

Ici, les critères de réussite sont définis en amont de la séquence, par les élèves, en collaboration avec l'enseignant. Les enfants disposent ainsi d'un outil opérationnel d'autoévaluation (appropriation des outils d'évaluation de l'enseignant) et d'autorégulation des activités d'apprentissage (autogestion des erreurs et maitrise des processus d'anticipation et de planification de l'action). L'enseignant a alors un rôle fondamental de régulateur.

Exemple

Exemple de mise en place d'une évaluation formatrice

Consigne : j'écris une lettre.

Avant le travail rédactionnel, distribuer au groupe d'élève, des copies d'autres élèves déjà corrigées, afin d'élaborer avec le second groupe une grille des critères à utiliser pendant la phase de production d'écrit. Voici un exemple de grille de critères élaborée avec des élèves[1] :

	oui	non
• Silhouette du texte l'expediteur	X	
la date et lieu	X	
le destinataire	X	
l'interpellation	X	
le corps de la lettre + marges (2)	X	
la formule de politesse	X	
la signature	X	
• Contenu l'interpellation adaptée à la lettre	X	
présentation	X	
ce que l'on veut + le pourquoi	X	
formule de politesse adaptée	X	
• Aspect grammatical - ponctuation	X	
utilisation du futur pour le pourquoi	X	
utilisation du présent	X	
- utilisation du pronom (penser à l'expediteur)	X	
• Autres vocabulaire soutenue (riche)	X	
écriture lisible et droite	X	

1. D'après : didactice.net/textes/mcdc0801form.pdf (consulté en mars 2017).

3 La notation : une question épineuse

L'ensemble du premier et du second degré est aujourd'hui dans une phase de transition entre l'ancien système (notation) et le nouveau système d'évaluation de compétences, certifiées ou non. Dans le second degré, la notation chiffrée persiste encore. Dans le premier degré, les enseignants se sont approprié l'évaluation par compétences et souvent dans les écoles ces évaluations se transmettent d'un enseignant à l'autre tout au long du cycle.

Ces compétences sont qualifiées d'acquises (A), en cours d'acquisition (ECA) ou non acquises (NA). Un code couleur est utilisé pour les copies d'élèves (respectivement un rond vert, orange/jaune ou rouge). Toutefois, les enseignants se trouvent en difficulté parfois pour définir si la compétence est NA ou ECA, ou encore ECA ou A. De fait, il conviendrait de nuancer ce niveau ECA en deux sous niveaux :

- ECA « en découverte » : lorsque l'élève aurait encore besoin d'explicitation de la notion, ou d'autres exercices d'approche de la notion. C'est-à-dire qu'il est à un stade où il ne découvre pas totalement la notion, mais où il ne la maitrise pas suffisamment pour réaliser des exercices d'automatisation ;
- ECA « en cours d'appropriation » : lorsque l'élève ne maitrise pas totalement la compétence, mais qu'il a juste besoin d'un peu plus d'exercices d'automatisation pour gagner en autonomie.

Vous devez avoir conscience de ces difficultés lors de l'analyse de copies d'élève, difficultés face auxquelles vous risquez de toute façon de vous trouver lors de votre pratique professionnelle.

67 Remédiation et différenciation pédagogique

Cours et méthodes

Note : nous vous renvoyons vivement à la lecture du BO15 qui, à plusieurs reprises, parle de différenciation pédagogique (contrairement au BO08 qui n'en faisait pas mention). Par conséquent, nous vous invitons à analyser toutes les situations dans lesquels le BO en parle afin de ne pas omettre cette dimension le jour du concours.

1 Les procédures de remédiation

Selon *Pédagogie, le dictionnaire des concepts clés* (ESF éditeur, 2012) :

> « C'est un dispositif qui consiste à fournir à l'apprenant de nouvelles activités d'apprentissage pour lui permettre de combler ses lacunes diagnostiquées lors d'une évaluation formative. »

Il s'agit donc d'un processus de régulation rétroactive par lequel l'enseignant aide aux apprentissages en cours, afin que tous les élèves parviennent au même niveau de maitrise à la fin de la séquence d'apprentissage.

Exemple

Titre de la séquence : les compléments d'objet direct
Lors de l'apprentissage des compléments d'objet direct, si l'enseignant se rend compte après l'évaluation formative que la notion n'est pas maitrisée par un groupe d'élèves, alors il peut proposer d'autres exercices pour automatiser les savoirs et/ou un nouveau corpus d'expérimentation.

2 La différenciation pédagogique : de la pédagogie de la maitrise à la pédagogie différenciée[1]

La différenciation pédagogique s'est développée à partir des travaux de Glaser, Bloom, Carroll et Resnick en 1966 aux États-Unis sur la pédagogie de la maitrise.

2.1 Pédagogie de la maitrise

Cette pédagogie repose sur la multiplication des procédures d'évaluation formative et des procédures de remédiation, ce qui implique non seulement une diversification

1. Voir aussi www.differenciation.org (consulté en mars 2017).

des situations d'apprentissage, mais encore – et surtout – la prise en compte du fait que tout apprentissage est inscrit dans le temps et que cette donnée temporelle varie selon les élèves. Les étapes en sont les suivantes[1] :

- définir précisément les objectifs à atteindre en proposant des critères de maitrise extrêmement clairs (évaluations formatrices) ;
- identifier très précisément les prérequis ;
- évaluer le niveau de départ des élèves (évaluation diagnostique) pour mettre tout le monde au même niveau (maitrise des prérequis) avant de commencer ;
- dispenser la leçon ;
- puis vérifier les écarts entre *acquis* et *objectifs poursuivis* (évaluation formative) ;
- identifier les élèves qui n'ont pas atteint le niveau de maitrise prévu ;
- combler immédiatement le retard par des remédiations.

Le cadre théorique de cette école est le behaviorisme. L'introduction des évaluations formatrices (Georgette Nunziati, 1977) pousse cette pédagogie dans un nouveau courant, le cognitivisme, et l'on peut parler de pédagogie différenciée.

2.2 Pédagogie différenciée (ou différenciation pédagogique)

Elle emprunte les techniques de la pédagogie de la maitrise, mais évalue, parallèlement aux connaissances (produits de l'apprentissage), les processus d'apprentissage mis en œuvre par les élèves. Au-delà de la prise en compte de la variable temporelle individuelle dans les apprentissages, ce type de pédagogie se centre sur les façons dont chacun apprend (« styles d'apprentissages »), ce qui implique de considérer que chaque élève présente des compétences et des difficultés spécifiques. Le Gouvernement du Québec, en 2006, la définit ainsi :

> « La différenciation pédagogique est avant tout une manière de penser l'enseignement, l'apprentissage et l'évaluation. C'est une philosophie qui guide l'ensemble des pratiques pédagogiques et une façon d'exploiter les différences et d'en tirer avantage. »

Il s'agit donc d'intégrer (après identification et analyse) les difficultés de chaque élève au cœur de l'organisation des apprentissages. L'enseignant devient donc un « orchestrateur » des outils pédagogiques qu'il a en sa possession, au service des difficultés spécifiques individuelles, ce qui implique nécessairement une certaine :

- **flexibilité pédagogique** : s'adapter au niveau cognitif de chaque élève exige d'introduire de la variété :
  - dans les contenus d'enseignement (ex. dans les exercices, lectures, etc.) ;
  - dans les modalités d'organisation du travail (ex. collectif, individuel, etc.) ;
  - dans l'étayage (différents degrés de guidance) ;
  - dans les types de productions attendues.
- **adaptation** (ou ajustement/aménagement) dans les situations d'apprentissage et d'évaluation, qui, sans modifier la production à évaluer ni amoindrir les exigences, joue sur la perception de l'évaluation par l'enfant ;
- **modification des situations d'apprentissage et d'évaluation** qui touchent aux critères et exigences pour un/des élève(s) ayant des besoins particuliers.

1. D'après Françoise Reynal et Alain Rieunier, *Pédagogie, dictionnaire des concepts clés*, ESF éditeur, 2012.

68 Les enjeux de l'apprentissage du français

Cours et méthodes

Les programmes prévoient 10 heures de français au C2 et 8 heures au C3, auxquelles s'ajoutent 4 heures réservées à l'apprentissage de l'oral. Rien n'est précisé pour le C1[1]. Le BO15 rappelle la place majeure du français dans les apprentissages : en effet, on enseigne *dans* et *par* le langage. Par conséquent, dès le C1 l'accent doit être mis sur cette discipline afin de permettre l'acquisition des autres domaines d'apprentissage. Les enjeux de l'apprentissage du français sont donc multiples.

1 L'oral

L'expression orale est une condition nécessaire au bon déroulement des apprentissages lecture/écriture. Les compétences à acquérir concernent :

- **C1** : acquisition et manipulation du langage en situation (parler de ce que l'on fait) et d'évocation (parler de ce qui n'est pas dans la situation d'énonciation) ;
- **C1-C3** : acquisition de la langue de l'école (reformulation de consignes, présentation d'exposés, compte-rendu de démarche expérimentale, etc.) et permettre à l'élève de mettre son langage au service de sa pensée et de son éducation à la citoyenneté (apprendre à débattre, respecter la parole d'autrui, les règles, etc.).

➥ Voir chapitre 69 « Le langage oral ».

2 La lecture et l'écriture

- **C1** : initiation à la face sonore de la langue et découverte de l'écrit ;
- **C2** : passage de la conscience phonologique à la conscience graphophonologique, ce qui implique un travail systématique sur le code (en CP) et sur la construction du sens (production d'écrit) ;
- **C3** : travail de rédaction et travail poussé sur l'étude de la langue. Le travail sur le texte littéraire vise la compréhension de l'implicite et, par là, l'interprétation.

➥ Voir chapitres 72 « La conscience phonologique » & 75 « Lire et écrire ».

1. Voir NOR : MENE1526553A.

3 Étude de la langue

Le BO15 prône explicitement une démarche appropriative (C2-C3), les manipulations occupant une place prépondérante ; en effet, plus les élèves maitrisent l'outil langagier, plus ils accèdent facilement à la lecture et à l'écriture.

➥ Voir chapitre 78 « Maitrise de la langue ».

4 La transversalité

Le BO15 réaffirme dès le C1 la transversalité de la discipline. De plus, cette volonté de transversalité est confirmée par l'ajout aux programmes de paragraphes ainsi titrés « Croisement entre enseignements » et qui se trouvent toujours après les programmes de français.

Au sein même des compétences, vous sont indiqués des liens entre disciplines, il vous incombe donc, le jour du concours, d'envisager des prolongements pertinents par rapport aux liens indiqués dans les tableaux de compétences. De plus, il faudra prendre garde à ce que les situations inductrices répondent à cette volonté de transversalité.

69 Le langage oral

Cours et méthodes

C'est le pivot des apprentissages de l'école maternelle et, dans la mesure où l'on apprend/enseigne *dans* et *par* le langage (écrit ou oral), c'est ce langage dans toutes ses modalités qui devient vecteur ou/et objet d'apprentissage[1]. Nous examinerons chacune de ces dimensions.

1 Le langage : un objet d'étude bidimensionnel

1.1 Langage[2] et oralité

En situation scolaire, le langage correspond à deux activités cognitives distinctes :

- une activité de **réception** et de **compréhension** (*écouter, lire*) ;
- une activité de **production** (*parler, écrire*).

Dans les activités de production orale, il convient de distinguer deux types :

- la **production orale individuelle** (oral monogéré) de l'enfant ou de l'adulte ;
- l'**interaction** qui suppose une production articulée sur la réception-compréhension des interventions d'autrui et qui devient complexe dans un groupe où les interlocuteurs sont multiples (oral polygéré).

Le rôle de l'enseignant est de favoriser un rapport positif au langage, puisque la maitrise du langage (oral/écrit) participe à la construction de l'identité de l'enfant et à son développement cognitif : articulation entre *agir*, *dire* et *penser*.

1.2 Oral et étayage

L'enfant construit son langage *par* la médiation d'un être humain expert et *dans* des activités communicatives. Il acquiert un lexique, une syntaxe en relation avec l'activité vécue, mais seule la médiation de l'adulte permet la transmission de la culture, du savoir. À partir des travaux de Vygotski et, à sa suite, Bruner, l'oral est envisagé sur plusieurs niveaux : l'oral pour apprendre et l'oral à apprendre.

1. Voir Boite à outil, « Les différentes dimensions du langage oral », par Sylvie Plane.
2. Lire les documents d'accompagnement avant le concours est une nécessité. *Le langage à l'école maternelle* traite des questions relatives à l'oral. Nous y référons.

a. L'oral pour apprendre

Il s'agit de proposer à l'enfant des situations-problèmes à résoudre, ce qui suppose verbalisation et interaction. L'oral est ici un moyen d'apprentissage, intégré à toute situation d'apprentissage.

L'enseignant se présente comme un auxiliaire de la parole des enfants et maintient l'interaction. Bruner[1] parle d'« interaction de tutelle », qu'il définit ainsi :

> « Ce système de support, fourni par l'adulte à travers le discours ou la communication plus généralement, est un peu comme un étayage, à travers lequel l'adulte restreint la complexité de la tâche permettant à l'enfant de résoudre des problèmes qu'il ne peut accomplir seul. »

Selon Bruner les fonctions de l'étayage sont les suivantes :

- **enrôlement, finalisation** : l'enseignant propose une tâche qui éveille l'adhésion de l'élève afin de donner du sens aux apprentissages (en donner la finalité) ;
- **réduction de degrés de liberté/facilitation de la tâche** : le maitre simplifie la tâche par réduction des paramètres et balisage des étapes (éviter la surcharge cognitive) ;
- **signalisation des caractéristiques dominantes** : l'enseignant indique les caractéristiques des conduites discursives attendues, et signale l'écart entre ce que l'enfant a produit et ce qu'il aurait considéré comme une réponse correcte ;
- **maintien de l'orientation** : l'enseignant guide l'attention des élèves tout au long de l'échange afin qu'ils ne s'écartent pas du but assigné par la tâche ;
- **contrôle de la frustration** : l'enseignant minimise la gravité d'une erreur linguistique, d'une difficulté éprouvée et aide l'élève à rester en confiance ;
- **démonstration ou présentation de modèles** : le rôle de l'enseignant est de proposer des solutions linguistiques par recours à la reformulation.

L'objectif de l'oral comme moyen d'enseignement/apprentissage est l'implication intellectuelle de l'élève : les confrontations et les échanges permettent de décontextualiser les points de vue, l'élève apprend que le savoir se construit, se questionne. Il verbalise sa réflexion et il acquiert de nouvelles compétences liées à la construction des concepts par la reformulation, la généralisation et l'abstraction.

b. L'oral à apprendre

Il s'agit de mettre en place des situations d'apprentissage concernant directement l'oral. La programmation doit permettre de varier les situations d'apprentissage de l'oral. Placer les élèves en situation de communication[2] permet de développer :

- **l'écoute :** affiner le lexique, les représentations syntaxiques et entrer dans une culture commune. Cette écoute n'est pas passive, elle doit faire sens pour l'élève et donc comporter un enjeu (rôle du maitre) ;
- **l'expression orale :** le locuteur exprime ce qu'il pense et construit sa relation à l'autre. L'idée est donc que l'on apprend à communiquer en parlant, ce qui implique une augmentation progressive du temps de parole des élèves ;

1. Jérôme S. Bruner, *Le développement de l'enfant. Savoir faire, savoir dire*, Puf, 1983.

2. La communication est ici conçue comme un échange interactif : le locuteur communique un message à un interlocuteur dans un contexte particulier.

- **l'interlocution :** l'échange repose sur diverses interventions qui participent de la construction du message et le dynamisent. On dit que le sens est co-construit, et cette co-construction du sens oblige à contrôler sa production et à réfléchir aux enjeux pragmatiques de l'oral.

À partir du moment où l'élève est engagé dans une situation de communication, il manifeste les compétences suivantes :

- **psychologique :** intervient alors la représentation de l'autre, l'affectivité (oser prendre la parole, placer sa voix, gérer son débit) ;
- **phonétique :** prononciation (phonation, articulation), volume de la voix… ;
- **informationnelle :** gérer le contenu de son message ;
- **linguistique :** maitriser les formes linguistiques (syntaxe, lexique, cohésion) ;
- **pragmatique :** comprendre l'enjeu de la situation de communication ;
- **discursive :** savoir quelles conduites discursives tenir selon les situations de discours (raconter, expliquer, argumenter, décrire, donner une consigne…) ;
- **métalinguistique :** prendre de la distance par rapport à sa production, être capable de reformuler, d'interroger la langue.

➥ Voir chapitre 64 « Introduction à la question d'analyse de copie d'élève ».

L'enseignant est alors considéré comme un médiateur ayant pour rôle :

- de **lancer les débats** ;
- de **réguler les échanges** entre enfants ;
- de l'inciter à **expliciter** ou **justifier** ses hypothèses ;
- de **reformuler** les arguments de l'enfant pour les resoumettre au groupe.

2 Programmation/progression : langage oral et BO15

Voici un tableau illustrant les compétences et la progressivité dans les apprentissages en langage oral du C1 au C3 :

	Compétences	Attitudes
Cycle 1	Oser entrer en communication	Dire, exprimer un avis, questionner, annoncer une nouvelle
	Comprendre et apprendre	Construction d'outils cognitifs : reconnaitre, rapprocher, catégoriser, représenter mentalement, contraster…
	Échanger et réfléchir avec les autres	Argumenter, expliciter, reformuler, questionner, mobiliser l'intérêt…

···›

Cycle 2	*Renforcement des attitudes mises en place en C1 par une différenciation pédagogique*
	Écouter pour comprendre des messages oraux ou des textes lus par un adulte : réception • Maintien d'une attention orientée en fonction du but. • Repérage et mémorisation des informations importantes ; enchainement mental de ces informations. • Mobilisation des références culturelles nécessaires pour comprendre le message ou le texte. • Attention portée au vocabulaire et mémorisation. • Repérage d'éventuelles difficultés de compréhension.
Cycle 2	**Dire pour être entendu et compris : dimension pragmatique du langage.** • Prise en compte des récepteurs ou interlocuteurs. • Mobilisation de techniques qui font qu'on est écouté. • Organisation du discours. • Mémorisation des textes (en situation de récitation, d'interprétation). • Lecture (en situation de mise en voix de textes).
	Participer à des échanges dans des situations diversifiées. • Respect des règles régulant les échanges. • Conscience et prise en compte des enjeux. • Organisation du propos. • Moyens de l'expression (vocabulaire, syntaxe, cohérence…).
	Adopter une distance critique par rapport au langage produit • Règles régulant les échanges ; repérage du respect ou non de ces règles dans les propos d'un pair, aide à la reformulation. • Prise en compte de règles explicites établies collectivement. • Autocorrection après écoute (reformulations).
Cycle 3	*En CM1 et CM2, les élèves doivent être mis en face de situations langagières complexes qu'ils doivent comprendre.*
	Écouter pour comprendre un message oral, un propos, un discours, un texte lu : voir C2+ • Identification et mémorisation des informations importantes, enchainements et mise en relation de ces informations ainsi que des informations implicites. • Repérage et prise en compte des caractéristiques des différents genres de discours (récit, compte rendu, reformulation, exposé, argumentation…), du lexique et des références culturelles liés au domaine du message ou du texte entendu. • Vigilance critique par rapport au langage écouté.
	Parler en prenant en compte son auditoire : voir C2+ • Techniques de mise en voix des textes littéraires (poésie, théâtre en particulier).
	Participer à des échanges dans des situations de communication diversifiées : C2+ • Prise en compte de la parole des différents interlocuteurs dans un débat et identification des points de vue exprimés. • Présentation d'une idée, d'un point de vue en tenant compte des autres. • Mobilisation d'actes langagiers qui engagent celui qui parle. • Mobilisation de stratégies argumentatives. • Mise à distance de l'expérience et mobilisation des connaissances. • Identification et différenciation de ce qui relève du singulier et du général. • Lexique des enseignements et disciplines.
	Adopter une attitude critique par rapport au langage produit : C2+ • Prise en compte de critères d'évaluation explicites élaborés collectivement. • Fonctionnement de la syntaxe de la langue orale et comparaison avec l'écrit. • Relevé et réemploi de mots, d'expressions et de formulations.

Exemple

Exemple de trame de séquence sur l'acquisition du langage oral[1]

La démarche employée ici est une démarche inductive.

Voici la trame de séquence :

1. Mise en situation/projet : confronter les élèves au « langage en action » par le biais d'une situation inductrice qui peut prendre la forme d'une consigne et à laquelle on peut éventuellement intégrer un support. Cette étape peut donner lieu à une trace écrite (en particulier dans une pédagogie de projet).
2. Acquisitions langagières : découverte et prise de conscience des connaissances et compétences orales visées. Ces acquisitions se font essentiellement par l'écoute et l'analyse du modèle qu'est la parole de l'enseignant. Cette étape doit être répétée et peut se mener en atelier puis avec le groupe classe pour récapituler, synthétiser, ce qui favorise la mémorisation.
3. Bilan, synthèse et institutionnalisation : élaborer une trace écrite (inscription dans le cahier d'observation ou affichage en classe).
4. Entrainement : élaborer des jeux de langage pour permettre aux élèves de s'approprier les acquis.
5. Réinvestissement et dispositif d'évaluation : placer les élèves en situation réelle de communication (ex. un groupe raconte au groupe classe ce qu'ils ont observé, ou bien la classe raconte aux autres classes ce qui a été observé, etc.). L'enseignant doit observer les élèves grâce à une grille de critères établie précédemment (avec ou sans les élèves) et en lien avec les objectifs visés.

Exemple d'application en classe

Voici deux séances (niveau PS) qui ont pour objectif principal la structuration de l'espace au C1, et qui font travailler des compétences relatives au langage :

Séance 1 / Durée : 15 minutes au maximum.

Compétence spécifique : Repérer des objets par rapport à soi.

Compétence langagière : Langage d'évocation.

Outils : Un appareil photo (numérique de préférence).

Dispositif	Activités	
	de l'enseignant(e)	des élèves
élèves regroupés autour de l'enseignant(e) ou en atelier (4 ou 5)	fait le tour de la classe et demande aux enfants ce que l'on fait habituellement à ce coin	accompagnent l'enseignant(e) et expliquent ce qu'ils font d'habitude à cet endroit (« On regarde un livre. On écoute. On peint. On se lave les mains… »)
	à chaque coin, prend une photo. L'opération se répète pour les 4 ou 5 coins importants de la vie de la classe	

···›

1. www.ac-orleans-tours.fr/fileadmin/user_upload/maternelle37/publi-anterieures/les-guides/GUIDE_SEQUENCES_LANGAGE-2.pdf (consulté en mars 2017).

Exemple (suite)

Quel but pour les élèves ? Par exemple, préparation de la visite de la classe pour les parents, pour une autre classe.
Cette séance peut être envisagée lors de l'accueil du matin en demandant aux enfants présents dans les divers coins de nous expliquer ce qu'ils y font. Cela remplacerait une visite de chaque coin avec un plus grand nombre d'enfants.
Cette séance peut être reprise au cours de moments de langage et ce plusieurs fois dans la semaine.
Séance 2 / Durée : 15 minutes au maximum.
Compétence spécifique : Repérer des objets par rapport à soi.
Compétence langagière : Langage de situation.
Outils : Un jeu de photos représentant différents coins de la classe (*cf.* séance 1).

Dispositif	Activités	
	de l'enseignant(e)	**des élèves**
élèves regroupés autour de l'enseignant(e)	demande aux enfants ce qui a été fait la veille quand ils ont photographié les coins	expliquent qu'ils ont fait le tour de la classe
élèves regroupés autour de l'enseignant(e)	tire au sort une photo et désigne un enfant. Lui demande : « Va à l'endroit qu'indique la photo. »	l'élève désigné se rend à l'endroit photographié. Les autres disent s'ils sont d'accord
	recommence l'opération avec 4 ou 5 enfants	

Cette séance est reprise tout au long de la semaine. Elle peut aussi être reprise le matin et l'après-midi.
Variante : demander aux enfants de tirer au sort les photos.
Prolongements : demander aux enfants de rapporter un objet que l'on peut trouver dans le coin photographié.

70 Enjeux de l'acquisition du lexique

Cours et méthodes

L'apprentissage du lexique est une activité qui se fait et se défait tout au long de la vie. En étendant son vocabulaire, l'élève accroit sa capacité à se repérer dans le monde, à verbaliser (oral/écrit) ses expériences, opinions et sentiments, à comprendre ce qu'il écoute et ce qu'il lit. Le BO08 exigeait que les acquisitions lexicales soient quotidiennes, et l'on estime aujourd'hui qu'avant d'être mémorisé, un mot doit être présenté au moins une dizaine de fois à l'élève. On comprend donc pourquoi il existe un décalage important entre le vocabulaire passif (mots que l'on comprend) et le vocabulaire actif (mots que l'on utilise effectivement).

Le BO15 n'explicite pas vraiment les attendus pour ce domaine d'apprentissage. Toutefois, cet enseignement doit être intégré à tous les autres, dans la mesure où toutes les situations d'apprentissage peuvent induire un travail spécifique.

Pour plus de détails quant à l'acquisition du lexique, nous vous conseillons de consulter les articles suivants :

- Alain Bentolila, *Rapport de mission sur l'acquisition du vocabulaire à l'*école élémentaire, 2007. En ligne : media.education.gouv.fr/file/70/4/4704.pdf
- Groupe départemental Maîtrise de la langue, *L'apprentissage du vocabulaire* à l'école primaire, Inspection académique du Gard, 2008. En ligne : www.ac-grenoble.fr/ien.g4/IMG/pdf/L_apprentissage_du_vocabulaire_A_l_Acole_primaire.pdf.
- Noémie Bachelet et Raphaël Malle, « L'acquisition du vocabulaire à l'école maternelle. », Mémoire de master professionnel : Métiers de l'enseignement scolaire, 2013. En ligne : dumas.ccsd.cnrs.fr/dumas-00962605/document.

1 L'apprentissage du vocabulaire : démarche et outils

La séquence doit être organisée autour de notions identifiées comme importantes pour un niveau donné. Une fois ces notions abordées il est nécessaire de les institutionnaliser et donc de multiplier les occasions d'y revenir (transversalité du langage). Les séquences se centrent généralement sur l'une des entrées suivantes :

- **morphologie :** grâce aux notions de *radical* et d'*affixe*, construire des familles de mots dans tous les domaines disciplinaires ;

- **sémantique :** par les regroupements lexico-sémantiques, faire prendre conscience aux élèves que le lexique est un tout cohérent et structuré ;
- **étymologie :** à partir de l'exposition de l'origine de la langue, leur montrer les processus de création lexicale (emprunts et néologismes).

Les élèves sont sensibles aux évolutions et contacts entre langues, de plus ils aiment « inventer » des mots, il convient donc d'utiliser cette sensibilité au sein de l'enseignement du lexique pour leur faire manipuler les unités morphologiques.

Les deux premiers axes d'étude font l'objet d'un traitement spécifique dans le BO15, le troisième, bien que non mentionné dans les programmes, doit être abordé en relation avec les deux autres puisqu'il permet d'expliciter certains phénomènes.

1.1 La démarche d'apprentissage

a. Rôle de l'enseignant

L'étayage de l'enseignant dépend des savoirs acquis et à faire acquérir. De fait, il convient de tenir les conduites suivantes :

- **récapituler et éclairer** certains points ;
- **mener la phase d'institutionnalisation** (élaboration d'une fiche-outil) ;
- **rectifier des positions erronées** (ex. éviter les confusions sémantiques).

b. Rôle de l'élève

Plusieurs étapes sont à distinguer :

- **phase de recherche :** présentation d'une situation-problème qui joue sur les intuitions et suscite des mécanismes de résolution. Ces mécanismes passent par des activités de tris et de classements qui révèlent la cohérence du système lexical. Au cours de cette phase, on exige les compétences suivantes :
  - réactivation de notions déjà étudiées (ex. principes de classement, mots déjà rencontrés) ;
  - recherche d'informations complémentaires (outils, par ex. dictionnaire) ou mise en relation avec des informations données dans d'autres disciplines.

Ces activités de recherche peuvent prendre la forme d'un débat.

- **phase d'entrainement/structuration :** exploration systématique et organisée de la notion par :
  - répétitions pour affiner la compréhension ;
  - systématisation pour faciliter la mémorisation ;
  - évaluation pour vérifier les connaissances.
- **réinvestissement des connaissances**, qui peut passer par :
  - des situations de productions orales/écrites multiples et réitérées qui permettent de (ré)utiliser le vocabulaire appris ;
  - des situations de jeux (*lotos de mots, mots croisés, mots-valises, devinettes, charades, acrostiches*) qui permettent une répétition ludique et créative.

Exemple

Exemple de trame de séquence sur l'acquisition du vocabulaire

Cette trame de séquence s'inspire d'une démarche constructiviste[1] :

1. compréhension en réception : situation de découverte et prise de conscience qui peut passer par *le jeu*, *l'action* ou des *supports pédagogiques*
2. compréhension en production : structuration du lexique et mobilisation des connaissances. Les activités à mener peuvent donc être : *raconter ; associer des objets réels à l'objet symbolisé (imagier possible) ; catégoriser ; éventuellement proposer des exercices sensori-moteurs*.
3. mémorisation et évaluation : bilan de la séquence et évaluation sommative.

1.2 Comment entrer dans le lexique

Toute situation peut (voire devrait) donner lieu à un travail sur le lexique. Voici quelques activités propices :

- la littérature, qui par l'articulation lexique/compréhension, permet des conduites :
  - de définition et d'explicitation des mots ;
  - de définition et distinction du sens en/hors contexte, propre et figuré ;
  - d'aborder les notions de polysémie ;
  - d'initier à la variation lexicale (par ex. mots rares/fréquents) et de distinguer les domaines de spécialité (construction de lexiques spécifiques) ;
  - travailler sur les registres de langue et la stylistique.
- activités de classe et projets d'école (visites aux zoos, spectacles, carnaval, etc.) ;
- utilisation des publicités (souvent polysémiques ou avec des figures de détournement de sens) ;
- les différents champs disciplinaires de l'école (voir *infra* le vocabulaire spécifique).

1.3 Exemples d'outils pour fixer le vocabulaire[2]

Le BO15 préconise une utilisation explicite du dictionnaire, que celui-ci soit traditionnel ou informatisé. Mais on peut également utiliser les outils suivants :

- les carnets ou glossaires qui aident à la mémorisation et au réinvestissement. Dans une cohérence de cycle, ces outils pourraient suivre l'élève toute sa scolarité ;
- les classeurs ou cahiers qui, structurés, offrent une certaine souplesse (retour/modifications/ajouts) ;
- les listes thématiques (champs lexicaux), morphologiques (familles de mots ou affixales), sémantiques, étymologiques, etc. ;

1. Voir chapitre 65 « Les démarches pédagogiques ».
2. Voir Boite à outil pour des références de sites.

Exemple

Niveau CP : « Les moyens de transports »

Voici un extrait de « Mon cahier de vocabulaire », École Jean Macé, Cayenne :

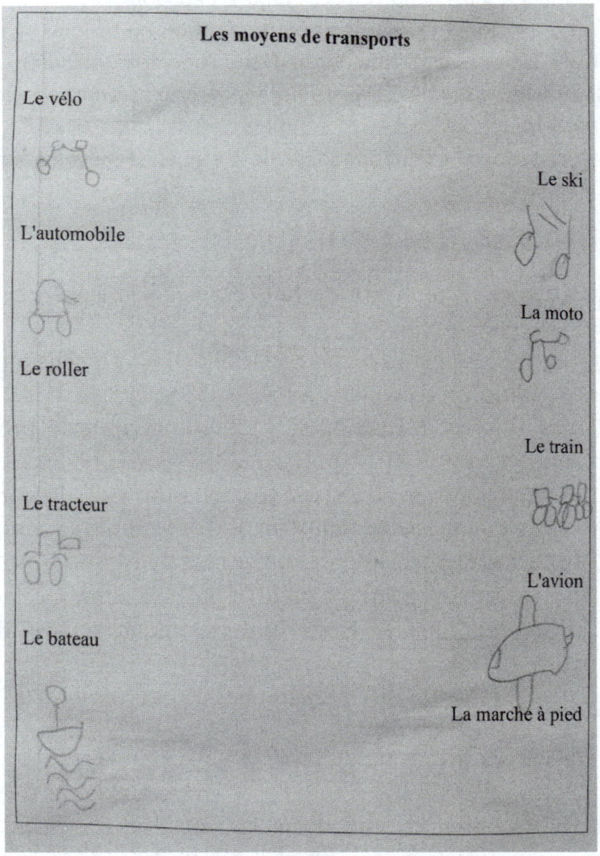

Ici, la représentation iconographique permet aux élèves non lecteurs de s'approprier les connaissances.

- des outils récapitulatifs qui tiennent sur une page et montrent la cohérence du système lexical ou l'univers d'un mot (voir l'exemple *supra*) ;
- les imagiers, guirlandes de mots, ou les boites à mots, en particulier en C1.

Exemple

Exemple d'activités à conduire en maternelle : rôle des élèves et du PE

Voici un exemple d'activités proposées[1] pour le C1, donc comportant une progression de cycle et dans lesquelles les rôles des élèves et de l'enseignant sont particulièrement bien définis.

Situation

PS : proposer des situations variées qui permettent d'apprendre qu'il y a beaucoup de réponses possibles ; **MS** : proposer des situations qui les incitent à différer leurs actions afin de s'arrêter sur les propriétés des objets (taille, forme, couleurs) ;
GS : trouver la règle du jeu, trouver un titre de jeu pour réfléchir sur les catégories.

Matériel

Objets réels, photos, imagiers.

Rôle du maitre – modalités d'étayage

PS : désignation précise des objets, en situation, par le maitre ; jeu avec l'élève ; mise en place d'affichages dans la classe (*imagiers*) ; description des procédures des élèves pour peu à peu les conduire à les verbaliser ;
MS : désignation précise des objets, des images par l'adulte et l'élève (*avec objets, photos, illustrations*) ; l'élève décrit l'objet (*jeu de devinettes*) ; aider les élèves à verbaliser les procédures employées ;
GS : désignation précise des objets par l'élève : en situation, en évocation, à partir d'objets, de photos, d'images ; travail sur les différences et les similitudes.

Complexification lexicale et/ou syntaxique apportée par le maitre

PS/MS : fabrication d'imagiers en consultation libre et permanente dans la classe ou la BCD ; constitution de séries d'objets (objets réels appartenant à l'univers de référence de l'enfant), puis de photos et d'images selon des entrées thématiques ;
GS : *idem* + reprise du lexique dans d'autres situations (*activités et fabrications*) ; écriture d'albums échos avec pour objectif spécifique la diversification lexicale (ex. *diversifier les verbes d'action*)

2 Le vocabulaire de spécialité

À l'école, dans les différents domaines d'enseignement, les enfants sont confrontés à du vocabulaire spécifique, c'est-à-dire relatif à un domaine particulier. Le BO15 rappelle la nécessité d'adopter ce vocabulaire spécifique dès le cycle 1, car l'enfant doit pouvoir nommer les éléments relatifs à l'espace, au temps et à la géométrie.

Dans la mesure où ce vocabulaire de spécialité est présent dans tous les domaines d'apprentissage, on comprend bien d'où peuvent venir les difficultés des élèves face à cette acquisition. Voici quelques-unes de ces difficultés :

- le nombre de termes spécialisés : chaque domaine possède sa terminologie propre ;

1. L'académie d'Aix-Marseille propose des outils intérressants, notamment le « wikimini » : www.gap-ien.05ac-aix-marseille.fr/circo/spip.php?article 857

- le cloisonnement entre le français et les autres matières d'enseignement, d'où la nécessité pour le BO15 de rappeler – au risque de lourdeur – la nécessaire transversalité de la discipline (ex. *pyramide* qui relève du français, de l'histoire/géographie et des mathématiques) ;
- la distorsion entre vocabulaire actif et passif : on n'utilise pas tout le temps les termes de géométrie comme *disque*, *triangle*, *cylindre* ; de fait, si les termes de spécialités ne sont pas régulièrement rappelés par les enseignants, les élèves risquent de les oublier.

Pour pallier ces difficultés, il convient de profiter de toutes les situations pour réinvestir le vocabulaire spécifique. Voici quelques pistes :

- souligner le terme dans la leçon, le définir et donner systématiquement un exemple pour le contextualiser. Cet exemple peut donner lieu à un affichage thématique en classe ;
- faire une liste de termes dont le domaine est clairement identifié ;
- réinvestir les termes en français car ils se prêtent souvent à des observations en sémantique (polysémie, hyperonymie, etc.) ;
- travailler la morphologie (étymologie et dérivation) pour offrir aux élèves le moyen d'accéder au sens de mots inconnus (*dévorer*, *omnivore*, *frugivore*, etc.) ;
- travailler sur la dérivation nominale en *-(a|i)tion*, particulièrement utile en mathématiques ou en sciences (*condensation*, *évaporation*, *ébullition*...) ;
- élaborer des outils récapitulatifs qui doivent être souvent réutilisés.

3 L'apprentissage du vocabulaire en production d'écrits

- Assurer la **pertinence du vocabulaire** : c'est un des critères de réussite d'un écrit. Cette pertinence s'apprécie au niveau pragmatique (adéquation à la situation de communication, au type d'écrit, au destinataire, etc.) et sémantique. Les activités décrochées[1] portant sur le vocabulaire doivent mettre en relation l'apprentissage systématique et des situations de communication véritables ;
- **Motiver l'étude** du vocabulaire : multiplier les occasions qui permettent d'explorer un champ lexical et/ou de structurer le vocabulaire avec un autre objectif que son seul apprentissage (ex. les séances décrochées en littérature) ;
- **Susciter le plaisir des mots** : l'appropriation du vocabulaire peut (voire devrait) se faire grâce aux jeux sur/avec les mots.

1. Les activités (ou séances) décrochées sont des parenthèses dans une séquence d'apprentissage donnée, qui permettent en une séance de travailler des compétences dont on a besoin pour la séquence principale. Par exemple en littérature, il n'est pas rare de voir un enseignant consacrer une séance (décrochée) à l'étude de mots nouveaux dont il a besoin pour que les élèves puissent comprendre l'œuvre. Cette séance n'est pas intégrée à la séquence de littérature, mais elle est nécessaire afin que les élèves atteignent avec plus de facilité les objectifs de la séquence.

4 L'utilisation du dictionnaire

Le BO15 est explicite en la matière et préconise un apprentissage précoce de l'ordre alphabétique afin de pouvoir se servir de l'outil. Il convient donc nécessairement d'élaborer des séances d'initiation au dictionnaire. Voici quelques exemples d'activités :

- délimiter les 26 chapitres à l'aide de signets ;
- essayer, sans recourir aux signets, d'ouvrir le dictionnaire à la lettre C, L, W ;
- observer les lettres-repères. À quoi servent-elles ? ;
- définir les abréviations (adj. adv…) ;
- trouver des mots situés entre deux repères.

Ces exercices ne se substituent pas au travail d'accès à la définition.

71 La construction du principe alphabétique : vers la lecture et l'écriture

Cours et méthodes

1 Principe alphabétique et BO 2015[1]

Référence : voir également *Le langage à l'école maternelle, document d'accompagnement des programmes 2002*, ainsi que le BO08 qui offrait de nombreuses pistes de progression.

Voici un tableau qui présente la progression envisagée sur les deux premiers cycles par le BO15 :

Cycle 1	**Commencer à réfléchir sur la langue et acquérir une conscience phonologique :** 1. identifier les unités sonores : syllabe > son-voyelle > son-consonne ; 2. découvrir le principe alphabétique : l'écrit encode du son.
Cycle 2	**Éléments de progression** : • CP : enseignement systématique du code grapho-phonologique et de la combinatoire en activité d'encodage et de décodage ; • CE1/CE2 : révision du code en lien avec l'écriture de mots.
	Identifier des mots de manière de plus en plus aisée : • discrimination auditive et analyse des unités sonores (conscience phonologique) ; • discrimination visuelle et connaissance des lettres ; • correspondances graphophonologiques ; combinatoire syllabique ; • mémorisation des composantes du code ; • mémorisation de mots fréquents (notamment en situation scolaire) et irréguliers.
	Étude de la langue > maitriser les relations entre l'oral et l'écrit (*lien avec la lecture*) : • correspondances grapho-phonologiques ; • valeur sonore de certaines lettres (*s - c - g*) selon le contexte ; • composition de certains graphèmes selon la lettre qui suit (*an/am, en/em, on/om, in/im*).

Le BO15 reprend donc en filigrane la progression telle que définie dans le BO08, à savoir : 1. distinguer les sons de la parole et, 2. aborder le principe alphabétique.

1. Voir aussi web.ac-bordeaux.fr/dsden24/fileadmin/contributeurs/pole_maternelle/Anim_phonologiec1_2012.pdf (consulté en mars 2017).

2 Code et principe alphabétiques : généralités

2.1 Le code alphabétique

L'écriture consiste en la mémorisation de l'ensemble des correspondances graphophonologiques. Le code alphabétique régit ces correspondances, il est conventionnel (d'où le terme *code*) et spécifique à chaque langue. Sa maitrise relève d'un processus de mémorisation, facilitée par la compréhension de la structure de l'ensemble : si la mémorisation du code n'est pas associée à la compréhension du principe alphabétique, elle devient inopérante en lecture.

2.2 Principe alphabétique et compétences à l'œuvre[1]

Le principe alphabétique repose sur l'idée que l'écrit encode du son, donc sur la (re-) connaissance des correspondances graphophonologiques. La maitrise du principe alphabétique relève d'une analyse des chaines écrites et orales en leurs unités phonologiques de plus petit niveau (décodage), et de la synthèse de ces mêmes unités (encodage).

Les unités linguistiques à l'œuvre dans les processus de lecture et d'écriture sont donc identiques et sont les suivantes :

- **mot :** il convient pour l'élève de segmenter la chaine orale ou graphique en mot ;
- **syllabe :** c'est la plus petite unité sonore prononçable de la langue. Elle est composée de phonèmes (consonantiques ou vocaliques) et se combine avec d'autres syllabes pour former des mots oraux/écrits.
- **phonème :** c'est la plus petite unité sonore de la langue. Le phonème n'est pas prononçable seul (pour vous en convaincre vous pouvez essayer de prononcer [p], c'est un exercice amusant) mais uniquement lorsqu'il fusionne avec d'autres pour former la syllabe ;
- **graphème :** c'est une unité graphique qui a une valeur phonique ;
- **lettre :** c'est une unité graphique sans valeur phonique mais orthographique.

L'ensemble des correspondances graphophonologiques (association phonèmes-graphèmes) constitue ce que l'on appelle le « code alphabétique ». C'est la maitrise de ce code qui permet la conversion des phonèmes en graphèmes (analyse phonémique) et inversement (analyse graphémique), donc le décodage en lecture et l'encodage en écriture.

Voici une comparaison de ce qui est à l'œuvre en activité de lecture et d'écriture :

1. Pour une analyse détaillée du principe alphabétique, voir Josette Aldeguer-Trotel, *La Construction du principe alphabétique de la maternelle au cycle 2*, Retz, 2009.

Lecture	**Processus**	**Décodage** (de l'écrit à l'oral : chaine graphique > chaine orale)
	Unités linguistiques	Lettre (L) > graphème (G) > phonème (P) > syllabe (S) > mot oral (M)
	Opérations cognitives	1. analyse phonémique (L > G > P) 2. fusion phonémique (P > S) 3. combinatoire (S > M) 4. oralisation (phonation)
	Compétences nécessaires dans l'analyse séquentielle exhaustive des syllabes du mot	1) **analyse syllabique** (identification exhaustive et localisation des S) ; 2) **analyse phonémique** : a) identification exhaustive des G constitutifs de chaque S ; b) connaissance des correspondances graphophonologiques ; c) fusion phonémique ; 3) **mémorisation** des S identifiées ; 4) **phonation** avec respect de l'ordre séquentiel des S.
Écriture	**Processus**	**Encodage** (de l'oral à l'écrit : chaine orale > chaine graphique)
	Unités linguistiques	mot oral (M) > syllabe (S) > phonème (P) > graphème (G) > lettre (L)
	Opérations cognitives	1. analyse syllabique (M > S) 2. analyse phonémique (S > P) 3. analyse graphémique (P > G) 4. combinatoire et graphisme (G > L)
	Compétences nécessaires dans l'écriture séquentielle exhaustive des syllabes du mot	1) **analyse syllabique** (identification exhaustive et localisation des S) ; 2) **analyse phonémique pour l'écriture de chaque S** : a) analyse phonémique (décomposer les S en P successifs) ; b) respect de l'ordre séquentiel des P dans S ; c) connaissance des correspondances graphophonologiques (P > G) ; d) combinatoire graphémique (G > S) ; 3) **graphie selon l'ordre séquentiel** des S analysées.

Exemple

Lecture : le mot graphique « pirate »

1. Analyse syllabique : identification exhaustive et localisation des syllabes : « pirate » = pi + ra + te ;

2. Analyse phonémique : identification exhaustive des graphèmes constitutifs des syllabes : [pi] = /p/ + /i/, [ra] = /r/ + /a/ & [te] = /t/ + /e/. Puis conversion de ces graphèmes en phonèmes : /p/ > [p], /i/ > [i], /r/ > [r], /a/ > [a], /t/ > [t] et /e/ > [ə] ;

3. Fusion phonémique : constituer les syllabes [pi], [ra] et [tə] ;

4. Combinatoire et mémorisation : assembler les syllabes dans l'ordre pour constituer le mot [piratə].

Écriture : le mot oral [tomatə] :

1. Analyse syllabique : du mot oral en ses syllabes successives : [to] + [ma] + [tə] ;

2. Analyse phonémique : des syllabes aux phonèmes successifs : [to]= [t] + [o], [ma]= [m] + [a] et [tə] = [t] + [ə] ;

3. Conversion et assemblage : conversion des phonèmes en graphèmes : [t] = /t/, [o] = /o/, [m] = /m/, [a] = /a/, [t] = /t/ et [ə] = /e/ ;

4. Combinatoire graphémique : assemblage des graphèmes pour constituer le mot graphique « tomate ».

Les difficultés que peuvent rencontrer les élèves sont relatives à l'ensemble des compétences précitées.

- En lecture, la combinatoire syllabique suppose (outre le découpage syllabique de la chaine orale) :
  - le traitement successif et exhaustif des syllabes (on lit de gauche à droite) ;
  - la mémorisation de chaque syllabe identifiée au niveau de la combinatoire (pour pouvoir prononcer « pirate », il faut mémoriser *pi-*, puis *pira-* pour atteindre *pirate*).

Ces opérations constituent pour un apprenti lecteur une charge cognitive importante ; par conséquent, les activités d'automatisation sont à multiplier.

- En écriture, les mêmes difficultés et charges cognitives se rencontrent, auxquelles s'adjoint la mémorisation de la graphie des lettres (capitale/cursive, imprimerie/manuscrite).
- Et, pour ces deux tâches (lecture/écriture), une double mémorisation est exigée :
  - mémorisation de l'ordre séquentiel des phonèmes infra-syllabiques (dans *tomate* il faut savoir que la syllabe *to-* est constituée des phonèmes sont [t] puis [o] et non l'inverse) ;
  - mémorisation des correspondances graphophonologiques, ce qui peut poser problème au niveau des graphèmes complexes fréquents en français comme dans les mots suivants : *élé**phant*** ([ele**fã**]), ***ch**âteau* ([**ʃ**at**o**]), ***cou**rgette* ([**ku**rʒɛtə]), etc.

Toutefois, il convient de nuancer ces difficultés au regard de la capacité du cerveau à reproduire des schémas (voir les procédures générales d'acquisition des langues vivantes détaillées dans le CERCL). Ainsi, lorsque le cerveau saisi le fonctionnement du système de correspondances graphophonologiques, il le reporte naturellement sur l'ensemble des signes et cela soulage l'activité cognitive de l'élève (on parle alors d'auto-apprentissage par généralisation analogique). C'est donc avec une méthode extrêmement précise et des activités d'automatisation fréquentes qu'il convient d'aborder le principe alphabétique.

On cerne dès lors tout le rôle de l'enseignant dans le modèle qu'il représente pour les élèves. L'élève est capable naturellement mais inconsciemment de reproduire des mots et de les assembler pour en faire des phrases. Toutefois, cette capacité naturelle n'est pas une simple reproduction de la parole de l'adulte : c'est parce que l'enfant a intégré – au contact de l'adulte – la capacité inconsciente à discriminer les unités morphologiques de sa langue maternelle (gazouillis > babillages > langage articulé), qu'il est capable de parler, mais ce n'est que par la fréquentation de l'écrit que cette compétence de l'enfant peut s'affiner. C'est d'ailleurs ce que montrent les travaux de Jacques Fijalkow[1] : en lecture et en écriture, le contact précoce avec l'écrit provoque un apprentissage incident (*i. e.* implicite) qui précède l'apprentissage explicite du principe alphabétique. De fait, les programmes proposent que les élèves soient dès la PS mis en contact non seulement avec des œuvres de littérature de jeunesse mais également avec la dictée à l'adulte afin de prendre conscience explicitement que l'écrit encode du son.

1. Jacques Fijalkow, *Entrer dans l'écrit*, Magnard, 1993.

Exemple

Niveau PS/MS : « Les comptines »[1]

Cet affichage évolutif permet aux élèves de prendre conscience que l'écrit transcrit les comptines que l'enseignant leur apprend. La présence d'indices iconographiques élaborés par les élèves permet aux non lecteurs de retrouver de quelle comptine il s'agit.

Les compétences précitées doivent donc faire l'objet d'une approche méthodique et progressive qui commence dès la maternelle.

3 Démarche didactique

L'objectif est de faire passer l'enfant d'une approche intuitive et implicite à une approche réflexive et de plus en plus explicite des unités phonologiques de différents niveaux. Cette démarche favorise la construction du principe alphabétique.

Sont conseillées les démarches didactiques de recherche et d'appropriation.

3.1 Rôle de l'enseignant

L'enseignant doit prendre garde :

- au respect des phases d'apprentissage (découverte via formalisation) ;
- à la diversité des niveaux d'appropriation (implicite via explicite) des différentes dimensions du principe alphabétique (face sonore via phonème) ;
- à multiplier et à diversifier les modalités de différenciation ;
- à évaluer régulièrement (évaluation formative) ;

1. Un grand merci à Mme Marion Lugez et à sa classe de PS/MS de l'école de Monfina en site isolé de Guyane pour nous avoir fourni l'ensemble des photographies d'affichage en classe du présent ouvrage.

- au contrôle kinesthésique en situation d'écriture : la capacité à écrire nécessite la connaissance du code graphique mais se joue également au niveau de la maitrise des gestes graphiques (lettres capitales et cursives) ;
- à la prononciation des élèves : en effet, des difficultés de prononciation (souvent visibles dans les productions d'élèves en CP/CE1) peuvent engendrer des difficultés dans la discrimination fine des syllabes et phonèmes. Ces difficultés peuvent être liées à des problèmes de réception (audition ou prononciation de l'entourage de l'enfant, notamment en situation de plurilinguisme) ou de production (contrôle insuffisant de l'appareil phonatoire par l'enfant). L'enseignant doit donc permettre aux élèves d'exercer leur audition et leur phonation, ce qui facilitera – sans toutefois la garantir – l'acquisition du principe alphabétique.

Exemple

Illustration de quelques difficultés en prononciation ayant une incidence sur l'écrit/l'oral des élèves

- Problèmes liés à l'audition de l'enfant ou à la prononciation insuffisamment précise de l'entourage immédiat de l'enfant qui jouent sur :
  - la segmentation (identification exhaustive des syllabes) :
    - à l'oral : *[mε̃nɑ̃] pour maintenant ; « ça va très vite un *[nekoptεr] » (CP) ;
    - à l'écrit : *« j'aime le chocolat mais pas les gumes » (CE1).
  - l'identification des phonèmes proches : *[rofεr] pour refaire, [rokomɔ̃se] pour recommencer ;
  - confusion dans l'ordre séquentiel des phonèmes entendus : *[emynerasjɔ̃] pour énumération, *[kɔ̃fikse] pour confisquer, *[myniskyl] pour minuscule...
- En contexte plurilingue, problème de contact entre langues : lu dans une copie d'élève en contexte créolophone : *an monge ? > on mange ?
- Contrôle insuffisant de l'appareil phonatoire par l'enfant : *[musik] > moustique, *[pestakl] > spectacle...

Voici pour illustrer quelques-unes de ces difficultés un extrait de lettre au père Noël (niveau CE1) :

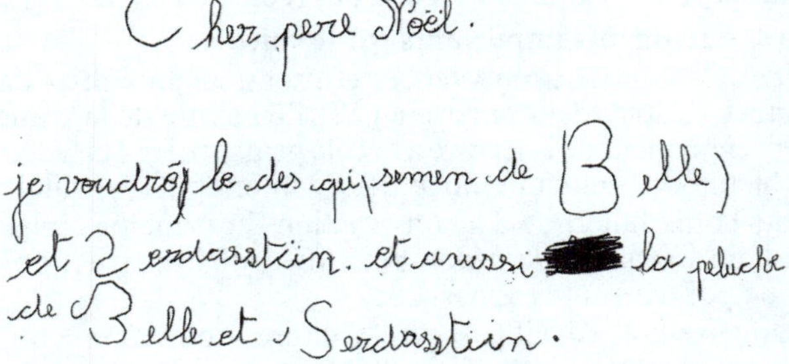
Cher pere Noël.
je voudroj le des qui)semen de Belle)
et 2 esdasstin. et aussi [redacted] la peluche
de Belle et Serdasstiin.

« Cher Père Noël. Je voudrais le déguisement de Belle et Sébastien et aussi la peluche de Belle et Sébastien ».

Il convient d'élaborer des situations d'apprentissage spécifiques autour d'activités qui vont de l'implicite à l'explicite et qui sont à mettre en lien avec l'hétérogénéité des enfants (rythmes d'apprentissage différents).

Exemple

Exemple de séquence sur l'acquisition du principe alphabétique

La démarche présentée ici est traditionnelle et est généralement décrite dans les manuels :

1. ***Découverte d'un nouveau phonème (ou d'une nouvelle syllabe selon le niveau) :***
- présentation d'un nouveau phonème aux élèves, puis identification du nouveau phonème dans une liste ;
- reconnaissance du nouveau phonème : les élèves doivent dire s'ils entendent le phonème dans une liste de mots prononcés par l'enseignant ;
- exercices (ex. *dire dans quelles images on entend le nouveau phonème*).

2. ***Découverte du graphème correspondant :***
- l'enseignant montre comment s'écrit le phonème étudié précédemment : si différentes graphies sont possibles, alors il faut toutes les présenter aux élèves et leur expliquer les règles ;
- identification du nouveau graphème (le retrouver dans une liste de mots) ;
- réinvestissement : le retrouver dans une liste contenant des graphèmes de graphie proche.

3. ***Automatisation et systématisation :***
- réinvestissement avec des exercices multiples et variés qui font appel à des compétences de lecture et/puis d'écriture ;
- évaluation sommative : exercices similaires aux précédents.

3.2 Étayage

Il repose essentiellement sur des interactions verbales (enfant-adulte ou groupe-adulte), et consiste à :
- aider l'élève à identifier les difficultés rencontrées ;
- verbaliser ses procédures de résolution de problèmes ;
- le cas échéant, à orienter l'élève dans une nouvelle démarche de recherche.

Documents d'accompagnement des programmes à consulter sur le sujet

- Programmes 2002 : www.cndp.fr/bienlire/04-media/documents/langage_en_maternelle06.pdf (consulté en mars 2017) ;
- Programmes 2008 : *Le langage à l'école maternelle*. Scéren/CNDP-CRDP, « Ressources pour faire la classe », 2011 ; media.eduscol.education.fr/file/ecole/48/8/LangageMaternelle_web_182488.pdf (consulté en mars 2017) ;
- Programmes 2016 : cache.media.eduscol.education.fr/file/Langage/39/8/Ress_c1_langage_ecrit_principe_456398.pdf (consulté en mars 2017).

Autres documents importants sur le sujet :

- Alain Content, « Compétences et processus mobilisés dans l'apprentissage de la lecture », document envoyé au PIREF en vue de la conférence de consensus sur l'enseignement de la lecture à l'école primaire les 4 et 5 décembre 2003 ; www.cndp.fr/bienlire/01-actualite/document/content.pdf (consulté en mars 2017) ;
- Jean-Louis Billody, « La construction du principe alphabétique », 2008 ; www2.ac-lyon.fr/etab/ien/ain/dombes/IMG/pdf/Construction_du_Principe_Alphabetique.pdf (consulté en mars 2017) ;
- Françoise Pollard, CPC Bièvre-Valloire. Animation « du graphisme à l'écriture » janvier et octobre 2009, d'après les travaux d'E. Ferreiro : www.ac-grenoble.fr/ien.bv/IMG/pdf_La_construction_du_principe_alphabetique_et_la_production_d_ecrit_en_maternelle.pdf (consulté en mars 2017) ;
- Pôle maternelle Manche, *Le Langage en maternelle*, document de l'inspection académique 2010 ; www.ac-caen.fr/dsden50/discip/maternelle/IMG/pdf/langmat.pdf (consulté en mars 2017) ;
- Agnès Perrin-Doucey, « Apprentissage de la lecture et construction de l'identité de lecteur au cours préparatoire », Thèse de doctorat : Didactique de la littérature, Université de Grenoble, 2012 ; hal.archives-ouvertes.fr/tel-01083079/document (consulté en mars 2017).

72 La conscience phonologique

Cours et méthodes

DÉFINITION

Le terme de **conscience phonologique** désigne la conscience explicite des unités phonologiques de tout petit niveau, c'est-à-dire les syllabes et les phonèmes. Voici la définition proposée par l'université Laval au Canada[1] :

« La **conscience phonologique** est un terme général qui correspond à l'habileté à identifier et à manipuler les mots dans une phrase et les parties d'un mot (les syllabes, les rimes et les phonèmes). La conscience phonémique, qui est le plus haut niveau de la conscience phonologique, correspond à l'habileté à identifier et à manipuler les phonèmes. »

Pour atteindre ce degré de conscience, il convient donc de permettre aux élèves d'adopter une approche réflexive de la chaine orale, ce qui suppose (BO02, 08 et 15) des activités de manipulations (repérer, découper, dénombrer, localiser…) qui doivent porter sur des unités phonologiques de plus en plus petites : mot > syllabe > phonème.

Le phonème étant une unité infra-syllabique, il est logiquement plus compliqué à identifier que la syllabe : aborder le principe alphabétique doit donc se faire d'abord par une identification fine de l'unité syllabique (prononçable) de la langue. Cette approche permet à l'élève de se familiariser avec les opérations d'identification, de repérage et de localisation de la syllabe misent en avant par le BO15. Cette étape permet ensuite à l'élève d'atteindre progressivement la conscience phonémique.

Toutefois, ainsi que le confirme à nouveau la progression du BO15, la découverte de la syllabe ne peut se faire sans un travail préalable et structuré sur la face sonore de la langue, travail qui se construit dans des associations de termes s'appariant par une syllabe identique à l'attaque ou à la rime.

La progressivité des programmes offre donc une approche implicite (face sonore) puis explicite de la syllabe et du phonème.

Vous trouverez sur le site de l'académie de Rennes[2] un exemple de séquence très intéressant sur le travail sur la face sonore et le passage au phonème.

➥ Voir aussi chapitre 74 « Les représentations visuelles de la chaine orale ».

1. Source : www1.sites.fse.ulaval.ca/fichiers/site_indisse/documents/conscience_phonologique.pdf (consulté en mars 2017).
2. www.ia22.ac-rennes.fr/jahia/webdav/site/ia22/shared/maternelle/Fiches%20pedagogiques/Phonologie/DesJeuxMusicaux.pdf (consulté en mars 2017).

1 Prise de conscience de la face sonore de la langue

À l'entrée en CP, la prise de conscience de la face sonore passe par la capacité à **dissocier dans la langue le sens et le son** (voir documents d'accompagnement du programme), ou plus précisément par la capacité à s'abstraire du sens pour centrer son attention sur le son et pouvoir le poser comme objet d'étude.

La plupart des situations d'apprentissage proposées dans le BO15 et les manuels s'articulent autour de jeux et manipulation des unités syllabiques et phonémiques. En voici quelques exemples :

- l'identification de mots monosyllabiques inclus dans des mots plurisyllabiques (*chat* et *eau* dans *château*) ou la composition de plurisyllabiques à partir de monosylliques (*veau* + *lent* = *volant*). Il s'agit ici essentiellement de jeux oraux qui peuvent prendre la forme de devinette : « si j'associe les mots « cerveau » et « lent » qu'est-ce que j'obtiens ? », de rébus, etc. ;
- les collages d'étiquette contenant des syllabes pour retrouver des mots connus ;
- la construction de paires minimales (mat/pas/sa/ta…) qui permettent de discriminer des phonèmes et de les localiser.

L'objectif de ces activités relatives à la face sonore de la langue est de permettre à l'enfant de se détacher progressivement du sens pour ne considérer que le son et, par là, de le préparer implicitement et progressivement à l'acquisition de la conscience syllabique puis phonémique.

2 La conscience syllabique

DÉFINITION

La **conscience syllabique** désigne la capacité à traiter séquentiellement et exhaustivement les syllabes d'un mot oral ou écrit.

2.1 Compétences en œuvre dans la conscience syllabique

- Compétences spécifiques relevant de la conscience explicite de la syllabe :
  - découper un mot en syllabes ;
  - identifier chaque syllabe ;
  - combiner les syllabes ;
  - ordonner séquentiellement toutes les syllabes (analyse et combinatoire).
- Manipulations permettant l'acquisition des compétences précitées :
  - segmentation orale ou visuelle des syllabes (représentation) ;
  - dénombrement des syllabes ;
  - relation entre le nombre de syllabes d'un mot oral ou écrit et sa longueur à l'oral ou à l'écrit ;
  - repérage et localisation des syllabes-cibles dans un mot.

2.2 Exemples d'activités autour de la syllabe

Dans les activités relatives à la face sonore de la langue, la constitution de paires minimales favorise l'acquisition de la conscience syllabique. Les activités sur la syllabe doivent de plus conduire à l'intuition des frontières phonémiques. On peut distinguer des activités[1] :

- de **différenciation de syllabes proches** : élaborer des paires minimales se distinguant par un phonème (/mo/-/to/) ou par un trait pertinent (/mo/-/mɔ̃/). Pour les enfants, l'association de ces syllabes proches permet :
  - la discrimination fine de sons infra-syllabiques ;
  - la prise de conscience et correction d'erreurs de prononciation.

Pour l'enseignant, elles permettent de repérer et identifier de possibles problèmes de prononciation ou d'audition, et donc d'y remédier le cas échéant.

- d'**articulation entre forme orale et écrite** des mots et des syllabes (copie puis écriture) : l'objectif est de favoriser les procédures de généralisation analogique chez l'élève afin de lui permettre d'accéder à la compréhension du fonctionnement de l'écriture. Il convient à ce moment de l'apprentissage de prendre garde à ce qu'il n'y ait aucune ambiguïté entre graphie et phonie, donc d'éviter les graphèmes complexes comme au, eau, ai, etc.
- **sensori-motrices** (écrire, dire, entendre, voir), qui permettent de faire émerger la syllabe orale par :
  - **accentuation** en réception/production : l'enseignant accentue une syllabe-cible dans un mot, les enfants reproduisent ce qu'il vient de faire ou frappent dans leurs mains à chaque fois qu'ils perçoivent la syllabe-cible ;
  - **représentation visuelle** des syllabes, et coloriage de la syllabe-cible ;
  - **verbalisation** de la segmentation des syllabes (en situation d'écriture) ;
  - **repérage visuel** de la syllabe écrite dans deux mots : accentuation sur les unités graphiques, ex. *Sa*lade/*Sa*von ;
  - **épellation** des syllabes en situation de lecture et d'écriture ;
  - **contrôle kinesthésique** de l'activité graphique : l'automatisation des gestes psychomoteurs favorise la mémorisation.

Exemple

Niveau CP

Consigne 1 : Dans les mots suivants, colorie les cases selon le nombre de syllabes entendues.

chameau

poisson

toboggan

serpent

···>

1 Pour le concours, il convient d'être capable de verbaliser les distinctions entre ces différentes activités qui relèvent de compétences distinctes.

Exemple (suite)

◗ **Consigne 2 :** Dans les mots suivants, certaines syllabes ont été effacées. Retrouve-les et recopie-les.

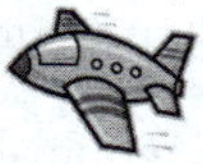	avion	a_ _ _ _
	chien	_ _ _ _
	enfant	_ _ fant
	arbre	ar_ _ _

◗ **Consigne 3 :** Remets les syllabes dans l'ordre pour former les mots correspondants aux images. Tu peux t'aider des listes précédentes.

to	fant	sson	ar	poi	bo	en	bre	ggan

3 La conscience phonémique

L'objectif est une maitrise de plus en plus explicite de ce qu'est le phonème (identification, quantification et localisation). Cette maitrise passe par une représentation visuelle des phonèmes, qui permet repérage et mise en relation des unités phonologiques et graphiques. Cette analyse phonémique constitue la dernière étape de la construction du principe alphabétique.

3.1 Analyse et fusion phonémique

Au CP, chaque élément de la correspondance graphophonologique doit être approché. Les leçons s'organisent autour d'un phonème identifiable par sa fréquence dans le support pédagogique retenu (comptine, corpus de mots). Toutefois, la capacité à repérer un phonème dans un mot n'est pas si naturelle, puisqu'il ne s'agit pas d'un simple découpage de phonèmes mais d'une véritable décomposition des phonèmes qui constituent la syllabe et qui y sont fusionnés. L'opération inverse, la fusion phonémique, est un processus d'égale complexité.

Cette conscience phonémique s'acquiert par des processus cognitifs qui relèvent à la fois de la généralisation analogique et de la décomposition phonémique :

- **généralisation analogique** : induire la lecture ou l'écriture d'une syllabe à partir de celle dont elle ne se différencie que par un phonème ;
- **décomposition phonémique** : analyser la chaine parlée dans tous ses phonèmes successifs (identification et fusion phonémique).

Exemple

Niveau CP

Généralisation analogique en situation de lecture :
Le graphème /l/ fait le son [l], et /a/ fait le son [a]. Si je vois /l + a/ alors je lis [la]. Je fais la même chose pour les paires ci-dessous :

- l a → la (la maman)
- l e → le (le chat)
- l o → lo (lola)
- l i → li (lilas)
- l u → lu (lulu)

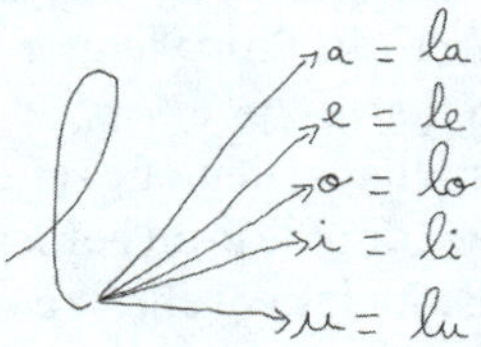

Décomposition phonémique en situation de lecture :
Lecture du mot : maman = [ma] {[m] [a]} + [mɑ̃] {[m] [ɑ̃]}.
N.B. : les procédures cognitives sont équivalentes en situation d'écriture.

Le croisement des deux procédures (généralisation analogique et décomposition phonémique) permet la maitrise progressive de la lecture et de l'écriture.

3.2 Compétences en œuvre

- Compétences spécifiques relevant de la conscience phonémique :
  - analyse phonémique (segmentation et identification des phonèmes) ;
  - fusion des phonèmes ;
  - ordonnancement séquentiel des phonèmes ;
  - acquisition des correspondances grapho-phonologiques.
- Manipulations permettant l'acquisition des compétences précitées :
  - association des mots qui sont identiques à l'attaque ou à la rime (ex. **a**vion-**a**mi/ am**i**-sour**i**s) ;
  - repérage puis localisation des voyelles-cibles (ex. **i**dée – **o**rdinateur – am**i**) ;
  - repérage des phonèmes communs à des syllabes (ex. comptine, virelangue…) ;
  - repérage des graphèmes communs à des syllabes ;
  - mise en relation des phonèmes et des graphèmes (commencer alors par les graphèmes simples).
- Compétences complémentaires acquises au cours des activités :
  - prise de conscience de la présence de lettres muettes à la finale des mots ;
  - familiarisation avec différentes écritures (capitale/cursive).

3.3 Exemple d'activités à mener autour du phonème

- Consolidation des compétences vues pour la conscience syllabique : segmentation, dénombrement, identification, localisation et successivité ;
- Articulation de la forme orale et écrite des mots : au niveau du phonème, la complémentarité entre forme orale et écrite est nécessaire ;
- Articulation du principe et du code alphabétique : principe et code alphabétiques étant indissociables, il convient donc de favoriser la constitution d'un stock de correspondances graphophonologiques. Il s'agit donc dans les activités proposées d'articuler une progressivité à deux niveaux :

– le développement de la conscience phonémique (structure phonémique de la syllabe) ;
– la maitrise des éléments du code alphabétique, qui articule les caractéristiques du phonème et celles des graphèmes les plus favorables à leur repérage et leur mémorisation. Les phonèmes les plus aisément repérables sont les voyelles qui supportent la valeur prosodique de la langue, /a/, /i/, /o/, /e/, /y/, /u/, /ɔ̃/, /ɛ̃/ et /ɑ̃/. Puis viennent les fricatives sourdes /f/, /s/ et /ʃ/, puis le /R/ et les occlusives /p/ et /m/, et enfin les occlusives sourdes /k/ et /t/. Les graphèmes les plus facilement repérables et mémorisables sont les voyelles « a », « i » et « o », dont le nom coïncide avec leur valeur phonémique /a/, /i/, /o/. Viennent ensuite les voyelles « é », « ou » et « an » en raison de leur fréquence, « ou » et « an » permettant de faire prendre conscience aux élèves qu'il existe des graphèmes complexes. Au niveau des consonnes, il est conseillé d'aborder en premier lieu le « s », puis les autres[1].

La conscience phonémique se développe en s'exerçant sur un nombre limité d'éléments du code. Cette maitrise de la conscience phonémique étant censée conduire (par généralisation analogique, ou autoformation) à la maitrise progressive de l'ensemble du code alphabétique.

- Activités sensori-motrices :
  – **représentation visuelle** du graphème ;
  – **contrôle kinesthésique** du graphisme.

➥ Voir activités indiquées dans le BO15

Exemple

Niveau CP : fusion phonémique

Voici un exemple d'activité relatif à la **fusion phonémique** : utilisation du mini-livre (tutoriel de création facilement trouvable sur internet). Cette activité peut être poursuivie tout au long du cycle 2, et même évoluer au cycle 3 :

À consulter également : le site de l'académie de Caen, qui propose de nombreuses activités autour de ces questions[2].

1. Pour des exemples de progression à mener avec des élèves, voir ce qui était proposé dans le BO08.
2. www.ac-caen.fr/dsden50/discip/maternelle/IMG/pdf/langmat.pdf (consulté en mars 2017).

73 Maitrise du code alphabétique

Cours et méthodes

Seule la mémorisation du code alphabétique permet l'acquisition de la lecture et de l'écriture. Deux difficultés émergent :

- l'arbitrarité des correspondances graphophonologiques ;
- le caractère abstrait des graphèmes et phonèmes (*vs.* la syllabe prononçable).

1 Difficultés dans l'acquisition du code alphabétique

Note : le BO15 ne donne aucun élément de progressivité quant à l'acquisition du code alphabétique. Nous reprenons donc, à titre d'indication, ce qui était proposé dans le BO08 dont nous vous conseillons la lecture.

- La **non-coïncidence entre les analogies graphiques et phonologiques** : il n'existe pas de correspondance systématique entre graphèmes et phonèmes. En effet, certains graphèmes peuvent transcrire plusieurs phonèmes et un phonème peut être transcrit par plusieurs graphèmes (ex. dans la paire *lap**in**/ma**in*** on a un phonème mais deux graphèmes, ou encore la paire ***c**inéma/**c**abane* contient un même graphème initial mais deux phonèmes) ;
- **L'appartenance de lettres à des di- ou trigrammes** : le BO08 exigeait que le choix des correspondances graphophonologiques se fasse selon la fréquence d'emploi des éléments du code. La difficulté vient de ce que certaines lettres (ex. *a/i/e*) se rencontrent dans des di-/trigrammes (ex. *ai*, qu'il ne se lit pas /ai/ mais /ɛ/, *eau* qui ne se lit pas /øay/ mais /o/) ;
- Les **confusions** :
  - au niveau des consonnes sourdes et sonores (/v/ *vs.* /f/) ;
  - entre les lettres dites symétriques (*p*, *q*, *b* et *d*). Ces consonnes sont doublement symétriques sur l'axe vertical (*p/q* ; *b/d*) et horizontal (*p/b* ; *q/d*). De plus, pour ces consonnes, aux difficultés graphiques s'ajoutent des difficultés d'analyse phonémique en réception :
    - *p/b* ne se distinguent que par un trait pertinent (sourde/sonore) ;
    - *d/b* ne se distinguent que par le point d'articulation (apico-dental[1]/labial).
- Le **degré de complexité des graphèmes** : certains graphèmes complexes doivent être introduits très tôt en raison de leur fréquence : *an*, *ou*, *ch*.

1. La langue vient contre les dents.

Didactique

Afin de pallier ces difficultés, il faut élaborer une progressivité qui mette en exergue les régularités du système, soit :

- les coïncidences entre lettre, graphème et phonème (voir précédemment sur les phonèmes les plus aisément repérables et mémorisables) ;
- pour permettre la mémorisation du code, choisir des paires analogiques (*mam**an**/par**ent**/**faon** mais mam**an**/éléph**ant** ; **faon**/**paon** ; par**ent**/jum**ent**) ;
- différer l'introduction des sonores par rapport aux sourdes ;
- en C1, ne proposer que le phonème /p/ qui présente l'avantage de n'avoir qu'une seule forme unique (en minuscule ou majuscule d'imprimerie : l'arrondi est à droite de la barre), les autres consonnes seront introduites en C2 ;
- différer l'introduction des graphèmes complexes peu fréquents (« aon » pour /ã/).
- formaliser chaque élément du code par l'association d'un graphème avec une représentation iconique d'un mot dit de référence contenant le phonème qu'il transcrit. Le mot de référence doit être, si possible, choisi par rapport à son phonème initial car c'est la position la plus aisément repérable.
- structurer progressivement l'ensemble des éléments du code, en favorisant la mémorisation et la compréhension par des représentations visuelles, qui doivent être un outil d'aide, non seulement à la mémorisation du code, mais également à l'acquisition du principe alphabétique.
- des procédures de remédiation et de différenciation qui doivent prendre en compte l'hétérogénéité des élèves.

Exemple

Niveau CE1 : discrimination phonémique et correspondances graphophonologiques

▸ **Consigne 1 :** J'entoure le son [o] dans le texte suivant.

Un tour en canoë,

Pendant les vacances, il faisait beau. Alors, avec mes parents, nous sommes allés faire un tour en canoë. L'eau du fleuve était belle, les oiseaux volaient tout autour de nous. Il y en a même un qui s'est posé sur l'avant du bateau et qui s'est ensuite envolé très haut dans le ciel.

Piste de différenciation : jouer sur la longueur du texte ou sur sa casse, souligner les mots qui contiennent le son [o]...

▸ **Consigne 2 :** Je recopie les mots dans la bonne colonne du tableau.

Je vois :		
La lettre : « o »	**Les lettres « au »**	**Les lettres « eau »**

2 La lettre

La lettre est constituée de trois composantes : son nom, sa forme et sa valeur.

2.1 Le nom de la lettre

On observe qu'un apprentissage précoce du nom des lettres de l'alphabet sert :

- à donner une identité aux lettres (le a n'est pas le z) ;
- à montrer que l'écrit transcrit du son : l'écrit est donc un type de graphisme différent du dessin.

La difficulté vient de ce que les enfants peuvent confondre « lettres » et « graphèmes », or il faut absolument éviter cet écueil. Pour ce faire, il est d'usage de montrer la différence entre ces deux unités par un affichage visuel clair.

L'apprentissage du nom des lettres peut se faire dès 3 ans puisqu'il relève de la seule mémoire ; en revanche, l'apprentissage des graphèmes, qui relève d'une véritable analyse (segmentation, identification, localisation et fusion), doit se faire plus tard (5-6 ans).

Pour aider les élèves dans cette distinction entre lettre et graphème, il convient de signifier que la lettre a un nom quand les graphèmes ont une valeur phonique (ex. la lettre *a* porte le nom /a/ et le graphème /a/ fait le son [a]).

Exemple

Niveau PS/MS : « Le livre des prénoms »

Voici des exemples de travaux menés à Monfina sur les lettres initiales des prénoms :

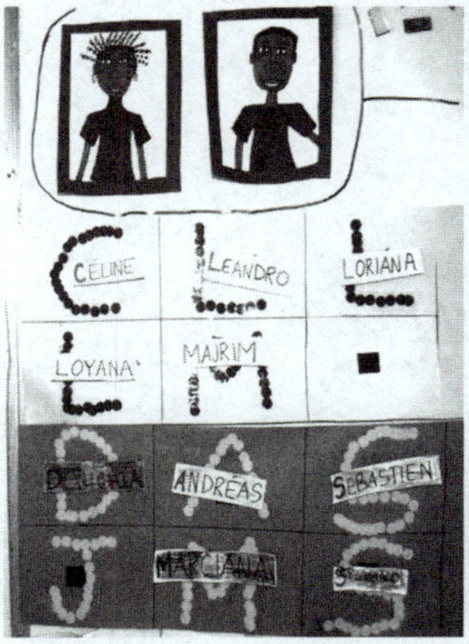

Classement par ordre alphabétique.

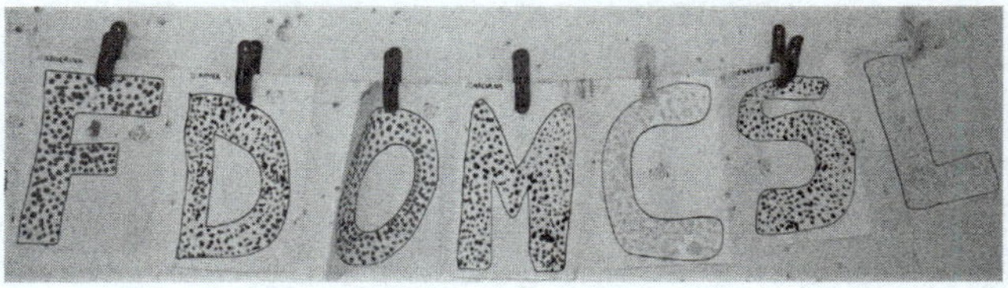

Didactique

2.2 La forme de la lettre

Une lettre n'a pas une forme mais plusieurs (majuscules ou minuscules d'imprimerie/cursives) et doit pouvoir être identifiée au-delà de sa diversité[1]. Pour faciliter l'identification et la mémorisation, il convient de mettre en place un affichage des lettres dans les quatre types d'écriture (a, A, ɑ, 𝒜) et de proposer régulièrement des activités permettant aux élèves, à partir d'un modèle, d'écrire les différentes lettres.

Exemple

Niveau CP : « Mon emploi du temps »

Voici un exemple de travail alliant plusieurs compétences afférentes aux domaines suivants : *enrichir son vocabulaire* (jours de la semaine) ; *se situer dans le temps* (emploi du temps et activités hebdomadaires) ; *travailler la graphie et la lecture* (encodage et décodage par recopiage de minuscules manuscrites et reconnaissance/lecture en minuscules d'imprimerie grâce aux étiquettes).

Consigne : Je recopie en écriture cursive les mots en bleu, puis je colle l'étiquette correspondante. Je décore ensuite selon mes activités.

1. Voir *supra* les difficultés relatives aux lettres symétriques *p*, *b*, *q* et *d*.

2.3 Travail kinesthésique sur la graphie des lettres

Exemple

Niveau CP : guidage graphique

Consigne : Passe sur la lettre avec ton doigt en faisant bien attention, puis continue la ligne.

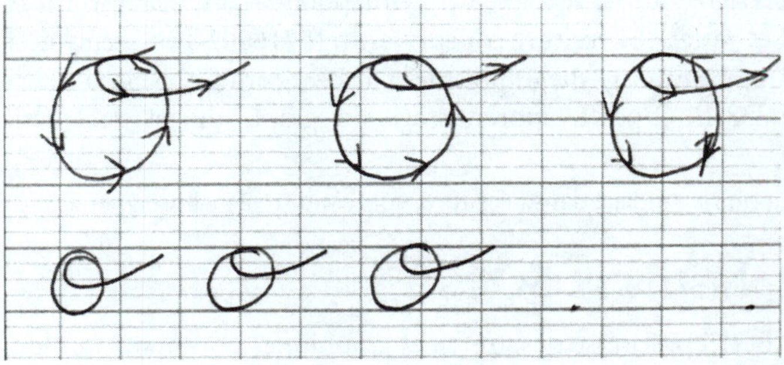

Exemple

Niveau PS/MS : la forme des lettres

Voici un exemple de travail à faire sur les formes des lettres mettant en œuvre des compétences sensori-motrices (école Monfina) :

Sur cette image on voit que l'élève a été conduit à produire une graphie ample de la lettre s sur un support solide (carton) qu'il a ensuite découpé (reproduisant ainsi implicitement le même tracé). Par la suite il a été invité à peindre la lettre (usage d'un matériel différent, la peinture) puis à la décorer avec une ficelle qui impose un mouvement ample et courbe (proche du geste de l'élève lorsqu'il s'agissait pour lui de dessiner la lettre).

Dans le même ordre d'esprit (activités sensori-motrices autour des lettres), voir les documents suivants (consultés en février 2017) :

- Contribution de l'exploration tactile de lettres dans un programme de préparation à l'apprentissage de la lecture en grande section : www.cndp.fr/bienlire/04-media/a-contribution-Imp.htm.
- Diaporama graphisme/écriture à l'école maternelle : www.ac-grenoble.fr/portail-pedagogique07/histoire_art/file/diaporama-graphisme-ecriture-2009-46pages.pdf
- Les gestes de l'écriture : docplayer.fr/15716002-Les-gestes-de-l-ecriture.html
- L'apprentissage du graphisme et de l'écriture aux cycles 1 et 2 : www.ac-grenoble.fr/ml38/IMG/pdf/L_apprentissage_du_graphisme_et_de_l_ecriture_2013.pdf

➥ pour le guidage dans l'écriture, voir chapitre 24 « Enseigner à écrire ».

2.4 Graphisme et BO15

Le BO15 préconise des exercices graphiques nombreux dès le C1. Voici les compétences attendues dans ce domaine selon les cycles :

Cycle 1	Exercice graphique pour permettre d'affiner les trois composantes retenues par le BO15, soit : • la composante motrice : regard de l'élève et pilotage de la main (épaule, coude, poignet et doigts) ; • les composantes sémantiques et alphabétiques : l'abstraction (un dessin n'est pas un écrit). *Le geste d'écriture met en jeu un processus psychomoteur complexe qui exige un guidage important de l'enseignant et un entraînement régulier.* La progression indiquée dans le BO est la suivante : exercices graphiques > écriture autonome de mot > production de texte.
Cycle 2	*Favoriser la fréquence, la quantité et la variété des écrits*
	Copier de manière experte : • Maitrise des gestes de l'écriture cursive (vitesse et sureté croissantes). • Correspondances entre diverses écritures des lettres pour transcrire un texte. • Stratégies de copie pour dépasser la copie lettre à lettre. • Lecture (relire pour vérifier la conformité). • Maniement du traitement de texte pour la mise en page de courts textes.
	Progression indiquée dans le BO : • CP : articulée à l'apprentissage de la lecture, et maitrise du geste d'écriture par copie et production autonome (guidage important du PE, notamment par la dictée à l'adulte) ; • CE1/CE2 : perfectionnement du geste et mémorisation orthographique + production diverses et fréquentes.
Cycle 3	*Renforcement C2 + écriture sur clavier numérique*
	Écrire à la main de manière fluide et efficace : • Automatisation des gestes de l'écriture cursive. • Entrainement à la copie pour développer rapidité et efficacité.
	Écrire avec un clavier rapidement et efficacement : • Apprentissage méthodique de l'usage du clavier. • Entrainement à l'écriture sur ordinateur.

74 Les représentations visuelles de la chaine orale

Le problème de la chaine orale vient de sa délicate mise à distance. Or, cette distance est nécessaire pour transformer la chaine orale en objet d'étude observable, en quelque chose de tangible autrement que par l'ouïe. Il convient donc de passer par une représentation visuelle. Nous indiquons ici quelques moyens parmi les plus fréquents rencontrés dans les manuels.

1 Les représentations de la syllabe

Il existe plusieurs activités pour offrir aux enfants une représentation tangible de la syllabe, dont les suivantes qui sont les plus classiques :

- **frapper** les syllabes dans les mains, sur la table, sur un tambour, etc. ce qui permet une première approche de la segmentation des mots en syllabes : 1 frappé = 1 syllabe. Le seul inconvénient de cette activité c'est qu'elle ne permet pas aux enseignants de mesurer si les élèves frappent vraiment les syllabes entendus ou s'ils frappent un rythme régulier. De plus, il est délicat d'évaluer cette activité qui ne laisse pas de trace écrite ;
- utiliser les **doigts**, qui permettent de segmenter et quantifier les syllabes : 1 doigt = 1 syllabe ;
- utiliser les **traces écrites**, qui permettent de segmenter et quantifier les syllabes : 1 tracé = 1 syllabe, mais également de montrer la successivité des syllabes, éventuellement leur localisation et de mettre en relation le nombre de syllabes et la longueur du mot oral.

Exemple

Niveau CP : la conscience syllabique

▸ **Consigne 1 (dénombrement syllabique)** : Je colorie les cases selon le nombre de syllabes que j'entends dans les mots.

un dé	un sapin	un champignon	un ordinateur
 ☐☐☐☐	 ☐☐☐☐	 ☐☐☐☐	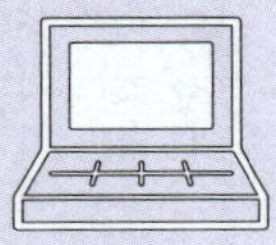 ☐☐☐☐

▸ **Consigne 2 (association entre la longueur phonique et graphique des mots)** : Je recopie les mots de la liste précédente dans la bonne colonne.

1 syllabe	2 syllabes	3 syllabes	4 syllabes
◡	◡◡	◡◡◡	◡◡◡◡
----------------	----------------	----------------	----------------

Piste de différenciation : frapper ou compter à l'oral le nombre de syllabe avant de laisser les élèves en autonomie, jouer avec le nombre de termes…

Parmi les traces écrites, les représentations en arcs de la syllabe sont les plus pertinentes, en raison du rapport étroit entre le geste graphique qui permet de former un arc et les gestes de l'écriture.

Exemple

Niveau CP : localisation et identification syllabique

▸ **Consigne 1 (localisation d'une syllabe-cible) :** Je mets une croix dans l'arc dans lequel j'entends une syllabe identique dans les mots suivants.

lundi	mardi	mercredi	jeudi	vendredi	samedi	dimanche
◡◡	◡◡	◡◡◡	◡◡	◡◡◡	◡◡◡	◡◡◡

Piste de différenciation : proposer le même tableau à tous les élèves mais entourer ou surligner la syllabe identique…

▸ **Consigne 2 (tri et discrimination attaque/rime) :** Je recopie les mots de la liste précédente dans la bonne colonne selon que la syllabe entendue se trouve au début (attaque) ou à la fin (rime) du mot.

Syllabe finale identique = RIME	Syllabe initiale identique = ATTAQUE
◡☺ ou ◡◡☺	☺◡◡
---------- -------------	-------------

Piste de différenciation : proposer la même liste à tous les élèves, mais souligner la syllabe identique.

▸ **Consigne 3 (graphie syllabe-cible vers la conscience phonémique) :** Je recopie la syllabe identique des mots précédents : _ _

2 Les représentations du phonème

Si l'on part d'une représentation visuelle en arc de la syllabe, alors le phonème peut être représenté par un point dans l'arc correspondant à sa syllabe-hôte.

Exemple

L'exemple suivant propose une représentation du /i/ dans une syllabe médiane : dans le mot « ordinateur », le /i/ se situe dans une syllabe médiane, on associe donc une représentation iconique du mot « ordinateur » à un tracé d'arcs correspondant pour situer le /i/ :

Avec la localisation fine des phonèmes, l'enfant est conduit progressivement à prendre conscience de la structure de la syllabe (composée d'au moins une voyelle phonique et éventuellement de consonnes). Cette localisation fine des phonèmes constitutifs peut s'accompagner d'une structuration progressive des correspondances graphophonologiques. Cette structuration peut donner lieu à un affichage en classe qui distingue consonnes et voyelles.

3 L'iconicité

3.1 De l'iconicité à l'écriture

La représentation iconique donne aux mots un visuel accessible aux enfants non lecteurs, en particulier au cycle 1, ce qui est indispensable à la construction du principe alphabétique. Par conséquent, l'enseignant devra apporter un soin tout particulier au choix des mots que les élèves vont manipuler.

Voici des exemples qui montrent l'apport de l'iconicité et le lien avec l'écriture :

Exemple

1. Entoure le dessin si tu entends [ə]

2. Coche la case quand tu entends [ə] dans la syllabe

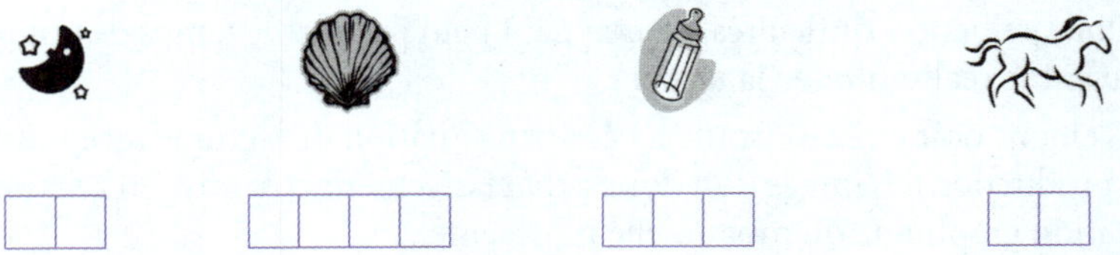

Exemple (suite)

3. Recopie les mots dans lesquels tu entends [ə]

bateau plume robinet mouche

Les mots doivent être en adéquation avec l'objectif d'apprentissage qui est prioritairement l'acquisition des correspondances graphophonologiques. Par conséquent, le nombre de mots disponibles se trouve ainsi souvent réduit.

Voici d'autres critères qui entrent en jeu dans le choix des mots par les manuels et les enseignants :

- **leur catégorie :** ce qui peut constituer une approche implicite de la notion ;
- **l'intérêt de l'enfant :** on se situe là au niveau de l'affect (voir à ce sujet le rapport de A. Bentolila et les documents cités dans le chapitre 17 sur le lexique) ;
- **l'enrichissement lexical :** désignation des représentations iconographiques (voir exemples *infra*, section 3.2) ;
- **possibilité ou non d'une représentation des mots :** *détritus* est plus difficilement représentable que *poubelle* ;
- **l'accessibilité des enfants aux mots :** *syntagme* est moins accessible que *groupe, maracuja* que *pomme.*

3.2 Problèmes liés à l'iconicité

Ils relèvent essentiellement de l'identification et de la désignation des dessins. Voici une liste non exhaustive des difficultés fréquentes :

- le vocabulaire des enfants ;
- la nécessité de familiarisation des enfants avec les représentations proposées : l'identification d'un dessin se fait par rapport à ce que l'on connait, un même dessin peut donc représenter deux choses différentes pour deux enfants distincts (ex. là où l'un identifiera une voiture, l'autre identifiera un 4×4), ce qui pose des problèmes pour l'identification des syllabes et des phonèmes (ex. si l'on veut faire apprendre le son [wa] de voiture aux enfants et que l'un dit [katrkatr]) ;
- la polysémie des représentations : décontextualisés, les dessins peuvent être polysémiques (ex. le loup pourra être identifié comme un chien), lever cette ambigüité suppose d'alourdir la représentation (ex. représenter à côté du loup le petit chaperon rouge) ;
- la prise en compte d'éléments spécifiques du dessin : l'utilisation de flèches conduit à cette spécification (*cf.* l'exercice 1 de l'exemple *supra*, section 3.1).

Pour pallier ces difficultés, l'enseignant peut prendre le temps de nommer les images avant la réalisation de la tâche.

L'enfant doit être confronté à l'écrit en situation de lecture (réception) et d'écriture (production). L'image doit donc progressivement être mise en relation avec la réalisation graphique du mot qu'elle représente.

Exemple

Niveau CP, lien entre représentation iconographique et graphie

- **Consigne 1 (résolution de problème et lien graphie-phonie) :** Je recopie sur la ligne les bonnes syllabes pour former le mot correspondant au dessin.

Syllabes :

ve	li	mo	vé	ta	ra	ka	vo	veau	la	mo	ta	do	lo	mi	pa

____

- **Consigne 2 (lecture) :** Je relie le mot à sa représentation.

 • • *étoile*

 • • BATEAU

 • • sapin

 • • *vélo*

75 Lire et écrire

Ces apprentissages sont en lien étroit avec l'acquisition du principe alphabétique puisque lecture et écriture sont deux facettes d'une même réalité : l'écrit. La pédagogie actuelle plébiscite l'idée suivante : dès le C1, il faut permettre à l'enfant d'être à la fois lecteur et scripteur (même indirectement) pour qu'il puisse organiser au mieux ses représentations de l'écrit. Ainsi l'enfant peut se constituer une véritable culture de l'écrit en l'explorant sous plusieurs de ses aspects. Les chercheurs ont montré que les conditions d'une entrée idéale dans l'écrit sont les suivantes :

- comprendre la fonction pragmatique du lire-écrire ;
- bien parler ;
- acquérir la conscience phonologique : ce n'est que parce que l'enfant a pris conscience des unités phonologiques du langage qu'il peut entrer dans l'écrit.

À consulter

- Voir BO15 pour des exemples d'activités à mener avec les élèves.
- Pour la lecture : www.lire-ecrire.org > Conseils pratiques > Aider à apprendre > Lire et écrire : maternelle et CP > Méthodes d'apprentissage de la lecture – 2012.
- Pour la production d'écrit : *Production d'écrit du cycle 3 au collège*[1].

1. pedagogie.ac-toulouse.fr/circ-montauban-3/IMG/doc/redaction_-_evaluation_finale.doc (consulté en mars 2017).

76 Enseigner à lire

Cours et méthodes

1 Étapes d'apprentissage de la lecture

1.1 Étapes relatives à l'identification des mots et des signes graphiques

Trois étapes sont distinguées dans l'approche du signe graphique :

- 1er stade **idéographique** : l'enfant perçoit le mot comme un dessin qui serait une représentation abstraite de l'objet désigné. Le repérage du mot passe donc par l'identification d'une série de caractéristiques visuelles ;
- 2e stade **logographique** : l'enfant prend conscience que le mot écrit correspond au mot oral et qu'un mot se prononce toujours (ou presque) de la même façon. Il va donc chercher à prononcer le mot. C'est là que les enfants peuvent prendre seuls des livres et en raconter l'histoire en *faisant semblant* de lire.
- 3e stade **orthographique** : au CP (parfois fin de GS), l'enfant se représente le mot comme une combinaison ordonnée de signes ayant pour la plupart des correspondants sonores. L'identification devient alors possible pour tous les mots, y compris inconnus (déchiffrement).

1.2 Étapes relatives à la compréhension des textes

- 1re étape, **prélèvement d'indices** : au début, que ce soit en lecture d'image ou dans une situation de récits entendus, l'enfant ne hiérarchise pas les informations mais retient souvent de petits détails ;
- 2e étape, **repérage des indicateurs spatio-temporel** : la capacité de l'enfant à se situer dans le temps et l'espace s'affine peu à peu, il est en mesure de repérer et d'organiser les indications spatio-temporelles d'un texte. Il peut donc commencer à relier les différents indices pour construire du sens, donc produire des inférences :

Exemple

Exemple de procédure inférentielle

Texte : « La maman de Marie est venue la chercher à l'école. À la maison elle a gouté du chocolat et des gateaux. »

On peut inférer, entre les deux phrases, qu'il y a eu un déplacement de Marie et sa maman de l'école à la maison, même si ce n'est pas explicité.

- 3e étape, **réalisation d'inférences complexes**, par repérage des marqueurs logiques : au C3, l'enfant peut identifier les marqueurs logiques et les mettre en relation pour inférer du sens, c'est ce qui va lui permettre d'accéder à l'implicite du texte et de l'interpréter (accession progressive à la pensée abstraite).

Exemple

Texte : « Il a pris son parapluie malgré le soleil. »
L'enfant – à partir de *malgré* – va inférer une contradiction entre les deux périodes « il a pris son parapluie » et « le soleil », en effet la seconde période suppose un ciel radieux, donc sans nuages de pluie.
Voici le calcul inférentiel de l'enfant :
1. fait : il a pris son parapluie ;
2. inférence : *donc* il pleut ;
3. contradiction : *mais* il fait beau.

- 4e étape, **interprétation** : à ce stade, le lecteur peut prendre du recul par rapport au texte et en proposer une interprétation, il accède à l'implicite.

Exemple

Nous reprenons l'exemple précédent : « Il a pris son parapluie malgré le soleil. »
Après avoir repéré la contraction entre les deux périodes, et à supposer que le *il* dont on parle ne souffre d'aucun trouble psychique, l'enfant va proposer une interprétation qui résolve le paradoxe, ce qui pourrait ainsi se gloser : « 'il a pris son parapluie alors qu'il ne pleut pas mais qu'il fait beau', donc 'il pense/sait que le temps va changer'. L'implicite de l'énoncé 'il a pris son parapluie malgré le soleil' est donc 'il va pleuvoir'. »

2 Entrer dans l'écrit au cycle 1

L'entrée dans l'écrit en maternelle se fait par deux biais.

2.1 L'acquisition d'une culture des écrits

Ce qui suppose :
- **découvrir les fonctions** des différents écrits : l'élève est confronté à tous types d'écrits (sociaux et littéraires). Il découvre l'aspect matériel des écrits présents en classe, dans l'école et partout. Il s'agit donc de mettre à disposition des élèves des écrits variés et de mener des activités de comparaison et de tri.
- se **construire une culture littéraire** : qui passe par les lectures de l'enseignant. Les albums doivent être régulièrement relus à haute voix pour que les élèves se les approprient et les reformulent (langage d'évocation). Les ouvrages proposés doivent permettre de découvrir les genres littéraires et les variations de registres.

Exemple

Niveau PS/MS : prendre conscience que l'écrit encode du son et du sens

Voici un exemple d'écrit social (affichage en classe, école Monfina) qui met en valeur les différents moments de la journée relatifs au rituel du matin (appel) et à l'hygiène :

Ce travail ritualisé d'affichage des prénoms (chaque élève va indiquer sa présence en affichant son prénom) peut être aisément poursuivi en cycle 2 par un travail autour de la date (se situer dans le temps). Voici un exemple d'activité réalisable en CP et/ou CE1 et qui peut être enrichi au fur et à mesure des acquis des élèves.

Niveau CP/CE1 : « Le moulin des anniversaires »

Sur chaque pale du moulin se trouvent les noms des mois de l'année dans les trois graphies (majuscules et minuscule d'imprimerie + manuscrite), et sous le moulin, l'année en cours.
Le centre du moulin est accroché au mur, il tourne et se trouve en permanence accessible visuellement pour les élèves. En ajoutant au-dessus une frise avec les jours de la semaine et une bande numérique sur lesquelles les élèves peuvent déplacer un aimant/curseur, ceux-ci deviennent vite autonomes pour l'écriture de la date.
De plus, l'apprentissage est ici motivé par la présence des anniversaires, et un rituel peut être mis en place en ajoutant sur la bande numérique les prénoms des enfants dont c'est le mois d'anniversaire. Voici un exemple :

« Les jours de la semaine »

LUNDI	MARDI	MERCREDI	JEUDI	VENDREDI	SAMEDI	DIMANCHE
lundi	mardi	mercredi	jeudi	vendredi	samedi	dimanche
lundi	mardi	mercredi	jeudi	vendredi	samedi	dimanche

« Le jour dans le mois »

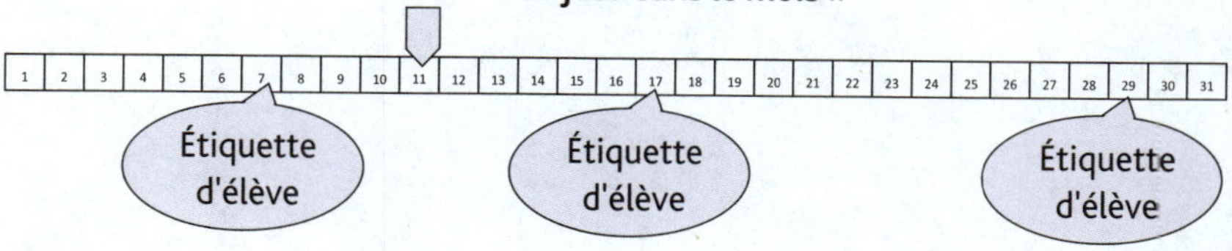

Didactique

Exemple (suite)

« Le moulin des mois d'anniversaires »

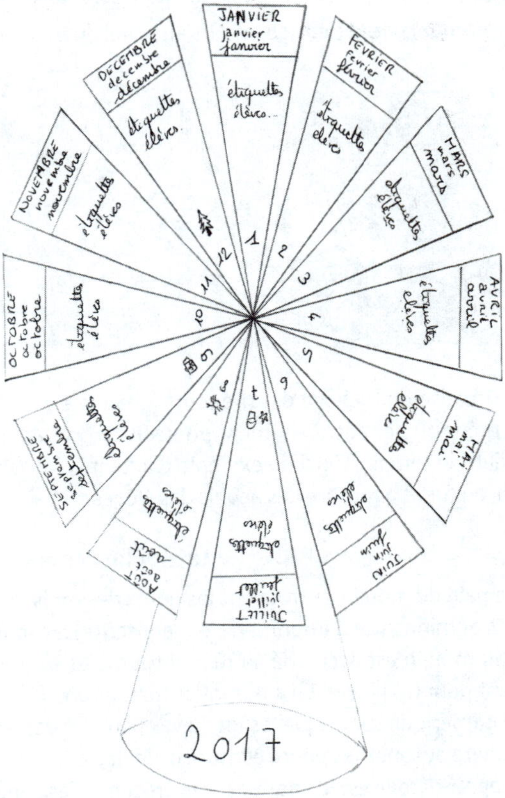

Prolongements possibles : intégrer à la représentation des notions temporelles comme le changement d'année, les vacances scolaires, les saisons (un travail sur la nature peut être fait en parallèle pour fournir des photos à intégrer au moulin par ex.), etc.

2.2 Se préparer à l'apprentissage de la lecture

Ce qui suppose :

- **lire des écrits** : le maitre peut proposer des moments de découverte de l'écrit. Les élèves sont alors amenés à prélever des indices et à formuler des hypothèses sur le type d'écrit proposé ainsi que sur son contenu. Après confrontation collective, la lecture magistrale vient confirmer ou infirmer les hypothèses ;
- **s'entrainer à la lecture :** mener des activités de préparation à l'apprentissage de la lecture. Ces activités peuvent porter sur une première approche du code de la langue écrite ou encore viser des comportements nécessaires à la lecture.
- **acquisition de la conscience phonologique** et **approche du principe alphabétique**.

➥ Voir chapitre 71 « La construction du principe alphabétique ».

2.3 Écrit en C1 et BO15

En C1 il s'agit avant tout de faire comprendre aux élèves la nature des écrits, leurs variétés ainsi que les fonctions langagières de l'écrit en réception et production (l'écrit produit quelque chose sur le récepteur et induit donc un comportement particulier de la part du scripteur).

Les compétences retenues sont les suivantes :

- écouter l'écrit et le comprendre : compréhension en réception et diversité des textes vus ;
- découvrir la fonction de l'écrit : principe alphabétique et communication ;
- commencer à écrire seul (sans orthographe normée).

3 Apprendre à lire au cycle 2

3.1 Apprendre à identifier les mots

- Maitriser le principe alphabétique (voir chapitre 18 « La construction du principe alphabétique ») ;
- Apprendre à reconnaitre les mots : spécifique au CP, le décodage permet de :
  - découvrir et mémoriser les unités du code écrit ;
  - mémoriser les correspondances graphophonologiques ;
  - utiliser ces connaissances pour identifier les mots nouveaux.

L'objectif du CP est d'amener les élèves d'une reconnaissance des mots par voie indirecte (déchiffrage lettre à lettre) à une reconnaissance par voie directe (reconnaissance orthographique quasi-immédiate des mots). La reconnaissance par voie indirecte s'appuie sur des activités d'entrainement systématique à l'analyse des mots (unités graphique et combinatoire). La reconnaissance par voie directe s'appuie sur un travail systématique sur le vocabulaire.

Exemple

Niveau CP : « Les consignes »

Voici un extrait de « Mon cahier de vocabulaire », école Jean Macé, Cayenne.

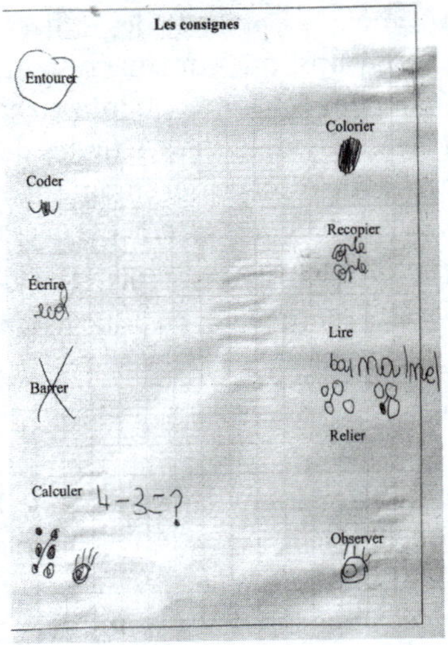

3.2 Apprendre à comprendre

Ce qui passe par :

- la compréhension orale : au terme d'une lecture, l'enseignant questionne les élèves et suscite des échanges pour les amener à comprendre le sens global ;
- l'entrainement à la prise d'indices pour la construction du sens : grâce au questionnement de l'enseignant, les élèves sont capables de repérer des indices importants pour comprendre le texte (*qui ? quand ? où ? quoi ?*) et le reformuler. Cette capacité implique de travailler dès le CP sur les trois niveaux de compréhension : littérale, inférentielle et interprétative ;
- apprentissage de la langue : la compréhension des textes passe par la maitrise de la langue et des structures syntaxiques sous-jacentes. Dès le C2, l'élève doit découvrir la syntaxe de la phrase simple et les marques les plus fréquentes de cohésion d'un texte (connecteur et indices spatio-temporels).

3.3 Continuer à développer une culture littéraire

L'élève fréquente différents types d'écrits et identifie les caractéristiques linguistiques de chacun (notamment textes narratifs et documentaires).

3.4 Associer lecture et écriture

L'apprentissage de l'écriture des lettres et des mots sous forme d'exercices systématiques permet de mémoriser la forme orthographique des mots.

Exemple

Exemple tiré de : Magdalena Guirao-Jullien, *Des jeux avec les mots pour commencer à lire. 5-7 ans*, Retz, 2012.

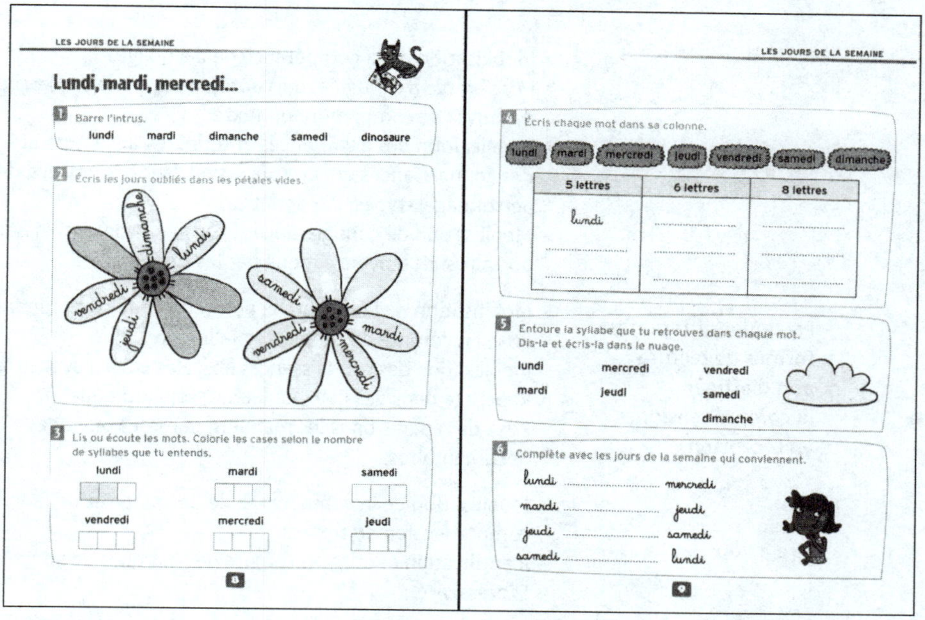

LES JOURS DE LA SEMAINE

Lundi, mardi, mercredi...

1 Barre l'intrus.

lundi mardi dimanche samedi dinosaure

2 Écris les jours oubliés dans les pétales vides.

dimanche lundi vendredi jeudi

samedi mardi vendredi mercredi

3 Lis ou écoute les mots. Colorie les cases selon le nombre de syllabes que tu entends.

lundi mardi samedi

vendredi mercredi jeudi

8

LES JOURS DE LA SEMAINE

4 Écris chaque mot dans sa colonne.

lundi mardi mercredi jeudi vendredi samedi dimanche

5 lettres	6 lettres	8 lettres
lundi		

5 Entoure la syllabe que tu retrouves dans chaque mot. Dis-la et écris-la dans le nuage.

lundi mercredi vendredi

mardi jeudi samedi

dimanche

6 Complète avec les jours de la semaine qui conviennent.

lundi .... mercredi

mardi .... jeudi

jeudi .... samedi

samedi .... lundi

9

Voici un autre exercice réalisable à partir de l'affichage le « Moulin des mois d'anniversaires » (voir *supra*) pour un travail sur les mois de l'année en CE1.

Consigne : j'écris les mois qui manquent

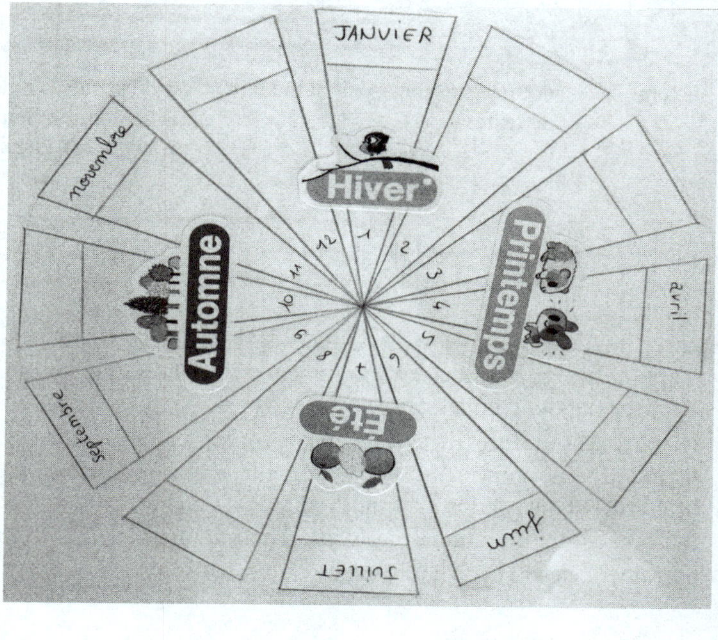

3.5 Lire en C2 et BO15

Voici les compétences retenues :

Compétences	Connaissances et compétences connexes
Comprendre un texte	• Mobilisation de la compétence de décodage. • Mise en œuvre (guidée, puis autonome) d'une démarche pour découvrir et comprendre un texte. • Mobilisation des expériences antérieures de lecture et des connaissances qui en sont issues (sur des univers, des personnages-types, des scripts…). • Mobilisation de connaissances lexicales et de connaissances portant sur l'univers évoqué par les textes.
Pratiquer différentes formes de lecture afin d'affiner la compréhension en réception	• Mobilisation de la démarche permettant de comprendre. • Prise en compte des enjeux de la lecture… • Mobilisation des connaissances lexicales en lien avec le texte lu. • Repérage dans des lieux de lecture (bibliothèque…). • Prise de repères dans les manuels, dans des ouvrages documentaires.
Lire à voix haute.	• Mobilisation de la compétence de décodage et de la compréhension du texte. • Identification et prise en compte des marques de ponctuation. • Expressivité.
Contrôler sa compréhension	• Justifications de son interprétation/ses réponses. • Repérage de ses difficultés ; tentatives pour les expliquer. • Maintien d'une attitude active et réflexive.

Voici quelques éléments de progressivité :

Domaines	CP	CE1/CE2
Lecture	découverte guidée puis autonome de textes variés	automatisation en lecture et écriture via un entrainement régulier en lecture à haute voix

4 La lecture au cycle 3

Il s'agit alors de :

- faire lire dans toutes les disciplines : la lecture n'est plus seulement un objet d'apprentissage mais devient un moyen d'apprentissage, un outil : lire permet de s'approprier des connaissances.
- faire lire la littérature : il s'agit en effet de continuer à apprendre à lire (faire de l'élève un lecteur autonome et motivé), d'enrichir sa culture littéraire et générale, et de lier littérature et instruction civique. Les supports exploitables sont les œuvres patrimoniales et contemporaines, sous forme d'extrait ou d'œuvre intégrale.
- entrainer l'élève à lire à haute voix.

Voici des repères pour organiser la progressivité au sein du C3 dont l'objectif principal est de permettre aux élèves de gagner en rapidité et fluidité. Pour ce faire, des temps de lecture à voix haute et de lecture silencieuse doivent être aménagés dans les séances.

De plus, dans le BO15, l'accent est mis sur les activités de compréhension de textes de genre variés, et sur la quantité de ces derniers, ainsi des indications sont données quant aux corpus à utiliser :

- CM1 : 5 ouvrages de littérature de jeunesse contemporaine et 2 œuvres classiques ;
- CM2 : 4 ouvrages de littérature de jeunesse contemporaine et 3 œuvres classiques ;
- 6° : 3 ouvrages de littérature de jeunesse contemporaine et 3 œuvres classiques.

Voici les compétences retenues :

Compétences : lecture et compréhension de l'écrit	Connaissances et compétences connexes
Renforcer la fluidité de la lecture	• Mémorisation de mots fréquents et irréguliers. • Mise en œuvre efficace et rapide du décodage. • Prise en compte des groupes syntaxiques et des marques de ponctuation.
Comprendre un texte littéraire et l'interpréter	• Mise en œuvre d'une démarche de compréhension (voir C2) + interprétations à partir de la mise en relation d'indices, explicites ou implicites, internes au texte ou externes (inférences). • Identification du genre et de ses enjeux ; mobilisation des expériences antérieures de lecture et des connaissances qui en sont issues (univers, personnages-types, scripts...) et mise en relation explicite du texte lu avec les textes lus antérieurement et les connaissances culturelles des lecteurs et/ou des destinataires.
Comprendre un texte littéraire et l'interpréter (suite)	• Mobilisation de connaissances lexicales et de connaissances portant sur l'univers évoqué par les textes. • Mise en relation de textes et d'images. • Construction des caractéristiques et spécificités des genres littéraires et des formes associant texte et image (album, bande dessinée). • Construction de notions littéraires (fiction/réalité, personnage, stéréotypes propres aux différents genres) et premiers éléments de contextualisation dans l'histoire littéraire. • Convocation de son expérience et de sa connaissance du monde pour exprimer une réaction, un point de vue ou un jugement sur un texte ou un ouvrage. • Mise en voix d'un texte après préparation.
Comprendre des textes, des documents et des images et les interpréter	• Mise en œuvre d'une démarche de compréhension (voir C2). • Explicitation des relations et des éléments de cohérence externes. • Mobilisation des connaissances lexicales. • Identification, construction de caractéristiques et spécificités des genres.

···>

Comprendre des textes, des documents et des images et les interpréter	• Identification, construction de caractéristiques et de spécificités de formes d'expression et de représentation. • Apprentissage explicite de la mise en relation des informations dans le cas de documents associant plusieurs supports ou de documents avec des liens hypertextes. • Mise en relation explicite du document lu avec d'autres lus antérieurement et avec les connaissances culturelles, historiques, géographiques, scientifiques ou techniques des élèves. • Identification de la portée des informations contenues dans le ou les documents : 1. singulières (exemple, expérience, illustration) ; 2. ou générales (caractéristiques, propriétés).
Contrôler sa compréhension et adopter un comportement de lecteur autonome	• Justifications possibles de son interprétation ou de ses réponses ; appui sur le texte et sur les autres connaissances mobilisées. • Repérage de ses difficultés ; tentatives pour les expliquer. • Maintien d'une attitude active et réflexive : vigilance relative à l'objectif (compréhension, buts de la lecture) ; adaptation de la lecture à ses objectifs ; demande d'aide ; mise en œuvre de stratégies pour résoudre ses difficultés… • Recours spontané à la lecture pour les besoins de l'apprentissage ou les besoins personnels. • Autonomie dans le choix d'un ouvrage adapté à son niveau de lecture, selon ses goûts et ses besoins.
Culture artistique et littéraire : thématiques à aborder :	**CM1/CM2 :** héros (héroïnes et personnages)/la morale en questions/se confronter au merveilleux, à l'étrange/vivre des aventures/imaginer, dire et célébrer le monde/se découvrir, s'affirmer dans le rapport aux autres. **Sixième :** le monstre, aux limites de l'humain/récits d'aventures/récits de création, création poétique/résister au plus fort : ruses, mensonges et masques.

5 Démarches et méthodes d'apprentissage de la lecture

5.1 Les différentes méthodes d'apprentissage de la lecture

On distingue deux types de méthodes : synthétique et analytique.

- Les **méthodes synthétiques**[1] qui donnent priorité à l'apprentissage du code ;
- Les **méthodes analytiques**[2] : inverses des précédentes, elles préconisent que l'enfant doit d'abord rencontrer des phrases qu'il analyse pour atteindre les mots. La programmation passe donc par la mémorisation d'un stock de mots avant d'apprendre le code.

1. Voir Boite à outil pour une définition des différentes méthodes de lecture synthétique.
2. Voir Boite à outil pour une définition des différentes méthodes de lecture analytique.

5.2 Le questionnement des textes

L'accès à la compréhension passe par un questionnement. Le terme de *questionnement des textes* désigne l'ensemble du processus par lequel le lecteur construit les informations qui lui permettront de saisir le sens global du texte. Il peut être individuel/collectif, oral/écrit. On parle de *questionnaire* pour désigner un dispositif écrit élaboré par l'enseignant ou le manuel, parfois aussi avec les élèves, et qui impose le relevé ou la construction d'informations déterminées. Le questionnaire peut aussi constituer un dispositif d'évaluation de la compréhension.

Questionner un texte sert à :

- élaborer un **projet de lecture** : orienter la lecture en s'appuyant sur le titre, l'illustration, le paratexte ou les lectures précédentes. L'élève émet alors des hypothèses qu'il va chercher à vérifier par la lecture. L'objectif est alors de motiver et de faciliter la lecture, par l'ouverture d'un horizon d'attentes ;
- **construire le sens d'un texte** : l'objectif est de conduire l'élève d'une lecture littérale à une compréhension fine, par reconstitution des étapes de la compréhension. La différenciation se situe dans les questionnaires ;
- **conduire un débat interprétatif** : l'objectif est d'amener l'élève à prendre du recul par rapport à sa compréhension. Il faut donc envisager les différentes interprétations possibles et argumenter en s'appuyant sur les mots du texte et sur ses connaissances propres ;
- **susciter l'écriture** : le questionnement du texte permet de prolonger l'activité sur une production d'écrit (« rédaction à partir de ») ;
- **susciter la métacognition** : l'objectif est de faire comprendre les stratégies qui ont été utilisées pour arriver à lire le texte, ainsi que les difficultés rencontrées en lecture ou compréhension, et les stratégies de remédiations utilisées. Ce questionnement met en exergue les compétences à combiner pour parvenir à comprendre un texte ainsi que celles à acquérir pour améliorer sa lecture.

5.3 Les évaluations en lecture

Voici différentes modalités qui permettent de conduire une évaluation :

- Les **questionnaires** : qui mesurent les compétences de lecteur et les compétences linguistiques des élèves ;
- **observer les élèves** en atelier : évaluer les savoir-faire et savoir-être lecteur. Le maitre peut intervenir immédiatement pour aider l'élève dans ses difficultés ;
- **instaurer des dialogues métacognitifs** autour de questions qui peuvent être : *Qu'avons-nous appris ? Comment avons-nous fait ? Comment faudrait-il faire ? Quelles erreurs avons-nous commises ? Comment les éviter ?* ;
- **faire faire des exercices de lecture**, qui permettent non seulement d'évaluer mais surtout de réinvestir les acquis ;
- **évaluer la lecture intégrée** aux autres apprentissages.

5.4 Exemple de séquence sur la lecture littéraire et la compréhension de textes

La méthode est ici constructiviste :

- **mise en situation/projet de lecture (horizon d'attente) :** séance d'ouverture qui a pour objectif le prélèvement d'indices de sens à partir de l'analyse du paratexte, afin d'émettre des hypothèses pour éveiller la curiosité des jeunes lecteurs ;
- **construction du sens par lecture et questionnements :** permettre de valider ou invalider les hypothèses. L'objectif est d'aider l'élève à prélever des informations dans le texte, relier ces informations et en tirer des conclusions/déductions ;
- **interprétation du texte :** amener les élèves à prélever des indices sémantiques, à proposer des inférences et d'interpréter ces informations inférentielles ;
- **structuration et formulation du savoir à acquérir par les élèves :** faire une synthèse de l'étude précédente, par reformulation du sens global du texte : « qu'allons-nous retenir du texte ? » + faire travailler la métacognition (rôle de l'enseignant) par l'élaboration du bilan de la séquence (*Comment avons-nous fait pour interpréter ce texte ? Quelles difficultés avons-nous rencontrées ? Quels apprentissages ont-été/sont nécessaires ?*) ;
- **prolongement de la lecture :** mettre en réseau des textes pour découvrir ou structurer le socle des références culturelles communes ou pour identifier les spécificités de tel ou tel auteur/genre (émergence des constantes dans les genres) ;
- **évaluation** qui se présente généralement sous forme de questionnement.

77 Enseigner à écrire

Cours et méthodes

1 Étapes et modalités d'acquisition de l'écriture

Dès que l'enfant devient capable d'une pensée abstraite (langage oral), il découvre alors le pouvoir communicationnel des traces écrites.

Pour les différentes étapes de l'acquisition du geste graphique nous référons aux travaux de L. Lurçat[1], qui présente le graphisme comme un préalable fondamental à l'entrée dans l'écrit :

- **1re étape :** l'enfant trace des traits dès qu'il a l'habileté nécessaire pour tenir un outil scripteur. En PS, l'élève apprend à voir et comparer les traces écrites, il se crée des points de repère spatio-temporel et commence à maitriser son geste ;
- **2e étape :** il réalise des tracés intentionnels et plus complexes. En MS, l'élève affine ses gestes, apprend à les orienter, à régulariser ses tracés et à les structurer. Il peut donc commencer à écrire quelques mots en relation avec son vécu ;
- **3e étape :** il maitrise le sens directionnel et affine sa motricité, il devient progressivement capable d'une maitrise globale du geste graphique. En GS, le graphisme s'oriente vers l'écriture. L'élève doit respecter le sens des tracés, les orientations, les trajectoires, les amplitudes, les limites de l'espace. Il apprend à maitriser les ralentissements, retournements, arrêts, départs et donc à anticiper son geste. Enfin, pour contrôler peu à peu l'écriture et préparer son entrée au CP, il s'entraine à reproduire lisiblement des lettres, à les lier, à espacer les mots d'une phrase. En CP/CE1, les enseignements donnés en GS sont poursuivis, mais ce qui compte c'est la qualité des tracés et non la quantité. De plus, il faut prendre garde à ce que les activités d'écriture n'excèdent pas une demi-heure, car elles demandent à l'élève un grand investissement intellectuel et moteur.

Selon E. Ferreiro et M. Gomez-Palacio[2], le rapport de l'enfant à l'écrit passe par 4 étapes progressives nécessaires à l'appropriation de l'écriture :

1. **le stade pré-syllabique (vers 4 ans) :** la trace écrite de l'enfant est proche du dessin, ici seule prévaut l'intention d'écrire. La trace est proche du gribouillage, même si l'enfant comprend (de façon plus ou moins implicite) que l'écrit n'a pas la même valeur qu'un dessin ;

1. Liliane Lurçat, *L'Étude de l'acte graphique*, Mouton, 1974, p. 215.
2. Emilia Ferreiro et Margarita Gomez Palacio, *Lire-écrire à l'école : comment y apprennent-ils ?*, CRDP de Lyon, 1988.

2. **le stade syllabique (vers 5 ans) :** l'enfant attribue une valeur syllabique aux lettres (ainsi dans le système d'écriture syllabique des katakana japonais entre autres). L'enfant devient alors capable de mettre en correspondance durée syllabique et longueur du mot écrit. L'enfant pose alors l'hypothèse qu'à chaque syllabe correspond un signe graphique ;
3. **le stade syllabico-alphabétique (entre 5 et 6 ans) :** l'enfant décompose les unités infrasyllabiques ;
4. **le stade alphabétique (vers 6 ans) :** l'enfant distingue clairement une graphie par son (son écriture est alors essentiellement phonétique[1]). La maitrise de l'ensemble du système suppose également la maitrise de l'orthographe qui se fera en suivant.

Ces indications vous sont données afin que vous puissiez évaluer des copies d'élèves. Naturellement, les âges indiqués ne le sont que de façon approximative: il faut – dans une perspective de différenciation pédagogique – considérer la maturité psycho-physiologique de chaque élève et bien entendu respecter les rythmes d'apprentissage de chacun.

2 Entrer dans l'écrit aux cycles 1 et 2

L'entrée dans l'écrit se fait par amélioration du graphisme et par des dictées à l'adulte.

2.1 Améliorer le graphisme

Mise en place de situations qui permettent de travailler activement le graphisme. Ce travail est indispensable au C1 puis C2 pour améliorer la motricité des élèves. Les exercices visent l'éducation de la main et de l'œil dans la perspective du traçage des lettres.

1. Voir *supra* la lettre au père Noël.

Exemple

Exemple tiré de : Yves Blanc, *Des jeux pour commencer à écrire. 4-5 ans*, Retz, 2010.

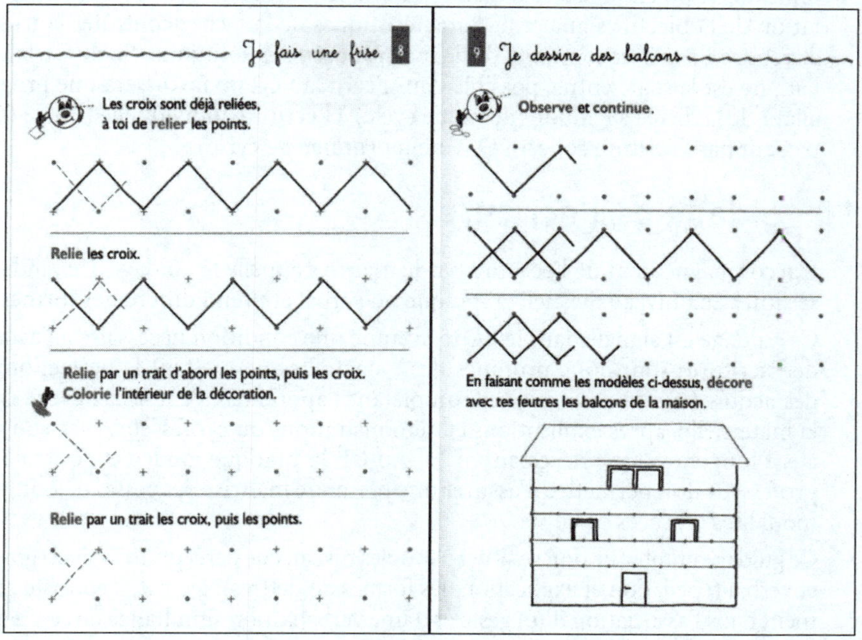

2.2 La dictée à l'adulte

Cette pratique lancée en 1970 par L. Lentin est un dispositif privilégié pour observer et mesurer l'acquisition du langage. Il consiste à faire prendre conscience de la spécificité d'une situation d'écriture (communication différée). Les énoncés produits doivent donc respecter les règles pragmatiques spécifiques à ce type de communication. Dans ce processus, enseignant et élèves travaillent ensemble autour de trois étapes : **planification**, **mise en texte** et **réécriture**. Les objectifs sont les suivants : communiquer pour maitriser la langue ; contrôler la cohérence et la syntaxe ; faire ralentir le débit et l'élocution de l'enfant ; apprendre à écouter l'autre ; favoriser le choix de l'expression juste.

Exemple

Voici un exemple de dictée à l'adulte réalisée en TPS, afin que vous puissiez vous rendre compte de l'importance de l'exercice pour l'évaluation du passage langage d'action-langage d'évocation et de l'étayage du maitre :

Consigne : *Est-ce que tu peux raconter ce que tu as fait pendant les vacances ?*

« Pendant ces vacances on est allé chez Manou et Grand-père. On a acheté le petit poney qui marche tout seul. [*L'élève regarde par la fenêtre*] Le loup est dehors. [*L'élève regarde l'enseignant écrire*] Le balai nouveau qu'on a acheté avec les longs poils et le petit que j'ai fait tomber. »

L'élève oscille entre langage d'évocation (deux premières phrases qui correspondent à la consigne) et langage d'action (après avoir regardé par la fenêtre, l'élève change de sujet, perd de vue la tâche : *le loup est dehors*), puis il semble reprendre, mais l'absence de cohérence ne permet pas au lecteur d'établir les inférences nécessaires pour construire du sens.

En situation de dictée à l'adulte, l'enseignant se fait « secrétaire ». Par conséquent son étayage correspond à celui vu précédemment dans le chapitre sur le langage oral : motiver l'élève face à la tâche ; réduire les degrés de liberté ; maintenir l'orientation de l'objectif ; signaler les caractéristiques de la tâche ; contrôler la frustration et rendre l'expérience moins difficile ; proposer des solutions. Si au C1 la dictée à l'adulte est la seule entrée possible dans l'écrit, au C2 on favorisera une progression allant de la dictée à l'adulte (début de cycle) à l'écriture individuelle (fin de cycle) en passant par l'écriture collective en atelier (milieu de cycle).

2.3 Le guidage de l'écriture

L'accompagnement de l'écriture par le maitre s'appelle le guidage. Ce guidage peut se situer aux niveaux visuel, graphique ou verbal et prend différentes formes.

Ce guidage est signalé dans le BO15 comme une condition nécessaire à l'acquisition de l'écriture ; sont donc promues des : « activités permettant le perfectionnement des acquis (sûreté et vitesse) et complétant l'apprentissage non achevé à l'issue de la maternelle, après explications et démonstrations du professeur, avec son guidage aussi longtemps que nécessaire. […] Au CP la pratique guidée et contrôlée par le professeur doit permettre d'assurer une première maitrise des gestes d'écriture et des modalités efficaces de copies. »

Ce guidage graphique doit se situer à tous les niveaux de perception : visuel (graphique) et verbal (épellation et explication des formes des lettres). De fait, il consiste généralement dans l'association d'un geste et d'une verbalisation simultanée de ce même geste (ou un fléchage à l'écrit). Il passe donc la plupart du temps par :

- l'épellation, qui associe forme et nom des lettres, et indique implicitement le sens de lecture ;
- l'explication des hampes et jambages ainsi que les sens de tracés de lettres et les levers de stylo, ce qui peut passer par la verbalisation, ou, pour les très jeunes scripteurs, par un tracé de la silhouette du mot à repasser avant de passer à une copie autonome.

Voici deux exemples de guidage graphique :

Exemple

Niveau CP : guidage graphique

Consigne : Poursuis les frises comme sur le modèle.

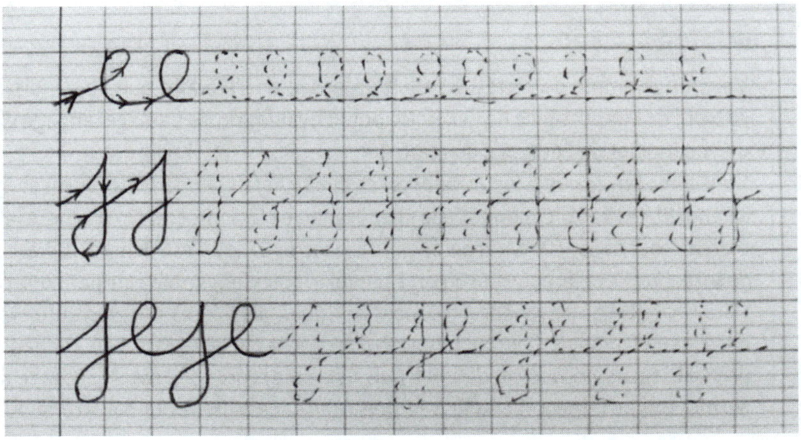

Exemple

Niveau CP : guidage sans tracé de la silhouette du mot

« Aujourd'hui on va écrire *papa*. Alors on commence tous ensemble dans l'air et puis on écrira sur l'ardoise. On commence : je monte l'amorce du *p* [le doigt monte], puis je descends le jambage du *p* [le bras descend], puis je remonte au même endroit [le bras remonte] et je finis par le pont du *p*. Je lève mon stylo [la main se referme et se rapproche du corps]. Maintenant je vais faire le premier *a* : je commence par la panse du *a* [le bras fait un cercle démarrant à 2 h 10 et partant vers la gauche], puis je fais la hampe [le bras redescend]. Et je recommence : [le bras fait le mouvement en même temps que l'enseignant parle] : je fais le *p* et puis le *a*. Voilà, on peut maintenant écrire *papa* sur l'ardoise. Vous êtes prêts ?... »

2.4 Écrit et BO15

Au cycle 1, l'entrée dans l'écrit se fait en lien avec la découverte de la lecture, par conséquent nous renvoyons au chapitre 23. Pour le cycle 2 en revanche, les choses sont plus précises ainsi que le montrent les compétences ci-dessous citées :

Cycle 2	*Favoriser la fréquence, la quantité et la variété des écrits*
	Copier de manière experte. (voir chapitre 23)
	Produire des écrits en commençant à s'approprier une démarche : • Identification de caractéristiques propres à différents genres de textes ; • Mise en œuvre (guidée, puis autonome) d'une démarche de production ; • Connaissances sur la langue (mémoire orthographique, règles d'accord...) ; • Mobilisation des outils à disposition dans la classe liés à l'étude de la langue.
	Réviser et améliorer l'écrit qu'on a produit : • Repérage de dysfonctionnements dans les textes produits (omissions, incohérences, redites...). • Mobilisation des connaissances portant sur le genre d'écrit à produire et sur la langue. • Vigilance orthographique, exercée d'abord sur des points désignés par le professeur, puis progressivement étendue. • Utilisation d'outils aidant à la correction : outils élaborés dans la classe, correcteur orthographique, guide de relecture.

Voici quelques éléments de progressivité :

Domaines	CP	CE1/CE2
Écriture	Pratique guidée et contrôle Copie de mots Réécriture guidée	Perfectionnement des acquis du CP Travail de relecture des productions afin de les améliorer

3 Processus rédactionnel au cycle 3

Produire un écrit passe par trois phases : *planifier, mettre en mot, réviser/améliorer* :

- **planifier :**
  - se représenter les caractéristiques de la situation de communication ;
  - se remémorer des textes de même nature ;
  - sélectionner les idées, les informations utiles et pertinentes.
- **mettre en texte/en mots :**
  - sélectionner les indices à placer dans le texte pour qu'il soit cohérent ;
  - respecter les caractéristiques du type de texte choisi (narratif, descriptif) ;
  - choisir des modes d'entrée et de clôture cohérents entre eux et avec l'enjeu du texte ;
  - mobiliser les formes écrites en mémoire ;
  - utiliser de façon adéquate les éléments grammaticaux ou lexicaux adaptés au sens et à la forme du texte.
- **réviser, reprendre, améliorer :**
  - relire en se mettant à la place du destinataire ;
  - apprécier l'adéquation du texte produit au but ;
  - supprimer les éventuelles contradictions ou ambigüités ;
  - introduire les éléments d'information nécessaires ;
  - mettre au propre en choisissant les outils, le support et la mise en page.

Exemple

Exemple de séquence sur la production d'écrits

La démarche présentée est traditionnelle :

- lecture de texte : étude de textes d'auteurs pour s'informer et s'inspirer ;
- choix des outils : utiliser des outils pour comprendre et interpréter les textes ;
- rédaction du premier jet : transférer les compétences acquises précédemment. On demande alors généralement la rédaction d'un brouillon, la correction de ce brouillon et la mise au propre ;
- évaluation sommative : l'enseignant note la production précédente.

Au cycle 3 donc, l'écrit doit devenir réflexif : outil à apprendre > outil pour apprendre. Il convient de favoriser les réécritures, et de proposer aux élèves une production fréquente et variée. Voici les compétences retenues par le BO15 :

Cycle 3	**Recourir à l'écriture pour réfléchir et pour apprendre** • Écrits de travail pour formuler des impressions de lecture, émettre des hypothèses, articuler des idées, hiérarchiser, lister. • Écrits de travail pour reformuler, produire des conclusions provisoires, des résumés. • Écrits réflexifs pour expliquer une démarche, justifier une réponse, argumenter.
	Produire des écrits variés en s'appropriant les différentes dimensions de l'activité d'écriture • Connaissance des caractéristiques principales des différents genres d'écrits. • Construction d'une posture d'auteur. • Mise en œuvre (guidée, puis autonome) d'une démarche de production de textes. • Connaissances sur la langue. • Mobilisation des outils liés à l'étude de la langue à disposition dans la classe.
	Réécrire à partir de nouvelles consignes ou faire évoluer son texte • Conception de l'écriture comme un processus inscrit dans la durée. • Mise à distance de son texte pour l'évaluer. • Expérimentation de nouvelles consignes d'écriture. • Enrichissement, recherche de formulations plus adéquates.
	Prendre en compte les normes de l'écrit pour formuler, transcrire et réviser • Prise de conscience des éléments qui assurent la cohérence du texte (connecteurs logiques, temporels, reprises anaphoriques, temps verbaux) pour repérer des dysfonctionnements. • Mobilisation des connaissances portant sur la ponctuation (utilité, usage, participation au sens du texte) et sur la syntaxe (la phrase comme unité de sens). • Prise en compte de la notion de paragraphe et des formes d'organisation du texte propres aux différents genres et types d'écrits. • Mobilisation des connaissances portant sur l'orthographe grammaticale. • Mobilisation des connaissances portant sur l'orthographe lexicale.

4 Évaluer l'écrit

Dans les tests nationaux, l'évaluation est essentiellement diagnostique.

Dans les classes, les trois phases du processus d'écriture permettent de mettre en œuvre des évaluations diagnostiques (premier jet) et formatives/formatrices (révision-réécriture). Dans l'idéal, il s'agit d'amener l'élève à auto-évaluer son écrit, ce qui peut se présenter sous trois modalités :

- l'**auto-évaluation** : l'élève est seul face à sa production ;
- l'**évaluation mutuelle** : 2 ou plusieurs élèves évaluent réciproquement leurs productions en se servant d'un référent extérieur (texte réécrit par l'enseignant) ;
- la **co-évaluation** : l'élève confronte son auto-évaluation à celle réalisée par le maitre.

➥ Voir chapitre 64 « Introduction à la question d'analyse de copie d'élève ».

78 Maitrise de la langue

Cours et méthodes

À consulter

- Pour l'enseignement de la grammaire :
- – fichiers.ac-montpellier.fr/sections/ia30/ > Maitrise de la langue > Ressources > Enseigner la grammaire à l'école primaire (consulté en mars 2017) ;
- – « Enseigner la grammaire » : www.ia27.ac-rouen.fr/medias/fichier/fichier_1267456509756.pdf (consulté en mars 2017) ;
- – « Rapport de mission sur l'enseignement de la grammaire » : media.education.gouv.fr/file/68/3/3683.pdf (consulté en mars 2017).
- Pour l'enseignement de l'orthographe :
- – fichiers.ac-montpellier.fr/sections/ia30 > Maitrise de la langue > Ressources > Enseigner l'orthographe (consulté en mars 2017) ;
- – eduscol.education.fr/cid59714/orthographe.html (consulté en mars 2017).

1 Contenus d'enseignement par cycle, BO15

En C1, c'est par le langage oral que l'élève s'approprie ses connaissances. C'est par l'écoute et le dire qu'il aborde la structuration syntaxique de la langue. On parle à ce niveau de grammaire intuitive.

En C2, sont privilégiées les activités systématiques de manipulation et de mémorisation des règles (rubriques grammaire, orthographe grammaticale et lexicale qui sont intégrées dans les objectifs d'écriture plutôt que dans une rubrique relative à l'étude de la langue). On peut ajouter – implicitement – la grammaire de texte. En effet, elle est présente dans les programmes 2002, mais absente en 2008. Toutefois, sa présence est implicite dans les indications : *repérage des personnages, indicateurs de cohérence (gestion des substituts et connexité), repérage des circonstants en situation de réception et de production*. Dans le BO15, il n'en est pas fait mention non plus explicitement.

En C3, les connaissances abordées en C2 sont renforcées.

Pour plus de précisions quant aux compétences attendues par cycle, voir tome 1.

2 Démarche d'apprentissage en maitrise de la langue

On distingue généralement deux types de démarches :

- démarche **béhavioriste** : l'avantage est de guider très fortement l'élève, et par conséquent, de permettre au maitre une meilleure gestion du temps.
- démarche **constructiviste** : dans ce cas les élèves participent activement à l'élaboration de leurs connaissances et cela doit les amener à comprendre pourquoi il est important de connaitre les règles de fonctionnement de la langue. Cette démarche est implicitement recommandée dans le BO15.

2.1 « Observation réfléchie de la langue »[1] : démarche constructiviste

La construction de la langue se fait chez les enfants par recherche de solution reposant sur leur grammaire intuitive, notamment pour les néologismes répondant aux besoins lexicaux en situation de production. On parle de fautes intelligentes :

Exemple

Exemples de 'fautes intelligentes'

Il a vu, il a connu → *il a *prendu*

-iser morphème lexical indiquant un processus : *moderniser*. Exemple d'oral spontané en PS (3e période) : « Le pommier il * [pomiz] des pommes. » ou encore « Maitresse, pourquoi il * pluite ? »

Aborder l'étude de la langue selon une démarche de résolution de problème, c'est prolonger un processus naturel d'acquisition du langage.

a. Élaboration d'un problème de langue en situation de classe

Plusieurs modalités sont envisageables :

Utiliser la rencontre d'un fait de langue problématique dans un énoncé

La situation de départ peut donc être une difficulté rencontrée en lecture (ex. problème d'identification des personnages désignés par des pronoms) ou en production d'écrit (ex. accord des adjectifs/verbes). Ces difficultés vont donc se transformer en situations-problèmes que l'on peut ainsi formuler :

- Comment faire pour savoir de qui l'on parle dans un texte ?
- Comment faire pour accorder les adjectifs/verbes ?

Utiliser un problème créé en amont par l'enseignant

On distingue alors deux cas :

- l'enseignant peut programmer la rencontre d'un fait langagier dans plusieurs disciplines, ce que permet la transversalité du français ;

1. Ce titre fait référence au BO2002 dans lequel apparait pour la première fois l'idée de réflexion linguistique, réaffirmée par le BO15.

- l'enseignant construit un corpus de données choisies afin de mettre en évidence une notion grammaticale. Ce support peut prendre la forme :
  - d'une liste de phrases ;
  - d'un texte à trous ;
  - du classement d'éléments grammaticaux (étiquettes) en justifiant les critères de classement (ex. pour la différence entre adverbes et adjectifs on peut s'appuyer sur la morphologie lexicale (les adv. se terminent en *-ment* et dérivent d'un adj. ou d'un nom) et la morphosyntaxe (variable *vs.* invariable)) ;

b. Étapes de construction d'une démarche de résolution de problèmes

1re phase, contextualisation *par l'observation des données*

Objectif : faire prendre conscience aux élèves du problème de langue. Il faut donc dans l'idéal que la situation-problème déstabilise les connaissances acquises.

La consigne consiste dans l'énoncé clair du problème.

- **Rôle des élèves**, à partir de la situation-problème :
  - ils observent les énoncés ou éléments de textes proposés par l'enseignant ou rencontrés fortuitement ;
  - ils émettent, à partir de ces observations des hypothèses sur le phénomène grammatical ;
  - ils confrontent leurs hypothèses ;
  - ils les trient et écartent celles qui ne sont pas valides ;
  - puis comparent éventuellement avec le texte d'origine ;
  - enfin, ils énoncent une règle de syntaxe ou de morphosyntaxe.

2e phase, décontextualisation (ici, manipulation des données langagières)

Objectif : institution d'un savoir. La notion de grammaire est isolée, c'est ici que la présence d'un corpus est intéressante. Au cours de cette phase, plusieurs étapes sont à élaborer :

- **manipulations** (déplacement, commutation, suppression, ajout) : la classe peut travailler sur un corpus de phrases/mots sortis de leur contexte. À partir des consignes de l'enseignant, les élèves vont procéder à des activités de manipulation destinées à vérifier les hypothèses précédemment émises et confronter en situation la règle énoncée. Cela va leur permettre de mettre en évidence les caractéristiques linguistiques du concept grammatical à étudier et d'approfondir leurs connaissances.
- **formalisation** : après les manipulations, les élèves sont invités à formaliser leurs découvertes, ce qui passe par : 1. la formulation de la solution au problème posé et 2. la formulation et institution d'un savoir.

  Il s'agit donc de formuler une règle grammaticale pertinente au regard des observations et manipulations menées, puis de confronter cette règle à ce que l'on trouve dans les manuels. Cette étape de formalisation doit donner lieu à la construction d'une trace écrite (fiche-outil) destinée à être mémorisée, et qui peut donner lieu à un affichage en classe afin que les élèves puissent s'y référer.

- **entrainement:** permettre aux élèves de s'approprier et d'automatiser les savoirs appris par de nombreux exercices d'entrainement qui devraient s'inscrire dans une progression dépendante de l'évolution cognitive des élèves.

3e phase, recontextualisation : *réinvestir en situation*

Objectif: faire du concept étudié un outil.

Les connaissances linguistiques acquises au cours de la séquence doivent être réinvesties en situation de lecture et d'écriture/rédaction. Dans le cas où la situation-problème était une situation d'écriture, ce réinvestissement peut prendre la forme d'une correction au premier jet d'écriture. La notion étudiée doit être nommée explicitement pour décrire l'activité.

Évaluation

Elle porte sur la capacité de l'élève à utiliser la notion lors d'une tâche complexe (mobilisant plusieurs compétences) et en situation contextualisée.

Les situations d'écriture sont particulièrement intéressantes pour évaluer les compétences linguistiques générales des élèves (nous référons à la grille EVA).

Ces grilles, si elles sont communiquées aux élèves (Catach, EVA), constituent des outils d'évaluation formative intéressants, surtout si l'on construit les critères d'évaluation avec eux au fur et à mesure des apprentissages. Ainsi ils sont conduits à s'auto-évaluer ou à s'évaluer mutuellement, et à élaborer des grilles qui leur font prendre conscience de leurs besoins d'enseignement.

2.2 Exemple de séquence sur l'étude de la langue en cycle 2 et cycle 3

La démarche présentée est béhavioriste, c'est celle à l'œuvre dans les manuels:

- **mise en situation:** introduction de la notion à étudier. Après lecture d'un support, les élèves sont amenés à répondre à des questions d'observation (*localisation, identification, comparaison*) et/ou à des consignes de manipulation (*adjonction, suppression, substitution, déplacement*). S'ensuit une phase de mise en commun et de validation des observations qui permet de circonscrire la notion à étudier. La différenciation est possible dans les consignes ou questions d'observation;
- **formulation du savoir à acquérir:** fournir aux élèves un résumé (manuel ou fiche-outil construite par l'enseignant) qui confirme ou infirme les hypothèses formulées précédemment. L'appropriation se fait par lecture collective et mise en évidence par l'enseignant du vocabulaire métalinguistique;
- **exercices d'entrainement:** proposer des exercices d'application afin de favoriser la mémorisation et l'automatisation. Ce travail est suivi d'une mémorisation du résumé précédent. La différenciation se situe dans le choix des exercices;
- **évaluation:** exercices de réinvestissement (voir étape précédente).

Mathématiques

Conseils méthodologiques

Cours et méthodes

1 Préparer l'épreuve

Comme le précisent les textes officiels, les connaissances mathématiques à maîtriser sont globalement de niveau du collège[1]. Il s'agit donc pour tout candidat de consolider, approfondir voire redécouvrir les notions et techniques relatives aux domaines mathématiques de l'école et du collège auxquelles il faudra ajouter les savoirs relatifs aux bases et systèmes de numération sans oublier l'apprentissage éventuel d'outils informatiques (tableur, logiciel de programmation comme Scratch, logiciel de géométrie dynamique comme Geogebra, etc.).

Le rapport de jury Orléans-Tours 2014 pointe : « Plus généralement, il ne faut pas limiter la préparation au niveau de compétences exigées en fin de collège. Les capacités de modélisation, prise d'initiative, synthèse sur des questions enchaînées sont aussi souvent sollicitées dans les sujets de concours. La maîtrise des notions de base de logique mathématique est également indispensable. ».

Un entraînement régulier en travaillant notamment des exercices proposés en collège (sujets du brevet des collèges appelé DNB par exemple), en explorant les ressources proposées sur les sites institutionnels (comme par exemple la banque de problèmes relative au Socle commun sur éduscol ou les cours de l'académie en ligne niveau collège [www.academie-en-ligne.fr] ou le site de l'ARPEME [www.arpeme.fr]) s'avère en cela nécessaire.

Travailler un sujet d'annales, un exercice signifie chercher à le résoudre en y passant du temps, sans avoir recours dès la première difficulté à son corrigé. La lecture d'un corrigé peut s'avérer dans un premier temps rassurante, mais si le temps de recherche du problème et d'appropriation des contraintes de l'énoncé n'a pas été suffisant, les techniques et connaissances présentées dans le corrigé seront très vite oubliées et face à une situation identique le candidat sera à nouveau démuni.

1. Cependant, une connaissance de niveau supérieur peut être utilisée, sa maîtrise n'étant pas indispensable à la résolution de l'exercice. De bonnes compétences en calcul mental permettent, bien sûr, de perdre moins de temps dans les calculs mais aussi de percevoir rapidement des procédures de résolution efficaces pour de nombreux problèmes.

Aussi, on ne saurait trop recommander, dans la mesure du possible :

- de **coopérer** entre personnes préparant le concours ; en effet la constitution d'équipes de travail aussi hétérogènes soient-elles peut être bénéfique à tous car elle permet à ceux qui maîtrisent mieux les différents concepts de s'exercer à la démonstration et de tester leurs connaissances en les exposant dans des formes accessibles à ceux qui ont plus de lacunes ; ces derniers, pour leur part, trouveront une nouvelle occasion de s'approprier les connaissances en jeu ;
- de s'exercer en **calcul mental** ; de nombreux sites de calcul mental peuvent vous aider à reconstruire des automatismes oubliés ;
- de sélectionner le **matériel** nécessaire : crayons à papier, gomme, règle graduée, équerre, compas, rapporteur (par exemple pour tracer des angles dans un diagramme circulaire), ciseaux, etc. ;
- de s'entraîner à la manipulation de sa propre **calculatrice** (celle qui sera utilisée lors de l'épreuve). Une calculatrice de niveau collège est suffisante[1]. Avec cette calculatrice, il convient d'être capable de : savoir calculer une expression avec des puissances ; savoir calculer le quotient et le reste d'une division euclidienne ; savoir simplifier une fraction ; savoir enchaîner plusieurs calculs en utilisant les touches mémoires ou les parenthèses… ; savoir afficher le nombre en écriture scientifique. Certaines calculatrices permettent aussi de calculer une moyenne, une médiane, etc.

2 Gérer l'épreuve

La posture que vous allez adopter face à la résolution des exercices est essentielle pour votre réussite et, tout d'abord, il vous faut gérer le temps de l'épreuve.

En utilisant la relation de proportionnalité entre le nombre de points et la durée totale de l'épreuve on pourrait dire que si 40 points correspondent à quatre heures, 10 points correspondent environ à une heure : il ne faudrait pas passer trop de temps sur une question sans évaluer le nombre de points qu'elle peut rapporter ; on peut décider par exemple d'abandonner une question où l'on bloque plus de 10 minutes.

De manière à bien gérer votre temps pendant l'épreuve il est conseillé de :

- percevoir la globalité du sujet ou d'un exercice avant de commencer à rédiger :
  - parcourir rapidement l'ensemble du sujet de mathématiques afin de repérer les exercices ou les questions qui paraissent facilement solubles car vous les avez déjà vus sous cette forme ou sous une autre et qui pourront alors être traités en premier ;
  - lire toutes les questions d'un même exercice avant de commencer à le résoudre, certaines réponses pouvant figurer dans les questions ultérieures.
- appliquer vos méthodes personnelles de lecture active comme par exemple :
  - identifier les points importants du sujet (en les surlignant ou soulignant…) ;
  - repérer les contraintes dans les questions de l'énoncé (unités, format de réponse…) en les surlignant par exemple. Il est à noter que la forme sous laquelle la réponse est attendue peut être formulée tout à la fin des questions posées.

1. Une calculatrice d'un niveau lycée ou supérieur n'est pas interdite, tant qu'elle satisfait aux contraintes imposées (de poche, non communicante, sans imprimante).

3 Répondre aux questions mathématiques de l'épreuve

3.1 Généralités

a. Raisonnement

Les erreurs à éviter

En général au CRPE,

- constater n'est pas démontrer ;
- mesurer n'est pas démontrer ;
- expérimenter sur des exemples n'est pas démontrer (sauf à explorer tous les cas possibles – comme dans certains exercices d'arithmétique notamment – ou dans le cas du contre-exemple).

À ce propos on peut lire dans plusieurs rapports de jury :

- Rapport de jury Limoges 2014 : « *Une conjecture s'émet à partir d'exemples ; mais sa preuve ne se fait pas à partir de plusieurs exemples, mais par une démonstration* ».
- Rapport de jury Toulouse 2017: « *Un contre-exemple permet de vérifier qu'une assertion est fausse, puisqu'elle est au moins une fois fausse, mais la présentation d'un exemple ne permet pas de vérifier qu'elle est vraie* ».

Les techniques à adopter

- Utilisez un **contre-exemple** pour démontrer qu'une proposition universelle du type « pour tout *b* dans l'ensemble E, on a C » est fausse (on trouve un *b* dans E pour lequel C est fausse).

  Ex. : Si l'on veut montrer que la proposition : « Tout nombre premier est impair » est fausse, il suffit de trouver un nombre premier qui soit pair, le nombre 2 est premier et pair : on dit que le nombre 2 est un contre-exemple à l'affirmation proposée. Si l'on veut montrer que la proposition : « Tout losange a exactement deux axes de symétrie » est fausse, il suffit d'indiquer qu'un carré est un losange particulier et qu'il a quatre axes de symétrie : un carré est un contre-exemple à l'affirmation proposée.

- Pour démontrer qu'une affirmation est vraie : structurez avec des chaînons déductifs (en géométrie, arithmétique…) en utilisant à propos les connecteurs : « si », « alors », « donc », « or », « puisque », « car »…

  Ex. : Je sais que…

  Selon le théorème… : Si… alors…

  Donc…

  L'expression française « si P alors Q » (où P et Q sont des propositions) correspond d'un point de vue logique à « P implique Q ».

  Pour montrer que « P implique Q », on peut partir de P et avec des implications successives arriver à Q. Si on ne voit pas les implications successives, on peut au brouillon essayer de travailler par « chaînage arrière », c'est-à-dire partir de la fin, à savoir la proposition Q et essayer de voir ce qui implique Q. Par exemple si on doit montrer que des nombres sont égaux, on peut se remémorer les techniques permettant de montrer que des nombres sont égaux (voir ci-après).

Le rapport de jury d'Orléans-Tours 2014 mentionne : « *Une démonstration mathématique n'est pas un enchaînement de phrases sans lien mais une démarche déductive aux étapes clairement justifiées* ».

Dans certains cas, on pourra utiliser le raisonnement par équivalence, soit en deux phases « si P alors Q » et « si Q alors P », soit en utilisant des équivalents, par exemple dans la résolution d'équations, inéquations. Il est nécessaire cependant d'être très prudent dans l'utilisation des équivalents.

- Définissez de façon précise toutes les variables et inconnues nécessaires ; utiliser si besoin du calcul littéral (avec des lettres).

  Ex. : On n'écrira pas : « c : chevaux » mais « On appelle c le nombre de chevaux ».
- Pour démontrer l'égalité $A = B$, plusieurs techniques sont possibles :
  – partir de A (respectivement de B), transformer son écriture plusieurs fois jusqu'à obtenir B (respectivement A) : $A = \ldots = \ldots = B$, (respectivement $B = \ldots = \ldots = A$) ;
  – montrer que A et B sont égaux à un même nombre C : $A = \ldots = \ldots = C$ et $B = \ldots = \ldots = C$;
  – montrer que leur différence est nulle : $A - B = 0$;
  – montrer que leur quotient est égal à 1 : $A : B = 1$ (en sachant que B est non nul) ;
  – quand A et B sont des nombres de même signe, montrer qu'ils ont même carré : $A^2 = B^2$. L'égalité $A^2 = B^2$ et A et B ont le même signe implique que $A = B$.
- On peut utiliser un ***raisonnement par contraposée*** pour montrer que « P implique Q ». Au lieu de montrer que « P implique Q », on montre que « non Q implique non P », où « non P» est la négation de P ; par exemple, si P est l'assertion « le triangle est rectangle », « non P » est l'assertion « le triangle n'est pas rectangle ».
- Dans certains cas (assez rares), vous pouvez utiliser le **raisonnement par l'absurde**[1] : on suppose la négation de ce que l'on veut démontrer et en utilisant des chaînons déductifs, on aboutit à une « absurdité ».

… POUR ALLER PLUS LOIN …

Exemple de raisonnement par l'absurde : montrer que le nombre $\sqrt{2}$ n'est pas un rationnel.

On suppose que $\sqrt{2}$ est un rationnel, on peut l'écrire avec la fraction irréductible $\frac{p}{q}$, c'est-à-dire avec p et q sans diviseur commun autre que le nombre 1. En l'élevant au carré, on a $\frac{p^2}{q^2} = 2$, d'où $p^2 = 2 \times q^2$; on en déduit que p^2 est pair, d'où p est pair et s'écrit $2k$; en remplaçant dans l'égalité $p^2 = 2q^2$, on a : $4 \times k^2 = 2 \times q^2$; on en déduit en divisant par 2 : $2 \times k^2 = q^2$, ce qui signifie que q^2 est pair, d'où q est pair ; p et q ont donc 2 comme diviseur commun, ce qui est en contradiction avec « p et q sans diviseur commun autre que le nombre 1 ». La proposition « $\sqrt{2}$ est un rationnel » est donc fausse. Voir d'autres exemples en compléments en ligne, voir un exemple de raisonnement par contraposée.

1. Un raisonnement par l'absurde, pour montrer que la proposition P est vraie, consiste à supposer que c'est sa « négation » qui est vraie, négation notée « non P ». On montre ensuite que la proposition « non P » implique une autre proposition R. On fait apparaître que l'on ne peut pas avoir « non P » et R vraies simultanément (d'où le mot « absurde ») ; on conclut que « non P » est fausse et donc que P est vraie.

b. Pendant la recherche

- Dans tout exercice, il y a toujours des questions plus simples que d'autres et ce ne sont pas nécessairement les premières : il vous faut les repérer car elles constituent des points facilement accessibles ; ne limitez cependant pas votre travail à résoudre ce type de questions.
- En l'absence de piste ou de technique disponible d'emblée, revenez aux définitions des notions mathématiques présentes dans l'énoncé et au sens lié au contexte de la situation.
- Plusieurs méthodes sont parfois possibles, si vous en voyez plusieurs, optez pour celle qui vous semble la plus convaincante ou que vous arrivez facilement à rédiger et servez-vous de l'autre méthode comme moyen de vérification.

  Ex. : Pour montrer que des droites sont perpendiculaires, on peut montrer qu'elles sont chacune parallèles à des droites perpendiculaires, ou utiliser la réciproque du théorème de Pythagore.

c. Pour la rédaction

Un certain nombre de points (en général 5 points au maximum) sur 40 points peuvent être retirés pour sanctionner des erreurs orthographiques, syntaxiques et maladresses ou lourdeurs dans l'expression écrite. Le rapport de jury Strasbourg 2017 donne comme conseil ; « être concis, soigner la présentation, l'écriture, l'orthographe et la conjugaison ».

- La résolution d'un exercice ne se fait pas complètement au brouillon (pour des questions de durée de l'épreuve) et vous allez devoir mener en parallèle la recherche sur le brouillon et la rédaction de votre réponse sur votre copie.
- Pour faciliter la lecture et la recherche d'information dans votre copie, il est important d'aérer votre copie et de structurer vos écrits en utilisant des paragraphes distincts :
  - n'hésitez pas à utiliser plusieurs feuilles (les figures sur des feuilles séparées) ;
  - lorsque vous n'arrivez pas à répondre à une question, laissez un espace suffisamment important ; vous pourrez y revenir éventuellement par la suite ; il est important de bien indiquer le numéro des questions traitées afin que le correcteur se repère sans peine ;
  - mettez en valeur vos conclusions (soulignées ou encadrées).
- Faites attention à la présentation : à l'orthographe, à la rédaction ; le rapport de jury Dijon 2014 indique : « Plusieurs candidats ont d'ailleurs été sanctionnés pour une écriture illisible ou difficilement lisible » ;
- Donnez le (ou un) bon argument et uniquement celui-ci. Ce n'est pas au lecteur/correcteur de trier parmi une liste d'arguments celui qui convient le mieux à l'explication. On lit dans le rapport de jury de Caen 2014 « le jury a pénalisé les copies présentant des réponses en surnombre » ;
- Attention aux erreurs de rédaction mathématique : soyez rigoureux dans l'utilisation des symboles = ou ≈, (AB), [AB] ou AB.
- N'utilisez pas les symboles mathématiques (par exemple ou , // etc.) comme abréviations dans un texte en langage courant.

d. Après la rédaction

Après avoir résolu une question, avant de passer à la question suivante, il est important de relire la question et de vérifier que la réponse proposée correspond bien aux attentes sur la forme (valeur exacte ou arrondie ou écriture scientifique…), qu'elle est complète et surtout que vous avez bien répondu à la question telle qu'elle est posée. Le rapport de jury Orléans-Tours 2014 indique : « *La résolution d'une question doit systématiquement se terminer par un résultat et une phrase de conclusion. La concision est souvent préférable à un discours long et peu structuré qui laisse à penser au correcteur que le candidat masque ses insuffisances en mathématiques avec une rédaction trop prolixe* ».

3.2 Vrai-faux

Certains sujets de concours peuvent comporter un exercice de ce type qui nécessite de disposer de méthodes de résolution mettant en œuvre un raisonnement mathématique dont l'élaboration est à la charge du candidat (pas de questions intermédiaires).

C'est en testant sur quelques exemples que l'on peut conjecturer[1] la valeur de vérité d'une proposition universelle du type « tout nombre… » ou « pour tout quadrilatère… ».

Pour montrer que cette proposition est fausse, il suffit de produire un contre-exemple, c'est-à-dire d'exhiber un cas pour lequel cette proposition est fausse.

En revanche pour montrer qu'elle est vraie, il faut travailler dans le cas général ; utiliser une lettre représentant un nombre quelconque facilite la démonstration de ce cas général.

Attention à la formulation des affirmations : bien distinguer les formulations « pour tout », « il existe ».

Ex. : « Pour tout rectangle, les diagonales sont perpendiculaires » est une affirmation fausse tandis que « Il existe des rectangles dont les diagonales sont perpendiculaires » est une affirmation vraie (ce sont les carrés).

Attention aux négations éventuelles qui peuvent inverser vrai et faux.

Dans tous les cas, n'oubliez pas d'écrire explicitement sur la copie si l'affirmation est vraie ou fausse.

3.3 Questions à choix multiples

Les QCM exigent une lecture très attentive des énoncés. Il s'agit de faire la différence entre les énoncés vrais, et les énoncés qui sont faux ou vrais dans un domaine plus restreint que celui de l'énoncé (gare aux cas particuliers pour lesquels l'énoncé est faux).

Ex. : « Tout nombre premier est impair. » est une affirmation fausse même si tous les nombres premiers sauf « 2 » sont impairs.

- Vous pouvez procéder par élimination en écartant les propositions qui sont clairement fausses ;

1. Une conjecture est une proposition anticipée qui attend sa vérification, soit d'un raisonnement (souvent en mathématiques), soit de l'expérience (souvent en sciences expérimentales).

- Attention, selon la formulation de l'énoncé, votre choix doit porter sur la réponse juste ou sur la réponse fausse ;
- Relisez complètement la question pour chacun des choix de réponse proposée ;
- Comme dans les Vrai/Faux, soyez attentifs aux négations ; si des expressions comme « aucun », « ne… pas », « jamais », « non » etc. sont présentes dans l'énoncé, cela en inverse le sens (on peut aussi parfois rencontrer des doubles-négations) ;
- Soyez attentif aux mots tels que « tous », « chacun », « chaque », « aucun », « toujours », « seulement », « parfois », « rarement », « jamais » etc. qui restreignent, généralisent ou inversent le sens de l'énoncé et donc changent les réponses attendues.

  Ex. : « Tous les nombres pairs non nuls ne sont pas premiers » est une proposition fausse.

  « Chaque nombre pair non nul n'est pas premier » est fausse.

  « Aucun nombre pair non nul est un nombre premier » est fausse.

  « Il existe des nombres pairs non nuls qui sont des nombres premiers » est vraie.

  « Les losanges ont toujours leurs diagonales de même longueur » est fausse.

  « Les losanges n'ont jamais leurs diagonales de même longueur » est fausse.

  « Les losanges ont parfois leurs diagonales de même longueur » est vraie.
- Attention aux conjonctions de coordination « et », « ou », « ni ». Quand l'énoncé contient « et », si une partie de l'énoncé est faux, tout l'énoncé est faux même si les autres parties sont vraies.

  Ex. : « 80 est multiple de 10 et de 4 et de 6 » est fausse car 80 n'est pas multiple de 6.

  « 80 est multiple de 4 ou de 6 » est vraie car l'une des deux affirmations est vraie.
  Remarque 1 : le « ou » du langage courant est souvent exclusif, par exemple au restaurant c'est fromage ou dessert mais pas les deux ! Le « ou » mathématique est inclusif, par exemple « un carré est un losange ou un rectangle » est vraie.

  Remarque 2 : l'affirmation, « 8 est un nombre inférieur ou égal à 10 » est vraie même si 8 n'est jamais égal à 10 !

3.4 Selon les thèmes

a. Pour la numération

Les rapports de jury mentionnent l'importance de compétences en numération.

Rapport de jury Toulouse 2018 : « *Le troisième exercice met en jeu la compréhension de la numération de position, essentielle pour un professeur des écoles.* »

- Passez par la décomposition canonique des nombres lorsque les contraintes portent sur des chiffres, c'est-à-dire écrivez le nombre donné sous forme d'une somme de puissances de la base :

  Ex. : Le nombre $\overline{cdu}$ en base dix se décompose en $10^2c + 10d + u$, soit $100c + 10d + u$.
- Pour certains exercices, en organisant bien son travail, il est parfois possible de passer en revue tous les cas à traiter (raisonnement par disjonction de cas) ou d'arriver à réduire le nombre de cas à examiner.

Ex. : Pour dénombrer le nombre de nombres à au plus trois chiffres que l'on peut réaliser avec les chiffres 1, 2 et 3, en utilisant une fois au plus chacun de ces chiffres, il est possible de rechercher les nombres à un chiffre puis les nombres à deux chiffres puis les nombres à trois chiffres possibles.

- Certaines descriptions en langage courant appellent des traductions littérales.

  Ex. : « Trois entiers consécutifs » se traduit formellement par : $n - 1, n, n + 1$ ou bien $n, n + 1, n + 2$ (où n est un entier)… il n'est cependant pas toujours évident de choisir laquelle des écritures est la plus adaptée au problème.

  Un entier pair s'écrit $2p$ (où p est un entier naturel) ; un entier impair s'écrit $2p + 1$ (où p est un entier naturel) ;

  Un nombre dont le reste dans la division par 7 est 2 s'écrit $7n + 2$ (où n est un entier naturel) ;

  La différence des carrés de deux entiers pairs consécutifs s'écrit $(2p)^2 - (2p - 2)^2$ ou $(2p + 2)^2 - (2p)^2$ (où p est un entier naturel).

b. Pour les calculs

- Aérez les calculs.
- Alignez les signes opératoires, les barres de fractions principales et les signes de comparaison (<, ≤, =, ≥, >, ≈).

  Ex. : Un alignement mal placé peut être source d'erreur : $\dfrac{\dfrac{10}{5}}{2} \neq \dfrac{10}{\dfrac{5}{2}}$, soit $1 \neq 4$

- Ne coupez pas, si possible, une expression sur deux lignes. Si besoin, nommez l'expression par une lettre et alignez les signes d'égalité.

  Ex. : A = …

  = …

- N'oubliez pas que, sans autre mention, c'est toujours la valeur exacte qui est attendue. La valeur approchée peut aider à se représenter le nombre trouvé mais elle ne peut pas remplacer la valeur exacte ; en particulier, pour les calculs intermédiaires, on reprendra les valeurs exactes trouvées dans les calculs précédents et non les valeurs approchées ; en effet les écarts à la valeur exacte peuvent se « cumuler » (ou « se compenser ») au fur et à mesure des calculs successifs. Attention, en général, la calculatrice ne fournit que des valeurs approchées des résultats.

Le rapport de jury Toulouse 2017 indique : « *La réponse d'une calculatrice, limitée en nombre de chiffres dans son affichage n'est pas la valeur exacte d'un calcul.* »

Le rapport de jury Strasbourg 2017 note parmi les erreurs les plus fréquentes : « *Confusion entre valeur exacte et valeur approchée.* ».

Le rapport de jury Besançon 2014 conseille : « *éviter les arrondis successifs ou intermédiaires lorsque le résultat attendu n'est pas une approximation* ».

- Pensez à l'homogénéité d'une expression.

  Ex. : Si f désigne une fonction, l'écriture : « $f = 2x + 3$ » ne peut être correcte : pas de x dans le membre de gauche qui désigne une fonction, alors que le membre de droite représente un nombre. L'expression correcte est : $f(x) = 2x + 3$.

c. Pour la gestion des données

- S'il est demandé de construire la représentation graphique d'une fonction affine dans le plan muni d'un repère, précisez d'abord qu'il s'agit d'une droite et indiquez aussi les coordonnées des points que vous choisissez pour effectuer ce tracé (deux points suffisent !).
- Indiquez clairement les unités, les échelles et les légendes dans un graphique.
- Marquez en couleur les points importants des graphiques, par exemple les points lus pour répondre à une question. Attention : utilisez des couleurs de base comme vert, rouge ou bleu, en excluant des couleurs pouvant être reconnues comme marque distinctive.
- N'hésitez pas à tracer des droites en pointillé pour permettre la lecture des coordonnées de points.
- Si vous utilisez un tableau de proportionnalité comme représentation d'une situation de proportionnalité, mentionnez par des phrases la technique utilisée, ne vous contentez pas de mettre des flèches sur le tableau.
- Justifiez les calculs (mentionné par le rapport de jury de Toulouse 2015).

d. Pour la géométrie plane

- Faites les figures complexes – qu'elles soient demandées ou non – sur une feuille séparée de manière à avoir toujours la figure en vue lors de la rédaction. Dans ce cas, il vaut mieux indiquer au correcteur que cette figure existe (en indiquant « voir figure sur la feuille n° »).
- Pour des questions de géométrie du type « cette figure admet deux axes de symétrie », vous pouvez refaire la figure et faire des essais éventuellement à main levée au brouillon.
- Commencez toujours par traduire l'énoncé grâce à une figure réalisée à main levée (pas trop petite !) sur le brouillon ; veillez à ne pas faire une figure ayant des propriétés particulières.

  Ex. : Lorsque l'énoncé mentionne un triangle quelconque, tracez un triangle comme ci-contre qui ne soit pas « presque » isocèle ou « presque » rectangle. Sinon, la figure risquerait d'induire un raisonnement erroné.

  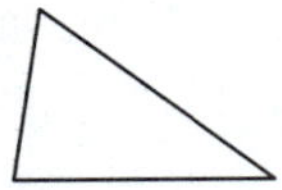

- Pour les constructions détaillées dans l'énoncé, faites les figures avec les instruments de géométrie, en les codant (on peut utilement coder le parallélisme avec des couleurs de base) ; mentionnez les points par des croix (intersections de lignes) ; vous pouvez aussi nommer les différents éléments : points, droite, cercle.
- En géométrie une figure doit être un support aidant : lorsqu'elle devient trop complexe, il est important de focaliser sur la partie relative à la question traitée (on peut pour cela repasser les éléments importants en couleur ou même extraire au brouillon ou sur la copie une figure plus simple).
- Pour rechercher les étapes d'une construction, analysez la figure finie (faites-là éventuellement « à l'envers ») et recherchez en son sein des configurations connues, des propriétés et enfin les étapes de la construction. Si vous ne trouvez pas de configuration à l'intérieur de la figure, n'hésitez pas à compléter la figure pour les faire apparaître (en rajoutant des segments, des diagonales, des milieux...).

- Pour les programmes de construction : utilisez un paragraphe numéroté pour chaque étape de la construction en utilisant le langage de la géométrie.

  Ex. : À la place de « tracer le cercle en pointant le compas en A », écrire « tracer le cercle de centre A » …
- Si l'on demande de conjecturer une propriété à partir de la figure, construisez la figure de façon précise avec les instruments et n'hésitez pas à refaire une deuxième figure pour tester si la conjecture dépend de la figure tracée initialement.
- Vérifiez systématiquement (et explicitement sur la copie) les conditions d'application des théorèmes utilisés.

  Ex. :
  - Triangle **rectangle** pour le théorème de **Pythagore** ;
  - Triangle **rectangle** pour les lignes **trigonométriques** ;
  - Alignements et **parallélisme** pour le théorème de **Thalès**.

Le rapport Besançon 2014 indique: « *les notions géométriques semblent insuffisamment maîtrisées par une majorité des candidats (« quatre côtés égaux » ne suffit pas à démontrer que IJKL est un carré ; il manque la démonstration de l'existence de l'angle droit pour conclure que c'est un carré)* ».

e. Pour la géométrie dans l'espace

- Ne pas hésiter à découper et plier pour fabriquer grossièrement le solide.
- Si besoin, tracer au brouillon plusieurs vues du solide.
- Ne pas se laisser influencer par les relations entre les représentations des objets vus sur une perspective cavalière.

  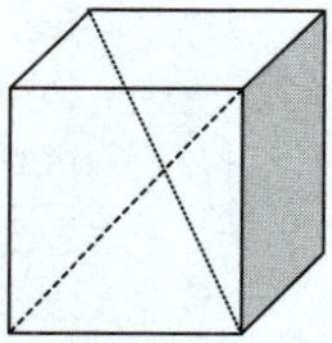

  Ex. : Deux droites apparemment sécantes sur une perspective ne le sont pas forcément dans la réalité comme par exemple la diagonale du cube et la diagonale de sa face avant sur la représentation ci-contre.

  Remarque : à l'instar de la représentation ci-contre, une représentation en perspective cavalière ne comporte pas nécessairement les arêtes cachées.
- Ne pas oublier que certaines questions d'un exercice relatif à la géométrie dans l'espace se ramènent à des questions de géométrie plane, mais il faut absolument mentionner le plan dans lequel on se place et vérifier que les objets étudiés appartiennent tous à ce plan.
- Faites attention aux nombreux théorèmes vrais en géométrie plane mais pas en géométrie dans l'espace. Par exemple dans le plan, si deux droites sont perpendiculaires à un même troisième, elles sont parallèles entre elles. C'est faux dans l'espace.

  Ex. : Sur la figure ci-contre (BK) et (BA) sont perpendiculaires à (CB) mais, elles ne sont pas parallèles entre elles puisqu'elles ont un point commun B.

  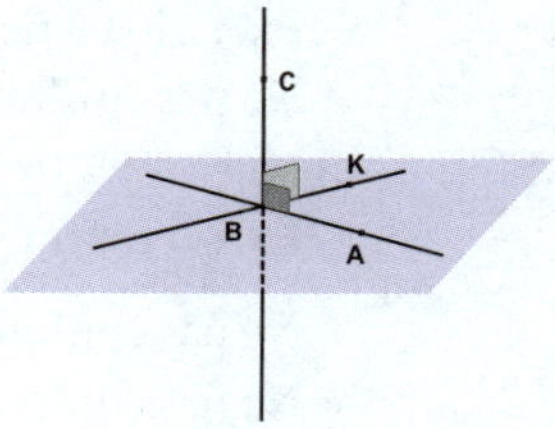

f. Pour les grandeurs

- Ne pas confondre grandeur et mesure.

  Ex. : 2 m est la longueur d'une baguette, 2 est la mesure de la longueur de cette même baguette si l'on choisit le mètre comme unité de longueur.
- Pour le calcul d'une aire ou d'un volume, préciser d'abord la formule utilisée, la contextualiser ensuite avec les données de l'énoncé, puis enfin passez à l'application numérique.
- Pour le calcul d'une durée à partir de la donnée de l'instant initial et de l'instant final, le recours à une droite numérique pour représenter ces instants peut être un outil pertinent pour ce calcul d'écart.
- Pour les durées, interpréter correctement la partie décimale de leurs mesures.

  Ex. : 2,4 h représente 2 h + 0,4 h, soit 2 h + 0,4 × (60 min), soit 2 h + 24 min que l'on écrit 2 h 24 min.

Le rapport de jury Toulouse 2014 indique : « *Une bonne connaissance des changements d'unité de durée est attendue. Une des confusions du type 4 minutes 16 seconde s = 4,16 minutes peuvent encore persister. La connaissance des calculs de vitesse, ou de durée a pour but de vérifier l'aisance du candidat à manier des unités.* »

- Les unités doivent être mentionnées en accord avec les exigences de l'énoncé.
- Dans une égalité, les unités doivent se retrouver des deux côtés du signe d'égalité (homogénéité).

  Ex. : On peut écrire 2 cm + 3 cm = 5 cm mais pas 2 + 3 = 5 cm.
- Pour les calculs complexes, on peut faire les calculs numériques sans unité puis rédiger une phrase de conclusion en utilisant l'unité adaptée.

  Ex. : L'aire est égale à 125 cm^2 ; le volume est égal à 18 mm^3.

3.5 Des confusions et des erreurs classiques à éviter

a. Confusions

- Ne pas confondre multiple et diviseur ;

  Ex : 0 est un multiple de 3 mais 0 n'est pas un diviseur de 3.

  0 = 0 × 3 et 0 ne divise aucun nombre non nul.

  Les deux formulations suivantes sont correctes : « 0 est un multiple de 3 » et « 3 est un diviseur de 0 ».
- Ne pas confondre nombres premiers et nombres premiers entre eux ;

  Ex. : 21 et 8 ne sont pas des nombres premiers mais 21 et 8 sont premiers entre eux.
- Ne pas confondre nombre et écriture du nombre, ne pas confondre écriture décimale et partie décimale d'un nombre ;

  Ex. : $\frac{4}{3}$ est un nombre admettant plusieurs écritures fractionnaires : $\frac{4}{3}$, $\frac{8}{6}$, $\frac{40}{30}$.
- Ne pas confondre arrondi, troncature et ordre de grandeur ;
- Ne pas confondre grandeur et mesure ;

  Ex. : La formulation « la somme des mesures des angles d'un triangle est égale à 180° » est une formulation incorrecte, une formulation correcte est : « la somme des angles d'un triangle est égale à 180° ».

- Ne pas utiliser dans la preuve la conclusion à démontrer ou des propriétés non encore démontrées.

  Ex. : Évocation de l'hypoténuse d'un triangle avant de démontrer que celui-ci est rectangle ou écriture de l'égalité relative aux carrés des longueurs avant de savoir si l'égalité est vraie ou fausse (une erreur que l'on trouve dans l'utilisation de la réciproque du théorème de Pythagore - idem pour la réciproque du théorème de Thalès).

b. Conseils

- Vérifier la présence d'unités pour votre réponse ;
- Utiliser les unités dans les calculs pour détecter les erreurs, ou pour déterminer l'unité de la réponse ;

  Ex. : Lors du calcul de l'aire d'un disque de rayon 5 cm, si vous confondez les formules d'aire et périmètre, en écrivant les unités dans les calculs vous pouvez détecter votre erreur de confusion de formule : si vous écrivez $A = 2\pi R = 2\pi \times 5$ cm vous pouvez vous rendre compte que le résultat est une longueur et non une aire.
- Vérifier la conformité du format de réponse demandé (fraction non irréductible, valeur exacte ou valeur approchée…) ;
- Être rigoureux dans l'utilisation du vocabulaire ou des conventions ;

  Ex. : Ne pas utiliser le vocabulaire « nombre à virgule » à la place de « nombre décimal ». AB // CD, milieu d'une droite, d'un axe, milieu ou diagonale d'un cercle… au lieu de, respectivement, (AB) // (CD), milieu d'un segment, centre et diamètre d'un cercle qui sont les formulations correctes ;
- Ne pas utiliser un théorème sans le citer.

4 Analyser des supports d'enseignement des mathématiques

Nous proposons ci-dessous des apports didactiques et quelques questions pour l'analyse : certaines pourront être du type de celles posées par le sujet, d'autres pourront vous aider à analyser les supports d'enseignement proposés.

Tout comme dans la partie mathématique, les réponses aux questions du sujet pour cette partie seront systématiquement argumentées. Voir aussi les compléments en ligne, où certains paragraphes sont développés, avec d'autres exemples.

4.1 Progressivité des apprentissages

Les documents de référence du professeur sont les programmes[1] officiels et non les manuels de classe. Cycle par cycle, et thèmes par thèmes, avec une liste d'attendus clairement explicités en termes de compétences. Pour bâtir sa progression, l'enseignant doit donc analyser les ressources qu'il utilise et notamment les manuels de classe en fonction des programmes officiels. Il peut être aidé par les livres du maître

1. Consulter fréquemment le site eduscol du Ministère de l'éducation nationale.

correspondant aux manuels utilisés. L'enseignant devra découper son enseignement en séquences visant une ou plusieurs compétences du programme. Chaque séquence est divisée en séances correspondant à une unité de temps d'enseignement. Une séquence type comprend éventuellement une phase d'évaluation diagnostique, qui permet de prendre en compte les connaissances préalables des élèves, une situation d'entrée ou de découverte du thème traité, des situations-problèmes destinées à construire les connaissances, techniques, des phases d'institutionnalisation des savoirs construits, des phases d'entraînement, et une phase d'évaluation des apprentissages.

Dans l'analyse des documents proposés à l'épreuve du CRPE, il faudra donc se poser des questions :

- Si le niveau n'est pas précisé dans le sujet : à quel **niveau** peut-on situer les documents (cycle et si possible année[1]). Quelle partie des programmes officiels est concernée ? Est-on bien en conformité avec ces programmes ?
- Comment se place(ent) la (ou les) séance(s) étudiée(s) dans la séquence ?
- Quelles sont les connaissances et/ou compétences que devrait posséder un élève pour aborder cette séance/séquence (ce sont des points d'appui tant pour l'élève que pour le professeur que certains auteurs nomment **pré-requis**) ?

4.2 Objectifs et type de séance

- Quelle est la **notion** mathématique en jeu ? Par exemple l'ordre sur les nombres décimaux, l'aire, le repérage dans l'espace…
- Quel est l'**objectif** c'est-à-dire les intentions didactiques et pédagogiques du maître ? Citer un objectif principal, en général disciplinaire. Les objectifs peuvent être relatifs à une connaissance mathématique, à la mise en évidence de techniques, mais aussi à l'apprentissage de la recherche d'un problème, à l'apprentissage de la communication avec un langage approprié, etc. La connaissance visée ne s'exprime pas forcément dans les termes des compétences du programme.
- Quelles sont les **compétences** visées et/ou entraînées et/ou réinvesties ? Le mot compétence est pris au sens du décret concernant le socle commun de connaissances de compétences et de culture en vigueur à partir de la rentrée 2016 : « Une compétence est l'aptitude à mobiliser ses ressources (connaissances, capacités, attitudes) pour accomplir une tâche ou faire face à une situation complexes ou inédites. »
- Quel est le type de séance ou de partie de séance ? Introduction d'une nouvelle notion, d'un nouvel aspect d'une notion déjà connue, réinvestissement de connaissances récemment vues ou plus anciennes, consolidation, évaluation, etc. ? Si la séance comporte un problème, de quel type de **problème** s'agit-il ? Est-ce une situation-problème, un problème de réinvestissement, un problème pour apprendre à chercher, un problème complexe, ouvert ? Si la situation est un jeu, est-ce vraiment un jeu avec un enjeu mathématique ou simplement une mise en œuvre ludique ?

1. Les programmes sont rédigés par cycle. Des repères de progression par niveau de classe sont parus au bulletin officiel n° 22 du 29 mai 2019, applicables à la rentrée 2019.

4.3 Analyse de la séance

La tâche de l'élève est bien sûr totalement différente de celle du maître. Les questions du sujet du CRPE pourront amener le candidat à analyser les rôles des deux partenaires.

En préparant sa séance, l'enseignant essaie de prévoir les réactions des élèves, les aides qu'il va proposer, comment il va différencier, comment il va conclure sa séance. Il va anticiper les procédures des élèves, déterminer les techniques relatives à chaque type de tâches.

Une **procédure** décrit l'action d'un élève spécifique, son cheminement ; une **technique** est un modèle général (élaboré par le professeur, le chercheur) des actions mises en œuvre pour réaliser le type de tâches.

Pour chaque type de tâches, le professeur va également prévoir les éléments de la situation qu'il peut modifier et qui ont une incidence sur le type de procédures des élèves, nous parlerons dans ce cas de variables didactiques, plus précisément :

DÉFINITION

« Une **variable didactique** est un élément de la situation qui peut être modifié par le maître, et qui affecte la hiérarchie des stratégies de résolution (par le coût, la validité, la complexité)… »[1]

Changer les valeurs des variables didactiques permet donc de faire évoluer les procédures des élèves.

Ex : Les différents outils ou instruments proposés aux élèves lors d'une tâche donnée peuvent constituer une variable didactique.

Des questions que l'on peut se poser : est-ce qu'une ou plusieurs valeurs des variables didactiques sont fixées, les fait-on évoluer ? Parmi celles-ci lesquelles permettent de prendre en compte une différenciation pédagogique ?

Exemple

Pour le type de tâches « comparer deux nombres décimaux, exprimés chacun par une écriture décimale », une variable didactique est le nombre de chiffres après la virgule de l'écriture de chacun des décimaux. Cette variable a deux valeurs : ou bien le nombre de chiffres de chacun des deux nombres est différent (par exemple dans la comparaison de 2,3 et 2,19) ou bien le nombre de chiffres est identique (par exemple dans la comparaison de 2,17 et 2,19). Un élève ayant une conception erronée des décimaux comme deux entiers séparés par une virgule pourra mettre en œuvre une procédure de comparaison du type « on compare les entiers avant la virgule, s'ils sont égaux, on compare les entiers après la virgule ». Sa procédure non valide fournira une réponse erronée dans certains exercices correspondant au choix de la première valeur de la variable, par exemple pour 2,3 et 2,19 mais fournira une réponse correcte pour tous les exercices correspondant au choix de la deuxième valeur.

Voir d'autres exemples dans les chapitres sur les mathématiques à enseigner à l'école.

1. BRIAND Joël. *Glossaire de didactique. Documents pour la formation des professeurs d'école en didactique des mathématiques Tome 1 - Actes du stage de Cahors* p. 144. Paris : 1991 IREM de Paris VII [en ligne http://www.arpeme.fr/index.php?id_page=29]

D'autres variables (qui selon le cas peuvent être des variables didactiques) sont à la disposition du professeur, comme le choix d'un travail individuel ou en groupe, le choix de laisser ou non des affiches références.

4.4 Quelle structure de la séance ? Quelle progression ?

Identifier les différentes étapes de la séance ou de la séquence de façon à voir comment se situe la partie à analyser.

Pour chaque type d'étape, on pourra se demander quelle est la tâche de l'élève ? Quel est le **rôle du maître** ?

a. Consigne

Comment sont formulées les consignes ? Le langage est-il accessible aux élèves du niveau considéré (notamment en maternelle) ?

b. Mise en commun

La mise en commun, placée sous la responsabilité du maître, est un moment d'échange collectif, d'explicitation et de débat qui permet la confrontation des méthodes et des résultats.

Y a-t-il un débat sur la validité des solutions des élèves ? Les productions d'élèves à analyser sont-elles issues d'un travail de recherche donnant lieu à un débat ?

c. Synthèse, trace écrite, institutionnalisation

- Quelle **institutionnalisation** (orale et/ou écrite) ?

DÉFINITION

L'**institutionnalisation** consiste à donner un statut culturel ou social aux productions des élèves (activités, langage, connaissances), avec la médiation du professeur. L'institutionnalisation porte aussi bien sur une situation d'action, que sur une situation de formulation ou de preuve.

- Pour que l'élève soit capable de faire appel aux connaissances construites dans une autre situation, il faut que le professeur aide les élèves à identifier le savoir en jeu, à distinguer les résultats qu'il est important de retenir et ceux qui sont moins importants, à désigner les objets, etc.
- Certains sujets demandent une trace écrite ; se poser les questions suivantes pour la construire : Quelle trace écrite (procédure de l'élève, procédure reconnue comme la plus efficace, technique à retenir, savoirs à apprendre...) ? Il est en général pertinent de construire la trace écrite à partir de propositions des élèves.
- Est-elle adaptée à l'objectif ? Définit-elle explicitement le savoir (quoi) ? Évoque-t-elle à quoi sert le savoir présenté (pour quoi faire) ? Explicite-t-elle son domaine d'application (quand) ? Donne-t-elle des exemples et/ou des contre-exemples (comment) ?

d. Exercices de réinvestissement

Si les énoncés à analyser sont des exercices de réinvestissement, se poser les questions suivantes : est-ce qu'ils portent sur les compétences déjà travaillées ? Sont-ils en adéquation avec l'objectif de la séance ? Nécessitent-ils des compétences supplémentaires ? Quelle est leur progression, en particulier au niveau des valeurs des variables didactiques ?

Ex. : L'activité porte sur la résolution d'exercices du champ additif plus précisément la tâche consiste à regrouper tous les énoncés dont la solution s'obtient en faisant une addition et à regrouper tous ceux dont la résolution s'obtient en faisant une soustraction. Si la signification de la soustraction travaillée jusque-là est associée à l'idée de retrait (pour les quantités ou mesures) ou de recul (pour les positions sur une droite) et que dans la liste des énoncés figurent des situations de comparaison de quantités, on ne peut pas considérer cette activité comme du réinvestissement.

e. Évaluation

Si l'énoncé proposé est donné dans le cadre d'une évaluation, se poser les questions suivantes : est-elle en adéquation avec les compétences travaillées ? Demande-t-elle des tâches complémentaires qui vont éventuellement parasiter l'évaluation de la compétence choisie ?

Ex. : En maternelle, une compétence à évaluer est « savoir dénombrer une collection ». Si l'on demande de relier sur une feuille une collection d'objets avec l'étiquette comportant l'écriture chiffrée du nombre, il y a deux tâches supplémentaires : lire l'écriture chiffrée, relier par une ligne un emplacement sur la feuille à un autre. Si un élève ne réussit pas à cette évaluation, cela peut être dû à la non maîtrise du dénombrement mais aussi à la non-reconnaissance de l'écriture chiffrée, ou à la difficulté du geste de la main pour relier. Pour ne pas être parasité par les tâches annexes, il faudrait demander à l'élève de communiquer oralement combien il y a d'objets.

4.5 Analyse des modalités de mise en œuvre

Comme dans tous les domaines de l'école, la **maîtrise de la langue** est un vecteur essentiel de la construction des connaissances. Cela peut être l'enjeu de la situation lorsqu'on vise l'acquisition d'un vocabulaire, cela peut être un outil d'explicitation des procédures et techniques ; c'est à travers un oral ou un écrit que seront fixées les connaissances.

Une mention spéciale doit être réservée à l'école maternelle où le langage est en train de se construire et demande beaucoup de précision dans les consignes données aux élèves, beaucoup de précaution dans les traces écrites manipulées.

- Quelle est la place de l'écrit, de l'oral, dans les activités proposées, leur rôle et leur lien ?
- Quels **types d'écrits** sont demandés aux élèves ? Quel est leur rôle ? Dans l'analyse de productions d'élèves, essayez de déterminer s'il s'agit d'un écrit de recherche ou d'une solution rédigée (certains sujets donnent l'information, pour d'autres il faudra se poser la question).

... LES DIFFÉRENTS TYPES D'ÉCRIT[1] ...

- Les **écrits de référence** : ils servent à officialiser le savoir, on les trouve par exemple dans le « cahier mémoire », le maître en est garant.
- Les **écrits de recherche et de travail** : il s'agit d'écrits privés de type « brouillon » qui conservent les traces des tentatives de résolution. Par ailleurs, on peut demander aux élèves de produire une trace communicable de leur recherche, par exemple sous forme d'une affiche qui sera commentée lors de la mise en commun.
- Les **solutions rédigées** : il ne s'agit plus d'un écrit accompagnant la recherche mais d'une reconstruction de la solution sous une forme à la fois explicite, compréhensible et succincte. La solution rédigée doit permettre de comprendre sans ambiguïté la méthode de résolution adoptée.

- Quel est le rôle d'un **schéma** ? Des rôles possibles sont : modéliser le problème réel, montrer une procédure, permettre la mise en œuvre d'une technique, faciliter une technique, etc. Des sujets peuvent demander de produire des schémas ; par exemple dans le sujet 2019 groupement 3 : « Proposer une représentation schématique que l'enseignant peut présenter aux élèves pour les aider à modéliser la situation. »

  Ex. 1 : Une droite graduée avec le repérage par des points des nombres à soustraire, ou des barres de longueur proportionnelle aux nombres, peut faciliter une technique de calcul d'une différence.

  Ex. 2 : En fin de progression sur les patrons dans l'ouvrage « *Apprentissages géométriques et résolution de problèmes*[1] » réalisé par l'équipe ERMEL, les élèves de CM2 disposent d'un solide dans lequel il y a un trou au milieu, le but de la tâche est de réaliser le patron du solide manquant. Lors d'une première phase, pour mettre l'accent sur la construction d'images mentales de ce solide virtuel, les élèves réalisent ce patron à main levée, il s'agit donc d'un schéma.

  Ensuite les différents schémas seront mis à l'étude de façon à mettre en avant les conditions pour obtenir un tel patron : nombre de faces, formes des faces mais aussi relations d'incidence entre les faces.

4.6 Les outils disponibles pour les élèves

- Quels outils ? Quels supports ?

  Ex. : Papier de brouillon, matériels de numération, outils de calcul, affichages collectifs sur les murs, dictionnaires, etc.
- Quel mode de travail ? Travail individuel ou en groupe ? Est-ce que le travail en groupe a un intérêt didactique, par exemple mettre en commun des procédures différentes ?
- Quelle place pour les outils informatiques (TICE[2], TUIC[3]) ? S'il y a utilisation des TICE, est-elle pertinente ?

1. D'après CHARNAY Roland et al. *Apprentissages numériques et résolution de problèmes, CM2*. Paris : Hatier mai 2005 p. 25-27.
2. Technologies de l'Information et de la Communication pour l'Enseignement
3. Techniques Usuelles de l'Information et de la Communication

4.7 Analyse du travail de l'élève

En quoi consiste la (ou les) **tâche**(s) mathématique(s) de l'élève dans les activités ?

- Une tâche est décrite en termes de verbes d'action à l'infinitif.

  Ex. : Comparer, ranger, intercaler, encadrer..., calculer..., identifier, classer, reproduire, décrire, représenter, construire...
- Quel est le travail de l'élève ? comprendre la consigne et deviner ce que le maître attend de lui, résoudre un problème, argumenter, appliquer une règle donnée sur un exemple, mémoriser... ? Deux types de travail :
  - adapter ses connaissances, mettre en œuvre une procédure qui lui permettra de construire les connaissances visées ;
  - ou bien appliquer des techniques, procédures précédemment établies ou proposées par le maître ou le manuel.
- Quelles sont les procédures attendues ? Quelles sont les techniques visées ? On pourra éventuellement trouver dans certains sujets les mots stratégie, méthode, démarche. Il est souhaitable de décrire les procédures et techniques en référence à des savoirs mathématiques.
- Quelles sont les difficultés prévisibles (dans le cas d'un descriptif de préparation), rencontrées (dans le cas d'un descriptif de mise en œuvre) ? Quels sont les obstacles ?

Voir les compléments en ligne pour les différents types d'obstacles.

- Quelles aides le maître prévoit-il, et à quel moment ? Dans certains sujets il vous sera demandé de construire l'aide.

4.8 La différenciation

Le professeur doit parvenir à organiser son enseignement en prenant en compte les différences dans les rythmes d'apprentissage de ses élèves tout en ne creusant pas les écarts entre eux, c'est ce que l'on appelle la gestion de l'hétérogénéité d'une classe. La différenciation doit permettre à chacun de progresser. Une mise en œuvre où les élèves peuvent produire une démarche personnelle est une des premières modalités de différenciation que les enseignants mettent en place. Une remédiation pourra avoir lieu si des manques sont repérés lors d'évaluations en cours de séquence (dites formatives) ou après l'évaluation finale (dite sommative).

Il existe différents **types de différenciation**[1] :

- Par les contraintes (imposées par le maître ou par l'environnement) ;

  Ex. : Les contraintes peuvent être didactiques (domaines numériques, type de figures...) ou pédagogiques (travail individuel, en binôme, en groupe...).
- Par les ressources matérielles disponibles ou non, proposées ou non ;

  Ex. : Matériel pour simuler la situation, matériel de numération, droite graduée, matériel de géométrie, calculatrice, livre ou cahier de mathématique...

1. D'après CHARNAY Roland et al. *Apprentissages numériques et résolution de problèmes, CM1*. Paris : Hatier mai 2005. p. 35-38

- Par les ressources humaines disponibles ou non, proposées ou non ;
- Par les tâches et par les rôles ;
- Par les procédures (procédures personnelles ou expertes). Dans les sujets c'est essentiellement ce type de différenciation qui sera observé.

Différencier par les procédures c'est non seulement accepter qu'à un moment donné chacun réponde avec sa propre procédure mais c'est aussi, lors de la mise en commun notamment, ne pas établir trop rapidement de hiérarchie entre celles qui sont apparues dans la classe (l'objectif est d'enrichir le catalogue des techniques disponibles pour permettre à l'élève de choisir la plus experte pour la tâche à effectuer).

Ex. : Par exemple, une situation relevant de la division pourra se résoudre par une manipulation (en simulant matériellement la situation), par un dénombrement sur une représentation graphique (dessin, schéma...) de la situation, par un calcul mental, posé ou instrumenté avec une division ou une multiplication à trou, ou des additions successives, ou des soustractions successives.

5 Analyser des productions d'élèves et des erreurs-types

Nous proposons ci-dessous quelques questions pour l'analyse : certaines seront du type de celles posées par le sujet, d'autres permettront de répondre à celles posées par le sujet ou d'avoir une vue d'ensemble des productions à analyser.

Quelles sont les solutions du problème (toutes les solutions) ?

Faire l'exercice proposé aux élèves en envisageant le plus possible de procédures (des procédures exactes et des procédures erronées plausibles) ; pour chacune des procédures se demander si elle est accessible à un élève d'école primaire, si oui avec quelles connaissances, ce qui permettra de déterminer éventuellement le niveau.

Quelles sont les différentes tâches à réaliser ?

Ex. : Dans le problème « combien de bonbons dans un paquet avec 45 bonbons au chocolat et 18 bonbons au caramel », la première tâche consiste à se représenter le problème comme un problème additif, la seconde tâche consiste à effectuer le calcul.

Le fait de distinguer les tâches permet de déterminer au niveau de quelle tâche se trouvent les erreurs.

Quelles sont les connaissances et compétences associées nécessaires à la réalisation, à la réussite de cette activité ?

Quels sont les pré-requis ?

Quelles sont les productions correctes ? incorrectes ?

Dans ce dernier cas, analyser et classer les **erreurs** (description et hypothèses sur leur origine) ; une erreur n'est pas une production fausse, c'est un savoir, une conception erronée.

Quelles sont les procédures utilisées ? les techniques utilisées ?

Ne pas se contenter d'une simple description des productions ou du récit des actions mais analyser en se référant aux propriétés mathématiques sous-jacentes (qui justifient l'action) : on demande non seulement ce que l'élève a fait mais aussi les connaissances (éventuellement erronées) qu'il a mobilisées pour le faire.

Rapport de jury de Toulouse 2017: « Les candidats ne font pas la différence entre décrire ce que font les élèves et analyser les concepts et propriétés sous-jacentes. »

Analyser des travaux d'élèves

Cette analyse peut être présentée dans un tableau. Par exemple :

Identifiant élève	Résultats pour chaque tâche	Procédures pour chaque tâche	Compétences (dont connaissances, attitudes, etc.)	Qualité de la formulation
Élève 1 Élève 2	Exact (correct), non correct	Correcte (valide), erronée, non valide, partielle, justifiée, non justifiée, empirique, experte ; formuler si possible des hypothèses sur l'origine de l'erreur	Se référer au programme	Présentation, rédaction, orthographe, soin, présence ou non d'une phrase réponse…

Rapport de jury Nancy-Metz 2014 : « Les correcteurs tiennent à souligner qu'ils ont apprécié que des candidats structurent leur réponse sous la forme d'un tableau (deux entrées : compétences et causes d'erreurs possibles). On encourage fortement les futurs candidats à structurer ainsi leur réponse lorsque la nature de la question s'y prête. »

Pour toute réflexion sur l'erreur, il s'agit de bien distinguer constat de l'erreur et analyse de l'erreur.

Le constat consiste à dire que le résultat obtenu n'est pas correct ou n'est pas conforme au résultat attendu. **Ex. :** $58 + 17 = 65$ est faux puisque $58 + 17 = 75$.

L'analyse débute avec l'identification de l'erreur ou bien sa description. Dans l'exemple précédent, l'élève a probablement oublié la retenue.

La suite de l'analyse consiste à émettre des hypothèses sur le mode de fonctionnement interne de l'élève ou la logique qui le conduit à écrire ce résultat.

Ex. : L'élève sait probablement que $7 + 8 = 15$: sa maîtrise du répertoire additif ne semble pas devoir être remise en cause mais il sait aussi que l'on doit mettre un seul chiffre par colonne dans un tableau de numération, ce qui le conduit à n'écrire que le chiffre des unités de la somme $8 + 7$.

On pourra affiner cette analyse en allant jusqu'à émettre des hypothèses sur les origines possibles de ce dysfonctionnement. Le principe de la retenue n'est manifestement pas assimilé, cela peut provenir du fait que pour cet élève $7 + 8 = 15$, le chiffre des unités prend sa place dans la colonne des unités ; mais le nombre 10 ne le peut pas à cause de ses deux chiffres. Si 10 n'est pas égal à un nouvel objet (la dizaine) il ne peut se ramener à l'addition du chiffre 1 dans la colonne des dizaines.

Au travers de la non assimilation du principe de la retenue, on décèle ainsi les faiblesses dans la compréhension des règles de la numération basées sur le concept de changement d'unité.

Ces interprétations n'étant que des hypothèses construites à partir de la structure du savoir en jeu et de la réponse des élèves, elles doivent être présentées comme telles et demandent à être vérifiées.

Voir d'autres exemples dans les chapitres sur les mathématiques à enseigner à l'école.

Cette partie de l'épreuve est nouvelle pour beaucoup d'entre vous. Aussi présentons-nous ci-dessous plusieurs extraits de rapports de jury qui y sont relatifs :

Rapport de jury de Versailles 2014 : « *L'analyse des productions d'élèves demande une réflexion approfondie. Il est nécessaire que le candidat effectue les exercices demandés aux élèves afin de s'assurer de l'exactitude des réponses des élèves, qu'il mène une réflexion didactique sur l'analyse des erreurs. Les réponses demandent à être explicites, précises et rigoureuses, L'utilisation de tableau pour organiser les informations rend une lecture plus lisible pour le jury. L'utilisation d'exemples concrets peut illustrer les pistes de remédiations proposées. Il est recommandé au candidat qu'il adopte une approche « enseignante » lors de la rédaction des réponses de façon à montrer qu'il se projette dans le métier. Le jury attend du candidat qu'il analyse précisément les erreurs, que les réponses soient synthétiques et concises. Le vocabulaire attendu est un vocabulaire didactique, spécifique aux mathématiques (chiffre/nombre).* »

Rapport de jury de Toulouse 2017 (au sujet de la partie 3) : « *De nouveau, la concision et la précision des candidats est à souhaiter. Quand il était demandé de repérer les compétences acquises et travaillées des élèves, il a été noté que parfois les réponses étaient trop fournies et peu hiérarchisées. Souvent, l'identification de l'erreur est confondue avec son analyse. Seule cette dernière permet de construire des remédiations et des réponses pédagogiques efficaces.* »

Avertissements

Le concours porte sur les programmes en vigueur l'année du concours. On s'appuiera sur les programmes 2015 pour la maternelle et 2018 pour les cycles 2, 3 et 4.

1

Les problèmes

1 Les problèmes en mathématiques

Les problèmes (que ce soit ceux du chercheur, du candidat au CRPE, de l'élève) ont pour but de chercher la ou les réponses à une question, qui, bien souvent, en soulèvent d'autres. Cette page complète les conseils méthodologiques pour indiquer comment chercher un problème, en particulier ceux posés au CRPE.

La résolution de problème s'organise autour de trois mouvements :

- la prise en compte des données ;
- l'analyse du but à atteindre ;
- la recherche d'un « chemin » entre les données et le but à atteindre, cette recherche (au brouillon) pouvant se faire dans le sens « données-but » mais aussi en remontant depuis le but, en prenant plusieurs directions à la fois, en en éliminant certaines qui sont des impasses.

Pour cela :

- essayez de dégager la « structure » de l'ensemble des questions du problème (par exemple voir que la question 3 utilise des résultats des questions 1 et 2 en vous fondant sur des indices du texte comme « en déduire », « application ») ;
- les questions d'un même problème ont souvent un lien entre elles :
  - même si vous ne parvenez pas à en résoudre une, vous pouvez poursuivre et sauter la question en indiquant clairement que vous admettez tel ou tel résultat précédent ;
  - il vaut mieux ne pas démontrer dans une question ce qui sera demandé dans une question suivante (mais si on ne trouve pas d'autre méthode, on peut néanmoins le faire).
- si une question vous pose problème, décomposez-la en sous-questions plus abordables ou essayez de vous re-présenter le problème autrement ; si le problème est dans un contexte non connu (par exemple les prix chez les Gaulois en sesterces) « traduisez » le dans un contexte familier ;
- essayez d'effectuer des changements de cadre (du cadre algébrique au cadre graphique par exemple) ;
- faites l'inventaire des contraintes, traduisez mathématiquement et/ou représentez graphiquement les contraintes de la situation décrite par l'énoncé ; cherchez ce qui varie, ce qui est connu, inconnu ;

!

- Toutes les contraintes n'apparaissent pas toujours explicitement dans l'énoncé,
- certaines informations sont implicites et liées au contexte de la situation (même longueur d'un circuit ou même durée d'un évènement...),
- n'oubliez pas que très souvent une mesure est un nombre positif, que certaines variables sont nécessairement des entiers, qu'en base b un chiffre ne peut prendre au maximum que b valeurs...
- l'ordre de prise en compte des contraintes donne souvent des procédures différentes avec des efficiences différentes.

2 Résolution de problèmes à l'école

Cours et méthodes

1 Introduction[1]

DÉFINITION

D'après Jean Brun[2], « *un* ***problème*** *est généralement défini comme une situation initiale, avec un but à atteindre, demandant au sujet d'élaborer une suite d'actions ou d'opérations pour atteindre ce but. Il n'y a problème, dans un rapport sujet/situation que si la solution n'est pas disponible d'emblée, mais possible à construire. C'est dire aussi qu'un problème pour un sujet donné peut ne pas être un problème pour un autre sujet, en fonction de leur niveau de développement intellectuel par exemple* ».

Les verbalisations, les dessins, les schématisations, les manipulations… sont autant de représentations de la situation (en comprenant représentation comme une « re-présentation », c'est-à-dire une « présentation nouvelle sous une autre forme »), qui peuvent aider l'élève à s'approprier le problème, à se construire une représentation pertinente du problème.

Très souvent le mot « problème » est identifié à « texte écrit », il s'agit là d'une conception erronée car un problème peut être posé de multiples façons. Comme par exemple à l'oral avec présence ou non d'un matériel, à l'occasion d'un jeu ou bien à partir d'un support écrit non textuel prélevé dans la vie quotidienne (tarifs postaux, fiches horaires SNCF, plans de métro, de bus, de villes…) ou à partir d'une représentation graphique. Voici quelques exemples qui peuvent correspondre à des problèmes selon le niveau des élèves :

1. Pour approfondir ce sujet, le lecteur pourra se référer avec profit au document : DURPAIRE Jean-Louis, MÉGARD Marie *et al. Le nombre au cycle 3. Apprentissages numériques. Ressources pour faire la classe.* MEN - CNDP, septembre 2012, p. 51-63.

2. BRUN Jean, « La résolution de problèmes arithmétiques : bilan et perspectives ». *Math-École* n° 141. Neuchâtel : SSRDM 1990, p. 2-15 [www.ssrdm.ch/mathecole/wa_files/141-2.pdf].

Exemples

- Reproduire un agencement de formes à partir d'un modèle en commandant oralement les pièces nécessaires.
- À partir d'une collection de petites tasses, aller chercher, en une seule fois, juste ce qu'il faut de cuillères pour que chaque tasse dispose d'une cuillère.
- Trouver le plus possible de figures différentes en agençant un carré, un triangle équilatéral et un demi-disque. Le côté du carré, celui du triangle et le diamètre du disque ayant même longueur. Le carré et le triangle ont un côté commun, le diamètre du disque est un côté du carré ou du triangle.

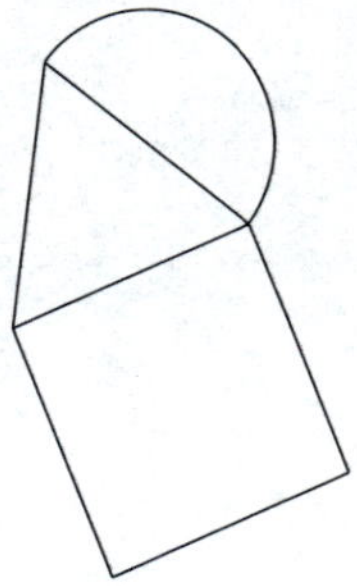

- Trouver deux nombres entiers qui se suivent dont la somme est 257.
- Sur une piste du jeu de l'oie anticiper la position d'arrivée d'un jeton à partir d'un lancer de deux dés, l'un indiquant le sens de déplacement et l'autre la valeur du déplacement.

Lorsque la suite d'opérations ou d'actions à effectuer est (quasi)explicite, il s'agit alors d'exercices qui gardent cependant tout leur intérêt ; ils sont nécessaires à la consolidation des apprentissages.

Il existe différents types de problèmes. Les programmes 2018 du cycle 2 précisent « *Les problèmes permettent d'aborder de nouvelles notions, de consolider des acquisitions, de provoquer des questionnements. Ils peuvent être issus de situations de vie de classes ou de situations rencontrées dans d'autres enseignements, notamment Questionner le monde.* »

Problèmes qui favorisent l'apprentissage d'une connaissance nouvelle ou d'un nouvel aspect d'une connaissance ou « situations-problèmes »

Plusieurs chercheurs en didactique des mathématiques ont défini la notion de situation-problème. D'après R.Douady, les caractéristiques d'une situation-problème sont :

« • l'énoncé a du sens dans le champ de connaissances de l'élève ;
- l'élève doit pouvoir envisager ce que peut être une réponse au problème ;
- l'élève peut engager une procédure mais la réponse n'est pas évidente ;
- le problème est riche (mais l'élève peut en gérer la complexité, seul ou en équipe) ;
- le problème n'est pas « fermé » (diversité des questions ou des stratégies, incertitude qui en résulte) ;
- la connaissance visée est le moyen scientifique de répondre efficacement au problème ;
- le problème peut se formuler dans deux cadres[1] différents (exemples de cadres : cadre géométrique, cadre numérique, cadre graphique) ».

1. Pour une définition de la notion de cadre, voir dans les compléments en ligne un extrait de : DOUADY Régine. « Jeux de cadres et dialectique outil-objet ». *RDM*, vol 7.2. Grenoble : La pensée sauvage 1986, p. 9-11.

Ce dernier point est souvent contraignant et d'autres chercheurs qualifient aussi de situations-problèmes les problèmes ne le vérifiant pas. R. Charnay[1] propose qu'« un démenti expérimental soit apporté aux conceptions des élèves par la situation », et M.-L. Peltier [2] indique aussi que « la validation doit être le plus possible à la charge des élèves ».

Problèmes qui favorisent le réinvestissement des connaissances

Ce ne sont pas des exercices de simple application mais bien des problèmes qui permettent de mobiliser des connaissances déjà construites et/ou en cours d'acquisition. Parmi ceux-là il y a les problèmes dits complexes, soit parce qu'ils nécessitent un raisonnement en plusieurs étapes, une décomposition du problème en plusieurs sous-problèmes, soit parce qu'ils mobilisent des connaissances issues de domaines variés. Les problèmes complexes demandent souvent d'organiser et de planifier des calculs ou des constructions.

Problèmes pour apprendre à chercher, parmi lesquels les « problèmes ouverts »

Ce sont des problèmes pour lesquels l'élève ne dispose pas de solution déjà éprouvée et pour la résolution desquels plusieurs démarches sont possibles. C'est alors l'activité même de résolution de problème qui est privilégiée dans le but de développer de véritables comportements de recherche et des compétences d'ordre méthodologiques : émettre des hypothèses et les tester, faire et gérer des essais successifs, élaborer une solution originale et en éprouver les effets, argumenter. **L'objectif premier est d'apprendre à chercher (objectif d'ordre méthodologique).** L'objectif n'est pas l'introduction d'un nouveau concept ou outil. Cependant, la pratique régulière du problème pour apprendre à chercher consolide les connaissances des élèves, quand ils doivent affronter de véritables obstacles. Cela permet de passer de **connaissances maîtrisables** (connaissances que l'élève est capable d'utiliser valablement pour résoudre un problème qui y fait explicitement référence ou s'il y est invité) à des **connaissances disponibles** (connaissances suffisamment ancrées pour faire partie des outils à la disposition de l'élève, auxquels il peut recourir en cas de besoin, sans qu'aucune indication ne lui soit donnée).

Pour une équipe de l'IREM[3] de Lyon les « problèmes ouverts » sont des problèmes dont l'énoncé est court, n'induit ni la méthode, ni la solution (pas de question intermédiaire) ; le problème se trouve dans un domaine conceptuel avec lequel les élèves ont assez de familiarité. Ainsi, peuvent-ils prendre facilement «possession» de la situation et s'engager dans des essais, des conjectures, des projets de résolution, des contre-exemples.

Notons qu'un même énoncé de problème peut relever, selon le moment où il est posé en classe et du niveau des élèves, de la situation-problème, du problème de réinvestissement ou du problème ouvert.

1. CHARNAY Roland. *Pourquoi des mathématiques à l'école*. ESF 1996.
2. PELTIER Marie-Lise. « Le napperon », *Grand N*, n° 68. IREM de Grenoble 2001.
3. I.R.E.M., acronyme de « Institut de Recherche sur l'Enseignement des Mathématiques » Il en existe un dans presque chaque académie, certains sont des IRES (recherche en sciences), le site national est : [www.univ-irem.fr/], il propose un moteur de recherche, Publimaths, pour des ressources en mathématiques et en enseignement des mathématiques.

Exemple

Prenons l'exemple de l'énoncé suivant : « On range 173 œufs dans des boîtes de 12. Combien de boîtes peut-on remplir ? »

Il s'agit d'un problème de division, avec recherche du nombre de parts (appelée aussi division-quotition). La procédure experte consiste à effectuer la division euclidienne de 173 par 12, ce qui revient à chercher les deux nombres q et r entiers naturels satisfaisant à l'égalité $173 = 12 \times q + r$ avec $r < 12$.

Le **premier niveau** de résolution fait appel à la compréhension du langage quotidien : le problème est alors résolu en simulant les actions présentes dans l'énoncé comme par exemple le dessin de paquets de 12 œufs, puis le dénombrement de ces paquets.

Le **deuxième niveau** de résolution consiste à utiliser un symbolisme mathématique mais toujours en simulant les actions entre les données de l'énoncé comme par exemple une addition réitérée de 12. C'est simplement le mode d'expression qui change par rapport au premier niveau de résolution.

Le **troisième niveau** correspond à la procédure experte.

- Au CE1 cet énoncé correspond à un problème pour apprendre à chercher. L'élève résout le problème essentiellement au niveau 1, voire au niveau 2 en utilisant l'addition et la soustraction.
- Au CE2 cet énoncé correspond à une situation-problème, l'égalité $173 = 12 \times 14 + 5$ sera d'abord une manière de transcrire les réponses obtenues au problème, réponses qui auront été trouvées par des méthodes diverses, additions réitérées, soustractions successives, calcul de multiples de 12… Dès que la technique de la division euclidienne aura été construite, il s'agira d'un problème d'entraînement, l'égalité $173 = 12 \times 14 + 5$ sera alors le moyen de vérifier son calcul.
- Au CM2 et en sixième cet énoncé correspond à un problème pour appliquer la connaissance de la division. Donné en début d'année, il peut permettre à l'enseignant d'effectuer une évaluation diagnostique des connaissances des élèves quant à leur reconnaissance d'un problème de division et à son traitement.

En général une activité de résolution de problèmes est décomposée en plusieurs phases[1] : phase de présentation et d'appropriation du problème, phase de recherche personnelle (éventuellement suivie d'une phase de recherche en groupe), phases de mise en commun (il peut y en avoir plusieurs intermédiaires), phases de débat, de validation et phase de synthèse. Qu'il s'agisse de problèmes pour apprendre à chercher, de problèmes visant la construction ou le réinvestissement d'une nouvelle notion, ces différentes phases existent et seules les finalités de la mise en commun et de la synthèse sont différentes, puisqu'il peut s'agir, par exemple, de confronter différentes procédures en développant des compétences relatives à l'argumentation ou bien d'expliciter le savoir nouveau ou le savoir mobilisé.

Depuis les années 1970, l'équipe E.R.M.E.L.[2] de l'I.N.R.P.[3] a cherché à intégrer les travaux de didactique en proposant une démarche d'apprentissage basée sur la résolution

1. Voir DOSSAT Luce, FROMENTIN Jean, HOUDEMENT Catherine *et al. Mathématiques École primaire. Document d'accompagnement des programmes 2002*. Paris : CNDP 2005 [www2.cndp.fr/archivage/valid/68718/68718-10580-14939.pdf]. Voir aussi la note de service sur « La résolution de problèmes à l'école élémentaire », Bulletin officiel spécial n° 3 du 26 avril 2018.
2. E.R.M.E.L. : « Équipe de Recherche en Mathématiques pour l'École Élémentaire ».
3. I.N.R.P. : « Institut National de Recherche Pédagogique », restructuré en 2010 sous le nom d' I.F.É. : « Institut Français de l'Éducation ».

de problèmes (tant sous forme de situations-problèmes, que de problèmes d'entraînement et de problèmes pour apprendre à chercher) et a publié des ouvrages à destination des professeurs des écoles, dans le domaine numérique de la Grande Section au CM2, dans le domaine géométrique pour le cycle 3. Les progressions présentées dans ces ouvrages s'appuient sur le fait que tout apprentissage mathématique nécessite le passage par différentes étapes et les trois types de problèmes évoqués précédemment sont proposés aux élèves. Ainsi d'après l'ouvrage de CM1, les élèves sont d'abord confrontés à des problèmes dans des situations très contextualisées, le savoir n'est alors qu'outil implicite de résolution puis une fois le savoir nommé et institutionnalisé, les élèves sont confrontés à des situations d'entraînement et activités de systématisation (décontextualisation) puis enfin à des problèmes de réinvestissement (recontextualisation). Des exemples de problèmes de ces ouvrages seront décrits au fur et à mesure dans ce livre.

Tableau synthétique aidant à l'analyse d'un problème numérique

	Forme	Que doit faire l'élève ?
Comment se présente la situation aux élèves ? (le support)	- texte - oral - documents sociaux - graphiques, tableaux - schémas, dessins...	- analyser un document - reformuler des situations variées - organiser et interpréter des informations - relier différentes parties d'un document pluri-codé
Contexte	- évocation ou vécu d'une situation "concrète", évocation d'une situation imaginaire - mathématique	- se représenter la situation (mobiliser le sens des mots de l'énoncé idoine à la situation) - choisir un modèle mathématique
Données	- numériques (entiers, décimaux...) - non numériques (données textuelles, graphiques, comme par exemple les mots « tarif adulte », « tarif enfant »)	- changer de désignations des données - mettre en relation les données et les inconnues
Matériels et outils disponibles	- outils de calcul - outils de comparaison (droite graduée...) - outils de modélisation de la situation	- mobiliser un outil adapté à la tâche
Nombre de données	- insuffisantes - surabondantes - juste nécessaires	- repérer les informations manquantes et savoir comment les retrouver - reconnaître les informations pertinentes
Nature et place des questions	- questions intermédiaires ou finale, en début ou en fin de problème - absence de question	- élaborer un algorithme de résolution - faire des hypothèses - se poser des questions
Nature des modèles de résolution envisageables	- situation fermée - situation ouverte	- reconnaître et utiliser la procédure experte - procéder par essais successifs - utiliser un algorithme d'analyse descendante (décomposer le problème en sous-problèmes élémentaires) - utiliser les modèles de résolution connus ou proposés par d'autres élèves

	Forme	Que doit faire l'élève ?
Nombre de solutions	- aucune - une - plusieurs	- valider le nombre de ses solutions - valider chaque solution

On pourra établir le même type de tableau pour l'analyse d'un problème géométrique (de reproduction, de description, de construction…). Ce qui est essentiellement différent, ce sont les outils et les données : figures (simples, complexes), relations géométriques (alignement, perpendicularité, axe de symétrie, etc.), codées ou données par un texte et le travail sur ces données, en particulier la mise en relation des figures et des relations géométriques, le besoin éventuel d'extraire une figure simple au sein d'une figure complexe, de compléter une figure.

2 Progressivité des apprentissages

La place des problèmes est affirmée comme fondement des apprentissages dans les programmes de mathématiques successifs depuis de très nombreuses années.

Cycle 1-2015 : Apprendre en réfléchissant et en résolvant des problèmes

« *Pour provoquer la réflexion des enfants, l'enseignant les met face à des problèmes à leur portée. Quels que soient le domaine d'apprentissage et le moment de vie de classe, il cible des situations, pose des questions ouvertes pour lesquelles les enfants n'ont pas alors de réponse directement disponible. Mentalement, ils recoupent des situations, ils font appel à leurs connaissances, ils font l'inventaire de possibles, ils sélectionnent. Ils tâtonnent et font des essais de réponse. L'enseignant est attentif aux cheminements qui se manifestent par le langage ou en action ; il valorise les essais et suscite des discussions. Ces activités cognitives de haut niveau sont fondamentales pour donner aux enfants l'envie d'apprendre et les rendre autonomes intellectuellement.* ».

Cycle 2-2018 : « *Au cycle 2, la résolution de problèmes est au centre de l'activité mathématique des élèves, développant leurs capacités à chercher, raisonner et communiquer. […] Ils peuvent être issus de situations de vie de classe ou de situations rencontrées dans d'autres enseignements, notamment* « *Questionner le monde* »*, ce qui contribue à renforcer le lien entre les mathématiques et les autres disciplines. Ils ont le plus souvent possible un caractère ludique. On veillera à proposer aux élèves dès le CP des problèmes pour apprendre à chercher qui ne soient pas de simples problèmes d'application à une ou plusieurs opérations mais nécessitent des recherches avec tâtonnements.* »

Les compétences travaillées en résolution de problèmes sont :

« • *s'engager dans une démarche de résolution de problèmes en observant, en posant des questions, en manipulant, en expérimentant, en émettant des hypothèses, si besoin avec l'accompagnement du professeur après un temps de recherche autonome ;*
- *tester, essayer plusieurs pistes proposées par soi-même, les autres élèves ou le professeur ;*
- *utiliser des outils mathématiques pour résoudre des problèmes concrets, notamment des problèmes portant sur les grandeurs et leurs mesures ;*
- *anticiper le résultat d'une manipulation, d'un calcul, ou d'une mesure ;*
- *raisonner sur des figures pour les reproduire avec des instruments ;*
- *utiliser l'oral et l'écrit, le langage naturel puis quelques représentations et quelques symboles pour expliciter des démarches, argumenter des raisonnements.* »

Cycle 3-2018 (certains passages de même type qu'en cycle 2 ont été coupés)

« *Dans la continuité des cycles précédents, le cycle 3 assure la poursuite du développement des six compétences majeures des mathématiques : chercher, modéliser, représenter, calculer, raisonner et communiquer. La résolution de problèmes constitue le critère principal de la maîtrise des connaissances dans tous les domaines des mathématiques, mais elle est également le moyen d'en assurer une appropriation qui en garantit le sens. Si la modélisation algébrique relève avant tout du cycle 4 et du lycée, la résolution de problème permet déjà de montrer comment des notions mathématiques peuvent être des outils pertinents pour résoudre certaines situations. [...] Les élèves rencontrent également des problèmes issus d'un contexte interne aux mathématiques. La mise en perspective historique de certaines connaissances (numération de position, apparition des nombres décimaux, du système métrique, etc.) contribue à enrichir la culture scientifique des élèves. On veille aussi à proposer aux élèves des problèmes pour apprendre à chercher qui ne soient pas directement reliés à la notion en cours d'étude, qui ne comportent pas forcément une seule solution, qui ne se résolvent pas uniquement avec une ou plusieurs opérations mais par un raisonnement et des recherches par tâtonnements.* »

Les problèmes rencontrés par les élèves relèvent de tous les thèmes des programmes de mathématiques à l'école : « Nombres et calculs » mais aussi « Espace et géométrie » et « Grandeurs et mesures ». Des difficultés et erreurs seront analysées au fur et à mesure des exemples ci-dessous.

3 Quelques exemples

Avant de lire l'analyse des problèmes, nous vous conseillons de chercher les problèmes, de déterminer si votre procédure est accessible à l'école, puis de chercher plusieurs procédures possibles accessibles à divers niveaux de l'école.

3.1 Problème 1 : dans le domaine de la géométrie plane

Dans une progression sur l'étude des rectangles, il faut que l'élève puisse mobiliser ses connaissances pour construire des figures (voir partie 3). Dans un ouvrage de l'IREM de Lille[1], les auteurs proposent l'énoncé suivant :

ÉNONCÉ

« Quatre élèves ont déjà tracé deux côtés d'un rectangle. Il faut déterminer les figures qu'on pourra compléter et les compléter. »

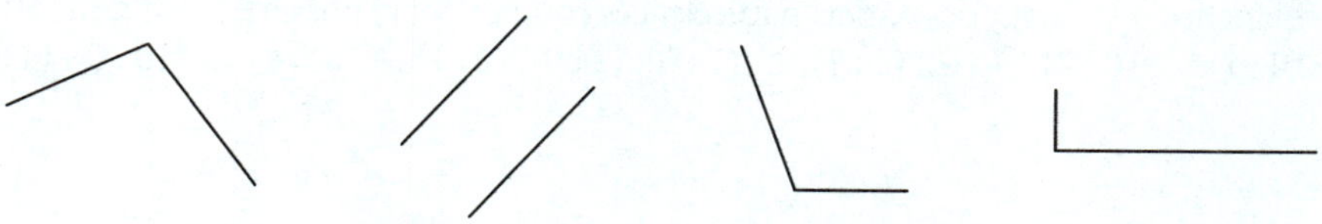

1. ROYE Louis et al. *Travaux géométriques. Apprendre à résoudre des problèmes. Cycle 3*. Lille : IREM de Lille-CRDP Nord-Pas-de-Calais 2000, p. 66.

Donné en CM1 après avoir étudié certaines propriétés des quadrilatères usuels, ce problème peut être considéré comme un problème de réinvestissement. L'élève va vérifier si les côtés consécutifs donnés sont ou non perpendiculaires en ayant recours à l'équerre pour le dessin 4 et probablement par perception visuelle pour l'élimination des dessins 1 et 3. Pour le deuxième dessin il va vérifier d'une part si les côtés opposés donnés sont parallèles ou non, en utilisant par exemple l'équerre pour vérifier qu'une perpendiculaire à un côté est aussi perpendiculaire au côté opposé et, d'autre part, si ces côtés opposés ont ou non la même longueur. Cela ne suffira pas, il faudra ensuite qu'il vérifie si les perpendiculaires à un côté passant par chaque sommet extrémité de ce côté passe par le sommet du côté opposé qui devrait être celui consécutif, puis qu'il y a deux autres angles droits. C'est le cas pour cette figure. Ainsi pour résoudre le problème donné, l'élève aura mobilisé diverses compétences : utilisation de l'équerre pour reconnaître puis tracer les relations de perpendicularité et de parallélisme, utilisation de la règle graduée ou du compas pour comparer des longueurs et utilisation de certaines propriétés du rectangle comme par exemple la présence d'angles droits et le fait que les cotés opposés ont même longueur ; il s'agira bien d'un problème de réinvestissement.

Ce même problème peut être aussi considéré comme une situation-problème en CM1 ou en CE2, si l'objectif visé est justement d'introduire une propriété du rectangle non encore explicitement travaillée comme le parallélisme des côtés opposés, tout en renforçant celle déjà mise à l'étude dès le CE1 (présence de quatre angles droits).

3.2 Problème 2 : dans le domaine numérique

ÉNONCÉ

« J'ai 45 aimants. Je veux accrocher des feuilles au tableau. J'ai deux sortes de feuilles : des petites jaunes et des grandes blanches. J'utilise 4 aimants pour accrocher une feuille jaune et 6 pour une feuille blanche. Combien vais-je pouvoir accrocher de feuilles ?[1] »

Pour analyser et classer les quatre productions d'élèves de CE1 présentées ci-dessous, il faudra d'abord résoudre le problème, puis préciser les objectifs qui peuvent être visés à travers cette activité en CE1.

Résolution du problème

Le problème se modélise (niveau collège) en une inéquation à deux inconnues, $0 \leq 4x + 6y \leq 45$, où x représente le nombre de feuilles jaunes et y le nombre de feuilles blanches, x et y sont des entiers naturels. Les couples $(x ; y)$ possibles sont donc : (0 ; 0), (0 ; 1), … (0 ; 7), (1 ; 0), (1 ; 1), … (1 ; 6), (2 ; 0), (2 ; 1), … (2 ; 6) … (10 ; 0), (11 ; 0).

1. Tiré de CHARNAY Roland *et al. Apprentissages numériques et résolution de problèmes. CE1*. Paris : Hatier 2005, p. 92, repris de BESSOT Annie, CHEVROT Carmen et EBERHARD Madeleine. « Arithmétique en CE1 à partir d'une situation-problème » *Grand N*, n°37. Grenoble : IREM de Grenoble 1985, p. 29-50 [www-irem.ujf-grenoble.fr/revues/revue_n/fic/37/37n2.pdf].

Objectif et difficultés prévisibles de ce problème

Pour les élèves de CE1, il s'agit d'un problème pour apprendre à chercher. Les élèves ne trouveront évidemment pas toutes les solutions. La première difficulté à surmonter sera la bonne compréhension de l'énoncé. Ils devront se représenter le problème afin de pouvoir se lancer dans une recherche. Une deuxième difficulté sera de mener à terme sa recherche en tenant compte des trois contraintes à la fois : nombre d'aimants pour les feuilles jaunes, nombre d'aimants pour les feuilles blanches, nombre maximum d'aimants. La dernière difficulté sera de donner une conclusion cohérente à son travail de recherche : un nombre de feuilles jaunes et un nombre de feuilles blanches.

Analyse des productions d'élèves

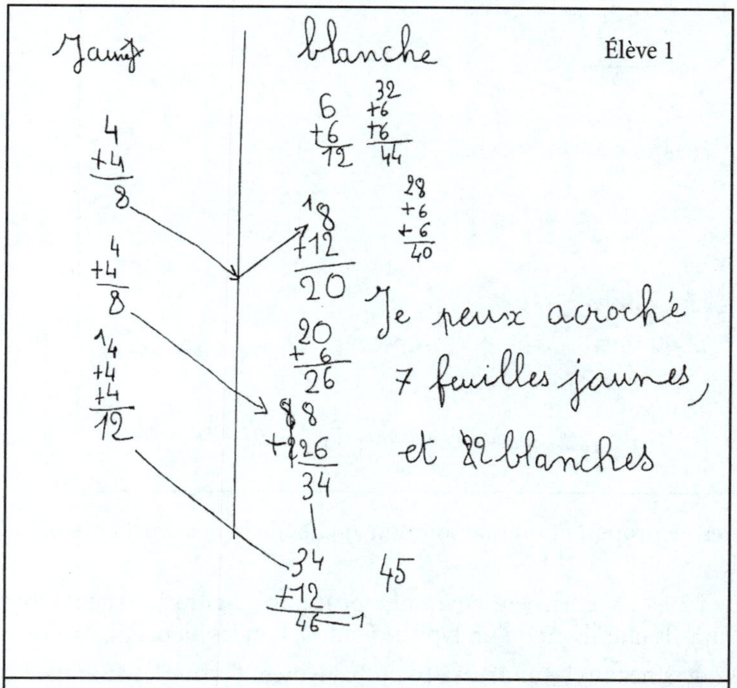

Élève 1

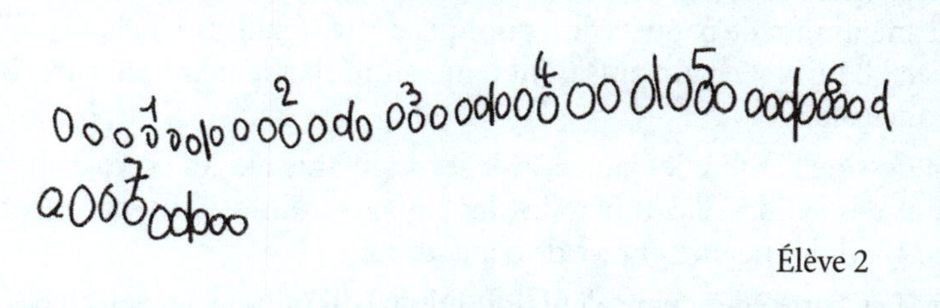
Élève 2

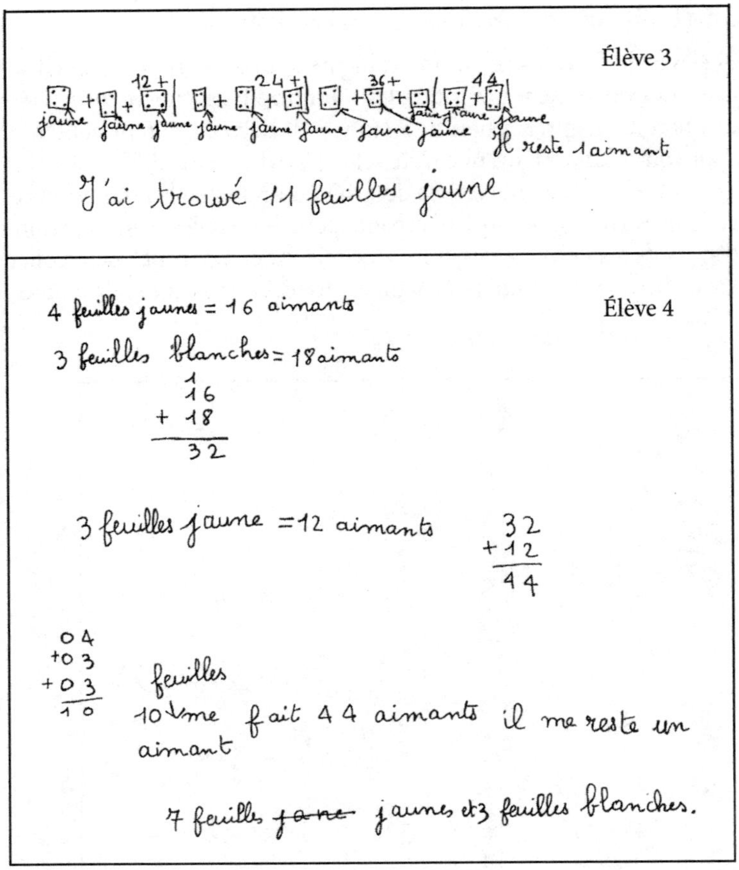

Les élèves ne proposent qu'une solution et cherchent à accrocher le plus de feuilles possible.

Les élèves 2 et 3 mettent en œuvre une **procédure figurative** (dénombrement sur un dessin). Ils n'utilisent qu'un type de feuilles, l'un les blanches, l'autre les jaunes.

L'élève 2 dessine tous les aimants. Il a probablement dessiné les 45 aimants possibles, il a fait le maximum de paquets de 6 pour placer des feuilles blanches en numérotant les paquets. Il lui reste 3 aimants dont il ne sait probablement que faire. Il ne donne pas de conclusion.

L'élève 3 dessine des feuilles jaunes avec les 4 aimants qui les accrochent. Au dessus des dessins des feuilles, il comptabilise les aimants utilisés au fur et à mesure jusqu'à atteindre 45. Il donne une phrase de conclusion.

Les élèves 1 et 4 **procèdent par calculs** (additions). Ils utilisent les deux types de feuilles.

L'élève 1 essaie au début d'équilibrer le nombre de feuilles blanches et de feuilles jaunes, il procède par addition pour calculer le nombre total d'aimants, il tâtonne pour ne pas dépasser 45 aimants. Il donne une phrase-réponse.

L'élève 4 n'indique pas comment il effectue les calculs du nombre d'aimants pour des feuilles d'un même type. On ne voit que les totaux permettant de conclure ; probablement fait-il un calcul mental automatique. Il a tout de même commis une erreur de calcul (16 + 18 = 32). Il écrit une phrase-réponse.

REMARQUE

Ce problème a fait l'objet d'une question au CRPE 2014 dans la troisième partie du groupement 3 : le nombre d'aimants était 36. Il n'y avait qu'un seul type d'images. La question posée demandait au candidat d'indiquer la modification des procédures des élèves induite par le changement du nombre d'aimants par image. Les deux nombres proposés pour ces nombres d'aimants étaient 4 puis 3.
Dans ce cas, il ne s'agit plus d'un problème pour chercher mais d'un problème de division, les élèves doivent trouver le plus grand entier n tel que $3n \leq 36$ ou $4n \leq 36$; 3 et 4 étant des diviseurs de 36, le maximum est atteint : il y a au plus 9 images lorsqu'on met 4 aimants par image et 12 images lorsqu'on en met 3 par image. Quand l'enseignant propose cet énoncé complété par « 4 aimants », les élèves peuvent répondre directement en mobilisant (à l'envers) la table de 4 (4 fois 9) ou par une multiplication à trou tandis que quand l'enseignant propose l'énoncé 2 complété par « 3 aimants », les élèves ne peuvent pas répondre directement (36 n'est pas dans la table de multiplication de 3 apprise). Ainsi avec 3 aimants, les élèves devront utiliser d'autres procédures comme un calcul réfléchi s'appuyant sur la distributivité de la multiplication par rapport à l'addition (par exemple en décomposant 36 en $30 + 6$) ou par des procédures personnelles utilisant essentiellement des additions de 3 ou de multiples de 3, des soustractions de 3 ou de multiples de 3 au nombre 36, des multiplications à trou, etc.
Les élèves de CE1 n'ayant pas encore travaillé sur la division, ce problème peut être classé dans les situations-problèmes. Si le même problème était posé après l'étude de la division en cycle 3, il s'agirait alors d'un exercice d'application.

3.3 Problème 3 : dans le domaine de la géométrie dans l'espace

ÉNONCÉ

« Vous disposez d'un grand nombre de petits cubes identiques : construire un exemplaire de tous les assemblages différents constitués de 4 petits cubes appelés tétracubes.[1] »

Réponse au problème : Il y a 8 assemblages possibles.

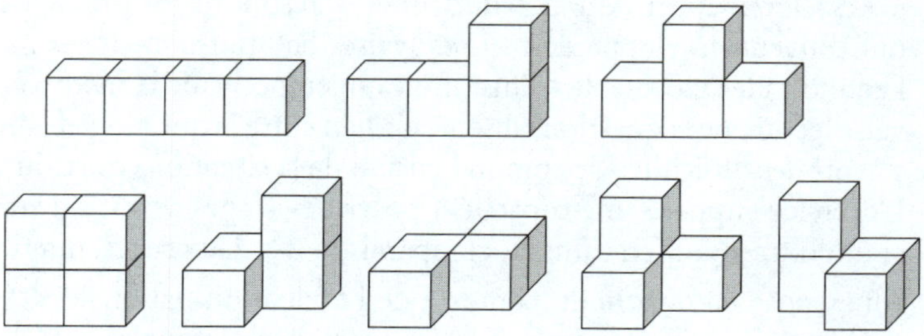

1. On trouve ce problème dans plusieurs ouvrages : GRELIER Jean-François. *Apprentissages géométriques aux cycles 2 et 3. Nouvelle édition augmentée.* Toulouse : CRDP Midi-Pyrénées 2004, p. 29-30 ; HÉLAYEL Josiane et FOURNIÉ Catherine. *Enseigner la géométrie au cycle 3.* Paris : Bordas pédagogie 2004, p. 125-134 ; BETTINELLI Bernard. *Maths en formes.* Besançon : Presses universitaires de Franche-Comté 2006 ; CHARNAY Laurent *et al. Apprentissages géométriques et résolution de problèmes au cycle 3.* Paris : Hatier 2006, p. 367-372.

Ce problème peut être proposé en fin de cycle 2 ou bien en cycle 3.
Le problème est un problème pour apprendre à chercher, que l'on peut considérer comme un problème ouvert : l'énoncé est court, n'induit ni la méthode, ni la solution et les élèves peuvent facilement faire des essais et émettre des conjectures. Les objectifs possibles sont : s'organiser dans un espace à trois dimensions pour arriver à trouver tous les assemblages possibles (avec des petits cubes à disposition en nombre suffisant), développer la « vision dans l'espace » en essayant de trouver les positionnements pertinents pour confirmer ou infirmer que deux tétracubes sont identiques ou non.

3.4 Problème 4 : dans le domaine des nombres et des grandeurs

ÉNONCÉ

Énoncé issu des évaluations nationales 2013 de fin de CM2 :
« Résous le problème.
Un entrepreneur doit expédier 27 colis à un client. Il a deux possibilités pour faire livrer les colis :

- par bateau, en mettant tous les colis dans un container ;
- par la route, en mettant tous les colis dans un camion.

Le prix total du transport par bateau est de 420 euros par container, mais il partage le prix pour moitié avec un autre entrepreneur. Le prix du transport par camion est de 8 euros par colis. Quel mode de livraison sera le plus économique ? »

Réponse au problème : un rapide calcul permet de trouver que l'envoi par bateau coûte 210 euros et que l'envoi par la route coûte 27 × 8 € , soit 216 €. Le transport par bateau est donc plus avantageux.
Dans le livret de consignes et de correction de l'enseignant, la compétence évaluée indiquée (qui fait toujours partie des programmes 2018) est : « Résoudre des problèmes relevant des quatre opérations, engageant une démarche à une ou plusieurs étapes, de plus en plus complexes ». On y propose des commentaires pour aider à l'analyse d'autres réponses que celles prévues.
« Les élèves éprouvant des difficultés à résoudre les problèmes mathématiques ont souvent développé de très mauvaises habitudes mentales : lecture partielle de l'énoncé, idée globale de « l'histoire » qui empêche de la mettre en séquences, mauvaise lecture de la question, absence de lien entre la question et l'énoncé. Il peut aussi y avoir des difficultés de compréhension de la situation, voire du vocabulaire. »
L'exercice suppose une capacité à poser des étapes : coût du transport en bateau, coût du transport en camion, comparaison des deux coûts, interprétation.

Ainsi, posé en dehors du contexte de l'évaluation nationale, cet énoncé relève du problème de réinvestissement puisque les élèves, pour réussir devront mobiliser à la fois des compétences notionnelles au niveau du champ multiplicatif (la moitié de 420 et le produit de 27 par 8) et de la comparaison des nombres mais aussi des compétences de lecture et d'interprétation des données de l'énoncé pour décomposer le problème donné en plusieurs étapes.

Un premier type d'erreur peut porter sur la non-reconnaissance de la catégorie de problème, à chaque étape : division-partage pour le transport en bateau et problème multiplicatif pour le transport en camion.

Enfin, si la comparaison des deux coûts est supposée ne pas poser de difficulté aux élèves (210 < 216), l'interprétation du résultat et la rédaction de la réponse écrite peuvent être délicates puisqu'il s'agit pour l'élève d'associer le terme « économique » au plus petit des deux coûts et de répondre non pas par un coût (ici 210) mais par un moyen de locomotion.

L'erreur peut provenir de l'oubli du partage du coût du transport au moment de la comparaison : dans ce cas, avec 216 < 420, l'élève indique que la livraison en camion est plus économique. D'autres erreurs peuvent résulter des calculs (non maîtrise des moitiés, non maîtrise de la technique de la multiplication de deux entiers, non maîtrise des tables…). »

Exemple

Ce problème a fait l'objet d'une question au CRPE 2014 dans la troisième partie du sujet du groupement 3. Il s'agissait d'analyser des réponses d'élèves, il est intéressant d'observer les difficultés d'interprétation de cet énoncé pour deux de ces élèves.

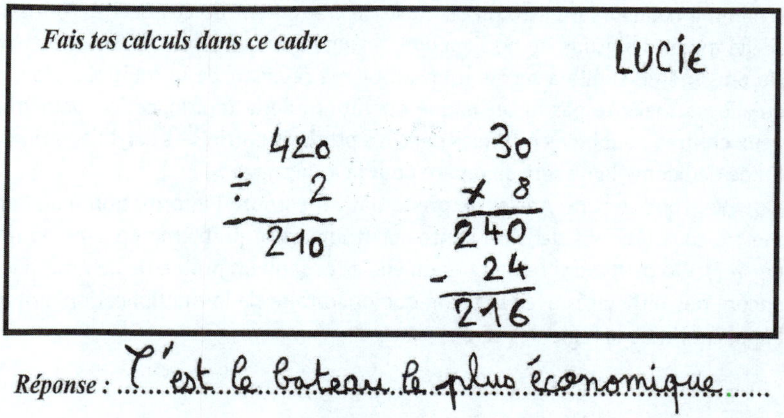
Fais tes calculs dans ce cadre

LUCIE

420 ÷ 2 = 210

30 × 8 = 240 ; 240 − 24 = 216

Réponse : C'est le bateau le plus économique

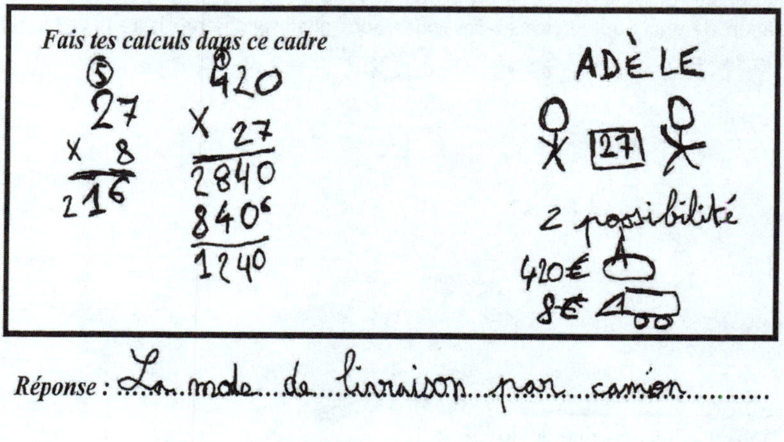
Fais tes calculs dans ce cadre

ADÈLE

27 × 8 = 216

420 × 27 : 2840 ; 8406 ; 1240

27

2 possibilité

420€

8€

Réponse : La mode de livraison par camion

Exemple (suite)

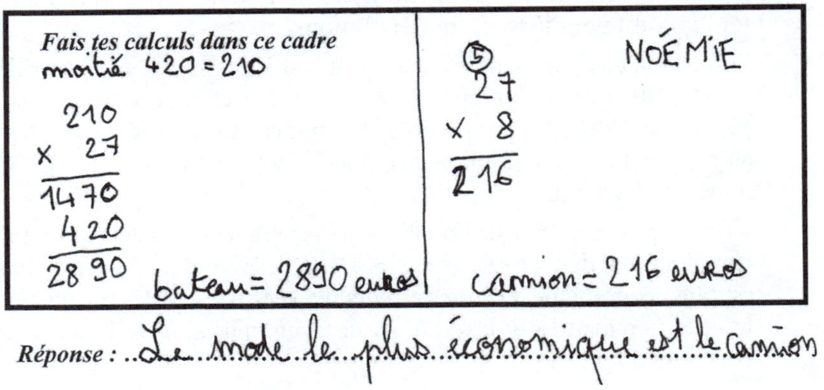
Fais tes calculs dans ce cadre
moitié 420 = 210
210
× 27
1470
420
2890
bateau = 2890 euros
27
× 8
216
NOÉMIE
camion = 216 euros
Réponse : Le mode le plus économique est le camion

Adèle a des difficultés dans la compétence : « résoudre un problème engageant une démarche à une ou plusieurs étapes » ; en effet elle ne prend en compte ni l'information relative au partage du container avec un autre entrepreneur, ni l'information indiquant qu'il peut mettre tous les colis dans un container (peut-être ne sait-elle pas ce qu'est un container ?) ; sa manière de représenter le problème par un schéma a d'ailleurs pu être un obstacle au traitement de ces deux informations, surtout si elle a pour habitude de ne s'appuyer ensuite que sur celui-ci pour effectuer ses calculs. De plus même si elle a reconnu un problème relevant de la multiplication, on peut voir qu'elle ne maîtrise pas la technique opératoire de la multiplication pour des nombres à deux chiffres : oubli des retenues dans les produits partiels et dans l'addition (un signe en fin de deuxième ligne sert de repère pour le « décalage »).

Noémie, tout comme Adèle, ne prend pas en compte l'information indiquant qu'il peut mettre tous les colis dans un container (toujours le problème de sens du mot « container » ?). On peut aussi remarquer qu'elle a reconnu un problème de multiplication mais a encore des difficultés avec la technique opératoire de la multiplication, notamment pour l'application de la règle des zéros.

REMARQUE

Il peut être intéressant de consulter les cahiers d'évaluations nationales et leurs livrets du professeur (avec les consignes de passation de chaque exercice et des aides pour analyser les résultats des élèves)[1].

1. Voir aussi [educ-eval.education.fr].

2

Nombres et calculs

3 Systèmes de numération

Cours et méthodes

Pour pouvoir enseigner le nombre à l'école primaire, il est nécessaire de comprendre qu'il est tantôt outil (le nombre permet de mémoriser, comparer, anticiper, l'anticipation amenant éventuellement à calculer) et tantôt objet (le nombre est étudié pour lui même : désignations, propriétés...). Il s'agit alors de comprendre comment il a été construit et notamment quels sont les éléments et les procédés de codage (groupements d'unités et échanges, les chiffres et leur signification dans le nombre suivant leur position). D'un point de vue didactique, pour comprendre les difficultés des élèves avec l'écriture et la lecture des nombres, avec les algorithmes de calcul posé il faut s'être soi-même confronté à ces difficultés dans des bases autres que la base dix.

1 Généralités

Pour désigner oralement ou par écrit les nombres (entiers naturels dans un premier temps), il a été nécessaire de trouver un système de désignation. Ce système de désignation doit être efficace, c'est-à-dire permettre de désigner de manière univoque le plus possible de nombres, voire tous les nombres, avec un minimum de signes à mémoriser.

DÉFINITION

Un **système de numération** est un système de représentation des nombres comportant :

- un lexique composé de signes (oraux, écrits, gestuels, matériels...) ;
- une syntaxe, ensemble de règles de combinaison des signes.

Un certain nombre de civilisations ont conçu des systèmes utilisant des groupements, réguliers ou non.

DÉFINITION

Lorsque les groupements sont réguliers, la valeur du groupement est appelée **base**.

Exemples

- Notre numération écrite est une numération en base dix ;
- Les Mayas avaient une numération où les groupements étaient irréguliers avec des groupements par vingt sauf le deuxième groupement de valeur dix-huit ;
- On retrouve de même des irrégularités dans notre système de mesure des durées : on groupe 60 secondes en une minute, 60 minutes en une heure puis 24 heures en un jour.

2 Désignation des nombres entiers naturels

DÉFINITION

Un **chiffre** est un signe servant à écrire les nombres dans un système de numération donné. Il peut être écrit avec des symboles (différents suivant les numérations, par exemple le caractère d'écriture 5 en numération écrite de position en base 10 ou V en numération romaine) ou des lettres (par exemple « cinq »).

Exemple

« Dans mon panier, il y a 9 pommes et 15 châtaignes. »
Le nombre de pommes est le nombre 9 qui s'écrit avec un seul chiffre (le chiffre « 9 ») et le nombre de châtaignes est le nombre 15 qui s'écrit avec deux chiffres (les chiffres « 1 » et « 5 »).
« Le XXIe siècle a commencé le 1er janvier 2001 et se terminera le 31 décembre 2100. »
Dans cette phrase le siècle est désigné dans la numération romaine avec les chiffres « X » et « I ».

!

Les chiffres sont aux nombres ce que les lettres sont aux mots.
Ainsi de même qu'il y a des mots qui s'écrivent avec une seule lettre (comme c'est le cas dans cette phrase), il y a des nombres qui s'écrivent avec un seul chiffre.

2.1. Décomposition canonique

Dans le cas de groupements réguliers, tout entier naturel N peut se décomposer de manière unique en somme de puissances du naturel b ($b > 1$, base),
$N = c_0 + c_1 b + c_2 b^2 + \ldots + c_n b^n$ avec $c_0, \ldots, c_n$ entiers positifs tous strictement inférieurs à b.
Ici, $c_0, \ldots, c_n$ sont appelés coefficients ; dans le cas d'une écriture de position ils serviront de signes et seront nommés « chiffres ». Cette décomposition sera nommée décomposition canonique.

(Puissances : voir le chapitre « Opérations, calculs avec des fractions, puissances, radicaux »)

Exemple

En base dix, $1789 = 9 + 8 \times 10 + 7 \times 10^2 + 10^3 = 1000 + 7 \times 100 + 8 \times 10 + 9$.
1789 se décompose de manière unique comme somme de multiples de puissances de dix (que l'on peut écrire sous forme de puissances ou sous la forme 1000, 100, 10, etc., forme que l'on retiendra à l'école primaire).

Nombres et calculs

Exemple (suite)

1789 admet d'autres décompositions, comme par exemple :
$1789 = 1000 + 789 = 17 \times 100 + 89 = 178 \times 10 + 9$; ces trois décompositions ne sont pas la décomposition canonique car certains coefficients des puissances de 10 sont supérieurs à 10. Le nombre de milliers contenus dans 1789 est 1, le nombre de centaines est 17, le nombre de dizaines est 178, le nombre d'unités est 1789.

REMARQUE

Suivant l'usage que l'on en fait, on écrira cette décomposition soit suivant les puissances croissantes de b comme ci-dessus, soit suivant les puissances décroissantes de b comme ci-dessous :

$$N = c_n b^n + \dots + c_2 b^2 + c_1 b + c_0.$$

L'intérêt d'une telle décomposition est d'expliciter le lien entre le nombre et les chiffres de son écriture en base b.

On écrira : $N = \overline{c_n c_{n-1} \dots c_1 c_0}^{b}$.

L'écriture d'un nombre dépend de la base dans laquelle on travaille.

2.2. Changement de base

a. Passer de l'écriture d'un nombre *n* en base dix à l'écriture de ce même nombre dans une autre base *b*

Technique 1

1 **Calculer les puissances successives de b jusqu'à « dépasser » le nombre n**	Par exemple pour 1789 en base sept : $7^2 = 49$; $7^3 = 343$, $7^4 = 2401$
2 **Chercher un encadrement de n par deux puissances successives de b :** $b^k \leq n < b^{k+1}$	$7^3 \leq 1789 < 7^4$
3 **Écrire la division euclidienne de n par b^k** $n = qb^k + m$	On cherche le plus grand nombre de groupements de $7^3 = 343$ que l'on peut former dans 1789, en divisant 1789 par 343 : $1789 = 5 \times 343 + 74 = 5 \times 7^3 + 74$
4 **Recommencer les étapes 2 et 3 avec m et b^{k-1} en terminant à la dernière étape par la division par b**	Il reste 74 à décomposer à l'aide de puissances de 7 strictement inférieures à 7^3. On cherche le plus grand nombre de groupements de 7^2 que l'on peut former dans 74 : $74 = 1 \times 7^2 + 25$. On cherche le plus grand nombre de groupements de 7 que l'on peut former dans 25 : $25 = 3 \times 7 + 4$
5 **Récrire le nombre initial avec les résultats trouvés au fur et à mesure**	$1789 = 5 \times 7^3 + 1 \times 7^2 + 3 \times 7 + 4 = \overline{5134}^{sept}$

Technique 2

1 Chercher le plus grand nombre de groupements de b que l'on peut enlever à n, c'est-à-dire déterminer le quotient et le reste dans la division euclidienne de n par b : $n = f \times b + r$ **avec** $0 \leq r < b$	Par exemple pour 1789 en base sept : Poser la division euclidienne de 1789 par 7 : $1789 = 255 \times 7 + 4$. On a fait 255 groupements de 7.
2 Si le nombre de groupements f est supérieur ou égal à b, continuer à faire des groupements avec les quotients successifs	Comme 255 est plus grand que 7, on continue à grouper par 7. Ceci revient à effectuer la division euclidienne de 255 par 7. $255 = 36 \times 7 + 3$, donc dans 1789 éléments, on dénombre 36 paquets de 7×7 et 3 paquets de 7 et 4 éléments isolés. Puis on peut regrouper à nouveau par 7 les 36 paquets de 7×7 : $36 = 5 \times 7 + 1$ et comme 5 est inférieur à 7, on peut écrire $5 = 0 \times 7 + 5$.
3 Remplacer chaque quotient par ce qu'on trouve à la division euclidienne suivante	$1789 = (36 \times 7 + 3) \times 7 + 4 = 36 \times 7^2 + 3 \times 7 + 4$ $1789 = (5 \times 7 + 1) \times 7^2 + 3 \times 7 + 4$ $= 5 \times 7^3 + 1 \times 7^2 + 3 \times 7 + 4$ $= \overline{5134}^{sept}$
Commentaires :	On remarque que les coefficients sont les restes des divisions euclidiennes par 7. On dispose les divisions successives comme ci-dessous (jusqu'à trouver un quotient nul). Le premier reste obtenu (4 dans notre exemple) correspond au chiffre des unités (unités isolées, qu'on ne peut grouper par 7). En écrivant les restes de gauche à droite, en commençant par le dernier reste obtenu puis en remontant, on obtient l'écriture en base 7 du nombre : 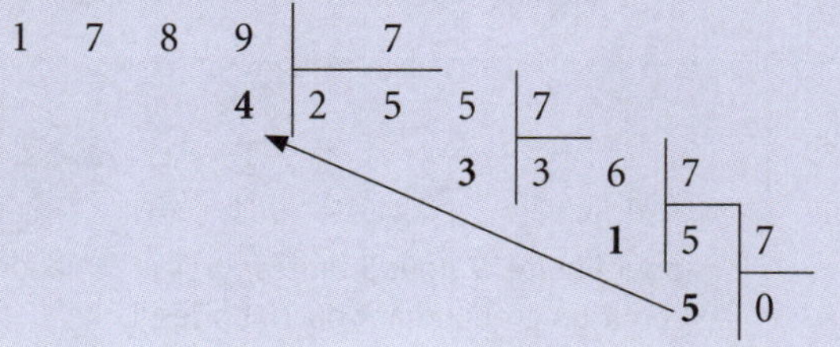

b. Passer de l'écriture d'un nombre dans une base *b* autre que dix à l'écriture de ce même nombre en base dix

Technique

Au chiffre des unités ajouter le produit du chiffre du premier groupement par la valeur *b* de la base, lui ajouter à nouveau le produit du chiffre du deuxième groupement par b^2, ainsi de suite	Technique décrite sur $\overline{234}^{cinq}$ en base cinq : Prenons le nombre qui s'écrit $\overline{234}^{cinq}$ en base cinq : le chiffre 4 représente le nombre d'unités isolées, le chiffre 3 le nombre de groupements de cinq, le chiffre 2 le nombre de groupements de cinq groupements de cinq. La signification des chiffres dans l'écriture de ce nombre permet ainsi de produire l'égalité suivante : $\overline{234}^{cinq} = 4 + 3 \times 5 + 2 \times 5^2 = 4 + 15 + 50 = 69$; (69 est son écriture en base dix).

REMARQUE

Plusieurs écritures pour un même nombre

Dans l'expression « il y a neuf pommes dans le panier », « neuf » est un nombre qui s'écrit dans notre numération de position en base dix avec le chiffre 9. Si on était en base cinq, il s'écrirait avec les chiffres 1 et 4. Les chiffres sont des signes d'écriture qui peuvent avoir des valeurs différentes selon la base choisie.

2.3 Différents types de numérations

Au fil des âges sont apparus différents types de numérations :

a. Numération additive

Chaque signe désigne une puissance de la base et on l'écrit autant de fois que nécessaire.

Exemple

Numération romaine

Signes	Syntaxe	Possibilité d'écrire tous les nombres	Nombre de signes à mémoriser
I pour l'unité, V pour 5 unités, X pour un groupement de 10 unités, L pour 50 unités, C pour un groupement de 100 unités, D pour 500 unités, M pour un groupement de 1 000 unités, I, V, X, L, C, M sont appelés « chiffres romains »	addition	Non, car les romains n'ont pas créé un signe pour chaque puissance de 10.	Peu de signes si le nombre n'est pas trop grand.

En numération romaine,
1 789 s'écrit : MDCCLXXXVIIII,
2011 s'écrit : MMXI.

Ici la longueur de l'écriture n'est pas significative ; l'ordre d'écriture ne joue pas, c'est plus simple de mettre côte à côte les mêmes signes, on pourrait cependant ne pas le faire et écrire : MXXDCXIICVIIL.

Il n'y a pas besoin de signe pour indiquer l'absence de groupement d'un certain type.

Comme cela peut être fastidieux de répéter, les romains ont apporté des évolutions et ont aussi utilisé un sous-groupement par cinq et un système mêlant addition et soustraction.

Exemple

1 789 s'écrit en numération romaine évoluée : M D CC L XXX IX. L'ordre de lecture joue, mais la numération romaine évoluée n'est pas une numération de position.

b. Numération de position

Dans le cas d'un groupement régulier de base b, chaque signe correspond à une valeur des coefficients possibles, comme les valeurs des coefficients varient entre 0 et $(b - 1)$, il y a b signes.

DÉFINITION

Les signes de 0 à $(b - 1)$ en base b sont les **chiffres** de l'écriture de position en base b. Il n'y a donc que b chiffres en base b.

La position dans l'écriture du signe, lue de gauche à droite, indique à quelle puissance de b le coefficient s'applique. Dans ce type de numération de position, il y a nécessité d'un signe spécifique indiquant l'absence de groupement d'un certain ordre.

Le même principe peut s'appliquer pour des groupements non réguliers, il faut en plus retenir les valeurs des groupements successifs (cas de la numération Maya).

REMARQUE

La numération de position usuelle en base b repose sur deux principes :

- la valeur d'un signe dépend de sa position dans l'écriture du nombre ; la position indique l'exposant de la puissance de b correspondante ; la valeur se calcule en multipliant le coefficient, représenté par le signe, par la puissance de b correspondante ;
- l'absence de groupement d'un certain ordre est indiquée par un signe spécifique.

Exemple

Signes	Syntaxe	Possibilité d'écrire tous les nombres	Nombre de signes à mémoriser
0, 1, 2, 3, 4, 5, 6, 7, 8, 9	Écriture de gauche à droite de chaque chiffre, qui est le coefficient des puissances décroissantes dans la décomposition canonique.	oui	Autant que la valeur de la base, ici dix.

A est le nombre mille-sept-cent-quatre-vingt-neuf :

- *en base dix :* $A = 9 + 8 \times 10 + 7 \times 10^2 + 1 \times 10^3 = 1 \times 10^3 + 7 \times 10^2 + 8 \times 10 + 9$.

…›

Exemple (suite)

La plus grande puissance 10^3 a comme coefficient 1, la suivante a comme coefficient 7, la suivante a comme coefficient 8, puis 9. On écrit de gauche à droite, du coefficient de la plus grande puissance à celui de la plus petite. S'il n'y a pas de groupement d'une certaine puissance, on l'indique par un zéro.

- *en base sept* : $A = 1\,789 = 5 \times 7^3 + 1 \times 7^2 + 3 \times 7 + 4$.

On trouve différentes façons de coder suivant les auteurs :

$$\overline{5134}^{sept} = (5134)^{sept} = (5134)_{sept} = \underline{5134}_{sept}$$

l'écriture littérale *sept* est parfois remplacée par son écriture chiffrée 7 (prendre garde lorsqu'il est placé en exposant à ne pas confondre avec le codage de « à la puissance 7 »).

! Le zéro est fondamental : deux-mille-onze s'écrit : 2011 et non 2 11.

REMARQUE

Distinction « chiffre des... » et « nombre de... »

Distinction chiffre des dizaines et nombre de dizaines et plus généralement chiffre des ... et nombre de ... :

On a vu que $1\,789 = 178 \times 10 + 9$.

Le chiffre des dizaines est 8, le nombre de dizaines est 178.

$1\,789 = 17 \times 100 + 89$: le chiffre des centaines est 7, le nombre de centaines est 17.

$1\,789 = 1 \times 1\,000 + 789$: le chiffre des unités de mille est 1, le nombre d'unités de mille est 1.

c. Numération hybride

Chaque signe désigne une puissance de la base, au lieu de répéter on indique le coefficient multiplicatif de la puissance, avec une règle indiquant quand on additionne et quand on multiplie. L'ordre de lecture joue.

Exemple

Numération parlée

Signes	Syntaxe	Possibilité d'écrire tous les nombres	Nombre de signes à mémoriser
• Un, deux, trois, ...neuf, dix, onze, douze, treize, quatorze, quinze, seize • Dix, vingt, trente, quarante, ...soixante • Cent, mille, million, milliard, billion (10^{12}), trillion (10^{18}), etc. • Le mot « et ».	Addition et multiplication : si un signe est lu avant un autre et est de valeur inférieure, on multiplie entre eux les deux valeurs, sinon on additionne.	Non, il faut inventer un nouveau signe pour chaque nouvelle puissance de 10.	24 signes jusqu'au nombre 999

1 789 se lit : mille-sept-cent-quatre-vingt-neuf.

Sept se lit avant cent et est de valeur inférieure donc on effectue sept fois cent, quatre se lit avant vingt et est de valeur inférieure donc on effectue quatre fois vingt. On additionne les valeurs des ensembles de mots (mille), (sept cent), (quatre-vingt), (neuf).

2.4 Désignation d'autres nombres que les entiers

Il faudra aussi inventer un système de désignation des autres nombres. L'avantage du système de numération de position avec une base est que l'on peut non seulement faire des groupements mais aussi des fractionnements. Dans notre numération de position en base dix, on fractionne l'unité en 10, cela donne les dixièmes, puis les dixièmes en 10 pour avoir des centièmes, etc. De même, on indiquera le coefficient des dixièmes, celui des centièmes, etc. Il faudra un signe supplémentaire pour indiquer la séparation entre l'unité et les dixièmes, c'est la virgule, historiquement d'autres séparateurs ont existé, par exemple un système d'abaque, c'est-à-dire de feuilles divisées en casiers, chaque casier correspondant à une puissance de la base, la puissance pouvant être d'exposant négatif. On consultera le chapitre « Les ensembles de nombres » pour l'écriture des décimaux et des rationnels.

2.5 Sommes et différences en base autre que dix

Les techniques opératoires de calcul posé sont directement justifiées par les principes de la numération de position dans la base choisie. Pour analyser une technique opératoire, donnons un exemple d'addition et de soustraction dans une base autre que dix.

Exemple

Calcul posé, en base quatre : $\overline{1021}^{quatre} + \overline{123}^{quatre}$

$$
\begin{array}{ccccc}
 & & ① & ① & \\
 & 1 & 0 & 2 & 1 \\
+ & & 1 & 2 & 3 \\
\hline
 & 1 & 2 & 1 & 0
\end{array}
$$

Étape 1 : La somme des unités 1 et 3 constitue une « quatraine » (groupement de 4) sans unité isolée, on le code 10, on écrit 0 dans la colonne des unités et on place une retenue de ① dans la colonne qui précède (groupements de 4).
Étape 2 : La somme des groupements de 4 (① + 2 + 2) constitue un groupement de 4^2 et 1 groupement de 4 isolé. On écrit 1 dans la colonne des groupements de 4 et on place une retenue de ① dans la colonne qui précède (groupements de 4^2).
Étape 3 : La somme des groupements de 4^2 est 2.
Étape 4 : La somme des groupements de 4^3 est 1.
$\overline{1021}^{quatre} + \overline{123}^{quatre} = \overline{1210}^{quatre}$

Calcul posé, en base sept : $\overline{1256}^{sept} - \overline{462}^{sept}$

Étape 1 : différence des unités

$$
\begin{array}{ccccc}
 & 1 & 2 & 5 & 6 \\
- & & 4 & 6 & 2 \\
\hline
 & & & & 4
\end{array}
$$

···>

Exemple (suite)

Étape 2 : on ne peut enlever 6 « septaines » de 5 « septaines ». On casse un groupement de 7^2 (il n'en reste plus que ① que l'on note au-dessus dans la même colonne) qui donne ⑦ « septaines » que l'on ajoute aux 5 que l'on a déjà.

$$\begin{array}{ccccc} & & \textcircled{1} & & \\ & 1 & \not{2} & \textcircled{7}+5 & 6 \\ - & & 4 & 6 & 2 \\ \hline & & & 6 & 4 \end{array}$$

Étape 3 : on ne peut enlever 4 groupements de 7^2 de 1 groupement. On casse un groupement de 7^3 qui donne ⑦ groupements de 7^2 que l'on ajoute à celui que l'on a déjà.

$$\begin{array}{ccccc} & \textcircled{0} & \textcircled{7}+\textcircled{1} & & \\ & \not{1} & \not{2} & \textcircled{7}+5 & 6 \\ - & & 4 & 6 & 2 \\ \hline & & 4 & 6 & 4 \end{array}$$

$\overline{1256}^{sept} - \overline{462}^{sept} = \overline{464}^{sept}$

Technique

Appliquer une des techniques des opérations en base dix mais en raisonnant avec des groupements de b au lieu de 10.

4 Les ensembles de nombres

Cours et méthodes

1 Ensembles de nombres et écritures des nombres

1.1 Plusieurs ensembles de nombres

Il existe plusieurs ensembles de nombres. Dans l'histoire de leur émergence il faut distinguer, dans une « dialectique outil/objet » (concept de didactique introduit par Régine Douady), le nombre comme outil pour résoudre des problèmes et le nombre objet d'étude en relation avec sa définition et ses propriétés.

Les premiers nombres qui sont apparus sont les nombres entiers naturels comme outils dans des problèmes de dénombrement, de comparaison de quantités, de mémorisation de quantité, d'anticipation de résultats de diverses actions. Dans des problèmes de mesure de grandeurs comme les aires de surfaces cultivables, la nécessité d'autres nombres s'est faite ressentir. Ce sont les fractions, qui ont donné naissance ultérieurement à l'ensemble des rationnels. Les mathématiciens grecs ont commencé à percevoir l'insuffisance de ces nombres (rationnels) dans des problèmes de rapport entre la diagonale d'un carré (ou d'un pentagone régulier) et son côté. Le statut du nombre π, rapport du périmètre d'un cercle et du diamètre a été étudié ultérieurement et a d'abord été connu par des valeurs approchées rationnelles comme $\frac{22}{7}$. Bien plus tard sont apparus les nombres relatifs. L'intérêt des fractions décimales et de leur écriture décimale date de la fin du XVIe siècle et du XVIIe siècle avec Stevin et Viète. La nécessité de nouveaux outils pour résoudre des équations va faire émerger les nombres appelés nombres complexes, qui ne prendront le statut de nombre que plus tard, lorsqu'ils deviendront objets d'étude et qu'on élaborera des définitions. Il s'agit de voir comment regrouper tous ces nombres en ensembles, comment définir mathématiquement ces ensembles, et quelles sont les relations entre eux.

DÉFINITIONS

Il existe différents ensembles de nombres :

$\mathbb{N}$ ensemble des **entiers naturels**, $\mathbb{Z}$ ensemble des **entiers relatifs**,

$\mathbb{D}$ ensemble des **décimaux**, $\mathbb{Q}$ ensemble des **rationnels**,

$\mathbb{R}$ ensemble des **réels**, $\mathbb{C}$ ensemble des **complexes**.

Le premier ensemble est inclus dans le second qui est inclus dans le troisième, etc. On n'abordera pas ici les nombres complexes. Tous les nombres étudiés dans ce livre, même s'ils sont entiers ou rationnels, sont des nombres réels.

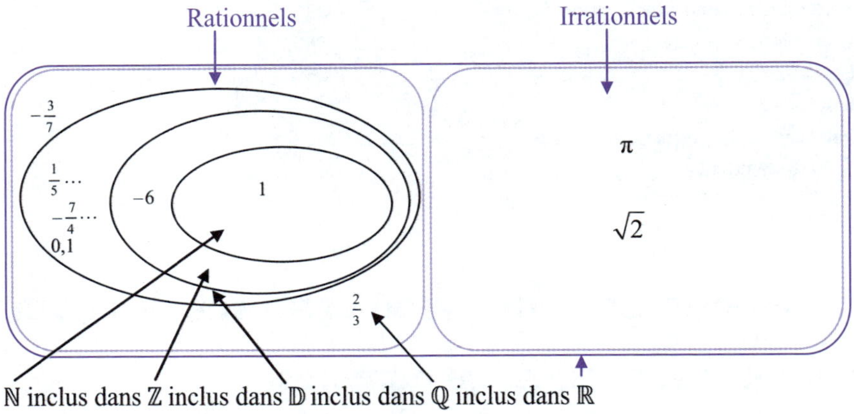

On note $\mathbb{Z}^*$ l'ensemble $\mathbb{Z}$ privé de 0, de même on accole une étoile pour les autres ensembles pour indiquer qu'on exclut zéro.

Les nombres réels non rationnels sont nommés irrationnels ; la réunion de l'ensemble des rationnels et de l'ensemble des irrationnels est l'ensemble des réels.

··· POUR ALLER PLUS LOIN ···

Axiomes de Peano

À la fin du XIXe siècle, à la suite du mathématicien Dedekind, le mathématicien italien Peano propose une axiomatisation de l'arithmétique.

Il prend comme point de départ l'existence d'un ensemble appelé ensemble des entiers naturels, ensemble vérifiant un système de cinq axiomes, appelés depuis axiomes de Peano :

- zéro, noté 0, est un entier naturel ;
- le successeur d'un entier naturel est un entier naturel ;
- il n'existe pas deux entiers ayant le même successeur ;
- zéro n'est le successeur d'aucun nombre ;
- si un sous-ensemble d'entiers naturels contient zéro et contient le successeur de chacun de ses éléments, c'est l'ensemble des entiers naturels.

Ceci permet de définir l'ensemble des entiers naturels, même si cette définition reste un peu difficile à concevoir.

1.2 Écriture décimale

Tout nombre réel x s'écrit avec une **écriture décimale illimitée**, c'est-à-dire que $x = a_0, a_1a_2 \dots a_i \dots$ avec a_0 nombre entier relatif (appelé partie entière qui peut être nulle) et pour tout entier i avec $i \geqslant 1$, a_i est un chiffre entre 0 et 9.

Le nombre écrit $0, a_1a_2 \dots a_i \dots$ a des dénominations différentes suivant les auteurs. Dans « Mathématiques d'école » de Daniel Perrin, le nombre $0, a_1a_2 \dots a_i \dots$ est nommé partie fractionnaire pour les réels en général et **partie décimale** pour le cas particulier des décimaux. Dans cette acception du terme partie décimale, tout nombre est la somme de sa partie entière et sa partie décimale.

Dans le dictionnaire mathématique de Alain Bouvier et François Le Lionnais, le nombre $0, a_1a_2 \dots a_n \dots$ est nommé partie fractionnaire, la suite des chiffres après la virgule est nommée partie décimale. L'expression « partie décimale » est ainsi polysémique, si besoin on pourra préciser si cette expression se rapporte au nombre (premier sens ci-dessus) ou à son écriture (deuxième sens).

L'écriture décimale réduite d'un nombre est son écriture décimale avec le minimum de signes : pas de zéro inutile (le décimal 2,0 est noté 2), pas de suite illimitée de neufs (9…) pour les décimaux.

REMARQUE

$0{,}9\underline{9}\dots$ (c'est-à-dire le nombre dont le chiffre 9 souligné se répète indéfiniment) est égal à 1. En effet : $0{,}99\dots = 3 \times 0{,}33\dots = 3 \times \frac{1}{3} = 1$; autre explication : si on pose $b = 0{,}9\underline{9}\dots$ alors $10b = 9 + b$, d'où $9b = 9$ et $b = 1$. De même le nombre écrit 31,23 peut aussi s'écrire $31{,}229\underline{9}\dots$ Le nombre écrit $0{,}9\underline{9}\dots$ est donc un nombre décimal ! Il en est de même pour $31{,}229\underline{9}\dots$ Tous les nombres décimaux ont donc deux écritures décimales illimitées : une avec une infinité de 0 à la fin à partir de laquelle on déduit l'écriture réduite et une avec une infinité de 9 à la fin.

On écrit souvent les décimaux avec leur écriture décimale réduite. Cependant il est nécessaire de savoir passer d'une écriture réduite à une autre écriture, par exemple pour effectuer en colonne la soustraction 1,2 – 0,35, on commencera par écrire 1,2 sous la forme 1,20. Dans des mesures de grandeurs, le fait de noter 2,30 indique que la mesure a été effectuée avec une précision au centième.

2 Ensemble $\mathbb{R}$, intervalles

$\mathbb{R}$ est un ensemble muni d'un ordre. Cette relation d'ordre permet de définir des sous-ensembles de $\mathbb{R}$ appelés intervalles. Soient a et b deux réels distincts avec $a < b$.

On note $[a\,;b]$ le sous-ensemble des réels x tels que $a \leqslant x \leqslant b$.

On note $[a\,;b[$ le sous-ensemble des réels x tels que $a \leqslant x < b$.

On définit de même $]a\,;b]$ et $]a\,;b[$.

On note $[a\,;+\infty[$ le sous-ensemble des réels x tels que $x \geqslant a$.

On peut définir de même $]a\,;+\infty[$, $]-\infty\,;a[$,$]-\infty\,;a]$.

3 Ensemble $\mathbb{Q}$

DÉFINITION

$\mathbb{Q} = \left\{\frac{a}{b} \text{ avec } a \text{ élément de } \mathbb{Z} \text{ et } b \text{ élément de } \mathbb{Z}^*\right\}$

Les éléments de $\mathbb{Q}$ sont appelés les **nombres rationnels**, $\frac{a}{b}$ est appelée **fraction** représentant le rationnel.

REMARQUE

- $\mathbb{Q}$ contient les ensembles $\mathbb{N}$, $\mathbb{Z}$ et $\mathbb{D}$
- À l'école primaire, on emploie uniquement le vocabulaire fraction.

Égalité de rationnels donnés par des écritures fractionnaires

Pour tout entier k non nul, a et b entiers avec b non nul, on a : $\frac{a}{b} = \frac{k \times a}{k \times b}$.

Chaque rationnel peut ainsi être représenté par une infinité de fractions :

$\frac{3}{7}, \frac{6}{14}, \frac{9}{21}, \frac{-3}{-7}$ sont différentes écritures fractionnaires du même nombre rationnel.

On utilisera cette propriété pour se ramener à une écriture fractionnaire du type $\frac{a}{b}$ avec b élément de $\mathbb{N}^*$ et a et b les plus petits possibles, c'est-à-dire une fraction irréductible.

Exemples

- $\frac{6}{14} = \frac{3 \times 2}{7 \times 2} = \frac{3}{7}$. Ici $k = 2$ et $a = 3$, $b = 7$, on a utilisé l'égalité précédente de droite à gauche.
- Un autre exemple : $-3 = \frac{-6}{2}$.
- Si on veut avoir un ordre de grandeur de $\frac{37}{25}$, on multipliera numérateur et dénominateur par 4, pour se ramener à un calcul plus simple : $\frac{37}{25} = \frac{37 \times 4}{25 \times 4} = \frac{148}{100} = 1,48$.

On cherchera à simplifier les écritures fractionnaires, soit pour effectuer d'autres opérations, soit pour trouver des ordres de grandeur, en calcul mental, comme dans l'exemple ci-dessus. On pourra diviser numérateur et dénominateur par un même nombre jusqu'à ce qu'on ne puisse plus diviser par un diviseur commun au numérateur et dénominateur. Dans ce cas, la fraction qu'on ne peut plus simplifier est appelée **fraction irréductible** ou représentant irréductible du rationnel.

Techniques pour représenter un rationnel par une fraction irréductible

Technique 1

On décompose le numérateur et le dénominateur en produit de facteurs premiers, de façon à simplifier en une seule fois.

Exemple

$$\frac{180}{168}=\frac{2\times2\times3\times3\times5}{2\times2\times2\times3\times7}=\frac{3\times5}{2\times7}=\frac{15}{14}.$$

… POUR ALLER PLUS LOIN …

Technique 2

Le nombre k par lequel on « simplifie » doit être un diviseur commun du numérateur et du dénominateur. Le PGCD de deux nombres, ici le numérateur et dénominateur (voir chapitre « Arithmétique ») est le plus grand diviseur commun, en divisant par leur PGCD le numérateur et le dénominateur, on obtient la fraction irréductible.

Exemple

$$\text{PGCD}(180\,;\,168)=12$$

$$\frac{180}{168}=\frac{12\times15}{12\times14}=\frac{15}{14}.$$

Propriété

Lorsqu'un rationnel est donné par une écriture décimale, la partie décimale est illimitée (infinie) et périodique à partir d'un certain rang (son écriture comporte une suite de décimales qui se répète à l'infini).

Exemple

$\frac{3}{7}=0{,}428571\underline{428571}\ldots$ (on souligne la partie périodique qui se répète indéfiniment et on met des points de suspension, souvent on répète une fois la partie périodique).

$0{,}428\,571$ n'est qu'une valeur approchée de $\frac{3}{7}$ à 10^{-6} près par défaut.

Technique pour déterminer une écriture décimale illimitée d'un rationnel à partir d'une de ses écritures fractionnaires

Technique

L'écriture décimale d'un rationnel s'obtient en posant la division « détermination du quotient exact » du nombre entier « numérateur » par le nombre entier « dénominateur ».

Pour l'exemple précédent, on a :

3	7
3 0	0, 4 2 8 5 7 1 4
− 2 8	
2 0	
− 1 4	
6 0	
− 5 6	
4 0	
− 3 5	
5 0	
− 4 9	
1 0	
− 7	
3 0	

Dans la division décimale, à chaque étape on fait des divisions euclidiennes du reste de l'étape précédente multiplié par 10 par le nombre « dénominateur » d de la fraction.

Justification de la périodicité de la partie décimale : dans la division euclidienne par un nombre d, il y a au plus d restes possibles (les entiers de 0 à $d - 1$). Donc, dès qu'il n'y a plus de chiffre du dividende initial à prendre en compte, en au plus d étapes de la division décimale, on retrouve un reste déjà obtenu et donc il va y avoir répétition de chaque reste de façon périodique.

Réciproquement : un réel dont une écriture décimale illimitée est périodique à partir d'un certain rang est un rationnel (propriété admise, dont on peut se persuader sur des exemples et par la technique ci-dessous) ; pour gagner de la place on peut mettre dans les exemples en dessous deux expressions sur une même ligne.

Exemples

- $0{,}33\underline{3}\ldots = \dfrac{1}{3}$
- $1{,}200\underline{0}\ldots = \dfrac{12}{10}$

Technique pour déterminer une écriture fractionnaire d'un rationnel à partir d'une écriture décimale illimitée périodique

Technique

a) $0,\underline{29}\ldots$

On nomme le réel, par exemple a. Ici la période est de longueur 2, on multiplie par 100.

$100 \times a = 29,\underline{29}\ldots = 29 + a$. D'où : $100 \times a - a = 29$, puis $99\,a = 29$.

On a alors : $a = 0,\underline{29}\ldots = \dfrac{29}{99}$.

b) $b = 2,23\underline{45}\ldots$

$b = 2,23 + 0,00\underline{45}\ldots = 2,23 + c$.

$10\,000 \times c = 45,\underline{45}\ldots = 45 + 0,\underline{45}\ldots = 45 + d$.

On applique à d une technique analogue à celle de l'exemple précédent.

$100 \times d = 45,\underline{45}\ldots = 45 + d$. D'où :

$d = \dfrac{45}{99}$ et $10\,000\,c = 45 + \dfrac{45}{99} = \dfrac{4500}{99}$. On a $c = \dfrac{4500}{10\,000 \times 99} = \dfrac{4500}{990\,000}$

Puis $b = \dfrac{223}{100} + \dfrac{4500}{990\,000} = \dfrac{223}{100} + \dfrac{45}{9\,900} = \dfrac{223 \times 99 + 45}{9\,900} = \dfrac{22122}{9\,900} = \dfrac{1229}{550}$

REMARQUE 1

Une calculatrice ne permet pas toujours de reconnaître un nombre rationnel à partir du début de son écriture décimale. En effet, comme elle n'affiche que les premières décimales d'un nombre, la période n'apparaît pas obligatoirement. Par exemple, à l'aide d'une calculatrice, on a $341 : 19 \approx 17,9473684211$ (on ne distingue pas de période) alors qu'un logiciel de mathématiques ou la calculatrice intégrée à certains ordinateurs mise en version « scientifique » donne : $341 : 19 \approx 17,\underline{947368421052631578}9473682\ldots$

REMARQUE 2

Cependant il faut être prudent : une période observée sur les premiers chiffres ne garantit pas que le réel soit un rationnel. Ainsi l'affichage 63,333333 sur une calculatrice à 8 chiffres peut aussi bien correspondre

- aux décimaux 63,333333 ; 63,33333328 ;
- aux rationnels 190/3 ; 63973063/1010101 ;
- à des réels dont l'écriture décimale commence par 63,333333 complétée ensuite par une suite de chiffres périodique ou non.

REMARQUE 3

Les nombres rationnels admettent de très nombreuses écritures : décimales, fractionnaires, avec des puissances, avec des radicaux ; ainsi on peut parler d'écriture décimale pour des nombres qui ne sont pas décimaux (dans ce cas, elle est illimitée).

... POUR ALLER PLUS LOIN ...

Exemples d'irrationnels

Si la partie décimale d'un nombre est illimitée et n'admet pas de période, il s'agit d'un réel non rationnel, c'est-à-dire d'un irrationnel. On sait que beaucoup de nombres qui s'écrivent avec une racine carrée sont des irrationnels, que la plupart des images d'une mesure d'angle par les fonctions sinus, cosinus ou tangente sont des irrationnels. Historiquement les premiers irrationnels étudiés ont été $\sqrt{2}$ et π ; pour $\sqrt{2}$ cela a été démontré par des mathématiciens des écoles mathématiques grecques (Ve ou IVe siècle avant J.-C.), une des démonstrations est accessible en collège; pour π il a fallu attendre la fin du XVIIIe siècle (par Lambert en 1761, publié en 1768) et aucune démonstration n'est accessible au niveau lycée.

Pour les opérations sur les rationnels, voir le chapitre « Opérations, calculs avec des fractions, puissances, radicaux ».

4 Ensemble $\mathbb{D}$

REMARQUE

Contrairement à ce qu'on peut croire, « nombre décimal » n'est pas synonyme de « nombre à virgule », et ceci pour deux raisons :

- il existe des nombres décimaux qui ont une écriture décimale réduite sans virgule : les nombres entiers ;
- il existe des « nombres qui s'écrivent avec une virgule » qui ne sont pas des décimaux, par exemple $0{,}33\underline{3}...$;
- $0{,}9\underline{9}...$ est un nombre décimal (voir remarque du paragraphe 1.2).

L'expression « nombre à virgule » est **à bannir** car non définie en mathématiques et confond nombre et écriture du nombre.

DÉFINITION

Une **fraction décimale** est une fraction dont le dénominateur s'écrit 1 ; 10 ; 100 ; 1000 ; 10 000 ; 100 000 ; …, c'est-à-dire une puissance de 10.

Un **nombre décimal** est un nombre qui peut s'écrire sous forme d'une fraction décimale, c'est donc un rationnel particulier.

Exemples

$3{,}2$; $\dfrac{3}{25}$; 63 ; $4{,}33\underline{3}... \times 15$; $\sqrt{29{,}4849}$; $7{,}6025 \times 10^8$

Écrivons-les sous forme de fraction décimale :

$$3{,}2=\frac{32}{10} ; \frac{3}{25}=\frac{12}{100} ; 63=\frac{63}{1}=\frac{63}{10^0} ;$$

$$4{,}33\underline{3}...\times 15=\frac{13}{3}\times 15=\frac{13}{3}\times 3\times 5=13\times 5=65=\frac{65}{10^0}$$

On retrouve sur ces deux exemples que les entiers sont des décimaux.

$$\sqrt{29{,}4849}=\sqrt{\frac{294849}{10000}}=\frac{\sqrt{294849}}{100}=\frac{543}{100}$$

$$7{,}6025 \times 10^8 = 7{,}6025 \times 10^{4+4} = 76\,025 \times 10^4 = 760\,250\,000.$$

4.1 Première caractérisation par l'écriture décimale

CARACTÉRISATION 1

Un **nombre décimal** est un nombre qui admet une écriture décimale limitée.

Exemples

Reprenons les exemples donnés précédemment et donnons l'écriture décimale de chacun :
3,2 ; 0,12 ; 63 ; 65 ; 5,43 ; 760 250 000
Tous ont une écriture décimale limitée : ce sont bien des nombres décimaux.
Contre-exemples :

Nombre	$4,3\underline{3}\ldots$	$54,\underline{728}$	$\sqrt{2}$	π
Écriture décimale	$4,3\underline{3}\ldots$	$54,\underline{728}\ldots$	1,414213562…	3,141592653…

Pour $\sqrt{2}$ et π, comme ils ne sont pas rationnels, ce ne sont pas a fortiori des nombres décimaux. Les autres nombres sont des rationnels non décimaux.

4.2 Deuxième caractérisation en tant que rationnel particulier

CARACTÉRISATION 2

Un nombre décimal est un nombre rationnel qui peut s'écrire sous la forme d'une fraction **irréductible** dont la décomposition en produits de facteurs premiers du dénominateur ne comporte que des 2 et des 5.

Il est évident qu'une fraction décimale satisfait à cette condition.

Exemple

10 est égal à 2×5 ; 100 est égal à $2^2 \times 5^2$; 1000 est égal à $2^3 \times 5^3$; etc.

Dans l'autre sens : $\dfrac{13}{2\times 5^2} = \dfrac{13}{50} = \dfrac{26}{100}$ et $\dfrac{13}{2^3 \times 5^2} = \dfrac{13\times 5}{2^3 \times 5^2 \times 5} = \dfrac{13\times 5}{2^3 \times 5^3} = \dfrac{65}{1\,000}$

Tout produit des facteurs 2 et 5 peut se transformer en puissance de 10 par une multiplication bien choisie.

On peut remarquer que les fractions irréductibles qui comportent des facteurs premiers autres que 2 et 5 au dénominateur ne représentent pas des nombres décimaux.

Exemples

$\dfrac{5}{11}$; $\dfrac{8}{15} = \dfrac{8}{3\times 5}$; $\dfrac{15}{14} = \dfrac{15}{2\times 7}$; $\dfrac{30}{31}$ (31 est premier)

Donnons des écritures décimales de ces nombres :
$0,45\underline{45}\ldots$; $0,53\underline{3}\ldots$; $1,0714285\underline{714285}\ldots$; $0,967741935483870\underline{967741935483870}\ldots$
Ces écritures sont illimitées (périodiques sans une infinité de 0 ou 9 en fin d'écriture) : les nombres ne sont pas décimaux.

REMARQUE

Si le rationnel n'est pas écrit sous forme irréductible, la caractérisation ci-dessus ne s'applique pas.

Exemple

$\frac{51}{34}=\frac{51}{17\times 2}$ ne représente pas à première vue un nombre décimal car son dénominateur comporte 17 qui n'est pas une puissance de 2 et 5 mais ce n'est pas une fraction irréductible : $\frac{51}{34}=\frac{17\times 3}{17\times 2}=\frac{3}{2}$;

$\frac{3}{2}$ est une fraction irréductible qui représente un nombre décimal.

Technique pour déterminer l'écriture décimale d'un décimal à partir d'une fraction décimale

Technique

Écrire le numérateur sous la forme de sa décomposition canonique.

$$\frac{1347}{100}=\frac{13\times 100}{100}+\frac{4\times 10}{100}+\frac{7}{100}= 13+\frac{4}{10}+\frac{7}{100}=13{,}47.$$

Au niveau fin de collège : $\frac{1347}{100}=13+4.10^{-1}+7.10^{-2}$.

On voit là que cette écriture est basée sur le même principe que l'écriture de position en base 10 des entiers ; chaque chiffre et sa position indiquent à quelle puissance de 10 le chiffre s'applique.

En langage courant, cette écriture se lit « treize virgule quarante-sept ». Cette lecture entraîne des difficultés dans la représentation de ce qu'est un décimal, puisqu'elle donne l'idée qu'un décimal est composé de deux entiers séparés par une virgule.

Une autre lecture plus satisfaisante (citée dans le document ressource 2016 « Fractions et nombres décimaux au cycle 3[1] » et dans ERMEL CM1) est treize virgule quarante-sept centièmes ou treize unités et quarante-sept centièmes, qui s'appuie sur la décomposition $\frac{1347}{100}=13+\frac{47}{100}$.

5 Valeur approchée, arrondi, troncature

Dans de nombreux cas, on cherche une valeur approchée décimale du nombre ou une valeur approchée par un rationnel. Tout nombre réel peut être approché à n'importe quelle précision par un décimal, par un rationnel.

1. eduscol.education.fr/cid101461/ressources-maths-cycle-3.html.

Exemple

La plus ancienne approximation rationnelle connue de π est $3+\frac{13}{81}$.

5.1 Valeur approchée

On dit que a est une valeur approchée de x à une précision ε près si la distance de x à a est inférieure ou égale à ε, ce qui signifie que $a-\varepsilon \leqslant x \leqslant a+\varepsilon$.

Fréquemment on utilise $\varepsilon = 10^{-n}$ ou $\varepsilon = 5.\ 10^{-n}$.

Si $a \leqslant x$, on parle de **valeur approchée par défaut**, si $a \geqslant x$, on parle de **valeur approchée par excès**.

Exemple

3,1415 est une valeur approchée par défaut de π à 10^{-4} près, et 3,1416 est une valeur approchée par excès à 10^{-4} près.

REMARQUE

a n'est pas forcément un décimal. Par exemple $\frac{3}{5}\times\left(3+\sqrt{5}\right)$ est une valeur approchée de π à 10^{-4} près. Cependant, on s'intéresse souvent à une valeur approchée décimale ou à une valeur approchée rationnelle, l'idée étant d'approcher un nombre par un nombre « plus simple » (ou autrement dit un nombre d'un ensemble par un nombre d'un ensemble qui est inclus dans celui-ci).

a_n est la **valeur approchée décimale** de x par défaut à 10^{-n} près si a_n est le nombre décimal écrit avec n chiffres après la virgule (en écriture non réduite) tel que : $a_n \leqslant x < a_n + 10^{-n}$

$a^n + 10^{-n}$ est la valeur approchée de x par excès à 10^{-n} près.

5.2 Arrondi

DÉFINITION

b_n est l'**arrondi de x au rang n** (ou à la n-ième décimale ou à 10^{-n} près, autres formulations que l'on trouve dans les manuels) si b_n est un nombre décimal écrit avec n chiffres après la virgule tel que :

$b_n - 5\times 10^{-(n+1)} \leqslant x < b_n + 5\times 10^{-(n+1)}$.

L'arrondi permet de choisir parmi les deux valeurs approchées décimales, à 10^{-n} près par défaut ou par excès, celle qui est la plus « proche » du réel, et donc de minimiser l'erreur d'approximation.

REMARQUE

$5\times 10^{-(n+1)} - (-5\times 10^{-(n+1)}) = 10\times 10^{-(n+1)} = 10^{-n}$,
ce qui justifie l'expression à 10^{-n} près.

Nombres et calculs

Technique — **Déterminer un arrondi**

Il s'agit de chercher l'écriture décimale illimitée du nombre ou une valeur approchée à au moins $10^{-(n+1)}$, c'est-à-dire de rechercher au moins une décimale de plus que le rang de l'arrondi recherché.
On a deux cas :
Si la $(n+1)$-ième décimale est 0, ou 1, ou 2, ou 3, ou 4, on obtient une écriture décimale de son arrondi en s'arrêtant dans l'écriture décimale à la n-ième décimale en gardant cette n-ième décimale ;
Si la $(n+1)$-ième décimale est 5, ou 6, ou 7, ou 8, ou 9, on obtient une écriture décimale de son arrondi en s'arrêtant dans l'écriture décimale à la n-ième décimale en augmentant de 1 cette n-ième décimale.

Exemple

Si $x = 1{,}3636...$, l'arrondi de x à 10^{-2} près est $1{,}36$ et celui à 10^{-3} près est $1{,}364$.

REMARQUE

Si on ne dispose que d'une valeur approchée décimale à 10^{-n} près, on ne peut pas donner un arrondi au rang n.

Exemple

$3{,}1415$ est une valeur approchée de π à 10^{-4} près mais un arrondi de π à 10^{-4} près est $3{,}1416$.

5.3 Troncature

DÉFINITION

La **troncature** au rang n est la valeur approchée **décimale** à 10^{-n} près par défaut.

Exemples

$\pi = 3{,}141592\ldots$

$3{,}1415$ est la troncature de π au rang 4. On a aussi $3{,}1416$ est l'arrondi de π au rang 4 et $3+\dfrac{13}{81}$ est une valeur approchée rationnelle de π à 2.10^{-2} près.

6 Écriture scientifique

Tout nombre réel positif peut s'écrire de manière unique $a \times 10^k$ avec a réel appartenant à $[1\,;10[$ et k appartenant à $\mathbb{Z}$.

Cette écriture est appelée écriture scientifique de x ; a s'appelle la mantisse de x et k l'exposant.

Exemple

Écriture scientifique de 2^{10} ; $2^{10} = 1024 = 1{,}024 \times 10^3$.

L'écriture scientifique d'un nombre négatif est l'opposé de l'écriture scientifique de son opposé.

Exemple

Écriture scientifique de $-0{,}4567 = -4{,}567 \times 10^{-1}$.

L'écriture scientifique des nombres facilite les comparaisons, la recherche d'ordre de grandeur ; en effet, elle donne pour chaque nombre un encadrement entre deux puissances de 10 successives.

Exemple

Les distances en kilomètres au soleil pour les planètes Saturne et Mars sont égales à :
Saturne $s = 14{,}27 \times 10^8$
Mars $m = 227{,}9 \times 10^6$
Pour comparer ces distances, on a intérêt à les exprimer toutes les deux sous forme d'écriture scientifique.
$s = 14{,}27 \times 10^8 = 1{,}427 \times 10^9$ et $m = 227{,}9 \times 10^6 = 2{,}279 \times 10^8$.
D'où $10^9 < s < 10^{10}$ et $10^8 < m < 10^9$, d'où $m < s$.

REMARQUE

La troncature, l'arrondi à un certain rang sont uniques.

valeur de x	troncature de x	valeur approchée de x	arrondi de x	écriture scientifique de x
$x = 1{,}25463$	au rang 3 : 1,254	à 10^{-3} près : 1,255 par excès 1,254 par défaut	à 10^{-3} près : 1,255	1,25463
$x = 0{,}0023659$	au rang 6 : 0,002365	à 10^{-6} près : 0,002366 par excès 0,002365 par défaut	à 10^{-6} près : 0,002366	$2{,}3659 \times 10^{-3}$

5 Arithmétique

Cours et méthodes

1 Multiples et diviseurs

1.1 Définition, caractérisation

DÉFINITION

Un entier n est un **multiple** d'un entier p (autrement dit n est divisible par p ou p est un **diviseur** de n ou p divise n), s'il existe un **entier** k tel que $n = k \times p$.

!

Le mot « diviseur » a plusieurs sens, on l'utilise aussi dans les divisions.
Dans le cadre du CRPE, la notion de multiple est utilisée essentiellement pour les nombres entiers naturels et dans ce cas les entiers n, k et p ci-dessus sont des entiers naturels ; on peut l'étendre aux entiers relatifs.

Caractérisation

Un entier n est un **multiple** d'un entier p si et seulement si, dans la division euclidienne de n par p, le reste est nul.

Exemple

51 est un multiple de 17 car 51 = 3 × 17.

REMARQUE

Le nombre 0 est multiple de tout nombre entier n car $0 = 0 \times n$.
Tout nombre entier est un multiple de 1 et de lui même car $n = 1 \times n$.

1.2 Critères de divisibilité d'un nombre entier

L'expression critère de divisibilité par q signifie que si un entier vérifie la propriété, alors il est divisible par q, et s'il ne vérifie pas la propriété, alors il n'est pas divisible par q.

Certains de ces critères sont démontrés dans ce chapitre, d'autres en exercice dans les compléments en ligne du thème « Arithmétique ».

a. Divisibilité par 2

Le chiffre des unités est 0, 2, 4, 6 ou 8 (nombre pair).

b. Divisibilité par 3

La somme des chiffres du nombre est divisible par 3 (plus généralement un nombre a le même reste que la somme de ses chiffres dans la division euclidienne par 3).

Exemples

- 787 965 est divisible par 3 (ou est un multiple de 3) car $7 + 8 + 7 + 9 + 6 + 5 = 42$ et $4 + 2 = 6$ qui est un multiple de 3.
- 25 333 n'est pas divisible par 3, car $2 + 5 + 3 + 3 + 3 = 16$, qui n'est pas divisible par 3.

c. Divisibilité par 4

Le nombre formé par son chiffre des dizaines et son chiffre des unités est divisible par 4 (plus généralement, dans la division euclidienne par 4, un nombre a le même reste que le nombre formé par ses deux derniers chiffres).

Exemples

- 73 5**36** est divisible par 4 (ou est un multiple de 4) car **36** est divisible par 4 ($36 = 9 \times 4$).
- 46 2**14** n'est pas un multiple de 4, car **14** n'est pas un multiple de 4.

d. Divisibilité par 5

Le chiffre des unités est 0 ou 5.

Exemples

73**0** et 82**5** sont divisibles par 5 mais 55**1** ne l'est pas.

e. Divisibilité par 9

La somme des chiffres est divisible par 9 (plus généralement, dans la division euclidienne par 9, un nombre a le même reste que la somme de ses chiffres).

Exemples

- 7 785 est divisible par 9 (on est un multiple de 9) car $7 + 7 + 8 + 5 = 27$, qui est divisible par 9.
- 787 569 n'est pas un multiple de 9 car $7 + 8 + 7 + 5 + 6 + 9 = 42$, qui n'est pas un multiple de 9.

f. Divisibilité par 10

Le chiffre des unités est 0.

g. Divisibilité par 11

La différence entre la somme de ses chiffres de rangs pairs et la somme de ses chiffres de rangs impairs est un multiple de 11.

Exemples

- **80 927** est divisible par 11, car $(8 + 9 + 7) - (0 + 2) = 22$, qui est divisible par 11.
- **4**5**7** 8**2**0 est divisible par 11, car $(4 + 7 + 2) - (5 + 8 + 0) = 0$, qui est divisible par 11.
- **1**1 **1**1**1** n'est pas divisible par 11, car $(1 + 1 + 1) - (1 + 1) = 1$, qui n'est pas divisible par 11.
- **3**7**5** 8**1**5 est divisible par 11, car $(3 + 5 + 1) - (7 + 8 + 5) = -11$, qui est divisible par 11.

Remarquons que l'on voit sur ce dernier exemple l'intérêt d'avoir la notion de multiple non seulement dans $\mathbb{N}$ mais aussi dans $\mathbb{Z}$.

h. Divisibilité par 25

Le nombre formé par son chiffre des dizaines et son chiffre des unités est divisible par 25 (soit 00, 25, 50 ou 75).

Exemples

- 3 5**75** et 4 6**00** sont divisibles par 25 car **75** et **0** sont divisibles par 25.
- 462 1**60** n'est pas divisible par **25** car **60** n'est pas divisible par 25.

Il existe d'autres critères peu usités pour d'autres nombres (on pourra consulter les compléments en ligne pour un critère de divisibilité par 7).

1.3 Propriété

Si un entier naturel divise une somme (ou une différence) de deux termes et l'un de ses termes, alors il divise l'autre terme.

Exemple

Utilisation de cette propriété pour la démonstration du critère de divisibilité par 9

$\overline{cdu}^{dix} = 100c + 10d + u = 99c + c + 9d + d + u = 9 \times (11c + d) + (c + d + u)$

Si $c + d + u$ est un multiple de 9 alors $\overline{cdu}^{dix}$, somme de deux multiples de 9, est lui-même multiple de 9 (ou divisible par 9, ce qui est synonyme).

Réciproquement, $c + d + u = \overline{cdu}^{dix} - 9(11c + d)$ donc, si $\overline{cdu}^{dix}$ est un multiple de 9, alors $c + d + u$ est la différence de deux multiples de 9, donc il est lui-même multiple de 9.

On voit que l'on peut généraliser à un nombre à k chiffres. Le critère de divisibilité par 3 se démontre de la même façon.

2 Nombres premiers

2.1 Définition

DÉFINITION

Un nombre entier naturel est dit **premier** s'il admet exactement deux diviseurs distincts (1 et lui-même).

Exemples

2 ; 3 ; 5 ; 7 ; 11 ; 13 ; 17 ; 19 ; 23 ; 29 ; 31 ; 37 ; 41 ; 43 ; 47 ; 53...

REMARQUE

Ni 1 (qui n'admet qu'un seul diviseur), ni 0 (qui admet une infinité de diviseurs) ne sont des nombres premiers.

Technique

Pour vérifier qu'un nombre est premier, on vérifie qu'il n'est divisible par aucun des nombres premiers inférieurs à sa racine carrée (dans le cas contraire, il n'est pas premier).

En effet, supposons que n ne soit divisible par aucun nombre (premier ou non) inférieur ou égal à sa racine carrée et strictement supérieur à 1 et que n ne soit pas premier. Alors, il existe au moins deux entiers d et d' tels que : $n = d \times d'$ avec $d > \sqrt{n}$ et $d' > \sqrt{n}$, ce qui implique $d \times d' > n$, ce qui est contradictoire avec l'égalité $n = d \times d'$. Dans ce cas, n est premier (on a mené ici un raisonnement par l'absurde).

Exemples

- Testons si 167 est premier :

$12 < \sqrt{167} < 13$. Il suffit donc de chercher si 167 admet des diviseurs inférieurs ou égaux à 11 (11 est le plus grand nombre premier inférieur à $\sqrt{167}$). On vérifie que 167 n'est divisible par aucun des entiers 2 ; 3 ; 5 ; 7 et 11. On peut ainsi affirmer que 167 est un nombre premier.

- Testons si 91 est premier :

$9 < \sqrt{91} < 10$. On cherche si 91 admet des diviseurs premiers inférieurs ou égaux à 9 et on trouve que $91 = 13 \times 7$. Il a donc fallu tester jusqu'à 7 pour prouver que 91 n'est pas premier.

2.2 Décomposition d'un nombre entier en produit de facteurs premiers

Il s'agit d'écrire le nombre sous la forme d'un produit de nombres premiers. On divise autant de fois que l'on peut par les nombres premiers connus 2, 3, 5, 7, 11… tant que le quotient n'est pas un nombre premier. L'intérêt de cette décomposition réside dans diverses utilisations qui sont basées principalement sur l'unicité de la décomposition pour un nombre donné (à l'ordre d'écriture des facteurs près).

Exemple

$180 = 2^2 \times 3^2 \times 5$ et $168 = 2^3 \times 3 \times 7$.

3 Recherche des diviseurs d'un nombre entier

Technique 1

On dresse la liste de tous les diviseurs de l'entier n en testant tous les nombres jusqu'à $\sqrt{n}$ puis en déterminant le diviseur en relation avec celui trouvé, c'est-à-dire que si d est un diviseur de n strictement inférieur à $\sqrt{n}$, on cherche d' tel que $n = d \times d'$.

Le nombre de tests peut être réduit en utilisant les critères de divisibilité, le fait que si un nombre n'est pas un diviseur de n, alors ses multiples ne sont pas non plus des diviseurs de n (contraposée de la deuxième propriété du paragraphe 6 de ce chapitre).

Une autre propriété permet d'avoir une autre technique :

Lien diviseur et décomposition en facteurs premiers

Un diviseur d'un nombre est un produit d'une partie des facteurs de la décomposition du nombre en produit de facteurs premiers.

REMARQUE Tout nombre étant diviseur de lui-même, la « partie » évoquée dans la propriété précédente peut correspondre au « tout », c'est-à-dire au produit de tous les facteurs !

Technique 2

On décompose le nombre en produit de facteurs premiers : un diviseur du nombre s'obtient en effectuant le produit de facteurs premiers affectés d'un exposant inférieur ou égal à celui avec lequel il apparaît dans la décomposition du nombre, en notant bien que l'on peut choisir 0 comme valeur de cet exposant.

On peut dresser un arbre de choix des différents facteurs premiers affectés des différents exposants possibles pour obtenir tous les diviseurs possibles.

Recherche des diviseurs

Cherchons les diviseurs de 180. $180 = 2^2 \times 3^2 \times 5$.

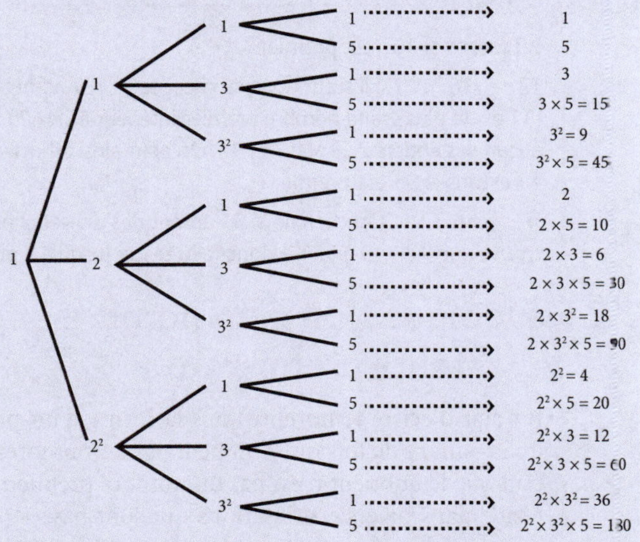

Les diviseurs de 180 sont {1 ; 2 ; 3 ; 4 ; 5 ; 6 ; 9 ; 10 ; 12 ; 15 ; 18 ; 20 ; 30 ; 36 ; 45 ; 60 ; 90 ; 180}.

Dans l'exemple ci-dessus, il y a 3^2 dans la décomposition ; dans l'arbre on a le choix entre ne pas prendre le facteur 3 (ce qui revient à le remplacer par 1), le prendre une fois (puissance 1), ou deux fois (puissance 2) comme facteur ; il y a ainsi trois (2+1) branches de l'arbre correspondant au nombre premier 3.

Nombre de diviseurs

Le nombre de diviseurs d'un nombre est égal au produit des exposants (dans la décomposition en produit de facteurs premiers du nombre) augmentés chacun de 1.

Exemples

- $180 = 2^2 \times 3^2 \times 5^1$ donc 180 a $(\mathbf{2} + 1) \times (\mathbf{2} + 1) \times (\mathbf{1} + 1)$ diviseurs, soit 18 diviseurs.
- $168 = 2^3 \times 3^1 \times 7^1$ donc 168 a $(\mathbf{3} + 1) \times (\mathbf{1} + 1) \times (\mathbf{1} + 1)$ diviseurs, soit 16 diviseurs.

4 PGCD

On peut être amené à rechercher les diviseurs communs à plusieurs nombres et à distinguer le plus grand d'entre eux. Cette recherche est souvent utile pour la simplification des fractions (voir chapitre « Les ensembles de nombres » paragraphe 3), des pavages de rectangles par des carrés, des pavages de pavés par des cubes ou lorsque l'on veut clôturer régulièrement un polygone sur chacun de ses côtés.

Le plus grand commun diviseur (PGCD) n'est plus explicitement au programme du cycle 4 depuis 2016 ; cependant des problèmes amenant à utiliser la notion de diviseurs communs sont présents dans le programme.

DÉFINITION

Un diviseur commun à plusieurs nombres est un entier naturel qui divise chacun des nombres.

Techniques — **Recherche de diviseurs communs à deux nombres**

Technique 1 : déterminer l'ensemble des diviseurs du premier nombre, l'ensemble des diviseurs du second nombre et chercher l'ensemble intersection des deux ensembles (c'est-à-dire l'ensemble des nombres qui sont à la fois dans le premier et dans le second ensemble).
Technique 2 : déterminer l'ensemble des diviseurs de l'un des deux nombres puis tester si les diviseurs de ce nombre sont aussi diviseurs de l'autre nombre.

DÉFINITION

Le PGCD de plusieurs nombres entiers naturels est le nombre entier Plus Grand Commun Diviseur de ces nombres.

Technique — **Détermination du PGCD**

On cherche les diviseurs de chaque nombre et on choisit le plus grand de leurs diviseurs communs.

D'autres techniques sont possibles, elles ne sont plus explicitement au programme de cycle 4, mais il est possible de les utiliser si vous les maîtrisez.

… POUR ALLER PLUS LOIN …

Technique « décomposition en produit de facteurs premiers »

On décompose chacun des nombres en produit de facteurs premiers ; leur PGCD s'obtient en multipliant leurs facteurs premiers communs affectés de leurs plus petits exposants.

Exemple :

En reprenant les décompositions de 180 et 168 obtenues précédemment

$\text{PGCD}(180 ; 168) = 2^2 \times 3^1 = 12$

Technique « algorithme d'Euclide »

Si a et b sont deux entiers naturels $\text{PGCD}(a ; b) = \text{PGCD}(b ; r)$ où r est le reste de la division euclidienne de a par b.

Exemple :

$$\begin{array}{r|l} 180 & 168 \\ \hline 12 & 1 \end{array} \qquad \begin{array}{r|l} 168 & 12 \\ \hline 0 & 14 \end{array}$$

$\text{PGCD}(180 ; 168) = \text{PGCD}(168 ; 12) = \text{PGCD}(12 ; 0) = 12$

Remarque : tous les nombres entiers sont diviseurs de 0 ($0 = 0 \times n$) donc le Plus Grand Commun Diviseur à 12 et 0 est bien 12.

Technique « calculatrice »

À l'aide d'une calculatrice qui simplifie les fractions : pour simplifier une fraction $\frac{A}{B}$, la calculatrice divise numérateur et dénominateur par leur PGCD.

Exemple :

$\frac{168}{180} = \frac{14}{15}$; $168 : 14 = 12$ (ou $180 : 15 = 12$) donc $\text{PGCD}(180 ; 168) = 12$.

Une propriété intéressante à connaître

Les diviseurs communs à plusieurs nombres sont les diviseurs de leur PGCD.

Exemples

Les diviseurs communs à 168 et 180 sont les diviseurs de leur PGCD, donc les diviseurs de 12 donc ce sont les nombres 1 ; 2 ; 3 ; 4 ; 6 ; 12.

5 PPCM

Le plus petit commun multiple (PPCM) n'est plus explicitement au programme du cycle 4 depuis 2016 ; cependant des problèmes amenant à utiliser la notion de multiples communs (problèmes de conjonction de passage de planètes en un point du ciel par exemple) sont présents dans le programme. Il est aussi utile pour « réduire » des fractions au même dénominateur.

DÉFINITION

Le PPCM de plusieurs nombres entiers naturels est le nombre entier Plus Petit Multiple Commun non nul de ces nombres.

Technique — **détermination du PPCM**

On calcule les premiers multiples non nuls de chaque nombre jusqu'à obtenir un multiple commun (nécessairement inférieur ou égal à leur produit).

··· POUR ALLER PLUS LOIN ···

Propriétés du PDCD et du PPCM

On décompose chacun des nombres en produit de facteurs premiers ; leur PPCM s'obtient en multipliant tous les facteurs premiers des deux décompositions, affectés du maximum des deux exposants.

Exemple :

En reprenant les décompositions de 180 et 168 obtenues précédemment

$\text{PPCM}(180 ; 168) = 2^3 \times 3^2 \times 5^1 \times 7^1 = 2520$

a. Pour tout entier naturel k, A et B non nuls,

$$\mathbf{PGCD}(k \times A ; k \times B) = k \times \mathbf{PGCD}(A ; B)$$

b. Pour tout entier naturel k, A et B non nuls,

$$\mathbf{PPCM}(k \times A ; k \times B) = k \times \mathbf{PPCM}(A ; B)$$

Exemples :

En reprenant les exemples rencontrés précédemment

a. $\text{PGCD}(180 ; 168) = \text{PGCD}(4 \times 45 ; 4 \times 42) = 4 \times \text{PGCD}(45 ; 42) = 4 \times 3 \times \text{PGCD}(15 ; 14)$
$\text{PGCD}(180 ; 168) = 12 \times \text{PGCD}(15 ; 14)$.
15 et 14 étant premiers entre eux :
$\text{PGCD}(15 ; 14) = 1$,
donc $\text{PGCD}(15 ; 14) = 12 \times 1 = 12$.

b. $\text{PPCM}(180 ; 168) = 4 \times 3 \times \text{PPCM}(15 ; 14) = 12\ \text{PPCM}(15 ; 14)$.
15 et 14 étant premiers entre eux, $\text{PPCM}(15 ; 14) = 15 \times 14$
donc $\text{PPCM}(180 ; 168) = 12 \times 15 \times 14 = 2520$.

Relation entre le PGCD et le PPCM de deux nombres

Pour tout entier naturel A et B, on a la relation

$$A \times B = \mathbf{PGCD}(A ; B) \times \mathbf{PPCM}(A ; B).$$

À l'aide de cette relation, si on connaît déjà le PGCD, on peut calculer rapidement le PPCM (et réciproquement).

Exemple :

$\text{PGCD}(180 ; 168) = 12$, donc $\text{PPCM}(180 ; 168) = \dfrac{180 \times 168}{12} = 2520$.

Une propriété importante

Les multiples communs à plusieurs nombres sont les multiples de leur PPCM.

Exemple

Les multiples communs à 168 et 180 sont les multiples de leur PPCM, donc les multiples de 2 520 c'est-à-dire les nombres 0 ; 2 520 ; 5 040 ; 7 560 ; ...

6 Nombres premiers entre eux

DÉFINITION

Deux nombres sont dits **premiers entre eux** lorsqu'ils n'ont pas de diviseur commun autre que 1.

Exemples

- 15 et 16 sont premiers entre eux car aucun des diviseurs de 15 autres que 1 (3, 5 et 15) ne divise pas 16.
- 15 et 18 ne sont pas premiers entre eux car 3 divise à la fois 15 et 18.

!

Attention : Ne pas confondre les expressions « nombre premier » et « nombres premiers entre eux ».

Deux nombres premiers sont des nombres premiers entre eux mais deux nombres premiers entre eux ne sont pas nécessairement premiers (ex. 15 et 16).

Propriétés

Si deux nombres sont premiers entre eux, leur PGCD est égal à 1 et leur PPCM est égal à leur produit.

Si n est divisible par a et par b **et si a et b sont premiers entre eux**, alors n est divisible par leur produit $a \times b$.

Exemples

- Si n est divisible par 2 et par 3 qui sont premiers entre eux, alors n est divisible par leur produit 6.
- 120 est divisible par 15 et par 4 qui sont premiers entre eux, donc 120 est divisible par leur produit 60. Attention : 120 est divisible par 15 et par 20 (qui ne sont pas premiers entre eux) mais pas par leur produit 300.

Propriété

Si un nombre est divisible par un produit, alors il est divisible par chacun de ses facteurs.

Formulation contraposée : si un nombre n n'est pas divisible par un nombre p, alors il n'est pas divisible par les multiples de p.

Exemples

- Si un nombre est divisible par 14, alors il est pair et divisible par 7.
- Si un nombre est divisible par 60, alors il est divisible par 2, par 3, par 10, par 20… par tous les diviseurs de 60.

··· POUR ALLER PLUS LOIN ···

Théorème de Gauss

Si un entier naturel divise un produit de deux facteurs et s'il est **premier avec l'un d'eux**, alors il divise l'autre.

Exemple :

Si 27 divise $16n$ (avec n entier), comme 27 est premier avec 16, alors 27 divise n.

Propriété

Si un nombre **premier** divise un produit, alors il divise au moins l'un des facteurs du produit.

Exemples

- n étant un entier naturel, si $15 \times n$ est pair, alors 2 (nombre premier) divise 15 ou n et puisque 2 ne divise pas 15, alors il divise n, donc n est pair.
- Attention : 6 divise 30 et $30 = 3 \times 10$ mais 6 (qui n'est pas un nombre premier) ne divise ni 3 ni 10.

6 Opérations, calculs avec des fractions, puissances, radicaux

Cours et méthodes

1 Propriétés des opérations

! À l'école primaire ces propriétés ne sont pas nommées, ni mises en évidence de façon explicite, mais servent comme outils en calcul mental ou en ligne par exemple.

1.1 Addition, soustraction

Dans le tableau suivant sont rappelées les propriétés de l'addition et de la soustraction et la validité de ces propriétés dans les différents ensembles de nombres.

	Nom de la propriété	Signification	Valide dans				
			$\mathbb{N}$	$\mathbb{Z}$	$\mathbb{D}$	$\mathbb{Q}$	$\mathbb{R}$
Addition +	Loi interne	Tout couple a une somme dans le même ensemble	V	V	V	V	V
	Commutativité	$a + b = b + a$	V	V	V	V	V
	Associativité	$a + (b + c) = (a + b) + c$	V	V	V	V	V
	0 élément neutre	$0 + a = a + 0 = a$	V	V	V	V	V
	Tout élément a un opposé	$a + opp(a) = 0$	F	V	V	V	V
Addition et ordre	Compatibilité avec la relation d'ordre	Si $a \leqslant b$, alors $n + a \leqslant n + b$	V	V	V	V	V
Soustraction $a - b = a + opp\,(b)$	Loi interne		F	V	V	V	V
	Commutativité	non : $5 - 3 \neq 3 - 5$	F	F	F	F	F
	Associativité	non : $5 - (3 - 1) \neq (5 - 3) - 1$	F	F	F	F	F

Exemple

Application des propriétés en calcul rationnel mental

La somme $S = 148 + 26 + 213 + 34 + 27 + 12$ peut être calculée en faisant appel à la fois à la commutativité et à l'associativité de l'addition en regroupant 148 et 12 ; 26 et 34 ; 213 et 27.
$S = (148 + 12) + (213 + 27) + (26 + 34) = 160 + 240 + 60 = 460$.

1.2 Multiplication, division

On utilise comme symbole de la multiplication, le symbole « × » ou parfois un point, ou parfois pas de symbole du tout devant les parenthèses.

Propriétés de la multiplication

Associativité : on peut regrouper les facteurs comme l'on veut sans changer le produit ; pour tous nombres a, b et c, on a : $(a \times b) \times c = a \times (b \times c)$, noté par convention $a \times b \times c$.

Exemple

$128 \times 25 \times 4 = 128 \times (25 \times 4) = 128 \times 100 = 12800$.

Commutativité : on peut changer l'ordre des facteurs sans modifier le produit ; pour tous nombres a et b, on a : $a \times b = b \times a$;

1 est élément neutre : pour tout nombre a, on a : $a \times 1 = 1 \times a = a$.

Distributivité de la multiplication par rapport à l'addition : la multiplication est distributive par rapport à l'addition, c'est-à-dire que pour tous réels a et b, pour tout réel k, on a :

$k \times (a + b) = k \times a + k \times b$ (distributivité à gauche) et

$(a + b) \times k = a \times k + b \times k$ (distributivité à droite).

Distributivité de la multiplication par rapport à la soustraction : pour tous nombres a, b et k, on a : $k \times (a - b) = k \times a - k \times b$ et $(a - b) \times k = a \times k - b \times k$.

Exemple

$$\begin{aligned} 713 \times 1002 &= 713 \times (1000 + 2) \\ &= 713 \times 1000 + 713 \times 2 \\ &= 713\,000 + 1426 \\ &= 714\,426 \end{aligned}$$

DÉFINITION

Tout nombre x non nul admet un **inverse**, c'est-à-dire un nombre qui multiplié par x donne 1. Ce nombre est noté $\frac{1}{x}$ et est lu «1 sur x ».

Le quotient d'un nombre a par un nombre b non nul est le nombre qui multiplié par b donne a. Ce nombre est noté $a : b$ ou en écriture fractionnaire $\frac{a}{b}$, le quotient est le résultat de la **division** de a par b.

Propriété

Diviser par un nombre non nul, c'est multiplier par son inverse.

Inverse d'un rationnel

L'inverse du rationnel $\frac{a}{b}$ (avec a et b non nuls) est le rationnel $\frac{b}{a}$.

Exemples

$0{,}25 \left(= \frac{1}{4}\right)$ est l'inverse de 4 et 4 est l'inverse de 0,25 ;

$\frac{1}{\pi}$ est l'inverse de π ; l'inverse de $\sqrt{5}$ est $\frac{1}{\sqrt{5}}$ ou $\frac{\sqrt{5}}{5}$.

Inverse et ensemble de nombres

L'inverse d'un nombre entier n'est pas un entier excepté pour le nombre 1 puisque l'inverse de 1 est égal à 1.

L'inverse d'un nombre entier peut être ou non un nombre décimal ; ainsi l'inverse de 2 est un nombre décimal $\frac{1}{2}$, l'inverse de 3 est un nombre rationnel non décimal $\frac{1}{3}$.

L'inverse d'un nombre décimal peut être ou non un nombre décimal, par exemple l'inverse de 0,25 est égal au nombre entier 4, qui est bien un nombre décimal, en revanche l'inverse de 1,7 est égal à $\frac{10}{17}$ qui est un nombre rationnel non décimal.

L'inverse d'un nombre rationnel non décimal peut être ou non un rationnel non décimal, par exemple l'inverse du nombre rationnel non décimal $\frac{4}{7}$ est égal au nombre $\frac{7}{4}$ qui est bien un nombre décimal, en revanche l'inverse de $\frac{7}{3}$ est égal au nombre rationnel non décimal $\frac{3}{7}$.

Enfin l'inverse d'un nombre réel non rationnel est un réel non rationnel (voir exemples ci-dessus).

! Ne pas confondre inverse et opposé ;
$\frac{1}{7}$ est l'inverse de 7 et – 7 est l'opposé de 7.

Propriété : inverse et ordre

Si $0 < a < b$ alors $\frac{1}{a} > \frac{1}{b}$,

si $a < b < 0$ alors $\frac{1}{a} > \frac{1}{b}$.

Distributivité à droite de la division par rapport à l'addition

La division est distributive à droite par rapport à l'addition, c'est-à-dire que pour tous réels a et b, pour tout réel k non nul, on a :

$(a + b) : k = a : k + b : k.$

Exemples

$132 : 4 = (120 + 12) : 4 = 120 : 4 + 12 : 4 = 30 + 3 = 33.$

!

La division n'est pas distributive à gauche par rapport à l'addition :

$k : (a + b)$ **n'est pas** égal à $k : a + k : b$.

Exemple

$48 : 12 = 4$;

$48 : 10 = 4{,}8$ et $48 : 2 = 24$;

$4{,}8 + 24 = 28{,}8.$

Exemples

Application des propriétés en calcul mental

a) Multiplier par 9 : $12 \times 9 = 12 \times (10 - 1) = 12 \times 10 - 12 \times 1$ (distributivité de la multiplication par rapport à la soustraction).

b) Multiplier par 6 : $7 \times 6 = 7 \times 2 \times 3 = (7 \times 3) \times 2 = 21 \times 2$ (commutativité et associativité) ; il est intéressant de multiplier par 3 d'abord car il est plus facile ensuite de doubler.

c) Multiplier par 5 :

Voici deux manières de multiplier 127 par 5 :

$127 \times 5 = 127 \times (10 : 2) = (127 \times 10) : 2 = 1270 : 2 = (1200 : 2) + (70 : 2) = 635$

(associativité de la multiplication et de la division, distributivité à droite de la division par rapport à l'addition)

$127 \times 5 = (120 + 7) \times 5 = (12 \times 5 \times 10) + 7 \times 5 = 600 + 35 = 635$

(distributivité de la multiplication par rapport à l'addition, commutativité et associativité de la multiplication).

d) Diviser par 5, c'est multiplier par $\frac{1}{5}$, donc c'est multiplier par $\frac{2}{10}$, donc c'est multiplier par 2 puis diviser par 10.

2 897 divisé par 5 est égal à :

$2897 \times 2 : 10 = ((2900 - 3) \times 2) : 10 = (2900 \times 2 - 3 \times 2) : 10 = 579{,}4.$

2 Calculs avec des fractions

Voir le chapitre « Les ensembles de nombres » § 3 pour les définitions sur les rationnels, les écritures fractionnaires.

Égalité de rationnels donnés par des écritures fractionnaires

Pour tout entier k non nul, a et b entiers avec b non nul, on a : $\frac{a}{b} = \frac{k \times a}{k \times b}$.

Intérêts de cette propriété

- Se ramener à une fraction plus simple permettant d'avoir un ordre de grandeur du nombre rationnel qu'elle représente.

Exemple

$\frac{121}{17}=\frac{121\times 3}{17\times 3}=\frac{363}{51}\approx\frac{350}{50}\approx 7$. (On a multiplié numérateur et dénominateur par le même nombre 3 pour trouver cette approximation).

- Simplifier une fraction.

Exemple

$\frac{34}{51}=\frac{2\times 17}{3\times 17}=\frac{2}{3}$.

- Avoir deux fractions de même dénominateur (utile pour la comparaison de deux fractions, la somme de deux fractions.

Exemple

$\frac{5}{6}=\frac{20}{24}$ et $\frac{3}{4}=\frac{18}{24}$; on a $\frac{5}{6}>\frac{3}{4}$.

- Passer d'une écriture fractionnaire à une écriture décimale.

Exemple

$\frac{3}{4}=\frac{75}{100}=0{,}75$.

Technique	Comparaison de deux rationnels donnés par des écritures fractionnaires

1 En les comparant à 0 : s'ils sont de signes différents, le nombre négatif est plus petit que le positif.

S'ils sont de même signe :

2 En les comparant à 1 ou à – 1 (en comparant numérateur et dénominateur d'une fraction).

3 En choisissant des représentants fractionnaires de même dénominateur, puis en comparant leurs numérateurs.

4 En choisissant des représentants fractionnaires de même numérateur, puis en comparant leurs dénominateurs.

5 En passant d'une écriture fractionnaire à une écriture décimale et en utilisant éventuellement une valeur approchée.

Exemples

1. $-\frac{5}{3}<0<\frac{1}{2}$, donc $-\frac{5}{3}<\frac{1}{2}$;

2. $-\frac{5}{3}<-1<\frac{1}{2}$, donc $\frac{5}{3}<-\frac{1}{2}$; $\frac{5}{6}<1<\frac{3}{2}$, donc $\frac{5}{6}<\frac{3}{2}$.

···>

Exemples (suite)

3. Dans l'exemple où on compare $\frac{5}{6}$ et $\frac{3}{4}$, on a choisi comme dénominateur commun le produit des dénominateurs qui est à la fois multiple de 4 et 6. De façon générale, un dénominateur commun de deux fractions est un multiple de chacun des dénominateurs, donc un multiple du PPCM des deux dénominateurs (voir chapitre « Arithmétique »). On aurait donc pu choisir ici comme dénominateur commun le PPCM de 6 et 4, soit 12.
$\frac{5}{6} = \frac{10}{12}$ et $\frac{3}{4} = \frac{9}{12}$; on a $9 < 10$, donc $\frac{9}{12} < \frac{10}{12}$, d'où $\frac{3}{4} < \frac{5}{6}$.

Remarque : si l'exercice consiste à donner sous forme de fraction irréductible la somme des deux fractions, le choix du PPCM comme dénominateur commun est pertinent puisqu'il diminue les simplifications à effectuer.

4. Pour comparer $\frac{10}{23}$ et $\frac{5}{13}$, on peut chercher des écritures de même numérateur.

$$\frac{5}{13} = \frac{10}{26} \text{ ; } 23 < 26, \text{ donc } \frac{10}{23} > \frac{10}{26}, \text{ donc } \frac{10}{23} > \frac{5}{13}.$$

5. Pour comparer $\frac{51}{10}$ et $\frac{30}{4}$, $\frac{51}{10} = 5{,}1$ et $\frac{30}{4} = \frac{15}{2} = 7{,}5$, donc $\frac{51}{10} < \frac{30}{4}$.

Pour comparer $\frac{7}{3}$ et $\frac{9}{4}$, $\frac{7}{3} \approx 2{,}3$ et $\frac{9}{4} = 2{,}25$, donc $\frac{7}{3} > \frac{9}{4}$.

Somme et différence de deux rationnels représentés par deux fractions de même dénominateur

a et *c* désignent deux entiers et *b* désigne un entier non nul :

$$\frac{a}{b} + \frac{c}{b} = \frac{a+c}{b} \text{ et } \frac{a}{b} - \frac{c}{b} = \frac{a-c}{b}$$

Somme et différence de deux rationnels donnés par des écritures fractionnaires

On se ramène à des représentants fractionnaires des rationnels ayant même dénominateur et on applique la règle ci-dessus.

Exemples

- $\frac{5}{6} + \frac{7}{4} = \frac{20}{24} + \frac{42}{24} = \frac{62}{24} = \frac{31}{12}$;
- $\frac{2}{3} - \frac{1}{6} = \frac{4}{6} - \frac{1}{6} = \frac{3}{6} = \frac{1}{2}$.

Produit de deux rationnels représentés par des fractions

a et *c* désignent deux entiers ; *b* et *d* désignent deux entiers non nuls :

$$\frac{a}{b} = \frac{k \times a}{k \times b}$$

- Cas particulier : $\frac{a \times b}{c} = a \times \frac{b}{c}$; par exemple $3 \times \frac{5}{7} = \frac{15}{7}$.
- Il est inutile de réduire au même dénominateur pour multiplier deux fractions.

Quotient de deux rationnels représentés par des fractions

a désigne un entier ; b, c et d désignent trois entiers non nuls

Diviser par un nombre non nul, c'est multiplier par son inverse, dans ce cas :

$$\frac{a}{b} : \frac{c}{d} = \frac{a}{b} \times \frac{d}{c} = \frac{a \times d}{b \times c}$$

Ces règles de multiplication et division se généralisent à des nombres réels quelconques donnés par des écritures fractionnaires comme $\frac{\pi}{3}$.

3 Puissances

DÉFINITION

Puissance avec exposant entier naturel

Pour $n \geq 2$ lorsque dans un produit, les n facteurs sont égaux au même nombre réel b, on utilise la notation : $b \times b \times \ldots \times b = b^n$.

Lecture : b exposant n, dans d'anciens manuels on trouve aussi : b à la puissance n (sous-entendu b élevé à la puissance n)

Pour $n = 0$ ou $n = 1$, c'est une convention : Pour tout nombre réel de b, $b^1 = b$ et pour tout réel b, différent de 0, $b^0 = 1$.

REMARQUE

Les puissances de 10 sont utiles en numération pour décomposer des grands nombres. Par exemple :

$123\,456\,789 = 1\times10^8 + 2\times10^7 + 3\times10^6 + 4\times10^5 + 5\times10^4 + 6\times10^3 + 7\times10^2 + 8\times10^1 + 9\times10^0$.

Il est utile de mémoriser ou de retrouver très rapidement un certain nombre de puissances pour être plus agile dans les calculs en résolution de problèmes. Par exemple :

Puissances de deux :

$2^2 = 4 ; 2^3 = 8 ; 2^4 = 16 ; 2^5 = 32 ; 2^6 = 64 ; 2^7 = 128 ; 2^8 = 256 ; 2^9 = 512 ; 2^{10} = 1024 \approx 10^3$

Puissances de cinq : $5^2 = 25 ; 5^3 = 125$

Les carrés des entiers naturels jusqu'à quinze :

$11^2 = 121 ; 12^2 = 144 ; 13^2 = 169 ; 14^2 = 196 ; 15^2 = 225$.

DÉFINITION

Puissance avec exposant entier négatif

Pour tout entier n strictement positif et tout réel b non nul, on définit b^{-n} (c'est-à-dire une puissance de b avec un exposant négatif) par : $b^{-n} = \frac{1}{b^n}$

Propriétés

Pour tous réels a et b, pour tous entiers n et p (relatifs)

$$a^{(n+p)} = a^n \times a^p$$

$$(a^n)^p = a^{n \times p}$$

$$a^n \times b^n = (a \times b)^n$$

Pour tout réel b non nul : $\left(\frac{a}{b}\right)^n = \frac{a^n}{b^n}$ $\quad b^{n-p} = \frac{b^n}{b^p}$

Exemples

- $\frac{675}{45} = \frac{5^2 \times 3^3}{5 \times 3^2} = 5^{(2-1)} \times 3^{(3-2)} = 5 \times 3 = 15$;
- $\frac{10^3 \times 10^{-5}}{10^5 \times 10^{-8}} = \frac{10^{-2}}{10^{-3}} = 10^{-2-(-3)} = 10^1 = 10$.

Exemple en calcul mental

Donner un ordre de grandeur de 2^{300}. On a vu que $2^{10} = 1024 \approx 10^3$; on utilise cet ordre de grandeur et la propriété $(a^n)^p = a^{np}$:
$2^{300} = 2^{10 \times 30} = (2^{10})^{30} \approx (10^3)^{30} = 10^{3 \times 30}$ d'où $2^{300} \approx 10^{90}$.

REMARQUE

$(a + b)^n$ est généralement différent de $a^n + b^n$.
Pour $n = 2$: $(a + b)^2 = a^2 + b^2 + 2ab$ (identité remarquable, voir ci-dessous) ;
Pour $n = 0$: $(a + b)^0 = 1$ et $a^0 + b^0 = 1 + 1 = 2$;
Pour $n = 1$: $(a + b)^1 = a + b$ et $a^1 + b^1 = a + b$.

Identités remarquables

Plutôt que d'effectuer une double distributivité pour développer $(a + b)^2$ et $(a - b)^2$, on peut retenir que pour tous réels a et b, on a :

$$(a + b)^2 = a^2 + 2ab + b^2 ;$$

$$(a - b)^2 = a^2 - 2ab + b^2 ;$$

$$(a - b) \times (a + b) = a^2 - b^2.$$

Il peut être intéressant en résolution de problèmes de connaître (ou savoir retrouver rapidement) aussi :

$$(a + b)^3 = a^3 + 3a^2b + 3ab^2 + b^3;$$

$$(a - b)^3 = a^3 - 3a^2b + 3ab^2 - b^3.$$

Intérêts du choix d'une écriture avec les puissances adaptée au problème

- **Comparer mentalement deux nombres :** ainsi pour comparer 3^4 et 9^3, il suffit d'identifier 3^4 à $3^2 \times 3^2$, c'est-à-dire à 9×9, soit 9^2 et observer que $9^2 < 9^3$.
- **Calculer rapidement une expression :** ainsi pour le calcul de l'expression $A = 2^2 \times 4^3 \times 5^8$, il suffit de regrouper certains facteurs en remplaçant par exemple 5^8 par $5^2 \times 5^3 \times 5^3$, ce qui permet d'obtenir pour A :

  $A = 2^2 \times 5^2 \times 5^3 \times 5^3 \times 4^3$ soit

  $A = 10^2 \times (5 \times 5 \times 4)^3 = 100 \times 100^3 = 100^4 = 10^8 = 100\,000\,000$.

4 Radicaux

DÉFINITION

Quel que soit le nombre réel a strictement positif, il existe deux réels vérifiant l'équation $x^2 = a$.

Ils sont opposés l'un de l'autre, celui qui est positif est noté $\sqrt{a}$ et celui qui est négatif est noté $-\sqrt{a}$. L'équation $x^2 = 0$ admet une seule solution.

Lecture : $\sqrt{a}$ se lit racine carrée de a.

Propriété : quel que soit le réel a positif, $\sqrt{a^2} = a$

Comparer des expressions avec des racines carrées

Si $0 \leqslant a \leqslant b$ alors $\sqrt{a} \leqslant \sqrt{b}$. Ceci revient à dire que la fonction racine carrée est croissante sur $[0\,;+\infty[$.

Exemple

$2 \leq \sqrt{5} \leq 3$ car $2^2 \leq 5 \leq 3^2$.

Les propriétés suivantes sont utiles pour déterminer un ordre de grandeur, vérifier un résultat à la calculatrice.

Propriétés sur le produit et le quotient

Pour tout réel a positif et b positif, on a : $\sqrt{a \times b} = \sqrt{a} \times \sqrt{b}$

Pour tout réel a positif et tout réel b positif non nul : $\sqrt{\dfrac{a}{b}} = \dfrac{\sqrt{a}}{\sqrt{b}}$

Exemples

- $\dfrac{1}{\sqrt{3}} = \dfrac{\sqrt{3}}{3}$
- $\sqrt{14175} = \sqrt{\left(5^2 \times 3^4 \times 7\right)} = \sqrt{\left(5^2\right)} \times \sqrt{\left(\left(3^2\right)^2\right)} \times \sqrt{7} = 5 \times 3^2 \times \sqrt{7} = 45\sqrt{7}$.
- En utilisant les propriétés précédentes, on peut obtenir une autre écriture d'un quotient de deux réels dans le cas où le dénominateur initial comporte des écritures avec des racines carrées. On cherche une nouvelle écriture de telle sorte que le dénominateur final soit rationnel.

Exemples (suite)

$$\frac{1}{9-\sqrt{5}}=\frac{9+\sqrt{5}}{(9-\sqrt{5})(9+\sqrt{5})}=\frac{9+\sqrt{5}}{81-5}=\frac{9+\sqrt{5}}{76}$$

Cette nouvelle expression peut, par exemple, être utile pour donner une valeur approchée du nombre.
$9+\sqrt{5}$ est appelée expression conjuguée de $9-\sqrt{5}$ (nom qu'il n'est pas utile de retenir).

! En général $\sqrt{a+b}$ est différent de $\sqrt{a}+\sqrt{b}$

Exemple

$\sqrt{25+9}=\sqrt{34}\approx 5{,}8$ alors que $\sqrt{25}+\sqrt{9}=5+3=8$.

Intérêt du choix d'une écriture avec radical adaptée au problème

Exemple

En calcul mental

On donne $\sqrt{3}\approx 1{,}73$. Obtenir une valeur approchée de $\frac{1}{\sqrt{3}}$ est plus difficile en calculant mentalement $1 : 1{,}73$ qu'en utilisant la forme $\frac{\sqrt{3}}{3}$ et en calculant $1{,}73 : 3$.

Exemples

En calcul exact

1. Soit $A=\sqrt{2535}-6\sqrt{60}+\sqrt{20}\times\sqrt{147}-\sqrt{1500}-\sqrt{375}$.
Montrer que $A=0$ (certaines calculatrices affichent – 0,000000001)

$$A=\sqrt{2535}-6\sqrt{60}+\sqrt{20}\times\sqrt{147}-\sqrt{1500}-\sqrt{375}$$
$$A=13\sqrt{15}-6\times 2\times\sqrt{15}+(2\sqrt{5}\times 7\sqrt{3})-10\sqrt{15}-5\sqrt{15}$$
$$A=(13-12+14-10-5)\sqrt{15}$$
$$A=0$$

2. Le côté d'un carré a pour longueur $a=\frac{5}{\sqrt{2}}$ cm, on veut calculer la longueur de la diagonale de ce carré avec la formule $d=a\sqrt{2}$. Il vaut mieux dans ce cas garder cette écriture plutôt que transformer en $\frac{5\sqrt{2}}{2}$ car le calcul sera plus rapide : $d=\frac{5}{\sqrt{2}}\sqrt{2}$ cm $=5$ cm.

7 Équations, inéquations et systèmes

Cours et méthodes

Certains problèmes en mathématiques peuvent être considérés comme une histoire dans laquelle à partir d'informations explicites, on peut retrouver de nouvelles informations. En établissant des relations (de types égalités ou inégalités) entre **les données numériques fournies et celles recherchées**, on est conduit à écrire puis à résoudre des équations ou inéquations ; s'il y a plusieurs relations qui doivent être vérifiées simultanément, on parlera de système d'équations ou d'inéquations.

1 Pourquoi des variables ?

Exemple

« François, Jean, Karine et Anne ont mis ensemble une partie de leurs économies. Ils ont ensemble 17 000 euros. Jean a donné la moitié de ce qu'a donné François et le tiers de ce qu'a donné Karine. Karine a donné 314 euros de moins qu'Anne. Calculer ce que chacun a donné. »

Ce problème peut être résolu par un schéma. Voici un schéma possible :

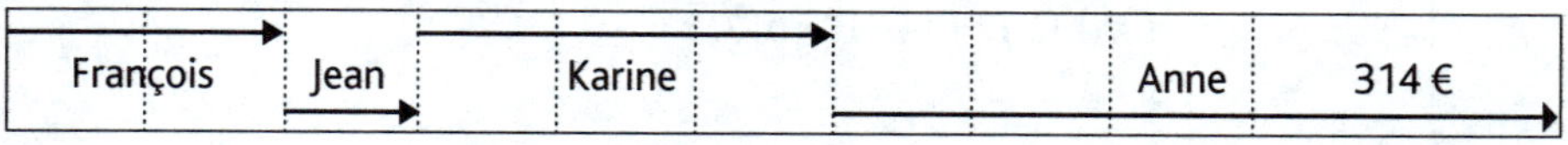

On peut alors dire que 17 000 € représentent la somme de 9 fois la part de Jean et de 314 €. 9 fois la part de Jean vaut donc 17 000 € – 314 €, soit 16 686 €. Jean a donné 16 686 € : 9, soit 1 854 € ; François a donné deux fois plus, soit 3 708 € ; Karine a donné trois fois plus, soit 5 562 € et Anne a donné la somme de la part de Karine et de 314 €, soit 5 876 €. On vérifie que la somme des quatre parts est bien égale à 17 000 €.

On vient de donner une solution arithmétique du problème.

On peut aussi en donner une solution algébrique.

Pour cela, il faut choisir des lettres qui vont représenter les nombres que l'on peut faire varier, on dit que ce sont des variables. Ici on cherche s'il existe des valeurs particulières des variables qui vérifient les contraintes du problème, c'est pour cela qu'on les appelle **inconnues**.

Il s'agira alors de « modéliser » l'énoncé en écrivant des égalités (on verra plus loin le cas des inégalités) vérifiées par les inconnues, en précisant à quels ensembles de nombres elles appartiennent.

« Modéliser » signifie que l'on traduit en énoncé mathématique le problème, en faisant abstraction de certaines données (ici le prénom des personnes).

On obtiendra un système d'équations dont la résolution donnera les valeurs des inconnues.

Exemple

Dans l'exemple on peut appeler f, j, k et a les sommes données respectivement par François, Jean, Karine et Anne.

f, j, k et a représentent des nombres. Comme ce sont des sommes d'argent, il faudra penser, si nécessaire, à donner une valeur approchée des résultats en écriture décimale avec deux chiffres après la virgule.

« Jean a donné la moitié de ce qu'a donné François » se modélise par : $j = \frac{1}{2} f$ ce qui équivaut à $f = 2j$.

« Jean a donné le tiers de ce qu'a donné Karine » se modélise par : $j = \frac{1}{3} k$ ce qui équivaut à $k = 3j$.

« Karine a donné 314 euros de moins qu'Anne » se modélise par : $k = a - 314$ ce qui équivaut à $a = k + 314$ ou $a = 3j + 314$.

« Ils ont ensemble 17 000 euros » se modélise par : $f + j + k + a = 17\,000$.

Le système d'équations traduisant l'ensemble des contraintes de l'énoncé est donc :

$$\begin{cases} f = 2j \\ k = 3j \\ a = 3j + 314 \\ f + j + k + a = 17\,000 \end{cases}$$

Il est facile d'exprimer la dernière équation uniquement en fonction de j :

$2j + j + 3j + 3j + 314 = 17\,000$, soit $9j + 314 = 17\,000$, $9j = 16\,686$ et $j = 1\,854$.

On peut alors calculer f, j, et a : $f = 3708$, $k = 5\,562$ et $a = 5\,876$.

On revient alors au problème à résoudre en redonnant du sens à chacun des résultats, en indiquant les unités : Jean a donné 1 854 euros...

Technique — **Résoudre un problème de manière algébrique**

Résoudre un problème de manière algébrique demandera :

- de définir des variables, nommées inconnues dans le cas des équations et inéquations ;
- d'indiquer les ensembles de nombres auxquels appartiennent ces variables et éventuellement les contraintes qu'elles doivent vérifier ;
- de « mettre le problème en équation-s (ou inéquation-s) » ;
- de résoudre l'équation ou le système d'équations obtenue(s) (ensemble d'équations liées), ou bien les inéquations ou les systèmes d'inéquations obtenue(s) ; **résoudre une équation** ou un système signifie déterminer la(les) valeur(s) des variables pour lesquelles l'égalité est vraie ;
- de revenir dans le problème posé en interprétant les résultats trouvés dans le contexte du problème, afin d'en donner la solution après vérification du respect des contraintes initiales.

Dans ce chapitre, nous allons nous intéresser uniquement aux techniques de résolution d'équations, d'inéquations et de systèmes d'équations ou d'inéquations. Ces techniques consistent en général à transformer les équations, inéquations et systèmes en équations, inéquations et systèmes équivalents.

DÉFINITION

On dit que deux équations, respectivement deux inéquations ou deux systèmes d'équations ou d'inéquations, sont équivalents s'ils ont le même ensemble de solutions.

On nomme souvent les inconnues x, y, z.

!

Pour indiquer que des équations (respectivement des inéquations, des systèmes d'équations) sont équivalentes, c'est-à-dire ont le même ensemble de solution(s), on utilise l'expression « équivalent à », voire le symbole mathématique $\Leftrightarrow$ remplaçant cette expression. Dans ce chapitre, on a veillé à être très explicite dans les résolutions d'équations, inéquations et systèmes, ces résolutions seront plus allégées dans les autres chapitres. Attention à ne pas utiliser automatiquement le symbole $\Leftrightarrow$ sans avoir vérifié que les deux équations, inéquations ou systèmes ont bien le même ensemble de solution(s). Dans cet ouvrage il sera de temps en temps utilisé, ou bien on indiquera « équivalent à ».

2 Résoudre une équation

2.1 Équation du premier degré à une inconnue : résolution et justification

L'équation (E) : $8x + 2 = 6 + 5x$ est dite du premier degré à une inconnue car l'inconnue x est à la puissance 1 ($x^1 = x$) et dans l'expression (E) ne figure qu'une seule inconnue, x, dont on cherche à déterminer la(les) valeur(s) possible(s).

REMARQUE

Plus généralement le degré d'une équation polynômiale en x (somme de puissances de x) est donné par la plus grande puissance de x de l'équation. Ainsi $x^3 - x^4 + 2 = 3$ est une équation de degré 4.

Technique

Résoudre une équation à une inconnue du premier degré.	Résoudre l'équation notée (E) : $8x + 2 = 6 + 5x$.
Isoler l'inconnue dans un membre de l'égalité, par exemple dans le membre de gauche. On se ramène à une équation du type $ax = b$.	Pour cela il suffit de soustraire 2 aux deux membres de l'égalité, on obtient : $8x + 2 - 2 = 6 + 5x - 2$, qui équivaut à $8x = 5x + 4$; puis soustraire $5x$ aux deux membres de l'égalité, on obtient alors $8x - 5x = 4$ qui équivaut à $3x = 4$.
Si $a \neq 0$, diviser par a on a une unique solution $x = \frac{b}{a}$. Si $a = 0$, on a deux cas : Si $b = 0$, tous les nombres sont solutions ; Si $b \neq 0$, il n'y a pas de solution.	Ici $a = 3$. La dernière étape consiste à diviser les deux membres de l'égalité par 3, on obtient alors $\frac{3x}{3} = \frac{4}{3}$ qui équivaut à $x = \frac{4}{3}$.
Interpréter les résultats trouvés dans le contexte du problème.	Pour déterminer les solutions de cette équation, il nous faut savoir dans quel ensemble de nombres on travaille : si cette équation doit être résolue dans $\mathbb{N}$, on dira qu'elle n'a pas de solution puisque $\frac{4}{3}$ n'est pas un entier naturel. Si elle doit être résolue dans $\mathbb{R}$, $\frac{4}{3}$ est la solution unique. On peut écrire : l'ensemble des solutions est $S = \left\{\frac{4}{3}\right\}$.

Cette technique est justifiée par les deux propriétés suivantes :

- Ajouter ou soustraire un même nombre aux deux membres d'une équation ne change pas l'ensemble des solutions.
- Multiplier ou diviser par un même nombre non nul les deux membres d'une équation ne change pas l'ensemble des solutions.

Connaissant la technique exposée ci-dessus, la résolution dans $\mathbb{R}$ de l'équation (E) pourra être présentée en écrivant des équations ayant même ensemble de solutions, c'est-à-dire équivalentes ;

$$8x + 2 = 6 + 5x \Leftrightarrow 8x + 2 - 2 - 5x = 6 + 5x - 2 - 5x \Leftrightarrow 3x = 4 \;\; \Leftrightarrow x = \frac{4}{3}$$

> **!** Si on utilise les symboles, avec des équations écrites sur plusieurs lignes, mettre les symboles équivalents bien les uns au-dessus des autres, de façon à signifier que la première équation (que l'on ne répète pas) est équivalente à chacune de celles qui sont écrites à droite.

Exemples

Exemple 1

Soit à résoudre l'équation notée (E') : $7(x-1)-4(2x-3)=5(x-2)-2(3x-1)$.
Pour utiliser la technique exposée ci-dessus, il nous faut d'abord développer chacun des deux membres de l'égalité et réduire les écritures.

$$\begin{aligned} 7(x-1)-4(2x-3)=5(x-2)-2(3x-1) &\Leftrightarrow 7x-7-8x+12=5x-10-6x+2\\ &\Leftrightarrow -x+5=-x-8\\ &\Leftrightarrow 0x=-13 \end{aligned}$$

Or pour tout réel x, $0x = 0$, ce qui signifie qu'il n'existe aucune valeur de x pour laquelle l'équation (E') est vérifiée. L'équation (E') n'admet donc aucune solution, on dit aussi : l'ensemble des solutions de l'équation est l'ensemble vide que l'on note $\varnothing$.

Exemple 2

Soit à résoudre l'équation notée (E'') : $-2(2x-4)-4(x-1)=3(x-2)-11x+18$.
En procédant comme pour l'exemple précédent on peut écrire :

$$\begin{aligned} -2(2x-4)-4(x-1)=3(x-2)-11x+18 &\Leftrightarrow -4x+8-4x+4=3x-6-11x+18\\ &\Leftrightarrow -8x+12=-8x+12\\ &\Leftrightarrow 0x=0 \end{aligned}$$

Or l'égalité $0x=0$ est vraie pour tout réel x, cela signifie que quelle soit la valeur attribuée à x, l'équation (E'') est toujours vérifiée. L'équation (E'') admet une infinité de solutions. Si cette équation est à résoudre dans $\mathbb{R}$, alors tout nombre réel est solution de (E''), on dit aussi que l'ensemble des solutions est $\mathbb{R}$.

2.2 Le cas d'une équation qui n'est pas du premier degré : résolution et justification

Une technique générale de résolution consiste à se ramener à une ou plusieurs équations du premier degré.

Exemple

Exemple 1

Soit à résoudre dans $\mathbb{R}$ l'équation notée (F) : $(3x+1)(2x-5)=(x+6)(3x+1)$
Dans chaque membre de l'équation apparaît le facteur $(3x+1)$, donc en utilisant la propriété qui permet d'ajouter ou soustraire le même nombre aux deux membres d'une égalité pour obtenir une équation équivalente, et en factorisant par $(3x+1)$ on obtient l'équation équivalente : $(3x+1)((2x-5)-(x+6))=0$, soit $(3x+1)(2x-5-x-6)=0$ ou bien $(3x+1)(x-11)=0$. Cette dernière équation est équivalente à $3x+1=0$ ou $x-11=0$.

···>

Exemple (suite)

Donc si S désigne l'ensemble des solutions de (F), $S=\left\{-\frac{1}{3}\,;11\right\}$

Cette technique est justifiée par la propriété suivante :

Un produit de facteurs est nul si et seulement si au moins un des facteurs est nul.

Exemple

Exemple 2

- Soit à résoudre dans $\mathbb{R}$ l'équation notée (F') : $x^2-5=0$.

Dans cette équation n'apparaît pas de facteur commun mais il est toutefois possible de factoriser l'expression x^2-5 en s'appuyant sur une des identités remarquables (voir chapitre « Opérations, calculs avec des fractions, puissances, radicaux »)
L'équation (F') est équivalente à : $(x-\sqrt{5})\ (x+\sqrt{5})=0$, équivalent à

$(x-\sqrt{5})=0$ ou $(x+\sqrt{5})=0$; $S=\left\{\sqrt{5};-\sqrt{5}\right\}$.

- En revanche l'équation $x^2+5=0$ équivalente à $x^2=-5$ n'a pas de solution dans $\mathbb{R}$ car le carré d'un nombre réel est toujours positif.

Exemple

Exemple 3

Soit à résoudre dans $\mathbb{R}$ l'équation notée (F'') : $\frac{3}{x+1}=\frac{-2}{2x+5}$

On indique d'abord les valeurs de $\mathbb{R}$ que peut prendre x, afin que le dénominateur ne soit pas nul, c'est l'ensemble de définition, noté D : tous les réels sauf – 1 et $-\frac{5}{2}$. On l'écrit $D=\mathbb{R}\setminus\left\{-1;-\frac{5}{2}\right\}$

Pour résoudre (F'') et donc se ramener à une ou plusieurs équations du premier degré il est possible d'utiliser deux techniques :

Technique 1 : On réduit au même dénominateur.

$$\frac{3}{x+1}+\frac{2}{2x+5}=0 \Leftrightarrow \frac{3(2x+5)+2(x+1)}{(x+1)(2x+5)}=0$$

$$\Leftrightarrow 3(2x+5)+2(x+1)=0$$

$$\Leftrightarrow 8x+17=0$$

$$\Leftrightarrow x=-\frac{17}{8}$$

$-\frac{17}{8}$ est bien une valeur appartenant à l'ensemble D donc $S=\left\{-\frac{17}{8}\right\}$.

Nombres et calculs

Cette technique est justifiée par la propriété suivante :

Un quotient est nul si et seulement si son numérateur est nul.

Exemple

Exemple 3 (suite)

Technique 2 :

$$\frac{3}{x+1} = \frac{-2}{2x+5} \Leftrightarrow 3(2x+5) = -2(x+1)$$
$$\Leftrightarrow 6x + 15 = -2x - 2$$
$$\Leftrightarrow 8x = -17$$
$$\Leftrightarrow x = -\frac{17}{8}$$

Cette technique est justifiée par la propriété suivante :

Propriété d'égalité des fractions
(parfois nommée « égalité des produits en croix »)

$\frac{a}{b} = \frac{c}{d}$ équivalent à $ad = bc$ avec a, b, c, d des nombres réels, b et d non nuls.

Technique — **Résoudre une équation à une inconnue qui n'est pas du premier degré**

On essaie de se ramener à une ou plusieurs équations du premier degré en utilisant par exemple les identités remarquables, en factorisant ou en mettant au même dénominateur.

Pour un problème au CRPE dont la modélisation amène à une équation (ou une inéquation) du second degré, des questions supplémentaires sont données pour se ramener à des équations du premier degré, mais le candidat qui connaît les résultats sur les zéros et le signe d'une fonction du second degré peut les utiliser.

2.3 Le cas d'une équation à deux inconnues : résolution et justification

L'équation $ax + by = c$ d'inconnues x et y admet en général une infinité de solutions que l'on explicite en exprimant une des variables en fonction de l'autre.

Exemple

Exemple 4

Dans une boîte récoltant des pièces de 20 centimes et 50 centimes, il y a 50 euros. Quel est le nombre de pièces de 20 centimes et 50 centimes ?

···›

Exemple (suite)

On nomme x le nombre de pièces de 20 centimes et y celui de pièces de 50 centimes. x et y sont des entiers positifs. En convertissant 50 euros en 5 000 centimes, on a : $20x + 50y = 5000$ ce qui revient à $2x + 5y = 500$ ce qui revient à $y = 100 - \frac{2}{5}x$. Comme x et y sont des entiers, on cherche les couples $\left(x\ ;\ 100 - \frac{2}{5}x\right)$ avec x et $100 - \frac{2}{5}x$ entiers positifs. On trouve (0 ; 100), (5 ; 98), (10 ; 96), ... (250 ; 0), c'est-à-dire 100 pièces de 50 centimes et pas de pièce de 20 centimes, ou 5 pièces de 20 centimes et 98 pièces de 50 centimes ou etc.

Remarque : le contexte limite ici le nombre de solutions. Si x et y étaient des réels positifs ou des entiers de signe quelconque, on obtiendrait une infinité de solutions. L'ensemble des solutions correspond à l'ensemble des coordonnées (dans le plan muni d'un repère), exprimées par un couple d'entiers naturels, des points de la droite d'équation[1] $y = 100 - \frac{2}{5}x$.

3 Résoudre un système d'équations

Les systèmes d'équations ne sont plus explicitement au programme de cycle 4, mais certains problèmes peuvent amener à une modélisation sous forme de systèmes d'équations. Certains systèmes de deux équations à deux inconnues se ramènent à résoudre une seule équation, après avoir exprimé l'une des inconnues en fonction de l'autre inconnue puis l'avoir « substituée » dans l'autre équation.

On résout des systèmes d'équations du premier degré qui comprennent en général autant d'équations que d'inconnues.

On décrit ci-après la technique consistant à substituer l'une des inconnues. Une autre technique existe que l'on pourra employer si on la connaît (voir « Pour aller plus loin »).

Technique	Méthode par substitution
Une inconnue est exprimée en fonction des autres inconnues dans une des équations, puis remplacée par cette expression dans les autres équations. Il y a donc une inconnue en moins dans les autres équations. **On garde en permanence toutes les équations pour avoir des systèmes équivalents, c'est-à-dire ayant les mêmes solutions.**	Résoudre le système de deux équations à deux inconnues : $\begin{cases} 5x+3y=7 & (1) \\ x+y=5 & (2) \end{cases}$ On exprime x en fonction de y dans (2) $\Leftrightarrow \begin{cases} 5x+3y=7 & (1) \\ x=5-y & (2') \end{cases}$ On remplace x par l'expression trouvée dans (1) $\Leftrightarrow \begin{cases} 5\times(5-y)+3y=7 & (1') \\ x=5-y & (2') \end{cases}$ La première équation permet ainsi de trouver $y = 9$, puis la seconde $x = -4$. La solution est unique, c'est le couple ($x = -4$; $y = 9$). On peut écrire l'ensemble solution $S = \{(-4\ ;\ 9)\}$.

1. Pour les fonctions affines et les équations de droite, voir chapitre « Fonctions, proportionnalité ».

Nombres et calculs

··· POUR ALLER PLUS LOIN ···

Méthode par combinaisons linéaires

Commencer éventuellement par multiplier ou diviser par un nombre non nul les deux membres d'une ou plusieurs équations de façon à avoir le même coefficient devant une des inconnues dans chaque équation.
Exemple : Résoudre le système de trois équations à trois inconnues :

$$\begin{cases} 3x + 2y + z = 6 & (1) \\ x + 4y + 5z = 2 & (2) \\ 4x + 3z = 6 & (3) \end{cases}$$

On multiplie les deux membres de l'équation (1) par 2 : le système précédent est équivalent à :

$$\begin{cases} 6x + 4y + 2z = 12 & (1') \\ x + 4y + 5z = 2 & (2) \\ 4x + 3z = 6 & (3) \end{cases}$$

Combiner par addition ou soustraction les équations afin d'éliminer une inconnue dans les nouvelles équations obtenues.
On garde à chaque étape toutes les équations de façon à avoir des systèmes équivalents.
On recommence jusqu'à avoir « isolé » une des inconnues.
Dans l'exemple, on soustrait les deux premières équations « membre à membre » et on écrit le résultat dans la première ligne du système. On obtient un nouveau système équivalent :

$$\begin{cases} 5x - 3z = 10 & (1'') \\ x + 4y + 5z = 2 & (2) \\ 4x + 3z = 6 & (3) \end{cases}$$

On remplace (1'') par la somme de (1'') et de (3).
Le système est équivalent à :

$$\begin{cases} 9x = 16 & (1''') \\ x + 4y + 5z = 2 & (2) \\ 4x + 3z = 6 & (3) \end{cases}$$

Cela permet de résoudre le système en trouvant x dans (1'''), z dans (3) et y dans (2) :

$$x = \frac{16}{9} \;;\; z = \frac{-10}{27} \;;\; y = \frac{14}{27}$$

On peut écrire l'ensemble solution : $S_{(x;y;z)} = \left\{\left(\frac{16}{9};\frac{14}{27};\frac{-10}{27}\right)\right\}$.

··· POUR ALLER PLUS LOIN (SUITE) ···

Cas particulier

Résoudre dans $\mathbb{R}$ le système : $\begin{cases} 4x - 2y + 7 = 0 \\ 8x - 4y + 14 = 0 \end{cases}$

Ici la deuxième équation est équivalente à la première, le système se réduit donc à **une seule équation à deux inconnues**.

Dans ce cas il y a une infinité de couples de réels qui sont solutions. On peut écrire l'équation $y = 2x + \frac{7}{2}$. L'ensemble des solutions est donc l'ensemble des couples $(x\,;y)$ où $y = 2x + \frac{7}{2}$.

$S = \left\{\left(x\,;2x + \frac{7}{2}\right)\,;\, x \in \mathbb{R}\right\}$

On peut représenter ces solutions dans le plan muni d'un repère : ce sont les coordonnées des points de la droite d'équation $y = 2x + \frac{7}{2}$.

4 Résoudre une inéquation

4.1 Inéquation du premier degré à une inconnue : résolution et justification

Commençons par des exemples.

Exemple

Exemple 1

Soit à résoudre l'inéquation notée (I) : $8x + 2 < 6 + 5x$.
Pour résoudre cette inéquation, *la technique consiste à isoler l'inconnue dans un membre de l'inégalité*, par exemple dans le membre de gauche. Pour cela il suffit de soustraire 2 aux deux membres de l'inégalité, on obtient : $8x + 2 - 2 < 6 + 5x - 2$, qui équivaut à $8x < 4 + 5x$; puis soustraire $5x$ aux deux membres de l'inégalité, on obtient alors $8x - 5x < 4$ qui équivaut à $3x < 4$. La dernière étape consiste à diviser les deux membres de l'inégalité par 3, on obtient alors $\frac{3x}{3} < \frac{4}{3}$ qui équivaut à $x < \frac{4}{3}$.

Cette technique est justifiée par les deux propriétés suivantes :

Ajouter ou soustraire un même nombre aux deux membres d'une inéquation ne change pas l'ensemble des solutions.

Multiplier ou diviser les deux membres d'une inéquation **par un même nombre strictement positif** ne change pas le sens de l'inéquation ; l'inéquation obtenue est équivalente à la première.

REMARQUE

La règle d'équivalence par addition ou soustraction d'un même nombre aux deux membres est la même pour les égalités et les inégalités. C'est aussi la même pour les multiplications ou divisions par un même nombre positif ; par contre **pour la multiplication ou la division par un même nombre négatif**, dans le cas d'une inégalité, il faut en **changer le sens** pour obtenir une inégalité équivalente.

Exemple

Exemple 1 (suite)

Pour déterminer les solutions de cette inéquation, il faut savoir dans quel ensemble de nombres on travaille.

Si l'inéquation doit être résolue dans $\mathbb{R}$, les solutions sont tous les réels strictement inférieurs à $\frac{4}{3}$.

On peut écrire l'ensemble des solutions $S = \left]-\infty\,;\frac{4}{3}\right[$.

Si cette inéquation doit être résolue dans $\mathbb{N}$, on dira que seuls les nombres 0 et 1 vérifient l'équation.

Connaissant la technique exposée ci-dessus, la résolution dans $\mathbb{R}$ de l'inéquation (I) pourra être présentée de la manière suivante :

$8x + 2 < 6 + 5x \Leftrightarrow 8x - 5x < 6 - 2 \Leftrightarrow 3x < 4 \Leftrightarrow x < \frac{4}{3}$.

REMARQUE

La résolution d'une inéquation du type $f(x) < 0$ est liée au tableau de signe de $f(x)$ car résoudre $f(x) < 0$ revient à déterminer les réels x tels que le signe de $f(x)$ soit négatif.

Exemple

En reprenant les résultats de l'exemple précédent

x	$-\infty$		$\frac{4}{3}$		$+\infty$
Signe de $f(x) = 3x - 4$		$-$	0	$+$	

Exemple

Exemple 2

Soit à résoudre l'inéquation notée (E′) : $7(1 - x) < 5\,(x - 2) - 2(3x - 1)$

Pour utiliser la technique exposée ci-dessus, il nous faut d'abord développer chacun des deux membres de l'inéquation et réduire les écritures.

$7(1 - x) < 5\,(x - 2) - 2(3x - 1) \Leftrightarrow 7 - 7x < 5x - 10 - 6x + 2$

$\Leftrightarrow 7 - 7x < -x - 8$

Exemple (suite)

$$\Leftrightarrow -7x + x < -8 - 7$$

$$\Leftrightarrow -6x < -15$$

$$\Leftrightarrow x > \frac{15}{6}$$

$$\Leftrightarrow x > \frac{5}{2}$$

Cette technique est justifiée par la propriété suivante :

Multiplier ou diviser les deux membres d'une inégalité **par un même nombre strictement négatif en change le sens** ; pour que l'inégalité obtenue soit équivalente à la première, le symbole de sens (< ou >) entre les deux membres de l'inégalité doit être orienté dans l'autre sens.

$-3x < 4$ deviendrait après la division par -3, $x > -\frac{4}{3}$.

Technique — **Résolution d'une inéquation du premier degré à une inconnue**

Pour résoudre une inéquation du premier degré à une inconnue en x, on se ramène à une inéquation du type $ax + b < 0$ ou $ax + b > 0$ en développant et réduisant éventuellement et en utilisant les propriétés énoncées précédemment.

Si a est un réel non nul et si b est un réel, l'inéquation du premier degré $ax + b < 0$ a pour ensemble solution dans R :

si a est positif, l'intervalle $\left]-\infty\,;-\frac{b}{a}\right[$,

si a est négatif, l'intervalle $\left]-\frac{b}{a}\,;+\infty\right[$.

4.2 Le cas d'une inéquation particulière qui n'est pas du premier degré : résolution et justification

Exemple

Dans un calcul financier, une variable *x* mesurant un gain ou une perte en euros est un réel compris entre – 20 et 20.

On souhaite étudier les cas où les valeurs d'une fonction de cette variable d'expression $f(x) = x(10 - x)$ sont supérieures aux valeurs d'une autre fonction de cette variable d'expression $g(x) = \frac{x^2}{4}$. Quelles sont les valeurs de *x* qui sont favorables ?

···➔

Exemple (suite)

$x(10-x) > \frac{x^2}{4}$ équivalent à $x(10-x) - x \times \frac{x}{4} > 0$

équivalent à $x\left(10 - x - \frac{x}{4}\right) > 0$ équivalent à $x\left(10 - \frac{5x}{4}\right) > 0.$

Pour résoudre cette inéquation il nous faut déterminer le signe du produit $x\left(10 - \frac{5x}{4}\right)$ en fonction des valeurs prises par x. Pour cela le tableau de signes évoqué dans la remarque de l'exemple 1 est un outil pertinent de résolution. Les valeurs de x à prendre en compte sont les valeurs extrêmes imposées par l'énoncé à savoir – 20 et 20 et les valeurs qui annulent chacun des facteurs de l'expression obtenue à savoir 0 et 8.

En effet $10 - \frac{5x}{4} = 0 \Leftrightarrow 10 = \frac{5x}{4} \Leftrightarrow 40 = 5x \Leftrightarrow x = 8$

De plus $10 - \frac{5x}{4} > 0 \Leftrightarrow -\frac{5x}{4} > -10 \Leftrightarrow x < -\frac{4}{5} \times (-10) \Leftrightarrow x < \frac{40}{5} \Leftrightarrow x < 8$

x	– 20	0	8	20
Signe de x	–	+	+	
Signe de $10 - \frac{5x}{4}$	+	+	–	
Signe de $x\left(10 - \frac{5x}{4}\right)$	–	+	–	

La lecture du tableau nous permet de voir que les cas favorables sont ceux où la variable est positive mais inférieure à 8 euros.

4.3 Le cas d'un système d'inéquations du premier degré à une inconnue : résolution et justification

Les systèmes d'inéquations ne sont plus explicitement au programme de cycle 4, mais certains problèmes peuvent amener à une modélisation sous forme de tels systèmes.

Technique — **Résolution d'un système d'inéquations du premier degré à une inconnue**

Résoudre chacune des inéquations séparément (*cf.* 4.1.),
- **représenter sur la droite numérique l'ensemble des solutions de chacune des inéquations,**
- **repérer en le hachurant par exemple l'intersection de ces ensembles qui représente alors l'ensemble des solutions du système,**
- **expliciter le résultat obtenu sous la forme d'un intervalle ou d'une réunion d'intervalles de $\mathbb{R}$.**

Exemple

Résoudre le système d'inéquations : $\begin{cases} 2x-3 < 0 \\ 5x+6 \geqslant 8 \end{cases}$ qui équivaut au système $\begin{cases} x < \dfrac{3}{2} \\ x \geqslant \dfrac{2}{5} \end{cases}$

On utilise la droite numérique pour déterminer et représenter l'ensemble des solutions (portion hachurée de la droite numérique).

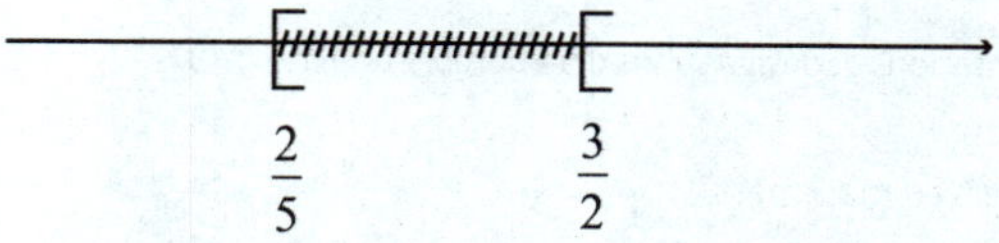

Sans convention, on doit préciser si les hachures correspondent aux solutions ou aux « non solutions ».

On peut écrire $S = \left[\dfrac{2}{5}; \dfrac{3}{2}\right[$

Pour les inéquations à deux inconnues et les systèmes d'inéquations à deux inconnues que l'on pourrait rencontrer dans des problèmes, voir les compléments en ligne, les problèmes qui se modéliseraient ainsi peuvent en général se ramener à des problèmes à une inconnue.

8 Nombres à l'école : généralités

Cours et méthodes

1 Introduction[1]

1.1 Quels nombres sont utilisés et/ou étudiés à l'école primaire ?

- les entiers naturels ;
- les rationnels (ce mot n'est pas employé avec les élèves, on parle de fractions) ;
- les décimaux (souvent introduits à partir de cas particuliers de fractions : les fractions décimales).

Un premier irrationnel, le nombre π sera rencontré en 6ᵉ lors de l'étude de la longueur du cercle (changement dans les programmes en 2016 et les attendus de fin d'année et repères annuels de progression 2019 où cette étude est déplacée du programme de CM2 à celui de 6ᵉ).

Les ensembles de nombres, entiers relatifs, rationnels, réels seront explicités dans la suite de la scolarité, en définissant notamment les nombres négatifs au cycle 4.

1.2 Des nombres outils, des nombres objets

Les nombres entiers sont introduits comme outils pour résoudre des problèmes ; historiquement, c'est cet usage qui a été premier (voir chapitre « Les ensembles de nombres », §1.1.). On doit aussi les étudier comme objets, notamment lorsqu'on travaille sur leurs désignations orales ou écrites.

1. Pour approfondir, le lecteur pourra se référer aux documents aux ressources thématiques et ressources d'accompagnement des programmes ; citons également : DURPAIRE Jean–Louis, MÉGARD Marie *et al. Le nombre au cycle 2. Ressources pour faire la classe.* MEN - CNDP, août 2010 [media.eduscol.education.fr/file/ecole/00/3/Le_nombre_au_cycle_2_153003.pdf] ; DURPAIRE Jean-Louis, MÉGARD Marie *et al. Le nombre au cycle 3. Apprentissages numériques. Ressources pour faire la classe.* MEN - CNDP, septembre 2012 [cache.media.eduscol.education.fr/file/Mathematiques/67/4/NombreCycle3_web_V2_226674.pdf] ; TEMPIER Fréderick, Enseigner la numération décimale, [numerationdecimale.free.fr/].

1.3 Les différents contextes du nombre

- Cardinal : nombre d'éléments d'une collection (exemple : trois élèves dans un groupe).
- Ordinal : repérage d'une position dans une liste ordonnée (exemple : le troisième étudiant dans la rangée).
- Mesure d'une grandeur (exemple : la longueur du ruban est de 3 cm).
- Désignation d'un objet ou d'une personne (exemple : numéro 3 sur le maillot d'un joueur, numéro INSEE).

2 Les différentes représentations et désignations d'un nombre entier

Un objectif majeur de l'école est d'établir la correspondance entre différentes représentations du nombre, verbales, analogiques, symboliques. Les numérations orale et écrite chiffrée sont travaillées selon deux points de vue : algorithmique (régularités de la suite des nombres) et sémantique (le sens des nombres) ; plus particulièrement la numération écrite chiffrée est étudiée selon ses deux aspects, d'une part l'aspect position (chaque chiffre désignant le nombre de chaque unité de numération – dont la valeur est déterminée par son rang dans l'écriture chiffrée du nombre), et d'autre part l'aspect décimal (les unités de numération étant liées entre elles par des relations décimales – groupements et échanges).

2.1 Représentations verbales (orales ou écrites) et en unités de numération

Citons par exemple pour le nombre 524 les représentations verbales suivantes : cinq centaines, deux dizaines et quatre unités (décomposition canonique) ; cinq-cent-vingt-quatre (mot-nombre composé) ; cinq-cent-vingt-quatrième (ordinal) ; cinquante-deux dizaines et quatre unités (décomposition en dizaines) ; etc.

Beaucoup de ces représentations s'appuient sur les représentations en unités de numération : « cinq centaines, deux dizaines, quatre unités », « cinquante-deux dizaines et quatre unités », « 5 centaines 24 unités », … ou avec des abréviations conventionnelles « 5 C 2 D 4 U », « 52 D 4 U », « 524 U », etc.

On appelle comptine numérique la liste ordonnée des mots-nombres oralisés : « un, deux, trois… ». Elle est parfois appelée suite (ou liste ou chaîne verbale) orale numérique des mots-nombres.

2.2 Représentations analogiques et matérielles

- collections 
- représentations digitales 
- constellations (dés, dominos) 
- cartes à points 
- boîtes 

Matériels de numération

Pour aider à la compréhension de la désignation des nombres dans notre système de numération, les élèves dès le CP sont amenés à fréquenter, manipuler, utiliser, lors de diverses tâches de production et de reconnaissance de nombres, un matériel spécifique, appelé matériel de numération. Il permet de visualiser et de manipuler des unités, des dizaines et des centaines, d'effectuer des groupements et des échanges. Le matériel base dix peut aussi être utilisé pour les décimaux en décidant par exemple que le gros cube vaut une unité.

- Base dix[1] : petits cubes, barres de 10 cubes, plaques de 100 cubes, gros cube de 1000 cubes, matériel en bois ou en plastique.

- Boîtes Picbille (éd. Retz)…

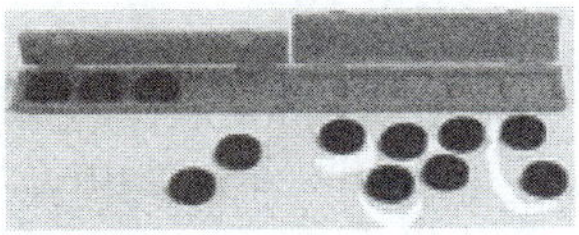

- D'autres matériels dans certains manuels.

Les caractéristiques didactiques (lors des groupements et échanges) des différents matériels sont les suivantes[2] :

Des « uns » qui demeurent

Des objets tous identiques (bûchettes, allumettes, jetons, perles…) que l'élève regroupe par paquets de dix (ou de cent) pour comprendre la construction de la dizaine (ou de la centaine), éventuellement du millier, et les liens entre eux.

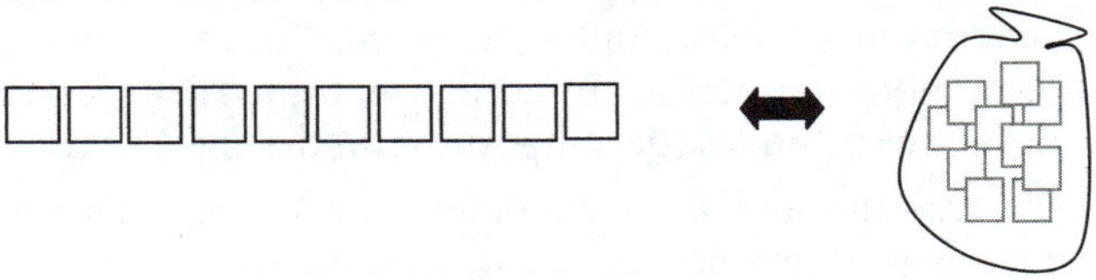

Des « uns » qui se groupent et s'échangent mais qui restent visibles

Le matériel dit « multi-base » ou « base dix » (matériel pré-construit, que l'on peut construire en carton) ; l'élève pratique des échanges et se représente les relations entre unités, dizaines, centaines, milliers ; les « uns » ne sont pas toujours individualisés ; le retour en arrière nécessite une opération mentale : il faut mettre en parallèle le « un » de la barre avec les « dix » unités.

Des « uns » qui disparaissent mais laissent une trace symbolique sociale et explicite

- comme avec les pièces de monnaie :

1. Matériel nommé aussi « base dix Dienes » dans certains catalogues de matériel scolaire. Une représentation virtuelle de ce matériel est disponible sur le site micetf.fr [micetf.fr/Numeration/index.php?t=Cubus].

2. BACQUET Michelle et GUERITTE-HESS Bernadette. *Le Nombre et la Numération. Pratique de rééducation.* Paris : Isoscel-Éditions du Papyrus 1982.

(dix pièces de 1 centime valent une pièce de 10 centimes),

- ou avec un matériel plus abstrait, avec des règles d'échange arbitraire :

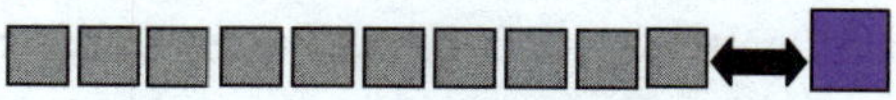

(par exemple dix jetons gris valent un jeton violet) ;

Les équivalences doivent être bien connues de l'élève pour que celui-ci procède aux échanges qu'impose la règle initiale dès que le groupement permettant de passer à l'unité supérieure est possible ; c'est un pas vers l'abstraction car l'élève va devoir distinguer valeur et quantité.

Exemple

Si une somme est constituée de deux pièces de 10 centimes et de quatre pièces de 1 centime, on pourra dire que la quantité de pièces est de 6 et que la valeur totale de ces pièces est de 24 centimes.

Les « uns » qui parlent suivant la position

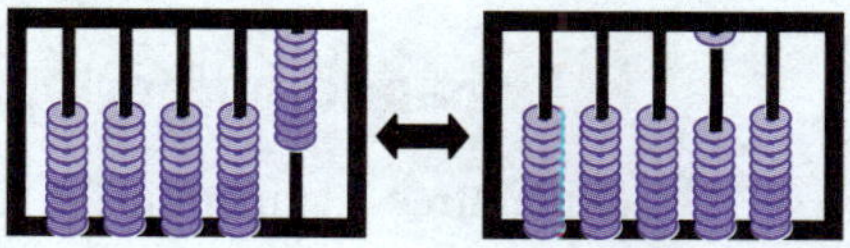

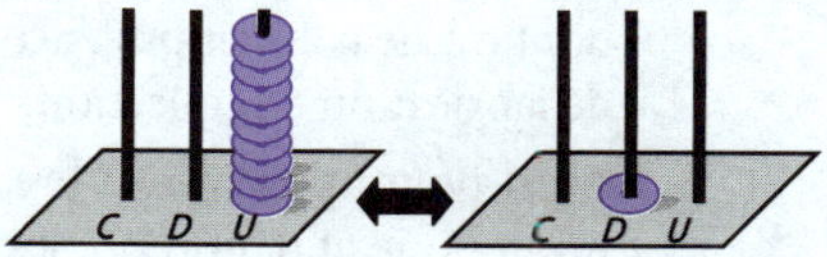

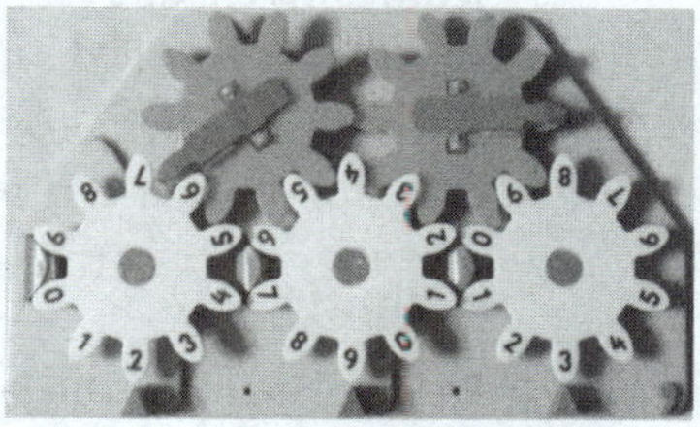

- les **bouliers** utilisés en abaque : la tige est contrainte à un maximum de dix boules ; dix boules d'une rangée sont transformées en une boule de la rangée à côté ;
- les **abaques** avec lesquels l'élève travaille le caractère positionnel des chiffres qui composent l'écriture d'un nombre ;
- les **compteurs** qui matérialisent le tableau de numération : un tour complet d'une roue incrémente d'une unité la roue voisine ; il peut être didactiquement intéressant de laisser l'incrémentation à la charge de l'élève ;
- la « **pascaline** » ci-contre est un matériel pédagogique qui reprend les principes de celle inventée par Blaise Pascal.

Ces représentations relèvent de plusieurs registres (discursif, figuratif, symbolique…). Pour R. Duval[1], « il est essentiel, dans l'activité mathématique, soit de pouvoir mobiliser plusieurs registres de représentation sémiotique (figures, graphes, écriture symbolique, langue naturelle, etc.) au cours d'une même démarche, soit de pouvoir choisir un registre plutôt que l'autre. »

1. DUVAL Raymond. « Registres de représentation sémiotique et fonctionnement cognitif de la pensée ». *Annales de Didactique et de Sciences Cognitives*. Strasbourg : IREM de Strasbourg 1993, p. 37-65.

2.3 Représentations chiffrées et graphiques

Il existe différentes décompositions d'un nombre, par exemple :
$24 = 10 + 10 + 4 = 2 \times 10 + 4 = 20 + 4 = 15 + 9 = 30 - 6 = 2 \times 12 = 3 \times 8 = 48 : 2 = \ldots$
(les symboles +, – et = sont introduits à partir du CP). Le programme 2018 de cycle 2 indique comme compétences : « *Utiliser diverses représentations des nombres (écritures en chiffres et en lettres, noms à l'oral, graduations sur une demi-droite, constellations sur des dés, doigts de la main...).* »

La suite des nombres (ou suite numérique ou file numérique ou chaîne numérique) peut se représenter de diverses manières (liste, piste, bande, tableau, ligne, spirale, droite...).

a. Le tableau de numération

...	c	d	u
	5	2	4

...	c	d	u
	5	0	0
		2	0
			4

b. La bande numérique

Rencontrée à la maternelle, elle permet de commencer à travailler l'algorithme de la suite écrite des nombres et sert de support pour apprendre à lire et à écrire des nombres dont on ne connaît pas encore l'écriture chiffrée, dans des tâches de dénombrement, de fabrication de collection.

Ainsi pour apprendre à lire l'écriture « 6 », l'élève repère la case « 6 » sur la bande numérique et dénombre les cases de la case « 1 » jusqu'à cette case. C'est d'ailleurs pour cette raison qu'elle commence par 1 (le zéro ne servant pas pour dénombrer), du moins lors de son introduction. Le zéro peut être introduit en fin de cycle 1 avec le sens origine[1] ou en début de cycle 2 lorsqu'on veut visualiser le résultat de 3 – 3.

1	2	3	4	5	6	7	8	9	10	11	12	13	14	15	16	17	18	19	20	21	22	23	24	25	26	27	28	29

Pour vérifier le nombre d'éléments d'une collection de 6 jetons, il suffit de poser un jeton dans chaque case à partir de la case notée 1, puis de lire le nombre écrit dans la case où on pose le dernier jeton.

La bande numérique est également un outil qui peut aider à comparer des nombres désignés par leur écriture chiffrée.

Exemple

Prenons l'exemple d'un jeu de bataille : un joueur pose la carte 7, l'autre joueur la carte 9, le repérage de ces deux nombres sur la bande numérique, et l'observation du fait que 9 est situé à droite de 7 permet de conclure que le second joueur a gagné. La **bande numérique** indique alors un **ordre spatial**. Notons que cette comparaison pouvait être également obtenue en construisant deux collections l'une contenant 7 objets, l'autre 9 et en procédant par correspondance terme à terme ; il était également possible d'utiliser la **comptine numérique** qui permet d'observer que le nombre 7 est oralisé avant le nombre 9, il s'agit alors d'un **ordre temporel**.

1. MARGOLINAS Claire, WOZNIAK Floriane. *Le Nombre à l'école maternelle*. Bruxelles : De Boeck 2012.

La bande numérique est souvent considérée aussi comme la première calculette de l'école.

Exemple

Prenons l'exemple d'un jeu au cours duquel, l'élève sait qu'il dispose d'une collection de 7 jetons complétée par l'ajout de 4 nouveaux jetons ; pour trouver la quantité de jetons disponibles l'élève peut utiliser la bande numérique, repérer par exemple la case indiquant 7 et se déplacer sur la bande vers la droite en comptant 4 à partir de 7 (on dit alors surcompter), l'élève conclut qu'il dispose de 11 jetons. Notons que ce nombre 11 pouvait être obtenu de bien d'autres façons comme par exemple la construction de deux collections, l'une contenant 7 objets, la seconde 4 objets et le comptage (on dit alors recomptage) des objets de la collection réunion. L'élève pouvait aussi utiliser la comptine numérique et une représentation digitale du nombre 4 et surcompter 4 à partir de 7.

c. Le tableau de nombres

0	1	2	3	4	5	6	7	8	9
10	11	12	13	14	15	16	17	18	19
20	21	22	23	24	25	26	27	28	29
…									

1	2	3	4	5	6	7	8	9	10
11	12	13	14	15	16	17	18	19	20
21	22	23	24	25	26	27	28	29	30
…									

En découpant convenablement la bande numérique et en assemblant autrement les pièces obtenues, on parvient au tableau de nombres. Si l'on y ajoute le zéro, le tableau de 0 à 99 permet de repérer un nombre de deux chiffres comme la donnée d'un chiffre appelé chiffre des dizaines (induit par la tête de ligne) et d'un autre chiffre appelé chiffre des unités (tête de colonne). Dans le tableau avec les nombres de 1 à 100, les lignes correspondent à des groupements par dizaines.

Le tableau de nombres peut être un outil intéressant pour le calcul d'écart entre deux nombres, il suffit pour cela de bien avoir intégré le sens de lecture de ce tableau (de gauche à droite sur une même ligne et de haut en bas pour le changement de ligne) et d'avoir observé que sur une même ligne on avance (respectivement recule) d'une case en ajoutant un (respectivement enlevant) et que sur une même colonne on avance d'une case (respectivement recule) en ajoutant 10 (respectivement enlevant).

Le calcul de l'écart entre 15 et 32 par exemple peut donner lieu à plusieurs déplacements sur le tableau après avoir repéré les deux nombres 15 et 32 et en partant de 15, associés à des manières différentes de calculer :

- « sur la même colonne avancer de deux cases et reculer ensuite de trois cases sur la nouvelle ligne » correspond au calcul $15 + 10 + 10 - 3 = 32$;
- « sur la ligne sur laquelle on se trouve, reculer de trois cases et avancer ensuite de deux cases sur la colonne » correspond au calcul $15 - 3 + 10 + 10 = 32$;
- « sur la même ligne reculer d'une case, puis avancer d'une case sur la colonne, puis reculer de deux cases sur la même ligne puis avancer d'une case sur la colonne » correspond au calcul $15 - 1 + 10 - 2 + 10 = 32$.

d. La spirale des nombres

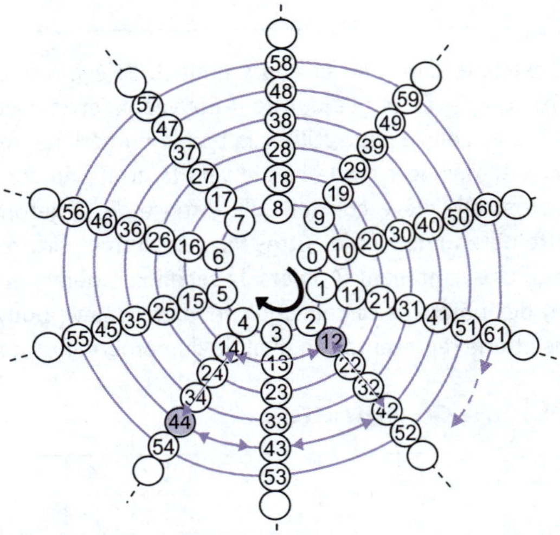

Elle montre les régularités de la chaîne numérique : sur un même rayon, les nombres vont de dix en dix (le chiffre des unités de ces nombres est le même et les chiffres des dizaines se suivent de un en un). C'est aussi un outil de calcul : ainsi pour calculer la différence entre 12 et 44, on peut certes surcompter de un en un en avançant sur la spirale mais on peut aussi trouver un raccourci en avançant de dix en dix sur les rayons (chaque chemin sur la spirale illustre une stratégie de calcul).

$12+1+1+10+10+10=44$ ou

$12+10+10+10+1+1=44$ ou

$44-1-1-10-10-10-10=12$ ou

$44-10-10-10-1-1=12$

donc $44-12=32$.

e. Ligne numérique, droite numérique, bande numérique, piste numérique et droite graduée

Sur une ligne numérique ou file numérique ou une droite numérique, les nombres sont « posés comme des pinces à linge sur une corde » : on respecte l'ordre mais l'on ne tient pas compte des « écarts » entre les nombres… alors que l'on en tient compte sur une bande numérique, piste numérique ou sur une droite graduée.

Sur les bandes ou pistes numériques, les nombres sont représentés comme des numéros de cases alors que sur les droites numériques et graduées, ils sont représentés par des traits qui marquent des positions sur une droite « orientée » (en général vers la droite, le sens croissant correspondant au sens d'écriture de gauche à droite)[1].

Les files et droites numériques sont utiles pour comparer et ordonner des nombres donnés (du cycle 1 au cycle 3, *cf.* file ci-après[2]).

1. Précisons que beaucoup d'écrits ne font pas de réelle distinction entre ces différents termes.
2. Voir [www.cpfpp.ab.ca/uploads/glossary/img16.jpg].

Photo d'une file numérique qui se construit en CM2

Sur la droite graduée (ou plutôt la demi-droite graduée puisqu'on ne travaille que sur les nombres positifs), on se donne une unité et une origine repérée par le nombre 0 : le nombre est ainsi la mesure avec cette unité, de la longueur du segment d'extrémités l'origine et le point repéré par ce nombre. Le programme 2018 de cycle 2 indique comme activité : « *Graduer une droite munie d'un point origine à l'aide d'une unité de longueur* » et indique comme type de tâches : associer un nombre entier à une position sur une demi-droite graduée, ainsi qu'à la distance de ce point à l'origine.

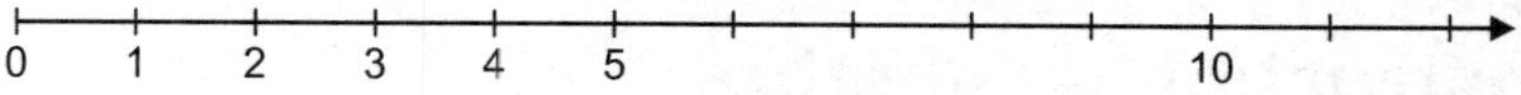

L'équipe ERMEL[1] propose par exemple d'introduire la droite graduée en en faisant un outil de validation pour le petit problème suivant : « Former un nombre de deux chiffres le plus près possible de 28 en utilisant 1, 2, 3 et 4 ». Pour trouver ou valider les réponses on est amené à placer les nombres-réponses sur une file numérique.

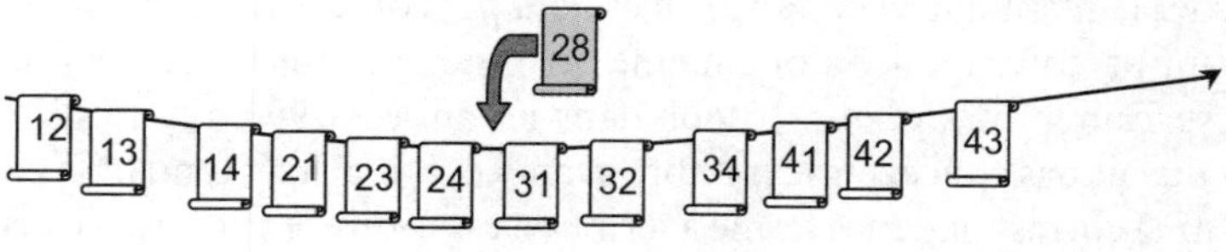

24 et 31 sont les plus proches de 28. Pour savoir celui qui est le plus près, on construit une droite graduée entre 24 et 31.

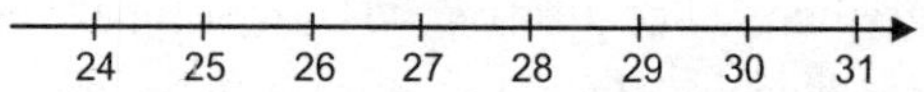

L'unité peut être matérialisée par l'écart constant entre deux graduations ; on peut ne pas mettre la graduation repérée pour 0 (zéro), comme ci-dessus.

Les droites graduées sont des outils pour comparer des nombres (ou vérifier une comparaison), pour encadrer un nombre entre deux nombres, pour calculer des sommes ainsi que des écarts ou différences par la méthode des sauts successifs.

Selon les objectifs ou les tâches à accomplir, différentes droites graduées peuvent être utilisées : graduée de 1 en 1, de 5 en 5, de 10 en 10, de 100 en 100, etc. On peut demander de placer des nombres sur la droite ou lire le nombre correspondant à

1. CHARNAY Roland *et al. Apprentissages numériques et résolution de problèmes. CE1*. Paris : Hatier 2005, p. 375-377.

un point de la droite. En CM1, lors de l'introduction des décimaux, on construira de nouvelles graduations de 0,1 en 0,1 avec des zooms de 0,01 en 0,01.

f. La calculatrice

Elle permet de travailler la compréhension de la signification des chiffres dans l'écriture du nombre.

Exemple

Donner la consigne : « taper 458 puis sans effacer, taper 498 en utilisant le minimum de touches ».
L'élève doit taper : [+] [4] [0] [=]. L'accent est alors mis sur le caractère positionnel et la valeur associée à chacun des chiffres.
Notons que cet exercice donné sur le support de la calculatrice est tout à fait différent de celui donné sur feuille où il s'agirait de compléter l'égalité suivante : 458 + ... = 498 .
Sur la feuille, l'élève peut poser une addition à trou et utiliser des automatismes de calcul avec la technique opératoire sans travailler la valeur du chiffre associée à sa position. En revanche, dans l'exercice avec la calculatrice, l'élève décide du calcul à effectuer et la calculatrice lui renvoie l'effet de son action en affichant le nombre réponse, on dit qu'il s'agit d'une situation auto-validante.

3 Construction du nombre

3.1 L'évolution des approches conceptuelles du nombre

Piaget et Szeminska montrent en 1941 que la conservation du nombre n'est atteinte chez l'enfant que vers 7 ans. On entend par conservation du nombre le fait que l'enfant perçoive qu'il y a une même quantité dans une rangée d'objets avant et après espacement des objets. Jusque dans les années 1990, on a estimé que l'enfant ne pouvait pas concevoir le nombre avant cet âge. Piaget fondait le concept de nombre sur la correspondance terme à terme , c'est-à-dire le fait qu'avec deux collections qui ont le même nombre d'objets, on puisse faire correspondre chacun des objets de la première collection avec un objet de la seconde. Le nombre commun d'éléments est appelé cardinal de ces collections. Cela correspond à la conception mathématique mais pas nécessairement à l'acquisition de la notion par l'enfant.

Houdé, dans *La psychologie de l'enfant*[1], estime « que la focalisation théorique, un peu trop abstraite, de Piaget sur l'aspect logico-mathématique et structural du nombre (nombre = classification + sériation) a été excessive, laissant dans l'ombre d'autres aspects plus fonctionnels du développement numérique, notamment le comptage. »

Les travaux de Gelman et Gallistel[2] (1978) notamment fondent la construction du concept de nombre sur le **comptage** (récitation de la comptine) et le **dénombrement** (détermination du nombre d'éléments) qui utilise l'acquis d'une partie de la comptine par l'enfant. Il y a correspondance terme à terme entre les objets et les

1. HOUDÉ Olivier. *La Psychologie de l'enfant.* Paris : P.U.F. 2001, p. 53.
2. GELMAN Rochel. « Les bébés et le calcul ». *La Recherche*, n° 149, novembre 1983, p. 1382-1389.

mots de la chaîne de comptage. Gelman propose cinq « principes » à mettre en œuvre pour dénombrer par comptage une collection :

Le principe d'ordre stable

La liste des désignations (liste des mots-nombres) doit être ordonnée et stable.

Exemple

Un élève qui énonce toujours une comptine erronée, comme « un, deux, trois, cinq, sept », avec les mêmes erreurs ne mettrait pas en œuvre ce principe, il faudrait l'amener à la comptine conventionnelle.

Le principe d'adéquation unique

Chaque élément doit avoir une seule et unique désignation : à chaque élément il correspond un nombre et un seul.

Le principe de cardinalité

Dans tout comptage, la dernière désignation se réfère à l'ensemble ; c'est le nombre d'éléments de la collection.

Exemple

Un élève qui vient de dénombrer une collection à qui on demande « combien il y en a ? » répond en recomptant au lieu de dire le dernier nombre qu'il vient d'énoncer. Cet élève n'aurait pas ce principe.

Le principe d'abstraction

Toutes sortes d'éléments peuvent être rassemblés et comptés ensemble, qu'ils soient ou non identiques, à trois dimensions ou non, réels ou non (n'importe quel assemblage de matériaux peut constituer une collection).

Exemple

On peut, par exemple, voir des élèves qui, dans une collection de jetons (jaunes et verts) à dénombrer ne comptent que les jetons verts. Ils n'ont pas compris la relation « collectivisante » de l'ensemble d'objets à compter.

Le principe de non-pertinence de l'ordre

L'ordre dans lequel les éléments sont pointés (avec un doigt ou du regard) est sans importance. On peut commencer à compter par n'importe lequel des éléments de la collection, on arrivera toujours au même nombre d'objets.

Les travaux de Joël Briand[1] ont montré l'importance de l'**énumération**, c'est-à-dire de l'action de passer en revue tous les éléments de la collection (sans oubli et sans redondance).

Rémi Brissiaud[2] postule que « le comptage, parce qu'il met en relief seulement l'énumération, permet mal de comprendre que pour dénombrer une collection, il faut en totaliser les unités » et préconise d'aborder les nombres à l'aide de leurs décompositions. Il propose par exemple de décrire le nombre quatre comme « un, un, un et

1. BRIAND Joël *et al.* « Enseigner l'énumération en moyenne section ». *Grand N spécial maternelle, tome 1.* Grenoble : IREM de Grenoble 2001, p. 123-138.

2. BRISSIAUD Rémi. *Premiers pas vers les maths. Les chemins de la réussite à l'école maternelle.* Paris : Retz 2007, p. 32.

encore un » ou comme « deux et encore deux » ou encore « trois et encore un ». Il met l'accent sur la représentation des petites quantités à l'aide de collections témoins.

Dans le BO spécial n° 2 du 26 mars 2015, il est ainsi précisé que « *les activités de dénombrement doivent éviter le comptage-numérotage et faire apparaître, lors de l'énumération de la collection que chacun des noms de nombres désigne la quantité qui vient d'être formée (l'enfant doit comprendre que montrer trois doigts ce n'est pas la même chose que monter le troisième doigt de la main.)* »

3.2 Les compétences logiques nécessaires à la construction du nombre

- **Être capable de désigner et de coder :** le nombre devra être nommé donc désigné et plus tard il faudra comprendre le codage de l'écriture chiffrée du nombre.
- **Être capable de trier et de classer :** pour compter les éléments d'une collection, il faut d'abord être capable de comprendre de quelle collection il s'agit, quelle est la relation qui relie les objets.
- **Être capable de sérier et de ranger :** les nombres sont ordonnés, le concept de relation d'ordre chez l'élève doit se construire aussi en dehors des nombres à travers des activités de rangement et de sériations.
- **Être capable d'énumérer :** cette compétence est une compétence logique mais elle est reliée à des compétences spatiales, pour pouvoir s'organiser pour passer en revue tous les éléments d'une collection, il faut bien se repérer et s'orienter dans l'espace de la collection.

Trier, c'est choisir des objets selon une propriété donnée, en écartant ceux qui ne possèdent pas cette propriété. Par exemple, dans une collection de jetons, trier tous les jaunes (et donc les non-jaunes).

Classer, c'est regrouper tous les objets qui ont une caractéristique commune par rapport à la relation donnée. Par exemple, classer tous les jetons d'une collection suivant leur couleur. Souvent plusieurs classements sont possibles selon le critère choisi. Il existe deux techniques de classement :

Soit on réalise des tris successifs

Exemple

Pour le critère « couleur », on fait deux familles, les jaunes et les non-jaunes, puis parmi les non-jaunes on refait un tri avec une autre valeur du critère « couleur », etc.

Soit on choisit un représentant de chaque valeur du critère et on compare chaque objet aux représentants

Exemple

Un objet « vert », un « rouge », un « jaune », « un bleu », et ensuite on prend au fur et à mesure chaque objet que l'on met dans la famille correspondante par comparaison au représentant.

Ranger, c'est organiser les objets selon une relation d'ordre, par exemple, ranger tous les livres de la bibliothèque selon leur taille.

Sérier, c'est faire des séries ordonnées partielles (sans nécessairement ranger tous les objets).

Exemple

Si on demande à un élève de moyenne section de ranger 10 poupées gigognes, il peut commencer à en prendre trois et les ranger, puis il en prend trois autres et les range aussi, enfin il range les quatre dernières. Il a ainsi construit trois séries mais n'a pas réalisé le rangement de l'ensemble de la collection.

4 Construction des entiers en maternelle

Les principaux objectifs des situations d'apprentissage numériques sont :

- résoudre des problèmes pour comprendre à quoi sert le nombre, le nombre intervient ainsi comme outil pour mémoriser ou comparer (une quantité ou une position), anticiper (le résultat d'une action ou l'action à réaliser : constitutions de collections de cardinal donné, réunions de collections, partages équitables ou non d'une collection en sous-collections…) ;
- stabiliser et étendre la comptine (notamment dans des activités rituelles) ; pour cela, proposer des activités qui seront reproduites tous les jours ou tous les deux jours tout en faisant évoluer le contenu ;
- connaître des décompositions et recompositions des petites quantités (trois c'est un et un et encore un mais aussi deux et un, etc.) ;
- désigner les nombres (nommer, écrire en chiffres, représenter).

4.1 Types de tâches et techniques

Réciter la comptine numérique

De 1 en 1, voire de 2 en 2, à partir de 1 (compter), ou d'un autre nombre, sans limite ou en s'arrêtant à un nombre donné, dans l'ordre croissant (surcompter) ou décroissant (décompter), en intercalant des mots (par exemple un jeton, deux jetons, etc.) ou non…

Dénombrer une collection (donner le cardinal d'une collection)

Techniques
Par reconnaissance visuelle globale nommée « subitizing »
À l'aide de la comptine (ordre temporel)
À l'aide de la bande numérique (ordre spatial)
À l'aide des décompositions additives déjà mémorisées des premiers nombres

Exemple

Technique à l'aide de décomposition additive déjà mémorisée

Un élève doit trouver le nombre de points de deux dés.
Il donne tout de suite la réponse 5 car il a mémorisé à la fois les deux constellations, 3 et 2 du dé mais aussi la relation 3 + 2 = 5.
Si on lui dit « j'ai 3 jetons dans la main gauche et 2 dans la main droite, combien j'ai de jetons ? ». Pour la même raison il répond correctement.

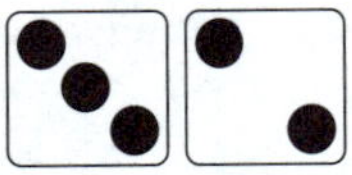

Fabriquer une collection de cardinal un nombre donné

L'élève doit retenir le nombre demandé (cardinal), effectuer une correspondance terme à terme entre un mot-nombre et un objet extrait de la collection initiale, s'arrêter lorsqu'il entend le nombre visé.

Comparer (plus grand, plus petit, égal)

Il peut s'agir de comparer deux collections (quelle est celle qui contient le plus, le moins d'objets ?), deux nombres donnés par diverses représentations, deux positions (contexte ordinal).

Techniques
Par reconnaissance visuelle globale
Par correspondance terme à terme entre éléments des collections ou positions dans les listes
À l'aide de la comptine, à l'aide de la bande numérique
À l'aide des décompositions additives déjà mémorisées des premiers nombres.

Ranger (du plus petit au plus grand ou inversement)

Technique
Effectuer des comparaisons deux à deux, en utilisant la propriété de transitivité[1] afin de constituer des séries de plus en plus longues jusqu'à l'exhaustivité.

Exemple

« Comparer les trois nombres : 8 ; 15 ; 11 ». Si on compare d'abord 8 et 11, puis 11 et 15, on pourra utiliser la propriété de transitivité de la relation d'ordre. Si on compare d'abord 8 et 15, puis 11 et 15, on devra ensuite comparer 8 et 11.

Associer diverses représentations d'un nombre

(*Cf.* ci-dessus le paragraphe « *Les différentes représentations et désignations du nombre* »). Cela sera travaillé dans des situations qui ont du sens pour les élèves : cardinaux de collections, positions sur une piste numérique (type jeu de l'oie), quantième de leur anniversaire, numéro de leur lieu d'habitation, etc.

1. Si $a \leq b$ et $b \leq c$, alors $a \leq c$. Cette propriété n'est bien sûr pas nommée à l'école primaire mais est utilisée implicitement par les élèves.

Calculer (ou estimer)

Techniques
Par reconnaissance visuelle globale
À l'aide de la comptine
À l'aide de la bande numérique
À l'aide des décompositions additives déjà mémorisées des premiers nombres

Exemple

Déterminer le résultat d'une réunion de collections (respectivement dans le contexte ordinal d'une avancée ou d'une progression sur une piste), ou bien d'une décomposition d'une collection en sous-collections (respectivement dans le contexte ordinal d'un recul sur une piste numérique).

4.2 Difficultés, erreurs

Réciter la comptine numérique

- « saut » systématique de mots-nombres (les plus fréquents étant 16 et 19) ;
- difficultés liées à la numération orale (« vingt-dix ») ;
- récitation en boucle de certaines dizaines (après 49, redémarrage à 30) ;
- difficultés liées à la nécessité de mise en mémoire du nombre sur lequel on doit s'arrêter de compter, il faut l'entendre « passer » dans la récitation ;
- difficultés liées à la segmentation de la chaîne orale : varier les comptines qui segmentent la chaîne verbale et intercalent des mots peut aider les élèves.

Dénombrer une collection ou fabriquer une collection de cardinal donné

- utilisation d'une technique non appropriée à la taille de la collection (par exemple compter avec les yeux seulement une collection d'une douzaine de jetons alors qu'il serait plus efficace de pointer ou bien de déplacer chaque élément pour se rappeler quels sont les éléments qui ont déjà été comptés) ;
- indisponibilité ou incorrection de la liste des mots-nombres ;
- difficultés spatiales pour organiser un chemin dans la collection afin de la dénombrer, non-séparation des objets déjà comptés de ceux restant à compter ;
- non-compréhension du fait que le dernier nombre énoncé correspond au cardinal de la collection.

Comparer des nombres

- difficulté pour repérer ces nombres sur la bande numérique ;
- méconnaissance du lien existant entre la comparaison des nombres et l'ordre spatial visible sur la bande numérique ou l'ordre temporel de la récitation de la comptine ;
- difficulté pour interpréter ces nombres comme les cardinaux de deux collections ;
- difficulté à concevoir que selon la technique de comparaison choisie il est nécessaire de réaliser d'abord d'autres tâches intermédiaires ; ainsi pour comparer 7 et 9, si l'élève choisit comme technique la fabrication de collection, il devra comme tâche complémentaire, organiser chacune des collections sous la forme d'un alignement des objets en vis-à-vis et visualiser la bande la plus longue.

4.3 Variables didactiques

a. Exemples de variables didactiques pour le type de tâche « dénombrer une collection »

Type de collections

S'il s'agit d'une constellation du dé par exemple, les élèves peuvent reconnaître le nombre directement car ils ont mémorisé la constellation, c'est d'ailleurs un objectif de l'école maternelle que de reconnaître sans comptage les constellations du dé.

Taille de la collection

Une collection de cardinal 1, 2 ou 3 est reconnaissable d'emblée sans comptage il s'agit du *subitizing* ; une collection de cardinal important pourra être dénombrée plutôt par comptage un à un.

Collection manipulable ou non

Dans le premier cas, il est possible de déplacer au fur et à mesure les objets, l'énumération s'en voit alors largement facilitée ; dans le second cas et en fonction à la fois de la taille de la collection et de l'organisation des objets de celle-ci, l'élève devra utiliser des stratégies d'énumération telles que le marquage de l'élément déjà comptabilisé (en posant un jeton, en entourant l'objet, en le barrant...).

Organisation des objets de la collection dans le cas où celle-ci n'est pas manipulable

Des objets alignés ou organisés suivant un tableau faciliteront l'énumération, des objets disposés selon les constellations du dé permettront à l'élève d'utiliser le surcomptage après avoir reconnu les constellations (par exemple l'élève reconnaît le 3 et le 4 et ensuite surcompte 3 à partir de 4 en disant 5, 6, 7 pour conclure que la collection contient 7 objets).

Chacune des variables énoncées modifie la liste et l'efficience des techniques disponibles, mobilisables ; en ce sens il s'agit bien de variables didactiques associées à ce type de tâche.

b. Exemples de variables didactiques pour le type de tâche « comparer deux collections »

Taille relative des deux collections

Si l'une contient très peu d'objets et l'autre beaucoup, une comparaison perceptive suffira, à condition, bien sûr, que l'élève n'identifie pas la quantité à l'espace occupé lorsque les objets de l'une sont plus « volumineux » que ceux de l'autre ; dans le cas où les deux collections ont des cardinaux assez proches, la technique du recours à la comptine (avec un comptage 1 à 1, voire 2 à 2, pour déterminer le cardinal de chaque collection) et l'ordre temporel permettront de conclure.

Taille des deux collections

Si le champ numérique est restreint (par exemple une collection de 2 jetons et une collection de 5 jetons) les élèves peuvent globalement procéder à cette comparaison sans comptage.

Collections manipulables ou non

Si la collection est manipulable, l'élève peut déplacer les objets et associer à chaque objet d'une collection un objet de la seconde, il procède alors par correspondance terme à terme, cette technique ne s'appuie pas sur le dénombrement. Il peut aussi procéder à des groupements par 2 ou 3 et des correspondances paquet à paquet et, si la taille des objets le permet, il peut aussi organiser chacune des collections sous la forme d'un alignement, ce qui facilite ensuite la correspondance terme à terme. Si les collections sont représentées, les appariements ou correspondances par paquets pourront être réalisés moyennant le recours à un outil, dit outil scripteur (crayon, feutre, etc...).

Présence simultanée ou non des deux collections

Ainsi s'il s'agit de comparer par exemple une collection de petites croix dessinées au verso d'une feuille non transparente et une collection de ronds dessinés au recto de cette même feuille, l'élève pourra implicitement mettre en œuvre la propriété de transitivité de la relation d'équipotence. Dans ce cas, il construira une collection de jetons équipotente à celle contenant les croix, par correspondance terme à terme par exemple, et procédera ensuite à la comparaison de la collection de ronds et de celle de jetons (collections visibles en même temps), par correspondance terme à terme, le résultat de cette comparaison sera celui demandé. Si les tailles des collections le permettent, il pourra aussi dénombrer chacune des collections, par comptage 1 à 1 ou 2 à 2, et comparer les nombres obtenus en utilisant l'ordre temporel de la comptine ou l'ordre spatial de la bande numérique.

Chacune des variables énoncées modifie la liste disponible et l'efficience des techniques de comparaison, qui s'appuient ou non sur une technique de dénombrement ; en ce sens il s'agit bien de variables didactiques associées à ce type de tâche.

c. Exemples de variables didactiques pour le type de tâche relative au calcul « déterminer le résultat d'une décomposition d'une collection en sous-collections »

Plus précisément le problème suivant est posé : « deux collections sont regroupées, on connaît le cardinal de l'une d'entre elles et celui de la collection réunion, il s'agit de déterminer le cardinal de l'autre collection ».

Les cardinaux des deux collections

Par exemple, dans le cas où l'une contient 2 objets et la réunion 4 objets, l'élève peut recourir à la décomposition mémorisée de 4 en 2 + 2.

L'écart relatif entre les deux cardinaux

Par exemple, si l'une contient 15 objets et l'autre 2, l'élève peut décompter 2 à partir de 15 en utilisant le raisonnement suivant : pour savoir combien il y en a dans l'autre collection, il suffit d'enlever 2 au total.

La désignation des deux cardinaux

La situation peut être ou non évoquée à partir des écritures chiffrées des cardinaux. Par exemple : en regroupant une collection qui contient 5 jetons bleus et une autre collection de jetons rouges, j'ai obtenu une collection de 13 jetons, combien y avait-il de jetons rouges ? L'élève peut utiliser la bande numérique, repérer le 5 et le 13 et compter le nombre de pas qu'il y a de 5 à 13.

Chacune des variables énoncées modifie la liste disponible et l'efficience des techniques ; en ce sens il s'agit bien de variables didactiques associées à ce type de tâche.

4.4 Exemples d'activités sur le nombre en maternelle

Elles trouvent leur place dans tous les moments de la classe : rituels, activités fonctionnelles (préparation du matériel de la classe, de motricité...), ateliers, jeux...

a. Une activité collective sur le nombre

Pour travailler sur le nombre, ses représentations, les représentations de référence, les images mentales, une activité rituelle en maternelle consiste à montrer une représentation (carte, doigts levés, face d'un dé collectif...) et à demander aux élèves de montrer la collection correspondante ou une représentation parmi un petit stock individuel disponible (cartes de représentations de doigts, objets réels, etc.).

b. Une activité pour comprendre que le nombre permet de mémoriser une quantité

La situation « le jeu des voyageurs » est proposée par l'équipe ERMEL[1]. « Un wagon » est présenté aux élèves (boîte à chaussures avec des places marquées sur le fond de la boîte, certaines étant libres, d'autres occupées, le nombre de places correspondant aux possibilités de l'élève), ils doivent s'organiser pour remplir ce wagon avec des « voyageurs » (petits personnages jouets). Il faut aller chercher tous les « voyageurs » nécessaires en un seul voyage, « juste ce qu'il faut, pas un de plus, pas un de moins pour remplir le wagon » ; les voyageurs sont au fond de la classe.

Progression proposée dans une classe de GS :

- prise en main du matériel pour comprendre la notion de place libre et place occupée et que le but du jeu est de compléter le wagon ;
- activité « jeu des voyageurs », dans un atelier de 4 à 6 élèves autour d'un wagon. Les élèves se mettent d'accord sur ce que va faire l'élève qui va chercher les voyageurs ; à son retour, celui-ci pose les voyageurs sur le quai, puis l'ensemble du groupe prévoit la réussite ou non. Le professeur fait verbaliser. Le problème est reposé avec un autre wagon, éventuellement plusieurs fois. Il s'agit pour les élèves d'arriver à la conclusion que pour réussir il est nécessaire de mémoriser le nombre de voyageurs du wagon ;
- activité reprise dans d'autres contextes sur un temps long : mise de la table pour le goûter, dessin géométrique avec des bûchettes, où il faut aller chercher en un seul voyage les bûchettes pour reproduire la construction ;
- dans un second temps, on peut demander aux élèves de passer commande auprès d'un « marchand » afin d'utiliser les mots-nombres ;
- reprise de l'activité « jeu des voyageurs » : on peut demander aux élèves d'« écrire » un message pour garder mémoire du nombre de voyageurs que l'on ne pourra aller chercher que plus tard (après-midi ou lendemain) afin de mettre en exergue l'intérêt des représentations du nombre.

---

1. CHARNAY Roland, VALENTIN Dominique et al. *Apprentissages numériques et résolution de problèmes. GS*. Paris : Hatier 2005, p. 83-105.

c. Un jeu pour comprendre que le nombre sert à anticiper (avec un calcul)

Une carte sur laquelle sont dessinées de petites collections de ronds bleus est montrée à un petit groupe d'élèves. Ceux-ci se mettent d'accord sur le nombre de ronds présents sur la carte. Un cache est posé sur une partie de la carte. Chaque élève doit deviner combien de ronds ont été cachés uniquement en tenant compte des ronds qui ne sont pas cachés. La situation est auto-validante, c'est-à-dire qu'il n'y a pas besoin d'une intervention extérieure (maître, autres élèves) pour valider l'action de l'élève (il suffit de lever le cache).

4.5 Exemple d'une évaluation sur le nombre en grande section ou en CP

L'équipe ERMEL citée dans le paragraphe précédent propose un repérage individuel des compétences numériques des élèves à différents moments de l'année. Ce repérage peut avoir lieu à l'occasion d'activités diverses et variées, dans le cadre d'un atelier, lors d'un travail collectif, d'un jeu, à l'accueil du matin, par exemple.

La comptine numérique

« Jusqu'à combien sais-tu compter ? » (faire effectivement compter l'élève).

Le dénombrement d'une collection

« Combien y a-t-il d'objets (cubes, jetons…) ? » dans une collection dont le cardinal est adapté au niveau de connaissance de la comptine.

La constitution d'une collection de cardinal donné

En demandant à un enfant de « donner n objets » pris dans une collection plus grande (le nombre n étant choisi à l'intérieur du domaine numérique où le dénombrement est maîtrisé).

Le recours spontané au dénombrement

Il s'agit d'observer comment l'enfant procède pour construire une collection équipotente à une collection donnée sans que celle-ci soit disponible ; cette observation est réalisée en adaptant la taille des collections à la comptine de chacun.

Exemple

On demande à un enfant d'aller chercher juste ce qu'il faut de jetons (il faut qu'il y en ait « juste assez, ni plus, ni moins ») pour en placer un sur chaque case vide d'un quadrillage.

Le successeur d'un nombre

En ajoutant un élément à une collection que l'enfant a déjà dénombrée, et en lui demandant combien il y a d'objets, on peut repérer si l'enfant énonce directement le successeur du nombre précédemment trouvé (on dit qu'il surcompte) ou s'il a besoin de recompter le tout.

La lecture des nombres écrits en chiffres

On présente des cartes sur lesquelles sont écrits les nombres de 0 à n (non rangés dans l'ordre) et on demande à l'élève de dire quels sont les nombres qu'il connaît et de prendre la carte correspondante.

5 Progressivité des apprentissages pour construire les nombres entiers

Il s'agit de connaître (écrire et nommer), comparer, ranger, encadrer les nombres entiers.

→ 30	→ 100	→ 1 000	→ 10 000	→ 1 000 000 000	→
maternelle	*CP*	*CE1*	*CE2*	*CM1*	*CM2*

Les programmes officiels indiquent assez précisément les objectifs de chacune des classes.

En particulier, ils demandent :

- en maternelle, de donner du sens aux nombres, « *construire le nombre pour exprimer une quantité, utiliser le nombre pour désigner un rang, une position*[1] », de mémoriser le début de la comptine, d'apprendre à écrire des premiers nombres ;
- en cycle 2, de connaître la numération décimale, les règles de comparaison des nombres ;
- en cycle 3, d'élargir la connaissance de la numération décimale aux grands nombres, de connaître les relations arithmétiques entre les nombres, de prolonger les connaissances sur les nombres entiers aux fractions décimales et aux décimaux.

Il s'agit en particulier de mettre en correspondance différents codes oraux, littéraux[2] (deux cent quarante-huit unités, deux centaines quatre dizaines et huit unités, vingt-quatre dizaines et huit unités…), chiffrés

$248 = 200 + 40 + 8 = 2 \times 100 + 4 \times 10 + 8 = 24 \times 10 + 8 = \ldots$ pour représenter les nombres.

$2 \times 100 + 4 \times 10 + 8$ est la décomposition canonique de 248 (*cf.* chapitre « Systèmes de numérotation »).

Regardons plus particulièrement la numération.

6 Numération

Rappelons que notre système d'écriture des nombres est une numération de position en base dix.

6.1 Didactique de la numération

Le programme 2016 demande d'« *utiliser des écritures en unités de numération (5d 6u, mais aussi 4d 16u ou 6u 5d pour 56)* ». En cycle 2, une importance particulière est accordée aux regroupements par dizaines, centaines, milliers.

On nomme unités de numérations les unités (simples), dizaines, centaines, milliers, dizaines de milliers, centaines de milliers, millions…

Remarquons que le mot « dizaine » (respectivement centaine…) est polysémique ; il peut être utilisé en langage courant comme synonyme de « environ dix » (« Il y

1. BO spécial n°2 du 26 mars 2015.
2. [www.academie-francaise.fr/questions-de-langue#57_strong-em-nombres-criture-lecture-accord-em-strong].

avait une dizaine d'enfants dans la cour. ») ; il peut par ailleurs désigner une unité de numération (« Il y a 12 dizaines dans le nombre 123. ») ou enfin un rang dans l'écriture décimale d'un nombre (« Dans le nombre 123, le chiffre des dizaines est 2. »).

La présentation explicite des unités de numération comme des unités (qui peuvent être « comptées ») et de leurs relations décimales est essentielle pour l'apprentissage de la numération.

FOCUS

Unités de numération

1 unité de numération d'un certain ordre est égale à 10 unités de numération d'ordre immédiatement inférieur (de rang juste à droite dans l'écriture décimale)

1 dizaine = 10 unités (simples)

1 centaine = 10 dizaines (donc 1 centaine = 100 unités simples)

1 millier = 10 centaines (donc 1 millier = 100 dizaines et 1 millier = 1 000 unités simples)

Le programme 2018 insiste sur la mise en relation entre les unités de numération et les unités du système décimal de mesures : au cycle 2 , « *Faire le lien entre unités de numération et unités du système métrique étudiées* », en cycle 3, « Les caractéristiques communes entre le système de numération et le système métrique sont mises en évidence. »

Tant d'un point de vue mathématique que didactique, il est essentiel d'appréhender les deux caractéristiques de notre numération : décimale et de position[1] :

- l'aspect position est mobilisé pour coder et décoder le nombre de groupements correspondant à un rang donné dans l'écriture décimale (le zéro signifiant l'absence de groupement) ; ici seul le lien entre unité et position est mobilisé ;
- l'aspect décimal s'appuie sur les relations décimales (1 dizaine = 10 unités simples) entre unités de numération ; il n'est effectivement mobilisé que lorsque l'élève est amené à faire des conversions mentalement directement sur les écritures symboliques entre unités de numération.

Globalement dans les manuels, le travail sur l'aspect positionnel de la numération est surreprésenté par rapport au travail sur l'aspect décimal de la numération.

Une méprise consiste souvent à considérer que « chiffre des » renvoie uniquement à l'aspect position et que les décompositions du nombre qui ne soient pas chiffre à chiffre, renvoient à l'aspect décimal de la numération.

1. CHAMBRIS Christine, « Le système métrique au service de la numération des entiers et des grandeurs ». In DURPAIRE Jean-Louis et MÉGARD Marie. *Le Nombre au cycle 3. Apprentissages numériques.* Paris : SCEREN CNDP-CRDP 2012, p. 13-30.

Exemple

Dans un jeu de « Qui suis-je ? Mon chiffre des unités est 5 et mon nombre de centaines est 27. », l'élève peut répondre correctement en ne mobilisant que l'aspect positionnel de la numération (en plaçant mentalement et correctement les nombres dans le tableau de numération) alors que dans « Qui suis-je ? Je suis constitué de 25 centaines et 205 unités. », l'élève doit mobiliser l'aspect décimal de la numération (en convertissant mentalement 200 unités en 2 centaines).

Très souvent l'efficacité apparente de la comptine et du tableau de numération – tels des boites noires qui enferment le savoir et le cachent aux utilisateurs – leurrent les élèves et parfois leurs professeurs sur leurs réelles compétences en numération. Le tableau de numération n'est utile que comme « ostensif » pour mémoriser l'ordre des unités de numération ($\overline{\overline{\text{M}}}$ $\overline{\text{CM}}$ $\overline{\text{DM}}$ $\overline{\text{M}}$ CM DM M C D U) et pour quelques très rares conversions entre unités de numération éloignées. Dans tous les autres cas, les conversions mobilisant les relations entre unités de numération sont à privilégier sans recourir au tableau de numération.

Au-delà des groupements et des échanges, c'est principalement l'enseignement des conversions entre unités de numération qui outille les élèves pour maîtriser la numération et pour mobiliser cette dernière efficacement comme outil dans des tâches plus complexes notamment en comparaison et en calcul.

··· POUR ALLER PLUS LOIN ···

Au-delà de leur intérêt propre, les unités de numération constituent un médiateur très efficace pour changer de représentation (d'un nombre). Tout particulièrement, la capacité à changer de représentation au sein du registre des représentations en unités de numération concourt significativement à la maîtrise de la numération (les registres graphiques et matériels, utiles mais moins universels, ont l'inconvénient d'être dépendants des contextes).

Exemples

- Comparer 3 milliers et 800.
- Jeux de cartes recto-verso, de mariage,
- Jeux de bataille, de lotos, de dominos avec des représentations mixtes, par exemple pour des dominos :

250	3 milliers

300 dizaines	1700

17 centaines	40

La **structuration arithmétique des nombres** (relations entre les nombres) participent également à la connaissance des nombres : citons les décompositions additives et multiplicatives de 10 et de 100 ($2 \times 5 = 10$ et $4 \times 25 = 100$), compléments à la dizaine supérieure, à la centaine supérieure, doubles et moitiés de nombres d'usage courant, etc.

On retrouve les mêmes enjeux avec les **grands nombres** dont la numération orale s'appuie sur la base mille (…, milliards, millions, milliers, unités simples) et la numération orale mixte des nombres inférieurs à mille.

REMARQUE

Deux particularités : on dit « mille » pour les milliers et le « un » de « un mille » n'est pas oralisé (comme c'est aussi le cas du « un » de « un cent »).

Le travail sur les conversions entre unités de numération et sur les changements de registre se poursuit sur les **grands nombres** et s'appuie notamment sur les relations :

FOCUS

Unités de numération pour les grands nombres

1 millier = 1 000 unités (simples)

1 million = 1 000 milliers (donc 1 million = 1 000 000 unités simples)

Sans oublier 1 million = 10 centaines de milliers

1 milliard = 1 000 millions, (donc 1 milliard = 1 000 000 milliers

et 1 milliard = 1 000 000 000 unités simples)

Exemple

Combien y a-t-il de centaines de mille dans cinq-millions-deux-cent-mille ?

La connaissance des nombres entiers ne peut se réduire à une liste ordonnée et organisée de mots-nombres qui s'écrivent aussi avec des chiffres, avec des techniques de comparaison et de calculs opaques basées sur des alignements de chiffres. Le travail sur les unités de numération et leurs conversions permet de donner du sens aux écritures chiffrées et aux techniques qui les utilisent.

6.2 Types de tâches

Les types de tâches nécessitant des compétences en numération s'enrichissent depuis la maternelle :

- Dénombrer (cardinal d'une collection), repérer (ordinal, position dans une liste ordonnée ou sur une droite numérique), mesurer (mesure d'une grandeur) ;
- Fabriquer une collection de cardinal donné, situer un élément dans une liste ou sur une droite graduée à partir de son abscisse, associer une grandeur (ou un objet) à une mesure (une unité étant choisie) ;
- Changer de désignation d'un nombre (notamment entre les écritures chiffrées, les noms usuels des nombres et les unités de numération ainsi que les conversions entre unités de numération).

Exemples

- Combien y a-t-il de dizaines dans 1 234 ?
- Écrire en chiffres le nombre 5 milliers 12 centaines 26 dizaines et 31 unités.

- Comparer des nombres, des quantités, des positions, des mesures exprimés dans diverses représentations issues de registres différents notamment en unités de numération. Aux cinq techniques déjà rencontrées en maternelle pour comparer des nombres s'ajoute l'utilisation de l'écriture chiffrée.

Technique

On compare le nombre de chiffres de l'écriture de chacun des nombres : celui qui a le plus petit nombre de chiffres est le plus petit.

Si les nombres à comparer ont le même nombre de chiffres, on compare les chiffres de même rang en commençant par les plus à gauche : celui qui a le chiffre le plus petit est le plus petit nombre ; si les chiffres sont égaux, on réitère la comparaison sur les chiffres du rang suivant vers la droite, etc.

- Calculer, notamment mentalement, avec des nombres exprimés de diverses manières issues de registres de représentations différents.

Il est important de proposer ces types de tâches tour à tour dans des situations non contextualisées et dans des situations contextualisées dans la vie courante et dans les autres disciplines.

6.3 Difficultés, erreurs

Le nombre au cycle 2[1] indique : « la mise en correspondance des quantités avec des systèmes de symboles, qu'il s'agisse de la suite orale des noms de nombres, des configurations de doigts, des abaques ou des chiffres arabes pose problème à tous les enfants.[…] Les difficultés associées aux traitements symboliques ne s'arrêtent pas à l'acquisition de la suite verbale ou à celle des chiffres arabes. Le passage d'un code à l'autre et la manipulation des nombres transcrits en chiffres arabes posent longtemps des problèmes. »

Exemples

Deux-cent-dix est écrit « **200 10** » ; 84 est lu « **huit quatre** » ; quatre-vingt est écrit « **420** » (évaluation à l'entrée au CE2).

La conversion entre deux unités non successives, comme par exemple le fait qu'une unité de mille est égale à dix centaines mais aussi à cent dizaines, pose problème pendant très longtemps.

De la même manière la distinction entre « chiffre de …» et « nombre de …» est difficile ; par exemple, dans le nombre 1425, le nombre de centaines est 14, le chiffre des centaines est 4 ; ce type de tâche reste très complexe pour la plupart des élèves.

1. DURPAIRE Jean-Louis, MÉGARD Marie et al. *Le nombre au cycle 2. Ressources pour faire la classe.* MEN - CNDP, août 2010, p. 8-9 [media.eduscol.education.fr/file/ecole/00/3/Le_nombre_au_cycle_2_153003.pdf].

Notons que le recours systématique au tableau de numération enferme les élèves dans la mise en place de techniques au détriment de la recherche du sens. L'utilisation de matériel de numération sous la forme de collections, par exemple pour évoquer un nombre est une aide précieuse dans la construction du sens.

Exemple

Je construis le nombre 1425 avec 1 paquet de mille, 4 paquets de 100, 2 paquets de 10 et 5 unités, si je défais le paquet de 1000 en 10 paquets de 100, je visualise bien les 14 paquets de cent présents dans le nombre 1425.

6.4 Des situations de référence

En cycle 2, des situations de référence seront proposées pour comprendre les échanges de 10 contre 1, échanges signifiant qu'il faut travailler dans les deux sens : groupement de 10 échangé contre une unité supérieure et déconstruction d'un groupement pour donner 10 unités inférieures.

Le jeu du banquier proposé par l'équipe ERMEL[1]

L'élève doit tirer un dé ou une carte avec un nombre et doit demander au banquier la valeur correspondante en jetons, les jetons étant ceux d'un matériel de numération (par exemple en CP avec le matériel « *base dix* » et, en CE1, avec des jetons jaunes unités, des jetons rouges valant 10, etc.). Il fait ensuite des échanges 10 contre 1.

Par exemple, l'élève a obtenu 6 puis 5, il demande 6 cubes du matériel base dix, puis au deuxième tour, après avoir éventuellement demandé 5 cubes, échange 10 cubes contre une barre de dizaine. Des étapes vont obliger au fur et à mesure à faire les échanges (contrainte de ne pas avoir plus de 9 éléments d'un certain type). D'autres étapes vont demander la réunion de collections, ou de payer le banquier et pourront servir de référence lors de la construction des techniques opératoires.

D'autres situations sont nécessaires pour comprendre que les échanges sont récurrents, c'est-à-dire que l'on échange toujours 10 unités d'un certain ordre contre un groupement d'ordre supérieur ; par exemple le dénombrement d'une très grande collection de bouchons (près d'un millier en CE1) sera proposé aux élèves.

D'autres situations vont amener à faire des commandes de matériel (du carrelage par exemple, des boîtes de craies) conditionnés dans des boîtes de 10, des paquets de 100. On ne peut pas commander plus de 9 unités isolées.

En cycle 3, le travail sera poursuivi avec de grands nombres. Pour la compréhension de la numération de position en base dix, certains manuels proposent un travail avec le boulier chinois ou avec d'autres numérations de position ou d'autres types de numération.

1. CHARNAY Roland et al. *Apprentissages numériques et résolution de problèmes. CP* et *CE1*. Paris : Hatier 2005 (*CP* : p. 321-329 et *CE1* : p. 322-329 et p. 351-354).

9 Fractions et décimaux à l'école

Cours et méthodes

1 Construction des fractions et des décimaux

Ces nouveaux nombres vont demander aux élèves :

- de renoncer à la notion de suivant, d'accepter l'intercalation sans fin (propriété mathématique de densité des décimaux et des rationnels dans les réels) ;
- d'accepter que l'écriture d'un nombre n'est pas unique ;
- d'accepter qu'un nombre ne s'exprime pas forcément par une succession de chiffres (écritures fractionnaires) ;
- d'accepter d'adapter certaines techniques opératoires ;
- de renoncer à certaines règles dont le domaine de validité se limite aux entiers :
  - « plus l'écriture d'un nombre a de chiffres, plus il est grand »,
  - « pour multiplier un nombre par 10, on écrit un zéro à sa droite »,
  - « multiplier augmente » ; « diviser diminue » etc.

1.1 Fractions

On recense trois conceptions des fractions :

- la **fraction « partage »** : trois cinquièmes, c'est trois fois un cinquième (on a partagé l'unité en 5 parts égales et on a pris 3 parts) ; c'est quasi exclusivement sur cette conception que s'appuient les apprentissages à l'école élémentaire ;
- la **fraction « nombre quotient »** : trois cinquièmes, c'est le nombre qui multiplié par 5 donne 3, c'est le résultat de la division de 3 par 5 ;
- la **fraction « proportion »** : par exemple « l'eau est en proportion de trois cinquième dans le mélange » ; souvent la fraction a le rôle d'opérateur : « prendre les trois cinquièmes d'une quantité ».

Il est important de varier les représentations graphiques des fractions et de préciser ce qui graphiquement correspond à l'unité, de rencontrer des fractions supérieures à l'unité.

Exemple

$\frac{3}{5}$

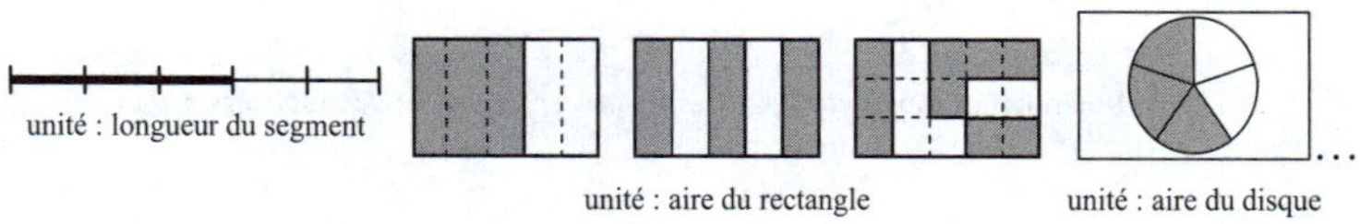

Si les fractions ont été introduites dans un contexte de longueur, il faudra ensuite « décontextualiser » et « recontextualiser », dans des contextes d'aires, de contenances. Les problèmes de partage de tartes sont en fait des problèmes que l'on peut modéliser comme des problèmes de partage d'aires.

REMARQUE

À propos des fractions supérieures à 1

Quand on utilise la fraction $\frac{7}{5}$, dans le contexte de la longueur, la procédure évoquée précédemment permet d'obtenir un nouveau segment (à partir du segment dont la longueur est l'unité choisie, partager ce segment en 5 segments de même longueur et reporter sur une droite à partir d'un point 7 fois un des 5 segments construits). Quand on utilise la même fraction dans le contexte de l'aire et si l'on choisit un disque dont l'aire sera l'unité, en procédant de la même manière que pour la longueur on obtiendra la réunion d'un disque unité et d'une partie d'un nouveau disque, d'aire $\frac{2}{5}$ de l'aire du disque unité.

Il est important que les élèves conçoivent que 5 est le nombre de parts **dans chaque unité**, d'où l'importance d'expliciter à chaque fois ce qui est unité.

La conception « fraction partage » permet d'introduire toutes les compétences du programme, par exemple :

Exemples

- Codage : on partage une bande de longueur U en trois parties égales. Chacune de ces parties représente un tiers de U et se code $\frac{1}{3}U$. En juxtaposant cinq bandes mesurant chacune $\frac{1}{3}$ de U, on obtient une bande mesurant $\frac{1}{3}U+\frac{1}{3}U+\frac{1}{3}U+\frac{1}{3}U+\frac{1}{3}U$ que l'on codera $\frac{5}{3}U$. Ainsi, $\frac{5}{3}U$ est introduit comme « 5 fois un tiers de U » et non « 5 divisé par 3 ».

- Calcul : on calcule par exemple $\frac{4}{3}+\frac{7}{3}$ en utilisant une procédure de décodage-recodage que l'on verbalise : « j'ai 4 fois $\frac{1}{3}$ et 7 fois $\frac{1}{3}$, donc en tout, j'ai 11 fois $\frac{1}{3}$ qui se code $\frac{11}{3}$ ».

REMARQUE

Il est capital, pour la suite des apprentissages, que les élèves comprennent bien la signification du tiers comme une partie de l'unité que l'on a partagée en trois **et** donc que l'unité se reconstitue avec 3 tiers.

- Ainsi dans $\frac{11}{3}$, il y a 9 tiers et 2 tiers, soit 3 fois 3 tiers et 2 tiers, soit encore 3 et 2 tiers. On a donc $\frac{11}{3}=3+\frac{2}{3}$.

1.2 Nombres décimaux

On introduit d'abord les fractions simples, puis les fractions décimales (fractions dont le dénominateur est 10, 100, 1 000 ou 10 000…), puis les sommes d'entiers et de fractions décimales qui sont des premières représentations des décimaux, l'écriture des décimaux avec virgule sera introduite juste après. Le programme 2018 de cycle 3 indique dans son introduction du thème « Nombres et calculs » : « *L'écriture à virgule est présentée comme une convention d'écriture d'une fraction décimale ou d'une somme de fractions décimales.* » Il ne s'agit pas de surenchérir le travail sur les fractions qui relève principalement du programme du collège.

À l'école, les fractions dont le dénominateur est une puissance de deux seront introduites en premier ; en effet, le pliage en deux parties égales permet d'introduire la fraction $\frac{1}{2}$, et le pliage en deux de chacune des sous-parties permet d'obtenir le pliage en quatre. Les égalités d'écriture produites sont alors en relation avec les actions effectives : $\frac{1}{4}+\frac{1}{4}=\frac{1}{2}$; $\frac{1}{2}+\frac{1}{2}=1$; $\frac{1}{4}+\frac{1}{4}+\frac{1}{4}+\frac{1}{4}=1$; $\frac{2}{2}=2\times\frac{1}{2}=1$ et le langage déjà fréquenté : double, moitié, quadruple, quart est ainsi réinvesti (voir situations §2 ci-après). Les élèves rencontrent les fractions (simples et décimales : demi, tiers, quart, dixième, centième) en CM1, les décimaux jusqu'au 1/100 en CM1 et jusqu'au 1/1 000 au CM2 et au-delà en 6e.

On retrouve les types de tâches usuelles sur les nombres : connaître (écrire et nommer), comparer, ranger, encadrer, repérer et placer sur une demi-droite graduée. Les représentations des nombres s'enrichissent (écritures décimales, fractionnaires, sommes de fractions décimales). D'autres types de tâches apparaissent comme « écrire une fraction sous forme de somme d'un entier et d'une fraction inférieure à 1 ». Pour les décimaux les techniques usuelles utilisées sur les nombres entiers doivent souvent être adaptées ; certaines disparaissent comme la comparaison du nombre de chiffres, d'autres apparaissent :

Techniques	Comparaison des décimaux
1	**On compare les parties entières : celui qui a la plus petite partie entière est le plus petit. Si les nombres à comparer ont la même partie entière, on compare les chiffres de même rang après la virgule en commençant par les chiffres des dixièmes : celui qui a le chiffre le plus petit est le plus petit nombre ; à chiffres égaux on réitère la comparaison sur les chiffres de rang suivant vers la droite, etc.**
2	**On compare les parties entières ; celui qui a la plus petite partie entière est le plus petit. Si les nombres à comparer ont la même partie entière, on identifie les parties décimales en fonction du plus petit ordre de grandeur, et on compare (par exemple pour 3,8 et 3,14, le nombre 0,8 est égal à 80 centièmes et 0,14 est égal à 14 centièmes, 80 centièmes est plus grand que 14 centièmes, donc 3,8 > 3,14).**
3	**On écrit chaque nombre « sous le même format » et on utilise l'algorithme usuel de la comparaison de deux nombres entiers ainsi pour comparer 4,5 et 3,18, on identifie 4,5 à 45 dixièmes ou 450 centièmes et 3,18 à 318 centièmes ; 3,18 < 4,5 car 318 centièmes est inférieur à 450 centièmes.**

Techniques (suite) — **Comparaison des décimaux**

4 **On écrit les deux nombres à comparer l'un au-dessus de l'autre en alignant les chiffres des unités, il suffit alors de comparer les chiffres de même rang en commençant par les plus à gauche. De gauche à droite, dès qu'à un rang donné, un nombre possède un chiffre plus petit que celui de l'autre nombre, ce premier nombre est le plus petit des deux nombres. La compétence mobilisée relative à l'écriture d'un nombre est « savoir placer éventuellement des zéros à gauche du nombre ou de zéros à droite de celui-ci. »**

Exemple

Ainsi pour comparer 124,58 et 41,56 en utilisant cet algorithme, il suffit d'écrire 41,56 sous la forme 041,56, la comparaison de 0 et de 1 permet de conclure, pour comparer 24,58 et 24,5 il suffira d'écrire 24,5 sous la forme 24,50 et de comparer 8 et 0...

1.3 Les outils et matériels

- La demi-droite graduée est très utile pour donner du sens à la densité des nombres décimaux (on peut toujours intercaler un nombre décimal entre deux nombres décimaux).

Elle n'est pas forcément facile à construire en fonction des données (par exemple comparer $\frac{314}{100}$ et $\frac{38}{10}$). On peut être amené à faire des zooms.

Exemple

Représentation de $\frac{314}{100}$.

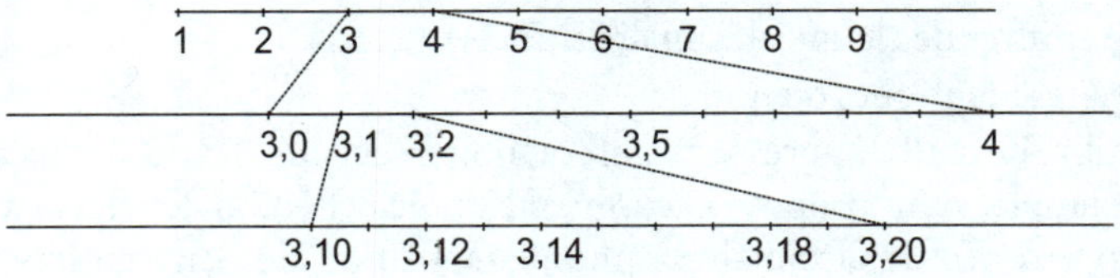

- Le matériel de numération peut être adapté ; par exemple des jetons (de forme et/ou couleurs différentes) valant un centième, d'autres un dixième, etc., ou les abaques en désignant la tige la plus à droite comme celle des centièmes par exemple, la suivante sur la gauche celle des dixièmes, etc.
- Des feuilles quadrillées permettent, si l'unité est bien choisie, de représenter le dixième, le centième…

1.4 Le vocabulaire

Les nombres décimaux peuvent se décomposer en partie entière et partie décimale (voir chapitre « Les ensembles de nombres » §1.2. et §4), en unités, dixièmes, centièmes, millièmes, dix-millièmes.

Le programme 2018, dans le paragraphe « Utiliser et représenter [...] des fractions simples », est attendue la compétence suivante : « Connaître diverses désignations des fractions : orales, écrites et décompositions additives et multiplicatives. » On s'astreindra par exemple dans les premiers apprentissages à lire 2,45 sous la forme 2 unités 4 dixièmes 5 centièmes ou 2 unités 45 centièmes. Ces désignations orales permettent d'ancrer le sens de la valeur des chiffres suivant leur position dans le nombre décimal.

Comme pour la numération sur les entiers, on distinguera chiffre des dixièmes et nombre de dixièmes... On distingue « nombre décimal » et « écriture décimale » ; il s'agit de bannir l'expression « nombre à virgule ».

Exemple

3,15 est lu de plusieurs manières différentes :

- « trois virgule quinze » (lecture du langage courant) ;
- « trois unités et quinze centièmes » ;
- « trois unités, un dixième et cinq centièmes »...

REMARQUE

On privilégiera une lecture de type « 7 unités et 42 centièmes » ou « 7 unités, 4 dixièmes et 2 centièmes » plutôt que « 7 virgule 42 », pour limiter les représentations du nombre décimal comme juxtaposition de deux entiers, tout en faisant verbaliser les trois.

1.5 Variables didactiques

Voici des exemples de variables didactiques pour le type de tâches « comparer deux nombres décimaux » :

- nombre de chiffres de chaque décimal, distincts ou non ;
- parties entières identiques ou non ;
- même nombre de chiffres après la virgule ou non de chacun des décimaux à comparer ; par exemple, si on propose la comparaison de 3,1 et 3,8, les élèves ayant une conception erronée du décimal comme juxtaposition de deux entiers, peuvent mettre en œuvre une procédure erronée, mais obtenir une réponse correcte car $1 < 8$ et $3{,}1 < 3{,}8$. Alors que si on propose de comparer 3,17 et 3,8, un raisonnement erroné conduira à une réponse erronée car $17 > 8$ mais $3{,}17 < 3{,}8$;
- désignations des nombres : orale, décimale, fractionnaire, canonique... ;
- matériel de représentation à disposition : droite graduée, matériel de numération, possibilité de représenter facilement ou non les nombres avec le matériel, etc.

1.6 Difficultés, erreurs

Voici quelques conceptions erronées fréquentes du nombre décimal ainsi que les erreurs souvent observées chez les élèves.

- Un nombre décimal est un nombre à virgule (la présence de la virgule est considérée comme la caractéristique des nombres décimaux, ce qui empêche l'élève de considérer que 3 est un nombre décimal).

- Un nombre décimal est un entier avec une virgule. Cela conduit à mettre en œuvre sur les décimaux les règles de comparaison et de calcul élaborées pour des entiers, source de nombreuses erreurs.

Exemples : 3,4 × 10 = 30,4 (ou 3,40) ou 15,16 est plus grand que 18,1 car il a plus de chiffres… Cela peut résulter de l'aspect visuel de l'écriture décimale (proche d'un entier à la virgule près), de l'utilisation des décimaux pour mesurer des grandeurs. On peut dire, par exemple, qu'une longueur de 7,85 m est identique à une longueur de 785 cm. On pourrait en déduire qu'un nombre décimal peut aussi être représenté par un entier en oubliant qu'il y a eu un changement d'unité.

- Un décimal est constitué de deux entiers séparés par une virgule. C'est la conception erronée la plus fréquente. Cela conduit à des erreurs du type : 3,8 < 3,17 car 8 < 17 ou 3,4 × 10 = 30,40. Cela résulte parfois de plusieurs facteurs : l'aspect visuel de l'écriture décimale, la verbalisation orale sociale (3,15 étant souvent lu « trois virgule quinze »), les désignations sociales de certaines grandeurs (3 € 15 c noté 3,15 € et 7 m 85 cm noté 7,85 m…).
- Confusions entre les termes « dixièmes » et « dizaines », « centièmes » et « centaines » phonétiquement proches.
- Confusion dans la désignation de la position des chiffres (exemple : centièmes nommés dixièmes) : certains élèves peuvent nommer les rangs des chiffres symétriquement par rapport à la virgule (dizaine au 2e rang à gauche de la virgule, donc dixième au 2e rang à droite de la virgule) alors que le lexique est « symétrique » par rapport au chiffre des unités.
- Confusion fractions/décimaux, barre de fraction/virgule.

Exemple

$3,4 = \frac{3}{4}$; $17 + \frac{2}{100} = 17,200$.

- Persistance de la notion de successeur ; exemple : 2,5 suit 2,4 ; cela conduit à des difficultés pour intercaler un nombre. Cela résulte parfois d'une construction partielle de la demi-droite numérique.
- De nombreuses erreurs sur la représentation graphique des fractions et des décimaux (lecture ou placement sur une demi-droite graduée).

Exemple

L'énoncé « colorier $\frac{3}{5}$ » est incorrect car il ne donne pas la référence, c'est-à-dire de quel objet on doit colorier les $\frac{3}{5}$. Il aurait fallu demander de colorier $\frac{3}{5}$ de l'aire du grand rectangle, la formulation correcte mathématiquement (mais « lourde ») étant : « colorier une surface dont l'aire est égale à $\frac{3}{5}$ de l'aire du grand rectangle ».

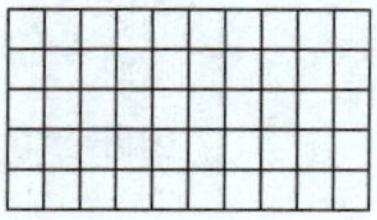

2 Des situations de référence

2.1 Fractions simples

Afin d'éviter une perception des décimaux comme des entiers avec quelque chose en plus, la situation-problème initiale va devoir montrer la nécessité de nouveaux nombres, par exemple pour mesurer des longueurs. Ainsi, l'équipe ERMEL propose[1]-t-elle de demander aux élèves d'indiquer, par un message à un autre élève ou groupe d'élèves, quel segment (parmi plusieurs) ils ont choisi, le seul outil disponible étant une bande-unité. Les longueurs des segments sont choisies par le maître pour être des fractions de l'unité (du type $\frac{1}{4}$, $\frac{5}{2}$ ...). On construira progressivement avec les élèves lors de cette situation et des suivantes les connaissances sur les fractions, puis sur les décimaux.

Dans cette progression, les fractions sont ensuite travaillées dans d'autres contextes que les longueurs.

2.2 Fractions décimales

Le travail entrepris sur les fractions simples est poursuivi avec des fractions décimales (de dénominateur 10, puis 100). On s'attachera à montrer qu'il faut 10 dixièmes pour obtenir une unité, 10 centièmes pour obtenir 1 dixième. On utilisera l'écrit **et** l'oral en variant les formes verbales :

- il faut 10 centièmes pour faire 1 dixième ;
- j'ai déjà 7 dixièmes, il faut 3 dixièmes de plus pour avoir une unité, etc.

On s'entraînera à produire diverses écritures du même nombre.

Exemple

$$\frac{742}{100}=\frac{74}{10}+\frac{2}{100}=7+\frac{42}{100}$$

L'objectif est d'arriver à une décomposition en somme de fractions, « privilégiées », c'est-à-dire où les numérateurs des fractions décimales sont des entiers inférieurs ou égaux à 9.

Exemple

$\frac{742}{100}=7+\frac{4}{10}+\frac{2}{100}$ qui est la décomposition canonique (unique) de $\frac{742}{100}$. Pour cela on pourra utiliser une adaptation du jeu du banquier (voir chapitre « Les nombres à l'école », § 6.3) : les jetons sont des jetons de $\frac{1}{100}$, de $\frac{1}{10}$, de 1, de 10 ; on n'a pas le droit d'avoir plus de neuf jetons de chaque sorte ; l'élève tire un carton, par exemple $\frac{742}{100}$ et doit demander les jetons correspondants, etc.

1. CHARNAY Roland *et al. Apprentissages numériques et résolution de problèmes. CM1*. Paris : Hatier 2005, p. 404-415.

2.3 Écriture décimale

L'objectif est de trouver une écriture chiffrée qui utiliserait les mêmes règles d'écriture que les entiers (échanges dix contre un ; un chiffre par colonne…)

Le programme 2018 de cycle 3 indique : « *Le lien à établir avec les connaissances acquises à propos des entiers est essentiel. Avoir une bonne compréhension des relations entre les différentes unités de numération des entiers (unités, dizaines, centaines de chaque ordre) permet de les prolonger aux dixièmes, centièmes… Les caractéristiques communes entre le système de numération et le système métrique sont mises en évidence.* »

On s'appuie sur les résultats établis : $\frac{10}{10}=1$ et $\frac{10}{100}=\frac{1}{10}$. On repart du tableau de numération des entiers et on le prolonge à droite de la colonne des unités en utilisant la règle des échanges 10 contre 1, plus précisément, 10 unités de la colonne de droite valent une unité de la colonne immédiatement à sa gauche.

Exemple

En repartant de la décomposition canonique de l'exemple ci-dessus, on écrit 7 puis 4 et 2, respectivement dans la colonne des unités, dixièmes et centièmes. Il reste à introduire la virgule.

c	d	u	$\frac{1}{10}$	$\frac{1}{100}$
		7 ,	4	2

REMARQUE

On articulera écriture décimale, écriture fractionnaire et placement sur la demi-droite graduée pour renforcer le fait que 7,42 est un nouveau nombre, compris entre 7 et 8.

10 Calculs à l'école

Cours et méthodes

Le calcul et ses propriétés sont indissociables des connaissances en numération ; ils s'étayent et s'enrichissent mutuellement.

1 Introduction

1.1 Différents types de calcul

On distingue le calcul mental, le calcul posé (en ligne ou en colonnes) et le calcul instrumenté. Pour chaque type, on distingue ce qui relève du calcul réfléchi (ou raisonné, nécessitant le choix d'une procédure, voire d'une stratégie économique) de ce qui relève du calcul automatisé (qui découle souvent de procédures de calcul réfléchi optimisées et reconnues socialement). Ainsi le type de calcul mis en œuvre dépend des nombres en jeu (taille, propriétés, relations entre eux…), des procédures disponibles et de leur niveau de maîtrise (selon le niveau de classe, selon chaque élève) ; un même calcul peut mobiliser une procédure réfléchie pour certains élèves et automatisée pour d'autres. Par ailleurs, un calcul peut être mis en œuvre pour trouver un résultat exact, pour détecter certaines erreurs ou pour estimer un résultat (calcul approché).

REMARQUE

Pendant très longtemps on a opposé « calcul de tête », souvent donné oralement, et « calcul écrit » en appelant calcul mental le calcul de tête ; or tout calcul écrit nécessite aussi une activité mentale, comme par exemple faire appel à des résultats mémorisés ou gérer des retenues, et certains calculs donnés oralement, nécessitent malgré une activité mentale de s'appuyer sur un écrit, pour noter par exemple des résultats intermédiaires afin d'alléger la mémoire de travail ; aussi ne faudrait-il pas confondre le calcul mental avec le calcul de tête ou le calcul oral. De plus, une même tâche avec le support de la calculatrice (par exemple « sans effacer afficher 282 puis 482), suivant les contraintes imposées, pourra relever du calcul instrumenté réfléchi ou du calcul mental. Par exemple si la tâche doit être réalisée avec une calculatrice « cassée » (touches 1 et 0 inactivées par exemple, outil disponible dans LaboMEP (Laboratoire de Mathenpoche) ou que propose le site d'entraînement au calcul mental Calcul@tice), il s'agit de calcul instrumenté réfléchi, l'instrument permettra sans doute de soulager (peut-être les favorisera-t-il) des procédures du type essais-erreurs ; s'il n'y a pas de contrainte imposée, on peut ne pas recourir à l'instrument (notamment pour des essais) et on reste dans du calcul mental.

Procédure / Calcul	réfléchie, raisonnée (en utilisant les propriétés des nombres et des opérations notamment la commutativité, l'associativité et la distributivité)	automatisée
mental	• $0,3 + 0,3 + 0,3 + 0,3 + 0,3 + 0,3 + 0,3 + 0,3 + 0,3 + 0,3 = 10 \times 0,3 = 3$ • $19 \times 25 = 20 \times 25 - 25 = 500 - 25 = 475$ • Calculer le quotient et le reste euclidiens de 215 divisé par 7 : $215 = 210 + 5 = 7 \times 30 + 5$ Le quotient est donc 30 et le reste 5. • Passer d'un nombre à un autre : un premier nombre est affiché sur l'écran d'une calculatrice. Sans éteindre la calculatrice, ni effacer le nombre affiché, il s'agit d'obtenir l'affichage d'un autre nombre ; exemple : « faire afficher 88 ; sans effacer faire afficher 425 » ou « faire afficher 2,585 ; sans effacer faire afficher 2,605 en une seule opération » (ici la calculatrice ne sert que de contexte ; il s'agit bien de calcul mental et non instrumenté – sauf pour valider ensuite le calcul mental).	• Mobiliser des résultats mémorisés (tables, compléments à 10, à 100, à 1 pour les décimaux). • Relations arithmétiques (doubles, moitiés ou demis, tiers, triples, quarts, $4 \times 25 = 100$; $2 \times 15 = 30$; $0,5 + 0,5 = 1$; $\frac{1}{4}+\frac{1}{4}=\frac{1}{2}$ ...). • Multiplier ou diviser par 10, 100, 1 000...
posé en ligne ou en colonne	Dans leurs premières phases d'apprentissage, les techniques opératoires de calcul posé sont raisonnées (avant leur automatisation). Effectuer un calcul en ligne, par exemple $34 + 12 = 30 + 4 + 10 + 2 = 30 + 10 + 4 + 2 = ...$	Effectuer un calcul posé en mettant en œuvre une technique opératoire connue.
instrumenté	Par exemple 123456×1428 dépasse les capacités de calcul de certaines calculatrices et va nécessiter une décomposition avant d'utiliser la calculatrice $123456 \times 1428 = 123000 \times 1428 + 456 \times 1428$.	Utiliser de façon usuelle la calculatrice.

Les activités de calcul mental sont quotidiennes dans la classe sous forme de situations très variées[1] : avec l'ardoise levée (procédé dit « procédé La Martinière ») mais aussi **jeu du furet** (il s'agit de faire dire à tour de rôle des nombres aux élèves en suivant une règle donnée, par exemple compter de 0,1 en 0,1), **jeux de dés, de cartes, jeu de la boîte** (on met un nombre d'objets dans une boîte opaque et on effectue des transformations en enlevant, rajoutant des objets, l'inconnue pouvant être le nombre d'objets dans la boîte ou la transformation), « **le compte est bon** »… sans oublier la résolution mentale de petits problèmes contextualisés.

1. *Cf.* COPIRELEM, *Le calcul mental à l'école primaire*. ARPEME 2012 ; PELTIER Marie-Lise, CLAVIÉ Claudette et AUBER Patrick. *Calcul mental au cycle 2. Des activités pour le quotidien de la classe.* Paris : Hatier 2005 ; PELTIER Marie-Lise et CLAVIÉ Claudette. *Calcul mental au cycle 3. Des activités pour le quotidien de la classe.* Paris : Hatier 2005; APMEP. *Comment faire du calcul un jeu d'enfant.* Paris : Vuibert 2007.

1.2 Variables didactiques pour la plupart des situations de calcul

- Présentation du calcul : oralement, par écrit (en ligne, déjà posé), au sein d'un problème, etc. ;
- Propriétés des nombres : taille, particularités (par exemple multiple de 10, de 25, pair, etc.) ;
- Relation entre les nombres ;
- Disponibilité des répertoires (tables) ;
- Contraintes relatives aux types de calcul possibles (imposé, mobilisable, interdit) ;
- Nombre et positions des « retenues ».

Exemple

Prenons l'exemple du type de tâche « calculer une somme de nombres entiers », voici quelques variables didactiques dans le cas où le calcul à effectuer apparaît en dehors de tout contexte lié à un énoncé de problème et sans le recours à la calculatrice :

- le choix des nombres en jeu dans la somme :
  - la présence de nombres « amis » comme par exemple 16 et 4 ou bien 30 et 70 peut inciter à un calcul réfléchi en regroupant certains nombres et en utilisant implicitement les propriétés de commutativité et d'associativité de l'addition ; ainsi 16 + 31 + 4 se calculera 16 + 4 + 31, soit 20 + 31 = 51 ;
  - la présence de nombres entiers de centaines et de dizaines peut inciter le regroupement des nombres associés à la même unité de numération, en se ramenant à la décomposition canonique des nombres ; ainsi dans le calcul en ligne,

$$100 + 20 + 200 + 40 + 6 + 30 = 300 + 90 + 6 = 396 ;$$

- la possibilité de recourir ou non à un matériel de numération (en cours d'apprentissage, ce recours permettra de donner du sens à la technique opératoire posée ; une fois celle-ci construite, le matériel pourra permettre de valider un résultat tout en aidant à le produire pour certains élèves et à analyser les erreurs) ;
- les contraintes apportées (par exemple s'il s'agit d'effectuer le calcul en ligne en conservant la trace des calculs intermédiaires, l'élève peut procéder par décomposition des nombres et réaliser un arbre de calcul, comme proposé dans le paragraphe 2.3.a) ;
- le nombre de nombres à ajouter (lorsqu'on ajoute deux nombres, la retenue ne peut dépasser 1, l'élève peut alors considérer que la retenue vaut systématiquement 1, s'il est habitué à ajouter essentiellement deux nombres) ;
- le nombre de retenues (sans retenue, l'élève peut réussir sans mobiliser la compréhension de la signification des chiffres dans l'écriture d'un nombre) ;
- le calcul est déjà posé ou est donné en ligne (dans le second cas, l'élève doit aligner les chiffres de même rang des nombres à ajouter s'il utilise la technique opératoire) ;
- la possibilité d'utiliser ou non le répertoire additif construit en classe par le biais d'une affiche, d'une fiche-outil (si oui, cela permet à l'élève de se concentrer sur l'automatisation de la technique) ;
- le nombre de chiffres de chacun des nombres (plus le nombre de chiffres est grand, plus il y aura éventuellement de retenues à gérer) ;

···›

Exemple (suite)

- l'égalité ou non du nombre de chiffres de chacun des nombres (différents, ils obligent l'élève à porter son attention sur le positionnement de l'écriture des chiffres ; ainsi si l'élève ajoute le plus souvent des nombres de deux chiffres il peut penser que la retenue se place toujours au niveau du rang le plus à gauche).

Certaines de ces variables influencent le choix de la technique utilisée (calcul mental, en ligne, en arbre, posé en colonnes), d'autres ne modifient pas forcément ce choix de technique (mise en œuvre de la technique opératoire posée) mais peuvent complexifier la tâche de l'élève en mettant l'accent sur l'existence d'une étape intermédiaire non visible pour tous les calculs.

2 Opérations sur les entiers dans le champ addition-soustraction

2.1 Progressivité des apprentissages

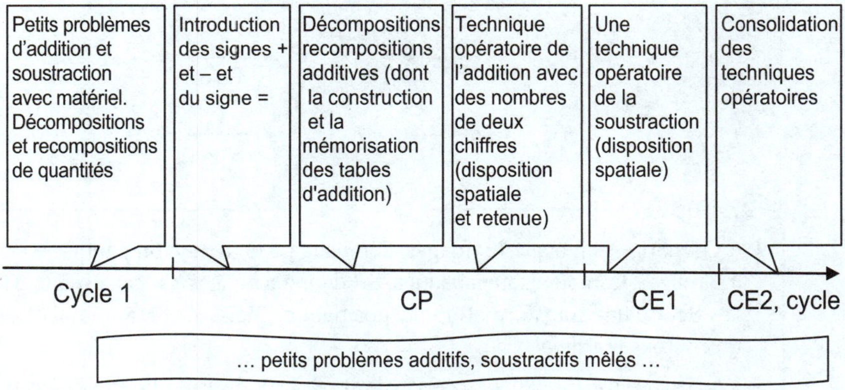

Le programme emploie le terme « structures additives » pour désigner des problèmes d'addition, de soustraction.

Les techniques opératoires et le sens des opérations (construit à travers la résolution de problèmes) sont indissociables ; ils s'étayent et s'enrichissent mutuellement. Les programmes 2018 de cycle 3 précisent : « *il s'agit de développer simultanément chez les élèves des aptitudes de calcul et des aptitudes de résolution de problèmes arithmétiques (le travail sur la technique et sur le sens devant se nourrir l'un l'autre)* ». Le calcul en ligne est mentionné de façon explicite dans les programmes 2018 de cycle 2 et cycle 3 et fait l'objet d'un document ressources[1].

2.2 Sens des opérations (addition, soustraction)

Pour classer les problèmes additifs (addition et soustraction), Gérard Vergnaud[2], distingue six structures additives (seules les quatre premières sont principalement

1. [eduscol.education.fr/cid102696/ressources-maths-cycle-2.html].

2. VERGNAUD Gérard. « Psychologie du développement cognitif et didactique des mathématiques : un exemple, les structures additives ». *Grand N*, n° 38. Grenoble : IREM de Grenoble 1987, p. 21-40 [www-irem.ujf-grenoble.fr/revues/revues_x/fic/22/22x4.pdf] et VERGNAUD Gérard *et al. Le moniteur de mathématiques. Cycle 3. Résolution de problèmes*. Paris : Nathan 2001, p. 11-22 et p. 51-110.

rencontrées dans les apprentissages à l'école primaire et il est important de les faire vivre régulièrement dans des contextes différents) :

a. Les problèmes de transformation d'état

Les problèmes de **transformation d'état** où un état initial subit une transformation pour aboutir à un état final peuvent être schématisés par

$$e_i \xrightarrow{t_{+\text{ ou }-}} e_f$$

On peut, à partir de cette structure, identifier six types de questions différentes présentées par le tableau ci-dessous (le symbole en majuscule représente l'information à chercher dans le problème). Il faut ajouter que le contexte des problèmes évoqués peut, pour chaque type, être soit cardinal (quantités qui augmentent ou diminuent), soit ordinal (déplacements en avant ou en arrière dans une liste ordonnée ou sur une ligne graduée), soit de mesures (grandeurs qui augmentent ou diminuent).

	Recherche de l'état final	Recherche de la transformation	Recherche de l'état initial
Transformation positive	$e_i \xrightarrow{t_+} E_f$	$e_i \xrightarrow{T_+} e_f$	$E_i \xrightarrow{t_+} e_f$
Transformation négative	$e_i \xrightarrow{t_-} E_f$	$e_i \xrightarrow{T_+} e_f$	$E_i \xrightarrow{t_-} e_f$

Exemples

- « Ce matin, Jean avait 12 images. Son papa lui en donne un paquet. Maintenant, Jean a 17 images. Combien son papa lui a-t-il donné d'images ? » correspond à la recherche de la valeur d'une transformation (ici positive) connaissant l'état initial et l'état final, dans un contexte cardinal.
- « Au jeu de l'oie, Catherine lance son dé et recule de 5 cases. Elle arrive alors sur la case 17. De quelle case est-elle partie ? » correspond à la recherche d'un état initial connaissant la transformation (ici négative) et l'état final, dans un contexte ordinal.

b. Les problèmes de composition d'états

Les problèmes de **composition d'états** dans lesquels deux états sont combinés pour obtenir un troisième état (**relation partie-partie-tout**) ; il peut s'agir de la réunion de deux états ou au contraire de la partition (de la disjonction) d'un état en deux autres états (dans ce cas, il y a recherche de la valeur du complément). On identifie alors deux types de questions différentes évoquées par les schémas suivants (où le symbole en majuscule représente l'information à chercher dans le problème). $\left.\begin{matrix} e_1 \\ e_2 \end{matrix}\right\}\mathbf{E}$ et $\left.\begin{matrix} e_1 \\ \mathbf{E_2} \end{matrix}\right\}e$

Exemple

« Dans un vase, il y a 13 fleurs, 6 sont des roses et les autres sont des marguerites. Combien y a-t-il de marguerites ? » correspond à la recherche d'une partie connaissant l'autre partie et le tout dans le contexte cardinal.

c. Les problèmes de comparaison d'états

Les problèmes de **comparaison d'états,** dans lesquels on est amené à quantifier l'écart entre deux états e_1 (le référent) et e_2 (le référé) peuvent être représentés par le schéma ci-contre, e_1 servant de référence pour la comparaison.

$$\begin{array}{l} e_2 \\ \uparrow c\pm \\ e_1 \end{array}$$

À partir de cette structure, on peut identifier six types de questions différentes présentées par le tableau ci-dessous (le symbole en majuscule représente l'information à chercher dans le problème). Là encore, le contexte du problème peut être soit cardinal, soit ordinal, soit de mesures.

	Recherche de E_2	Recherche de C	Recherche de E_1
Comparaison positive	$\mathbf{E_2}$ $\uparrow c+$ e_1	e_2 $\uparrow \mathbf{C}+$ e_1	e_2 $\uparrow c+$ $\mathbf{E_1}$
Comparaison négative	$\mathbf{E_2}$ $\uparrow c-$ e_1	e_2 $\uparrow \mathbf{C}-$ e_1	e_2 $\uparrow c-$ $\mathbf{E_1}$

Exemples

- « Jean a 45 timbres et Aline en a 27. Combien Jean a-t-il de timbres de plus qu'Aline ? » correspond à la recherche d'une « comparaison positive » connaissant le référent et le référé dans le contexte cardinal. La comparaison est positive car la référence est la collection d'Aline et celle de Jean est plus grande que celle d'Aline.
- « Au jeu de l'oie, Béatrice est sur la case 25. Hervé a parcouru 12 cases de moins que Béatrice. Sur quelle case se trouve-t-il ? » correspond à la recherche de l'état référé 2 connaissant l'état référent 1 et une comparaison négative dans le contexte ordinal. La comparaison est négative, car la référence est la case de Béatrice.

d. Les problèmes de composition de transformations

Les problèmes de **composition de transformations** où deux transformations sont composées pour en former une troisième, alors qu'on ne connaît pas la valeur des différents états (initiaux, intermédiaires ou finaux) peuvent être schématisés par :

$$\xrightarrow{t_1}\xrightarrow{t_2}$$
$$\xrightarrow[t]{}$$

On imagine la grande variété de problèmes auxquels peut donner lieu ce schéma, celle-ci dépendant :

- de ce qui est cherché : la transformation composée t ou l'une des deux transformations t_1 ou t_2 ;
- du fait que les transformations sont positives ou négatives, de même sens ou de sens contraire ; des valeurs relatives des deux transformations, lorsqu'elles ne sont pas de même sens.

Exemples

- « Ce matin, j'ai perdu 9 billes et cet après-midi j'en ai gagné 15. Quel est le bilan pour toute la journée ? » correspond à la recherche de la transformation composée dans le contexte cardinal.
- « Ce matin, j'ai perdu 9 billes. J'ai rejoué cet après-midi. Au total, sur toute la journée, j'ai gagné 6 billes. Que s'est-il passé l'après-midi ? » correspond à la recherche de la deuxième transformation connaissant la première et la transformation composée dans le contexte cardinal.

e. Les problèmes de composition de comparaisons

Les problèmes de **composition de comparaisons** peuvent être schématisés par :

$$\left.\begin{array}{l}\uparrow c_1\\ \uparrow c_2\end{array}\right| \uparrow c$$

(on ne connaît pas la valeur des différents états comparés).

Exemple

« Pierre a 9 billes de plus que Jacques et Jacques en a 5 de moins que Luc. Luc a-t-il plus ou moins de billes que Pierre ? Et de combien ? »

f. Les problèmes de transformation de comparaisons

Les problèmes de **transformation de comparaisons** sont peu rencontrés à l'école primaire.

Exemple

« Jean doit 38 € à Marion. Il lui donne un billet de 50 € mais elle n'a pas de monnaie. Quelle est la nouvelle situation entre Jean et Marion ? »

Les analyses faites par divers auteurs en début de CE1 indiquent que les problèmes dans lesquels il s'agit de déterminer l'état final dans une transformation (qu'elle soit positive ou négative) ou le résultat d'une réunion sont assez bien réussis (par environ 65 % à 70 % des élèves). Ceux dans lesquels il faut déterminer l'état initial dans une transformation, la valeur de la transformation, évaluer le résultat d'une comparaison ou l'un des termes de la comparaison sont nettement moins bien réussis (de l'ordre de 40 % à 45 %).

Les problèmes mettant en jeu des compositions ou des transformations de comparaisons ne sont pratiquement pas abordés à l'école primaire car ils demandent des capacités d'abstraction trop importantes.

2.3 Les techniques de l'addition

a. L'arbre de calcul

Cette technique permet de faire apparaître les calculs intermédiaires effectués pour une addition en ligne.

$$100 + 20 + 200 + 40 + 6 + 30$$
$$= 300 + 60 + 6 + 30$$
$$= 300 + 90 + 6$$
$$= 396$$

b. L'addition posée en colonne

La compréhension de la technique de l'addition repose sur le principe fondamental de la numération décimale (égalité entre dix unités et une dizaine…) et la rapidité de son exécution dépend de la connaissance des sommes de nombres à un chiffre (tables d'addition, répertoire). Le calcul posé en colonnes n'a d'intérêt que pour les nombres d'au moins deux chiffres.

$$\begin{array}{cccc} & & ② & \\ & & 5 & 8 \\ & & 4 & 7 \\ + & & 1 & 5 \\ \hline & 1 & 2 & 0 \end{array}$$

Le recours à un ou plusieurs « matériels de numération » (matériel de base dix, bouliers, abaques…) permet d'illustrer utilement la technique, et donc de mieux la comprendre, notamment par la correspondance établie entre retenues et groupements d'unités par dizaines.

D'un point de vue didactique, il est important de ne pas dissocier dans le temps l'étude des cas « sans retenue » et des cas « avec retenue », afin de ne pas générer l'idée que le calcul se limite à l'addition séparée des chiffres de même rang. Il est également important de proposer des additions de plus de deux termes que les élèves doivent calculer en une seule fois afin de ne pas engendrer l'idée que les retenues sont toujours égales à 1. Encore une fois la mise en place d'une technique, forcément coûteuse, ne trouve sa raison d'être que si le cas à traiter est assez complexe (dans l'exemple ci-dessus, le nombre de termes de la somme est un facteur de complexité pour, par exemple, disqualifier une procédure de calcul mental). On trouve d'autres techniques « intermédiaires » dans le document *Le nombre au cycle 2*[1].

c. Difficultés, erreurs pour l'addition

Exemple

Ci-dessous l'analyse des erreurs avec *entre parenthèses en italique des hypothèses sur leurs origines*.

a) L'algorithme est correct mais il y a erreur dans la disposition spatiale des nombres (alignements des chiffres de même rang) (*habitude d'additions avec des nombres ayant le même nombre de chiffres*).

a)

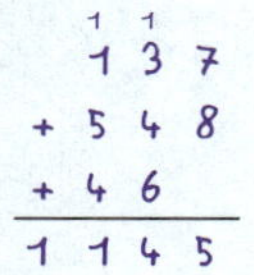

…›

1. *Op. cit.*, p. 145

Exemple (suite)

b) L'algorithme est correct mais erreur dans la mobilisation des répertoires, pour le chiffre des dizaines, 2 + 3 + 4 + 4 = 13 et non 14 (*répertoire additif mal maîtrisé ou erreur de comptage*).

b)

```
   1 2
   1 3 7
 + 5 4 8
 +   4 6
 -------
   7 4 1
```

c) Les retenues sont bien placées mais ne sont pas prises en compte (*pas de sens donné à la retenue*).

c)

```
   1 2
   1 3 7
 + 5 4 8
 +   4 6
 -------
   6 1 1
```

d) Les retenues sont toujours égales à 1 (*habitude d'additions de deux nombres uniquement*).

d)

```
   1 1
   1 3 7
 + 5 4 8
 +   4 6
 -------
   7 2 1
```

e) Les retenues sont toujours posées sur le chiffre de gauche (*habitude d'additions de nombres à deux chiffres uniquement, pas de sens donné à la retenue*).

e)

```
   1
   2
   1 3 7
 + 5 4 8
 +   4 6
 -------
   9 1 1
```

f) Inversion entre le chiffre à poser dans la somme et la retenue (*non compréhension de la retenue, numération non maîtrisée*).

f)

```
   2 1
   1 3 7
 + 5 4 8
 +   4 6
 -------
   8 1 2
```

g) Pose systématique des sommes par colonne sans considération de la retenue (*application partielle de l'algorithme : on somme les chiffres de même rang*).

g)

```
   1   3   7
 + 5   4   8
 +     4   6
 -----------
   6  11  21
```

Une anticipation systématique de l'ordre de grandeur du résultat d'un calcul permet sans doute aux élèves d'être plus vigilants quant à la manière d'effectuer ce calcul.

Exemple

Ainsi pour le calcul précédent, en fonction de ses compétences en calcul l'élève pourrait dire 137 est proche de 150, 548 de 550 et 46 de 50, donc la somme de 750, ce qui élimine les réponses extrêmes 1 145 et 61 121, probablement aussi 611 et 911.

2.4 Les techniques de la soustraction posée

Il existe plusieurs techniques possibles dont les fondements ne reposent pas sur les mêmes connaissances.

Illustrons ces techniques en prenant l'exemple du calcul de la différence : 485 – 68

Technique 1

La technique dénommée « par cassage », par certains auteurs « par déconstruction », « par démolition », « par emprunt » ou encore « anglo-saxonne », repose sur une autre écriture du premier terme. De 5 unités, on ne peut soustraire 8 unités, on « déconstruit » donc une dizaine pour l'échanger contre dix unités, ce qui revient à considérer les 8 dizaines apparaissant dans le nombre 485 comme 7 dizaines auxquelles on ajoute 10 unités, ainsi l'écriture du premier terme est transformé en 470 + 15; il est alors possible de soustraire 8 unités de 15 unités, on obtient 7 unités, le calcul 7 – 6 dans la colonne des dizaines permet d'obtenir 1. On obtient ainsi le résultat 417.

		7	
	4	~~8~~	10+5
–		6	8
	4	1	7

Cette technique est simple à comprendre, car au-delà de l'utilisation des résultats des tables, elle s'appuie sur la seule connaissance des principes de la numération décimale, de ce fait elle est souvent enseignée en fin de CP et CE1. Elle s'appuie fortement sur les unités de numération.

REMARQUE

Cette technique semble assez délicate à mettre en œuvre lorsque le plus grand nombre comporte des zéros, le calcul posé de 3 002 – 749 par exemple oblige successivement à transformer 3 unités de mille en 2 unités de mille et 10 centaines, puis transformer les 10 centaines en 9 centaines et 10 dizaines et enfin les 10 dizaines en 9 dizaines et 10 unités pour enfin déterminer le chiffre des unités de la différence (**3**) ; les autres chiffres ne posent pas de problème : on obtient alors le résultat **2 253**. Cependant on peut dépasser cette difficulté en mobilisant pleinement ses connaissances sur les nombres : 3 002 c'est 300 dizaines et 2 unités ou 299 dizaines et 12 unités..., ce qui permet de travailler l'aspect décimal du nombre.

	2	9	9	
	~~3~~	~~0~~	~~0~~	10+2
–		7	4	9
	2	2	5	3

Technique 2

La technique dénommée « par recherche du complément » repose sur l'équivalence entre soustraction et addition à trou. Le calcul 485 – 68 = ··· est équivalent au calcul 68 + ··· = 485, c'est donc le calcul de cette addition à trou qui va être réalisé. Le seul nombre à un chiffre qui ajouté à 8 donne un chiffre des unités égal à 5 est 7 car 7 + 8 = 15. On obtient donc 7 pour chiffre des unités du nombre recherché, il nous faut écrire 1 comme retenue au rang des dizaines et poursuivre le calcul en se posant la question : quel nombre à un chiffre ajouté à 7 donne 8 ? La réponse est 1. Le nombre recherché est bien alors 417.

$$\begin{array}{cccc} & & \textcircled{1} & \\ & & 6 & 8 \\ + & 4 & 1 & 7 \\ \hline & 4 & 8 & 5 \end{array}$$

$$\begin{array}{cccc} & 4 & 8 & 5 \\ - & & 6 & 8 \\ & & \textcircled{1} & \\ \hline & 4 & 1 & 7 \end{array}$$

Cette technique présente l'avantage de n'être qu'une disposition particulière de la technique de l'addition, elle suppose donc la maîtrise de celle-ci mais aussi la compréhension de l'équivalence de résultats entre un calcul de différence et un calcul de complément, de façon à pouvoir poser une soustraction tout en « pensant » une addition à trou.

Technique 3

La technique dénommée « par ajouts simultanés » ou « par conservation des écarts » (ou encore « classique », car très souvent enseignée en France à l'école et au collège) repose sur l'invariance d'une différence par ajout simultané d'un même nombre aux deux termes de la différence.
Ici pour notre exemple, le savoir en jeu est illustré par l'égalité : 485 – 68 = (485 + 10) – (68 + 10). Le 10 ajouté à 485 est ajouté au chiffre des unités, alors que le 10 ajouté à 68 est transformé en une dizaine ajoutée au chiffre des dizaines. De 5 unités on ne peut soustraire 8 unités, on ajoute donc 10 unités au premier nombre et une dizaine au second, ce qui permet successivement de calculer 15 – 8 puis 8 – 7 et d'obtenir au final le résultat 417. Les « retenues » dans la deuxième écriture n'ont pas le même statut en haut et en bas de l'opération, le « 1 » à côté du 5 représente une dizaine et non une unité simple tandis que le « 1 » sous le 6 est ajouté à 6, il faudra donc retrancher 7 dizaines.

$$\begin{array}{cccc} & 4 & 8 & {}^{10+}5 \\ - & & 6 & 8 \\ & & \textcircled{1} & \\ \hline & 4 & 1 & 7 \end{array}$$

$$\begin{array}{cccc} & 4 & 8 & {}^{1}5 \\ - & & 6 & 8 \\ & & \textcircled{1} & \\ \hline & 4 & 1 & 7 \end{array}$$

Cette technique est la plus complexe à comprendre, c'est en effet celle qui sollicite le plus de connaissances et la conservation des écarts est difficile à construire par les élèves.

Le choix de l'une des techniques conditionne les étapes de l'apprentissage, dans la mesure où les connaissances et les compétences préalables que doivent maîtriser les élèves varient d'une technique à l'autre. Les seules connaissances communes concernent les équivalences entre les unités de numération et une maîtrise suffisante des résultats des tables d'addition (compléments et différences). Comme pour l'addition, il est important de ne pas dissocier dans le temps l'étude des cas « sans retenue » des cas « avec retenue ».

Difficultés, erreurs pour la soustraction

a)		b)
3 0 5		3 0 5
- 1 8 7		- 1 8 7
2 9 8		2 8 2

On retrouve les types d'erreurs vus pour l'addition : disposition spatiale incorrecte, numération décimale non maîtrisée, erreurs dans la mobilisation des répertoires (tables), méconnaissance du principe et du sens de ce que l'on nomme aussi « retenue » – différent selon la technique (le mélange des techniques est aussi une source d'erreurs). Dans tous les cas, au-delà de la gestion des retenues, de la mémorisation des tables, l'élève devra aussi considérer que le « zéro » intervenant dans l'écriture des nombres est un chiffre comme les autres et ne nécessite pas un traitement particulier ; dans le calcul a), il y a réussite pour le chiffre des unités mais ensuite pour le chiffre des dizaines, estimant qu'il est impossible de soustraire quelque chose à « rien », l'élève reporte le chiffre des dizaines du second terme après une prise en compte de la retenue. Dans le calcul b) l'élève soustrait systématiquement le plus petit chiffre au plus grand indépendamment de sa position (première ou seconde ligne) (*cela peut résulter d'un apprentissage de la soustraction avec des opérations sans retenue dans un premier temps ou au fait qu'il soustrait toujours le plus petit chiffre au plus grand puisqu'on lui a dit qu'il fallait toujours soustraire le plus petit nombre au plus grand*).

3 Opérations sur les entiers dans le champ multiplication-division

3.1 Progressivité des apprentissages

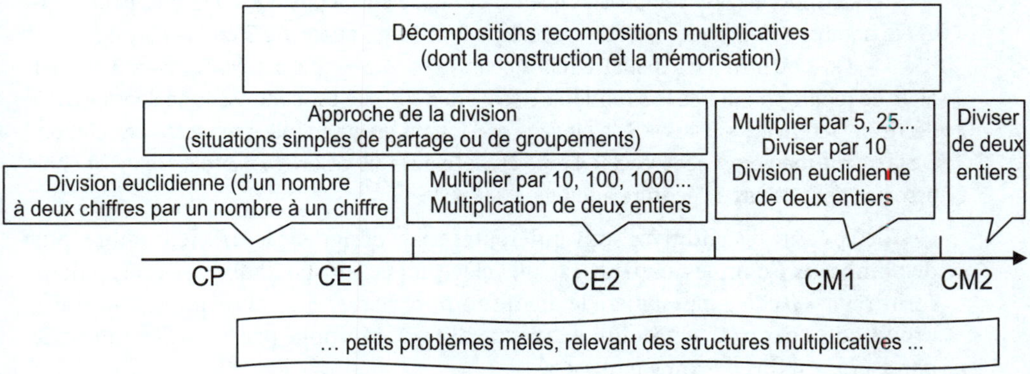

Le programme emploie le terme « structures multiplicatives » pour désigner des problèmes de multiplication, de division.

Les techniques opératoires, le sens des opérations (construit à travers la résolution de problèmes) et la numération sont indissociables ; ils s'étayent et s'enrichissent mutuellement. Les programmes 2018 de cycle 3 précisent : « *il s'agit de développer simultanément chez les élèves des aptitudes de calcul et des aptitudes de résolution de problèmes arithmétiques (le travail sur la technique et sur le sens devant se nourrir l'un l'autre)* ».

3.2 Sens des opérations (multiplication, division)

a. Multiplication

Le produit $a \times b$ de deux entiers naturels a et b (qui se lit « a multiplié par b » et « b fois a » ou « a fois b ») peut être défini de plusieurs manières[1] :

DÉFINITION 1

Comme nombre d'éléments d'une **collection organisée en groupements équipotents** $a \times b = b + b + b + b + \cdots + b$ ou $a + a + .. + a$ (somme de a termes tous égaux à b **ou** somme de b termes tous égaux à a, « **ou** » exclusif, l'enseignant doit choisir et s'y tenir tant que la commutativité n'est pas construite avec les élèves)

Cette définition a l'avantage d'établir une continuité dans les apprentissages des élèves en définissant « le nouveau » (la notion de produit) à partir d'une notion bien connue (la somme de plusieurs nombres). Elle permet de modéliser de nombreux problèmes multiplicatifs concrets rencontrés en dehors de l'école. Par contre, les propriétés de commutativité et d'associativité de la multiplication ne sont pas immédiates et demandent de la part des élèves une réelle construction. On nomme multiplicande le nombre que l'on additionne et multiplicateur le nombre de fois. Ces termes ne sont pas à retenir, ils sont introduits ici pour des explications.

Souvent les maîtres qui font appel à cette définition utilisent le langage courant « fois » comme oralisation du symbole « × ». Ce symbole sera introduit dans un problème où le multiplicateur est grand pour montrer l'intérêt d'une nouvelle opération et de son écriture, qui permet de raccourcir une longue écriture d'additions réitérées.

Exemple

Si l'élève dispose de 4 enveloppes et que dans chaque enveloppe il y a 3 jetons, pour trouver le nombre total de jetons l'élève dit : il y a 3 et 3 et 3 et encore 3 ou bien il y a : $3 + 3 + 3 + 3$ ou bien il y a 3 quatre fois ou bien il y a quatre fois 3. L'écriture 4×3 permet alors de rendre compte de la situation « il y a 4 fois 3 », elle est donc associée dans ce cas à l'écriture additive $3 + 3 + 3 + 3$, le langage oral jouant un grand rôle dans cette association. De la même manière, l'écriture 3×4 rend compte de la situation il y a 3 fois 4, elle est donc associée dans ce cas à l'écriture additive $4 + 4 + 4$.

Ces deux écritures additives sont différentes mais désignent le même nombre. Sur de nombreux exemples, et par le calcul, l'élève fait ce constat, il observe que les deux écritures $a \times b$ et $b \times a$ désignent le même nombre ; c'est ce nombre qui sera appelé le produit de a par b ou le produit de b par a et lu : « a multiplié par b » ou « b multiplié par a » ou « a fois b » ou « b fois a ».

DÉFINITION 2

$a \times b$ défini comme nombre d'éléments d'une **collection organisée en « quadrillage rectangulaire » de a lignes ayant b cases chacune ou b colonnes de a cases chacune.**

Cette définition permet, contrairement à la précédente, de visualiser les principales propriétés de la multiplication. Ainsi pour la commutativité, les élèves découvrent

1. La signification « produit cartésien » (manière d'habiller une poupée avec 3 robes et 2 chapeaux correspondant au produit 3×2) ne sera pas abordée ici ; hormis en problème ouvert, elle n'est quasiment pas rencontrée à l'école primaire.

que le produit de a par b est nécessairement égal au produit de b par a, car le nombre de cases d'une grille est indépendant du dénombrement de ses cases ligne par ligne ou bien colonne par colonne.

Exemple

Pour la distributivité de la multiplication par rapport à l'addition, le découpage d'une grille illustre bien par exemple que le produit 8×15 peut se décomposer en $8 \times 15 = 8 \times 10 + 8 \times 5$.

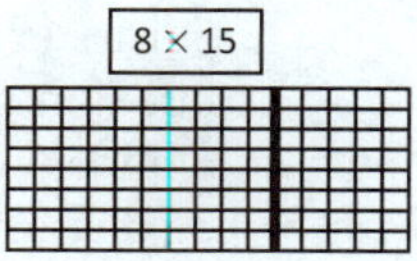

Le programme 2018 de cycle 2 mentionne d'ailleurs l'utilisation de cette propriété de distributivité pour le calcul mental.

En revanche, avec cette définition, les élèves risquent d'associer le produit de deux entiers, plus à une disposition géométrique particulière des éléments d'une collection qu'à un nouveau nombre. Les élèves utiliseront cette définition pour calculer le nombre de carrés de chocolat dans une plaque, d'alvéoles dans une boîte d'œufs, de fauteuils dans une salle de spectacle… mais pas pour déterminer le prix de 5 roses à 2 € la rose, situation qui ne peut être représentée sans excès de formalisme à l'aide d'une grille. La présentation des quadrillages rectangulaires reste nécessaire pour permettre aux élèves de ne pas réduire la notion de produit à celle d'addition réitérée, qui ne permet pas par exemple de comprendre aisément comment calculer l'aire d'un rectangle.

b. Division

Examinons d'abord des exemples.

Exemples

Problème A : « on découpe tout un ruban de 320 cm en 5 rubans de même longueur. Quelle est la longueur de chaque ruban ? »

Problème A' : « on découpe tout un ruban de 322 cm en 5 rubans de même longueur. Quelle est la longueur de chaque ruban ? »

Problème B : « on découpe tout un ruban de 320 cm en rubans de 5 cm. Quel est le plus grand nombre de rubans que l'on peut découper ? »

Problème B' : « on découpe un ruban de 322 cm en rubans de 5 cm. Quel est le plus grand nombre de rubans que l'on peut découper ? »

Il est possible de classer ces quatre problèmes de division selon deux critères : le type de division ou le type de problèmes de division.

Premier critère : le type de division

Les problèmes A et A' sont des problèmes de **division** (parfois dite décimale dans d'anciens programmes et documents ressources), c'est-à-dire que l'on partage exactement en n parts égales ; d'un point de vue mathématique, connaissant a (ce qu'il y a à partager) et n (le nombre de parts non nul), on cherche le nombre k tel que $k \times n = a$, c'est-à-dire que $k = a : n$.

DÉFINITION

Division : pour tous réels a et b, avec b non nul, il existe un unique réel k tel que $k \times b = a$. On le note $a : b$.

REMARQUE

À l'école primaire, b est un nombre entier naturel, l'extension à b réel se fait au collège.

Sur les exemples A et A', le fait d'avoir une division est dû au fait que la grandeur que l'on partage, ici une longueur, est une grandeur continue. Si on avait eu une grandeur discrète (le cardinal de l'ensemble des bonbons), on aurait eu un problème de division euclidienne. La longueur cherchée est 64 cm (décimal entier) pour A et 64,4 cm (décimal non entier) pour A'.

Les problèmes B et B' sont des problèmes de **division euclidienne**. Les réponses sont identiques pour les deux problèmes, on peut découper 64 rubans. Par contre, dans le premier cas, le reste est nul, alors que dans le second, il vaut 2 qui représente une mesure de longueur en cm.

DÉFINITION

Division euclidienne : soient a et b deux entiers naturels et b non nul, il existe un unique couple d'entiers naturels $(q\,;r)$ tel que $a = b \times q + r$ avec $0 \leq r < b$. q et r sont respectivement appelés quotient et reste dans la division euclidienne de a par b.

!

Dans un problème de division euclidienne, deux nombres entiers sont donnés comme réponse (quotient et reste), il est faux d'écrire : $a : b = q$ et incorrect d'écrire $a : b = q$ reste r.

Lorsqu'on emploiera le mot « division », sans qualificatif, cela renverra au premier type de division, sinon on mentionnera « euclidienne »

Deuxième critère : le type de problèmes de division

On distingue les problèmes de division-partage, c'est-à-dire où l'on cherche la valeur d'une part (nommée aussi taille d'une part dans les nouveaux programmes), problèmes dits aussi de division-valeur d'une part ou **division-partition**, par exemple A et A', et les problèmes de division-groupement où l'on cherche le nombre de parts, problèmes nommés aussi de division-nombre de parts ou **division-quotition**, par exemple B et B'.

Exemples

Problème C : « partager 313 billes entre 6 enfants et déterminer le nombre de billes par enfant » est un problème de division-partage ;

Problème D : « déterminer le plus grand nombre de sachets de 52 billes que l'on peut faire avec 313 billes » est un problème de division-groupement.

On peut croiser les deux classements : ainsi dans les problèmes de division euclidienne, on distingue des problèmes de division-partage (problème C) et division-groupement (problème D). De même, dans les problèmes de division, on retrouve des problèmes de division-partage (problème A) et division-groupement (problème A'' ci-dessous).

Exemple

Problème A'' : « Pour préparer mes cadeaux, j'ai découpé, hier, tout mon grand ruban de 320 cm en plusieurs morceaux de même longueur ; leur longueur commune est égale à 64 cm. Pourrais-tu retrouver combien de morceaux j'ai fait ? »
320 = 64 × 5, la réponse ici est 5 rubans. Il s'agit bien d'une division « décimale » où le quotient est un entier.

REMARQUE Le quotient et le reste obtenus dans une division ne fournissent pas toujours directement les réponses à un problème de partage. Pour qu'il en soit ainsi, il faut que le partage recherché soit équitable et que les parts soient « maximales » (on ne peut plus rien distribuer équitablement).

Si le quotient est un décimal ou un réel non décimal, l'algorithme de la division posée se poursuit pour obtenir les décimales du quotient ; on peut se demander quand arrêter, c'est-à-dire combien de chiffres après la virgule sont nécessaires. Cela dépend du problème « physique » ou de la valeur approchée mathématique demandée ; dans l'exemple A', par rapport au problème physique, on va chercher un quotient approché au dixième, c'est-à-dire au millimètre près (qui sera aussi le quotient exact dans cet exemple).

Les attendus de fin d'année précisent : « division euclidienne (d'un nombre à deux chiffres par un nombre à un chiffre) en CE2, division euclidienne de deux entiers en CM1, division d'un nombre décimal par un nombre entier à partir du CM2. »

c. Cas général des problèmes multiplicatifs (multiplication et division)

Gérard Vergnaud[1] a développé une analyse des problèmes multiplicatifs (le champ conceptuel des structures multiplicatives). Si on note G1 et G2 deux grandeurs mesurables liées entre elles par une relation multiplicative, on peut résumer leur organisation par les tableaux ci-dessous :

Problèmes de proportion simple avec présence de l'unité

L'unité est alors un des quatre nombres.

- La plupart des **problèmes de multiplication** qui sont étudiés dès le cycle 2 correspondent au schéma ci-contre. Le point d'interrogation correspond au produit de c par b.

G1	G2
1	b
c	?

Exemple

Problème E : Un livre coûte 3 euros ; combien va-t-on payer si on achète 7 exemplaires de ce livre ?
Ici b vaut 3 euros et c vaut 7.

1. LEVAIN Jean-Pierre et VERGNAUD Gérard. « Proportionnalité simple, proportionnalité multiple ». *Grand N*, n° 56. Grenoble : IREM de Grenoble 1994, p. 55-66 [www-irem.ujf-grenoble.fr/revues/revue_n/fic/56/56n5.pdf].
VERGNAUD Gérard *et al. Le Moniteur de mathématiques. Cycle 3. Résolution de problèmes.* Paris : Nathan 2001, p. 22-30 et p. 111-186.

• Les **problèmes de division** de type division-nombre de parts ou division-quotition comme le problème A" peuvent être représentés par le tableau ci-contre. Le point d'interrogation correspond au quotient (dit « exact » parfois) de *d* par *b*. Dans le problème A", *d* vaut 320 cm et *b* vaut 64 cm.

G1	G2
1	*b*
?	*d*

Exemple

Problème F : Un livre coûte 3 euros. On a acheté plusieurs exemplaires de ce même livre pour un total de 21 euros ; combien a-t-on acheté de livres ?
Ici *b* vaut 3 euros et *d* vaut 21 euros. Le problème se modélise par : on cherche le nombre qui multiplié par 3 euros donne 21 euros.

Ce qui caractérise ce type de problèmes c'est que les deux nombres connus *b* et *d* sont deux valeurs de la même grandeur, ce qui autorise des procédures de résolution basées sur l'addition ou la soustraction des grandeurs.

• Les problèmes de division de type division-valeur de la part ou division-partition comme les problèmes A correspondent au tableau ci-contre. Le point d'interrogation correspond au quotient de la division de *d* par *c*. Dans le problème A, *d* vaut 320 cm et *c* vaut 5.

G1	G2
1	?
c	*d*

Exemple

Problème G : On a acheté 7 exemplaires d'un même livre pour un total de 21 euros ; combien coûte chaque exemplaire de ce livre ?
Ici *c* vaut 7 et *d* vaut 21 euros.

Ce qui caractérise ce type de problèmes, c'est que les deux nombres connus *c* et *d*, sont des valeurs de deux grandeurs différentes, ce qui rend beaucoup plus difficiles les procédures de résolution utilisant les additions ou les soustractions successives.

Problèmes de proportion simple sans présence de l'unité

• les **problèmes de recherche de « quatrième proportionnelle »** correspondent au tableau ci-dessous, ces problèmes seront traités dans le chapitre « Proportionnalité à l'école » ;

Exemple

Problème H : 3 livres identiques coûtent 21 euros, combien va-t-on payer si on achète 5 livres ?

G1	G2
3	21
5	?

• les **problèmes de comparaison multiplicative** de type « fois plus » ou « fois moins » ;

Ces problèmes se distinguent des précédents par le fait qu'ils ne font intervenir que trois nombres, mais une seule grandeur : deux des nombres sont des mesures d'une même grandeur et sont affectés d'une certaine unité de mesure, l'un d'eux étant « *k* fois plus grand ou *k* fois plus petit que l'autre », le troisième nombre *k* est un nombre sans unité appelé « rapport scalaire ».

Ce type de problème a une structure qui permet souvent d'utiliser le modèle additif ou la multiplication perçue comme addition réitérée.

Exemple

Problème I : L'école Rostand a 120 élèves. L'école Prévert a trois fois plus d'élèves que l'école Rostand. Elle a 360 élèves.
On peut poser trois questions différentes.
On peut demander le nombre d'élèves de l'école Prévert si on ne l'a pas donné dans l'énoncé (120 + 120 + 120 = 360 ou 3 × 120).
Si on a donné le nombre d'élèves des deux écoles mais pas la comparaison entre elles, on peut demander de comparer les nombres d'élèves des deux écoles (360 – 120 – 120 – 120 ou 360 : 120).
Enfin si on a donné le nombre d'élèves de l'école Prévert et l'état de la comparaison on peut demander le nombre d'élèves de l'école Rostand (360 : 120).
On aurait aussi trois questions s'il s'était agi d'un nombre « trois fois moins grand ».

On peut distinguer six types de problèmes différents dans les problèmes de comparaison multiplicative : les problèmes de « fois moins » et de « fois plus », conjugués avec les problèmes où l'on demande la comparaison, l'état comparé, ou l'état de référence de la comparaison.

Problèmes relevant de la proportionnalité multiple

Les quelques problèmes multiplicatifs qui ne relèvent pas de la proportionnalité simple à l'école primaire sont les problèmes de *produits de grandeurs* (associés à la définition 2 de la multiplication) ou de *produit cartésien.*

Exemples

Problème J pour le produit de grandeurs : « Quelle est l'aire d'un rectangle de côté 5 cm et 12 cm ? » À longueur fixée, l'aire est proportionnelle à la largeur, à largeur fixée, l'aire est proportionnelle à la longueur, on dit qu'il y a proportionnalité double.
Problème K pour le produit cartésien : « Une poupée a 5 jupes différentes et 7 chemisiers différents. Combien de tenues « jupe-chemisier » a-t-elle ? ». Le nombre de tenues est proportionnel au nombre de jupes (le nombre de chemisiers étant fixé), et au nombre de chemisiers (le nombre de jupes étant fixé).

3.3 Les techniques de la multiplication posée

Techniques pour la multiplication en calcul mental et en ligne

Le programme propose de s'appuyer sur la numération. Par exemple pour la multiplication par 10 : « 4 × 60, c'est 4 × 6 dizaines, c'est 24 dizaines, c'est 240 ».

Il présente des exemples de stratégie de calcul en ligne, du type :

« 5 × 43 u = 5 × 4 d + 5 × 3 u = 20 d + 15 u = 200 + 15 = 215 ».

Techniques pour le calcul posé

Au CE2, les élèves apprennent une technique de calcul posé pour la multiplication, tout d'abord en multipliant un nombre à deux chiffres par un nombre à un chiffre puis avec des nombres plus grands (voir programme 2018). Cet apprentissage s'appuie sur les faits numériques et les procédures de calculs élémentaires travaillés.

À ce niveau-là, on s'appuie sur l'addition réitérée. On pourra partir de la stratégie utilisée dans le calcul en ligne pour introduire une première disposition du calcul en colonne :

$$\begin{array}{rrrrl} & 3 & 2 & 5 & \\ \times & & & 3 & \\ \hline & & 1 & 5 & 3 \times 5\text{ u} = 15\text{ u} \\ + & & 6 & 0 & 3 \times 2\text{ d} = 6\text{ d} = 60\text{ u} \\ + & 9 & 0 & 0 & 3 \times 3\text{ c} = 9\text{ c} = 900\text{ u} \\ \hline & 9 & 7 & 5 & \end{array}$$

Cette technique permet de ne pas avoir de retenues pour le calcul des produits élémentaires. Quand on effectuera des multiplications d'un nombre à plusieurs chiffres par un nombre à deux chiffres, on pourra continuer à utiliser cette technique et on introduira éventuellement la technique classique ci-après, où l'on effectue directement le produit du multiplicande par l'un des chiffres du multiplicateur, ce qui oblige à mener dans une même étape des multiplications et des additions.

Technique **Multiplication posée ou technique dite de « Fibonacci » (1180-1225)**

La technique usuelle de la multiplication repose sur plusieurs propriétés de l'opération multiplication. Illustrons-la avec le calcul de 325 × 43.
Ainsi 325 × 43 est décomposé en 325 × 3 + 325 × 40 grâce à la distributivité de la multiplication par rapport à l'addition, de plus 325 × 40 est lui-même transformé en (325 × 4) × 10 grâce à la propriété d'associativité de la multiplication. Le calcul de 325 × 3 s'effectuera en une seule ligne ; on écrit les chiffres du produit au fur et à mesure : 3 × 5 = 15, on écrit le 5 et on retient 1, 3 × 2 = 6, auquel on ajoute la retenue 1, on écrit le 7 à gauche du 5, etc.

$$\begin{array}{rrrrrl} & & 3 & 2 & 5 & \\ & \times & & 4 & 3 & \\ \hline & & 9 & 7 & 5 & \leftarrow 325 \times 3 \\ +1 & 3 & 0 & 0 & 0 & \leftarrow 325 \times 40 \\ \hline 1 & 3 & 9 & 7 & 5 & \end{array}$$

Il existe d'autres techniques[1] pour la multiplication, notamment la technique « per gelosia » parfois présentée aux élèves.

La technique de calcul posé de la multiplication se construit en CE2.

Difficultés, erreurs pour la multiplication

On retrouve les types d'erreurs usuelles dans les techniques opératoires : disposition spatiale incorrecte, numération décimale non maîtrisée, erreurs dans la mobilisation des répertoires multiplicatifs et additifs (tables) auxquelles s'ajoutent la difficulté à mettre en œuvre une multiplication par un nombre à un chiffre en une seule ligne (notamment pour la gestion des retenues), des difficultés pour mettre en œuvre la « **règle des zéros** » (pour multiplier un nombre entier par une puissance de 10) ainsi que des difficultés pour utiliser au moins implicitement les deux propriétés de la multiplication énoncées dans le chapitre « Opérations, calculs avec des fractions, puissances, radicaux » (associativité et distributivité de la multiplication par rapport à l'addition).

1. BROUSSEAU Guy. « Le calcul humain des multiplications et des divisions de nombres naturels ». *Grand N*, n° 85. Grenoble : IREM de Grenoble 2010, p. 13-41 [www-irem-ujf-grenoble.fr/revues/revue_n/fic/85/85n3.pdf].

3.4 Les techniques des divisions posées

Nous ne donnons ci-après que les techniques opératoires pour la division euclidienne, pour la division voir le paragraphe sur les opérations avec les décimaux.

Lorsqu'on effectue une division avec la disposition en potence, il existe plusieurs manières d'oraliser la succession des calculs effectués selon que la division est considérée comme une division-groupement ou une division-partage, avec en plus des variantes selon que les calculs intermédiaires apparaissent ou non.

Voici ces manières avec l'exemple du calcul du quotient et du reste euclidiens dans la division de 3584 par 24.

Technique 1 — Division euclidienne

L'oralisation de la *technique 1* peut se baser sur des groupements du diviseur ; on cherche le plus grand nombre *n* de groupements de 24 qui peut être enlevé à 3584. Il s'agit d'abord de déterminer le plus grand nombre de centaines de fois que 24 est contenu dans 3584, l'encadrement suivant 2400 < 3584 < 4800 permet de conclure que ce nombre de centaines est 1 (1 centaine est égal à 100). Il reste 1184, il faut alors déterminer le plus grand nombre de dizaines de fois que 24 est contenu dans 1184, l'encadrement suivant 960 < 1184 < 1200 permet de conclure que ce nombre de dizaines est 4 (4 dizaines est égal à 40). Il reste 224, il faut alors déterminer le plus grand nombre de fois que 24 est contenu dans 224, l'encadrement 216 < 224 < 240 permet de conclure que ce nombre est 9 : le reste de la division est 8, le quotient euclidien 149.

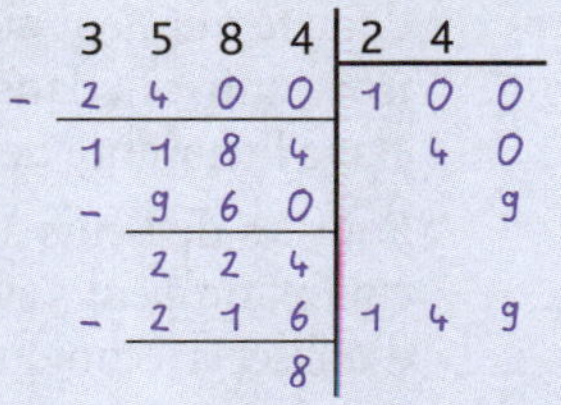

Technique 2 — Division euclidienne

La démarche mentale de la *technique 2* et l'oralisation peuvent s'appuyer sur les partages successifs en 24 parts égales des milliers, des centaines puis des dizaines et des unités du dividende ; 3 milliers ne peuvent se partager en 24, donc nous nous intéressons aux centaines, il y en a 35 (35 > 24, donc à ce moment on sait que le quotient aura trois chiffres), par conséquent chaque part contient déjà une centaine, il reste 11 centaines à partager, soit 110 dizaines auxquelles s'ajoutent les 8 dizaines de départ, soit 118 dizaines à partager équitablement en 24 parts égales, chaque part contient donc 4 dizaines ; il reste 22 dizaines à partager, soit 220 unités auxquelles s'ajoutent les 4 unités de départ, soit 224 unités à partager équitablement en 24 parts, chaque part contient 9 unités. 3584 peut donc être partagé en 24 parts identiques de 149 et il restera 8. On s'appuiera facilement sur cette technique pour l'étendre à la technique de la division décimale.

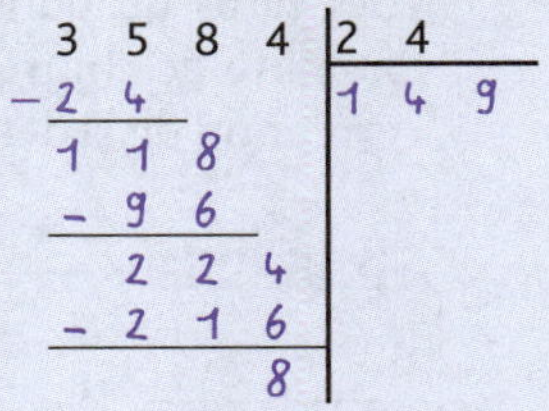

Technique 3 — Division euclidienne

La *technique 3* est souvent considérée comme la plus experte car tous les calculs intermédiaires (multiplicatifs et soustractifs) sont réalisés mentalement, mais elle n'est pas un objectif de l'école primaire (on ne la proposera qu'à certains élèves habiles en calcul mental).

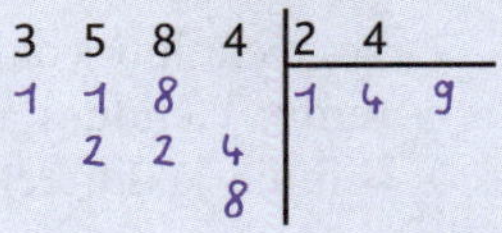

Dans un premier temps, on pourra écrire dans la *technique 2* que le 11 obtenu après la première soustraction est 11 centaines que l'on échange contre 110 dizaines auquel on rajoute 8 dizaines, avant d'utiliser la technique aboutie consistant à « abaisser » le 8. On peut trouver certains manuels proposant soit la *technique 1*, soit la *technique 2*, voire les deux (sans indiquer souvent que ce ne sont pas les mêmes).

La table du diviseur (ici 24) permet d'alléger la mémoire de travail ; la table est soit fournie par le professeur, soit élaborée par l'élève avant de commencer la division, soit élaborée partiellement par l'élève en fonction des besoins au cours de la division.

Dans la phase de construction de ces techniques, il est souhaitable de prévoir dès le démarrage le nombre de chiffres du quotient, ce qui permet un premier moyen de contrôle du quotient. Il suffit pour cela dans la *technique 1* d'encadrer le dividende par deux produits du diviseur par des puissances successives de 10. 2400 < 3584 < 24000 donc le quotient euclidien de 3584 par 24 est compris entre 100 et 1 000 (il a donc trois chiffres), dans la *technique 2*, on a vu ci-dessus comment prévoir à la première étape le nombre de chiffres du quotient.

Pour les diviseurs à deux chiffres, et même en début d'apprentissage pour ceux à un chiffre, on peut s'autoriser à poser des produits annexes ; certains auteurs conseillent d'utiliser la technique dite « classique » de la soustraction dans les calculs sous le dividende pour ne pas surcharger, d'autres conseillent de réaliser mentalement les soustractions.

Difficultés, erreurs pour la division

La division nécessite la mise en œuvre des trois autres opérations avec leurs difficultés associées, auxquelles s'ajoutent la complexité de l'algorithme de la division. Nous citerons par ailleurs deux erreurs récurrentes : a) le reste n'est pas inférieur au diviseur et b) omission des zéros du quotient (la détermination a priori du nombre de chiffres du quotient permet d'éviter cette erreur ou de la détecter).

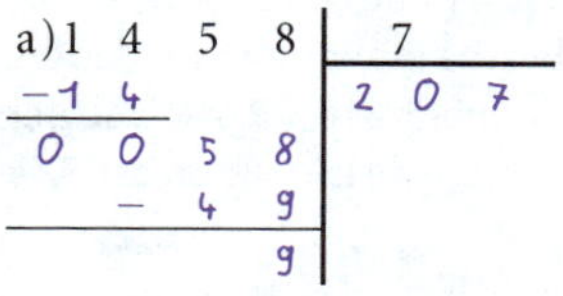

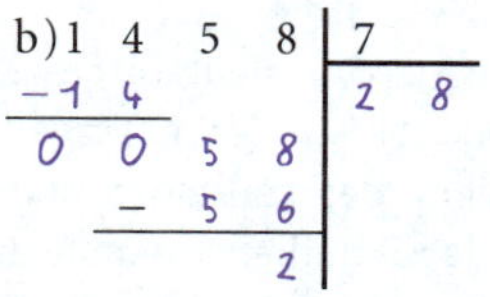

Exemples

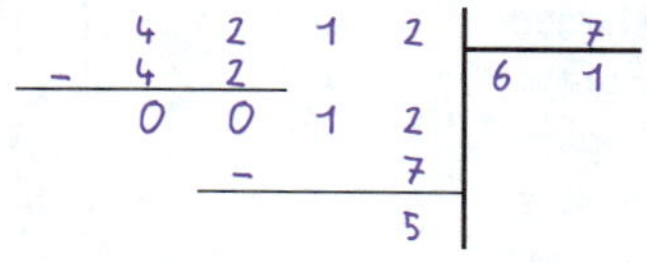

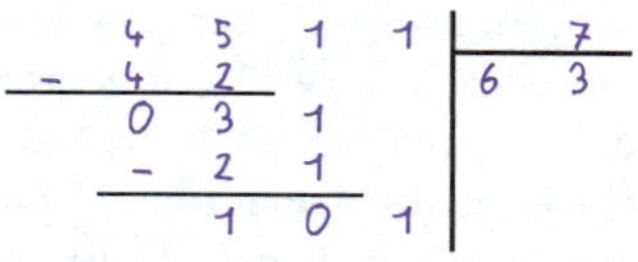

Dans le premier exemple, l'élève a oublié de mettre le chiffre 0 au quotient quand il a divisé 1 par 7. Dans le second exemple, le chiffre 3 du quotient n'est pas assez élevé, cela aurait dû être 4, l'élève se trouve avec un reste partiel plus grand que le diviseur et ne peut pas continuer car le quotient de 101 par 7 n'est pas un nombre à un chiffre.

4 Opérations sur les décimaux

Les techniques de l'addition, de la soustraction et de la multiplication sur les entiers seront étendues à l'ensemble des nombres décimaux à partir du moment où la somme, la différence puis le produit de deux décimaux seront porteurs de sens.

4.1 Multiplication d'un décimal par un entier

Pour la multiplication, on commence par le **produit d'un nombre décimal non-entier par un entier** au CM2 en relation avec l'addition réitérée, ainsi $6{,}25 \times 45$ est considéré comme l'ajout de 45 fois 6,25, soit 45 fois 625 centièmes, soit 28125 centièmes ($625 \times 45 = 28125$), soit 281,25 unités.

On peut aussi s'appuyer sur l'associativité de la multiplication et les propriétés de la numération. On va multiplier le produit par 100, puis le diviser par 100 : $100 \times (6{,}25 \times 445) = (100 \times 6{,}25) \times 45 = 625 \times 45 = 28125$. Le résultat est $28125 : 100 = 281{,}25$. Le formalisme de ces écritures ne relève pas de l'école élémentaire. Mais on peut parfois trouver la technique : pour multiplier un nombre décimal non-entier par un entier, on remplace le décimal par un entier en le multipliant par 10, 100 ou 1 000, on effectue la multiplication puis on divise le produit obtenu par 10, 100 ou 1 000. Cette technique de calcul pourrait se traduire par la règle suivante : « on ne tient pas compte de la virgule dans l'écriture du nombre décimal non-entier pour faire la multiplication et on replace la virgule dans l'écriture du résultat avec le même nombre de chiffre(s) après la virgule que dans le décimal non-entier ».

··· POUR ALLER PLUS LOIN ···

Multiplication de deux décimaux non entiers

Dans les attendus de fin d'année, la multiplication de deux nombres décimaux quelconques apparaît en 6e. Nous la proposons ici pour connaître la continuité des apprentissages sur le cycle 3, entre l'école primaire et le collège.

À la fin du cycle 3 (6e), le passage par les grandeurs et notamment l'aire d'un rectangle permettra à la fois de donner du sens au produit de deux décimaux mais aussi de construire le sens de la technique opératoire grâce à un changement de cadre ; ainsi dans le cadre numérique, les élèves ne donnent pas de sens et ne savent pas poser l'opération $3{,}5 \times 2{,}3$; en revanche, dans le cadre de la grandeur aire, ils ne doutent pas qu'un rectangle de dimensions 3,5 unités et 2,3 unités ait une aire. Ils ont à leur disposition un certain nombre d'outils correspondant aux propriétés de l'aire connues dans ce cadre : additivité, invariance par découpage, déplacement et recollement. Il y a alors une traduction du problème (calculer $3{,}5 \times 2{,}3$) dans le cadre des grandeurs : soit donc un rectangle dont les côtés ont pour dimensions 3,5 unités et 2,3 unités. Pour calculer l'aire d'un tel rectangle, nous divisons l'unité de longueur en 10. Nous obtenons alors 35 et 23 comme nouvelles mesures avec la nouvelle unité, l'aire d'un petit carreau représente alors 1/100 de l'aire unité. Les élèves savent effectuer 35×23, ils obtiennent 805 : ce qui signifie que le grand rectangle contient 805 petits carreaux, chaque petit carreau ayant une aire égale au centième de l'unité d'aire ; l'aire du grand rectangle est de $\frac{805}{100}$, soit 8,05 unités d'aire. Ce résultat traduit dans le cadre numérique correspond à $3{,}5 \times 2{,}3 = 8{,}05$.

Cette construction s'appuie sur des connaissances établies sur les aires dont la formule de l'aire d'un rectangle, et suppose aussi de bien comprendre la signification des chiffres dans l'écriture d'un nombre décimal.

On peut aussi s'appuyer sur l'associativité et la commutativité de la multiplication, $100 \times (3{,}5 \times 2{,}3) = (10 \times 3{,}5) \times (10 \times 2{,}3) = 35 \times 23 = 805 = 100 \times 8{,}05$, d'où $3{,}5 \times 2{,}3 = 8{,}05$.

··· POUR ALLER PLUS LOIN ···

Les élèves peuvent utiliser le raisonnement suivant : « en remplaçant 3,5 par 35 j'ai multiplié par 10, en remplaçant 2,3 par 23 j'ai multiplié par 10 ; donc en remplaçant 3,5 × 2,3 par 35 × 23 j'ai multiplié par 100 ; je calcule le résultat de cette multiplication, je trouve 805 ; le nombre que je cherche est ce résultat divisé par 100 ».

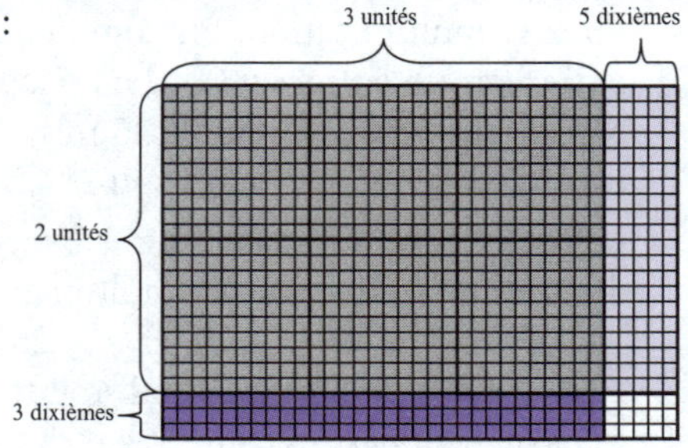

4.2 Division

On commence par la **division d'un entier par un entier** (calcul du quotient exact ou d'une valeur approchée). On prolonge la technique de la division euclidienne d'un entier par un entier : on échange le reste (qui est en unités) contre des dixièmes, etc.

Technique — Division d'un entier par un entier

Calculons par exemple le quotient décimal de 309 par 8. On commence la technique par la division euclidienne de 309 par 8 : 309 = 8 × 38 + 5.
5 unités sont transformées en 50 dixièmes qui sont alors partagés en 8 parts identiques, chaque part contient 6 dixièmes, il reste donc 2 dixièmes à transformer en 20 centièmes et à partager en 8 parts identiques, chacune des parts contient 2 centièmes, il reste donc 4 centièmes à transformer en 40 millièmes et à partager en 8 parts identiques, chaque part contient 5 millièmes. Ainsi le quotient de 309 par 8 est 38,625.

```
 3 0 9                     | 8
−2 4                       |-----------------
-----                      | 3  8,  6    2     5
   6 9                     | d  u  1/10 1/100 1/1000
 − 6 4                     |
 -----                     |
     5 0        dixièmes   |
   − 4 8                   |
   -----                   |
       2 0      centièmes  |
     − 1 6                 |
     -----                 |
         4 0    millièmes  |
       − 4 0               |
       -----               |
           0               |
```

On procède de même pour la **division d'un décimal non entier par un entier.**

Technique — Division d'un décimal non entier par un entier

Calculons par exemple le quotient de 309,6 par 8. Les premières étapes consistent à diviser 309 par 8, le quotient est 38 et il reste 5 unités.
5 unités sont échangées contre des dixièmes pour pouvoir partager en 8. 5 unités, c'est 50 dixièmes auxquelles s'ajoutent les 6 dixièmes du nombre initial 309,6. Il faut donc partager 56 dixièmes en 8.
Chaque part contient 7 dixièmes ; comme on obtient des dixièmes au quotient, on sépare le 7 du chiffre des unités en mettant la virgule après le 8. Il reste 0. Le quotient de 309,6 par 8 est 38,7.

```
 3 0 9, 6             | 8
−2 4                  |--------
-----                 | 3 8, 7
   6 9                | d u 1/10
 − 6 4                |
 -----                |
     5 6   dixièmes   |
   − 5 6              |
   -----              |
       0              |
```

3

Géométrie

11 Angles, cercles et disques

Cours et méthodes

1 Rappels sur les notations de géométrie

Le segment d'extrémités les points A et B est noté [AB], la droite passant par les points A et B est notée (AB). Une droite à laquelle on donne le nom *d* peut être notée soit (*d*), soit simplement *d*. La notation AB indique la distance du point A au point B ou la longueur du segment [AB] ou la mesure de la longueur du segment [AB] avec une unité donnée. La demi-droite d'origine A passant par B se note [AB).

! En géométrie plane, le parallélisme, la perpendicularité sont des relations entre droites et non entre segments mais pour simplifier les formulations, on parlera de segments parallèles (resp. perpendiculaires) si les droites qui supportent les segments sont parallèles (resp. perpendiculaires).

2 Définitions et propriétés caractéristiques utilisant les distances

2.1 Distance d'un point à une droite

DÉFINITION

La **distance d'un point à une droite** est la plus petite distance entre ce point et l'un quelconque des points de cette droite.

Propriété

La distance d'un point A à une droite *d* est atteinte pour le point M de la droite tel que (AM) est perpendiculaire à *d* ; M est appelé le **projeté orthogonal** de A sur *d*.

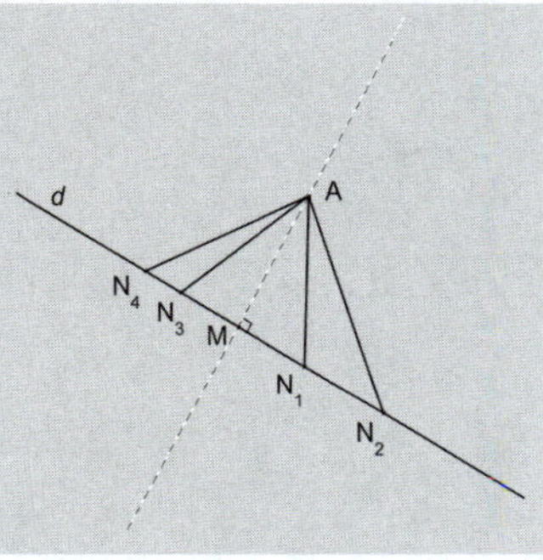

Justification : l'hypoténuse d'un triangle rectangle est le plus long de ses côtés.

2.2 Ensemble des points à une distance donnée d'une droite donnée

DÉFINITION

Soit a un réel strictement positif. L'ensemble des points situés à la distance a d'une droite d est constitué de deux droites parallèles à d, une dans chacun des demi-plans définis par d (c'est-à-dire de chaque côté de d).

Technique — **Tracé de ces droites**

On choisit un point M quelconque sur d, on trace la perpendiculaire à d passant par ce point, sur cette perpendiculaire on place les deux points A et B à la distance a de M, on trace les parallèles à d passant par A et B.

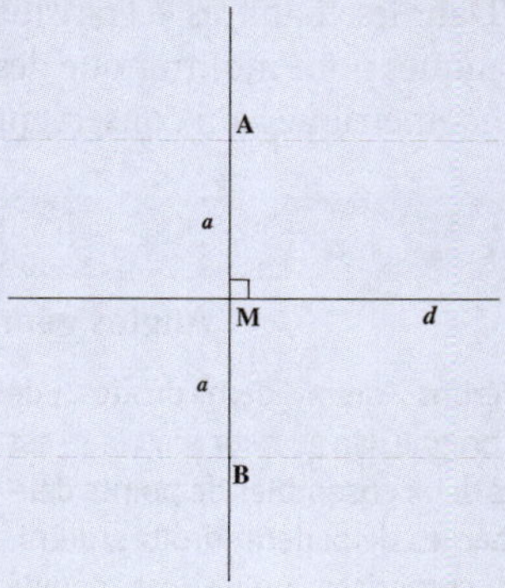

Réciproquement : soient deux droites parallèles. Alors la distance d'un point quelconque de l'une des droites à l'autre droite est une constante (on parle d'écart constant). Cette constante est nommée distance entre les droites parallèles.

2.3 Milieu d'un segment et médiatrice d'un segment

DÉFINITIONS

Le **milieu d'un segment** est le point du segment qui est à égale distance des extrémités de ce segment.

La **médiatrice d'un segment** est la droite perpendiculaire à ce segment qui passe par son milieu.

Propriétés caractéristiques

- La médiatrice d'un segment est la droite constituée de tous les points qui sont à égale distance des extrémités du segment. En d'autres termes, dire que le point M appartient à la médiatrice de [AB] équivaut à dire que MA = MB.
- La médiatrice d'un segment est l'axe de symétrie du segment non confondu avec la droite support du segment.

Techniques — **Montrer qu'un point I est le milieu d'un segment [AB]**

Technique 1 : montrer que IA = IB et que I, A, B sont alignés.

Technique 2 : montrer que I appartient à la fois au segment et à la médiatrice du segment [AB].

Géométrie

3 Angles

3.1 Compléments sur les angles

On s'intéresse ici uniquement aux angles géométriques, dans le chapitre « Transformations », on introduira la notion d'angle orienté pour les rotations.

DÉFINITION

On dit que **deux angles sont égaux** si par « découpage et repositionnement » on peut superposer les sommets et les côtés de chaque angle.

Dans les chapitres « Transformations » et « Outils en géométrie », on verra deux techniques pour montrer que des angles sont égaux : l'une en utilisant des transformations géométriques qui conservent les angles, l'autre en utilisant les triangles semblables.

··· POUR ALLER PLUS LOIN ···

Angles géométriques, secteurs angulaires

Considérons deux demi-droites de même origine. Un secteur angulaire est l'un des deux ensembles de points délimités par les deux demi-droites, demi-droites comprises ; l'un est appelé secteur angulaire saillant, l'autre secteur angulaire rentrant (voir figure ci-contre).

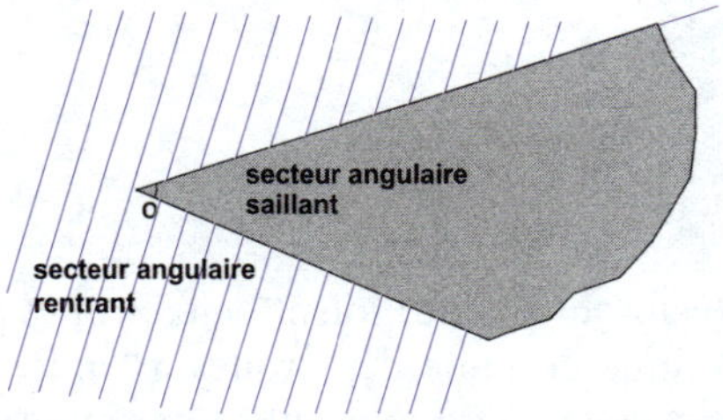

Ce qu'on hachure ou colorie généralement (voir figure ci-dessus), c'est l'un des secteurs angulaires et non l'angle.

Définition :

On dira que deux couples de demi-droites définissent le même angle si les secteurs angulaires correspondants sont « superposables ». On parlera de représentant d'un même angle pour des couples de demi-droites distinctes mais qui sont associées au même angle.

Par abus de langage et par simplification, on identifie fréquemment l'angle des demi-droites et le secteur angulaire saillant correspondant ; pour représenter un angle, on visualise le secteur angulaire auquel on s'intéresse, en dessinant les deux demi-droites qui le définissent et un petit arc de cercle permettant de savoir si on parle du secteur angulaire saillant ou rentrant.

On parle d'angle géométrique pour l'angle correspondant au secteur angulaire saillant. Les demi-droites sont alors appelées côtés de l'angle géométrique, l'origine commune des demi-droites est appelée sommet de l'angle.

Notation : on note $\left(\widehat{[Ox),[Oy)}\right)$ l'angle saillant de côtés $[Ox)$ et $[Oy)$, $\left(\widehat{[Ox),[Oy)}\right)$ l'angle rentrant de côtés $[Ox)$ et $[Oy)$; on note $\widehat{xOy}$ l'angle géométrique.

Comparaison d'angles géométriques

On dit qu'un angle géométrique $\widehat{xOy}$ est plus petit qu'un autre angle géométrique $\widehat{aMb}$ si lorsqu'on construit l'angle $\widehat{xOz}$ égal à $\widehat{aMb}$ (en superposant $[Ma)$ et $[Ox)$ et en plaçant $[Oz)$ du même côté de $[Ox)$ que $[Oy)$), alors la demi-droite $[Oy)$ est incluse dans le secteur angulaire défini par $\widehat{xOz}$.

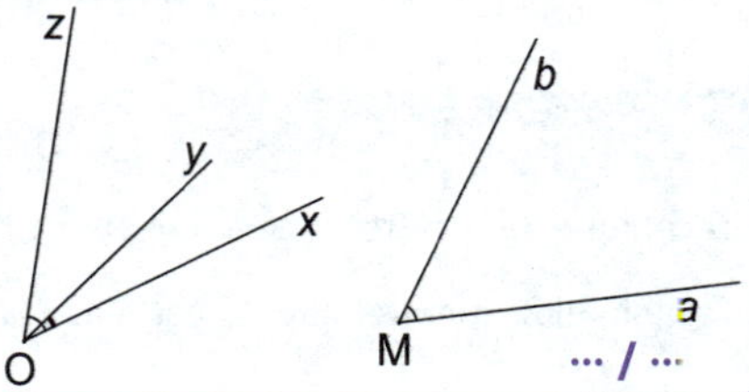

... / ...

Suite

Somme de deux angles géométriques

La somme de deux angles est compliquée à définir avec des phrases. On l'illustrera juste avec la figure ci-dessus : la somme de l'angle $\widehat{xOy}$ et de l'angle $\widehat{yOz}$ est égale à l'angle $\widehat{xOz}$.

3.2 Vocabulaire sur les angles

DÉFINITIONS

L'**angle nul** est l'angle formé par deux demi-droites identiques et donc de même origine.

Un **angle** est **plat** si les deux demi-droites côtés de l'angle forment une droite.

Lorsque par pliage on superpose les deux demi-droites d'un angle plat, chaque demi-droite correspondant à la marque du pli forme deux **angles droits** avec les demi-droites initiales.

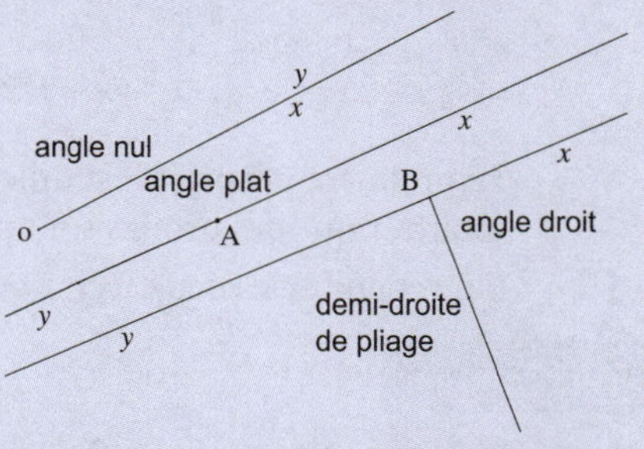

Deux **angles** (ou plutôt deux représentants) sont **adjacents** s'ils ont le même sommet, une demi-droite, côté des angles, commune et les autres demi-droites de part et d'autre du côté commun.

Deux **angles** sont **complémentaires** lorsque leur somme est égale à l'angle droit.

Deux **angles** sont **supplémentaires** lorsque leur somme est égale à l'angle plat.

Un **angle** géométrique est **aigu** s'il est plus petit que l'angle droit.

Un **angle** géométrique est **obtus** s'il est plus grand que l'angle droit et plus petit que l'angle plat.

Deux droites sécantes en B forment deux paires d'**angles opposés par le sommet**. Deux angles opposés par le sommet sont égaux.

Sur la figure ci-dessous $\widehat{ABC}$ et $\widehat{C'BE}$ sont opposés par le sommet, ainsi que $\widehat{C'BA}$ et $\widehat{EBC}$.

Lorsqu'on a une configuration constituée de deux droites d_1 et d_2 et une droite Δ sécante à ces deux droites, on utilise le vocabulaire suivant :

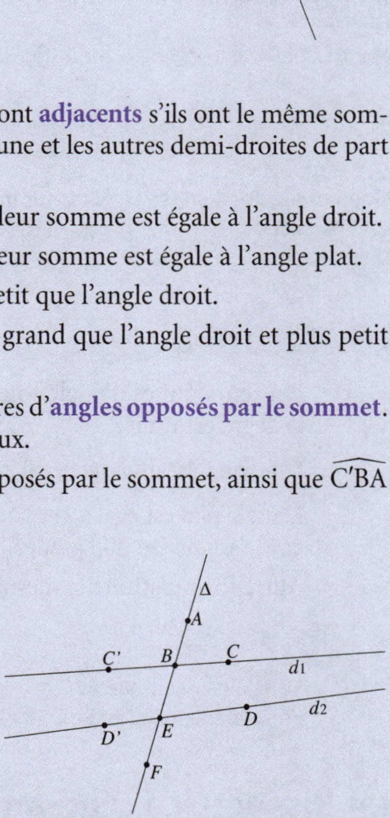

- les **angles** $\widehat{CBE}$ et $\widehat{BED'}$ sont **alternes-internes** (alternes : positionnés de part et d'autre de la sécante Δ ; internes : positionnés à l'intérieur de la bande délimitée par les deux droites) ;
- les **angles** $\widehat{ABC}$ et $\widehat{BED}$ sont **correspondants** ;
- les **angles** $\widehat{ABC}$ et $\widehat{FED'}$ sont **alternes-externes**.

Géométrie

REMARQUE

La terminologie précédente est celle adoptée dans les programmes 2005 et ultérieurs de collège, dans des manuels anciens, on ne parlait d'angles alternes-internes que dans le cas des droites parallèles.

Propriété : Si les droites d_1 et d_2 sont parallèles, alors les angles alternes-internes sont égaux, les angles correspondants sont égaux, les angles alternes-externes sont égaux.

Réciproquement : si deux angles alternes-internes (respectivement deux angles correspondants, deux angles alternes-externes) sont égaux alors les droites d_1 et d_2 sont parallèles.

Cas particulier intéressant : si deux droites sont perpendiculaires à une même troisième, alors elles sont parallèles.

La première propriété est utile pour calculer des angles, sa réciproque est utile pour montrer que des droites sont parallèles.

On retiendra les deux techniques qui s'appuient sur ces propriétés :

Techniques

Montrer l'égalité d'angles	Identifier les deux angles comme des angles opposés par le sommet ou bien comme des angles correspondants, alternes-internes ou alternes-externes dans le cas où les deux droites coupées par une même sécante sont parallèles.
Montrer que des droites sont parallèles	Montrer que des angles alternes-internes (respectivement alternes-externes, correspondants) déterminés par les deux droites concernées et une sécante sont égaux.

3.3 Mesure d'angle

Plusieurs unités d'angle sont utilisées : le degré, le radian, le grade. Au collège, seul le degré est utilisé.

Un degré est un angle égal à $\frac{1}{180}$ de l'angle plat.

L'angle plat est égal à 180° ou π radians ou 200 grades, l'angle droit est égal à 90° ou $\pi/2$ radians ou 100 grades.

Autre formulation : la mesure en degré de l'angle plat est 180.

! L'angle géométrique $\widehat{ABC}$ correspond au secteur angulaire saillant, sa mesure en degré est donc inférieure ou égale à 180.

3.4 Bissectrice d'un angle

La bissectrice d'un angle n'est plus explicitement au programme de cycle 4. On pourra laisser ce paragraphe en première lecture et y revenir après l'étude de la symétrie.

DÉFINITION

La **bissectrice** d'un angle géométrique est la **demi-droite** qui partage cet angle en deux angles adjacents égaux.

REMARQUE

On peut aussi définir la bissectrice comme l'axe de symétrie de la figure constituée par les deux demi-droites côtés de l'angle. Dans ce cas c'est une droite. D'ailleurs, dans certains logiciels de géométrie dynamique, le tracé de la bissectrice d'un angle est une droite.

Construction : outre le rapporteur et la règle, on peut utiliser le compas et la règle pour tracer la bissectrice d'un angle. Voir chapitre « Constructions ».

Propriété : Si un point M appartient à la bissectrice d'un angle saillant $\widehat{ABC}$, alors il est équidistant des demi-droites côtés de cet angle. En d'autres termes, sur la figure ci-contre, $MH_1 = MH_2$.

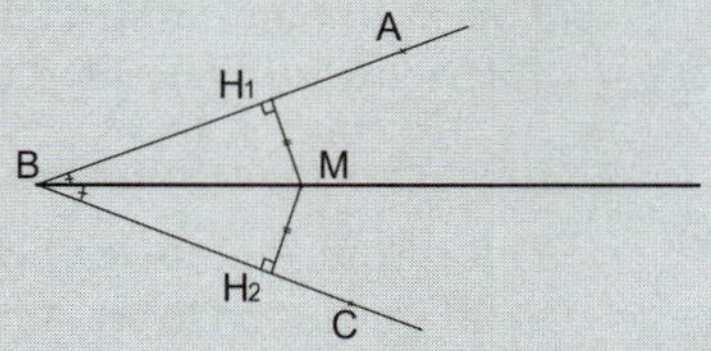

Propriété réciproque : Si un point, situé dans le secteur angulaire entre les demi-droites côtés d'un angle saillant, est équidistant des côtés de l'angle, alors il appartient à la bissectrice de cet angle.

On dégage une technique :

Technique

Montrer que des longueurs de segments sont égales	Pour montrer que des longueurs de segments sont égales, les segments ayant une extrémité commune M : montrer que M est un point de la bissectrice d'un angle, que les autres extrémités sont les projetés orthogonaux de M sur chaque côté de l'angle.

4 Cercle et disque

4.1 Définitions

DÉFINITIONS

Un **cercle** est l'ensemble des points équidistants d'un point donné appelé **centre** du cercle.

La distance entre le centre et un point du cercle est appelée **rayon**. On appelle aussi **rayon** tout segment joignant le centre du cercle à un point du cercle.

Si A et B sont deux points d'un cercle, le segment [AB] est appelé **corde** du cercle. Si la corde contient le centre du cercle comme pour le segment [MN] ci-contre, alors [MN] est un **diamètre du cercle**, on dit aussi que M et N sont diamétralement opposés sur le cercle. Dans ce cas, la distance MN est aussi appelée diamètre du cercle.

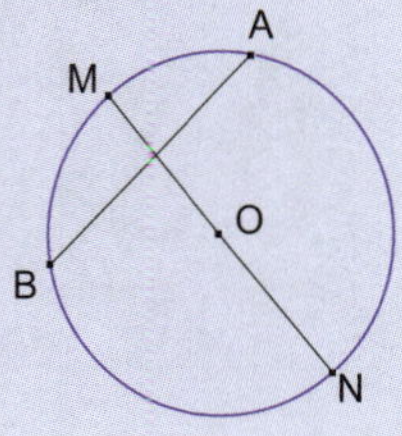

Deux points A et B du cercle définissent deux **arcs de cercle**, si nécessaire on indiquera duquel on parle, par exemple sur la figure, l'un des arcs $\overset{\frown}{AB}$ contient M, l'autre arc $\overset{\frown}{AB}$ contient N.

REMARQUE

Les mots rayon et diamètre sont polysémiques. Ils peuvent désigner soit une distance, soit un segment. En tant que distance, le diamètre est le double du rayon.

Propriété

Le diamètre d'un cercle est la plus grande des longueurs de toutes ses cordes.

DÉFINITION

Soit R un nombre strictement positif. L'ensemble des points situés à une distance inférieure ou égale à R d'un point O donné est le **disque** de centre O et de rayon R.

Ainsi un disque est une surface tandis qu'un cercle est une ligne fermée.

Tout disque de centre O et de rayon R contient le cercle de centre O et de rayon R : on dit que le cercle est la frontière du disque.

··· POUR ALLER PLUS LOIN ···

Angle au centre et angle inscrit dans un cercle

DÉFINITION

On appelle **angle au centre** dans un cercle tout angle dont le sommet est le centre du cercle.

$\widehat{AOB}$ est un angle au centre, il intercepte l'arc $\overset{\frown}{AB}$, en choisissant comme arc celui qui est inclus dans le secteur angulaire associé à l'angle géométrique $\widehat{AOB}$.

On appelle **angle inscrit** dans un cercle tout angle dont le sommet est un point du cercle et dont les côtés coupent le cercle.

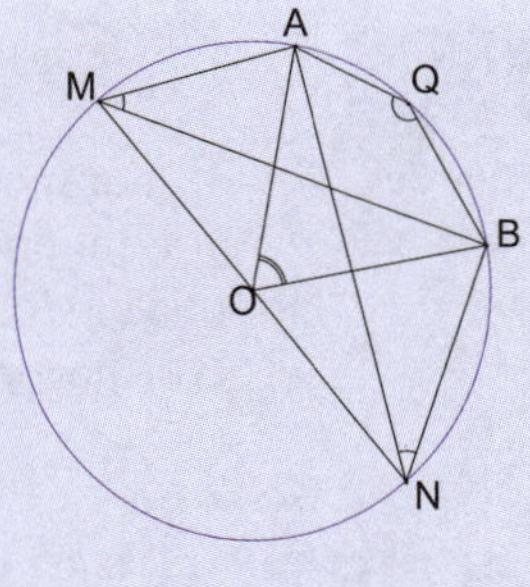

$\widehat{AMB}$ est un angle inscrit, on dit qu'il intercepte l'arc $\overset{\frown}{AB}$ auquel M n'appartient pas, de même pour $\widehat{AQB}$ qui intercepte l'autre arc $\overset{\frown}{AB}$.

Propriétés

- Si M est du même côté de la droite (AB) que le centre O, alors $\widehat{AOB} = 2 \times \widehat{AMB}$.
- Si Q n'est pas du même côté de la droite (AB) que le centre O, l'angle rentrant ([OA),[OB)) est le double de l'angle géométrique $\widehat{AQB}$.
- Si deux angles sont inscrits dans un cercle et interceptent le même arc de cercle (c'est-à-dire que les points sont sur le même arc d'extrémités A et B), alors ils sont égaux ; sur la figure ci-dessus, $\widehat{AMB} = \widehat{ANB}$.
- Si les points sont sur des arcs différents (comme M et Q) les angles inscrits sont supplémentaires ; sur la figure ci-dessus $\widehat{AMB}$ et $\widehat{AQB}$ sont supplémentaires.

4.2 Conditions d'intersection de cercles, d'un cercle et d'une droite

a. Intersection de cercles

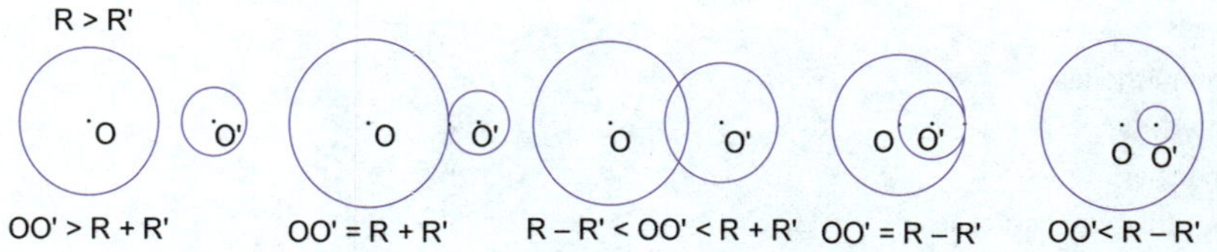

Propriété

Deux cercles de centre O et O′ ont deux points d'intersection distincts si et seulement si la distance entre leurs centres est strictement comprise entre la différence et la somme de leurs rayons.

b. Intersection d'une droite et d'un cercle

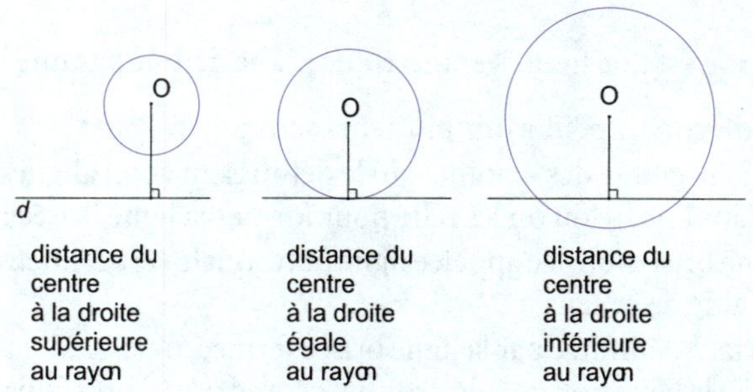

Propriété

Un cercle de centre O et une droite ont deux points d'intersection distincts si la distance du centre à la droite est strictement inférieure au rayon.

DÉFINITION

Dans le cas où le cercle et la droite ont un seul point d'intersection, on dit que la **droite** est **tangente au cercle**. La droite est perpendiculaire au rayon (OT) où T est le point de tangence, unique point d'intersection de la droite et du cercle.

Géométrie

12 Polygones

Cours et méthodes

Ce chapitre aborde les polygones en général, les polygones réguliers, les triangles et quadrilatères quelconques et particuliers.

1 Polygones

1.1 Généralités

DÉFINITION

Un **polygone** est une figure géométrique **plane** définie par une ligne brisée fermée.

Le mot « polygone » peut avoir plusieurs sens :

- soit c'est l'ensemble des n points qui le définissent (non alignés trois à trois), points donnés dans l'ordre où on les relie pour former la ligne brisée ;
- soit la ligne brisée fermée appelée ligne polygonale (le périmètre d'un polygone sera défini à l'aide de ce sens) ;
- soit la surface délimitée par la ligne brisée fermée, c'est-à-dire l'ensemble des points intérieurs à la ligne polygonale, frontière comprise (l'aire d'un polygone sera définie à l'aide de ce sens).

Quand cela sera nécessaire, on précisera le sens choisi.

Le polygone est nommé en donnant le nom des sommets dans l'ordre qui va définir la ligne brisée : par exemple $A_1A_2\ldots A_n$; dans ce cas, la ligne brisée fermée est formée des segments $[A_1A_2]$, $[A_2A_3]$,…, $[A_nA_1]$.

DÉFINITIONS

Les n points qui définissent un polygone sont appelés **sommets**, les **côtés** sont les segments d'extrémités deux sommets consécutifs, les **diagonales** sont les segments d'extrémités deux sommets non consécutifs, les **angles** au sommet sont les angles $\widehat{A_{i-1}A_iA_{i+1}}$ avec i variant de 2 à $n-1$ ainsi que $\widehat{A_{n-1}A_nA_1}$ et $\widehat{A_nA_1A_2}$.

Lorsqu'on relie les sommets on peut avoir divers types de figures, certains côtés peuvent avoir un point d'intersection autre que les extrémités. Dans ce cas, on parle de **polygone croisé**.

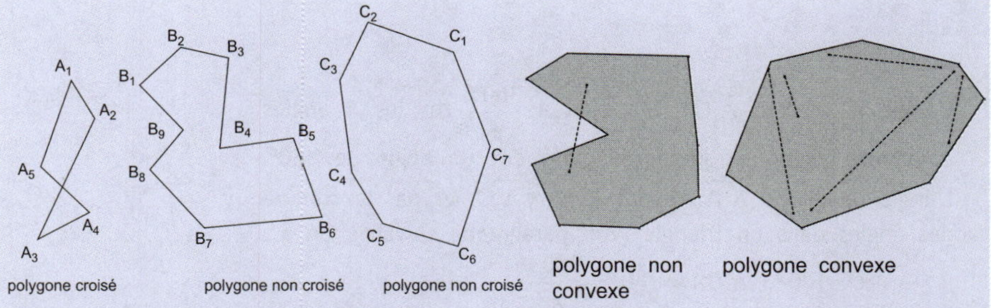

Un polygone est **convexe** si, lorsqu'on prend deux points quelconques appartenant à la surface polygonale, le segment joignant ces deux points est entièrement contenu à l'intérieur de la surface.

Dans le cas contraire on dit qu'il est non convexe.

1.2 Polygones réguliers

DÉFINITION

Un **polygone** est **régulier** si tous ses côtés ont même longueur **et** si les angles au sommet sont égaux.

Un polygone est **régulier** si et seulement si :

- tous ses côtés ont même longueur et ses angles au sommet sont égaux,

ou s'il vérifie l'une des propriétés caractéristiques ci-dessous :

- **ou bien** ses côtés ont même longueur et il est inscriptible dans un cercle ; le centre du cercle est appelé centre du polygone ;
- **ou bien** chacun de ses sommets est l'image du précédent par une même rotation, le dernier sommet ayant pour image le premier.

Polygones réguliers à 3, 4, 5, 6, ... côtés

Le **triangle équilatéral** est le seul polygone régulier à trois côtés.

Le **carré** est le seul polygone régulier à quatre côtés (le losange non carré a bien ses quatre côtés de même longueur mais ses quatre angles ne sont pas égaux).

Au-delà de quatre côtés, les polygones réguliers n'ont pas de désignation particulière : on parle alors de pentagone régulier, d'hexagone régulier, d'heptagone régulier, d'octogone régulier…

··· POUR ALLER PLUS LOIN ···

Angles au sommet

Soit $A_1A_2 \ldots A_n$ un polygone régulier à n côtés. Déterminons l'angle en chacun des sommets de ce polygone. Ce polygone est inscrit dans un cercle de centre O. Considérons un des n triangles isocèles de sommet principal O, par exemple A_1OA_2, et déterminons l'angle au sommet en A_2.

... / ...

Suite

L'angle au centre $\widehat{A_1OA_2}$ est égal à $\frac{360°}{n}$ car les n angles au centre, égaux et juxtaposés, forment un angle de 360°. L'angle recherché $\widehat{A_1A_2A_3}$ vaut $2 \times \widehat{A_1A_2O}$, et par la somme des angles dans un triangle (voir paragraphe suivant), on a : $2 \times \widehat{A_1A_2O} = 180° - \widehat{A_1OA_2} = 180° - \frac{360°}{n}$.

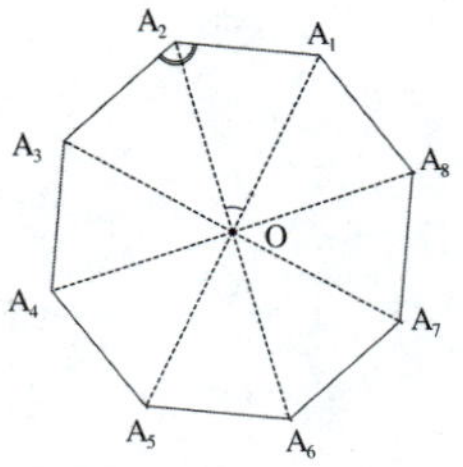

Ainsi pour $n = 3$, on retrouve bien l'angle de 60°, pour $n = 4$, l'angle de 90°…

Construction à la règle et au compas d'un hexagone régulier

Voir chapitre « Constructions ».

2 Triangles

L'intérêt d'étudier le triangle réside dans le fait que c'est une figure simple dont on connaît de nombreuses propriétés, qu'il peut être déterminé par la donnée des longueurs de ses côtés, et que tout polygone peut se décomposer en une réunion de triangles.

2.1 Généralités

Propriété des angles

La somme des angles d'un triangle est égale à 180°.

Conséquence : il y a **au plus** un angle obtus dans un triangle.

Dans le triangle ABC, le côté opposé au sommet A est le côté [BC] d'extrémités les deux autres sommets. On dit aussi que le sommet A est opposé au côté [BC].

Propriété de l'inégalité triangulaire

Dans un triangle, la longueur de n'importe quel côté est inférieure à la somme des longueurs des deux autres côtés.

Cette propriété a pour conséquence que la plus courte distance d'un point à un autre est obtenue en déterminant la longueur du segment qui les joint.

Réciproquement : soient a, b, c trois nombres réels strictement positifs. Existe-t-il un triangle dont les longueurs des côtés ont pour mesure ces trois nombres ?

Si $a < b + c$ et $b < a + c$ et $c < b + a$, alors on peut construire un triangle dont les mesures des côtés sont a, b, c. Si on sait que a est le plus long des côtés, il suffit de vérifier que $a < b + c$. On dit que a, b, c vérifient **l'inégalité triangulaire**.

S'il y a égalité $a = b + c$, il existe trois points alignés dont les distances d'un point à un autre sont a, b, c. On peut parler alors de triangle aplati ou ne pas considérer ce cas. Voir la propriété caractéristique d'un segment, chapitre « Grandeurs : exemples ».

Si $a > b + c$ ou $b > a + c$ ou $c > b + a$, alors on ne peut pas construire de triangle.

2.2 Droites et points remarquables dans le triangle (non aplati)

a. Les trois hauteurs d'un triangle

DÉFINITION

Dans un triangle, on appelle **hauteur** une droite qui passe par un sommet du triangle et qui est perpendiculaire à la droite support du côté opposé à ce sommet.

Dans le triangle ABC, si I est le projeté orthogonal de A sur (BC), la droite (AI) est la hauteur issue du sommet A ; le point I est le **pied de la hauteur** issue de A.

Le mot hauteur est polysémique, il désigne à la fois la droite (AI), mais aussi le segment [AI], la longueur AI ou la mesure de celle-ci avec une unité donnée.

Le pied de la hauteur issue de A peut appartenir ou non au côté opposé à A. Sur la figure ci-dessous par exemple, I appartient au segment [BC] alors que J n'appartient pas au segment [AC] et K n'appartient pas au segment [AB]. L'appartenance ou non du pied de la hauteur au segment opposé dépend de la présence de deux angles aigus aux sommets extrémités du côté opposé ou bien d'un angle aigu et d'un angle obtus.

··· POUR ALLER PLUS LOIN ···

Théorème

Dans un triangle quelconque, les trois **hauteurs** sont sécantes en un unique point appelé l'**orthocentre** du triangle.

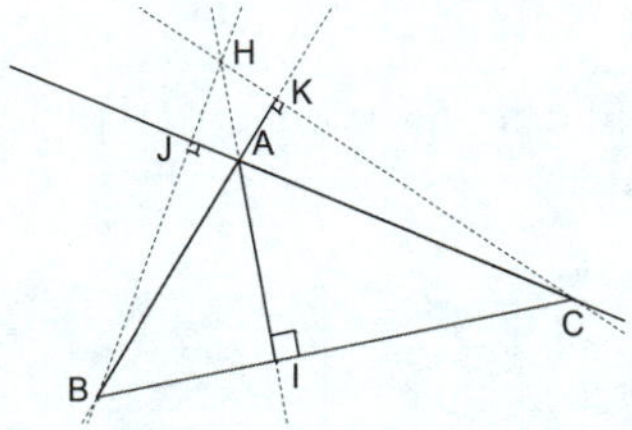

H est l'**orthocentre** du triangle ABC.

Les trois médianes d'un triangle

DÉFINITION

Dans un triangle, on appelle **médiane** la droite qui joint un sommet du triangle au milieu du côté opposé à ce sommet.

Le mot médiane est polysémique : il désigne à la fois la droite (AA′) avec A′ milieu de [BC], mais aussi le segment [AA′] ou la longueur AA′ ou la mesure de la longueur avec une unité donnée. Les médianes au sens segment sont toujours intérieures au triangle.

... / ...

Géométrie

Suite

Théorème

Dans un triangle quelconque, les trois **médianes** sont sécantes en un unique point appelé le **centre de gravité du triangle**.

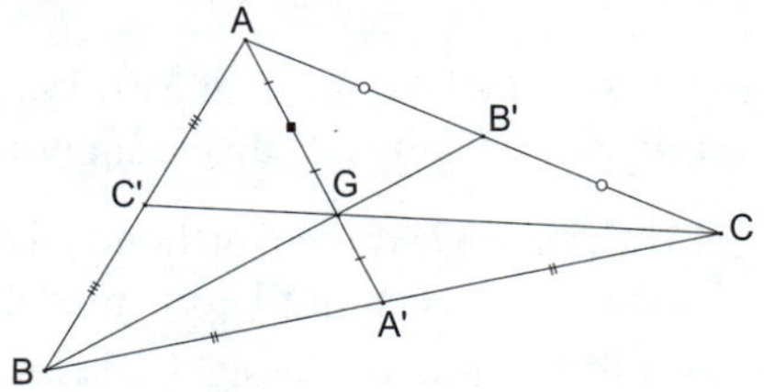

G est le centre de gravité du triangle ABC.

Position du centre de gravité sur chaque médiane : $AG = \frac{2}{3}AA'$ ou $GA = 2\,GA'$. De même pour B et C. On dit que le centre de gravité est situé aux deux tiers de chaque médiane à partir du sommet. Le centre de gravité est toujours intérieur au triangle.

b. Les trois médiatrices d'un triangle

DÉFINITION

On appelle **médiatrices d'un triangle** les médiatrices des trois côtés (voir définition de la médiatrice dans le chapitre « Angles, cercles et disques » § 2).

c. Cercle circonscrit à un triangle

DÉFINITION

On appelle **cercle circonscrit** à un triangle un cercle qui passe par les trois sommets du triangle.

Théorème du cercle circonscrit

1) Dans un triangle quelconque, les trois médiatrices sont sécantes en un unique point.
2) Le point d'intersection des trois **médiatrices** est le centre du **cercle circonscrit** au triangle. Il n'y a donc qu'un seul cercle circonscrit à un triangle.

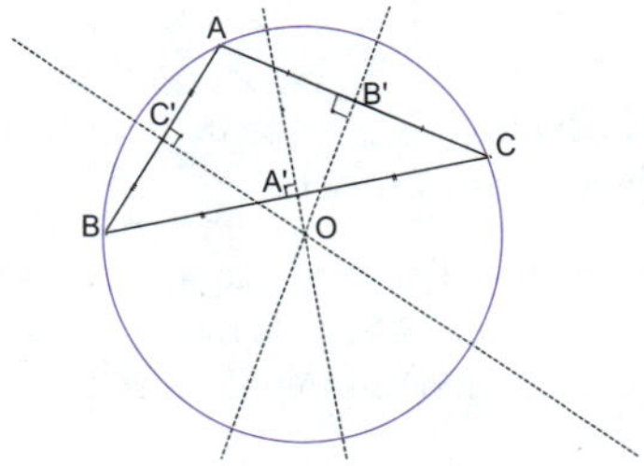

O est le centre du cercle circonscrit au triangle ABC.

··· POUR ALLER PLUS LOIN ···

Les trois bissectrices d'un triangle

Théorème du cercle inscrit dans un triangle

1) Dans un triangle quelconque, les trois bissectrices des trois angles d'un triangle sont sécantes en un unique point.
2) Le point d'intersection des trois **bissectrices** d'un triangle est le centre d'un cercle tangent aux trois côtés de ce triangle. Ce cercle est appelé le **cercle inscrit** dans le triangle.

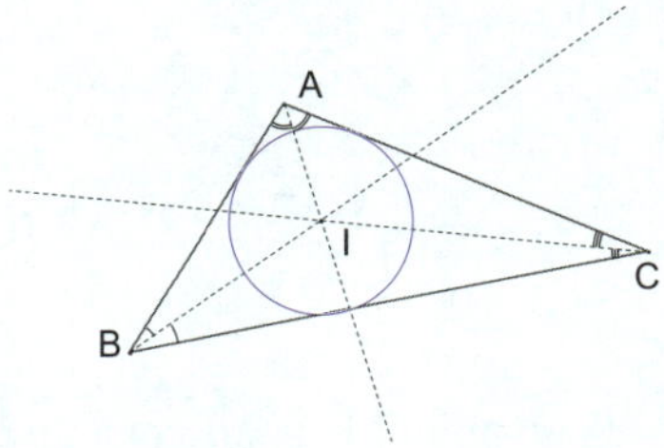

I est le centre du cercle inscrit dans le triangle ABC.

Un lien entre les différents points particuliers

Si un triangle n'est pas équilatéral, le centre de gravité, l'orthocentre et le centre du cercle circonscrit sont alignés. Cette propriété permet par exemple de vérifier leur construction.

Si le triangle est équilatéral, les points de concours de ses droites remarquables sont confondus.

Technique

Montrer que trois droites sont concourantes	Identifier les trois droites comme trois droites particulières d'un triangle (du même type, c'est-à-dire, ou bien trois médianes, ou bien trois bissectrices, etc.) et utiliser les propriétés de concours des droites particulières.

2.3 Triangles particuliers

DÉFINITIONS

Un **triangle rectangle** est un triangle qui a un angle droit.

On indique en quel sommet le triangle est droit. Le côté opposé à ce sommet est appelé hypoténuse signifiant en grec « se tenant sous ».

Un **triangle isocèle** est un triangle qui a deux côtés de même longueur.

On indique en quel sommet le triangle est isocèle, sommet appelé sommet principal, le côté opposé au sommet principal est appelé base du triangle isocèle.

Un **triangle équilatéral** est un triangle qui a trois côtés de même longueur.

Un triangle quelconque est un triangle pour lequel on n'a pas d'information particulière, qui peut être rectangle ou non, isocèle ou non... Quand, dans un énoncé, il est indiqué « soit ABC un triangle quelconque », il est conseillé de tracer une figure dans laquelle le triangle n'a pas de propriétés particulières.

Propriétés du triangle rectangle

L'hypoténuse d'un triangle rectangle est le plus long de ses côtés.

Dans un triangle rectangle, les deux angles distincts de l'angle droit sont complémentaires.

Tout triangle rectangle est inscrit dans un cercle dont un des diamètres est l'hypoténuse. Ceci signifie que, **dans un triangle rectangle, le centre du cercle circonscrit est le milieu de l'hypoténuse**.

Dans un triangle rectangle, la longueur de la médiane issue du sommet de l'angle droit est égale à la moitié de la longueur de l'hypoténuse.

L'orthocentre est le sommet en lequel l'angle est droit.

Techniques

Montrer qu'un triangle est rectangle	• Si un point M appartient à un cercle de diamètre [AB] et est distinct de A et B, alors le triangle ABM est rectangle en M. • Si dans un triangle la longueur de la médiane issue d'un sommet est égale à la moitié de la longueur du côté opposé à ce sommet, alors le triangle est rectangle en ce sommet. • Si un triangle possède deux angles complémentaires, alors il est rectangle. • Si le triangle vérifie les hypothèses de la réciproque du théorème de Pythagore, alors il est rectangle (voir chapitre « Outils en géométrie »).

Propriétés du triangle isocèle

Dans un triangle isocèle, **les angles adjacents à la base** sont égaux.

Un triangle isocèle en A possède un axe de symétrie, c'est la médiatrice du côté opposé au sommet A.

Les droites particulières relatives au sommet principal A sont confondues : la médiatrice du côté opposé, la droite support de la bissectrice de l'angle $\hat{A}$, la médiane et la hauteur issues de A.

Techniques

Montrer qu'un triangle est isocèle	• Si un point M appartient à la médiatrice du segment [AB], alors le triangle ABM est isocèle en M. • Si un triangle possède deux angles égaux, alors il est isocèle. • Si un triangle possède un axe de symétrie, alors il est isocèle en le sommet par lequel passe l'axe de symétrie. • Si en un sommet du triangle deux des droites particulières relatives à ce sommet sont confondues, alors le triangle est isocèle en ce sommet.

Triangle rectangle isocèle : les angles dans un triangle rectangle isocèle sont égaux à 90°, 45° et 45°.

Techniques

Montrer qu'un triangle est rectangle isocèle Montrer qu'un triangle est rectangle	• Un triangle dont les angles sont 90°, 45°, 45° est rectangle isocèle. • Un triangle rectangle qui a un angle de 45° est rectangle isocèle. • Un triangle isocèle dont les deux angles à la base sont égaux à 45° est rectangle.

Propriétés du triangle équilatéral

Dans un triangle équilatéral, tous les angles sont égaux à 60°.

Un triangle équilatéral possède trois axes de symétrie, ce sont les médiatrices des côtés.

Les droites particulières relatives à chacun des sommets sont confondues. Les points particuliers (centre des cercles circonscrit et inscrit, centre de gravité et orthocentre) sont confondus.

Dans un triangle équilatéral, si a désigne la longueur commune aux trois côtés, alors chaque hauteur a pour longueur $h = a\frac{\sqrt{3}}{2}$ (application du théorème de Pythagore à un « demi-triangle équilatéral », voir chapitre « Outils en géométrie »).

Techniques

Montrer qu'un triangle est équilatéral	• Si un triangle est isocèle en deux sommets, alors il est équilatéral. • Si un triangle possède deux angles égaux à 60°, alors le troisième est égal à 60° et le triangle est équilatéral. • Si un triangle isocèle a un angle de 60°, alors il est équilatéral. • Si un triangle possède au moins deux axes de symétrie, alors il est équilatéral. • Si un triangle a deux points particuliers confondus, alors il est équilatéral (par exemple si le centre de gravité et le centre du cercle circonscrit sont confondus).

3 Quadrilatères particuliers

DÉFINITIONS

Un quadrilatère non croisé est un **trapèze** s'il a deux côtés parallèles, appelés bases.

Un quadrilatère est un **parallélogramme** s'il a des côtés opposés parallèles deux à deux.

Un quadrilatère est un **losange** s'il a quatre côtés de même longueur.

Un quadrilatère est un **rectangle** s'il a trois angles droits (et dans ce cas il en a nécessairement un quatrième).

Un quadrilatère est un **carré** si c'est à la fois un rectangle et un losange.

! Inclusions : les carrés font partie de la famille des losanges et des rectangles, c'est-à-dire que le carré est un losange particulier, un rectangle particulier ; les losanges et rectangles font partie de la famille des parallélogrammes, les parallélogrammes font partie de la famille des trapèzes.

DÉFINITIONS

Un trapèze est un **trapèze rectangle** s'il possède un angle droit (et dans ce cas il possède nécessairement deux angles droits.)

Un trapèze est **isocèle** si ses deux bases ont même médiatrice, laquelle est alors un axe de symétrie du trapèze.

Propriétés du trapèze isocèle

Il a deux paires d'angles égaux et deux côtés opposés de même longueur.

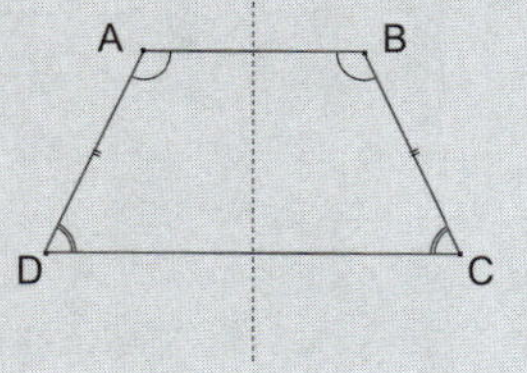

Techniques

Montrer qu'un quadrilatère est un parallélogramme	Un quadrilatère est un **parallélogramme** si et seulement si : • il a deux paires de côtés opposés parallèles (définition) ou s'il vérifie l'une des propriétés caractéristiques ci-dessous : • **ou bien** il est non croisé et il a une paire de côtés opposés parallèles et de même longueur ; • **ou bien** il est non croisé et il a deux paires de côtés opposés de même longueur ; • **ou bien** ses diagonales se coupent en leur milieu.
Montrer qu'un quadrilatère est un rectangle	Un quadrilatère est un **rectangle** si et seulement si : • il a trois angles droits (définition) ou s'il vérifie l'une des propriétés caractéristiques ci-dessous : • **ou bien** c'est un parallélogramme et ses diagonales ont même longueur ; • **ou bien** c'est un parallélogramme et il a un angle droit ; • **ou bien** c'est un quadrilatère qui a ses diagonales de même longueur et qui se coupent en leur milieu ; • **ou bien** il est inscrit dans un cercle, ses diagonales étant des diamètres du cercle.
Montrer qu'un quadrilatère est un losange	Un quadrilatère est un **losange** si et seulement si : • il a quatre côtés de même longueur (définition) ou s'il vérifie l'une des propriétés caractéristiques ci-dessous : • **ou bien** c'est un parallélogramme et ses diagonales sont perpendiculaires ; • **ou bien** c'est un parallélogramme et il a deux côtés adjacents de même longueur ; • **ou bien** c'est un quadrilatère et ses diagonales sont perpendiculaires et se coupent en leur milieu.

Techniques

Montrer qu'un quadrilatère est un carré	Un quadrilatère est un **carré** si et seulement si : • il est à la fois losange et rectangle (définition) ou s'il vérifie l'une des propriétés caractéristiques ci-dessous : • **ou bien** c'est un losange ayant un angle droit ; • **ou bien** c'est un losange et ses diagonales ont même longueur ; • **ou bien** c'est un rectangle et il a deux côtés adjacents de même longueur ; • **ou bien** c'est un rectangle et ses diagonales sont perpendiculaires ; • **ou bien** c'est un parallélogramme et ses diagonales sont perpendiculaires et de même longueur ; • **ou bien** c'est un quadrilatère et ses diagonales sont de même longueur, perpendiculaires et se coupent en leur milieu.

13 Outils en géométrie : théorèmes de Pythagore et de Thalès, trigonométrie

Cours et méthodes

1 Introduction

En géométrie, il existe des problèmes fréquents de calcul de longueur, d'angles, des problèmes de parallélisme, de perpendicularité et d'alignements. L'objectif de ce chapitre est de fournir des outils permettant de résoudre ces types de problèmes.

Exemple

Le problème suivant est un problème de distance inaccessible, il s'agit de mesurer la distance entre deux pylônes modélisés par les points A et D ; une relation entre les longueurs des côtés dans le triangle rectangle ABC permettra de calculer AC, puis la même relation dans le triangle rectangle ADC permettra de calculer la longueur cherchée AD. Une telle relation entre les longueurs des côtés existe, c'est le théorème de Pythagore.

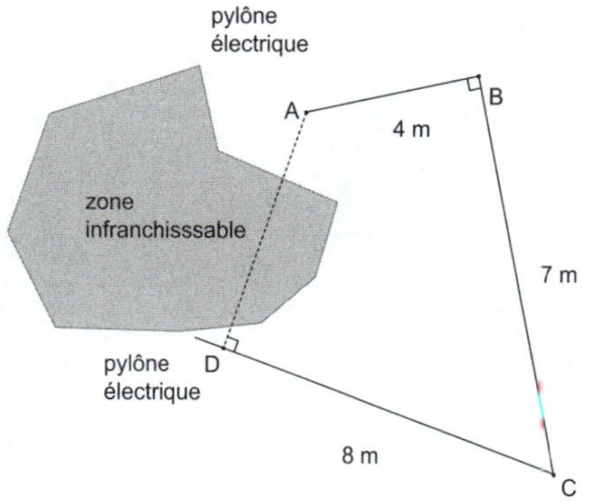

2 Théorème de Pythagore

2.1 Énoncé

Théorème

Si un triangle est rectangle alors le carré de la longueur de son hypoténuse est égal à la somme des carrés des longueurs des côtés de l'angle droit.

Exemple

Si ABC est rectangle en A, alors $BC^2 = AB^2 + AC^2$.

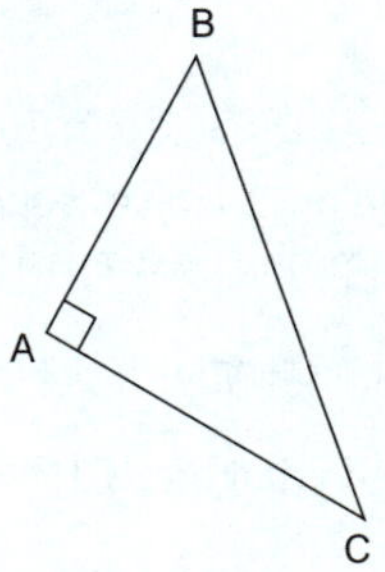

! Pour pouvoir appliquer ce théorème, il est nécessaire de justifier d'abord que le triangle est rectangle.

Exemple

ABCD est un carré de côté 3 cm. Déterminer la longueur d'une de ses diagonales.
Comme ABCD est un carré, l'angle en A est un angle droit, le triangle ABD est rectangle en A.
D'après le théorème de Pythagore,
$BD^2 = AB^2 + AD^2 = 2 \times 3^2$ cm^2. D'où $BD = 3\sqrt{2}$ cm.

Conséquence du théorème

La longueur de l'hypoténuse est la plus grande des longueurs des trois côtés d'un triangle rectangle.

Autre formulation du théorème de Pythagore

(appelée formulation contraposée)

Si dans un triangle, le carré de la plus grande des longueurs des côtés n'est pas égal à la somme des carrés des deux autres longueurs, alors le triangle n'est pas rectangle.

Exemple

Si $BC^2 \neq AB^2 + AC^2$ alors ABC n'est pas rectangle en A.
Soit ABC un triangle tel que AB = 2, AC = 3 et BC = 4.
$BC^2 = 4^2 = 16$ et $AB^2 + AC^2 = 2^2 + 3^2 = 13$,
donc $BC^2 \neq AB^2 + AC^2$.
Donc ABC n'est pas rectangle en A.

2.2 Utilisation du théorème de Pythagore

Il sert à calculer des longueurs, à montrer qu'un triangle n'est pas rectangle.

Exemple : calcul de la hauteur d'un triangle équilatéral

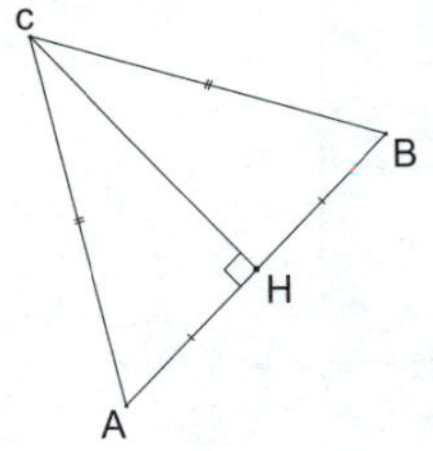

Déterminer la hauteur d'un triangle équilatéral de côté a. H pied de la hauteur issue de C est aussi milieu du segment [AB]. Le triangle AHC est rectangle en H avec $AH=\frac{a}{2}=AC=a$.
D'après le théorème de Pythagore, $CH^2 = AC^2 - AH^2$, d'où $CH=\sqrt{a^2-\left(\frac{a}{2}\right)^2}=\sqrt{\frac{3}{4}a^2}=\frac{\sqrt{3}}{2}a$. Il faut soit retrouver rapidement cette formule de la hauteur d'un triangle équilatéral, soit la retenir.

Exemple

Calculer le périmètre d'un triangle MNP inscrit dans un cercle de rayon 5 cm, M et N étant diamétralement opposés et MP = 6 cm.
On a : MN = 2 × 5 cm = 10 cm.
Le triangle est inscrit dans un cercle de diamètre l'un de ses côtés, il est donc rectangle en P. D'après le théorème de Pythagore, $MN^2 = PN^2 + MP^2$, d'où : $PN^2 = MN^2 - MP^2$. D'où $PN=\sqrt{10^2-6^2}$ cm $= 8$ cm. On en déduit aisément le périmètre p du triangle : $p = (10 + 6 + 8)$ cm, soit $p = 24$ cm.

Exemple

Sur le dessin ci-contre (où les dimensions ne sont pas respectées), les droites d et d' sont-elles perpendiculaires ?
$AB^2 + AC^2 = 101{,}21$ cm² et $CB^2 = 102{,}01$ cm², d'où $BC^2 \neq AB^2 + AC^2$, le triangle ABC n'est pas rectangle en A et les droites d et d' ne sont pas perpendiculaires.

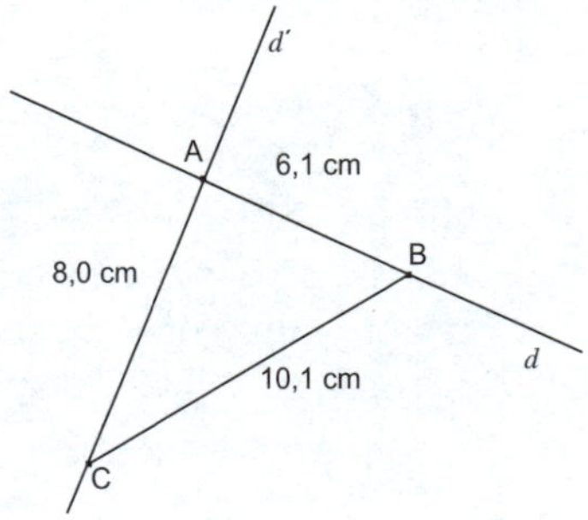

Remarque 1 : le théorème de Pythagore peut aussi être utilisé en géométrie dans l'espace, par exemple pour déterminer la hauteur d'un cône, le rayon du disque obtenu par section d'une boule par un plan.

Remarque 2 : le théorème de Pythagore est une implication du type : « A implique B » avec « A : le triangle est rectangle », et « B : le carré du plus long côté est égal à la somme des carrés des deux autres ». Dans le cas de ce théorème, la réciproque est vraie, c'est-à-dire « B implique A ».

2.3 Réciproque

Énoncé de la réciproque du théorème de Pythagore

Si dans un triangle le carré du plus long côté est égal à la somme des carrés des deux autres côtés, alors le triangle est rectangle.

Formulation équivalente : si un triangle n'est pas rectangle, alors le carré du plus long côté est différent de la somme des carrés des deux autres côtés.

Utilisation de la réciproque du théorème de Pythagore

Elle sert à montrer qu'un triangle est rectangle, que des droites sont perpendiculaires.

Exemple

Sur le dessin ci-contre (où les dimensions ne sont pas respectées), les droites d et d' sont-elles perpendiculaires ?

$AB^2 + AC^2 = 100$ cm² et $CB^2 = 100$ cm², d'où $BC^2 = AB^2 + AC^2$, le triangle ABC est rectangle en A et les droites d et d' sont perpendiculaires.

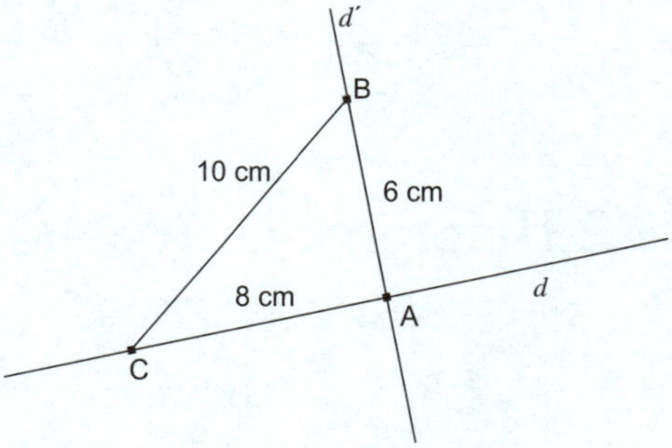

Technique

Calculer une longueur	1	Identifier la longueur comme la longueur d'un côté d'un triangle rectangle, dont on connaît les deux autres longueurs.
	2	Appliquer le théorème de Pythagore.
	3	Résoudre éventuellement une équation pour exprimer le carré de la longueur cherchée en fonction des deux autres connues.
	4	Calculer la racine carrée du carré de la longueur trouvée.
Déterminer si un triangle est rectangle ou non	1	Calculer d'une part le carré du plus grand côté, d'autre part la somme des carrés des deux autres côtés.
	2	a. Si les deux valeurs ne sont pas égales, utiliser la contraposée du théorème pour conclure que le triangle n'est pas rectangle. b. Si les deux valeurs sont égales, utiliser la réciproque du théorème pour conclure que le triangle est rectangle.

3 Théorème de Thalès

3.1 Propriété de la droite des milieux

Ce premier théorème est un cas particulier du suivant, il est intéressant à retenir car sa formulation est simple.

Théorème

■ Soit OAA′ un triangle et B′ un point de (OA′).

Si B est le milieu de [OA] et (BB′) // (AA′), alors B′ est le milieu de [OA′], c'est-à-dire que si une droite passe par le milieu d'un côté et qu'elle est parallèle au deuxième côté, alors elle passe par le milieu du troisième côté.

■ Réciproquement : soit OAA′ un triangle.

Si B est le milieu de [OA] et si B′ est le milieu de [OA′], alors (BB′) // (AA′), c'est-à-dire si une droite passe par les milieux de deux côtés, alors elle est parallèle au troisième côté. De plus : $BB' = \frac{1}{2}AA'$.

3.2 Théorème de Thalès

Théorème

$$\text{Si}\begin{cases}\text{O, A, B sont alignés}\\ \text{O, A}', \text{B}' \text{ sont alignés}\\ (\text{BB}') \text{ et } (\text{AA}') \text{ sont parallèles}\end{cases}\quad \text{alors } \frac{OA}{OB}=\frac{OA'}{OB'}=\frac{AA'}{BB'}$$

Les hypothèses ci-dessus correspondent à deux configurations dites configurations de Thalès :

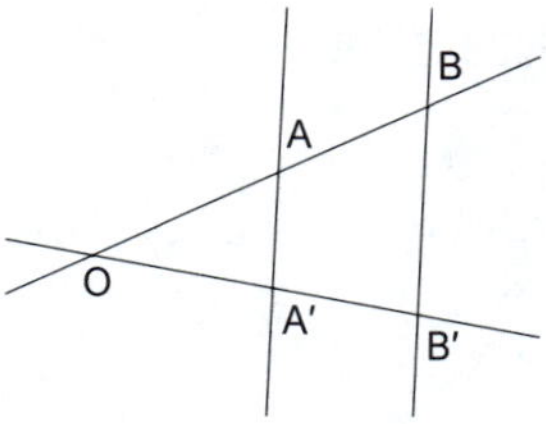

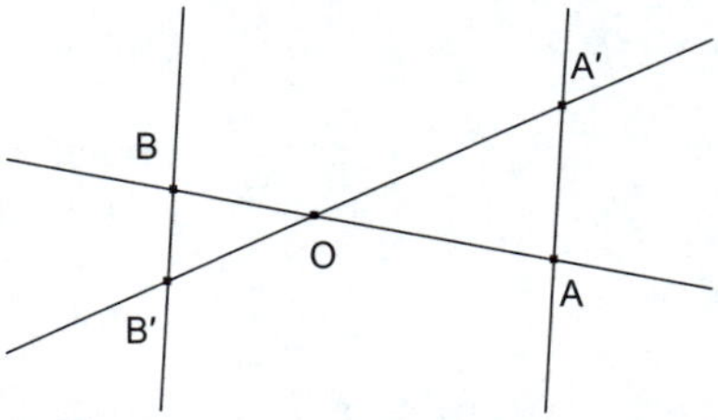

Remarque 1 : lorsqu'on utilise le théorème de Thalès, on n'est pas obligé d'écrire toutes les égalités de rapports, on peut écrire uniquement celles dont on a besoin.

Remarque 2 : pour retenir ce théorème, on peut l'interpréter en termes :

- d'agrandissement-réduction ou d'homothétie : les hypothèses entraînent que le triangle OB′B est un agrandissement (ou une réduction) du triangle OA′A, ce qui peut se formuler ainsi : le triangle OB′B est l'image de OA′A par une homothétie. D'où les longueurs qui se correspondent (OA correspond à OB, OA′ à OB′, AA′ à BB′) sont multipliées par le même coefficient d'agrandissement-réduction, noté k ;
- de triangles semblables OA′A et OB′B. D'où l'égalité entre les rapports de longueurs des côtés qui se correspondent.

On a alors : OB = k OA, OB′ = k OA′, BB′ = k AA′ ; d'où $k = \frac{OB}{OA} = \frac{OB'}{OA'} = \frac{BB'}{AA'}$.

Remarque 3 : une autre façon de voir est de « projeter » la droite (OA) sur (OA′) parallèlement à la direction de (AA′). A est projeté en A′ et B en B′, O en lui-même. On obtient alors le rapport $\frac{OB}{OA} = \frac{OB'}{OA'}$ mais aussi d'autres égalités de rapport : $\frac{OA}{AB} = \frac{OA'}{A'B'}$ et $\frac{OB}{AB} = \frac{OB'}{A'B'}$ qui se retiennent en disant que les rapports des longueurs de segments portés par la première droite sont égaux aux rapports des longueurs des segments projetés. Par contre le rapport $\frac{BB'}{AA'}$ que l'on a dans le théorème de Thalès n'intervient pas dans des rapports de projection (ce sont des longueurs de segments portés par les droites parallèles).

Autre formulation du théorème de Thalès

(appelée formulation contraposée)

Soient O, A, A′, B, B′ des points distincts. Si $\frac{OB}{OA} \neq \frac{OB'}{OA'}$ ou $\frac{OB}{OA} \neq \frac{BB'}{AA'}$ ou $\frac{OB'}{OA'} \neq \frac{BB'}{AA'}$ alors les points O, A, B ne sont pas alignés ou les points O, A′, B′ ne sont pas alignés ou les droites (AA′) et (BB′) ne sont pas parallèles.

Remarque : le "ou" n'est pas exclusif, on peut avoir une seule des négations, deux des négations ou les trois.

3.3 Utilisation du théorème de Thalès

Il sert à calculer des longueurs, ou à montrer que des points ne sont pas alignés ou à montrer que des droites ne sont pas parallèles.

Exemple

Déterminer des longueurs

On a ci-dessous une configuration de Thalès avec : OM = 3, OP = OQ = 5. Déterminer OR.

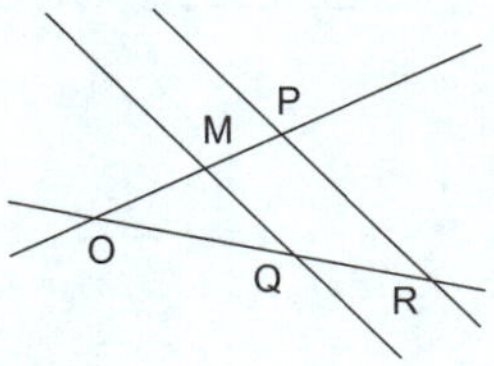

D'après le théorème de Thalès, $\frac{OM}{OP} = \frac{OQ}{OR}$.

D'où $OR = OQ \times \frac{OP}{OM} = 5 \times \frac{5}{3} = \frac{25}{3}$.

Géométrie

Exemple

Montrer que des points ne sont pas alignés

On a assemblé les pièces d'un puzzle de la façon ci-contre, les données sont :
A, B, C sont alignés, A, E, F sont alignés, ABDE est un carré de côté 8 cm, BCD est un triangle rectangle en B de côtés adjacents à l'angle droit de longueurs 13 cm et 8 cm, EDF est un triangle rectangle en E de côtés adjacents à l'angle droit de longueurs 8 cm et 5 cm. Les points F, D, C sont-ils alignés ? Faire un dessin avec les mesures données.

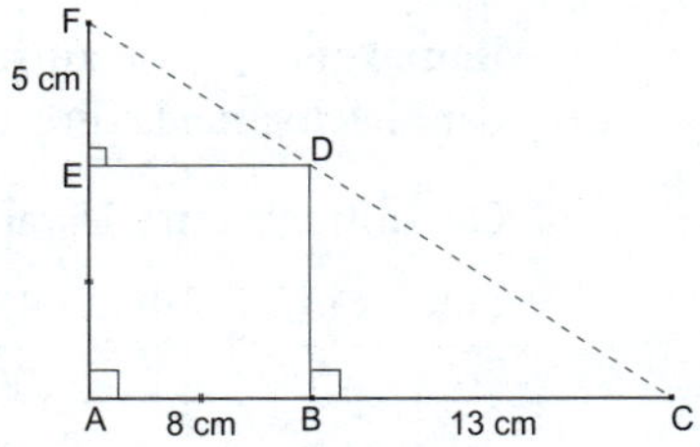

A, B, C sont alignés et (DB) et (AF) sont parallèles. On calcule : $\frac{CB}{CA}$ et $\frac{BD}{AF}$ qui sont les rapports qui doivent être égaux si on a une configuration de Thalès.

On trouve : $\frac{CB}{CA} = \frac{13}{21}$ et $\frac{BD}{AF} = \frac{8}{13}$. Or $\frac{8}{13} \neq \frac{13}{21}$ car $8 \times 21 = 168$ et $13 \times 13 = 169$. Donc on n'a pas une configuration de Thalès, les points F, D, C ne sont pas alignés (en appliquant la formulation contraposée).

Montrer que des droites ne sont pas parallèles

Les points O, U, V sont alignés ainsi que les points O, W, X. On a OU = 8 et OV = OW = 13 et OX =21. Les droites (UW) et (VX) sont-elles parallèles ?

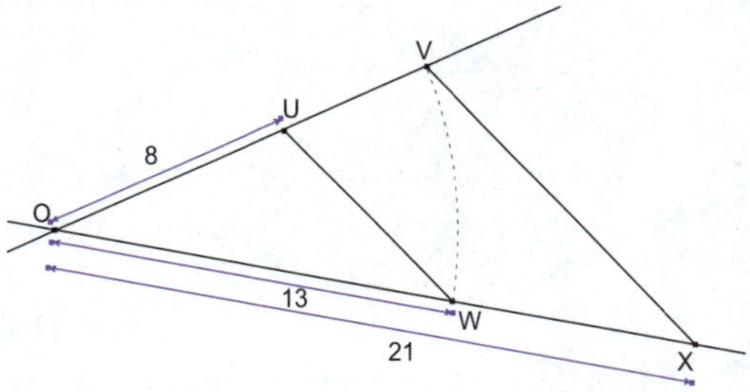

On calcule : $\frac{OU}{OV}$ et $\frac{OW}{OX}$ qui sont les rapports qui doivent être égaux si on a une configuration de Thalès. Or $\frac{8}{13} \neq \frac{13}{21}$.

D'où les droites ne sont pas parallèles.

De même que pour le théorème de Pythagore, on s'intéresse à la réciproque du théorème de Thalès.

3.4 Réciproque du théorème de Thalès

Énoncé configuration « triangle »

(AB) et (A′B′) sont sécantes en O. Si B appartient au segment [OA], et B′ à [OA′] et si $\frac{OB}{OA} = \frac{OB'}{OA'}$ alors : (BB′) // (AA′).

Énoncé configuration « papillon »

(AB) et (A′B′) sont sécantes en O. Si O appartient au segment [AB], O appartient au segment [A′B′] et si $\frac{OB}{OA} = \frac{OB'}{OA'}$ alors (BB′) // (AA′).

Utilisation de la réciproque du théorème de Thalès

Elle est utile pour montrer que des droites sont parallèles.

REMARQUE

Le théorème des milieux est un cas particulier du théorème de Thalès (avec un rapport égal à ½). On peut aussi considérer le théorème de Thalès et sa réciproque comme une généralisation du théorème des milieux.

4 Trigonométrie

4.1 Introduction

Si OAB et OAC sont des triangles rectangles en O, on remarque que les longueurs AB, AC, OB, OC dépendent des angles de chaque triangle (voir figure ci-contre). L'idée est de trouver une relation entre les longueurs des côtés d'un triangle rectangle et les angles de ce triangle.

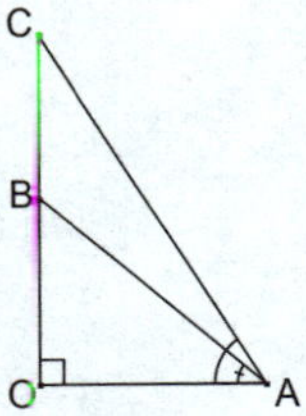

Si OAB et OA′B′ sont des triangles rectangles ayant mêmes angles, si on les positionne de telle sorte que O, A, A′ d'une part et O, B, B′ d'autre part soient alignés (voir figure ci-contre), alors les droites (AB) et (A′B′) sont parallèles car les angles $\widehat{BAO}$ et $\widehat{B'A'O}$ sont correspondants et égaux. En appliquant le théorème de Thalès, on a : $\frac{OA}{OA'} = \frac{AB}{A'B'}$ ce qu'on peut réécrire $\frac{OA}{AB} = \frac{OA'}{A'B'}$. Le rapport entre la longueur du côté adjacent à l'angle $\widehat{OAB}$ et la longueur de l'hypoténuse ne dépend donc que de l'angle $\widehat{OAB}$. On l'appelle cosinus de l'angle, noté $\cos(\widehat{OAB})$. Sauf pour quelques valeurs remarquables, il est nécessaire d'utiliser une calculatrice pour déterminer le cosinus d'un angle. On peut de même étudier d'autres rapports.

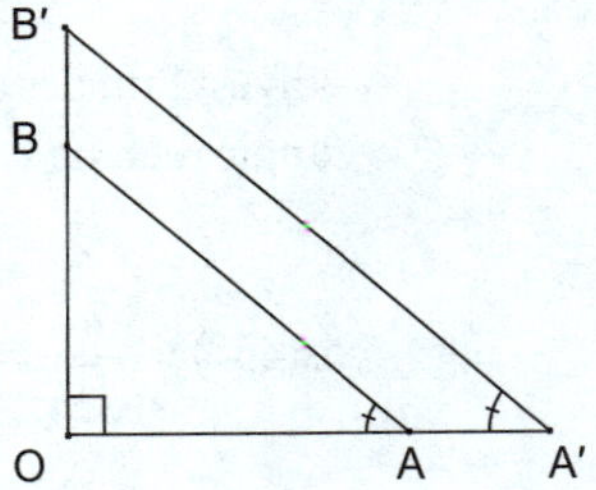

4.2 Définition des lignes trigonométriques

DÉFINITION

Si OAB est un **triangle rectangle** en O, alors on définit trois rapports associés aux angles parfois appelés « lignes trigonométriques » :

$$\cos(\widehat{OAB}) = \frac{OA}{AB} \quad \text{et} \quad \sin(\widehat{OAB}) = \frac{OB}{AB} \quad \text{et} \quad \tan(\widehat{OAB}) = \frac{OB}{OA} = \frac{\sin(\widehat{OAB})}{\cos(\widehat{OAB})}.$$

On les retient de la façon suivante :

$$\cos(\widehat{OAB}) = \frac{\textit{côté adjacent}}{\textit{hypoténuse}} \quad \text{et} \quad \sin(\widehat{OAB}) = \frac{\textit{côté opposé}}{\textit{hypoténuse}} \quad \text{et} \quad \tan(\widehat{OAB}) = \frac{\textit{côté opposé}}{\textit{côté adjacent}}.$$

Géométrie

4.3 Détermination de lignes trigonométriques d'angles remarquables

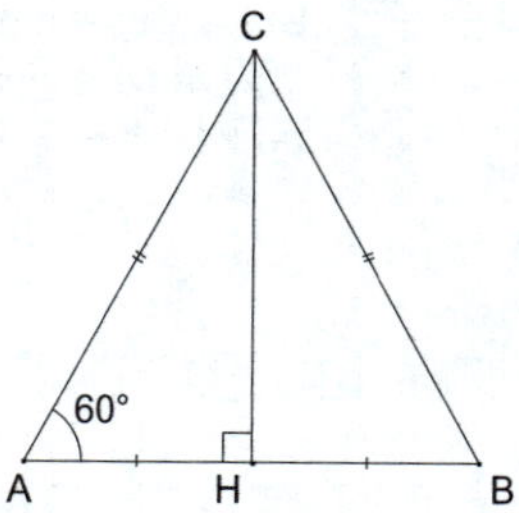

- Un triangle équilatéral ABC a des angles de 60°. On a montré que la hauteur d'un triangle équilatéral de côté a est $\frac{\sqrt{3}}{2}a$. Dans le triangle rectangle AHC où H est le pied de la hauteur issue de C, on a : $\cos(60°)=\frac{AH}{CA}=\frac{\frac{a}{2}}{a}=\frac{1}{2}$ et $\sin(60°)=\frac{CH}{CA}=\frac{\frac{\sqrt{3}}{2}a}{a}=\frac{\sqrt{3}}{2}$.

De plus comme [CH) est la bissectrice de l'angle en C égal à 60°, $\widehat{ACH}=30°$.

On a alors :

$$\cos(30°)=\frac{CH}{CA}=\frac{\frac{\sqrt{3}}{2}a}{a}=\frac{\sqrt{3}}{2} \text{ et } \sin(30°)=\frac{AH}{CA}=\frac{\frac{a}{2}}{a}=\frac{1}{2}.$$

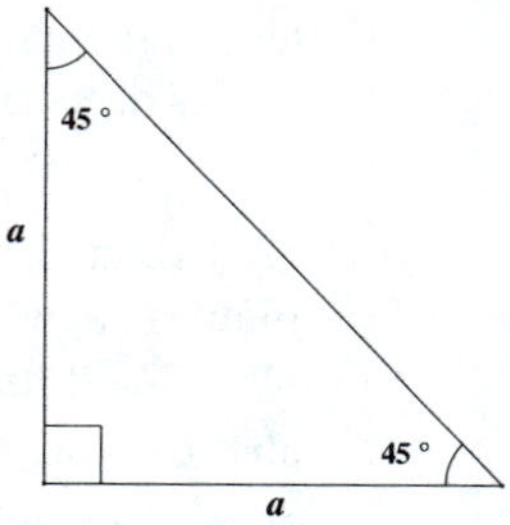

- 45° est l'un des angles autre que l'angle droit dans un triangle rectangle isocèle de côté a, a et $\sqrt{2}a$.

$$\cos(45°)=\frac{a}{\sqrt{2}a}=\frac{\sqrt{2}}{2} \text{ et } \sin(45°)=\frac{a}{\sqrt{2}a}=\frac{\sqrt{2}}{2}.$$

Angle	30°	45°	60°
cosinus	$\frac{\sqrt{3}}{2}$	$\frac{\sqrt{2}}{2}=\frac{1}{\sqrt{2}}$	$\frac{1}{2}$
sinus	$\frac{1}{2}$	$\frac{\sqrt{2}}{2}$	$\frac{\sqrt{3}}{2}$
tangente	$\frac{\sqrt{3}}{3}=\frac{1}{\sqrt{3}}$	1	$\sqrt{3}$

REMARQUE

On choisira l'une des écritures avec racine carrée qui simplifie les calculs.

4.4 Utilisation de la trigonométrie dans le triangle rectangle

Elle est utile pour calculer des longueurs, déterminer des angles.

Exemples

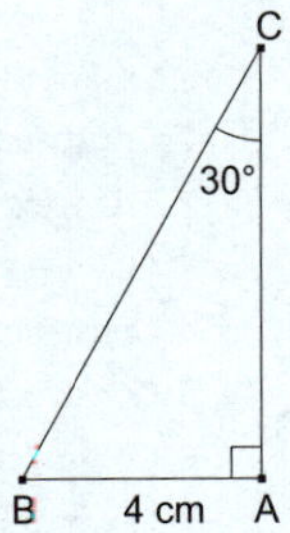

- Le triangle ABC rectangle en A est tel que : AB = 4 cm et $\widehat{BCA} = 30°$.

  Déterminer les autres longueurs.

  $\tan(\widehat{BCA}) = \tan(30°) = \dfrac{AB}{AC} = \dfrac{1}{\sqrt{3}}$, d'où $AC = AB\sqrt{3} = 4\sqrt{3}$ cm

  $\sin(\widehat{BCA}) = \sin(30°) = \dfrac{AB}{BC} = \dfrac{1}{2}$, d'où $BC = 2\,AB = 8$ cm

- Le triangle MNP rectangle en M est tel que MP = 4 cm et MN = 3 cm.

  Déterminer la troisième longueur et les angles.

  D'après le théorème de Pythagore,

  $PN^2 = PM^2 + MN^2 = (4^2 + 3^2)\text{ cm}^2 = 5^2\text{ cm}^2$, d'où $PN = 5$ cm

  $\cos(\widehat{MNP}) = \dfrac{MN}{NP} = \dfrac{3}{5}$, d'où $\widehat{MNP} \approx \cos^{-1}\left(\dfrac{3}{5}\right) \approx 53{,}1°$.

  On utilise la touche $\cos^{-1}$ de la calculatrice. $\widehat{MPN}$ est le complémentaire de $\widehat{MNP}$ d'où $\widehat{MPN} \approx 36{,}9°$.

Géométrie

14 Constructions

Cours et méthodes

Un problème de construction est un problème où l'on demande de construire des points, des droites, des cercles, etc. vérifiant certaines contraintes géométriques et/ou instrumentales, éventuellement par rapport à une configuration initiale donnée.

Il y a deux niveaux de problèmes de construction :

- les constructions simples où la méthode est évidente, on peut faire les tracés directement ;
- les problèmes plus complexes où l'on ne voit pas a priori la méthode de construction. Pour ces problèmes, on peut étudier la configuration finale : on essaye de construire la figure a priori à main levée de façon approximative ou « à l'envers » et d'en déduire les propriétés ; cette étude préalable permet de dégager un programme de construction, que l'on justifie, c'est-à-dire qu'on argumente en quoi ce programme permet de construire effectivement l'objet cherché.

Étudier une construction permet d'une part de mieux la mémoriser et d'autre part de comprendre les propriétés de la figure construite. C'est pourquoi nous nous efforcerons dans ce chapitre de justifier les constructions proposées.

Programme de construction

Un programme de construction donne la liste des actions à effectuer pour construire la figure demandée. Les outils géométriques à utiliser sont souvent imposés. Les problèmes de construction « à la règle et au compas » (règle étant entendue au sens de « tire-ligne » sans graduation) ont donné lieu depuis l'Antiquité à de nombreux problèmes et aux développements de théories mathématiques.

CONSEILS

Rédaction d'un programme de construction

Utiliser du vocabulaire de géométrie : « tracer un cercle de centre O de rayon AB » à la place de « on pique le compas en O et on l'écarte de la distance de A à B... ».
Utiliser des verbes d'action à l'infinitif.
Numéroter les étapes du programme de construction et reporter les numéros sur la figure.

> **REMARQUE**
> - Les solutions des problèmes de construction sont fortement liées aux contraintes instrumentales. Dans la suite, tous les problèmes seront des problèmes de construction à la règle (non graduée) et au compas, en mentionnant de temps en temps des constructions à la règle graduée et à l'équerre.
> - Il est souvent difficile d'identifier le degré d'approfondissement attendu dans un programme de construction.

1 Constructions de droites particulières

1.1 Médiatrice du segment [AB]

(1) Tracer deux cercles de même rayon de centres respectifs A et B, le rayon choisi étant supérieur à $\frac{AB}{2}$ pour que les cercles aient deux points d'intersection ;

(2) Tracer la droite joignant les deux points d'intersection de ces deux cercles.

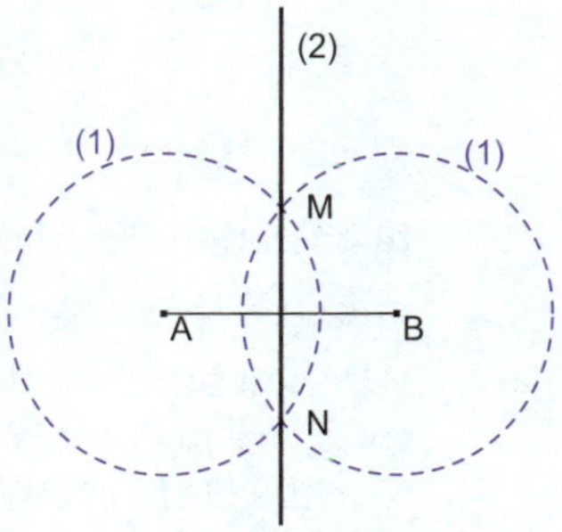

Si l'un des points d'intersection n'est pas sur l'espace de la feuille, on trace deux autres cercles de même rayon R' de telle sorte qu'un des points d'intersection soit sur la feuille.

Justification : les points d'intersection des deux cercles sont équidistants de A et B, par la propriété caractéristique de la médiatrice, ils appartiennent tous les deux à la médiatrice du segment [AB], la droite les joignant est bien la médiatrice.

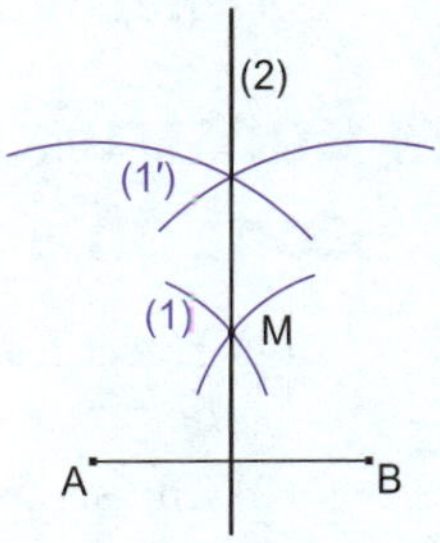

1.2 Milieu d'un segment

Tracer la médiatrice d'un segment : le milieu du segment est le point d'intersection de la médiatrice et du segment.

> **REMARQUE**
> Lorsque l'on utilise la règle graduée, le milieu n'est pas construit uniquement à l'aide d'objets géométriques (droites, cercles, etc.) mais en effectuant aussi un calcul approché de division par 2 du résultat d'un mesurage.

1.3 Bissectrice d'un angle

(1) Tracer un cercle de centre O, le sommet de l'angle, et de rayon quelconque R ;

(2) Nommer A et B les points d'intersection de ce cercle avec chacune des demi-droites côtés de l'angle ;

Géométrie

(3) Tracer des cercles sécants de centres ces points A et B et de même rayon ; pour ces cercles de centre A et B de même rayon, on peut choisir un rayon égal à R (voir figure 2) ;

(4) Nommer M l'un des points d'intersection de ces deux cercles (dans le cas de la figure 2, O est l'autre point d'intersection) ;

(5) Tracer la demi-droite [OM).

Figure 1

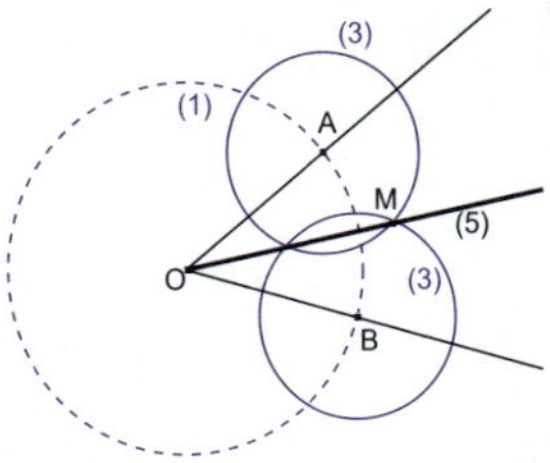

Figure 2

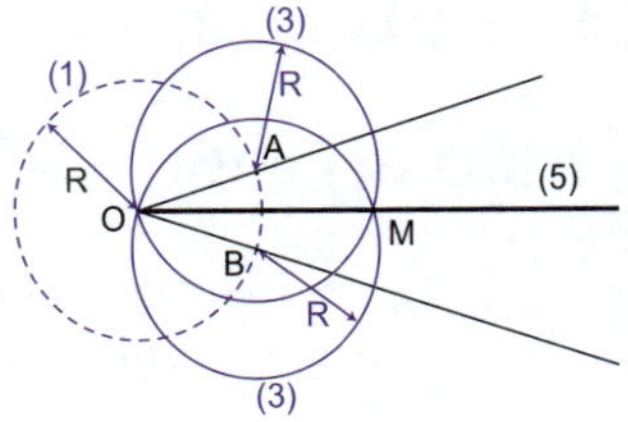

Justification : les triangles OAM et OBM sont superposables car ils ont un côté commun [OM], et OA = OB, AM = BM. Les angles $\widehat{AOM}$ et $\widehat{BOM}$ sont alors égaux. [OM) est bien la bissectrice de l'angle $\widehat{AOB}$. De plus la distance de M à chacun des côtés de l'angle est la même, c'est la mesure de la hauteur issue de M de chacun des triangles OAM et OBM. On retrouve une propriété de la bissectrice d'un angle (voir chapitre « Angles, cercles et disques »), tout point de la bissectrice est à égale distance des deux côtés de l'angle.

1.4 Construction d'un parallélogramme dont on a trois sommets A, B, C

(1) Tracer les cercles de centre A et de rayon BC, de centre C et de rayon AB ;

(2) Choisir parmi les deux points d'intersection celui qui sera le quatrième sommet du parallélogramme, nommé D (de telle sorte que B et D soient de part et d'autre de la droite (AC)).

Justification : un quadrilatère convexe dont les côtés opposés sont de même longueur est un parallélogramme.

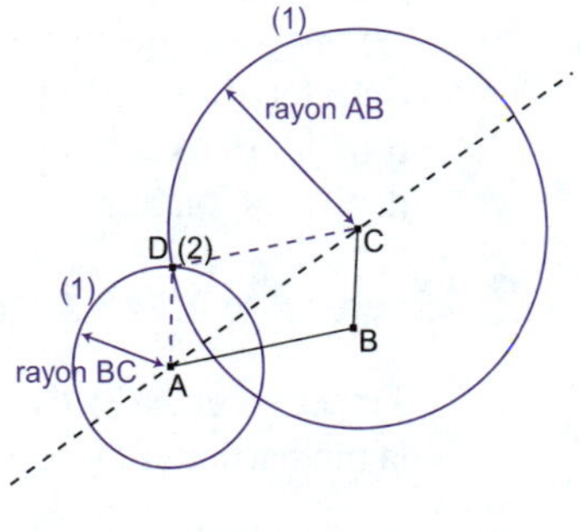

1.5 Construction de la parallèle à une droite *d* passant par un point donné C

Technique 1 : placer deux points A et B sur la droite *d*, et appliquer la construction ci-dessus. Le quatrième sommet D du parallélogramme ABCD est tel que la droite (DC) est parallèle à la droite donnée *d*.

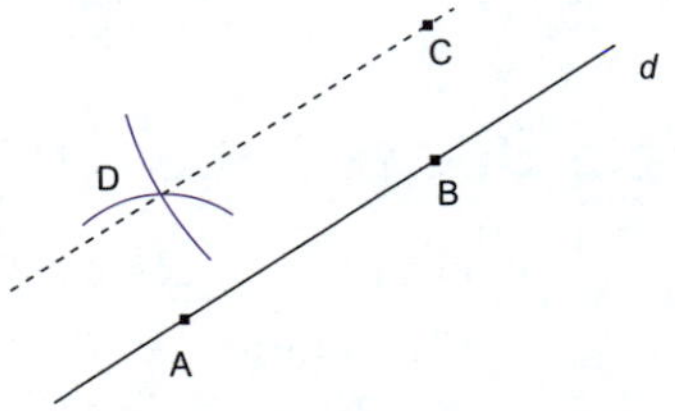

Justification : les côtés opposés d'un parallélogramme sont parallèles.

Technique 2 : on peut aussi tracer une perpendiculaire à d quelconque, puis une perpendiculaire à la droite tracée passant par C.

Justification : deux droites perpendiculaires à une troisième droite sont parallèles entre elles.

Technique 3 avec l'équerre (technique de glissement de l'équerre) : positionner un côté d_1 de l'angle droit de l'équerre en superposition avec la droite d, positionner une règle sur l'autre côté d_2 de l'angle droit de l'équerre, faire glisser l'équerre le long de la règle jusqu'à ce que d_1 passe par C. Tracer la droite dont le support est d_1.

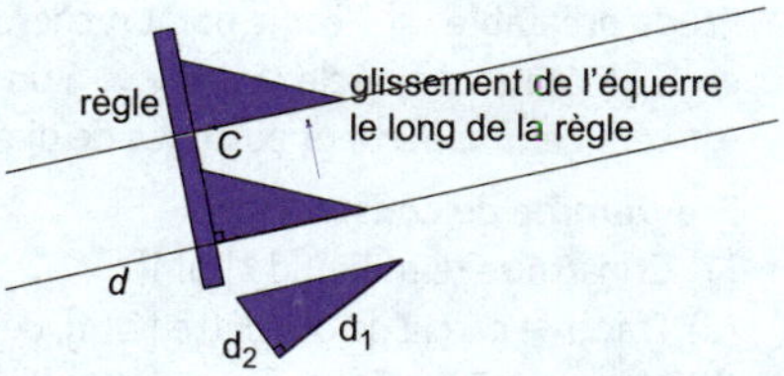

Justification : d et d_2 sont perpendiculaires. La droite « mobile » d_1 reste pendant le glissement perpendiculaire à d_2. Deux droites perpendiculaires à une même troisième sont parallèles, d'où la droite d_1 (en position finale passant par C) et d sont parallèles.

1.6 Construction de la perpendiculaire à une droite *d* passant par un point donné C

Plusieurs techniques, par exemple :

(1) Tracer un cercle de centre C ; si C n'appartient pas à d, le cercle doit être de rayon assez grand pour qu'il y ait des points d'intersection avec la droite d ;

(2) Nommer A et B les deux points d'intersection du cercle de centre C et de la droite d ;

(3) Comme C est équidistant de A et B, C appartient à la médiatrice du segment [AB]. On applique ensuite le procédé de construction de la médiatrice donné dans le paragraphe sur la médiatrice.

Cette médiatrice est la droite cherchée.

1.7 Tangente à un cercle en un point du cercle

Soit O le centre du cercle et M le point où on souhaite tracer la tangente. On trace la perpendiculaire à la droite (OM) passant par M.

Justification : en effet la tangente est perpendiculaire au rayon dont une extrémité est le point de tangence.

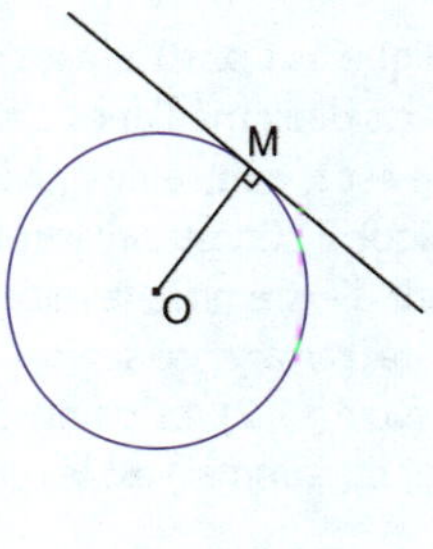

... POUR ALLER PLUS LOIN ...

Tangente à un cercle passant par un point extérieur au cercle

Soit O le centre du cercle C et M le point par lequel on souhaite faire passer une tangente au cercle, M étant extérieur au cercle.

Étude préalable : si T est le point recherché du cercle où il y a tangence, le triangle OTM est rectangle en T. Le centre du cercle circonscrit à un triangle rectangle est le milieu de l'hypoténuse, ici [OM] qui est connue. T appartient au cercle de diamètre [OM]. On en déduit le programme de construction :

Programme de construction

(1) Construire le milieu de [OM] ;

(2) Tracer le cercle de diamètre [OM], de centre le milieu de [OM] ;

(3) Nommer T_1 et T_2 les deux points d'intersection du cercle C et du cercle de diamètre [OM] ; O est à l'intérieur du cercle et M est à l'extérieur, il y a toujours deux points d'intersection ;

(4) Tracer les droites (MT_1) et (MT_2), ce sont les tangentes cherchées.

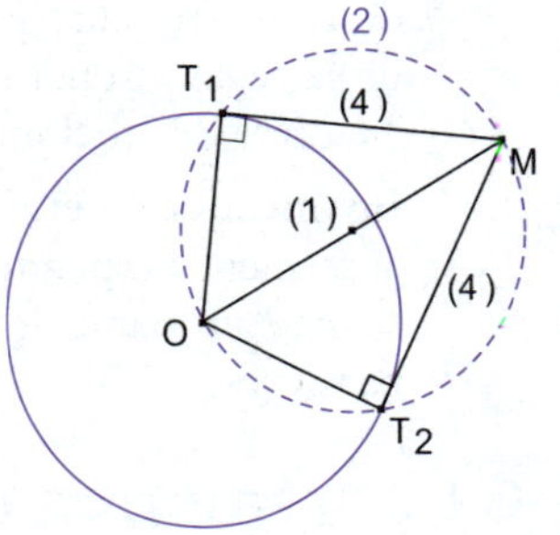

Justification du programme

Les cercles ont deux points d'intersection, nommés T_1 et T_2. T_1 appartient au cercle de diamètre [OM], d'où les droites (OT_1) et (T_1M) sont perpendiculaires (voir chapitre « Polygones » paragraphe « Triangles particuliers »), d'où (T_1M) est tangente au cercle en T_1.

2 Triangles

Cercle circonscrit à un triangle

Construire deux médiatrices des côtés, leur point d'intersection est le centre du cercle circonscrit. Construire le cercle de centre ce point et passant par un des sommets.

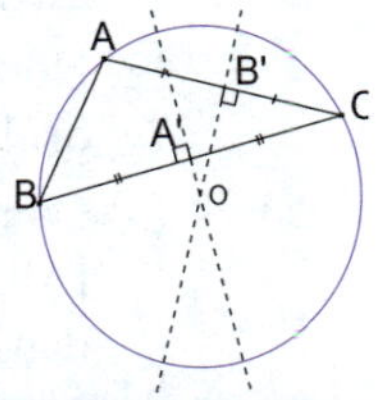

... POUR ALLER PLUS LOIN ...

Centre de gravité d'un triangle

Technique 1 : Construire les milieux de deux côtés du triangle. Tracer les deux médianes correspondantes. Leur point d'intersection est le centre de gravité du triangle.

Technique 2 : Construire le milieu d'un côté du triangle. Tracer le segment d'extrémités le milieu de ce côté et le sommet opposé à ce côté. Partager ce segment en trois segments de même longueur (voir § 3.2). Le point situé aux deux tiers de ce segment (à partir du sommet) est le centre de gravité du triangle.

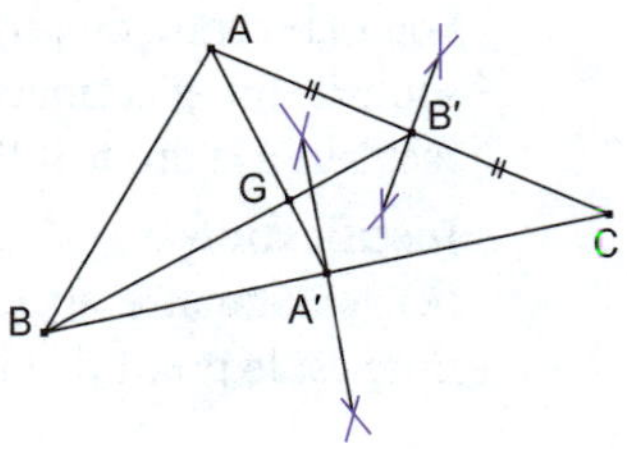

Orthocentre d'un triangle

Tracer la droite perpendiculaire à un côté passant par le sommet opposé. Faire de même avec un autre côté. Le point d'intersection des deux hauteurs tracées est l'orthocentre du triangle.

... / ...

Suite

Cercle inscrit dans un triangle

(1) Construire les bissectrices de deux angles du triangle, leur point d'intersection I est le centre du cercle inscrit ;
(2) Construire la perpendiculaire à l'un des côtés passant par I ;
(3) Cette perpendiculaire coupe le côté considéré en T ;
(4) Construire le cercle de centre I et passant par T ; c'est le cercle inscrit dans le triangle.

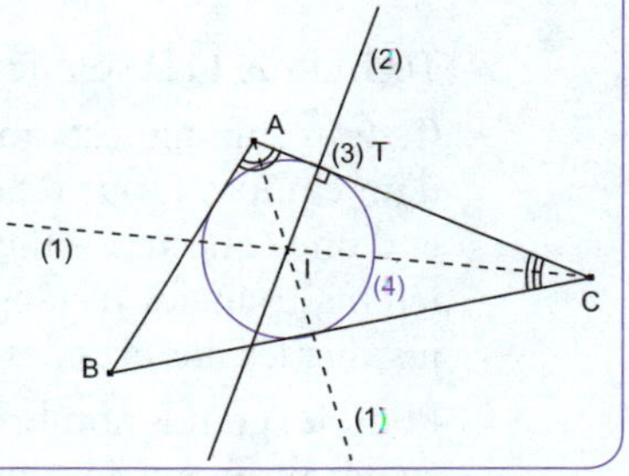

3 Opérations sur les longueurs

Dans tout ce paragraphe, on se donne u une unité de longueur mais cette unité sera sous-entendue dans les expressions des longueurs rencontrées.

3.1 Addition, soustraction de longueurs

(Voir chapitre « Grandeurs et mesures ») On construit deux segments portés par la même droite, positionnés de façon à avoir une extrémité commune.

Pour l'addition :

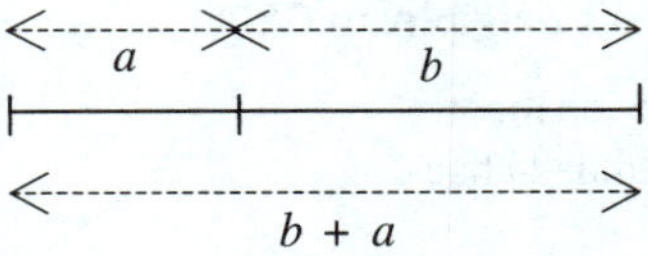

Pour la soustraction :

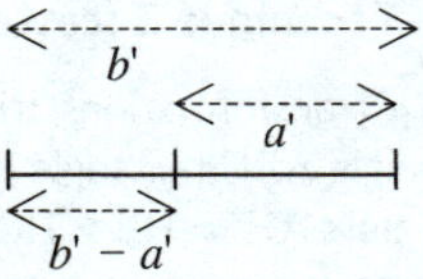

3.2 Multiplication et division d'une longueur *a* par un entier *n*

Pour la multiplication, on reporte n fois la longueur.

Pour la division, on utilise le théorème de Thalès.

(1) Construire deux demi-droites de même origine O, [Ox) et [Oy) ;
(2) Placer A sur [Ox) tel que OA = a ;
(3) Placer B et C sur [Oy) tels que : OC = 1u et OB = nu en reportant la longueur unité ;
(4) Tracer la parallèle à (AB) passant par C. Elle coupe [Ox) en N.
[ON] est un segment dont la longueur est a divisé par n.

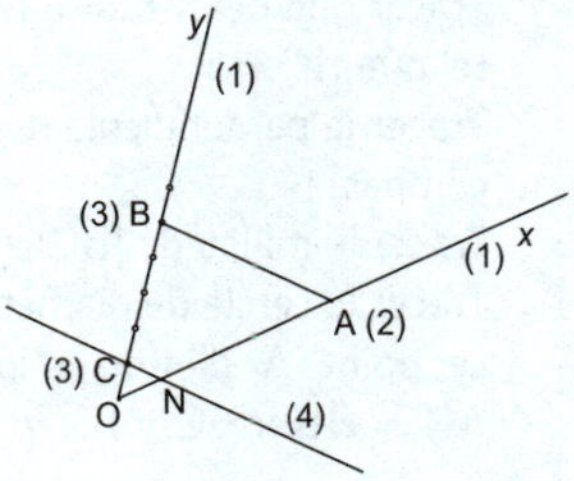

L'application du théorème de Thalès justifie ce résultat :

$$\frac{ON}{OA} = \frac{OC}{OB} \text{ avec } \frac{OC}{OB} = \frac{1}{n} \text{ et } OA = a.$$

Dans la figure ci-dessus ON est égal au cinquième de OA.

3.3 Segment de longueur $\sqrt{n}$

Technique 1 : la spirale des racines

Cette technique est simple à utiliser lorsqu'on dispose d'un compas (pour reporter l'unité de longueur choisie) et d'une équerre. Le théorème de Pythagore dans les différents triangles rectangles de côté une unité permet de justifier les mesures des hypoténuses.

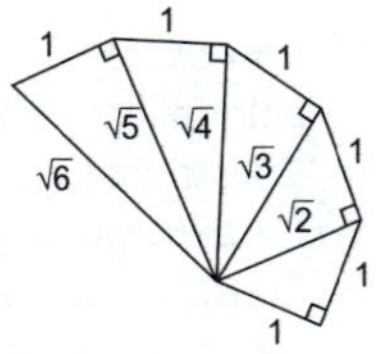

Pour des grands nombres on peut adapter cette technique en décomposant en somme de plusieurs carrés le nombre entier dont on cherche à construire la racine, puis en appliquant successivement le théorème de Pythagore.

Exemple

$17 = 16 + 1 = 4^2 + 1^2$, $\sqrt{17}$ est la mesure de l'hypoténuse d'un triangle rectangle dont les côtés de l'angle droit mesurent 4 et 1.

$38 = 36 + 2 = 6^2 + \left(\sqrt{2}\right)^2$, $\sqrt{38}$ est la mesure de l'hypoténuse d'un triangle rectangle dont les côtés de l'angle droit mesurent 6 et $\sqrt{2}$, $\sqrt{2}$ étant construit avec la technique 1 précédente.

··· POUR ALLER PLUS LOIN ···

Technique 2 (cette méthode n'est pas exigible au CRPE)

Dans le chapitre « Transformations, triangles semblables », on montre que dans un triangle ABC rectangle en A, si H est le pied de la hauteur issue de A, alors $AH^2 = HB \times HC$.

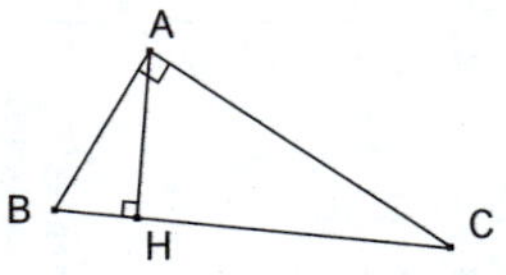

On va utiliser cette propriété pour construire un segment de mesure de longueur $\sqrt{a}$ avec a entier (on peut faire la même construction avec a réel quelconque positif si on a pu construire un segment de mesure de longueur a à la règle et au compas, ou si on s'autorise la règle graduée pour construire ce segment).

Tracer une demi-droite [Bx), placer H sur cette demi-droite tel que BH = 1 et placer C sur [Hx) tel que HC = a ;

Tracer la perpendiculaire à (BC) passant par H (voir § 1.6, pour une construction à la règle et au compas) ;

Tracer le milieu de [BC], (voir § 1.2, pour une construction à la règle et au compas) ;

Tracer le cercle de diamètre [BC], c'est-à-dire le cercle de centre le milieu de [BC] passant par B.

Le point A d'intersection du cercle et de la perpendiculaire (respectivement A') vérifie : $AH^2 = HB \times HC = 1 \times a$, d'où $AH = \sqrt{a}$.

Remarques :

- Une unité étant choisie, pour avoir une mesure de $\sqrt{2}$ il est simple de prendre la diagonale d'un carré de côté une unité ou encore l'hypoténuse d'un triangle rectangle isocèle dont le côté de l'angle droit est égal à une unité.
- Une unité étant choisie, pour avoir une mesure de $\sqrt{3}$, il est simple de prendre la hauteur d'un triangle équilatéral dont le côté est égal à deux unités (on utilise la formule $h = \frac{\sqrt{3}}{2}a$ qui donne la hauteur d'un triangle équilatéral de côté a).

4 Construction d'un triangle isométrique à un autre

Soit ABC un triangle que l'on souhaite reproduire.

(1) Choisir un point A′. Tracer le cercle de centre A′ et de rayon AB ;

(2) Placer B′ quelconque sur ce cercle ;

(3) Tracer les cercles de centre A′ et de rayon AC, de centre B′ et de rayon BC.

(4) Les deux points d'intersection de ces deux cercles conviennent comme point C′.

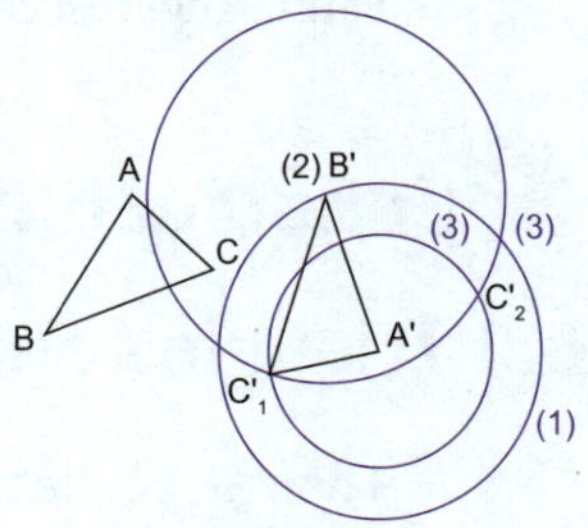

Remarque : on peut utiliser ce programme pour tracer un triangle dont les nombres-mesures des côtés sont donnés, en ayant vérifié au préalable que ces trois nombres vérifient l'inégalité triangulaire (Voir chapitre « Polygones » § 2).

5 Constructions d'angles

5.1 Reproduire un angle

Soit un angle $\widehat{xOy}$ que l'on souhaite reproduire. On place A et B sur les demi-droites côtés de l'angle et on reproduit le triangle OAB.

5.2 Construire un angle de 90°

Soient A et B deux points, on souhaite construire un point C tel que $\widehat{CAB} = 90°$. On construit la perpendiculaire à (AB) passant par A (voir § 1.6 pour une construction à la règle et au compas). Tout point C de cette perpendiculaire distinct de A convient.

5.3 Construire un angle de 60°

Construire un triangle équilatéral.

5.4 Construire un angle de 30°

Technique 1 : construire un triangle équilatéral et construire la bissectrice d'un des angles du triangle.

Technique 2 : construire un triangle rectangle dont un angle est égal à 60°, l'autre angle non droit est égal à 30°.

5.5 Construire un angle de 15°

Construire la bissectrice d'un angle de 30°.

5.6 Construire un angle de 75°

Technique 1 : additionner un angle de 60° et un angle de 15°.

Technique 2 : construire un triangle rectangle dont l'un des angles est égal à 15°, l'autre angle est complémentaire et égal à 75°.

6 Constructions de polygones réguliers

6.1 Triangle équilatéral

Triangle équilatéral de côtés de longueur donnée

On construit un triangle ayant trois côtés de longueur la longueur donnée.

Triangle équilatéral inscrit dans un cercle

Technique 1 : On joint un sommet sur deux dans un hexagone régulier inscrit dans un cercle (voir ci-après la construction de l'hexagone régulier inscrit dans un cercle).

Technique 2 : Soit O le centre du cercle et A′ un point du cercle.

(1) Tracer le cercle de centre A′ et de rayon A′O ;

(2) Nommer B et C les deux points d'intersection des deux cercles ;

(3) Tracer la droite (OA′), elle coupe le cercle en un point autre que A′ nommé A.

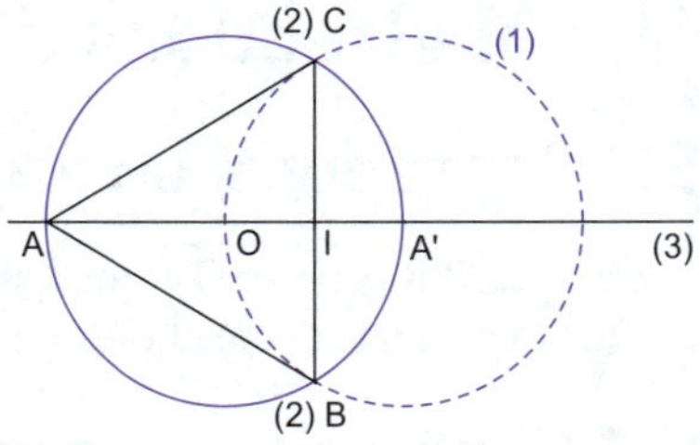

Alors ABC est équilatéral et inscrit dans le cercle.

··· POUR ALLER PLUS LOIN ···

Justification : soit R le rayon du cercle. A, B, C appartiennent au cercle de centre O, d'où O est le centre du cercle circonscrit au triangle ABC. Par construction OC = A′C = A′B = OB = R, d'où OCA′B est un losange, ses diagonales se coupent en leur milieu. D'où le milieu I de [BC] et [OA′] est tel que $OI = \frac{OA'}{2} = \frac{R}{2}$. Or OA = R. D'où OA = 2 OI. O est donc placé au 2/3 à partir du sommet de la médiane (AI) du triangle ABC. D'où le point O centre du cercle circonscrit au triangle est aussi le centre de gravité. Le triangle ABC est donc équilatéral.

6.2 Carré

Carré dont un côté est donné, soit sous forme de segment, soit par sa longueur

(1) Si le segment n'est pas tracé, tracer un segment [AB] de la longueur donnée ;

(2) Tracer la perpendiculaire à (AB) en A ;

(3) Tracer le cercle de centre A de rayon AB, choisir pour D l'un des points d'intersection de ce cercle et de la perpendiculaire tracée ;

(4) Compléter le carré en utilisant la construction d'un parallélogramme : tracer les cercles de centres B, respectivement D de rayon AB.

(5) Leur deuxième point d'intersection autre que A est le point C tel que ABCD est un carré.

Il existe d'autres constructions.

Carré dont on connaît la diagonale

(1) Tracer la médiatrice de la diagonale donnée [AC] ;

(2) Tracer le point O, point d'intersection de la médiatrice et de [AC] ;

(3) Tracer le cercle de centre O passant par A et C ;

(4) Il coupe la médiatrice en deux points B et D.

ABCD est un carré.

Justification : elle s'appuie sur le fait qu'un quadrilatère dont les diagonales sont perpendiculaires, de même longueur et se coupent en leur milieu est un carré.

6.3 Octogone régulier inscrit dans un cercle

(1) Tracer deux diamètres [AE] et [CG] perpendiculaires du cercle ;

(2) Tracer les demi-droites bissectrices des angles $\widehat{AOC}$ et $\widehat{COE}$, les prolonger comme droites, elles coupent le cercle en des points qui sont les autres sommets de l'octogone.

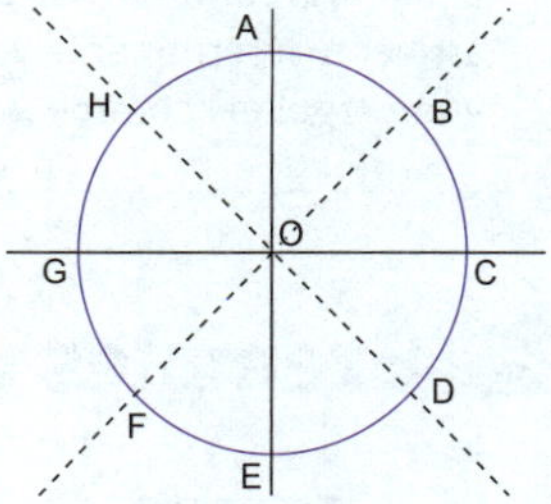

6.4 Hexagone régulier

On trace un cercle de centre O et de rayon r, on choisit un point A_1 sur le cercle, on trace l'un des points d'intersection du cercle et du cercle de centre A_1 et de rayon r passant par O, puis on continue ainsi en tournant dans le même sens.

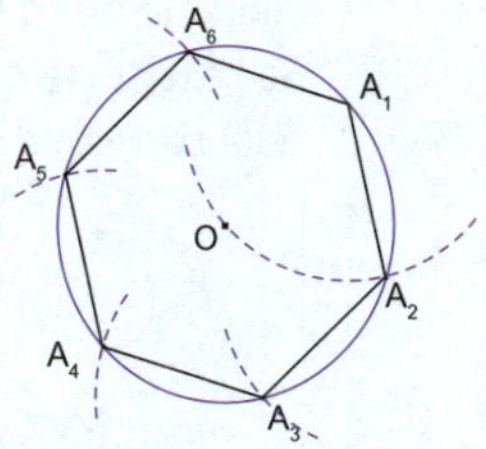

Justification :

Analyse de la figure déjà construite : dans le cas d'un hexagone régulier inscrit dans un cercle de centre O de sommets $A_1, A_2, \ldots, A_6$, l'angle au centre est égal à 60°, d'où les triangles $A_{i-1}OA_i$ sont équilatéraux de côté le rayon du cercle.

Le programme de construction aboutit à la construction de cinq triangles équilatéraux, ce qui implique : $r = A_1A_2 = A_2A_3 = A_3A_4 = A_4A_5 = A_5A_6$ et $\widehat{A_1OA_2} = 60° = \widehat{A_2OA_3} = \widehat{A_3OA_4} = \widehat{A_4OA_5} = \widehat{A_5OA_6}$. Il reste à vérifier que $A_6A_1 = A_1A_2 = r$ et $\widehat{A_6OA_1} = 60°$. On a : $\widehat{A_6OA_1} = 360° - 5\,\widehat{A_1OA_2} = 60°$. Le triangle A_6OA_1 est isocèle car A_1 et A_6 appartiennent au cercle. Un triangle isocèle ayant un angle de 60° est équilatéral. D'où $A_6A_1 = r$ et $\widehat{A_6OA_1} = 60°$.

··· POUR ALLER PLUS LOIN ···

Pentagone régulier

Connaître un programme de construction du pentagone régulier n'est pas exigible pour passer le CRPE. Un programme de construction possible est :
Soit K le cercle de centre O dans lequel le pentagone doit être inscrit.

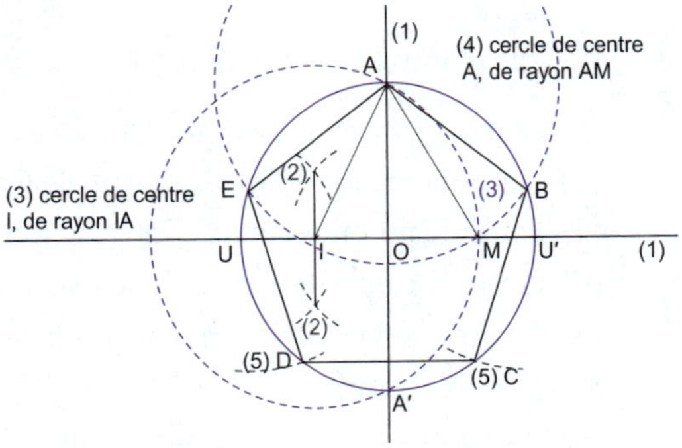

(1) Tracer [AA′] et [UU′] deux diamètres perpendiculaires du cercle K ;
(2) Tracer le milieu I de [OU] ;
(3) Tracer le cercle de centre I passant par A, il coupe [OU′) en un point M ;
(4) Tracer le cercle de centre A passant par M, il coupe le cercle K en B et E ; E, A, B sont trois sommets du pentagone.
(5) C est le point d'intersection (autre que A) du cercle K et du cercle de centre B et de rayon AB, D le point d'intersection (autre que A) du cercle K et du cercle de centre E et de rayon AB.

Une justification (sans les nombres complexes) nécessite des connaissances en trigonométrie et sur les relations métriques dans un triangle quelconque, non traitées dans cet ouvrage, pour arriver à déterminer la valeur exacte de cos(72°), 72° étant égal à l'angle au centre d'un pentagone régulier (comme $\widehat{AOB}$).

7 Exemples de problèmes de construction

Exemple

Placer le point P sur l'hypoténuse [BC] du triangle rectangle ABC, N sur [AC] et M sur [AB] de telle sorte que ANPM soit un carré. Sur la figure ci-dessous, on a déjà placé N, P, M de telle sorte que ANPM soit un rectangle.

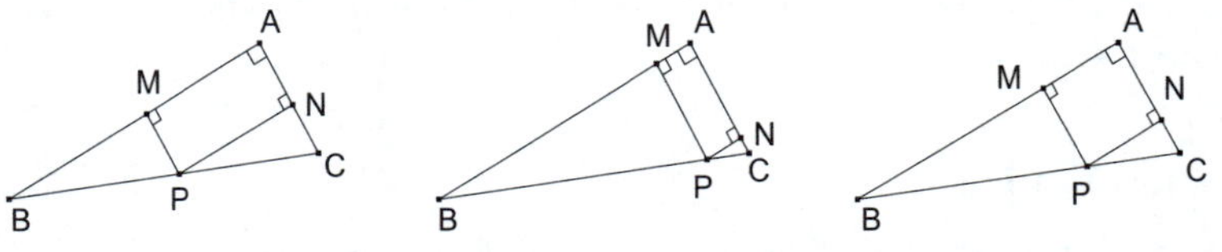

Avec un logiciel de géométrie dynamique, on place P sur [BC], on trace la perpendiculaire à (AB) passant par P, elle coupe (AB) en M, on trace la perpendiculaire à (AC) passant par P, elle coupe (AC) en N. On fait bouger P sur le segment [BC] en faisant mesurer MP et PN jusqu'à avoir une position où PM est environ égal à PN. On a une construction « approchée » du point P.

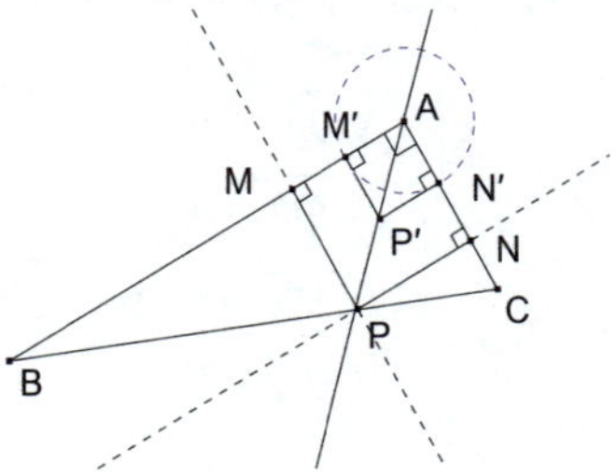

Pour obtenir une construction exacte : on construit la bissectrice de l'angle droit, elle coupe (BC) en un point P. On trace la perpendiculaire à (AB) passant par P, elle coupe (AB) en M, et la perpendiculaire à (AC) passant par P, elle coupe (AC) en N.

Exemple (suite)

Autre construction : on trace un carré AN′P′M′ avec N′ appartenant à [AC], M′ appartenant à [AB]. On trace P point d'intersection de (AP') et (BC) et on termine comme dans la première construction.

… POUR ALLER PLUS LOIN …

A, B et G sont trois points donnés non alignés. On a effacé le troisième sommet du triangle ABC qui admet G comme centre de gravité. Construire le point C en reproduisant la figure ci-dessous :

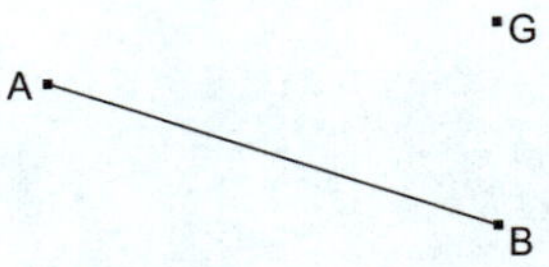

Tracer [AB], placer son milieu M, tracer la droite (MG), c'est la médiane issue de C. On sait que le centre de gravité est aux deux tiers de la médiane depuis le sommet : sur la demi-droite [MG), placer le point C tel GC = 2 GM. Terminer le tracé du triangle ABC.

15 Transformations du plan, triangles semblables, triangles isométriques

Cours et méthodes

1 Rappels théoriques sur les transformations

DÉFINITION

Une transformation du plan est une application du plan sur lui-même qui vérifie les propriétés suivantes :

- à tout point M du plan, elle associe un point M' et un seul ;
- pour tout point M' du plan, il existe un point M et un seul qui est associé à M'.

Vocabulaire :

On dit que M' est l'image de M par la transformation ou que M est l'antécédent de M' par la transformation.

On dit qu'un point est invariant si son image par la transformation est lui-même.

On dit qu'une figure est globalement invariante si l'image de la figure par la transformation est la figure elle-même, c'est-à-dire que chaque point de la figure a pour image un point de la figure, mais pas nécessairement lui-même.

Exemple

Les points d'un axe de symétrie sont invariants par la symétrie axiale (la droite est alors dite invariante point par point). Une droite perpendiculaire à l'axe de symétrie est globalement invariante par cette symétrie.

DÉFINITION

Une transformation est une **isométrie** si elle conserve les distances.

Propriétés des isométries

Par une isométrie :

L'image d'une droite est une droite : on dit qu'**une isométrie conserve l'alignement**.

L'image d'un segment est un segment de même longueur.

L'image d'un angle est un angle de même mesure : on dit qu'**une isométrie conserve les angles.**

En particulier, l'image d'un couple de droites perpendiculaires est un couple de droites perpendiculaires : on dit qu'**une isométrie conserve la perpendicularité.**

L'image du milieu d'un segment est le milieu de l'image de ce segment : on dit qu'**une isométrie conserve la propriété de milieu.**

L'image d'un cercle est un cercle de même rayon et dont le centre est l'image du centre.

Pour les figures, on trace en traits fins les figures initiales, en trait gras les figures images de la figure initiale par une des transformations étudiées.

2 Symétrie axiale

(ou symétrie orthogonale ou symétrie par rapport à une droite ou réflexion)

2.1 Approche expérimentale et définition

Deux figures sont symétriques par rapport à une droite (*d*) lorsque par pliage suivant la droite (*d*), elles se superposent.

DÉFINITION

Le symétrique d'un point M par rapport à une droite (*d*) est :

- le point M′ tel que (*d*) soit la médiatrice de [MM′], si M n'est pas sur la droite (*d*) ;
- le point M lui-même si M est sur (*d*).

La symétrie d'axe (*d*) est notée $S_{(d)}$.

On écrira $M' = S_{(d)}(M)$.

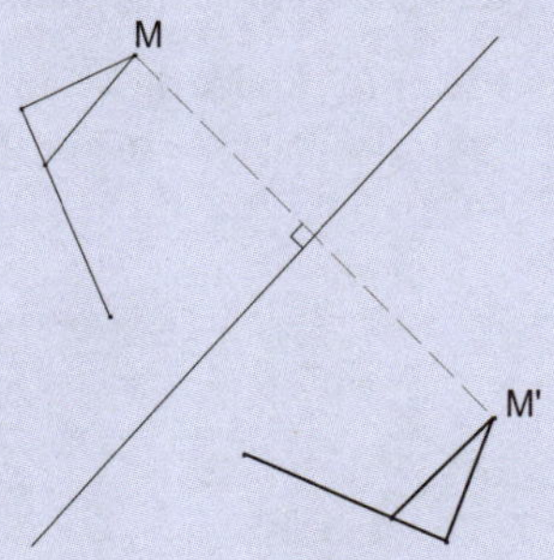

2.2 Méthodes de construction du symétrique d'un point par une symétrie axiale

On considère ici un point M n'appartenant pas à l'axe.

Technique 1

Avec la règle et l'équerre

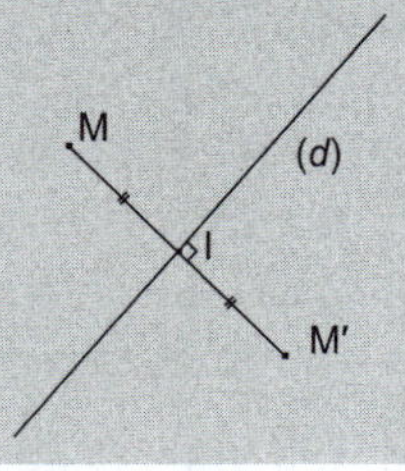

1. Tracer la droite perpendiculaire à l'axe de symétrie (d) qui passe par M.
2. Nommer I le point d'intersection de l'axe de symétrie (d) et de la perpendiculaire tracée.
3. Placer le point M′ sur cette perpendiculaire tel que M′I = MI (et M $\neq$ M′).

Technique 2

Avec le compas uniquement

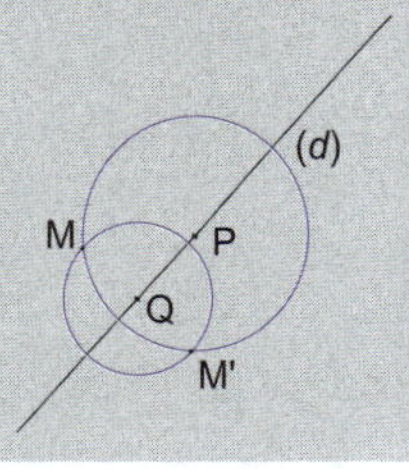

1. Placer deux points quelconques P et Q sur (d).
2. Tracer un cercle de centre P et de rayon PM.
3. Tracer un cercle de centre Q et de rayon QM.
4. Le nouveau point d'intersection de ces deux cercles est M′, symétrique de M par rapport à (d). En effet ce point M′ vérifiant PM′ = PM et QM′ = QM, on peut en déduire que (PQ) est la médiatrice de [MM′].

Technique 3

Avec la réquerre[1]

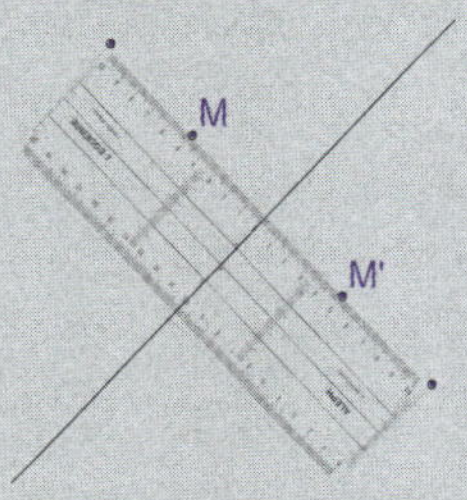

1. Superposer l'axe de symétrie et la droite perpendiculaire aux bords de la règle passant par le point de graduation « 0 » (en prenant le côté de la règle où ce point est « central »).
2. Glisser la réquerre de telle sorte à ce que le point M appartienne à la droite « bord de la règle avec 0 central ».
3. Lire le nombre de la graduation correspondant à M.
4. Placer M′ image de M sur la droite « bord de la règle avec 0 central », face à la même graduation (mais de l'autre côté de l'axe).

1. Voir chapitre « Géométrie plane à l'école », §2.1.

2.3 Propriétés de la symétrie axiale

Propriété

La **symétrie axiale** est une **isométrie** et en a donc toutes les propriétés.
L'ensemble des **points invariants** est l'**axe de symétrie**.

Propriété

Conséquence de la définition : tout point de l'axe de symétrie est équidistant d'un point M et de son symétrique M′.

REMARQUE

Une droite (d_1) sécante à l'axe (d) et sa droite symétrique (d'_1) se coupent sur l'axe de symétrie.

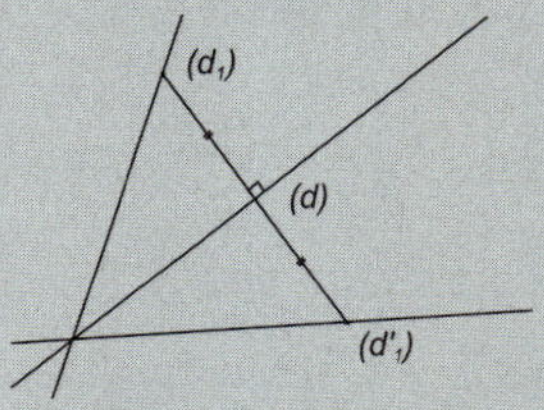

Une droite perpendiculaire à l'axe de symétrie est globalement invariante par cette symétrie.
Une droite a pour image une droite qui lui est strictement parallèle si et seulement elle est strictement parallèle à l'axe.
La symétrie "retourne" la figure.

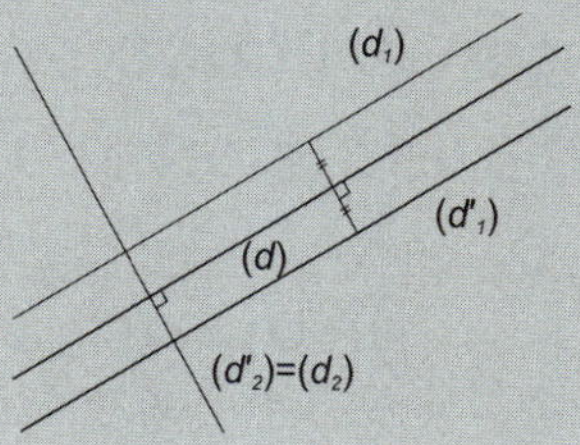

2.4 Axes de symétrie d'une figure

DÉFINITION

Une figure $(\mathscr{F})$ admet un axe de symétrie si les symétriques de tous les points de $(\mathscr{F})$ par la symétrie par rapport à cet axe appartiennent à $(\mathscr{F})$, c'est-à-dire si $(\mathscr{F})$ est globalement invariante par une symétrie axiale.

Technique

Lorsque l'on sait qu'une figure admet un (ou des) axe(s) de symétrie, pour tracer cet (ces) axe(s) : on peut prendre deux points M et M' dont on sait qu'ils sont symétriques et on trace la médiatrice de [MM'].

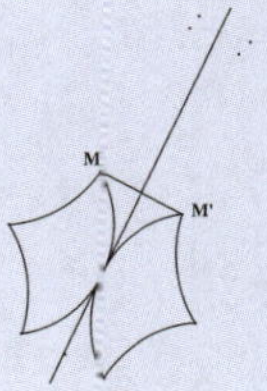

3 Symétrie centrale

3.1 Approche expérimentale et définition

La figure ci-contre n'admet pas d'axe de symétrie ; par contre elle admet un centre de symétrie, car en faisant « tourner » d'un demi-tour l'un des demi-cercles on obtient l'autre demi-cercle.

DÉFINITION

Le **symétrique** d'un point M **par rapport à un point** O est :

- si $M \neq O$ le point M′ tel que O soit le milieu de [MM′] ;
- si M = O le point O lui-même.

La symétrie de centre O est notée S_o. On écrira $M' = S_o(M)$.

C'est un cas particulier de rotation de centre O et d'angle 180°, appelée demi-tour.

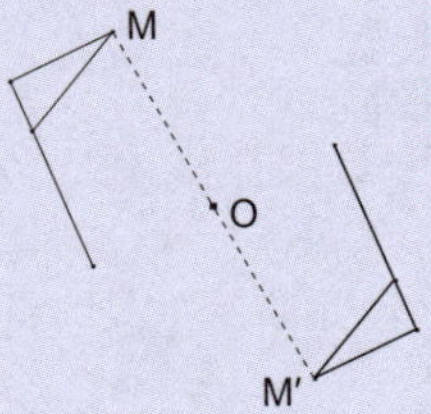

3.2 Techniques de construction du symétrique d'un point dans une symétrie centrale

Pour tracer le symétrique de M par la symétrie centrale de centre O, on trace la droite (OM) et le cercle de centre O passant par M ; l'un des points d'intersection de la droite et du cercle est M, l'autre est son image par la symétrie centrale.

3.3 Propriétés de la symétrie centrale

Propriétés

La **symétrie centrale** est une **isométrie** et en a donc toutes les propriétés.

L'unique **point invariant** d'une symétrie centrale est son centre de symétrie.

L'image d'une droite par une symétrie centrale est une droite qui lui est parallèle.

REMARQUE

Une droite contenant le centre d'une symétrie centrale est globalement invariante par cette symétrie centrale, ce qui signifie que tout point de la droite a pour image un point de cette droite.

3.4 Centre de symétrie d'une figure

DÉFINITION

Une figure $(\mathscr{F})$ admet un **centre de symétrie** si les symétriques de tous les points de $(\mathscr{F})$ par la symétrie par rapport à ce centre appartiennent à $(\mathscr{F})$, c'est-à-dire si $(\mathscr{F})$ est globalement invariante par une symétrie centrale.

Propriété

Un parallélogramme admet un centre de symétrie qui est le milieu des diagonales.

REMARQUE

Présentation des paragraphes suivants

La rotation, les vecteurs, la translation, l'homothétie, les triangles isométriques et semblables n'étaient plus au programme de collège ou lycée jusqu'en 2016. Le programme[1] 2018 de cycle 4 indique :

« De nouvelles transformations (symétries centrales, translations, rotations, homothéties) font l'objet d'une première approche, basée sur l'observation de leur effet sur des configurations planes, essentiellement à partir de manipulations concrètes (papier-calque, papier pointé, quadrillage, etc.) ou virtuelles (logiciel de géométrie dynamique). L'objectif est d'installer des images mentales qui faciliteront ultérieurement l'analyse de figures géométriques ainsi que la définition ponctuelle des transformations étudiées. »

Il précise que « Les définitions ponctuelles d'une rotation, d'une translation, d'une homothétie ne figurent pas au programme. »

Les rotations sont associées à certaines reproductions de figures, c'est le cas lorsque la figure reproduite est isométrique à la figure initiale et que l'on « tourne » la figure (sans la symétriser).

La rotation peut être utilisée comme outil :

- pour résoudre des problèmes, par exemple pour montrer que des longueurs sont égales, que des figures sont superposables, qu'un point est le milieu d'un segment, etc. Comme toutes les transformations au programme, on connait l'effet d'une rotation sur les longueurs, les angles, le parallélisme, etc., donc si on parvient à mettre en relation deux figures du plan par cette transformation, des propriétés de l'une on pourra déduire des propriétés sur l'autre ;
- pour faire réaliser des figures, soit avec un logiciel de géométrie dynamique, soit avec les outils de dessin des traitements de texte (pour repositionner une figure mal positionnée).

Les vecteurs sont utiles pour coder une translation mais aucune connaissance formelle n'est attendue sur l'objet vecteur au cycle 4. Les translations sont associées à certaines reproductions de figure à l'école primaire sans agrandissement et sans pivotement (on peut aussi évoquer le terme de glissement).

L'homothétie est la transformation associée à certaines reproductions de figures liées aux agrandissements-réductions.

À l'école lorsqu'il est demandé aux élèves de reproduire une figure à l'identique, c'est-à-dire en conservant les longueurs, les isométries implicitement convoquées peuvent être la translation associée à l'action de glisser, la rotation associée à l'action de pivoter ou une composée de celles-ci associée alors à l'action de pivoter en glissant.

De la même manière, lorsqu'il est demandé aux élèves de reproduire une figure en l'agrandissant ou en la réduisant, les transformations implicitement convoquées peuvent être l'homothétie ou la composée de celle-ci avec l'une des isométries évoquées précédemment.

Pour approfondir vos connaissances sur ces transformations, nous vous proposons les compléments ci-dessous. Tout ce qui n'est pas explicitement au programme de cycle 4 est proposé en « pour aller plus loin ».

1. Paru au BO spécial n° 30 du 26 juillet 2018.

4 Rotation

4.1. Angle orienté

On parle d'angle orienté de demi-droites ([Ox),[Oy)) lorsqu'on indique quelle est la première demi-droite (ici [Ox)) de laquelle on part pour aller vers la seconde (ici [Oy)). De cette façon, on distingue l'angle orienté ([Ox),[Oy)) de l'angle orienté ([Oy),[Ox)).

Mesurer les angles orientés nécessite tout d'abord de définir un sens direct : par convention le sens direct est le **sens inverse des aiguilles d'une montre**, dit aussi sens trigonométrique, et le sens indirect est le sens des aiguilles d'une montre.

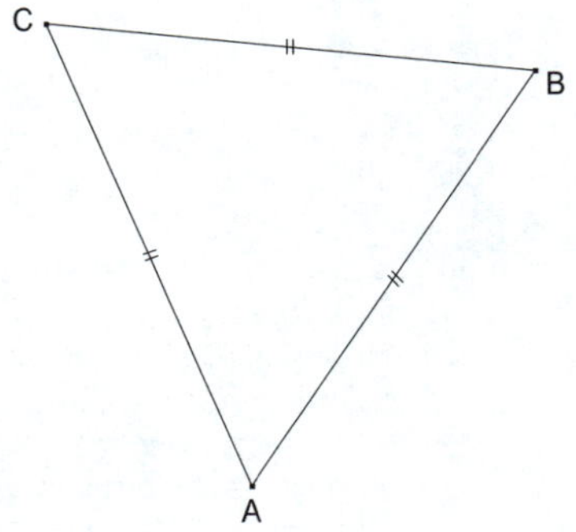

Par exemple, dans le triangle ABC équilatéral ci-contre : l'angle orienté ([AB),[AC)) mesure en degrés + 60 (on met un signe + pour indiquer qu'il est direct), l'angle orienté ([BA),[BC)) mesure en degrés – 60 (on met un signe – pour indiquer qu'il est indirect).

4.2. Approche expérimentale et définition

Une figure ($\mathscr{F}'$) est l'image d'une figure ($\mathscr{F}$) par une rotation de centre C, d'angle orienté a (de sens direct ou indirect) si, lorsqu'on fait "pivoter autour" du point C la figure ($\mathscr{F}$) de l'angle orienté a (de sens direct ou indirect), elle se superpose avec ($\mathscr{F}'$).

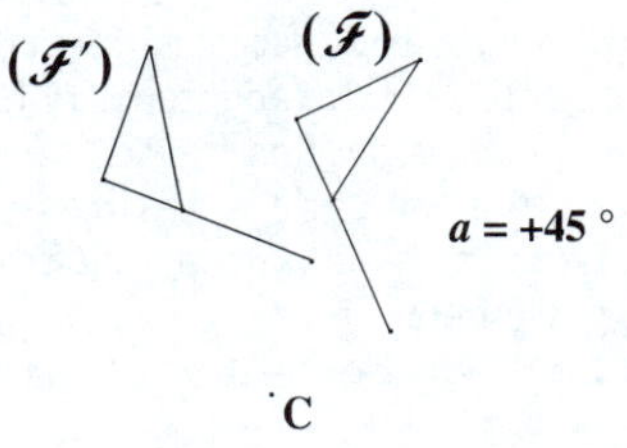

... POUR ALLER PLUS LOIN ...

Définition d'une rotation

Soit C un point donné et a un angle orienté,
Si M $\neq$ C, l'image du point M par la rotation de centre C, d'angle orienté a (de sens direct ou indirect) est le point M′ tel que : CM′ = CM, l'angle orienté ([CM),[CM′)) = a ;
Si M = C alors on a M′ = M = C.
La rotation de centre C et d'angle orienté a est notée $R_{(C,a)}$. On écrira M′ = $R_{(C,a)}$(M).

4.3. Technique de construction de l'image d'un point par la rotation de centre C d'angle *a* et de sens donné

(1) Tracer la demi-droite [Cx) telle que l'angle orienté ([CM) , [Cx)) soit égal à l'angle orienté a (dans le sens donné, direct sur l'exemple ci-contre).

(2) Placer le point M′ sur [Cx) tel que CM′ = CM.

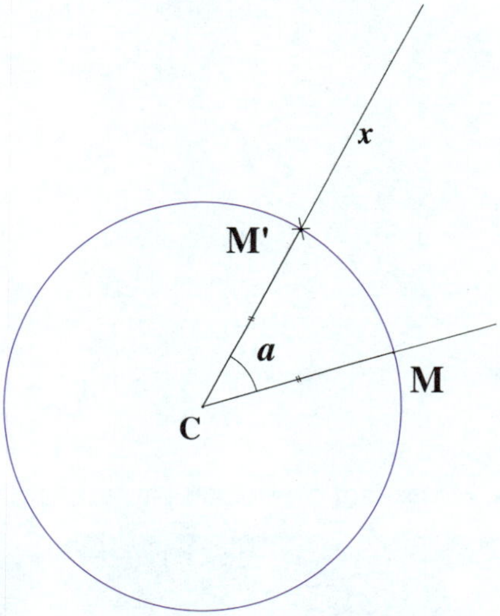

4.4. Propriétés de la rotation

Propriétés

La **rotation** est une isométrie et en a donc toutes les propriétés (voir paragraphe 1 de ce chapitre).

Le seul **point invariant** par une rotation est le **centre de la rotation.**

REMARQUE

- Si M′ est l'image de M par une rotation de centre C, alors C est sur la médiatrice de [MM′] puisque CM = CM′ (propriété de la médiatrice).
- l'image d'une droite par un quart de tour (rotation d'angle + 90° ou – 90°) est une droite qui lui est perpendiculaire.

Cas particulier :

La symétrie centrale est une rotation dont le centre est le centre de la symétrie et l'angle est 180° de sens direct (ou indirect).

5 La translation

5.1. Approche expérimentale

($\mathscr{F}'$) est l'image d'une figure ($\mathscr{F}$) par une translation si, en faisant « glisser » ($\mathscr{F}$) sans la retourner ni la faire pivoter ni l'agrandir, elle vient se superposer à la figure ($\mathscr{F}'$).

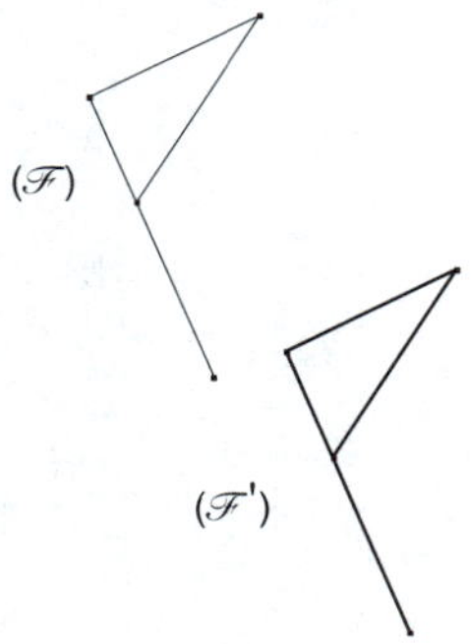

De nombreuses frises sont construites par translation d'un motif.

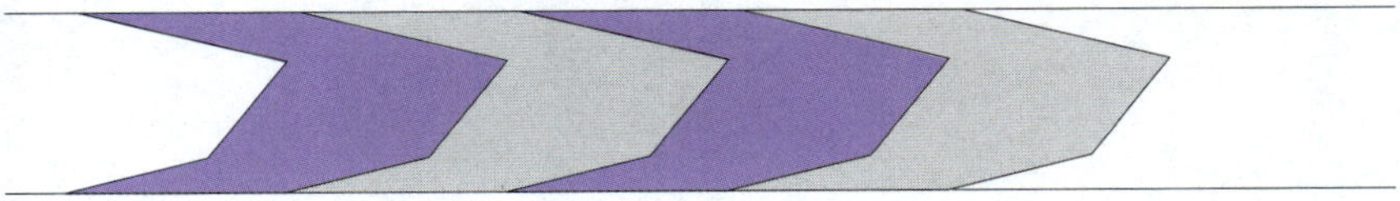

... POUR ALLER PLUS LOIN ...

Vecteur

Un vecteur permet de coder une translation :

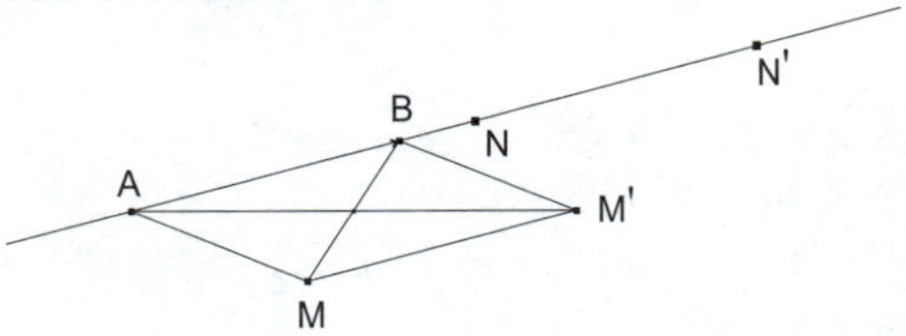

Si le point A a pour image le point B, le point M (respectivement N que l'on a choisi appartenant à la droite (AB) sur la figure ci-dessus) a pour image M' (respectivement N') par une même translation, on constate que le quadrilatère ABM'M (respectivement ABN'N) est un parallélogramme (éventuellement aplati dans le cas de N) ce qui équivaut à [AM'] et [BM] ont même milieu. On dira que la translation est une translation de vecteur $\overrightarrow{AB}$ ou de vecteur $\overrightarrow{MM'}$ ou de vecteur $\overrightarrow{NN'}$.

Définition d'un vecteur

Deux vecteurs $\overrightarrow{AB}$ et $\overrightarrow{CD}$ sont égaux si les segments [AD] et [BC] ont même milieu, ce qui équivaut à ABDC est un parallélogramme (éventuellement aplati) (attention à l'ordre des points !). On dit que $\overrightarrow{AB}$ et $\overrightarrow{CD}$ sont les représentants d'un même vecteur $\vec{u}$.

... / ...

Suite

Remarque : le vecteur code la translation, en effet il indique la « direction » de déplacement des figures (en mathématiques une « direction » de droites correspond à un faisceau de droites toutes parallèles), le sens de parcours sur cette direction (parmi les deux possibles) et la longueur du déplacement par cette translation.
La figure ci-dessous représente un vecteur que l'on note $\overrightarrow{AB}$.
La direction indiquée par ce vecteur est celle de la droite (AB).
Le sens de ce vecteur est de A vers B. On dit que A est l'origine du vecteur $\overrightarrow{AB}$ et B est l'extrémité.

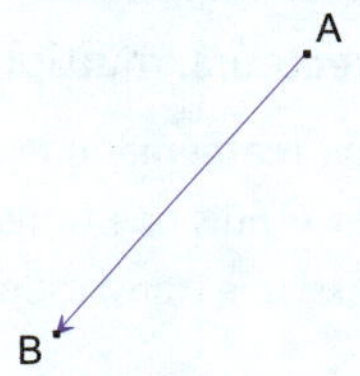

La longueur indiquée par ce vecteur est celle du segment [AB].
On appelle vecteur nul le vecteur codant la transformation « Identité » (les points sont tous invariants, c'est-à-dire l'image de n'importe quel point A est A lui-même).

5.2. Méthode de construction du translaté d'un point.

1re méthode

Tracer la droite passant par M et parallèle à (AB).

Placer le point M' sur cette droite tel que MM' = AB et tel que aller de M à M' s'effectue dans le même sens que aller de A à B.

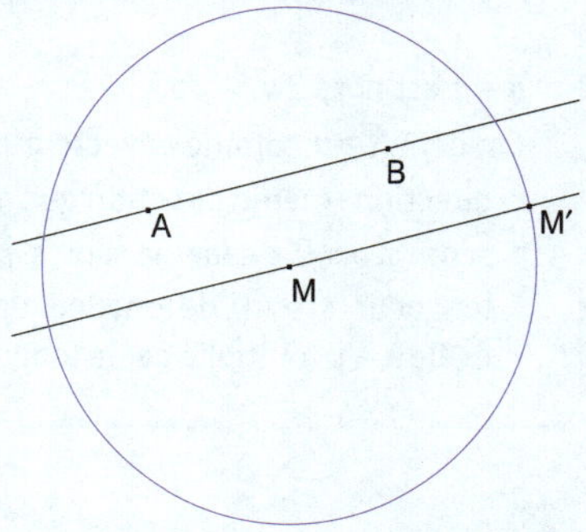

2e méthode (en traçant les sommets d'un parallélogramme avec le compas)

(1) Tracer un cercle de centre B et de rayon AM.

(2) Tracer un cercle de centre M et de rayon AB.

(3) Ces cercles se coupent en deux points, M' est celui formant le parallélogramme ABM'M (l'autre point d'intersection P est tel que le quadrilatère ABPM est croisé).

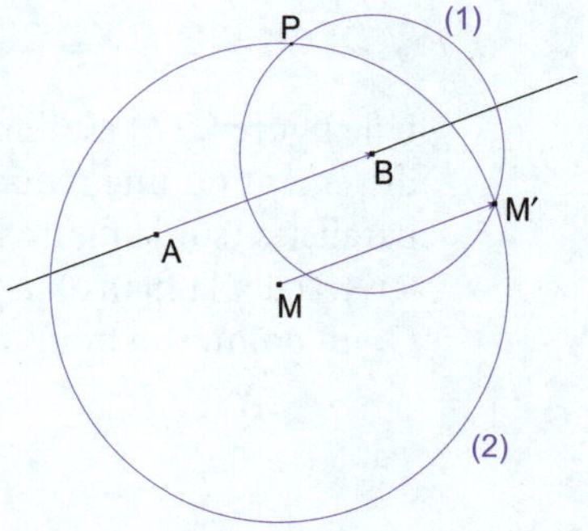

5.3. Propriétés de la translation.

La ***translation*** est une ***isométrie*** et en a donc toutes les propriétés (voir paragraphe 1 de ce chapitre).

Il n'y a ***pas de point invariant*** par une translation de vecteur non nul, la translation de vecteur nul est l'identité.

... POUR ALLER PLUS LOIN ...

Addition de deux vecteurs, multiplication par un réel

On a besoin de ce paragraphe pour définir mathématiquement une homothétie.

Si on effectue une translation de vecteur $\vec{u}$ puis une translation de vecteur $\vec{v}$, on constate que la transformation dite « composée » est aussi une translation. On dit que $\vec{u}+\vec{v}$ est le vecteur de cette transformation composée.

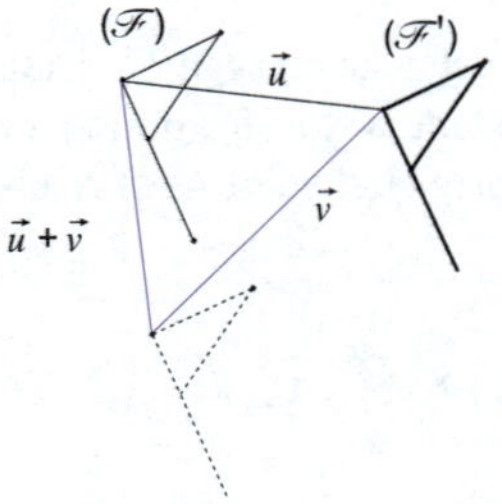

$\vec{u}+\vec{u}$ est noté $2\vec{u}$.

On définit $p\vec{u}$ comme le vecteur ayant comme :

- direction : même direction que $\vec{u}$,
- sens : si $p > 0$, de même sens, si $p < 0$, de sens opposé, si $p = 0$ le vecteur nul,
- longueur : si $p > 0$, de longueur égale à p multiplié par la longueur du vecteur $\vec{u}$, si $p < 0$, de longueur égale à $-p$ multiplié par la longueur du vecteur $\vec{u}$.

6 L'homothétie

6.1. Approche expérimentale et définition

Une figure $(\mathscr{F}')$ est l'image d'une figure $(\mathscr{F})$ par une homothétie si c'est un agrandissement ou une réduction de $(\mathscr{F})$ tel que les côtés images l'un de l'autre restent parallèles (sur la figure ici une réduction), c'est-à-dire sans rotation. On « étire » ou « rétrécit » la figure « à partir » d'un point O appelé centre de l'homothétie, tel que O, un point, son point image sont alignés.

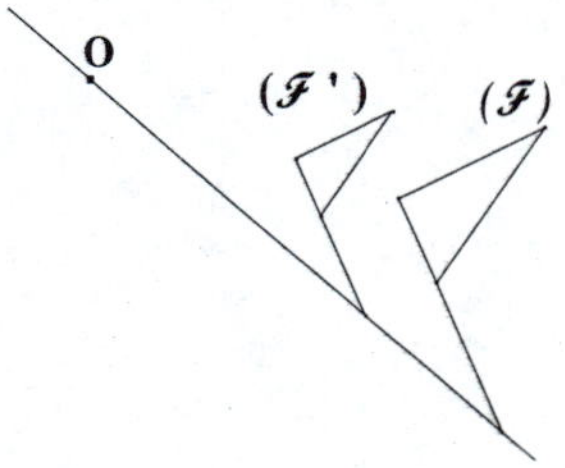

… POUR ALLER PLUS LOIN …

Définition

Soient k un réel non nul et O un point. L'image du point M par l'***homothétie*** de ***centre*** O et de ***rapport*** k est le point M′ tel que $\overrightarrow{OM'} = k\,\overrightarrow{OM}$

L'homothétie de centre O et de rapport k se note $H_{(O,\,k)}$. On écrira $M' = H_{(O,\,k)}(M)$.

6.2. Méthode de construction de l'image d'un point

1er cas : $k > 0$

(1) Tracer la demi-droite [OM).

(2) Placer le point M′ sur cette demi-droite tel que OM′ = k . OM.

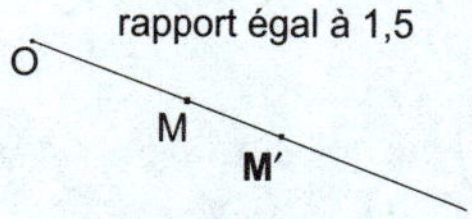

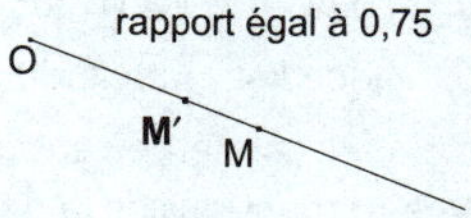

2e cas : $k < 0$

(1) Tracer la droite (MO) puis considérer la demi-droite [Ox) portée par cette droite, ne contenant pas M.

(2) Placer le point M′ sur cette demi-droite tel que OM = $-k$. OM (attention : ici $-k$ est positif puisque k est négatif !)

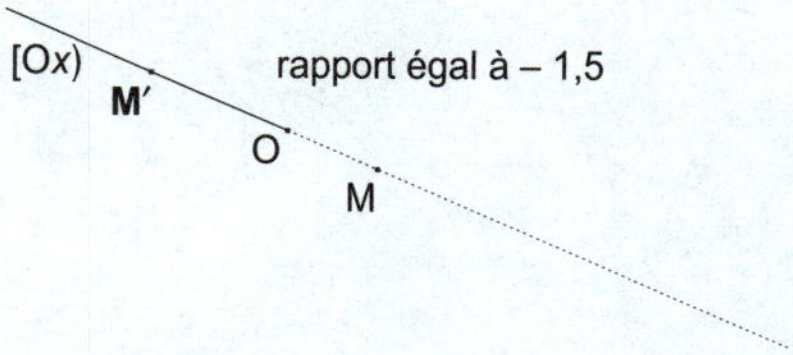

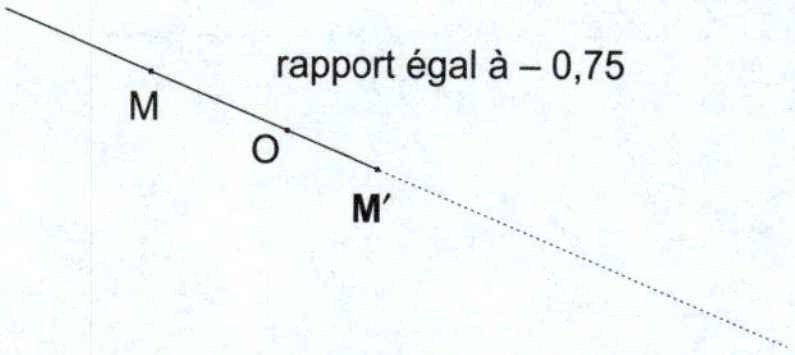

6.3. Propriétés de l'homothétie

Si $k = 1$, l'homothétie est l'identité, c'est-à-dire la transformation qui à tout point associe le même point.

Si $k = -1$, l'homothétie est la symétrie centrale de centre le centre de l'homothétie.

Dans ces deux cas, et dans ces deux cas seulement, l'homothétie est une isométrie.

De façon générale, une homothétie **n'est pas une isométrie.**

Elle a les propriétés suivantes :

L'image d'une droite est une droite (l'homothétie conserve l'alignement) qui lui est parallèle (l'homothétie conserve la direction).

L'image d'un segment est un segment mais il n'est pas de même longueur, sauf lorsque $k = 1$ ou $k = -1$.

L'image d'un angle est un angle et il est de même mesure (l'orientation de l'angle est conservée notamment).

L'image du milieu d'un segment est le milieu de l'image de ce segment : on dit que **l'homothétie conserve le milieu.**

L'image d'un cercle de rayon r est un cercle de rayon $k \cdot r$ si k positif, $-k \cdot r$ si k négatif et dont le centre est l'image du centre.

Le **seul point invariant** est le centre de l'homothétie lorsque $k \neq 1$ (si $k = 1$, tous les points sont invariants).

REMARQUE

- Une homothétie de rapport k tel que $k > 1$ agrandit une figure.
- Une homothétie de rapport k tel que $0 < k < 1$ réduit une figure.
- Une homothétie de rapport k tel que $-1 < k < 0$ réduit et fait pivoter la figure d'un demi tour.
- Une homothétie de rapport k tel que $k < -1$ agrandit et fait pivoter la figure d'un demi tour.
- Une homothétie de rapport $k = -1$ (symétrie centrale) fait pivoter la figure d'un demi tour (conservation de la forme et des dimensions de la figure).
- Une homothétie de rapport $k = 1$ (identité) laisse la figure invariante point par point.

Les figures initiales sont en trait fin, les figures images en trait gras.

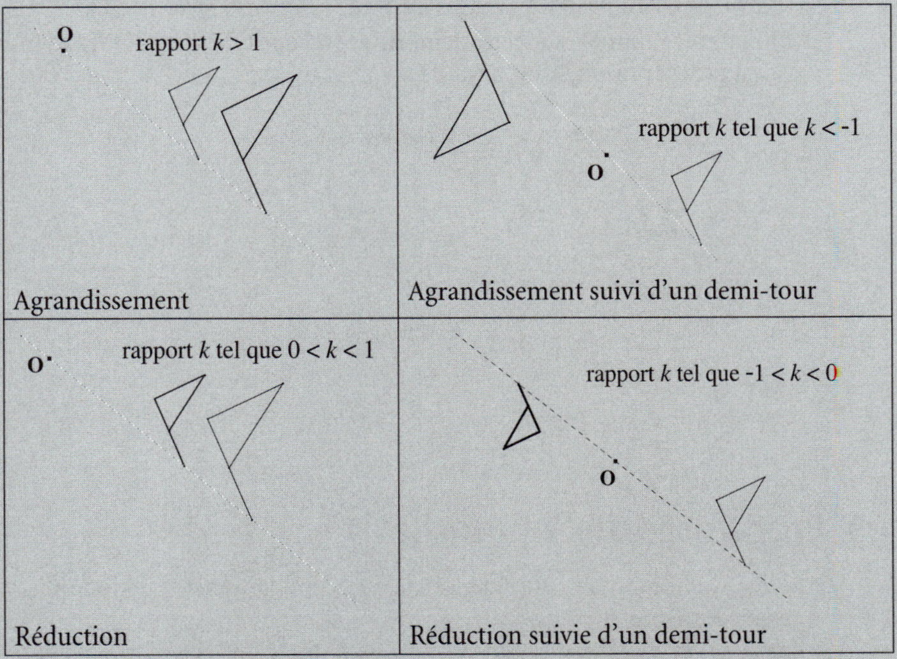

7 Triangles semblables, triangles isométriques

Il existe un autre outil pour montrer des égalités de longueurs, d'angles, ce sont les notions de triangles semblables et triangles isométriques (dits aussi triangles égaux ou triangles superposables). Ces notions sont fortement liées aux transformations.

7.1 Triangles isométriques

DÉFINITION

Deux **triangles** sont **isométriques** si l'un est l'image de l'autre par une isométrie.

Premier cas d'égalité des triangles : deux triangles sont isométriques si les longueurs des côtés sont deux à deux égales.

Sur l'exemple ci-contre : $BA = B'A'$ et $CA = C'A'$ et $BC = B'C'$.

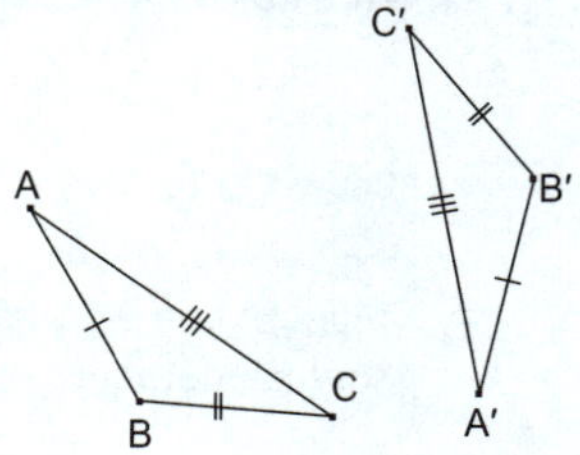

Deuxième cas d'égalité des triangles : deux triangles ABC et A′B′C′ sont isométriques si deux angles sont égaux, par exemple $\hat{A} = \hat{A}'$ et si les côtés correspondants adjacents à ces angles égaux ont même longueur.

Sur l'exemple ci-contre : $AC = A'C'$ et $AB = A'B'$ et $\hat{A} = \hat{A}'$.

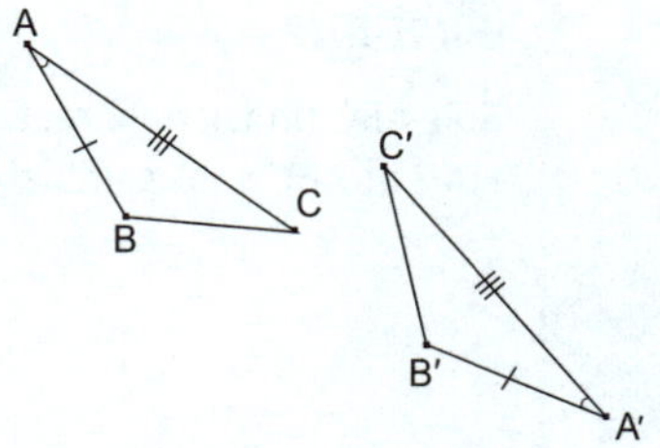

Troisième cas d'égalité des triangles : deux triangles ABC et A′B′C′ sont isométriques si deux paires d'angles qui se correspondent sont égaux, par exemple $\hat{A} = \hat{A}'$ et $\hat{B} = \hat{B}'$ et les côtés d'extrémités les sommets de ces angles ont même longueur : $BA = B'A'$.

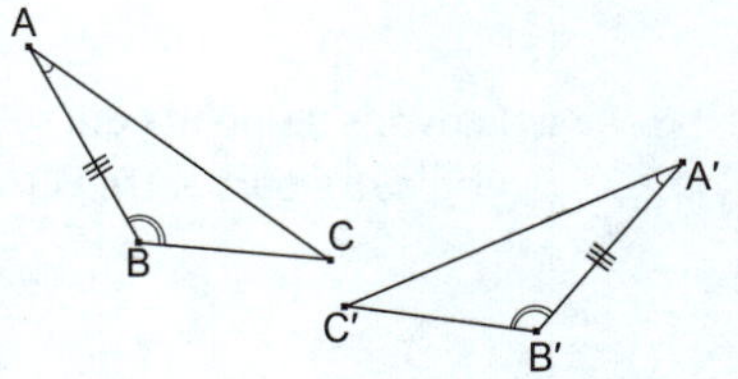

REMARQUE

Avec ces caractérisations des triangles isométriques, on a l'avantage de ne pas avoir besoin de mettre en évidence l'isométrie qui envoie un triangle sur l'autre.
La numérotation des cas d'égalité des triangles est différente suivant les ouvrages, un choix a été effectué dans ce livre de façon à y faire référence dans la suite.

7.2 Triangles semblables

DÉFINITION

Deux **triangles** sont **semblables** si deux des angles du premier sont égaux à deux des angles du second. Dans ce cas, les troisièmes angles sont égaux car la somme des angles dans un triangle est égale à l'angle plat.

Propriété caractéristique

Deux triangles sont semblables si et seulement si les longueurs des côtés du premier sont proportionnelles aux longueurs des côtés du second.

Conséquence : les rapports de deux longueurs dans le premier triangle sont égaux aux rapports des deux longueurs qui se correspondent dans le second.

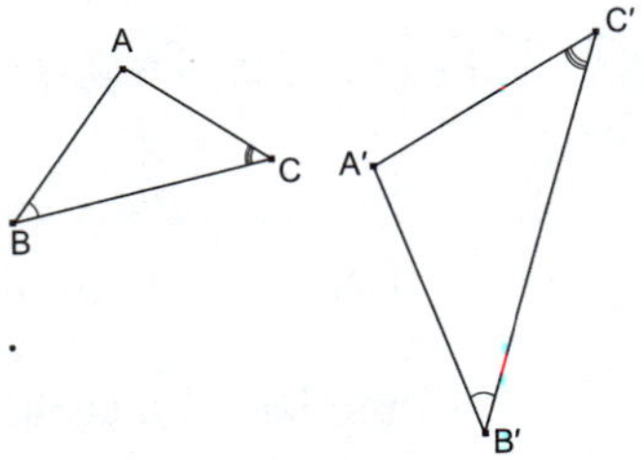

Il existe k tel que : $A'B' = k \times AB$ et $A'C' = k \times AC$ et $C'B' = k \times CB$.

On a aussi : $\dfrac{AB}{AC} = \dfrac{A'B'}{A'C'}$ et $\dfrac{AC}{BC} = \dfrac{A'C'}{B'C'}$ et $\dfrac{CB}{AB} = \dfrac{C'B'}{A'B'}$.

Technique

Montrer que des triangles sont isométriques	On peut montrer en premier qu'ils sont semblables, puis que deux côtés qui se correspondent ont même longueur.

Exemple

Soit ABC un triangle rectangle en A, H le pied de la hauteur issue de A. Les triangles HBA, HAC et ABC sont semblables car les angles sont deux à deux égaux.

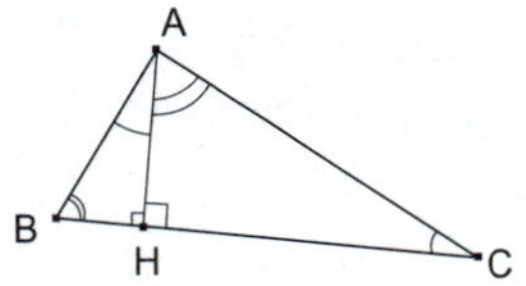

Écrivons les points qui se correspondent entre d'une part le triangle ABC et le triangle HBA et d'autre part entre HBA et HAC :

d'une part	d'autre part
$A \mapsto H$	$H \mapsto H$
$B \mapsto B$	$B \mapsto A$
$C \mapsto A$	$A \mapsto C$

Les rapports entre les longueurs des côtés d'un triangle et celles correspondantes du triangle semblable sont égaux.

Par exemple le rapport entre la longueur AH et HC, du triangle HAC est égal au rapport entre la longueur BH et AH du triangle HBA semblable :

$\dfrac{AH}{HC} = \dfrac{BH}{HA}$.

On en déduit que : $AH^2 = HB \times HC$, c'est-à-dire que le carré de la hauteur relative à l'angle droit est égal au produit des distances du pied de la hauteur aux extrémités de l'hypoténuse. Cette propriété peut aussi se montrer à l'aide du théorème de Pythagore.

16 Positions relatives de droites et plans de l'espace

Cours et méthodes

Ce chapitre peut être mis de côté en première lecture sauf le paragraphe 5.

1 Caractérisations d'une droite et d'un plan

Une droite est caractérisée par deux points distincts.

Un plan est caractérisé de diverses manières :

! Il n'est pas facile de déterminer un ordre pour l'étude des positions relatives, celles d'une droite et d'un plan, celles de deux plans, celles de deux droites. Le choix fait ici ne permet pas d'utiliser uniquement des définitions préalablement données, si besoin, il faudra consulter une définition donnée ultérieurement.

2 Positions relatives d'une droite et d'un plan

Une droite peut être, par rapport à un **plan** donné, soit **strictement parallèle** au plan, soit **sécante** au plan, soit **contenue** dans le plan.

Si une droite passe par deux points distincts d'un plan, alors elle est contenue entièrement dans ce plan.

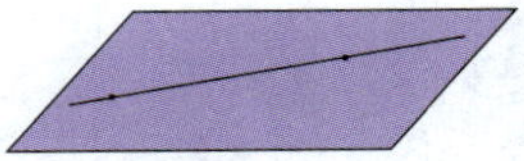

Si une droite est sécante à un plan, alors elle n'a qu'un point commun avec ce plan.

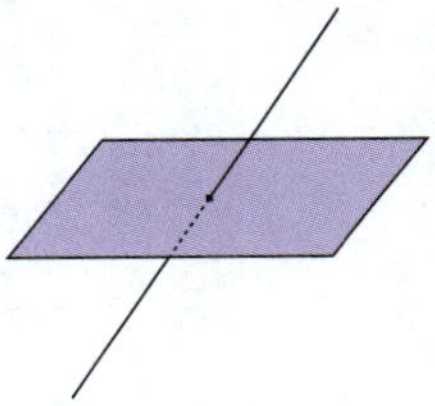

2.1 Droite parallèle à un plan

Par un point A de l'espace, on peut mener une infinité de droites parallèles à un plan P donné. Toutes ces droites sont dans un même plan contenant A, plan parallèle au plan P.

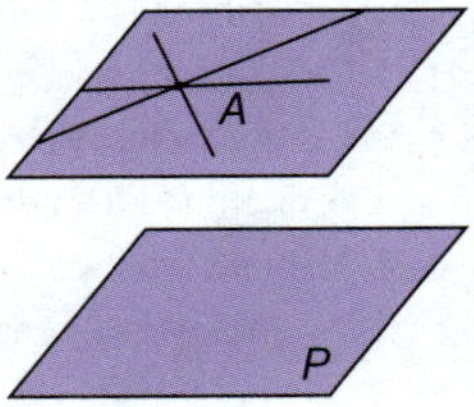

Si une droite, non contenue dans un plan, est parallèle à une droite de ce plan, alors elle est parallèle à ce plan.

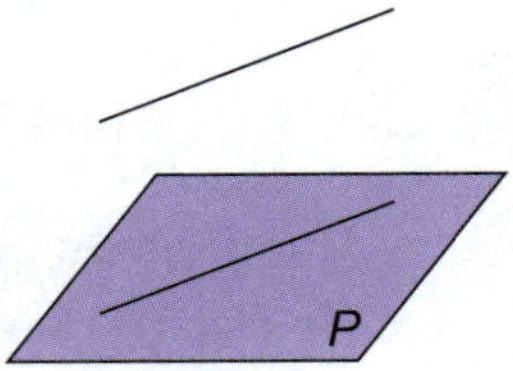

Si une droite est parallèle à un plan alors elle est parallèle aux droites intersections de ce plan avec tous les plans qui la contiennent.

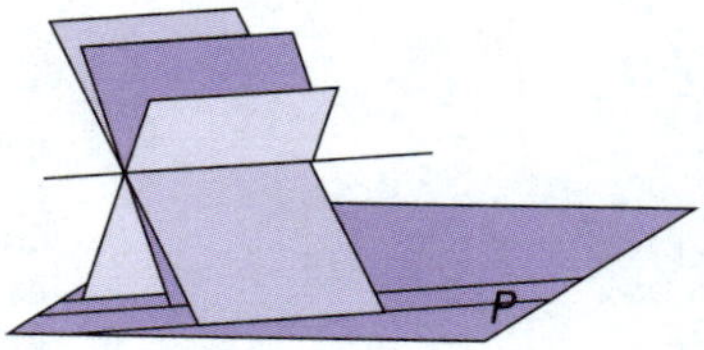

2.2 Droite perpendiculaire à un plan

DÉFINITION

Une **droite *d*** est **perpendiculaire à un plan** si elle est sécante au plan en un point M et si toute droite du plan passant par le point M est perpendiculaire à cette droite *d*.

Par un point A de l'espace, on ne peut mener qu'une seule droite perpendiculaire à un plan donné.

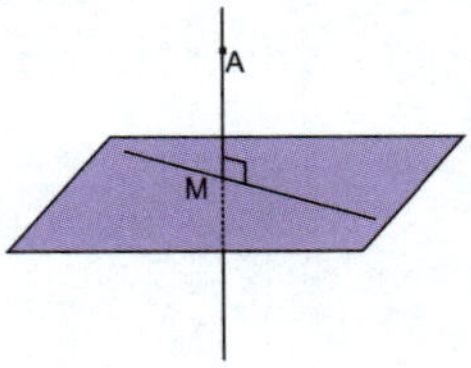

Technique

Montrer qu'une droite est perpendiculaire à un plan

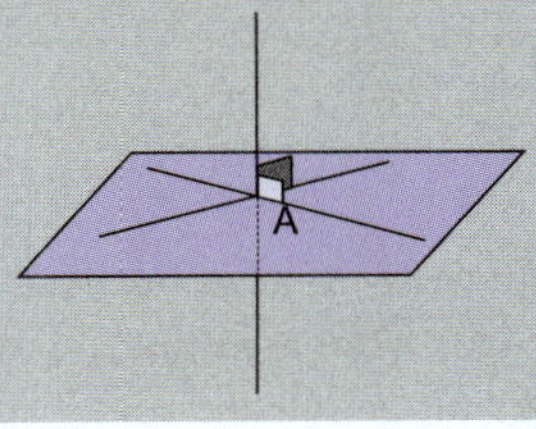

Pour montrer qu'une droite est perpendiculaire à un plan en un point, il suffit de montrer qu'elle est perpendiculaire à deux droites sécantes de ce plan en ce point (théorème de la double équerre).

Commentaire : cette technique est souvent utile pour prouver que la droite support d'une arête dans un solide est perpendiculaire au plan d'une face de ce solide.

3 Positions relatives de deux plans et propriétés

3.1 Positions relatives

Deux plans peuvent être sécants ou parallèles :

Plans sécants

Il suffit qu'ils soient distincts et aient un point commun, dans ce cas l'intersection des deux plans est une droite.

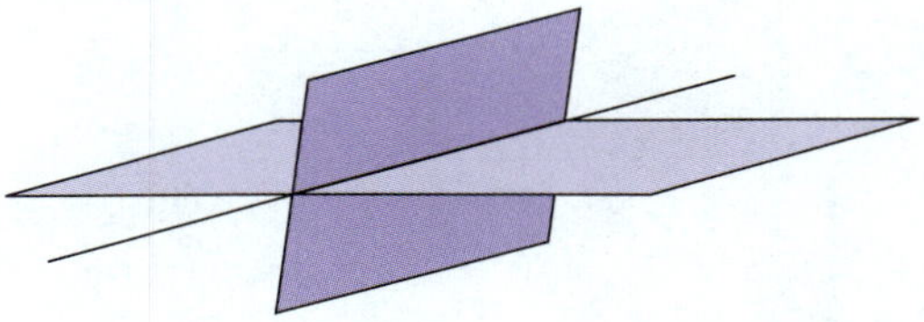

Il y a un cas particulier de plans sécants : ce sont les **plans perpendiculaires**.

C'est le cas des plans contenant les faces adjacentes des parallélépipèdes rectangles, des cubes.

Technique

Montrer que deux plans sont perpendiculaires

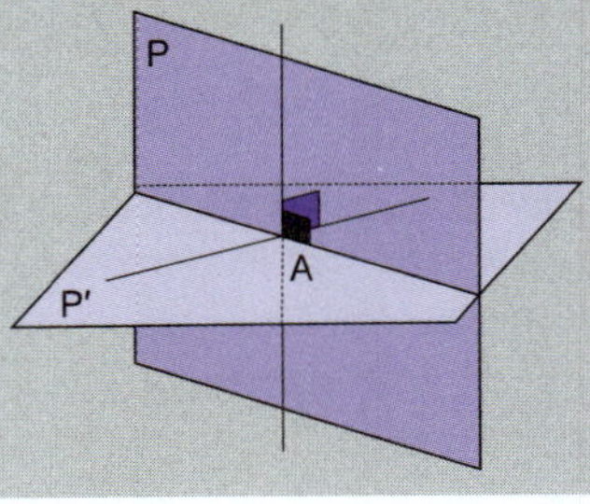

Si un plan P contient une droite perpendiculaire à un autre plan P′, alors le plan P est perpendiculaire au plan P′.

Plans parallèles

- Soit ils sont *confondus* (il suffit de montrer qu'ils ont trois points communs) ;
- Soit ils sont *strictement parallèles* lorsqu'ils n'ont aucun point commun (c'est le cas des plans contenant les faces opposées des cubes, des parallélépipèdes rectangles ainsi que des bases des cylindres, des prismes).

Technique

Montrer que des plans sont parallèles	La technique s'appuie sur la propriété suivante : si deux droites sécantes d'un plan (P) sont parallèles à deux droites sécantes d'un plan (P′) alors les deux plans (P) et (P′) sont parallèles.

3.2 Propriétés

Si deux plans sont parallèles, alors toute droite (ou plan) qui coupe l'un coupe l'autre.

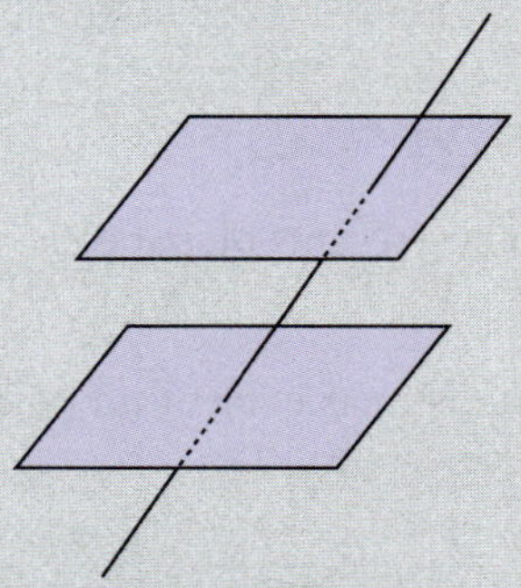

Si deux plans sont parallèles alors toute droite perpendiculaire à l'un est perpendiculaire à l'autre.

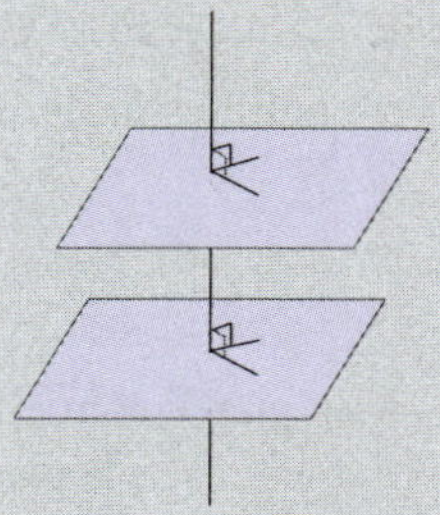

! Deux plans perpendiculaires peuvent contenir des droites parallèles (voir paragraphe « droite parallèle à un plan ») et deux plans perpendiculaires à un troisième ne sont pas forcément parallèles (par exemple les faces d'un cube adjacentes à un même sommet).

Il est à noter que dans l'espace, on retrouve de nombreuses relations entre plans parallèles et plans perpendiculaires qui rappellent les relations qui s'établissent dans le plan entre droites perpendiculaires et droites parallèles :

$$\text{Si } \begin{cases} (P_1) \,//\, (P_2) \\ (P_2) \,//\, (P_3) \end{cases} \text{ alors } (P_1) \,//\, (P_3) \quad \text{et} \quad \text{si } \begin{cases} (P_1) \,//\, (P_2) \\ (P_3) \perp (P_1) \end{cases} \text{ alors } (P_3) \perp (P_2)$$

Toutefois il existe deux théorèmes propres aux plans dans l'espace qu'il est important de connaître :

Théorème 1

Si deux plans (P_1) et (P_2) sont perpendiculaires à un même troisième plan (P_3), les deux plans (P_1) et (P_2) peuvent être soit parallèles entre eux, soit sécants et dans ce dernier cas ils se coupent suivant une droite qui est perpendiculaire à (P_3).

$$\text{Si } \begin{cases} (P_1) \perp (P_3) \\ (P_2) \perp (P_3) \end{cases} \text{ alors } \left(\begin{array}{l} \text{soit } (P_1) \,//\, (P_2) \\ \text{soit } (P_1) \text{ et } (P_2) \text{ sont sécants et leur intersection} \\ \qquad \text{est une droite } (d) \text{ telle que } (d) \perp (P_3) \end{array} \right.$$

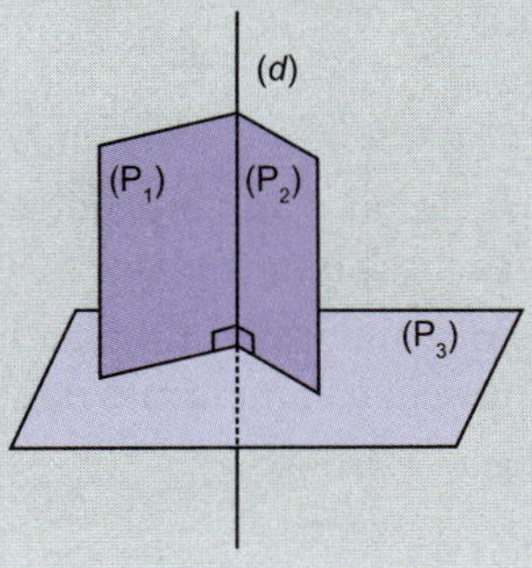

Commentaire : ce théorème présente une différence importante avec les propriétés des droites perpendiculaires dans le plan, car ici (P_1) et (P_2) ne sont pas nécessairement parallèles entre eux, même si cela reste possible.

Théorème 2

Si deux plans sont parallèles entre eux, tout plan qui coupe l'un coupe l'autre, et les droites d'intersection de ce troisième plan avec les deux plans parallèles sont parallèles entre elles.

Si (P_1) parallèle à (P_2) et si (P_3) et (P_1) sont sécants en une droite (D_1), alors (P_3) et (P_2) sont sécants en une droite (D_2) et (D_1) parallèle à (D_2).

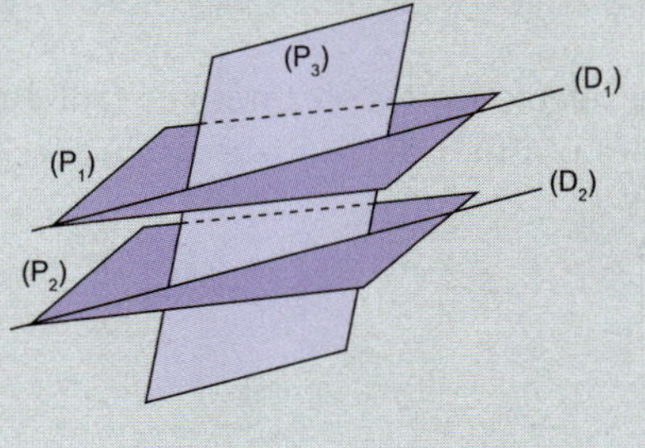

> **REMARQUE**
> Avec la définition d'une droite perpendiculaire à un plan, ces deux derniers théorèmes sont certainement les plus utilisés dans les raisonnements qu'on peut être amené à faire dans les problèmes du CRPE portant sur la géométrie dans l'espace.

Quand on se réfère à notre environnement, il peut être utile d'utiliser les notions de plan vertical et de plan horizontal qui demandent à être précisées :

DÉFINITIONS

Une **droite verticale** est une droite qui passe par un point donné à la surface de la terre et par le centre de la terre.

Un **plan vertical** est un plan qui contient une droite verticale.

L'outil qui permet de déterminer la verticalité est le fil à plomb qui obéit aux règles de la gravité terrestre. Dans un plan vertical (comme par exemple un des murs qui délimitent la salle de classe), il existe une infinité de droites verticales toutes parallèles entre elles, mais il existe aussi une infinité de droites horizontales, ou ni horizontales, ni verticales.

DÉFINITIONS

Un **plan horizontal** est un plan perpendiculaire à une droite verticale. Un plan d'eau au repos fournit une bonne image mentale d'un plan horizontal.

Toutes les droites contenues dans un plan horizontal sont appelées des **droites horizontales**. Un niveau à eau permet de savoir si une droite est ou non horizontale.

4 Positions relatives de deux droites de l'espace

Deux droites distinctes de l'espace peuvent être sécantes, parallèles ou non-coplanaires.

Droites sécantes

Elles ont un unique point commun.

Propriété

Deux droites sécantes sont contenues dans un même plan.

Cas particulier : deux droites sécantes peuvent être ***perpendiculaires*** (au sens de la géométrie plane) puisqu'elles sont ***coplanaires*** (c'est-à-dire qu'il existe un plan qui les contient).

Droites parallèles

Elles sont parallèles si elles sont incluses dans un même plan et n'ont aucun point commun ou si elles sont confondues.

Propriétés

si D est parallèle à D′ et D″ est parallèle à D′, alors D est parallèle à D".

si D est parallèle à D' et D est perpendiculaire au plan P, alors D' est perpendiculaire au plan P.

Technique

Montrer que quatre points distincts sont coplanaires	On montre qu'ils appartiennent à deux droites parallèles ou à deux droites sécantes.

! Deux droites qui n'ont aucun point commun dans l'espace ne sont pas forcément parallèles (contrairement à la géométrie plane). Par exemple dans le cube ABCDEFGH, (DH) et (FG) n'ont aucun point commun mais ne sont pas parallèles.

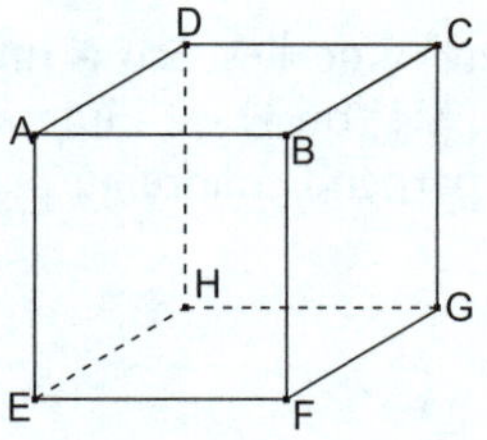

Droites non coplanaires

C'est le cas lorsqu'elles ne sont ni sécantes, ni parallèles. Il n'existe aucun plan qui les contienne toutes les deux.

Cas particulier : droites orthogonales

Dans l'espace, nous distinguerons la notion de **droites orthogonales** et de **droites perpendiculaires** :

DÉFINITION

Deux **droites** sont **orthogonales** lorsque l'une d'elles est perpendiculaire à un plan contenant l'autre.

Elles ne sont pas forcément coplanaires.

Deux droites sont perpendiculaires si elles sont orthogonales et sécantes (donc coplanaires).

Géométrie

> **!** Attention : Si d est perpendiculaire à d' et si d' est perpendiculaire à d'', alors d et d'' sont en position quelconque l'une par rapport à l'autre : elles peuvent être sécantes, ou parallèles, ou non coplanaires.
> Si deux droites sont incluses dans deux plans strictement parallèles entre eux, alors ces droites ne sont pas sécantes mais pas forcément parallèles non plus.

Propriété

Si une droite est perpendiculaire à un plan en un point A de ce plan, alors elle est perpendiculaire à toutes les droites de ce plan passant par le point A et est orthogonale à toutes les droites de ce plan (cet énoncé est l'un des sens d'un théorème parfois appelé théorème de la porte).

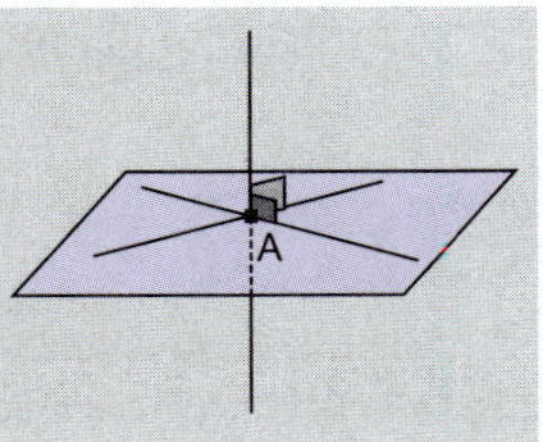

5 Distance dans l'espace

5.1 Distance d'un point à un plan

La distance d'un point A de l'espace à un plan P est la longueur du segment [AH] où H est l'intersection du plan P avec la seule droite perpendiculaire au plan P et passant par A.

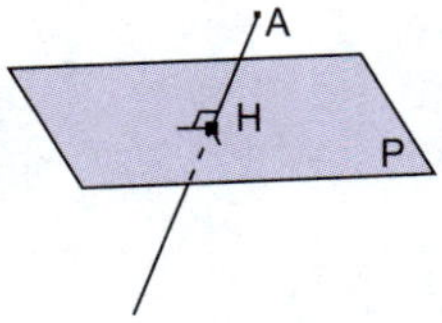

5.2 Distance entre deux plans parallèles

Soient deux plans parallèles P et P′ et une droite perpendiculaire à ces deux plans qui coupe P en H et P′ en K.

La distance entre les deux plans parallèles P et P′ est la longueur du segment [HK] ; c'est aussi la distance d'un point quelconque de P au plan P′.

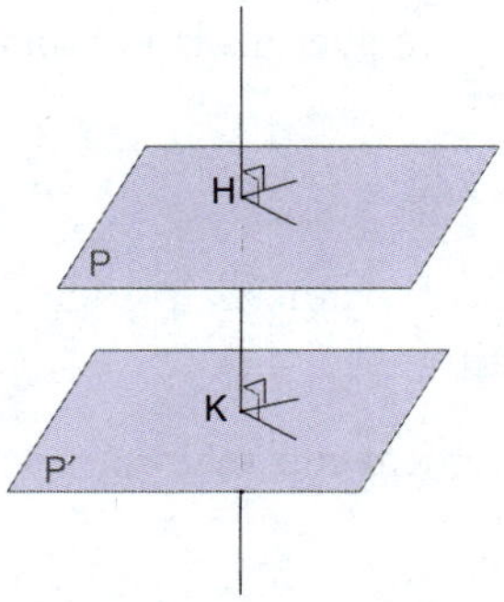

17 Solides de l'espace : définitions, représentations

Cours et méthodes

1 Généralités

DÉFINITION

Un **solide** est une portion d'espace délimitée et envisagée comme un tout indéformable (dictionnaire Petit Larousse).

On appellera **frontière** d'un solide la surface délimitant le solide, elle fait partie du solide.

Pour étudier un solide, on pourra déterminer ses propriétés et le décrire, le représenter, le construire.

Les définitions mathématiques de solides sont souvent données en termes d'ensembles de points de l'espace. Selon le contexte, le même mot désignera un solide ou sa frontière, hormis pour la boule dont la frontière est nommée sphère.

2 Classification des solides

Il existe différents critères de classement possibles.

2.1 Premier critère : la convexité

DÉFINITION

Un solide est **convexe** si, lorsqu'on prend deux points quelconques appartenant au solide, le segment joignant ces deux points est entièrement contenu à l'intérieur du solide.

Exemple

Le solide constitué d'un cornet rempli et de deux boules de glace n'est pas convexe, en revanche un cube est convexe.

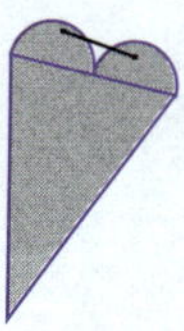

2.2 Deuxième critère : polyèdre / non polyèdre

DÉFINITION

Un **polyèdre** est un solide délimité par des plans. Sa frontière est constituée de polygones appelés **faces**. Les parties communes à deux faces adjacentes (parties de la droite d'intersection de deux plans limitant le polyèdre) sont les **arêtes** du polyèdre. Les extrémités des arêtes du polyèdre (communes à au moins trois arêtes) sont les **sommets** du polyèdre.

Voir chapitre « Solides de l'espace : exemples » paragraphe 4 « Décrire des polyèdres ».

!

On limite l'emploi des termes face, arête et sommet aux polyèdres (hormis pour le sommet du cône). Ainsi les faces sont nécessairement polygonales et les arêtes sont des segments de droites.
Par exemple dans un cône la courbe de base, intersection de la surface de base et de la surface latérale, n'est pas appelée arête.

Exemples

En croisant les deux critères, on obtient plusieurs familles :

- celle des polyèdres convexes : par exemple prismes convexes, pyramides convexes...
- celle des polyèdres non convexes ;
- celle des non-polyèdres convexes (au moins une partie de la frontière n'est pas un polygone) : par exemple cylindres et cônes de révolution, boules... ;
- celle des non-polyèdres non convexes : par exemple le solide « cornet de glace à deux boules ».

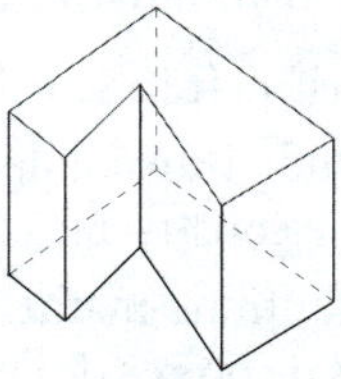
polyèdre non convexe

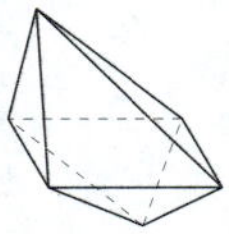
polyèdre convexe

Pour les polyèdres et certains non-polyèdres, on verra dans les paragraphes correspondants que l'on peut utiliser d'autres critères pour affiner le classement.

3 Sections planes de solides

On peut étudier les intersections d'un solide avec un plan appelées sections de solide par un plan. Le plan va séparer en général un solide en deux nouveaux solides. Cela permet de définir par exemple un cube tronqué, un tronc de cône ou un tronc de pyramide. Au fur et à mesure du chapitre « Solides de l'espace : exemples », quelques sections seront données. Même si une section plane n'est pas demandée, on pourra en construire de façon à se ramener à un problème du plan.

4 Représentations des solides

L'espace des solides est ce qu'on appelle un espace à trois dimensions (noté 3D), car il faut trois données pour arriver à repérer un point (soit trois longueurs, soit une longueur et deux angles, soit deux longueurs et un angle).

La représentation la plus élémentaire d'un objet est la maquette : il s'agit tout simplement d'une copie souvent réduite de cet objet.

Toutefois, très souvent on travaille (sur papier ou sur un écran) dans un plan, appelé espace à deux dimensions (noté 2D).

Les objets de l'espace doivent alors être déformés pour être représentés sur une feuille de papier ou visualisés sur un écran et cela nécessite d'établir des règles permettant de codifier ces déformations et d'interpréter ces représentations. Il existe plusieurs modes de représentation des objets de l'espace sur un support plan, la lecture de la représentation en perspective cavalière et des vues de dessin technique (vue de dessous, etc.) sont exigibles aux cycles 3 et 4.

4.1 Représentations en perspective cavalière

On choisit un plan de référence appelé plan de face (pour les polyèdres, c'est souvent un plan parallèle à une des faces) et on projette le solide sur ce plan parallèlement à une direction de droite donnée. D'un point de vue géométrique, faire une représentation en perspective cavalière d'un solide, c'est tracer l'image de ce solide par une projection de l'espace sur un plan. On donne le même nom à un point et au point image. On peut dessiner en pointillés les arêtes cachées.

Propriétés de la perspective cavalière

- Une droite est représentée par une droite ou par un point (dans le cas où la droite est parallèle à la direction de projection) ; donc des points alignés dans l'espace sont représentés par des points alignés ou confondus.
- Les longueurs des segments inclus dans des plans parallèles au plan de face sont conservées, dans les autres plans ce n'est pas le cas.
- Les **rapports de longueurs** de segments portés par des droites parallèles **sont conservés**, par exemple un point positionné aux 2/3 d'un segment à partir d'une extrémité dans l'espace sera représenté par un point positionné aux 2/3 du segment image.
- Le **parallélisme est conservé.** Des droites parallèles dans l'espace sont représentées par des droites parallèles ; les droites perpendiculaires au plan de face seront représentées par des droites parallèles, la direction de ces droites est appelée fuyante, dont la représentation fait souvent un angle de 45° ou 60° avec « l'horizontale ».

Conséquence : la représentation d'un carré est soit un carré s'il est inclus dans un plan parallèle au plan de face, soit un parallélogramme non carré (puisque le parallélisme entre droites est conservé).

! **Attention à la lecture d'une représentation en perspective** : des droites non sécantes dans l'espace peuvent être représentées par des droites sécantes, des droites non parallèles peuvent être représentées par des droites parallèles. On peut lire des rapports de longueur sur des segments parallèles mais on ne peut pas lire directement la plupart des longueurs.

Géométrie

Exemple

Perspective cavalière d'un cube

Sur le cube ci-contre, les droites (DH) et (GF) ne sont pas sécantes dans l'espace mais leurs représentations le sont. I est placé au tiers du segment [AD] à partir de A sur la représentation donc dans l'espace aussi, de même pour J. On en déduit que AI = BJ et comme [AI] et [BJ] sont portés par des côtés opposés d'un carré, ils sont parallèles et comme le quadrilatère est non croisé AIJB, est un parallélogramme. De plus il a un angle droit, donc c'est un rectangle. Cependant on voit un parallélogramme.

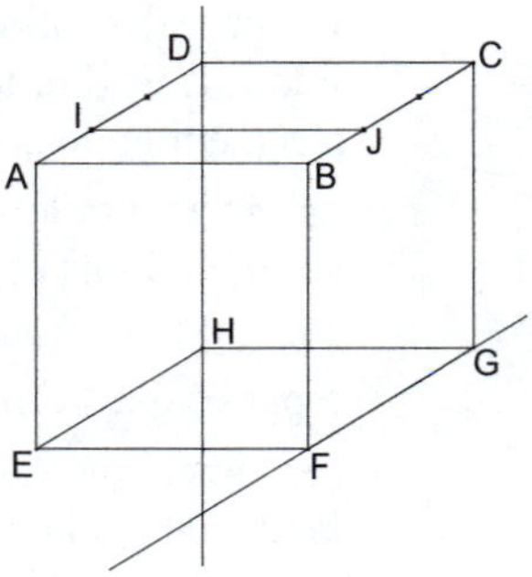

REMARQUE

La perspective cavalière permet d'imaginer le solide mais il y a perte d'informations, en particulier sur la forme des faces, sur les faces cachées.

··· POUR ALLER PLUS LOIN ···

Projection centrale ou à point(s) de fuite

On peut citer aussi la projection centrale avec un (ou plusieurs) point(s) de fuite qui est utilisée notamment par les peintres figuratifs et qui transforme deux droites parallèles en deux droites concourantes en un point de fuite situé sur la ligne d'horizon. Cette perspective est plus proche de notre façon de voir le monde, elle est parfois qualifiée de « perspective du regard ».

Elle n'est pas étudiée ici, on donne juste la représentation d'un cube.

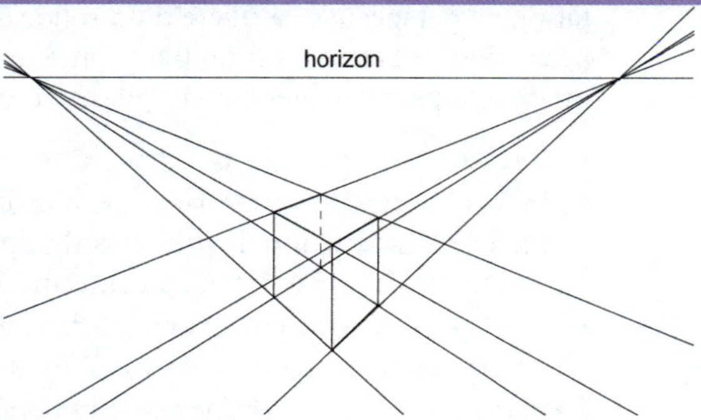

Projection à partir d'un point (pour les polyèdres)

On se donne un plan de projection et un point O. L'image d'un point A est le point d'intersection du plan et de la droite (OA) (le choix de O se fait pour qu'une telle intersection existe).
Cette projection n'est pas étudiée ici, on donne juste la représentation d'un cube.

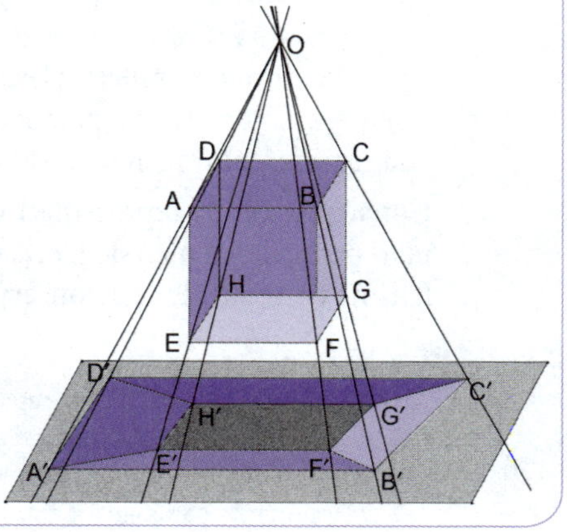

4.2 Dessin technique

On imagine le solide placé dans un parallélépipède rectangle et on le projette sur les six faces du parallélépipède. On dispose les six vues obtenues de la façon présentée sur l'exemple ci-dessous. Son intérêt est d'avoir plusieurs points de vue, et donc de disposer d'informations sur les parties cachées dans les autres représentations.

Exemple

Par exemple pour l'assemblage de huit cubes ci-dessous, sur la perspective cavalière on ne voit pas le cube caché derrière au premier étage de la colonne de trois étages, information que l'on obtient par la vue de dessous ou de dessus ou de gauche ou de droite.

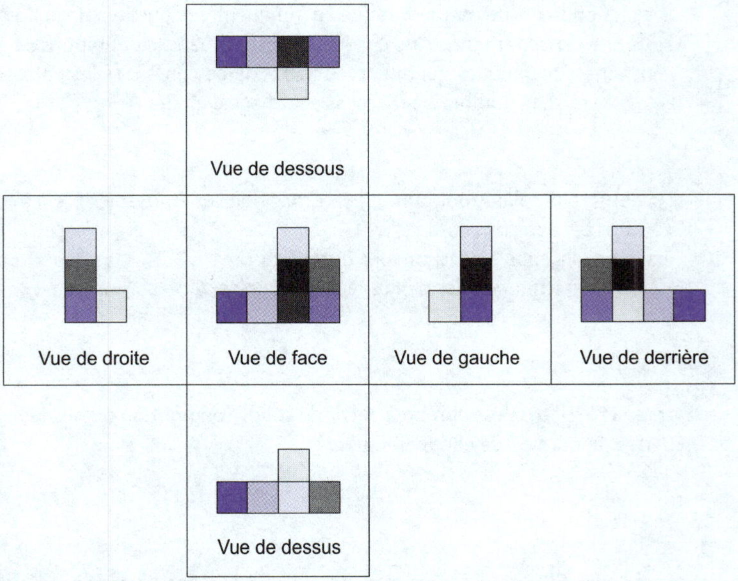

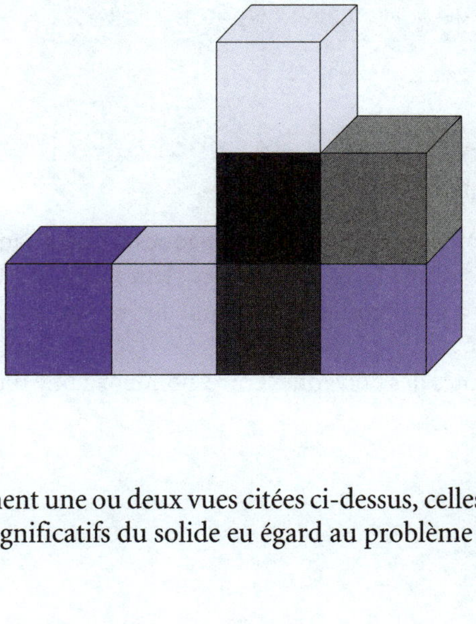

On utilise souvent seulement une ou deux vues citées ci-dessus, celles qui permettent de percevoir les aspects significatifs du solide eu égard au problème posé.

Géométrie

4.3 Les patrons

a. Généralités

Un patron peut être considéré comme une représentation plane d'un solide.

DÉFINITION

Un **patron** d'un solide est une figure plane, composée de différentes formes correspondant aux faces ou aux surfaces frontières, qui permet (par découpages, pliages, enroulements sur des lignes…) de construire le solide.

REMARQUE 1

Les dictionnaires de mathématiques n'indiquent pas que le patron doit être d'un seul tenant, alors que certains manuels de collège le mettent dans la définition. Ce sont probablement des contraintes techniques qui ont créé l'habitude de construire les patrons d'un seul tenant, car cela minimise le nombre de raccords et collages à faire.

REMARQUE 2

De nombreux solides ont plusieurs patrons non superposables ; cela peut être un défi de trouver tous les patrons possibles.
Exemple : Le cube a onze patrons différents.
Voir le chapitre « Solides de l'espace : exemples ».

REMARQUE 3

Lorsque le patron est obtenu à partir du solide (démolition ou déshabillage du solide), il porte parfois le nom de développement.

CONSEIL

Lors de la réalisation d'un patron, ne pas hésiter à découper et plier le patron envisagé afin de réaliser le solide. Pour la compréhension du paragraphe suivant, il est conseillé de reproduire les figures sur papier pour effectuer les pliages.

b. Exemples de contraintes à vérifier pour le patron d'un polyèdre

- Les formes (qui sont des polygones) constituant le patron sont exactement superposables aux faces du polyèdre ; leur nombre est égal au nombre de faces ;
- Il n'y a pas recouvrement d'une forme sur une autre pour obtenir une face lors du pliage ;
- Les côtés des polygones correspondant à une même arête ont même longueur.

Exemple

Dans la figure ci-contre, on ne peut pas compléter la figure pour que ce soit le patron d'une pyramide car le sommet du quatrième triangle devrait être à la fois sur le cercle de centre A et de rayon AF et sur le cercle de centre D et de rayon DG, cercles qui n'ont pas de points d'intersection.

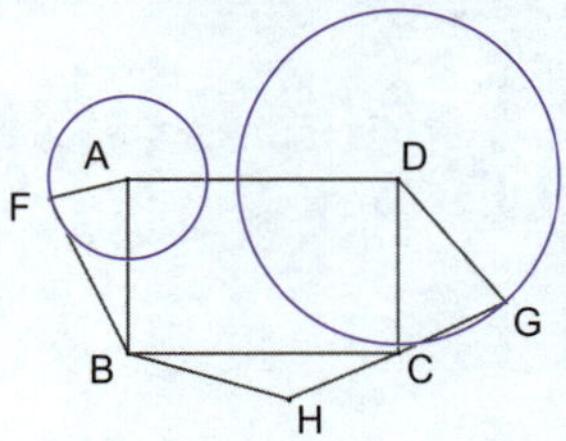

- Des sommets des polygones qui vont former un même sommet du polyèdre doivent se trouver dans le même plan lorsqu'on effectue le pliage.

Exemple

Par exemple, la figure ci-dessous ne peut pas être le patron d'une pyramide ; en effet lorsqu'on plie suivant (AB) et suivant (CD) les points F et G vont décrire des arcs de cercle dans deux plans distincts perpendiculaires au plan de base, plans dont on a tracé en pointillé les droites d'intersection avec le plan de base (se fabriquer une figure identique et plier pour s'en persuader). En pliant ils ne pourront pas se rejoindre pour former le sommet de la pyramide.

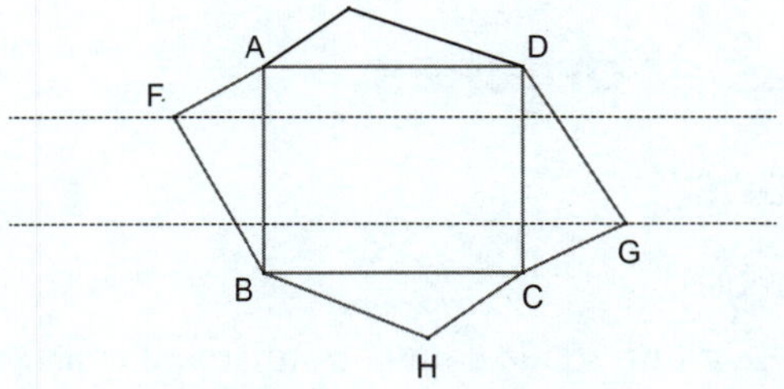

À l'école primaire, nous nous intéresserons surtout à la perspective cavalière, au dessin des différentes vues et aux représentations des solides sous forme de maquettes ou de patrons.

Géométrie

18 Solides de l'espace : exemples

Cours et méthodes

1 Cylindres et prismes

1.1 Définitions

DÉFINITION

Un cylindre est un solide dont la frontière est constituée de deux surfaces planes parallèles superposables appelées **bases** (surfaces délimitées par une courbe fermée) et d'une surface latérale composée d'une infinité de segments parallèles reliant les deux courbes.

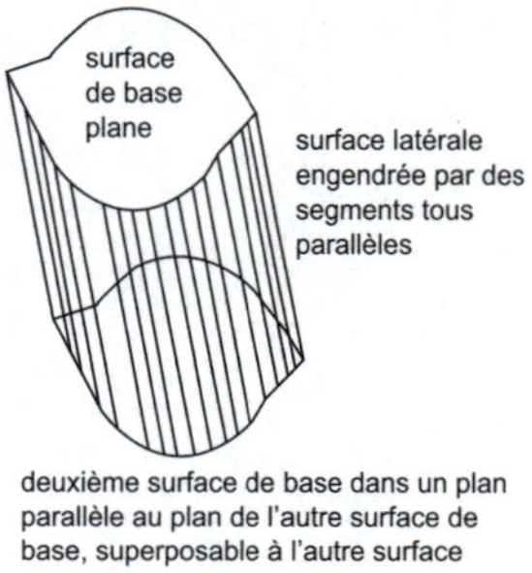

DÉFINITION

Un **cylindre de révolution** est un cylindre dont les surfaces de base sont des disques et dont la direction des segments de la surface latérale est perpendiculaire au plan de base. L'image mentale est celui de la boîte de conserve. On lui donne le nom de cylindre de révolution, car on peut imaginer qu'il est engendré par la rotation d'un rectangle autour de l'un de ses côtés.

REMARQUE

C'est le **seul** cylindre étudié aux niveaux collège et lycée, et de ce fait les énoncés de CRPE et les programmes actuels des cycles 3 et 4 mentionnent simplement cylindre, sous-entendant que c'est un cylindre de révolution.

DÉFINITION

Un **prisme** est un polyèdre dont la frontière est constituée de deux polygones à n côtés, superposables appelés bases et situés dans deux plans parallèles et de n parallélogrammes constituant les faces de la surface latérale. On parle de **prisme droit** si les arêtes des faces latérales sont perpendiculaires aux plans de base ; dans ce cas les faces latérales sont des rectangles.

Le pavé droit ou parallélépipède rectangle ainsi que le cube sont deux prismes particuliers. Voir § 4.3 « Pavé droit et cube ».

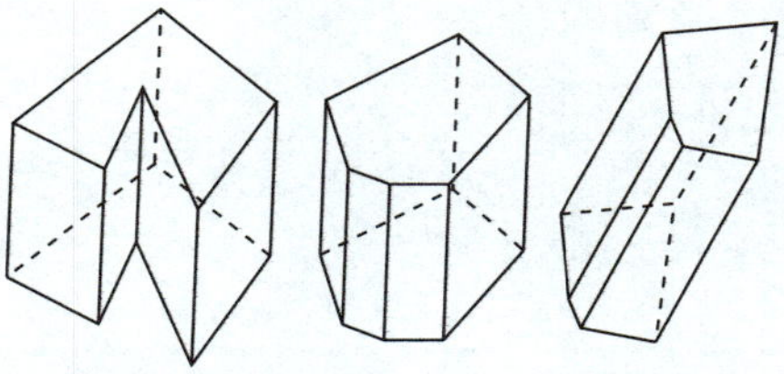

Dans la désignation d'un prisme droit, on le caractérise par la forme de sa base (par exemple prisme droit à base hexagonale).

··· POUR ALLER PLUS LOIN ···

Le prisme fait partie de la famille générale des cylindres, puisqu'il vérifie la définition, les surfaces de base étant délimitées par des polygones.

Connaître ce regroupement en une seule grande famille permet de ne retenir qu'une formule de volume pour les cylindres de révolution et les prismes (voir chapitre « Grandeurs : exemples » § 3). Cela a aussi un intérêt didactique pour les futurs enseignants : lors des activités de classement, les élèves peuvent mettre dans la même famille des prismes et des cylindres ; l'enseignant doit savoir que d'un point de vue mathématique ce classement est tout à fait cohérent.

1.2 Patrons

PATRON D'UN CYLINDRE DE RÉVOLUTION

Le patron d'un cylindre de révolution de base un disque de rayon R et de hauteur h est constitué de deux disques de rayon R et d'un rectangle dont l'une des dimensions est h et l'autre le périmètre du disque, soit $2\pi R$. Les disques seront en général accolés au rectangle.

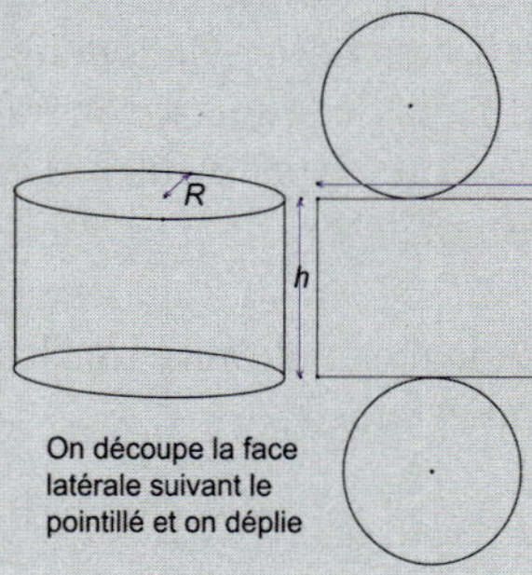

PATRON D'UN PRISME DROIT

Il est constitué des n rectangles des faces latérales et des deux polygones à n côtés superposables.

Exemple

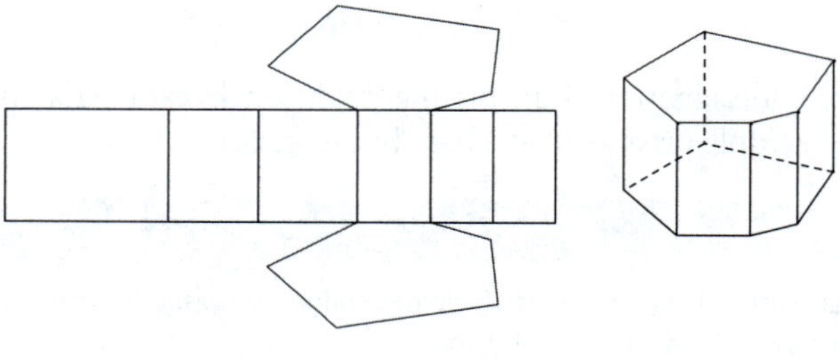

1.3 Sections planes

La section d'un cylindre de révolution par un plan parallèle à ses bases est soit vide, soit un disque ; la section d'un cylindre de révolution par un plan parallèle à l'axe de révolution est soit vide, soit un segment (plan tangent au cylindre), soit un rectangle.

2 Cônes et pyramides

2.1 Définitions

DÉFINITIONS

Un **cône** est un solide dont la frontière est constituée d'une surface plane appelée **base** (surface délimitée par une courbe fermée quelconque) et d'une surface latérale composée d'une infinité de segments reliant un point de la courbe de base et un point fixe appelé **sommet du cône.**

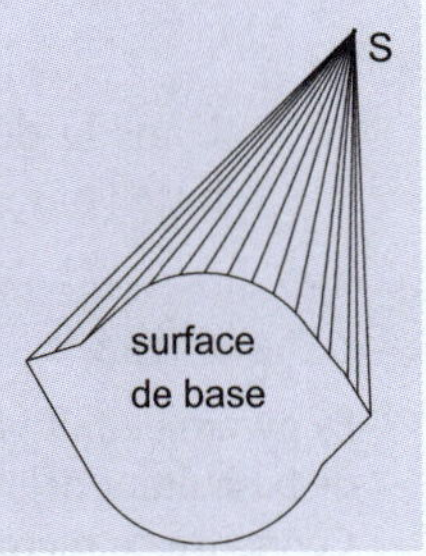

Un **cône de révolution** est un cône dont la surface de base est un disque de centre O et dont le sommet est sur la perpendiculaire au plan de la surface de base passant par O.

L'image mentale est celle du plot de signalisation routière ou du biscuit du cornet de glace.

On lui donne le nom de cône de révolution car il peut être engendré par la rotation d'un triangle rectangle autour de l'un de ses côtés adjacents à l'angle droit.

REMARQUE

C'est le **seul** cône étudié aux niveaux collège et lycée, et de ce fait les énoncés de CRPE mentionnent simplement cône, sous-entendant que c'est un cône de révolution.

DÉFINITION

Une **pyramide** est un polyèdre dont la frontière est constituée d'un polygone à n côtés et de n triangles qui ont un sommet commun et qui constituent les faces de la surface latérale. Le sommet commun est appelé sommet de la pyramide.

On parle de **pyramide régulière** si le polygone de base est un polygone régulier et si le sommet de la pyramide est situé sur la perpendiculaire au plan de base passant par le centre du polygone régulier. Dans ce cas, les triangles des faces latérales sont isocèles.

Une pyramide à base triangulaire est appelée **tétraèdre** car elle a quatre faces.

!

Hormis le cas du tétraèdre régulier, une pyramide régulière n'est pas un polyèdre régulier (voir le paragraphe 4.2 concernant les polyèdres réguliers).

Géométrie

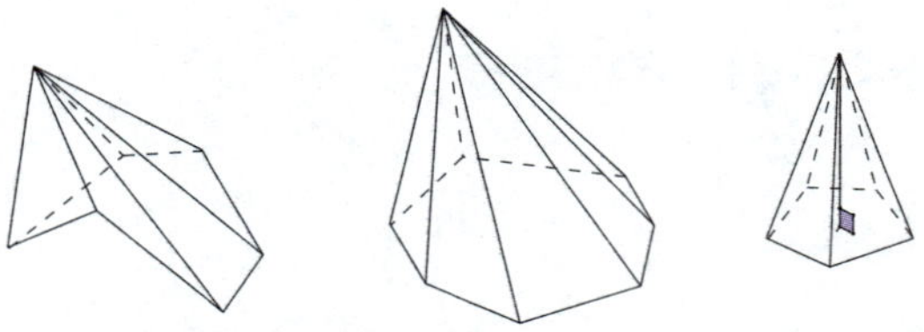

Dans la désignation d'une pyramide régulière, on la caractérise par la forme de sa base (par exemple pyramide régulière à base hexagonale).

··· POUR ALLER PLUS LOIN ···

La pyramide fait partie de la famille générale des cônes, puisqu'elle vérifie la définition, la surface de base étant délimitée par un polygone.
Connaître ce regroupement en une seule grande famille permet de ne retenir qu'une formule de volume pour les cônes de révolution et les pyramides (voir chapitre « Grandeurs : exemples » § 3).
Cela a aussi un intérêt didactique pour les futurs enseignants : lors des activités de classement, les élèves peuvent mettre dans la même famille des pyramides et des cônes en disant que « c'est pointu pareil » ; l'enseignant doit savoir que d'un point de vue mathématique ce classement est tout à fait cohérent.

2.2 Patrons

PATRON D'UN CÔNE DE RÉVOLUTION

Le patron d'un cône de révolution de base **un disque** de rayon R et de hauteur h est constitué d'un disque de rayon R et d'une portion de disque de rayon $\sqrt{R^2+h^2}$ interceptant un arc dont la longueur est le périmètre du disque de base, soit $2\pi R$.

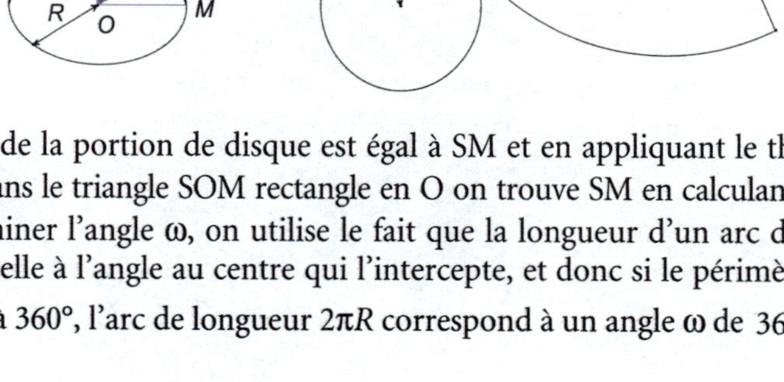

Le rayon R' de la portion de disque est égal à SM et en appliquant le théorème de Pythagore dans le triangle SOM rectangle en O on trouve SM en calculant $\sqrt{R^2+h^2}$.
Pour déterminer l'angle ω, on utilise le fait que la longueur d'un arc de cercle est proportionnelle à l'angle au centre qui l'intercepte, et donc si le périmètre de $2\pi R'$ correspond à 360°, l'arc de longueur $2\pi R$ correspond à un angle ω de $360° \times \dfrac{R}{R'}$.

PATRON D'UNE PYRAMIDE

Il est constitué des n triangles des faces latérales et du polygone à n côtés.

Exemple

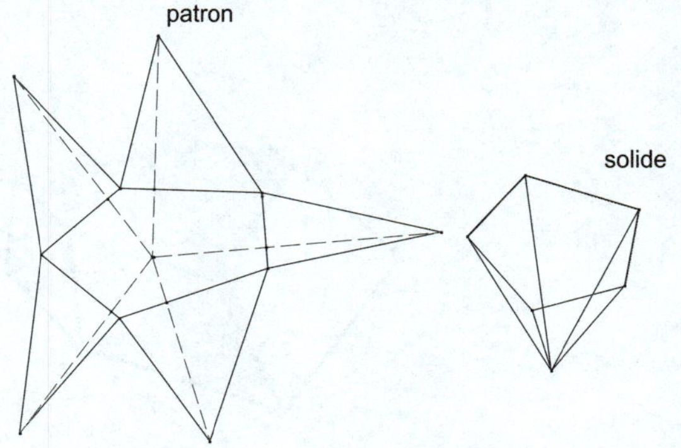

2.3 Sections planes

a. Section plane d'un cône de révolution

La section plane d'un cône de révolution par un plan parallèle à sa base est soit vide, soit un point, soit un disque ; dans ce dernier cas, le plan partage le cône en un tronc de cône et un cône qui est une réduction du cône initial.

La section plane par un plan contenant l'axe du cône est un triangle isocèle.

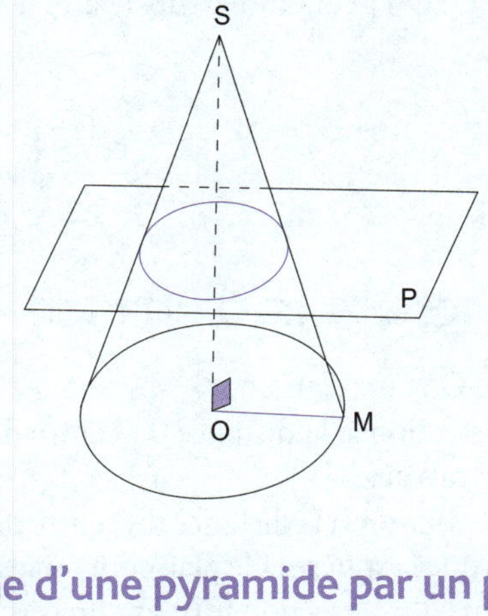

b. Section plane d'une pyramide par un plan parallèle à la base

La section plane non vide, non réduite à un point d'une pyramide par un plan parallèle à sa base est un polygone qui est une réduction du polygone de base (même nombre de côtés, mêmes angles) voir la section en couleur dans l'exemple ci-après.

Le plan partage la pyramide en un tronc de pyramide et une pyramide qui est une réduction de la pyramide initiale.

Géométrie

Exemple

Tronc de pyramide (avec en trait gris le prolongement des arêtes de façon à voir la pyramide initiale)

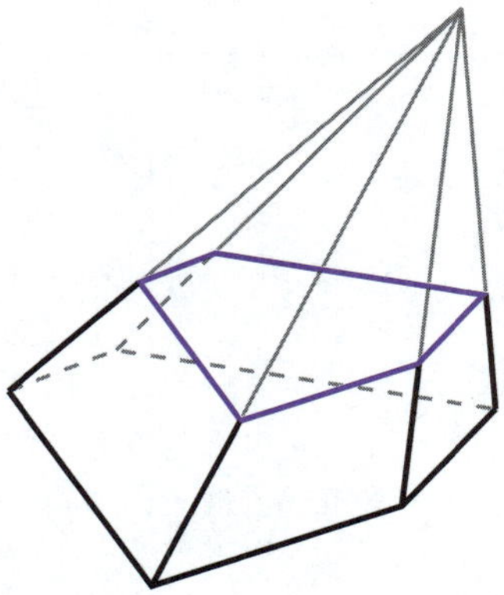

3 Boules et sphères

3.1 Généralités

DÉFINITION

La **boule** de **centre** O et de **rayon** R est l'ensemble des points de l'espace situés à une distance inférieure ou égale à R du point O. On peut étudier ainsi le volume d'une boule.

La **sphère** de **centre** O et de **rayon** R est l'ensemble des points de l'espace situés à la distance R du point O. On peut étudier ainsi l'aire d'une sphère.

PROPRIÉTÉ

La plus grande distance entre deux points de la sphère est atteinte pour des points diamétralement opposés, c'est-à-dire tels que le segment d'extrémités ces points contient le centre de la sphère, ce segment est appelé **diamètre** de la sphère.

3.2 Section d'une sphère et d'un plan

Une sphère de centre O et un plan ont :

- aucun point d'intersection si la distance du centre de la sphère au plan est strictement supérieure au rayon ;
- un seul point d'intersection si la distance du centre de la sphère au plan est égale au rayon ; on dit alors que la sphère et le plan sont tangents ;
- une infinité de points d'intersection formant un cercle si la distance du centre de la sphère au plan est strictement inférieure au rayon, le centre W du cercle appartient à la droite perpendiculaire au plan passant par O. Pour calculer le rayon du cercle, on utilise le théorème de Pythagore dans le triangle OWM où M est un point du cercle ; en effet ce triangle est rectangle en W et on connaît OW (distance de O au plan) et OM rayon de la sphère. Si le plan contient le centre de la sphère, le cercle d'intersection est appelé **grand cercle** et a comme rayon le rayon de la sphère.

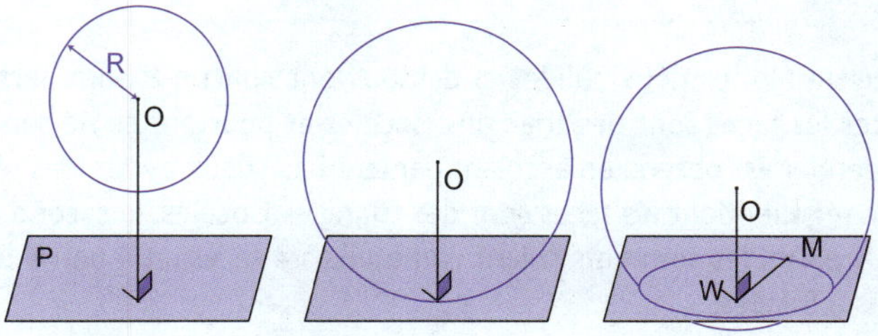

distance de O à P supérieure au rayon	distance de O à P égale au rayon	distance de O à P inférieure au rayon

Remarque : si l'on prend une boule au lieu d'une sphère, dans le cas d'une intersection non réduite à un seul point, on obtient un disque.

Exemple

La sphère terrestre

Ce problème d'intersection de sphère et de plan est utile en géographie pour définir sur le globe terrestre les parallèles, déterminer la longueur d'un parallèle terrestre ou d'un méridien.

Sur la surface terrestre considérée comme une sphère :

- un **méridien terrestre** est un demi-grand cercle d'extrémités les deux pôles.
- un **parallèle terrestre** est un cercle de la sphère terrestre situé dans un plan parallèle au plan de l'équateur (perpendiculaire à l'axe des pôles).

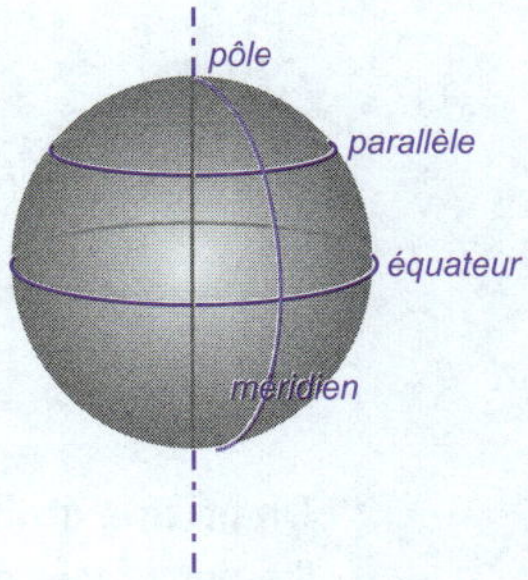

4 Décrire des polyèdres

4.1 Faces, arêtes, sommets

On a vu que les polyèdres sont des solides délimités par des sufaces polygonales.

Outre la convexité, pour décrire le polyèdre étudié, on déterminera son nombre de faces et les types de faces, son nombre d'arêtes et son nombre de sommets. Cela est parfois insuffisant pour déterminer de façon univoque de quel type de polyèdre il s'agit.

Géométrie

Exemple

Par exemple les deux solides ci-dessous ont chacun 8 sommets, 12 faces et 18 arêtes, toutes les faces sont des triangles isocèles et pourtant ce ne sont pas les mêmes solides. Le premier est obtenu en accolant par leur base deux pyramides régulières à base un hexagone régulier dont les faces sont des triangles isocèles, le second est agencé de telle sorte que 4 parmi les sommets soient communs à 4 faces, et 4 parmi les sommets soient communs à 5 faces.

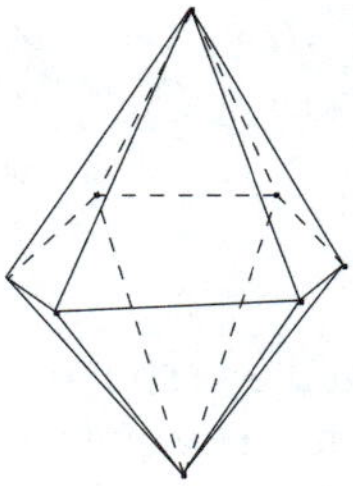

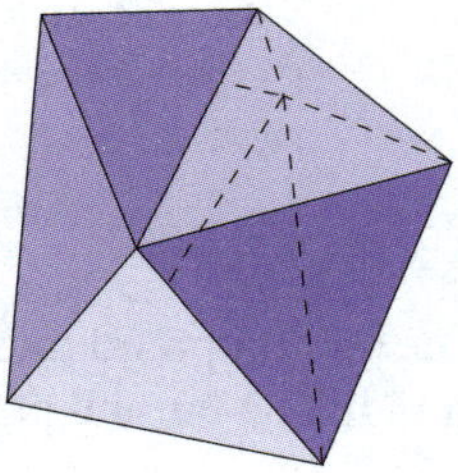

Il sera parfois nécessaire de déterminer combien d'arêtes arrivent sur chaque sommet.

PROPRIÉTÉ

Chaque arête est commune à exactement deux faces, chaque sommet est commun à au moins trois arêtes et trois faces.

Exemple

Techniques de dénombrement des faces, arêtes, sommets d'un polyèdre

Un prisme droit à base un polygone à n côtés

Il a deux faces polygonales à n côtés et n faces rectangles, soit $n + 2$ faces. Il a n sommets sur le premier polygone et n sur le second, soit en tout $2n$ sommets. Il a n arêtes sur le premier polygone et n sur le second, n arêtes rejoignant un sommet du premier polygone et le sommet correspondant du second, soit en tout $3n$ arêtes. Si on nomme F le nombre de faces, S le nombre de sommets, A le nombre d'arêtes, on constate sur cet exemple que : $S + F - A = 2$.

Un dodécaèdre particulier (12 faces)

On considère un dodécaèdre (12 faces) particulier, dont toutes les faces sont des pentagones réguliers et dont chaque sommet est commun à trois arêtes. (voir paragraphe suivant pour un nom donné à ce dodécaèdre particulier)

On a déjà $F = 12$. Chaque face pentagonale est bordée par 5 arêtes. En faisant le total, on a 5 × 12 arêtes, mais en faisant ce calcul on les a comptées deux fois chacune puisque chaque arête est commune à deux faces. D'où : $A = \dfrac{5 \times 12}{2} = 30$.

Pour les sommets, il y a 5 × 12 sommets comptés trois fois chacun, d'où :

$S = \dfrac{5 \times 12}{3} = 20$. On retrouve que $S + F - A = 20 + 12 - 30 = 2$.

En fait, la relation $S + F - A = 2$ vérifiée sur ces deux exemples se généralise aux polyèdres convexes (non démontré ici).

··· POUR ALLER PLUS LOIN ···

Relation d'Euler-Poincaré

Pour tout **polyèdre convexe**, on a : $S + F - A = 2$, avec F le nombre de faces, S le nombre de sommets, A le nombre d'arêtes.
Cette relation est utile pour vérifier rapidement le dénombrement des faces, arêtes et sommets des polyèdres convexes.
Attention : si on trouve $S + F - A$ différent de 2, on est sûr de s'être trompé ; si on trouve $S + F - A = 2$, ou bien c'est correct, ou bien on a fait des erreurs qui se compensent (par exemple deux sommets de plus et deux arêtes de plus).

4.2 Polyèdres réguliers

Lorsqu'on essaie de classer plus finement les polyèdres, on peut s'intéresser aux types de faces, au fait que ces faces sont des polygones réguliers, sont toutes superposables ou non.

DÉFINITION

Un **polyèdre** est dit **régulier**
- si toutes ses faces sont superposables ;
- **et** si elles sont toutes des polygones réguliers ;
- **et** si en chaque sommet arrivent le même nombre d'arêtes.

! La dernière condition est indispensable. Le solide ci-dessous obtenu en accolant par leur base deux pyramides régulières à base un pentagone régulier et dont les faces sont des triangles équilatéraux vérifie bien les deux premières conditions mais pas la dernière. Le sens de « régulier » ici n'est pas le même que dans pyramide régulière.

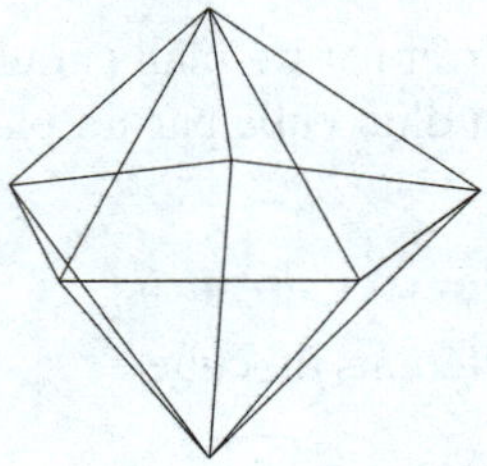

PROPRIÉTÉ

Un polyèdre régulier est inscriptible dans une sphère.

Géométrie

THÉORÈME

Il existe cinq **polyèdres réguliers** convexes appelés aussi solides de Platon :

- Le **tétraèdre régulier :** 4 faces qui sont des triangles équilatéraux ;
- Le **cube** : 6 faces carrées ;
- L'**octaèdre régulier :** 8 faces qui sont des triangles équilatéraux ;
- Le **dodécaèdre régulier :** 12 faces qui sont des pentagones réguliers ;
- L'**icosaèdre régulier :** 20 faces qui sont des triangles équilatéraux.

4.3 Pavé droit et cube

DÉFINITIONS

Le **pavé droit** ou **parallélépipède rectangle** est un prisme droit à base rectangulaire. Il a 6 faces rectangulaires, 8 sommets et 12 arêtes.

Le **cube** est un pavé droit à base carrée dont les faces latérales sont aussi carrées. Il a 6 faces carrées.

Pour ces deux solides, les faces adjacentes sont perpendiculaires deux à deux.

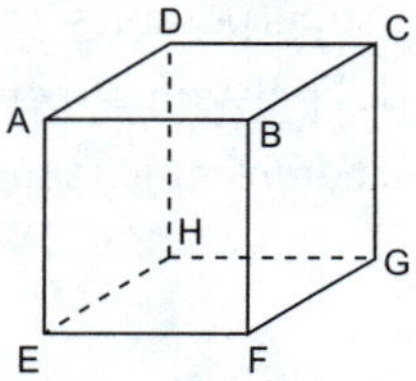

Le cube ou le cube tronqué sont l'objet de nombreux exercices du CRPE.

Sections

La section d'un pavé droit par un plan parallèle à une face est ou bien vide ou bien un rectangle, la section d'un cube par un plan parallèle à une face est ou bien vide ou bien un carré.

Patrons du cube et du pavé droit

Il existe 11 patrons différents du cube.

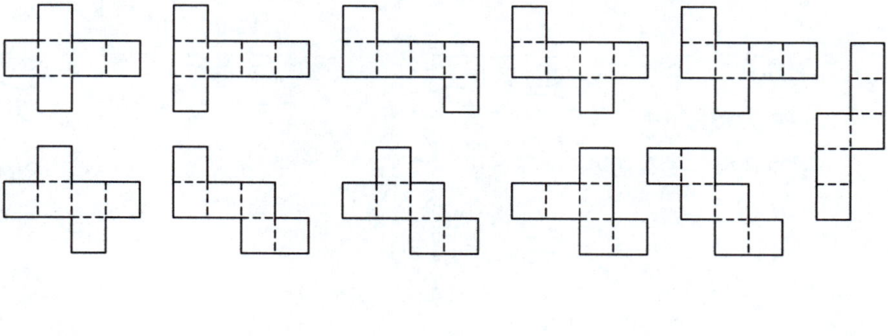

4.4 Autres exemples de polyèdres

	Faces	Arêtes	Sommets	
Prisme à base hexagonale	2 hexagones 6 rectangles	18	12	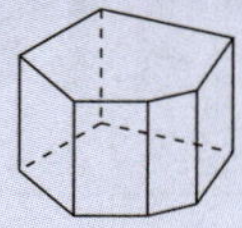
Pyramide à base hexagonale	1 hexagone 6 triangles	12	7	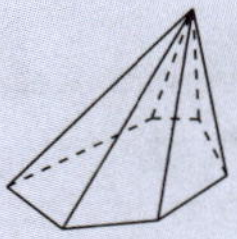
Bipyramide triangulaire (2 pyramides à base triangulaire réunies par leur base)	6 triangles	9	5	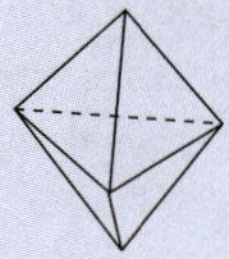
Bipyramide pentagonale	10 triangles	15	7	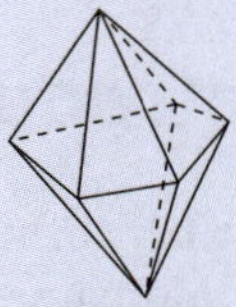
Antiprisme à base hexagonale (par rapport à un prisme, on effectue une rotation d'un hexagone de base par rapport à l'autre, les faces latérales sont des triangles)	2 hexagones 12 triangles	24	12	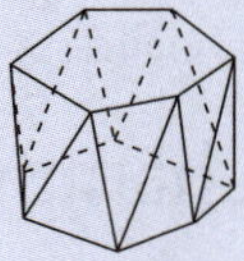
Cuboctaèdre (cube tronqué en chacun de ses sommets d'une même pyramide ; les arêtes du cuboctaèdre ont comme extrémités les milieux des arêtes d'un cube)	6 carrés 8 triangles	24	12	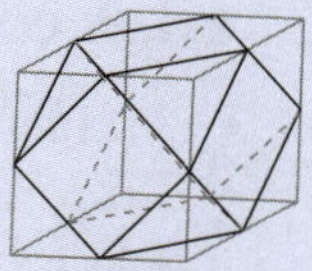 En trait fin l'ossature du cube initial

Géométrie

19 Espace et géométrie à l'école : généralités

Cours et méthodes

1 Introduction

Les formes géométriques (figures planes, solides) se trouvent dans de nombreux domaines : architecture, œuvres d'art, éléments naturels, objets d'usage courant… Ces mises en relation permettent peu à peu de dégager le caractère universel des objets géométriques par rapport à leurs diverses réalisations naturelles ou artificielles.

1.1 Champs de connaissance

René Berthelot et Marie-Hélène Salin ont identifié deux champs de connaissances[1] :

a. Les connaissances spatiales

- Elles mettent en interaction le sujet et l'espace sensible ;
- Elles permettent de contrôler les rapports à l'espace environnant, de (se) repérer, de (se) déplacer, de dessiner, transformer, fabriquer des objets, de mémoriser et de communiquer – à propos d'actions ou de constats – des informations liées à une position, à un déplacement, au dessin ou à la construction d'un objet, etc. ; le langage et les représentations spatiales permettent de communiquer des informations qui se substituent à la perception ;
- Elles portent aussi sur des objets d'autres champs disciplinaires (EPS, géographie, arts visuels, technologie…) ;
- L'enfant dispose de connaissances spatiales avant même que l'on se propose de lui apprendre des connaissances géométriques ;
- Leur finalité essentiellement pratique repose sur leur nécessité (parfois vitale) dans la vie quotidienne ;

1. Pour aller plus loin, voir SALIN Marie-Hélène et BERTHELOT René. « L'enseignement de la géométrie à l'école primaire ». *Grand N*, n° 53. Grenoble : IREM de Grenoble 1993, p. 39-56 [www-irem.ujf-grenoble.fr/revues/revue_n/fic/53/53n5.pdf] et SALIN Marie-Hélène et BERTHELOT René. « L'enseignement de l'espace à l'école primaire ». *Grand N*, n° 65. Grenoble : IREM de Grenoble 1999, p. 37-59 [www-irem.ujf-grenoble.fr/revues/revue_n/fic/65/65n4.pdf].

- Les espaces évoqués ou représentés sans lien avec l'espace réel ne suffisent pas pour construire efficacement ces connaissances ;
- Leur validité est établie empiriquement par comparaison entre le résultat attendu et le résultat obtenu des actions.

b. Les connaissances géométriques

- Elles mettent en interaction le sujet avec un espace conceptualisé (mathématique) ;
- Elles permettent de résoudre des problèmes de l'espace physique ou graphique ;
- Elles permettent de reconnaître, décrire, vérifier, représenter, reproduire, construire des objets de la géométrie ;
- Elles portent sur des objets géométriques (points, lignes, droites, segments, polygones, cercles, angles, surfaces, plans, polyèdres…) et des relations géométriques (appartenance, alignement, parallélisme, perpendicularité, figures isométriques…) ;
- Elles doivent être enseignées pour exister ;
- Leur finalité concerne l'espace conceptualisé (les dessins que l'on trace ne sont que des représentants des objets sur lesquels on raisonne) ;
- Leur validité s'appuie sur des raisonnements qui obéissent aux règles du débat mathématique.

Les deux champs utilisent parfois les mêmes mots mais avec des sens différents ; dans la vie quotidienne, un carré n'est pas un rectangle alors qu'« un carré est un rectangle » constitue une connaissance géométrique qui fait l'objet d'un enseignement.

Les deux champs de connaissances sont interdépendants. La maîtrise de l'espace facilite la mise en œuvre de connaissances géométriques utiles pour résoudre un problème de géométrie et la maîtrise de l'espace est facilitée si l'on dispose des connaissances géométriques qui s'appliquent au problème que l'on a à résoudre.

1.2 Temps dans l'appréhension des objets

Selon Roland Charnay[1], « on peut schématiquement décrire trois temps dans l'appréhension des objets géométriques par les élèves :

- le temps de la « **géométrie perceptive** » : un objet est carré, parce que, globalement, je le reconnais comme tel. Il s'agit d'une reconnaissance globale ou repérage perceptif des propriétés du carré… ;
- le temps de la « **géométrie instrumentée** » : un objet est carré parce que, à l'aide d'instruments adaptés (compas, équerre, règle…), je peux en vérifier certaines propriétés… ;
- le temps de la « **géométrie mathématisée** » : un objet est carré parce que, en fonction d'informations initiales données ou d'informations déduites, je peux en énoncer certaines propriétés...

L'articulation école-collège est au cœur du passage entre le second et le troisième temps, qui pourrait être aussi caractérisé par le passage du dessin à la figure.».

L'enseignant peut jouer sur certains paramètres (variables didactiques) ou certains leviers pour faire « passer » les élèves d'une géométrie à l'autre. Par exemple, il peut proposer des figures pour lesquelles la perception ne permet pas d'identifier leurs propriétés (un rectangle « presque » carré, un parallélogramme « presque »

1. CHARNAY Roland. « De l'école au collège. Les élèves et les mathématiques ». *Grand N*, n° 62. Grenoble : IREM de Grenoble 1997, p. 35-47 [www-irem.ujf-grenoble.fr/spip/squelettes/fic_N.php?num=62&rang=4].

rectangle, etc.) pour passer de la géométrie perceptive à la géométrie instrumentée ou utiliser des figures faites à main levée ou des figures qui ne respectent pas les vraies grandeurs pour que l'usage des instruments devienne inopérant et passe ainsi d'une géométrie instrumentée à une géométrie mathématisée.

1.3 Types d'espaces

Les travaux de Brousseau[1], de Berthelot et Salin (1993 et 1998) distinguent plusieurs types d'espace :

- le **micro-espace** : l'observateur est extérieur à cet espace qui est constitué d'objets que l'on peut déplacer, manipuler, dont on peut percevoir plusieurs vues, c'est-à-dire en avoir une approche et un contrôle sensori-moteurs ;
- le **méso-espace** : l'observateur fait partie de cet espace ; il ne peut pas en avoir un point de vue dominant ; c'est l'espace des déplacements de l'observateur dans un domaine contrôlé par la vue ;
- le **macro-espace** : l'observateur a accès à cet espace par des vues partielles ou par des représentations dont il lui faudra connaître les conventions pour pouvoir les lire. La vision globale (obtenue par recollement de vues partielles) et le contrôle de cet espace sont forcément intellectuels.

À l'école, on travaillera dans le méso-espace, le micro-espace de l'élève, en essayant de construire des allers et retours entre les deux espaces, mais aussi dans le macro-espace (prévision d'un chemin entre deux lieux éloignés par lecture de carte, puis chemin effectué). Le passage du méso-espace au micro-espace se fera souvent par le biais de modélisations du réel, de représentations ; le travail sur les représentations (construction et lecture) est indispensable pour accéder au macro-espace.

Exemples

- En maternelle, pour favoriser les allers-retours entre micro et meso-espace, on pourra faire construire la maquette (micro-espace) d'un parcours réalisé effectivement par les élèves en salle de motricité (meso-espace) ; et réciproquement faire réaliser en salle de motricité un parcours à partir d'une maquette. Le programme 2015[2] de l'école maternelle mentionne « l'utilisation et la production de représentations diverses (photos, maquettes, dessins, plans...) » et la nécessité de mises en relations, celles-ci étant étudiées plus précisément au cycle 2.
- Dans une séquence sur l'alignement, un professeur propose un travail d'abord sur une feuille de papier (micro-espace), puis dans la cour (méso-espace). Il s'agit de prévoir l'emplacement de plots dans la cour pour tracer un chemin direct entre un point de départ et une cible, la prévision se faisant sur le plan de la feuille de papier, avant le travail dans la cour. Sur la feuille de papier, les moyens de validation sont la règle ou tout objet à bords rectilignes. Les élèves doivent proposer des moyens de validation dans la cour, les propositions peuvent être d'effectuer des visées (avec une boîte en carton percée d'un trou), de tendre une corde, etc.[3]

1. BROUSSEAU Guy. « Les propriétés didactiques de la géométrie élémentaire. L'étude de l'espace et de la géométrie. » Actes du deuxième colloque de Didactique des Mathématiques. Rethymnon : Université de Crète 2001, p. 67-83 [guy-brousseau.com/155/les-proprietes-didactiques-de-lageometrie-elementaire/].
2. BO spécial n° 2 du 26/03/2015.
3. Pour aller plus loin : DUVAL Alain. « Droite et alignement, "Le biglotron" ». *Grand N*, n° 54. Grenoble : IREM de Grenoble 1994, p. 51-69 [www-irem.ujf-grenoble.fr/spip/squelettes/fic_N.php?num=54&rang=6].

Les activités du domaine géométrique ne visent pas des connaissances formelles[1] (définitions), mais des connaissances fonctionnelles, c'est-à-dire utiles pour résoudre des problèmes (comparaison, reproduction, construction, description...).

1.4 Rôles de la manipulation

Dans les programmes 2018, dans le thème « espace et géométrie », il est indiqué : « *Les compétences et connaissances attendues en fin de cycle se construisent à partir de manipulations et de problèmes concrets, qui s'enrichissent tout au long du cycle en jouant sur les outils et les supports à disposition.* »

D'après M. Fenichel, N. Pfaff, et M. Pauvert[2], la manipulation a une place importante en mathématiques, mais elle n'est pas une fin en soi ; dans certains cas, si les élèves disposent du matériel pour déterminer la solution du problème, ils n'ont pas besoin de réfléchir avant de manipuler, et dans ce cas, leur travail est alors une simple tâche de constat.

Le travail mathématique s'exerce souvent à partir de questions posées sur des objets ou sur des expériences. Le matériel présent dans la classe doit donc être riche, varié et mis à disposition des élèves.

La manipulation a deux rôles principaux : un rôle de déclencheur de réflexion et un rôle de validation d'une réflexion. Si l'enseignant propose aux élèves des problèmes en leur donnant du matériel, c'est qu'il vise la construction de concepts géométriques par la médiation du matériel. En revanche, si les élèves doivent proposer une réponse avant de manipuler, une réflexion est nécessaire, le travail est une tâche d'anticipation. Le matériel sert alors à vérifier la validité ou non de leurs propositions.

Les activités de type « papier-crayon » en géométrie, pour être efficaces, peuvent être articulées à des actions vécues.

Exemples

Après avoir réalisé des alignements de plots dans la cour (méso-espace) par la technique de la visée ou grâce à l'utilisation d'une ficelle tendue les élèves peuvent être amenés à transcrire la situation vécue sur une feuille puis construire et vérifier l'alignement de points en utilisant la règle.

De la même manière, la recherche d'un trésor dans la cour à partir d'informations relatives aux distances séparant ce trésor de deux plots repérés, peut donner lieu ensuite à l'utilisation du compas comme outil expert de résolution de ce même problème modélisé sur une feuille.

REMARQUE

Cette présentation ne doit pas laisser croire que l'articulation des deux espaces (méso et micro espaces) est systématiquement initiée par une activité dans le méso-espace, en témoigne l'exemple vu précédemment sur le même thème de l'alignement dans le paragraphe **1.3**.

1. « ... un écueil nous semble devoir être évité, c'est celui d'une géométrie réduite à l'apprentissage d'un vocabulaire et de quelques concepts trop formels, qui ne serait là qu'à titre culturel et symbolique, que pour marquer la place future d'un enseignement tenu pour important. Le risque serait alors de passer beaucoup de temps pour acquérir des connaissances dont l'utilité pratique ne serait pas évidente et dont il n'est même pas sûr qu'elles seraient réutilisées au collège. » KAHANE Jean-Pierre (dir.) *et al.* CREM, *L'Enseignement des sciences mathématiques. Rapport au ministre de l'Éducation nationale.* Paris : Odile Jacob - CNDP 2002.

2. FÉNICHEL Muriel, PAUVERT Marcelle et PFAFF Nathalie. *Donner du sens aux mathématiques. Tome 1. Espace et géométrie.* Paris : Bordas Pédagogique 2004, p. 21-22.

2 L'espace à l'école

Les connaissances spatiales sont mobilisées dans l'espace sensible ou représenté, en trois dimensions (espace environnant, maquettes...), en deux dimensions (marelles, quadrillages, tableaux, coordonnées, graphiques...) ou une dimension (pistes, listes, axes...). On les retrouve dans les trois types d'espace (micro, méso et macro espace) tant pour les positions que pour les déplacements (parcours, trajets...). Dès la maternelle, de nombreuses situations fonctionnelles liées à la vie de la classe sont des moments privilégiés pour l'apprentissage des connaissances spatiales.

2.1 Progressivité des apprentissages

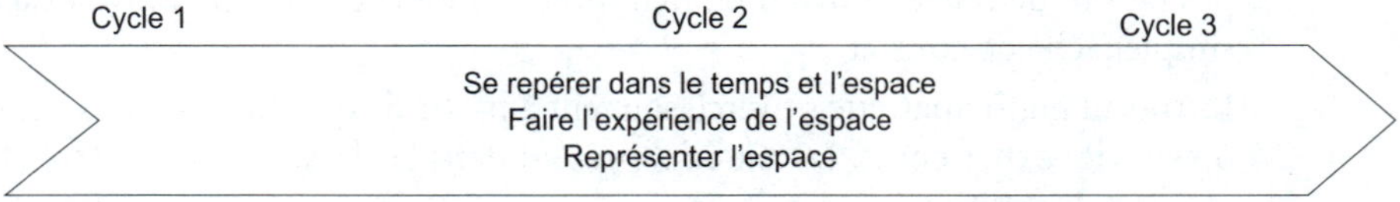

Attendus en fin d'école maternelle

- *Situer des objets par rapport à soi, entre eux, par rapport à des objets repères.*
- *Se situer par rapport à d'autres, par rapport à des objets repères.*
- *Dans un environnement bien connu, réaliser un trajet, un parcours à partir de sa représentation (dessin ou codage).*
- *Orienter et utiliser correctement une feuille de papier, un livre ou un autre support d'écrit, en fonction de consignes, d'un but ou d'un projet précis.*
- *Utiliser des marqueurs spatiaux adaptés (devant, derrière, droite, gauche, dessus, dessous...) dans des récits, descriptions ou explications.*

Attendus de fin de cycle 2

- *(Se) repérer et (se) déplacer en utilisant des repères et des représentations.*

Attendus de fin de cycle 3

- *« En une, deux ou trois dimensions, repérer des déplacements d'objets, élaborer des représentations dans des espaces réels, matérialisés (plans, cartes...) ou numériques. »*

À l'école maternelle, l'enfant découvre le monde proche ; il apprend à prélever et à utiliser des **repères spatiaux** : devant, derrière, dessus, dessous, droite, gauche ; il distingue sa gauche de sa droite en fin de maternelle, sans que cela soit stabilisé pour tous les élèves ; de nombreux apprentissages dans le domaine de la spatialisation devront être poursuivis à l'école élémentaire : à gauche de, à droite de.. (CP), constater que la main droite d'une personne en face de soi est vue sur la gauche de l'observateur etc. Ce travail en cycle 2 est mené en relation avec le domaine « Questionner le monde », dans le thème « se repérer dans l'espace et le représenter ». Il sera aussi à relier au travail sur le codage, en particulier « *programmer les déplacements d'un robot ou d'un personnage sur un écran* ».

2.2 Types de tâches

- Observer ;
- Reconnaître ; voir détails paragraphe 3 ;
- Comparer ; voir détails paragraphe 3 ;
- (Se) placer ; les instructions seront données sous forme orale, parfois sous forme de codage une fois que celui-ci aura été travaillé ;
- (Se) situer : dans le programme de cycle 2 est indiqué :« *situer des objets ou des personnes les uns par rapport aux autres ou par rapport à d'autres repères*[1] » ; par exemple, la poupée a son panier placé à sa gauche ;
- (Se) repérer ; par exemple indiquer qu'un objet est dans la deuxième case, « en haut du tableau », puis progressivement en cycle 2 voir la nécessité d'un codage commun pour repérer les cases ;
- (S') orienter ; par exemple, lire un plan simple d'un village, d'un quartier et tourner au bout de la rue à gauche ;
- Guider ; par exemple, indiquer qu'au bout du couloir on tourne à gauche pour aller vers la salle de motricité ;
- (Se) déplacer : en cycle 1 : « *Dans un environnement bien connu, réaliser un trajet, un parcours à partir de sa représentation (dessin ou codage)* » ; en cycle 2[2], « *réaliser des déplacements dans l'espace et les coder pour qu'un autre élève puisse les reproduire* » ;
- Changer de point de vue, se décentrer ; voir détails paragraphe 3 ;
- Construire et utiliser des représentations planes de l'espace (plans, schémas en perspective…) : voir détails paragraphe 3.

2.3 Le vocabulaire de la spatialité[3]

Ce vocabulaire intègre les repères construits à partir de notre schéma corporel et se constitue par couples de mots antagonistes. Il se travaille dans des situations d'actions qui nécessitent une formulation (besoin de communication, mémorisation, retour sur l'action…). Il s'introduit souvent sous forme d'oppositions : ouvert/fermé, à l'intérieur/à l'extérieur, dans/hors de, dedans/dehors, entre, au milieu de, au centre de, parmi, contre, vertical/horizontal, debout/couché, sur/sous, dessus/dessous, en haut/en bas, en avant de/en arrière de, à droite de/à gauche de, avant/après, en face de, sur le côté de, devant/derrière, face à face/dos à dos, près de/loin de, à côté de, plus loin que/plus près que, plus haut que/plus bas que, etc.

L'utilisation du vocabulaire de l'espace orienté s'appuie sur l'intervention implicite d'un référent qui peut être celui qui parle, celui à qui l'on s'adresse, ou bien un objet orienté. Exemple : « Le ballon est devant le tabouret. » (qui n'est pas orienté) signifie « Le ballon est entre celui qui parle et le tabouret. » car le « devant » est le « devant » de celui qui parle. « Le ballon est devant la chaise » peut signifier qu'il est sur le devant de la chaise qui est un objet orienté, si la chaise tourne le dos à celui qui parle, en prenant comme référent le locuteur on pourrait aussi dire : « Le ballon est derrière la chaise. » car la chaise masque le ballon à celui qui parle.

1. BO spécial n° 30 du 26/07/2018.
2. idem.
3. D'après PIERRARD Alain. *Faire des mathématiques à l'école maternelle.* Grenoble : CRDP de Grenoble 2011, p.55.

2.4 Variables didactiques

- Type d'espace;
- Distance à l'observateur;
- Orientation par rapport à l'observateur;
- Distances relatives;
- Orientation des objets manipulés;
- Orientations relatives;
- Complexité du contexte...

2.5 Des exemples de situations[1]

- Retrouver un objet caché à partir d'indications spatiales verbales ou écrites;
- Construire et utiliser un plan ou une maquette pour communiquer un emplacement ou un déplacement;
- Identifier différents points de vue d'un même assemblage.

3 Types de tâches géométriques et spatiales

Les types de tâches ci-dessous ont été mis en évidence dans le document du ministère de l'éducation nationale « compléments aux programmes et instructions du 15 mai 1985[2] » et ont servi de référence pour les programmes ultérieurs.

3.1 Classer, comparer

Le classement va permettre de distinguer différents objets selon des critères géométriques. Il s'agit de mettre ensemble des objets possédant la même propriété géométrique. Si l'on souhaite que ce soit l'élève lui-même qui détermine un critère de classement, la consigne est difficile à formuler : « Mets ensemble les objets de la même famille. », et il faudra rapidement faire une mise en commun pour éliminer des critères non géométriques.

Les différents types de tâches sont :

- déterminer un critère de classement et effectuer le classement ;
- effectuer un classement dont le critère est donné ;
- déterminer le critère d'un classement déjà effectué ;
- déterminer un intrus, etc.

1. *Mathématiques. École primaire.* Paris : CNDP 2005, p. 66-77 [www2.cndp.fr/archivage/valid/68718/68718-10580-14939.pdf].

2. On pourra consulter la version complète à l'adresse suivante : [www.portices.fr/formation/Res/Info/Dimet/TextesEcole/1985Complements.html].

Exemples

- Un lot de polyèdres est proposé, classés suivant le nombre d'arêtes, les élèves doivent trouver ce critère (cycle 3) ;
- Le même lot de polygones est proposé à deux groupes d'élèves, on demande aux uns de classer suivant le nombre de côtés, aux autres suivant le nombre de sommets ; on constate que les deux critères donnent les mêmes familles (mathématiquement appelées classes), ce qui permet de faire émerger la propriété « le nombre de sommets d'un polygone est égal au nombre de côtés ».
- Le lecteur pourra également se référer au jeu des différences en maternelle avec comme support des cartes fabriquées avec des gommettes (chercher les différences entre deux cartes ou placer successivement une carte ayant une seule différence avec la précédente) ; ce jeu fournit un exemple intéressant d'activité de classement en faisant le lien avec la notion de situation-problème.

3.2 Reconnaître

À l'école primaire, la reconnaissance peut se faire de manière perceptive ou instrumentée (en s'appuyant sur les propriétés).

Reconnaître c'est re-connaître, c'est identifier quelque chose que l'on connaît, c'est aussi connaître à nouveau.

Cela conduit à envisager plusieurs composantes de la compétence « reconnaître une forme » :

- apparier une forme à une forme montrée ;
- trier dans un lot de formes toutes celles qui ont la même désignation que celle montrée ;
- discerner dans un lot une forme nommée ;
- nommer une forme.

Dans la suite, nous entendrons sous le mot « reconnaître » les deux types de tâches « apparier une forme à une forme montrée » et « discerner dans un lot une forme qui a été nommée ».

Exemple

L'élève de maternelle reconnaît le carré dans un lot de matériel ou dans un lot de représentations (cartes, dominos géométriques, feuilles de papier...) de façon perceptive.

3.3 Décrire

Il s'agit de fournir des renseignements géométriques, sous forme orale ou écrite, qui permettent :

- soit d'identifier un objet (le nommer),
- soit de le reconnaître parmi un ensemble d'objets,
- soit de le construire,
- soit de le représenter,
- soit d'exécuter un déplacement réel, sur un plan ou sur une carte.

Les sous-types de tâches relatifs à la description d'objets sont au nombre de trois (éventuellement combinés dans une même activité) :

- désigner, c'est-à-dire identifier une catégorie d'objets géométriques ; au cycle 2 (programme 2018), carré, rectangle, triangle (en particulier rectangle), polygone, cercle, disque ; au cycle 3 (programme 2018), on rajoutera le losange, les triangles isocèles et équilatéraux et il y aura une première approche du parallélogramme ;
- énoncer des propriétés géométriques qui informent des particularités de l'objet (par exemple : perpendicularité, parallélisme, longueur...) ;
- énoncer la suite des étapes qui permettent de construire la figure (programme de construction).

Décrire est une activité qui s'effectue oralement en maternelle, qui pourra s'effectuer par écrit au milieu du cycle 2.

Exemple

Situations de description

- Les jeux de portrait (voir une présentation détaillée dans le paragraphe « situations de référence » du chapitre « Géométrie plane à l'école ») ;
- Les situations de communication avec des tâches d'émission / réception ; chaque groupe d'élèves a un polygone, doit le décrire (avec du texte, avec des dessins ou au choix) pour qu'un groupe récepteur puisse, soit le reconnaître dans un lot de polygones, soit déterminer la désignation de ce polygone décrit, soit le construire ;
- Les descriptions sous contraintes : par exemple décrire un carré sans utiliser le mot « carré » (en cycle 3).

Programmes de construction

On se référera au chapitre « Constructions » pour la définition d'un programme de construction.

Écrire un programme de construction est une activité de description ayant comme finalité la construction. Pour apprendre aux élèves à rédiger des programmes de construction, on peut demander dans un premier temps à un élève émetteur de « dicter » une figure à l'oral à un de ses camarades, récepteur. Lorsque ce travail sera terminé, les deux élèves, émetteur et récepteur, écriront le programme de construction qui pourra éventuellement être proposé à un troisième élève. La réussite effective de la construction ne valide pas toujours le programme car l'élève décodeur peut interpréter correctement le programme, même si celui-ci n'emploie pas de vocabulaire de géométrie précis ou comporte des ambiguïtés. Réaliser, rédiger ou compléter un programme de construction peut s'envisager dans différents environnements : papier/crayon, logiciel de géométrie dynamique, d'initiation à la programmation. Le logiciel de géométrie dynamique permet, grâce à l'historique des actions réalisées, une fois la construction effectuée, de parcourir une à une les étapes de construction constituant le programme de construction.

Exemples

- Un lot de figures étant donné, on peut demander à l'élève d'associer la bonne figure à un programme de construction donné. Ou bien, le contraire, c'est-à-dire le bon programme de construction à la figure donnée.
- Une figure étant donnée, on peut proposer un programme de construction à trous et une liste de mots, il s'agira pour l'élève de le compléter convenablement.
- En utilisant un logiciel d'initiation à la programmation, on pourra donner les instructions dans le désordre et demander à l'élève de les assembler correctement pour obtenir la figure souhaitée.
- On peut proposer une figure construite par étapes, à partir de figures réalisées pas à pas. Les élèves doivent décrire l'instruction permettant d'obtenir la figure à une étape donnée, soit en langage géométrique dans un contexte papier/crayon, soit avec le langage du logiciel utilisé dans un environnement informatique.

REMARQUE

Ces différents exemples pourront concerner également le travail de description des solides.

3.4 Reproduire

Il s'agit de réaliser une copie d'un objet sur certains supports (pâte à modeler, papier blanc, papier quadrillé ou papier pointé…), avec certains instruments (calque, ciseaux, règle, équerre, compas, gabarits…). On peut reproduire à l'identique (isométrie) mais aussi agrandir ou réduire. On peut reproduire à partir d'un modèle avec ou sans éléments déjà tracés (dans le cas d'éléments déjà tracés, on parle de restauration). L'élève peut valider son travail en comparant la reproduction au modèle. Dans le cas d'un agrandissement-réduction, la validation peut se faire à partir d'un calque préparé par le professeur, l'invalidation peut se faire parce que certaines propriétés de la figure initiale ne se retrouvent pas sur la figure finale ; par exemple si la figure est composée de plusieurs sous-figures « s'emboîtant » pour former un puzzle, les pièces finales doivent « s'emboîter » comme les pièces initiales.

3.5 Construire

L'objet à construire n'est pas présent, sinon il s'agit d'une tâche de reproduction.

Il s'agit de le produire à partir d'une description, d'un programme de construction, d'une représentation schématisée ou d'un dessin à main levée. On peut construire avec de la pâte à modeler, par assemblage de pièces préconstruites (cubes, matériel de géométrie…), sur papier uni, papier quadrillé, papier pointé, sur les planches à clous (appelées géoplan), avec des pailles, etc. Voir chapitre « Géométrie plane à l'école » et « Géométrie des solides à l'école ».

3.6 Représenter

Il s'agit d'évoquer un objet ou un déplacement par des procédés conventionnels ou non (schéma à main levée, codé ou non), cela permet de le garder en mémoire pour pouvoir le reconstruire ou résoudre un problème en son absence. Cela va aussi permettre de lire des représentations conventionnelles ou non.

Le programme de maternelle 2015[1] indique :

« *Par l'utilisation et la production de représentations diverses (photos, maquettes, dessins, plans...) et également par les échanges langagiers avec leurs camarades et les adultes, les enfants apprennent à restituer leurs déplacements et à en effectuer à partir de consignes orales comprises et mémorisées. Ils établissent alors les relations entre leurs déplacements et les représentations de ceux-ci. Le passage aux représentations planes par le biais du dessin les amène à commencer à mettre intuitivement en relation des perceptions en trois dimensions et des codages en deux dimensions faisant appel à certaines formes géométriques (rectangles, carrés, triangles, cercles). Ces mises en relations seront plus précisément étudiées à l'école élémentaire, mais elles peuvent déjà être utilisées pour coder des déplacements ou des représentations spatiales. De plus, les dessins, comme les textes présentés sur des pages ou les productions graphiques, initient les enfants à se repérer et à s'orienter dans un espace à deux dimensions, celui de la page mais aussi celui des cahiers et des livres.* »

3.7 Changer de points de vue

Changer de points de vue et se décentrer sont nécessaires à la compréhension de l'espace environnant, à la lecture de plan et de photos.

Exemples

En petite section de maternelle[2]

Une corde est déroulée sur le sol figurant un chemin arrondi dont les deux extrémités sont assez proches l'une de l'autre. Sur le bord du chemin sont déposés deux groupes de petits objets (cubes et jetons), à une de ses extrémités un panier. En parcourant le chemin d'une extrémité à l'autre, il faut ramener le plus possible d'objets. L'activité a pour but de rendre les enfants conscients du fait que parcourir un même chemin dans un sens peut ne pas être équivalent à le parcourir dans l'autre sens. En l'occurrence ici, les élèves vont découvrir que pour être sûr de rapporter le maximum d'objets il est nécessaire de parcourir le chemin en démarrant par l'extrémité où se situe le panier. Cette situation permet au maître d'orienter le chemin et de poser des conventions qui vont devenir une référence pour tous pour orienter d'autres lignes ou listes.

En fin de maternelle, début de cycle 2[3]

Un alignement de tours est réalisé avec des empilements de gros cubes, ainsi avec un gros cube on réalise une tour à un étage, avec deux gros cubes une tour à deux étages et ainsi de suite. Les élèves vont se rendre compte que les tours vues lorsqu'on se place à une

...›

1. BO spécial n°2 du 26/03/2015.
2. D'après une proposition en formation de C. Maurin, IUFM Aix-Marseille (COPIRELEM, Cahiers du formateur, tome 6, séminaire de Pau novembre 2002, ARPEME).
3. Pour un descriptif complet, voir VALENTIN Dominique. *Découvrir les mathématiques. Grande section*. Paris : Hatier 2015.

Exemple (suite)

extrémité de l'alignement ne sont pas les mêmes que celles vues de l'autre extrémité, les tours les plus hautes pouvant cacher d'autres tours. Un travail de codage et décodage en indiquant le nombre d'étages des tours et le nombre total de tours vues à chaque extrémité est ensuite mené. Sur l'exemple ci-dessous, chaque case indique la position d'une tour et le nombre indiqué dans la case le nombre d'étages qu'elle possède. On donne comme information qu'en se plaçant dans l'alignement du côté de la case 1, on voit trois tours et du côté de la case 2, on voit deux tours. Il s'agit de déterminer le nombre d'étages des deux tours centrales ; (cette situation admet plusieurs solutions).

1	**4**			**5**	**2**

En cycle 3[1]

La tâche consiste à mettre en correspondance différentes représentations d'un dispositif d'objets (solides en bois tels que cône, pavé droit, cube et cylindre de révolution disposés sur un plateau), les représentations étant des photos prises latéralement, des dessins d'élèves et un plan. En particulier, l'élève devra déterminer la position de l'observateur qui a pris la photo.

On trouvera dans le paragraphe 2.2 une liste de types de tâches relatives aux compétences spatiales.

D'autres types de tâches spécifiques à la géométrie dans l'espace sont décrits dans le chapitre « Géométrie des solides à l'école » dans le paragraphe concernant l'espace.

4 Difficultés, erreurs

Orientation prototypique des figures : au cycle 2, lorsque la reconnaissance se fait dans le cadre d'activités sur feuille ou fichier, les carrés peuvent être positionnés en position dite « prototypique », c'est-à-dire avec les côtés parallèles au bord de la feuille. Les élèves peuvent alors éprouver des difficultés à reconnaître le carré dans une autre position, comme par exemple celle ci-contre où les diagonales sont parallèles aux bords de la feuille.

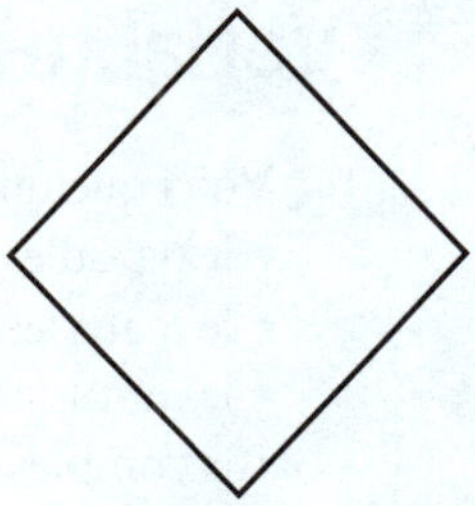

Cas particuliers de figures : certains élèves peuvent ne pas reconnaître un rectangle dont le rapport longueur/largeur est très grand (rectangle « allongé ») ou certains triangles particuliers.

1. D'après CHARNAY Roland, DOUAIRE Jacques *et al. Apprentissages géométriques et résolutions de problèmes au cycle 3*. Paris : Hatier 2006.

La reconnaissance du triangle peut poser problème en maternelle, début de cycle 2 car pour le reconnaître il faut avoir construit ses invariants, c'est-à-dire trois côtés ou trois sommets, ceci indépendamment du type de triangle, de sa position dans la feuille.

Les élèves ont parfois des difficultés à décomposer des **figures complexes** en sous-figures plus élémentaires.

La **manipulation des instruments** peut être maladroite voire incorrecte.

Le **vocabulaire** de la consigne ou employé par l'élève n'est pas toujours maîtrisé. Souvent le vocabulaire est utilisé trop tôt, la notion mathématique correspondante étant insuffisamment construite.

Les **signes graphiques** sont souvent introduits trop tôt et insuffisamment explicités. Comment coder un point : avec une croix ? un gros point ? une intersection de deux traits ? Pourquoi donner un nom à un objet géométrique ? Où doit-on placer la lettre qui le nomme ? Que signifient les icônes (//, ⊥ ...) ? Pour la plupart d'entre eux, ils entretiennent un rapport de ressemblance avec cela même qu'ils désignent (les propriétés qu'ils codent), mais leur utilisation reste très abstraite alors que le concept sous-jacent est encore en construction. Introduits trop tôt, ils restent étroitement associés aux seuls cas concrets dans lesquels ils sont apparus alors que leur utilisation vise au contraire à désigner des propriétés en général.

L'élève peut aussi rencontrer des difficultés liées à la prise en compte de plusieurs **contraintes simultanées** (matériel, instruments, mesures, propriétés des objets…) ou dans la **planification des actions** qui nécessite de sa part une anticipation.

Pour reproduire (respectivement construire), de nombreux choix sont à effectuer, ce qui est source de difficultés pour les élèves : le choix du démarrage puis de l'ordre de reproduction (respectivement construction). Pour la reproduction, il y a aussi nécessité de prise d'informations pour analyser la figure (compléter la figure avec des points, des droites auxiliaires, déterminer le centre d'un cercle, etc., voir comment les faces s'agencent dans un polyèdre). Pour construire, il faut décoder les informations (textes écrits, représentation codée ou non), en déduire d'autres propriétés utiles.

5 Variables didactiques

Voici quelques variables didactiques classiques en géométrie :

- le type d'espace : micro, méso, macro-espace ;
- le matériel, en particulier les instruments disponibles ;
- les outils mobilisables : instruments et techniques ;
- la complexité des objets (figures, solides…) ;
- l'orientation des objets ;
- les distances relatives entre objets.

Nous donnons ci-après deux exemples de choix de valeurs de variables didactiques relatifs à des types de tâches spécifiques, d'autres exemples sont donnés dans les chapitres « Géométrie plane à l'école » et « Géométrie des solides à l'école » ; d'autres variables peuvent être mises en évidence, celles données ci-dessus étant très générales.

Exemples

Exemple 1

Le type de tâches est « déterminer un alignement de points ». Divers choix des valeurs des variables sont possibles et vont avoir une influence sur les procédures possibles.

- Le type d'espace : micro, méso, macro-espace ; si l'on choisit comme valeur de la variable le méso-espace (travail dans la cour de récréation avec des plots, voir descriptif dans l'exemple du paragraphe 1 en début de ce chapitre), les procédures pour déterminer un alignement de plots vont faire appel à la visée (ligne droite « imaginaire »), à la mise en tension d'une ficelle entre les deux points les plus éloignés (ligne droite matérialisée par la corde) ; si l'on choisit comme valeur de la variable le micro-espace, la procédure avec une ficelle est encore possible, mais vont apparaître de nouvelles procédures par tracé à la règle. On voit que les procédures possibles sont fortement liées aussi au matériel disponible, qui est la variable suivante ;
- le matériel disponible : appareil permettant une visée (appareil photo avec viseur, plaque cartonnée avec trou de la taille d'un œil), ficelle de longueur supérieure ou non à la distance entre les deux points extrémités, roue de vélo, règle non graduée ;
- la complexité des objets (figures, solides...) ; cette variable n'intervient pas pour ce type de tâches puisque les objets sont des points, cependant il faudra parfois d'abord modéliser les objets réels par des points dans le cadre d'un travail avec des objets matériels comme les plots ;
- l'orientation des objets ; là aussi cette variable n'intervient pas vraiment sauf éventuellement si l'on travaille dans le méso-espace ; par exemple dans une chorégraphie pour le spectacle de fin d'année, si l'on demande d'aligner des personnes, celles-ci étant soit l'une derrière l'autre, soit de profil, les techniques d'alignement peuvent ne pas être les mêmes ;
- les distances relatives entre objets : sur une feuille, si les points sont plus éloignés que la longueur de la règle disponible, la mise en place d'une technique de prolongement du segment déjà tracé sera nécessaire ; cette technique peut être difficile à mettre en œuvre pour les élèves, car il peut y avoir un décalage angulaire entre le premier segment et le segment le prolongeant :

- présence ou non de segments déjà tracés, par exemple pour reproduire la figure 1 ci-dessous il est nécessaire de déterminer l'alignement des points en prolongeant le segment [AB] alors que pour la figure 2 l'alignement est déterminé tout de suite car les points appartiennent à une même droite.

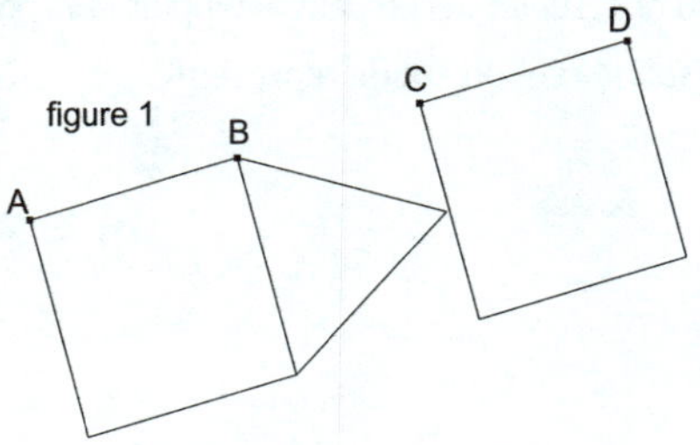

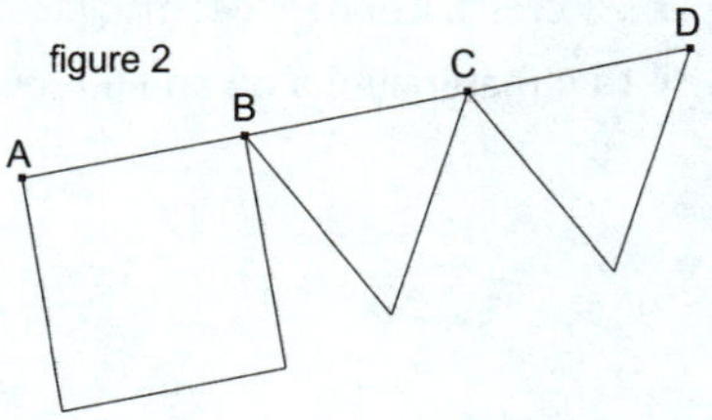

Exemples (suite)

Exemple 2

Le type de tâches est « reconnaître un solide » :

- Le type d'espace : micro, méso, macro-espace ; si l'on choisit comme valeur le méso-espace (par exemple reconnaître si l'objet de décoration urbaine dans une rue est un cube, photo ci-dessous), la reconnaissance se fera de façon visuelle ou alors nécessitera des mesures peut-être difficiles à obtenir.

Si l'on choisit le micro-espace, la technique par vérification des mesures ou avec des gabarits de formes pour les faces, dénombrement d'arêtes, sommets est possible :

- Le matériel disponible : ficelle, règle, équerre, gabarits de formes géométriques, solides de référence, etc. ;
- La complexité du solide : solide de référence ou composé à partir de solides de référence ;
- L'orientation du solide : en position prototypique ou non ; par exemple le cube sur la photo n'est pas en position prototypique ;
- L'accessibilité du solide : manipulable ou non, sur lequel on peut avoir plusieurs points de vue ;
- La « matérialité » ou non du solide : solide réel ou solide représenté.

20 Géométrie plane à l'école

Cours et méthodes

1 Progressivité des apprentissages

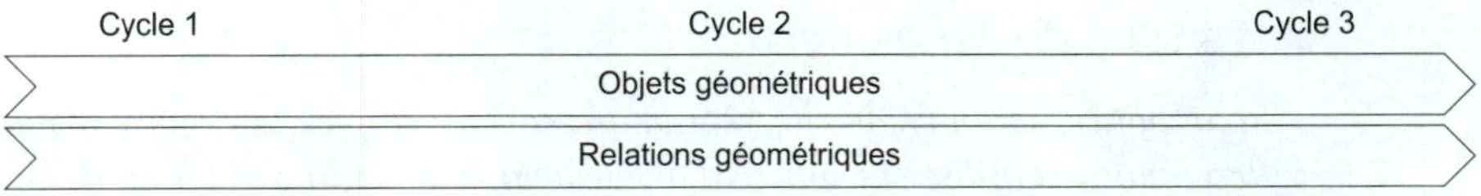

Le programme de maternelle 2015 (BO spécial n°2 du 26/03/2015) indique qu'en fin de maternelle, les attendus sont : « *Classer des objets en fonction de caractéristiques liées à leur forme. Savoir nommer quelques formes planes (carré, triangle, cercle ou disque, rectangle) et reconnaître quelques solides (cube, pyramide, boule, cylindre). […] L'enseignant utilise un vocabulaire précis (cube, boule, pyramide, cylindre, carré, rectangle, triangle, cercle ou disque (à préférer à « rond ») que les enfants sont entraînés ainsi à comprendre d'abord puis à utiliser à bon escient, mais la manipulation du vocabulaire mathématique n'est pas un objectif de l'école maternelle.* »

L'élève reconnaît globalement les formes par la vue et le toucher (à l'aveugle).

Pour l'exploration des formes, le langage vient en appui de l'action et la complète (jeux d'encastrement[1], d'emboîtement[2], puzzle, jeu de Kim[3], jeu de l'intrus, algorithmes…) et différents matériaux sont utilisés (pâte à modeler, pailles...).

Au **cycle 1**, « *les enfants commencent à appréhender la notion d'alignement qu'ils peuvent aussi expérimenter dans les séances d'activités physiques* ».

Au **cycle 2**[4], « *les propriétés géométriques sont engagées progressivement dans la reproduction et la description de figures (alignement, report de longueur sur une droite et*

1. Encastrer : insérer exactement dans une entaille ou un évidement ; exemple : les jeux en forme de panier ou boîte dont la surface est percée de « trous » dans lesquels faire passer des objets, souvent avec la règle « l'objet passe 'juste' dans le trou ».
2. Emboîter : faire entrer une pièce dans une autre afin de les assembler, de les ajuster ; exemple : les boîtes gigognes s'emboîtent les unes dans les autres.
3. Le jeu de Kim consiste à faire observer un lot d'« objets » (formes géométriques, objets matériels, mais aussi nombres, etc.), à les cacher, à effectuer une modification sur le lot (rajout ou retrait d'un objet, déplacement spatial) et à faire déterminer la modification.
4. Les extraits sont soit issus du texte du programme du B.O. n° 30 du 26/07/2018, soit des repères de progression du B.O. n° 22 du 29/05/2019.

Géométrie

égalités de longueur en début de cycle, puis angle droit en milieu de cycle). » Au CE1 « *Les élèves construisent des cercles sans contraintes, avec un instrument tel qu'une ficelle ou un compas.* » Au CE2, « *Les élèves construisent des cercles à partir du centre et du rayon, à partir du centre et du diamètre.* »

Les angles en cycle 2 sont dans le thème « géométrie » (seul l'angle droit est mentionné), en cycle 3 dans celui « grandeurs et mesures ».

Au **cycle 3**, « *les situations faisant appel à différents types de tâches (reconnaître, nommer, comparer, vérifier, décrire, reproduire, représenter, construire) portant sur des objets géométriques, sont privilégiées afin de faire émerger des concepts géométriques (caractérisations et propriétés des objets, relations entre les objets) et de les enrichir. Un jeu sur les contraintes de la situation, sur les supports et les instruments mis à disposition des élèves, permet une évolution des procédures de traitement des problèmes et un enrichissement des connaissances.* »

Attendus de fin d'école maternelle

- *Élaborer des premiers essais de représentation plane, communicables (construction d'un code commun).*

Attendus de fin de cycle 2

- *Reconnaître, nommer, décrire, reproduire, construire quelques figures géométriques ;*
- *Reconnaître et utiliser les notions d'alignement, d'angle droit, d'égalité de longueurs, de milieu, de symétrie.*

Attendus de fin de cycle 3

- *Reconnaître, nommer, décrire, reproduire, représenter, construire des figures et solides usuels ;*
- *Reconnaître et utiliser quelques relations géométriques (notions d'alignement, d'appartenance, de perpendicularité, de parallélisme, d'égalité de longueurs, d'égalité d'angle, de distance entre deux points, de symétrie, d'agrandissement et de réduction).*

L'enseignement de la géométrie (comme dans les autres domaines) est « spiralaire » : un même objet (par exemple le rectangle, voir compléments en ligne du thème B sur le site de Dunod) est étudié tout au long de l'école avec des types de tâches différents, et donc des objectifs d'apprentissage différents.

Une même relation a plusieurs significations, ainsi un même problème peut être résolu de différentes manières : si on a introduit le parallélisme à partir de la propriété, « deux droites parallèles sont deux droites qui ont une perpendiculaire commune » alors, pour vérifier que deux droites sont parallèles, l'élève va contrôler qu'une perpendiculaire à l'une est perpendiculaire à l'autre ; en revanche si cette notion de parallélisme a été abordée à partir des côtés opposés d'un parallélogramme (ou d'un rectangle), l'élève va rechercher s'il est possible de construire des parallélogrammes dont les côtés sont portés par ces deux droites.

2 Les outils, matériels et vocabulaire

2.1 Les outils et matériels

- Des **formes géométriques** en plastique, en carton (pour compléter celles de lot de matériel acheté ou présent dans la classe) ;
- Le **géoplan** (planche à clous disposés sur les sommets d'un quadrillage à maille rectangulaire, carrée, triangulaire utilisée avec des élastiques pour former des figures) ;
- Les **gabarits** (c'est-à-dire morceaux de papier, carton, papier calque ou plastique) découpés par superposition avec la figure, l'angle considéré ; les pochoirs (on en trouve dans le commerce, dans certains manuels) ; les bandes de papier rectangulaires (nommées parfois règle « informable »), c'est-à-dire règle sur laquelle on peut écrire des informations pour reporter des longueurs par exemple ;
- Le **papier blanc, quadrillé, pointé** (réseaux de points disposés aux sommets de carrés, de rectangles, de triangles équilatéraux formant un pavage) ;
- La **règle graduée**, des règles non graduées pour tracer des traits ;
- Le **compas** permettant de tracer des cercles en cycle 2, puis de reporter des longueurs à partir du CE2 (mais cet usage relève essentiellement du cycle 3).

Pour la perpendicularité (et pour certaines techniques pour le parallélisme en cycle 3), on trouve le **gabarit d'angle droit** et l'**équerre** (utilisés par les élèves dès le cycle 2) ainsi que de nouveaux instruments :

- **L'Eker** (matériel pédagogique créé par E. Kermorvant) en forme de « L » à deux branches de même longueur (sur le principe de l'équerre de menuisier) ;
- **La réquerre** (matériel distribué par l'IREM de Lyon[1]) ou règle-équerre de la société Aleph-math[2] : règle en plastique transparent avec un ou deux bords gradués (avec l'un des bords ayant la graduation « zéro » au milieu) avec des droites parallèles à la droite « bord gradué » et une ou plusieurs droites perpendiculaires ;

Pour une technique l'utilisant pour la symétrie axiale, voir chapitre « Transformations ».

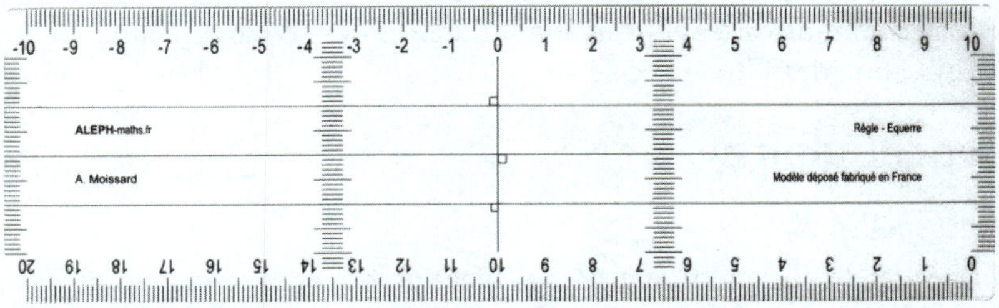

- **La téquerre** (matériel de la valise ERMEL Géométrie, éditions Hatier) : on la construit sur du papier-calque en découpant à partir d'un bord droit une forme « arrondie » non nécessairement régulière, puis on marque le pli obtenu en rabattant le bord droit sur le bord droit (voir modèle ci-dessous). L'avantage du papier-calque est de permettre de voir éventuellement qu'un angle est légèrement inférieur à l'angle droit, ce qu'on ne voit pas toujours avec une équerre ; ensuite le fait que le bord soit arrondi évite les inconvénients de l'équerre que les élèves ont du mal à positionner car elle a la forme d'un triangle et a donc trois angles. Un autre avantage

1. [math.univ-lyon1.fr/irem/spip.php?article45].
2. [aleph-maths.fr].

Géométrie

de la Téquerre est qu'elle permet de « voir » que deux angles droits adjacents forment un angle plat, qu'un angle droit est associé à une demi-droite qui est « penchée pareil » par rapport à deux demi-droites formant une droite ;

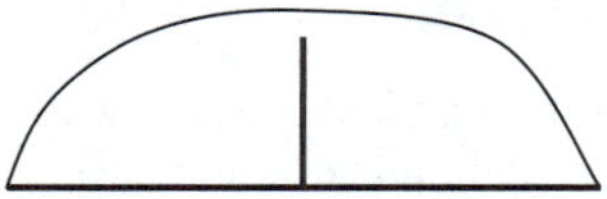

- Des gabarits d'angles de différentes ouvertures (droit, aigu, obtus), feuille à double pliage (comme substitut d'équerre) ;
- Des réseaux de parallèles appelés parfois « guides âne » : il s'agit de feuilles de papier-calque sur lesquelles sont représentées des droites parallèles équidistantes. Sur certaines feuilles l'écart entre deux droites peut être de 1 cm, d'autres de 0,5 cm… Ce matériel a un multiple usage : il peut aider par exemple à la reconnaissance du parallélisme de deux ou plusieurs droites, à la construction d'une droite parallèle à une droite donnée, au partage d'un segment en un nombre donné de segments superposables ;
- La ficelle utilisée par exemple pour comparer des longueurs, reporter une longueur, vérifier ou construire un alignement ;
- Pour la symétrie on pourra aussi utiliser des **miroirs semi-réfléchissants** (parfois appelés géomiroirs à placer verticalement sur l'axe tracé sur une feuille).

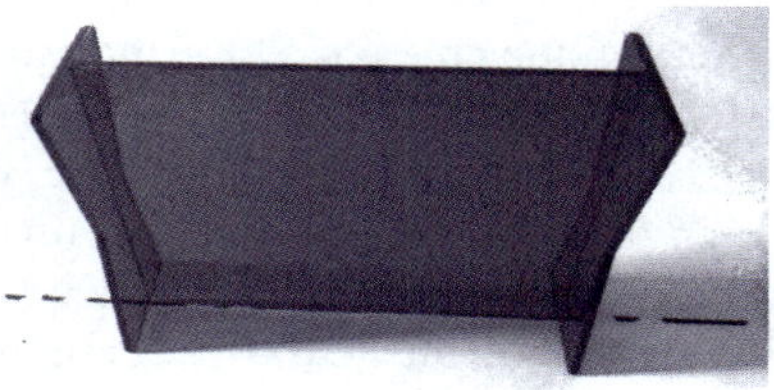

D'autres outils comme les logiciels de géométrie dynamique, de programmation, de visualisations de cartes et plans sont utilisables dès l'école primaire (voir le chapitre « Utilisation des TICE à l'école »).

2.2 Le vocabulaire

Maternelle

Carré, cercle, disque, triangle (tous types de triangles seront proposés aux élèves mais sans nommer les triangles particuliers), rectangle.

Aux cycles 2 et 3 (programme 2018 et repères de progression 2019)

Certains termes ne sont pas *explicitement* au programme mais on peut les rencontrer dans les activités et manuels :

- polygones et non polygones (cycle 2), cercle, disque, centre, rayon, diamètre (CE2) ;
- noms de polygones spécifiques : triangle, quadrilatère, *pentagone*, *hexagone* ; pour les autres, si besoin on les appellera des polygones à 7 côtés, 8 côtés, etc., tout en sachant répondre aux élèves curieux du vocabulaire ;
- vocabulaire des quadrilatères particuliers : *parallélogramme* (approche en fin de cycle 3, donc non explicitement à l'école primaire), losange, rectangle, carré ; le terme trapèze n'est pas au programme, ce type de figure pourra être utilisé sans être nommé ;

- vocabulaire de l'alignement : les points sont alignés ; le point A est sur la droite passant par les points B et C.
- vocabulaire et notations : les repères de progression 2019 indiquent : « Tout au long du cycle, les notations (AB), [AB), [AB], AB, sont toujours précédées du nom de l'objet qu'elles désignent : droite (AB), demi-droite [AB), segment [AB], longueur AB. Les élèves apprennent à utiliser le symbole d'appartenance (∈) d'un point à une droite, une demi-droite ou un segment. Le vocabulaire et les notations nouvelles (∈,[AB], (AB), [AB), AB, $\widehat{AOB}$) sont introduits au fur et à mesure de leur utilité, et non au départ d'un apprentissage. »
- vocabulaire des angles : angle droit ; angles obtus, aigus (domaine des grandeurs dans le programme) ;
- vocabulaire du parallélisme : les droites sont parallèles ; la droite *d* est parallèle à la droite *f* ; la droite *d* est la parallèle à la droite *f* qui passe par le point M ;
- vocabulaire de la perpendicularité : les droites sont perpendiculaires ; la droite *d* est perpendiculaire à la droite *f* ; la droite *d* est la perpendiculaire à la droite *f* qui passe par le point M ;
- vocabulaire associé à la symétrie : une figure a un axe de symétrie, deux figures sont symétriques par rapport à un axe, médiatrice (6e) ;
- vocabulaire associé aux systèmes de repères : ligne, colonne, rangée, nœud, case. Le codage d'une case ou d'un nœud doit être explicité, ainsi que le fait qu'il peut y avoir plusieurs codages.

3 Des concepts de géométrie de l'école

3.1 Droites perpendiculaires

La construction du concept d'angle droit est commencée dès la maternelle avec les activités sur les formes (sans utiliser l'expression « angle droit »). Le concept d'angle droit en classe de CE1 est une propriété géométrique relative à des formes (« coin » de rectangles) ; en cycle 3, il prendra le statut de grandeur (avec la rencontre des angles aigus et obtus) ; il permettra de donner du sens au concept de droites perpendiculaires.

Le passage du concept d'angle droit (propriété attribuée à un seul « objet », ici un angle) à celui de droites perpendiculaires (relation entre deux « objets », ici des droites) est un passage délicat, d'autant plus que les angles ont été peu travaillés. Ils sont introduits dans des situations faisant intervenir des couples de demi-droites (modélisant des branches de ciseaux, ou des bras levés ou des directions de visée) ou comme angles intérieurs à un polygone ; les élèves ne « voient » pas que deux droites sécantes déterminent quatre angles. Les deux droites sécantes seront perpendiculaires si ces quatre angles sont égaux à l'angle droit. L'équipe ERMEL[1] propose une situation où il s'agit de

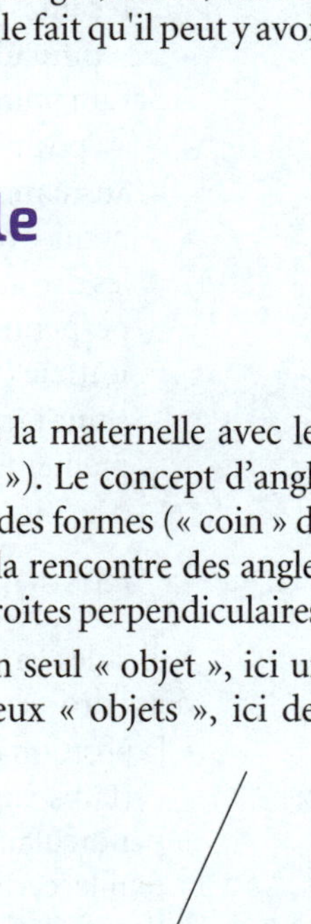

1. CHARNAY Roland, DOUAIRE Jacques et al. *Apprentissages géométriques et résolution de problèmes au cycle 3*. Paris : Hatier 2006, p. 196-203.

recouvrir le secteur angulaire de l'angle plein (360°) avec des gabarits d'angles tous superposables, puis avec quatre gabarits d'angles superposables, ce qui permet de se rendre compte que seuls quatre gabarits d'angles droits permettent de recouvrir tout le secteur angulaire.

a. Des difficultés sur la perpendicularité

- Des conceptions erronées :
  - confusion entre perpendiculaire et verticale, entre parallèle et horizontale ; ce qui amène à des « théorèmes-en-actes » : « une droite verticale est perpendiculaire à toute autre droite » et « une droite horizontale n'est perpendiculaire à aucune autre droite ». L'élève confond ici une propriété de droite « être horizontale », « être verticale » à une relation entre deux droites « être perpendiculaire à… », « être parallèle à… » ;
  - association du terme « perpendiculaire » à une configuration particulière de droites, à savoir une droite horizontale et une droite verticale, ou bien une paire de droites parallèles aux bords d'une feuille rectangulaire. Dans ce cas l'élève ne reconnaît la perpendicularité de deux droites que si celles-ci sont dans une position particulière appelée position prototypique ;
  - confusion entre segments et droites, si les droites ne sont pas sécantes sur la figure, elles ne peuvent pas être perpendiculaires.
- Des difficultés de tracé de la perpendiculaire à une droite passant par un point (nommé A) ; elles sont liées :
  - au positionnement de l'équerre (voir ci-contre fig. 1) ;
  - au matériel équerre qui se centre sur l'angle droit entre deux demi-droites (représentées par des segments) et non sur les droites, les élèves arrêtent souvent le tracé de la droite perpendiculaire au point d'intersection avec la droite initiale (voir ci-contre fig. 2) ;
  - à une erreur d'anticipation du tracé final qui engendre un maniement erroné de l'instrument utilisé quel qu'il soit.

fig. 1

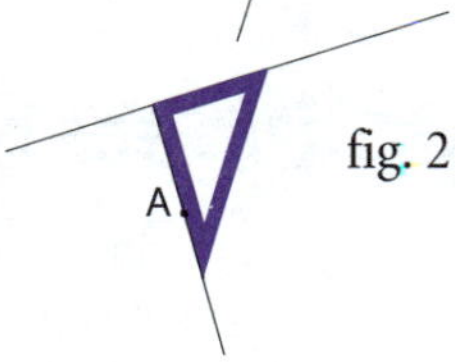

fig. 2

b. Variables didactiques

Voici des variables didactiques pour le type de tâches : « reconnaître deux droites perpendiculaires ».

- la position du point de concours des deux droites : si ce point n'est pas sur la feuille, certains élèves peuvent estimer que les droites ainsi représentées ne sont pas perpendiculaires par simple perception au prétexte qu'elles ne se coupent pas sur la feuille, certains diront qu'elles sont parallèles en évoquant ce même constat. Ici c'est l'assimilation entre le dessin et la figure qui fait obstacle à la résolution.
- l'inclinaison des deux droites par rapport aux directions privilégiées qui sont « l'horizontalité » et la « verticalité » ; ainsi une droite horizontale et une droite verticale seront facilement reconnues comme perpendiculaires, par simple perception visuelle même si celles-ci ne se coupent pas sur la feuille.
- le type d'instrument autorisé : la réquerre et la téquerre permettent plus facilement que l'équerre de reconnaître la perpendicularité de deux droites, en effet lorsque les deux droites sont sécantes, elles définissent quatre angles et avec « les bords » de

l'équerre, l'élève voit plus facilement l'angle droit associé à l'objet « secteur angulaire » qu'il ne voit la perpendicularité de deux droites associée à une relation particulière entre droites.

REMARQUE

On dit dans ce cas que l'artefact « équerre » (objet matériel conçu initialement dans un but déterminé) n'est pas un référent perceptif de la figure qu'il permet de construire ou de reconnaître, tout comme le compas n'est pas un référent perceptif pour construire un cercle ou pour tracer des droites parallèles ou perpendiculaires.

- le support sur lequel sont représentées les droites : par exemple, sur une feuille de papier blanc arrondie, fixée avec un ruban adhésif sur la table, l'élève ne peut pas faire référence aux bords de la feuille ou s'appuyer sur les lignes d'un quadrillage mais il doit « voir » mentalement la perpendiculaire à une des deux droites pour utiliser convenablement un instrument et répondre à la question posée. Soulignons ici l'importance de la construction de telles images mentales qui précède la reconnaissance effective de la perpendicularité ou le tracé effectif.
- le nombre de segments ou de droites représentés sur la figure : par exemple, lorsque la figure est une configuration de droites, l'élève peut avoir des difficultés à faire abstraction d'un ensemble de données inutiles pour déterminer la perpendicularité et ne s'intéresser qu'aux deux droites repérées pour lesquelles il doit identifier la position relative.

3.2 Droites parallèles

Le concept de droites parallèles est directement associé par son complémentaire au concept de droites sécantes. Le parallélisme est implicitement rencontré par les élèves dès l'école maternelle avec les côtés opposés d'un rectangle ; on retrouve cette référence prototypique explicitement au CM1 où certains manuels préfèrent plutôt s'appuyer sur un trapèze (éventuellement isocèle) comme référence prototypique pour éviter la confusion avec la perpendicularité.

Le parallélisme peut être associé à diverses images mentales (droites non sécantes, lignes d'un cahier d'écriture, côtés d'un parallélogramme, « inclinaison » par rapport à une même droite). Il y a aussi l'image mentale des droites d'écart constant, ce qui fait référence à la distance d'un point à une droite, concept de collège, mais qu'on peut introduire en situation ; le mot écart ne sera pas défini mais utilisé si besoin (voir par exemple la situation de référence des roues §4b ci-dessous).

a. Techniques de tracé d'une parallèle à une droite donnée passant par un point donné A à l'école primaire

Techniques du chapitre « Constructions » accessibles à l'école primaire (la technique 1 présentée dans ce chapitre ne relève pas de l'école primaire), compléments avec d'autres techniques de l'école.

Technique 2

Construire une perpendiculaire à la droite initiale, puis la perpendiculaire à celle-ci passant par le point A ; cette technique est accessible une fois que les élèves savent tracer une perpendiculaire passant par un point donné et qu'ils ont construit implicitement (grâce aux propriétés du rectangle) la propriété (*) : « si deux droites sont perpendiculaires à une même troisième, elles sont parallèles entre elles ».

Technique 3

Technique de glissement de l'équerre ; suivant les positions respectives de la droite initiale et du point, cette technique peut être difficile à réaliser ; mais elle est accessible aux élèves puisque c'est la propriété (*) qui est là encore implicitement mise en œuvre.

Technique 4

Utiliser une réquerre ou une téquerre (descriptif ci-dessus).

Technique 5

1. Tracer la perpendiculaire à la droite passant par le point A.
2. Mesurer (« sur » cette perpendiculaire) la distance *b* de A au point d'intersection de cette perpendiculaire avec la droite.
3. Tracer la perpendiculaire en un point M de la droite initiale.
4. Placer sur cette droite le point à une distance *b* de M, ce point étant du même côté de la droite initiale que le point A (mathématiquement : dans le même demi-plan délimité par la droite initiale).
5. Tracer la droite passant par A et ce point. La justification est basée sur le fait que l'ensemble des points, à égale distance d'une droite donnée et dans le même demi-plan délimité par cette droite, est une droite parallèle à la droite donnée (propriété non connue des élèves mais intuitivement forte).

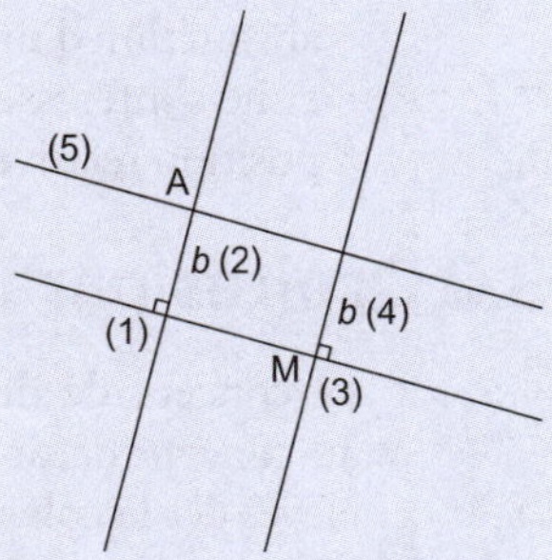

b. Techniques pour vérifier si des droites sont parallèles ou non

Technique A

Prolonger « le plus possible » les deux droites et voir si elles se coupent ; cette technique ne pourra pas toujours être mise en œuvre et soulèvera des difficultés. Elle permet uniquement de vérifier que deux droites ne sont pas parallèles.

Technique B

Construire la parallèle à l'une des droites (avec l'une des techniques 2, 3 ou 4 ci-dessus) passant par un point de l'autre droite et voir si elle coïncide avec la deuxième droite.

Technique C

Tracer plusieurs perpendiculaires à l'une des droites en divers points de cette droite, sur chacune de ces perpendiculaires mesurer les distances entre les points d'intersection de cette perpendiculaire avec chacune des deux droites considérées. Si les distances sont les mêmes, les droites sont parallèles, sinon elles ne le sont pas. En fait, une droite étant définie par la donnée de deux points distincts, deux perpendiculaires suffisent.

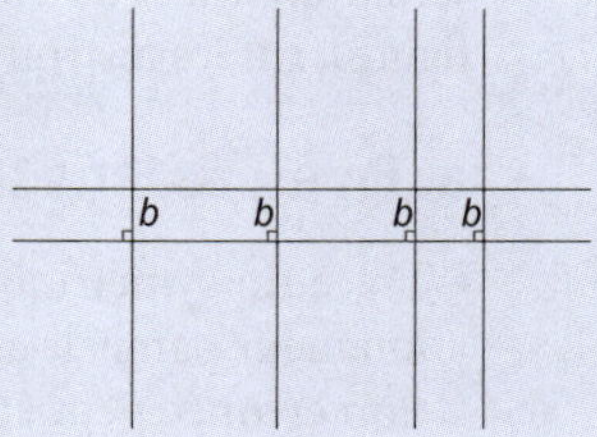

Technique D

Trouver un parallélogramme (rectangle, carré ...) pour lequel les droites sont des supports de côtés opposés.

c. Des difficultés sur le parallélisme

- Des conceptions erronées :
  - confusion entre parallèle et horizontale ; ce qui entraîne des théorèmes-élèves : une droite horizontale est parallèle à toute autre droite et une droite verticale n'est parallèle à aucune droite ; l'élève confond ici une propriété de droite « être horizontale », à une relation entre deux droites « être parallèle à » ;
  - association du terme « parallèles » à une configuration particulière de droites à savoir deux droites horizontales ou deux droites verticales. Dans ce cas l'élève reconnaît le parallélisme de deux droites uniquement si celles-ci sont dans une position particulière nommée position prototypique.
- Des difficultés liées au fait que l'on travaille sur un dessin et non sur une figure idéale ; les droites, objets « infinis », sont représentées sur le dessin par des segments ; on pourra donc émettre des doutes sur le fait que des droites dessinées qui semblent ne pas avoir de point d'intersection sur la feuille pourraient en avoir hors de la feuille.
- Des difficultés de tracé de la parallèle à une droite passant par un point ; celles-ci sont liées d'une part à la multiplicité des techniques de construction, nécessitant un choix en fonction des instruments disponibles et des techniques disponibles, et d'autre part à la manipulation matérielle des instruments dont le professeur ne doit pas sous-estimer le temps de prise en main.

3.3 Symétrie axiale

Les élèves rencontrent la symétrie axiale dès la **maternelle** sans la nommer (schéma corporel, activités de pliage...).

Au **cycle 2**, les élèves rencontrent des situations au sein desquelles ils sont amenés à reconnaître si une figure présente un axe de symétrie (à trouver) et à compléter une figure pour qu'elle soit symétrique par rapport à un axe donné.

Au **cycle 3**, les élèves rencontrent des situations au sein desquelles ils sont amenés à compléter une figure par symétrie axiale et à construire la figure symétrique d'une figure donnée par rapport à un axe donné que l'axe de symétrie coupe ou non la figure. Un travail préalable sur les figures permet d'illustrer l'aspect global de la symétrie plutôt que de procéder de façon détaillée (image du point, du segment, de la droite).

Géométrie

Pour construire ou compléter des figures planes par symétrie, différentes procédures seront abordées au cours du cycle. Elles évoluent et s'enrichissent par un jeu sur les figures, sur les instruments à disposition et par l'emploi de supports variés.

a. Erreurs dans le cas du tracé du symétrique d'un segment

- Tracé du symétrique d'une extrémité du segment puis segment image de même longueur parallèle au segment initial (en fait translaté) ; le tracé avec cette conception erronée peut être correct dans le cas d'un segment dont la droite support est parallèle à l'axe de symétrie.
- Tracé du segment symétrique en « prolongeant » la droite support du segment (fig.1).
- Tracé en utilisant des « lignes de rappel » horizontales ou verticales (fig.2).
- Les segments horizontaux deviennent verticaux et vice-versa.
- Tracé du segment symétrique en « prolongeant » la droite support du segment jusqu'à l'axe puis en utilisant des « lignes de rappel » horizontales ou verticales (fig.3).
- Symétrique de la figure par rapport à un axe imaginaire vertical (cas d'un axe oblique).

  Il y a une forte prédominance de l'image mentale du symétrique par rapport à un axe vertical, mais aussi une utilisation forte de la verticalité et de l'horizontalité pour le tracé. La conservation des longueurs est en général respectée.

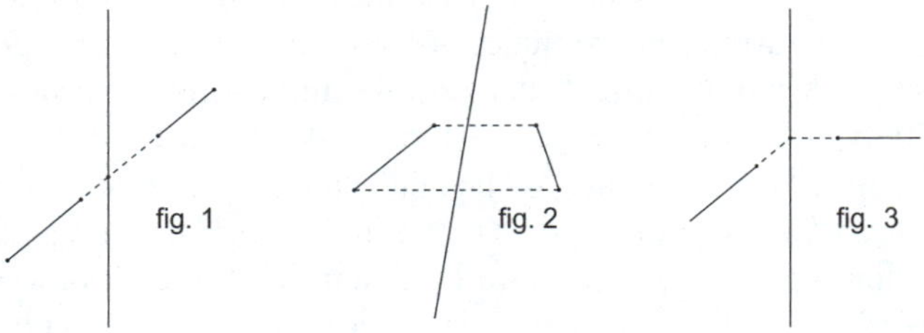

b. Variables didactiques

Voici les variables didactiques pour le type de tâches : « construire le symétrique d'une figure par rapport à une droite donnée ».

- **le support** : papier-calque, papier quadrillé, papier pointé, papier blanc, etc. ; ainsi le recours au papier-calque permet-il de construire le symétrique de manière expérimentale en retournant le calque, le recours au papier quadrillé si l'axe est une des lignes du quadrillage autorise à ne prendre en compte que le dénombrement des carreaux puisque la perpendicularité est assurée par le quadrillage, le recours au papier blanc quant à lui oblige l'élève à prendre en compte les deux caractéristiques liées à la symétrie : la superposabilité de la figure initiale et de la figure symétrique, et la perpendicularité du segment joignant un point et son image avec l'axe de symétrie, propriété qui aura pu être constatée mais qui relève du collège ;
- **l'orientation de l'axe de symétrie dans la feuille :** vertical, horizontal, oblique ; la représentation mentale du symétrique d'une figure par rapport à un axe vertical est beaucoup plus aisée pour l'élève ;
- **la place de la figure par rapport à l'axe de la symétrie :** à gauche, à droite, en haut, en bas ; les conventions d'écriture étant de gauche à droite et de haut en bas,

l'anticipation du symétrique d'une figure par rapport à un axe donné peut s'avérer plus complexe selon le choix de la position de la figure initiale ;

- **la distance à l'axe de symétrie :** la figure « touche » l'axe, est éloignée de l'axe, « traverse » l'axe ; lorsque la figure coupe l'axe et se situe de part et d'autre de l'axe, il est plus difficile d'anticiper son symétrique, or on sait que l'anticipation de la position du symétrique accompagne la réalisation effective, comme dans toute construction d'ailleurs (*cf.* la construction de la perpendiculaire et de la parallèle à une droite donnée passant par un point donné) ;
- **la position de l'axe et de la figure par rapport aux bords de la feuille :** une technique erronée de type « lignes de rappel horizontales » pourra conduire à un symétrique hors de la feuille faisant abandonner à l'élève sa technique erronée ;
- **la nature de la figure à compléter :** figurative ou non ; lorsque la figure dont il faut construire le symétrique représente un objet connu, l'élève a une image mentale de la figure à réaliser puisqu'il sait que celle-ci doit être superposable à l'initiale et que seule son orientation va changer. Cette image mentale peut ainsi l'aider à construire le symétrique de la figure.
- **la nature de la tâche à effectuer :** par coloriage, le tracé du symétrique étant commencé, ou construction totale du symétrique ;
- **les outils mobilisables :** pliages, découpages, repérage sur un quadrillage ou sur un réseau de points, équerre, règle graduée, compas, etc.

4 Des situations de référence

4.1 Les jeux de portrait

Il en existe diverses variantes, à la fois dans le domaine géométrique et numérique, c'est pour cela qu'on emploiera le terme générique « objet » (à remplacer par quadrilatère, solide, nombre entier, nombre décimal, etc.).

Variante 1 (appelée aussi jeu du « qui est-ce ? »)

Étape 1 : plusieurs élèves à tour de rôle décrivent un objet choisi dans un lot, les autres élèves doivent déterminer de quel objet il s'agit ; cela devrait permettre de faire percevoir la nécessité d'utiliser un vocabulaire précis que les élèves n'ont peut-être pas encore et de les motiver à apprendre ce vocabulaire.

Étape 2 : le professeur décrit de façon univoque l'objet qu'il a choisi parmi ceux montrés, chaque élève doit déterminer de quel objet il s'agit.

Étape 3 : même mise en œuvre, mais à la description correspondent plusieurs objets.

Variante 2

Étape 1 : les élèves posent à tour de rôle devant tous les autres élèves des questions à l'enseignant qui a choisi un objet ; la réponse aux questions ne peut être que « oui » ou « non ». Chaque élève doit à la fin de l'activité avoir deviné l'objet choisi.

Étape 2 : les élèves posent des questions (en binôme) par écrit à l'enseignant qui répond par écrit.

Variante 3

Même procédé de questions-réponses mais entre deux binômes associés qui se posent en même temps les uns aux autres les questions, les questions étant notées au fur et à mesure sur une « feuille de jeu » (fin cycle 2 et cycle 3, à l'oral en début de cycle 2).

Variante 4

Les élèves décrivent par des phrases (écrit ou oral suivant le niveau, avec des contraintes de vocabulaire ou non, par exemple interdiction d'utiliser le mot carré), ou par un dessin en géométrie, l'objet choisi dans un lot ; le binôme associé doit deviner l'objet choisi, soit avec le lot des possibles, soit en le construisant à partir de la description.

4.2 Une activité sur le parallélisme

L'activité « La trace des roues » proposée par l'équipe ERMEL[1] va permettre de faire construire aux élèves la technique 5 de tracé d'une parallèle à une droite donnée. Les roues d'une voiture ont laissé des traces dans le sable, après la traversée d'un étang, mais en raison du vent il n'y a plus que la trace d'une roue.

Sur le schéma ci-dessous, les pointillés indiquent les lignes de découpage en diverses zones, chaque zone ayant un rôle différent : les élèves, ont uniquement le morceau de plan correspondant à la sortie de l'étang (zone 2), doivent dessiner la trace de l'autre roue en allant chercher de l'information sur la partie du plan avant traversée (zone 1), qui est placée au fond de la classe. La zone 3 sert de validation. Le professeur affiche au tableau en début de séance le schéma avec toutes les zones. La figure a été réduite, la distance entre les deux droites parallèles est en réalité de 2 cm lors de la première phase, de 2,5 cm lors de la phase de reprise.

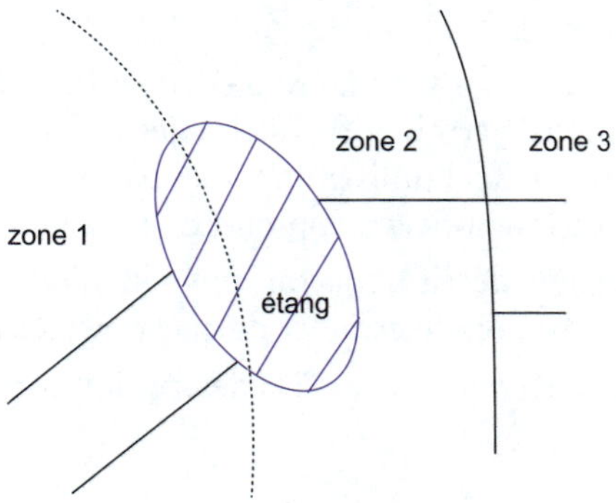

1. CHARNAY Roland, DOUAIRE Jacques *et al. Apprentissages géométriques et résolution de problèmes au cycle 3*. Paris : Hatier 2006.

Exemple

Deux productions de binômes d'élèves, avec à gauche de chaque groupe la production après la première phase de recherche, à droite la production après la phase de reprise faisant suite à la mise en commun.

BINÔME 1

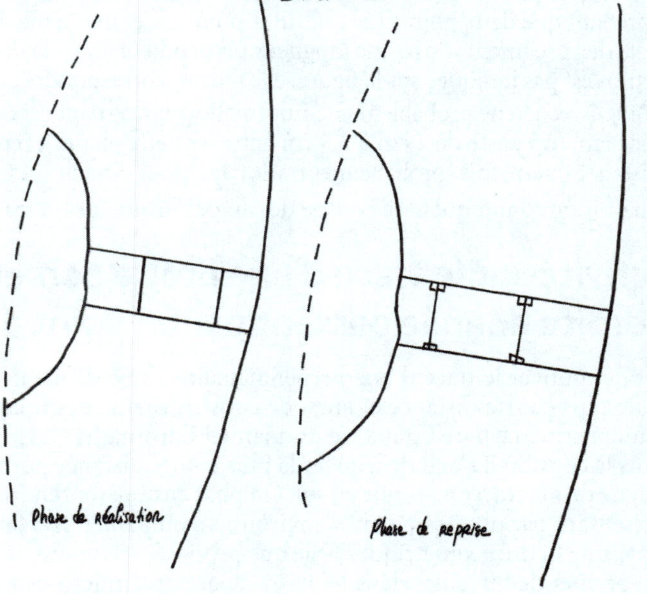

BINÔME 2

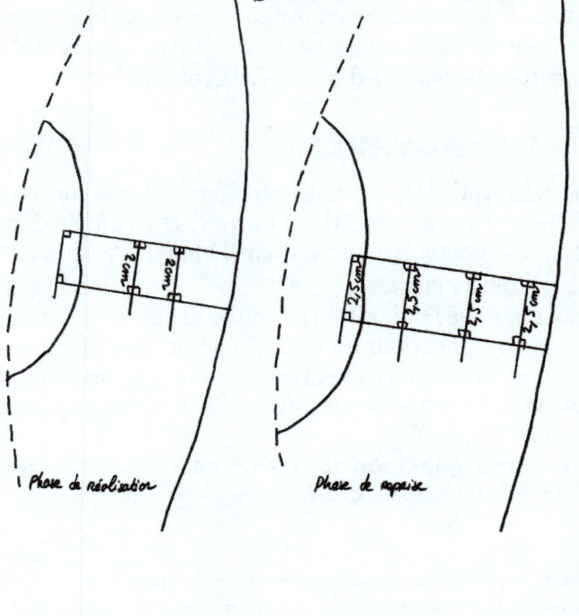

Dans les deux cas présentés, les binômes ont bien compris que l'enjeu de la situation était la construction d'une droite parallèle à celle donnée.
Dans la première phase de recherche, le binôme 1 semble construire cette parallèle de manière perceptive, et le binôme 2 utiliser la technique de l'écart constant, l'information 2 cm correspond à une approximation de l'écart sur le plan initial.

Dans la seconde phase de recherche, le binôme 1 utilise la technique de l'écart constant en ne prenant que deux points (ce qui suffit pour tracer une seule droite), il construit pour cela deux segments de même longueur perpendiculaires à la droite donnée. Cette longueur n'est pas indiquée sur la figure, elle semble correspondre à celle du binôme 2.

Le binôme 2 recherche probablement l'information concernant cet écart constant sur le premier plan, (on passe de 2 cm à 2,5 cm entre les deux phases), reporte correctement cette distance quatre fois (probablement, selon lui, pour obtenir un tracé plus précis).

Les deux binômes indiquent le codage des angles droits sur les tracés.

4.3 Une activité sur le tracé d'une droite perpendiculaire à une droite donnée passant par un point donné

Il s'agit de motiver le tracé d'une perpendiculaire à une droite donnée par un problème de plus courte distance et aussi de construire une des images mentales de la perpendicularité. Le livre du maître du manuel Euromaths CM1[1] propose une activité dans la cour où il s'agit de trouver la plus courte distance pour aller d'un piquet à une ligne droite tracée à la craie au sol. On peut ensuite reprendre cette situation en la représentant par un dessin dans l'environnement papier-crayon puis en la modélisant par une figure géométrique. Telle que proposée, cette situation est intéressante car elle permet de travailler dans le méso-espace et le micro-espace, et elle suggère aussi une modélisation du réel par la présence conjointe du dessin et de la figure géométrique. Les élèves vont conjecturer que la plus courte distance entre le point fixé et un des points de la droite semble être atteinte lorsqu'on trace la perpendiculaire à la droite passant par le point. On pourra rajouter à la séance du manuel une validation « empirique » de la conjecture en utilisant un logiciel de géométrie dynamique, qui permet de faire de très nombreux essais (voir les copies d'écrans correspondantes dans le chapitre « Utilisation des TICE à l'école »).

4.4 Activités sur la symétrie

Dès le cycle 2, les types de tâches rencontrés par les élèves consistent à reconnaître si une figure présente un axe de symétrie (à trouver) et à compléter une figure pour qu'elle soit symétrique par rapport à un axe donné. Plusieurs techniques sont à sa disposition :

- à vue d'œil et/ou à main levée ;
- une figure décalquée puis retournée qui coïncide avec la figure initiale a un axe de symétrie (à trouver) : pour un exemple de situation mettant en œuvre cette technique, on pourra se référer à la situation « Empreintes »[2] de l'équipe ERMEL ;
- une figure symétrique pliée sur son axe de symétrie, se partage en deux parties qui coïncident exactement ;
- une figure symétrique et son image dans un miroir semi-réfléchissant posé sur son axe de symétrie, coïncident exactement.

1. PELTIER Marie-Lise *et al. Opération mathématiques CM1*. Paris : Hatier 2016.
2. CHARNAY Roland, DOUAIRE Jacques *et al. Apprentissages géométriques et résolution de problèmes au cycle 3*. Paris : Hatier 2006, p. 375-380.

21 Géométrie des solides à l'école

Cours et méthodes

Il est recommandé de lire les chapitres « Solides de l'espace : définitions, représentations », « Solides de l'espace : exemples » avant d'aborder ce chapitre.

1 Progressivité des apprentissages

Cycle 1	Cycle 2	Cycle 3
	Solides	

Cycle 1 : « reconnaître » ne veut pas dire « nommer », ni « décrire » avec les propriétés, qui seront vus en cycles 2 et 3.

Les solides en maternelle sont utilisés dans des activités de jeux d'encastrement (ce qui permet un passage de l'espace au plan), de construction, de reproduction d'assemblage (avec du matériel de type solides en bois ou kaplas). On attend des élèves en fin de maternelle qu'ils sachent reconnaître quelques solides (cubes, pyramides, boules, cylindres), par exemple le professeur pourra demander d'extraire toutes les pyramides d'un lot de solides.

Cycle 2 : En CP, « *Ils décrivent le cube et le pavé droit en utilisant les termes face et sommet et en décrivant leurs faces (carré, rectangle).* » En CE1, « *Les élèves apprennent à nommer ces solides (cube, pavé droit, boule, cône, cylindre, pyramide) et à les décrire en utilisant le vocabulaire adapté (face, sommet, arête). Ils construisent un cube avec des carrés ou avec des tiges que l'on peut assembler.* » En CE2, « *Ils approchent la notion de patron du cube (par exemple, déplier une boîte cartonnée).* »

Cycle 3 : les élèves utilisent « *des représentations planes de solides (patrons, perspectives, vues de face, de côté, de dessus,…).* »

Attendus de fin d'école maternelle

- « *Classer des objets en fonction de caractéristiques liées à leur forme. Savoir reconnaître quelques solides (cube, pyramide, boule, cylindre) ;*
- *Reproduire un assemblage à partir d'un modèle (puzzle, pavage, assemblage de solides).* »

Attendus de fin de cycle 2

- « *Reconnaître, nommer (cube, boule, pavé droit, cône, pyramide, cylindre), décrire, reproduire quelques solides.* »

Attendus de fin de cycle 3

- « *Reconnaître, nommer* » (cube, pyramide, boule, cylindre, pavé droit, cône, prisme droit), « *décrire, reproduire, représenter* » sous forme de maquettes ou de dessins, « *construire des figures et des solides simples* » ou des assemblages de solides simples, éventuellement à partir d'un patron (donné, dans le cas d'un prisme ou d'une pyramide, ou à construire dans le cas d'un pavé droit).

Des solides variés peuvent être utilisés tout au long de l'école, même s'ils ne sont pas dans la liste de ceux étudiés. Au fur et à mesure, les programmes précisent lesquels seront reconnus, nommés, construits à l'aide d'un patron.

Dans le programme 2015 pour l'école maternelle, l'importance des mises en relation espace-plan est soulignée (voir l'extrait du programme, dans le chapitre « Espace et géométrie à l'école ; généralités ») . Un travail de passage de l'espace au plan et du plan à l'espace est nécessaire pour pouvoir lire des plans, des représentations de solide, celles des manuels étant en général des représentations en perspective cavalière. Le professeur pourra employer un logiciel de géométrie dynamique ou des animations sur des sites[1] pour familiariser les élèves avec différentes vues d'un même solide. On peut faire constater qu'une face carrée du cube peut être représentée par une figure qui n'est pas un carré mais un parallélogramme (fin de cycle 3). Les programmes des cycle 2 et 3 insistent sur la nécessaire progressivité pour la reproduction, la construction et la représentation en utilisant différents supports, différentes contraintes, différentes mises en œuvre pédagogiques.

2 Matériels, vocabulaire

2.1 Les matériels

Quelques photographies et analyse de matériels variés :

Solides non démontables

Ils sont utilisables pour des activités de classement, de description, pour faire des empreintes. La plupart des lots du commerce ne sont pas assez variés ; il y a souvent un seul type de

1. http://therese.eveilleau.pagesperso-orange.fr/

pyramide, en général régulière à base carrée, il faudra donc rajouter au lot d'autres pyramides (en les construisant en carton ou avec du matériel).

De la même manière, les pavés droits du commerce ont très souvent deux faces carrées, il faudra là encore compléter le lot avec d'autres pavés droits (donnés par six faces rectangulaires non carrées superposables deux à deux).

Solides constitués de faces assemblables (divers systèmes d'assemblages)

Cela permet de construire uniquement des polyèdres, souvent les faces sont uniquement des polygones réguliers. Ce matériel met l'accent sur les faces. Il permet des activités de construction, de description, il a l'avantage de pouvoir être développé à plat, ce qui va participer à l'élaboration du concept de patron, en particulier il permet de vérifier rapidement des patrons.

Solides constitués de tiges (en plastique ou pailles du commerce) et de systèmes d'assemblages des tiges[1] (« rotules »)

Ce matériel met l'accent sur les arêtes et les sommets, certains matériels permettent de s'intéresser au nombre d'arêtes arrivant en un sommet.

2.2 Le vocabulaire

- Celui de la spatialité : voir le chapitre « Géométrie à l'école : généralités ».
- Celui des solides nommés : cube, pavé droit, prisme, cylindre, patrons.
- Celui de la géométrie plane pour décrire les faces planes.
- Celui spécifique des solides : programme du cycle 2 : « *Vocabulaire approprié pour :*
  - *nommer des solides (cube, boule, pavé droit, cône, pyramide, cylindre) ;*
  - *décrire des polyèdres (face, sommet, arête).* »

Le prisme droit s'ajoutera en cycle 3 aux solides étudiés en cycle 2.

Ce vocabulaire sera introduit essentiellement à travers des situations de communication, notamment lors d'activités de commande de matériel pour construire des polyèdres (les mots « face », « arête », « sommet » appartiennent au vocabulaire spécifique des polyèdres).

3 Variables didactiques

En plus de celles du chapitre « Géométrie à l'école : généralités », on peut citer d'autres exemples de variables didactiques pour les types de tâches qui concernent l'espace :

- le type de solides : polyèdres ou non, polyèdres de référence (étudiés à l'école) ou non ; donner à construire le patron d'une pyramide à base carrée, de faces latérales des triangles isocèles va être plus complexe que construire le patron d'un cube, car

1. Jean-François GRELIER propose, dans *Apprentissages géométriques aux cycles 2 et 3*. Toulouse : CRDP Midi-Pyrénées-Scéren 2004, des planches de gabarits pour des rotules en carton ; voir aussi « polygones emboîtables » sur son site [www.apprentissages-geometriques.com].

Géométrie

il va falloir déterminer quels sont les segments qui vont former après pliage une arête commune pour que ces segments aient même longueur sur le patron ;

- objets réels ou représentés ; un objet représenté va nécessiter une technique de lecture de la représentation, de décodage des informations, de prévision des faces cachées du solide ;
- le matériel avec lequel le solide est construit, et/ou celui dans lequel le solide est à reproduire ; par exemple, un solide en papier rendra plus difficile la mise en œuvre de la technique 1 relative à « construire un patron » technique décrite page suivante ;
- la proximité entre les solides initiaux et les solides à produire ; si les éléments ne peuvent être mis l'un à côté de l'autre, il faudra prélever des informations sur le solide initial.

4 Différents types de tâches

On retrouve les différents types de tâches de la géométrie plane (décrire, reproduire, construire, représenter), ceux de la spatialité (en particulier changer de point de vue, associer plusieurs points de vue) mais aussi des types de tâches plus spécifiques : effectuer des passages de l'espace au plan ou du plan à l'espace, en particulier, construire un patron, déterminer si une figure est le patron d'un solide. Ce dernier type de tâches sera proposé aux élèves lorsque suffisamment de patrons auront été construits, de façon à ce que l'élève dispose de techniques de vérification du patron (même nombre de faces, etc.) et d'images mentales sur les effets du pliage lors du passage du plan à l'espace.

Dans le chapitre « Solides de l'espace : définitions, représentations », ont été identifiées de nombreuses contraintes que doit vérifier un patron de solide (on prendra ici un polyèdre, les autres patrons n'étant pas vu à l'école primaire) : la figure « patron » doit être constituée du même nombre de polygones que de faces, le même type de polygones, il ne doit pas y avoir de recouvrement. De plus des arêtes qui se correspondent doivent avoir la même longueur. Les autres contraintes (sommets qui se correspondent après pliage) ne seront pas mises en évidence mais pourront être rencontrées lors de la résolution d'un problème.

On donne ici l'analyse du type de tâches « construire un patron ». On choisit comme valeur pour chaque variable didactique : un travail dans le micro-espace, un polyèdre, un solide non démontable, un solide en carton fort plastifié, la présence matérielle du solide à proximité.

Technique 1

1. Faire « basculer » le solide d'une face à l'autre.
2. Faire une esquisse de l'empreinte de chaque face (en traçant le contour par exemple).
3. Noter au fur et à mesure que la face a été prise en compte.
4. À partir de ce développement matériel du solide, le reproduire en dessinant des faces polygonales (les esquisses étant imprécises, comportant peut-être des morceaux des éléments matériels de liaison des faces).

Technique 2

1	Imaginer mentalement le développement du solide à partir d'une des faces.
2	Dessiner ce développement en prenant en compte le type de faces (des sites[1] ou logiciels[2] ont des animations toutes prêtes pour visualiser ce développement mais attention c'est un développement d'une représentation plane en perspective à la représentation plane qu'est le patron et non un passage de l'espace au plan).

Technique 3

1	Faire la liste du nombre et des types de faces.	Par exemple pour une pyramide à base hexagonale, il y a 6 faces triangulaires ayant chacune une arête commune avec la face hexagonale.
2	Analyser comment elles sont agencées les unes par rapport aux autres. Cette technique peut être combinée à la technique 2.	

5 Difficultés, erreurs

Il existe de nombreuses difficultés, les unes liées à la spatialisation (penser aux nombreuses personnes ayant du mal à indiquer des directions « à gauche de … »), les autres à la création d'images mentales de solides, aux points de vue différents, au passage de l'espace au plan ou du plan à l'espace. Peuvent bien sûr s'y rajouter les mêmes difficultés que pour la géométrie plane, dans la reconnaissance de figures planes, dans la description, dans la manipulation des instruments géométriques, dans la planification des actions, etc.

6 Des situations de référence

Les jeux de portrait décrits dans le chapitre « Géométrie plane à l'école » peuvent être mis en place pour les solides.

6.1 Passage espace-plan, plan-espace

On peut proposer aux élèves de maternelle ou de cycle 2 de réaliser des empreintes des solides, en trempant par exemple les solides dans de la peinture et en les posant délicatement sur des feuilles (ce n'est pas très facile à réaliser matériellement). En cycle 2, on pourra constater que toutes les empreintes de certains solides (qu'on appellera polyèdres plus tard) sont des polygones (des carrés, des rectangles, des triangles…) alors que pour d'autres solides (comme les cylindres de révolution et les cônes, noms donnés plus tard) certaines empreintes sont juste un « trait ».

La réalisation d'une maquette de la classe ou d'un parcours oblige les élèves à analyser les objets et les relations entre eux.

La photographie est un outil utile dès la maternelle pour le passage de l'espace au plan et aussi pour se rendre compte de la variété des points de vue.

1. Voir par exemple le site de Thérèse Eveilleau : [therese.eveilleau.pagesperso-orange.fr].
2. Voir par exemple Poly 1.11.

Exemple

Une progression autour de la construction « d'une boîte à formes », jouet de très jeunes enfants, est proposée dans la revue Grand N[1] et décrite brièvement ici :

Le matériel est construit par le professeur ; ce sont des boîtes en carton (boîtes à chaussures) ou en planchette avec cinq faces « trouées » de façon à faire passer dans les trous « idoines » un objet, la sixième face étant un couvercle amovible. Les objets sont de types variés (la variété dépendra du niveau de classe de maternelle ou cycle 2) : balle de tennis, boîtes cylindriques ou parallélépipédiques, « cubes » en bois (les jeux appelés « cubes en bois » sont souvent constitués d'autres objets que des cubes), solides en plastique (matériel pédagogique) ou en carton construits par le professeur. Chaque face correspond à un seul objet, sur la face sont disposées toutes les formes de « trous » possibles correspondant à l'objet ; par exemple, pour un pavé droit de dimensions 10 cm sur 7 cm sur 4 cm, il y aura trois « trous » rectangulaires, l'un étant un rectangle de 10 cm sur 7 cm, l'autre de 10 cm sur 4 cm, le troisième de 4 cm sur 7 cm ; pour un cylindre, on aura un « trou » rectangulaire et un circulaire.

Le jeu est d'abord libre, puis en présence d'un adulte avec anticipation : l'élève annonce pour quelle face l'objet va passer dans le « trou ». Dans une deuxième étape, on propose un jeu avec des cartes ; les cartes correspondent à la représentation des « trous » d'une vingtaine d'objets, les objets sont placés sur la table devant les élèves. Différentes règles de jeu sont proposées :

Règle 1 : on tire une carte dans la pioche, à tour de rôle les élèves montrent un objet correspondant, les autres valident. On peut faire nommer les formes géométriques.

Règle 2 : on présente deux cartes d'un même objet, les élèves montrent un objet correspondant.

Règle 3 : un objet est choisi, les cartes sont étalées, les élèves doivent extraire toutes les cartes correspondant à l'objet.

Règle 4 : on donne 6 cartes à chaque élève (groupe de 4 à 6), il y a une pioche, chaque élève peut échanger 3 cartes au maximum, en retournant les cartes de la pioche au fur et à mesure. Gagne le premier qui dépose toutes les cartes correspondant à un objet.

6.2 Décrire pour construire

Chaque binôme d'élèves a un solide et doit envoyer un message uniquement sous forme de texte à un autre binôme. Les solides sont choisis par le professeur en fonction des compétences des élèves (la tâche est la même, mais la différenciation se fait sur l'objet proposé). Le groupe récepteur doit, soit aller chercher, soit commander le matériel pour construire le solide, la validation se fait par comparaison des deux solides. Lors de la première mise en place de ce type de situation de communication, le groupe émetteur connaît le type de matériel dont disposera le groupe récepteur ; en fin de cycle 3, une fois que les élèves auront travaillé avec les différents types de matériel, on peut ne pas indiquer quel matériel aura le groupe récepteur.

---

1. LACROIX Daniel. « Boîtes à trous et jeux de forme ». *Grand N*, n°50. Grenoble : IREM de Grenoble 1990 [www-irem.ujf-grenoble.fr/spip/squelettes/fic_N.php?num=50&rang=8].

Exemple

La situation « Construire un solide » proposée par l'équipe ERMEL pour une classe de CE2 permet aux élèves de comprendre que la nature d'un polyèdre est dépendante du nombre et de la nature de ses faces.
En voici une brève description : les élèves sont amenés à commander, à partir d'un catalogue, des polygones (les faces) pour construire un polyèdre identique à celui choisi par le professeur, caché dans un coin de la classe. Les élèves ne disposent pas en même temps du catalogue et du polyèdre, ils ne peuvent donc pas procéder par superposition des faces du polyèdre sur les polygones, il leur faut anticiper, observer le solide et noter les informations nécessaires à sa réalisation. Les élèves travaillent dans un premier temps par équipe de deux, un seul des deux se déplace pour voir le solide, il dispose d'un quart de feuille pour ramener des informations et peut se déplacer plusieurs fois. Une fois un bon de commande préparé, les élèves se regroupent par quatre pour se mettre d'accord sur le bon de commande qui permettra la réalisation effective du solide.
Dans cette situation, apparaissent plusieurs variables didactiques essentielles :

- le choix du solide à construire : un solide non usuel et non connu des élèves va obliger les élèves à une analyse des propriétés de celui-ci ;
- le choix du contenu du catalogue : par exemple, si les élèves ont à choisir entre un rectangle et un pentagone, le choix peut être perceptif, en revanche s'ils ont à choisir entre des triangles de différents types (isocèles, rectangles, rectangles isocèles, équilatéraux), ils devront faire une analyse plus fine des faces du solide à construire. Ainsi, selon les éléments présents dans le catalogue, le choix peut s'opérer de manière purement perceptive ou nécessiter la prise en compte de critères géométriques comme les longueurs des côtés.

D'autres variables peuvent complexifier la nature de la tâche de l'élève comme par exemple :

- le nombre de déplacements autorisés : limiter ce nombre oblige les élèves à anticiper davantage les informations dont ils ont besoin et la manière de les obtenir ;
- le type d'instruments autorisés pour prélever des informations sur le solide : ainsi, si les mesures ou les reports de longueurs sont interdits, les élèves devront mettre en jeu les relations d'incidence entre les faces du solide. En effet, si les élèves ont le choix entre deux rectangles perceptivement proches, seul celui dont les côtés sont compatibles avec celles des autres faces peut appartenir au solide. Les élèves mobilisent alors une des propriétés du patron : les arêtes qui se correspondent doivent avoir la même longueur.

6.3 Progression sur les patrons

Dans un premier temps, sans introduire le mot patron, on pourra faire développer des solides démontables (des boîtes d'emballage par exemple), observer les figures à plat, ou bien partir de figures à plat et remonter le solide. La situation consistant à introduire la notion de patron aura pour consigne : « Le but est de construire le solide, à partir d'une figure plane, uniquement par pliage, découpage. Vous disposez uniquement de cette feuille de papier, de ciseaux, de ruban adhésif. Vous pouvez commencer avec une feuille de brouillon, prévoir si cela va permettre de construire ». Le solide donné est non démontable, on pourra choisir comme premier solide un pavé droit ou un cube. On peut rajouter aussi de minimiser le nombre de morceaux de ruban adhésif, ce qui permet d'avoir une figure sur la feuille d'un seul tenant. La validation se fait en construisant effectivement le solide. Le professeur introduit le mot patron comme une figure plane permettant de construire le solide. Dans un second temps, le professeur peut faire comparer les patrons trouvés, voir qu'il y en a plusieurs, cela peut être un défi sur la semaine de trouver tous les patrons possibles.

Des patrons d'autres solides sont construits dans la suite de la progression avant de proposer comme type de tâches : « déterminer si une figure est le patron d'un solide ».

4

Grandeurs et mesures

22 Grandeurs et mesures

Cours et méthodes

1 Introduction à la notion de grandeur

Pour définir le terme grandeur, D'Alembert proposait : « la grandeur est la qualité de ce qui est susceptible d'être grand ou petit », plus précisément on pourrait dire qu'une grandeur est une variable attachée à une classe d'objets et qui permet d'ordonner ces objets. Ainsi une grandeur permet de dire si un objet est plus « … » ou moins « … » qu'un autre objet et si deux objets sont « équivalents » relativement à cette variable. Le mot « équivalent » est mis entre guillemets car pour chaque grandeur il faudra définir ce qu'il signifie.

Une grandeur en général est un caractère d'un objet qui est susceptible de variation (augmentation, diminution) et donc de comparaison (plus que, moins que, égale à...).

Remarque : on peut attribuer plusieurs grandeurs à un même objet.

Exemple

Pour une trousse fermée par une fermeture-éclair, on peut s'intéresser à son volume, à l'aire du matériau pour la fabriquer, à la longueur de la fermeture-éclair, à la longueur de la plus grande règle que l'on peut y insérer, aux dimensions du plus petit pavé droit dans laquelle l'insérer (pour la boîte d'emballage), à sa masse à vide...

La comparaison de deux objets selon une grandeur donnée nécessite la mise en place d'un protocole expérimental parfois en plusieurs étapes.

Ainsi pour comparer les aires de deux surfaces, on cherche d'abord à superposer les deux surfaces. Si l'une des deux est totalement contenue dans l'autre, elle a une aire inférieure à l'autre, si elles se superposent exactement elles ont la même forme et aussi la même aire, mais ce cas est un cas particulier car des surfaces de formes différentes peuvent avoir la même aire.

Dans les autres cas on procède à une superposition partielle des deux surfaces, on sélectionne les parties des deux surfaces qui se superposent exactement et on reprend la comparaison en découpant les parties qui ne se superposaient pas. Si après plusieurs découpages-recollements sans perte, on parvient à une superposition totale des différents morceaux composant les surfaces, on déclare que les deux surfaces initiales ont la même aire. Si après plusieurs découpages-recollements sans perte l'une des surfaces recomposée est totalement contenue dans l'autre surface recomposée, on déclare que la première surface a une aire inférieure à l'aire de la seconde.

Donc finalement la comparaison des aires s'appuie sur des découpages successifs et sur la recomposition des différentes parties sans chevauchement (découpage/recollement).

2 Plusieurs types de grandeurs

2.1 Les grandeurs non repérables

Par exemple la gentillesse ; d'après d'Alembert, on peut être grandement gentil ou petitement gentil.

2.2 Les grandeurs repérables

Ce sont celles pour lesquelles des lois objectives de comparaison (plus grand, plus petit) peuvent être établies. Par exemple pour la température : la température d'une pièce est inférieure à celle d'une autre si la hauteur d'une même colonne d'alcool dans un tube est inférieure dans la première pièce à celle dans la seconde.

2.3 Les grandeurs « mesurables » (au sens des mathématiciens)

Ce sont celles pour lesquelles en plus de l'égalité et de la relation de comparaison on peut définir une opération, que l'on va appeler « addition » ; par exemple la longueur est une grandeur mesurable ; on définit la somme de la longueur x et de la longueur y (c'est-à-dire le résultat de l'addition) comme la longueur du segment [AC] construit en mettant bout à bout sur la même droite un segment [AB] de longueur x et un segment [BC] de longueur y.

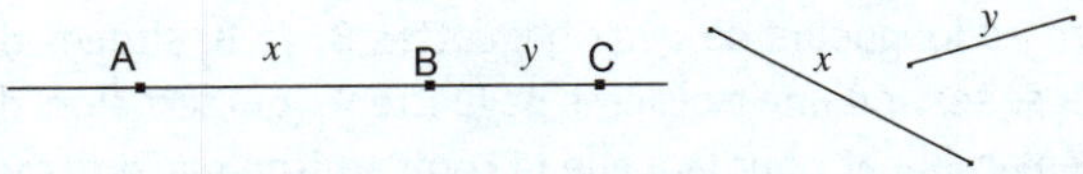

Exemple

La température n'est pas « mesurable » (au sens ci-dessus des mathématiciens) : en effet si on ouvre la porte entre deux pièces, la température obtenue n'est pas la somme des températures des deux pièces. En physique, on emploie le terme « mesurer une température », même si la température n'est pas mesurable au sens des mathématiciens.

Remarque 1 : le terme grandeur « mesurable » prendra du sens dans les paragraphes suivants.

Remarque 2 : dès qu'on peut définir une addition, on peut aussi définir la multiplication par un entier ; $2 \,.\, L$ sera défini comme la longueur $L + L$ (le « point » entre 2 et L indique la multiplication, on peut l'omettre et noter simplement $2\,L$).

Exemple

Longueur, aire, volume, capacité, durée, masse, angle… sont des grandeurs mesurables.

!

La grandeur « angle » fait partie dans les programmes du cycle 3 du paragraphe « grandeurs et mesures » et non du paragraphe « géométrie » ; dans cet ouvrage, cette grandeur est étudiée dans le chapitre « figures planes », où sont présentées la définition de la relation d'ordre et de l'addition pour la grandeur « angle ».

3 Comparer deux objets du point de vue d'une grandeur

La perception peut suffire pour comparer : ainsi la comparaison par la vue peut permettre de comparer les longueurs de deux segments donnés, la comparaison par le toucher peut permettre de comparer la chaleur dégagée par deux objets donnés, soupeser deux objets permet parfois de comparer leurs masses.

Sinon on a besoin d'un protocole expérimental (en général spécifique de la grandeur), qui soit en cohérence avec la perception.

Exemple

Pour comparer deux durées qui ne commencent pas au même instant, on peut retourner un sablier à l'instant de départ, repérer la hauteur de sable écoulé à la fin de la première durée et faire de même pour la deuxième durée, puis comparer les deux hauteurs.

Lorsque les deux objets à comparer selon une grandeur donnée ne sont pas perceptibles en même temps et ne peuvent être déplacés, un protocole expérimental peut consister à utiliser un troisième objet intermédiaire.

Exemple

Pour comparer les longueurs de deux baguettes B_1 et B_2 situées dans deux pièces différentes, on peut se servir d'une troisième baguette B_3 (qui sert alors de gabarit de longueur), qui elle, est déplaçable et pour laquelle la comparaison par superposition directe avec les deux autres est possible ; en notant $\ell(B)$ la longueur de B, si $\ell(B_1) < \ell(B_3)$ et si $\ell(B_3) < \ell(B_2)$ alors $\ell(B_1) < \ell(B_2)$. On a utilisé la propriété de la transitivité de la relation d'ordre.

REMARQUE

On a souvent besoin de faire des transformations (dérouler une ficelle pour une longueur, découper-recoller les surfaces pour une aire, etc.) ou d'utiliser un objet intermédiaire ou une autre grandeur associée pour effectuer ces comparaisons. Par exemple, pour comparer des températures, on comparera les hauteurs (longueur particulière) d'une colonne d'alcool.

Cependant ce type de techniques de comparaison de deux objets du point de vue d'une grandeur n'est pas toujours possible : par exemple si les objets sont éloignés, ou si l'on a besoin de communiquer pour effectuer la comparaison. Il est nécessaire alors de trouver une autre technique de comparaison. L'idée est d'utiliser les nombres pour mémoriser une grandeur. **Associer un nombre à une grandeur** d'un objet s'appelle mesurer, le nombre s'appelle mesure de la grandeur de l'objet.

4 Mesurer

4.1 Unité et étalon

Pour le type de grandeur étudiée (par exemple la longueur), on va choisir une grandeur de référence à laquelle on va attribuer le nombre 1. On l'appelle l'**unité.**

Sa représentation matérielle est l'**étalon**. On reporte l'étalon un certain nombre de fois pour mesurer la grandeur.

Exemple

Pour mesurer la longueur du segment [AB], longueur notée AB, on peut reporter l'étalon 3 fois mais pas 4 fois : on va dire que la mesure de AB avec l'unité u est comprise entre 3 et 4.

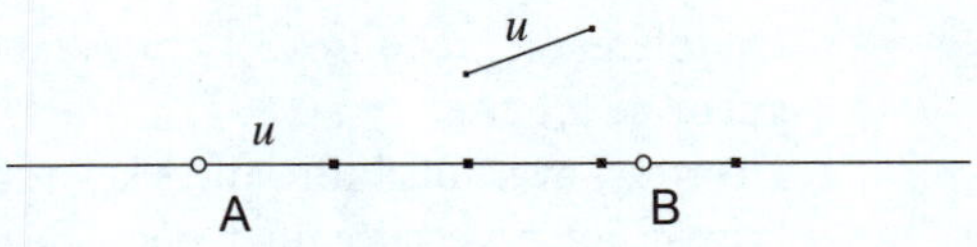

Notation pour les explications : on note $mes_u(AB)$ la mesure avec l'unité u de la longueur AB. C'est un **nombre**. Dans l'exemple ci-dessus, on a : $3 < mes_u(AB) < 4$.

Remarque : 3 u est une longueur puisque u est une longueur. On peut aussi écrire : $3\,u < AB < 4\,u$. Les inégalités du type $3 < mes_u(AB) < 4$ sont des inégalités entre nombres, les inégalités $3\,u < AB < 4\,u$ sont des inégalités sur les longueurs.

! Il est important de distinguer une grandeur de sa mesure (qui est un nombre) avec une unité donnée.

Le nombre 3 est appelé nombre-mesure. Dans certains énoncés, on trouve AB = 3 comme notation.

Si l'on a besoin de plus de précision, on peut partager l'unité et donner un nom à une fraction de l'unité. On peut aussi utiliser des multiples de l'unité.

L'intérêt du système métrique (voir chapitre suivant pour la définition) réside dans le choix d'un partage en 10 cohérent avec la numération de position de base dix.

> **Notations, vocabulaire**
>
> Si on a défini la lettre M comme une masse, si sa mesure en grammes est 5, on doit noter : M = 5 g et non M = 5.
>
> Si à gauche de l'égalité on a une grandeur, à droite on doit aussi en avoir une :
>
> 5 g est bien une grandeur, car c'est 5 fois la grandeur unité 1 g. L'expression « il mesure 2 m » est incorrecte (même si d'usage courant).

Il est recommandé de garder les unités dans les calculs, on en verra l'intérêt dans les conversions et dans le chapitre « Fonctions, proportionnalité » pour les grandeurs-quotients.

4.2 Techniques pour mesurer

Il existe trois types de techniques :

Technique 1

Estimation de manière perceptive.	à l'aide de nos sens (vue, toucher, sens barrique…)

Technique 2

Un mesurage effectif est réalisé, mesurage pour lequel on indique une précision souvent de façon implicite.	Par exemple, un mesurage avec une règle graduée de 20 cm (double-décimètre) se fait au mieux avec une précision au millimètre. On tolérera les réponses 3,1 cm, 3,2 cm et 3,3 cm pour une longueur de 3,2 cm. L'écriture avec un chiffre après la virgule signifie implicitement que la précision est égale à un dixième de centimètre.

Technique 3

Un calcul est effectué.	Les formules de calcul d'aires et de volumes sont redonnées dans le chapitre « Grandeurs : exemples ».

4.3 Lien grandeur et mesure

La mesure est « compatible » avec la relation d'ordre et l'addition définies pour une grandeur mesurable donnée, ce qui signifie, dans le cas d'une grandeur donnée A, prenant les « valeurs » A_1, A_2, A_3 : si $A_1 < A_2$, alors $\text{mes}_u(A_1) < \text{mes}_u(A_2)$;

si $A_3 = A_2 + A_1$, alors $\text{mes}_u(A_3) = \text{mes}_u(A_2) + \text{mes}_u(A_1)$.

4.4 Conversions

Le nombre-mesure dépend de l'unité choisie. Il est judicieux de choisir une unité adaptée à l'ordre de grandeur de la grandeur à mesurer, par exemple le mètre est plus adapté que le millimètre pour mesurer la longueur d'une salle de classe. Effectuer une conversion, c'est déterminer la nouvelle mesure d'une grandeur après changement d'unité.

Propriété fondamentale de conversion

Lorsqu'on change d'unité les nouveaux nombres-mesures sont proportionnels aux anciens.

Exemple

Illustration dans le cadre des longueurs

Si l'on doit mesurer des longueurs de segments portés par la droite ci-dessous avec l'unité u et avec l'unité v telle que $u = 2\ v$, chaque fois que l'on reporte u, on est obligé de reporter deux fois v, donc une mesure obtenue avec v est le double de celle obtenue avec u :

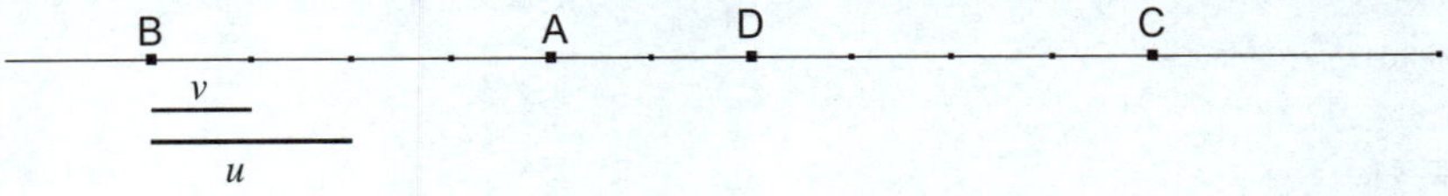

Technique 1

On applique le coefficient multiplicateur pour passer des mesures avec l'unité u à celles avec l'unité v.

longueur	AB	AC	BC	AD
Mesure avec u	2	3	5	1
Mesure avec v	4	6	10	2

(× 2 : de la ligne « Mesure avec u » à la ligne « Mesure avec v »)

On a : BC = AB + AC, on retrouve cette égalité pour les mesures avec u et avec v.
On a : AB = 2 AD, la même égalité se retrouve avec les mesures.

Technique 2

On écrit : $AC = 3\ u = 3 \times 1\ u = 3 \times 2\ v = 6\ v$.

Technique 3

Dans le cas d'unités du système métrique, on peut utiliser un tableau de conversion construit sur le même modèle qu'un tableau de numération.

23 Grandeurs : exemples

Cours et méthodes

1 Longueurs

1.1 Généralités

La longueur est une grandeur mesurable, c'est-à-dire qu'on peut définir l'égalité de deux longueurs, comparer et ajouter des longueurs. Le protocole expérimental pour comparer les longueurs de deux baguettes consiste à superposer ces deux baguettes après avoir fait coïncider une de leurs extrémités ; il suffit ensuite de comparer les positions des autres extrémités. Ce protocole permet également de comparer les longueurs de courbes pouvant être déformées en segments de droite sous certaines conditions. Pour additionner des longueurs, il suffira de fabriquer un segment en mettant bout à bout sur une même droite support deux segments de longueur les longueurs à additionner, la longueur de ce nouveau segment sera la longueur somme.

De nombreuses longueurs ont des noms particuliers : ainsi la **hauteur, l'altitude, le diamètre, le périmètre, la largeur, la profondeur, l'épaisseur** sont des longueurs. La hauteur d'un bâtiment peut être définie comme la longueur d'un segment porté par une droite verticale (représentée par un fil à plomb) et dont les extrémités sont un point du sol et un point du haut du bâtiment.

REMARQUE

Le mot distance est polysémique. Dans le langage mathématiques, lorsqu'on munit le plan (ou l'espace) d'une unité, on appelle distance la mesure d'une longueur avec cette unité alors que dans le langage courant, le mot distance désigne une longueur. Dans cet ouvrage, suivant les problèmes, le mot distance désignera une longueur ou une mesure de longueur.
Le mot côté est polysémique : un côté peut être un segment (ensemble de points), la longueur d'un segment, un nombre-mesure avec une unité donnée. On peut dire « un carré de côté 2 cm » (sens longueur) ou « le côté de longueur 2 cm » (sens segment).

Propriété

La plus courte distance entre deux points A et B (sans contrainte comme éviter des obstacles ou rester sur une surface comme par exemple une sphère), c'est-à-dire la plus petite longueur d'une courbe reliant les deux points, est celle obtenue avec la ligne droite, c'est-à-dire la longueur du segment [AB].

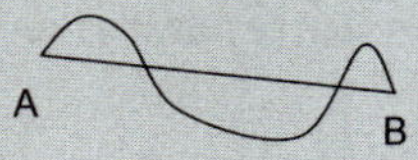

Propriété caractéristique d'un segment

Si C appartient au segment [AB], alors : AB = AC + CB.
Réciproquement : si AB = AC + CB, alors A, C, B sont alignés dans cet ordre.

1.2 Unités de longueur

Le **mètre** est l'unité de longueur du Système International (SI), il est défini, depuis 1983, comme la distance parcourue par la lumière dans le vide en 1/299 792 458 seconde.

Le système métrique, mis en place à partir de la Révolution française, est un système décimal de mesure qui a pour base le mètre, c'est une partie du Système International d'unités. Le Système International d'unités (système SI) est, lui, basé sur sept unités dont le mètre, la seconde et le kilogramme[1].

Les sous-unités du mètre sont le décimètre (1 dm = 1/10 m), le centimètre (1 cm = 1/10 dm = 1/100 m), le millimètre (1 mm = 1/10 cm = 1/1000 m), les unités plus grandes sont le décamètre (1 dam = 10 m), l'hectomètre (1 hm = 10 dam = 100 m), le kilomètre (1 km = 10 hm = 1000 m).

On peut éventuellement utiliser un tableau de conversion qui automatise les conversions mais n'explicite pas les relations essentielles pour résoudre les problèmes de mesure, et oblige à retenir des sous-unités d'usage peu courant.

Exemple

$123\,\text{m} = \dfrac{123}{1000}\,\text{km} = 0{,}123\,\text{km}$ ou $123\,\text{m} = 123 \times 100\,\text{cm} = 12\,300\,\text{cm}$.

	km	hm	dam	m	dm	cm	mm		
	0 ,	1	2	3					
		1	2	3	0	0			

Grandeurs/mesures

1. [www.bipm.org/fr/measurement-units/].

··· POUR ALLER PLUS LOIN ···

Autres unités de longueur (qu'il n'est pas nécessaire de mémoriser pour le CRPE)

Le micro mètre (appelé aussi micron) : $1\ \mu m = \frac{1}{1000000}\ m = 10^{-6}\ m$.

L'année lumière est la distance parcourue par la lumière dans le vide pendant une année sidérale : égale à environ $9{,}460895 \times 10^{15}$ m.

L'unité astronomique est la distance moyenne entre la Terre et le Soleil : 1 ua = $1{,}50 \times 10^{11}$ m.

1.3 Périmètre

DÉFINITION

Le **périmètre** est la longueur d'une courbe fermée qui délimite une surface.

Périmètre vient du grec *péri-* qui veut dire *autour* et *metr-* qui veut dire *mesure.*

Dans certains dictionnaires, le mot périmètre désigne la courbe ainsi que sa longueur. Le périmètre d'un polygone est facile à calculer, c'est la somme des longueurs des côtés, dans le cas du rectangle c'est le double de la somme de la longueur et de la largeur, pour le carré c'est quatre fois la longueur du côté, que l'on peut retenir comme une formule pour soulager la mémoire de travail (plutôt que de la reconstruire). Par contre pour le cercle, il est nécessaire de mémoriser une formule.

Longueur, périmètre ou circonférence d'un cercle, d'un disque

Des expérimentations permettent de constater que le périmètre p du disque est proportionnel au diamètre d ; en effet si on double le diamètre, on double le périmètre, si on multiplie le diamètre par a, le périmètre est multiplié par a, ce qui est caractéristique de la proportionnalité. On sait alors qu'il existe un coefficient k tel que : $p = k \times d$. Ce coefficient k a été nommé π, c'est un nombre réel non rationnel, donc non décimal ; des valeurs approchées sont : $\pi \approx 3{,}14159\ldots \approx \frac{22}{7}$.

Formule

La longueur d'un cercle de diamètre d et de rayon r est égale à $\pi \times d = 2\pi \times r$.

On peut construire par des manipulations l'approximation 3,1 ; les mathématiciens ont progressivement établi des valeurs approchées de plus en plus précises. Il est à remarquer que π est le premier nombre non rationnel que les élèves rencontrent en fin de cycle 3.

2 Aires

2.1 Généralités

L'aire est une grandeur mesurable. On a vu au début du chapitre précédent comment définir que deux aires sont égales.

REMARQUE

L'aire est une grandeur associée à une surface ; en mathématiques, une surface est un ensemble de points ; par exemple, le disque est la surface plane délimitée par un cercle, la sphère est une surface non plane. Dans le langage courant on emploie parfois les mots surface ou superficie à la place du mot mathématique aire, selon les contextes.

L'aire de la surface *S* est plus petite que l'aire de la surface *T* si on peut inclure une surface *S'* de même aire que *S* dans *T*. L'aire de *S* est égale à l'aire de *S'*.

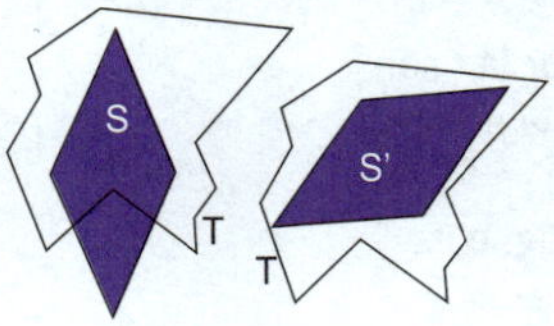

Par convention, l'aire d'une ligne est égale à 0, par exemple l'aire d'un segment est nulle.

La somme de l'aire de *S* et de *T* est l'aire de toute surface obtenue en juxtaposant sans recouvrement les deux surfaces.

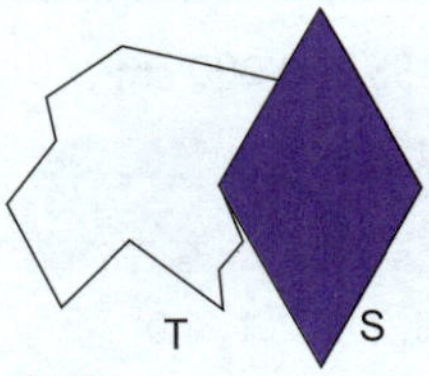

L'aire : une grandeur-produit

À partir de deux grandeurs, on peut définir de nouvelles grandeurs appelées « grandeurs-produits ».

On peut définir le produit de deux longueurs comme l'aire du rectangle dont les côtés ont pour longueur ces deux longueurs (on verra plus loin que cette définition est cohérente avec la formule de l'aire d'un rectangle) ; on dit que l'aire est une grandeur-produit ; si les longueurs sont mesurées avec la même unité u, l'unité de la grandeur-produit sera définie comme l'aire du carré de côté 1 u et notée u^2, notation cohérente avec le fait que $1\ u^2 = 1\ u \times 1\ u = (1\ u)^2$.

Exemple

Si A est une aire, il est alors licite d'écrire A = 5 cm × 4 cm = 20 cm².

Grandeurs/mesures

2.2 Unités d'aires

L'unité légale d'aire est le mètre carré qui est défini comme l'aire d'un carré de côté 1 m.

Le décimètre carré est l'aire d'un carré de côté 1 dm, on a 1 dm² = 1/100 m² ; en effet : 1 m² = 1 m × 1 m = 10 dm × 10 dm = 100 dm². On remarque que 1 dm² n'est pas égal à 1/10 de mètre carré.

Les sous-unités sont aussi le centimètre carré (1 cm² = 1/100 dm² = 1/10000 m²), le millimètre carré (1 mm² = 1/100 cm² = 10^{-6} m²), parmi les unités plus grandes, on peut définir le kilomètre carré (1 km² = 10^6 m²).

Technique	**Conversion pour les aires**
Écrire l'unité d'aire comme produit d'unités de longueur. Remplacer chaque longueur par son expression en fonction de la nouvelle longueur. Effectuer le produit des longueurs.	Exemple : $15 \text{ m}^2 = 15 \times (1 \text{ m}^2) = 15 \times (1 \text{ m} \times 1 \text{ m})$ $= 15 \times 100 \text{ cm} \times 100 \text{ cm}$ $= 150\,000 \text{ cm}^2$.

Cette technique de conversion d'aires s'appuie sur des conversions de longueurs. On peut aussi directement utiliser les relations entre les unités d'aires.

Pour les mesures d'aires on peut utiliser, comme pour les longueurs, un tableau de conversion qui automatise les calculs mais n'explicite pas les relations essentielles pour résoudre les problèmes de mesure.

Exemple

35610 m² = 0,03561 km² = 356 100 000 cm².

		km²		hm²		dam²		m²		dm²		cm²		mm²					
					3	5	6	1	0										

··· POUR ALLER PLUS LOIN ···

Pour les superficies de terrains, on utilise parfois (notamment dans les actes notariés) l'are, l'hectare et le centiare.

1 are est l'aire d'un carré de côté 10 m, étymologiquement un hectare est égal à 100 ares (ce qui correspond aussi à l'aire d'un carré d'1 hm de côté). Un centiare est un centième d'are, c'est donc l'aire d'un carré de côté 1 m.

1 ha = 10 000 m², 1 a = 100 m² et 1 ca = 1 m².

2.3 Formules d'aires

a. Aire d'un rectangle et d'un carré

Formules

L'aire d'un rectangle de côtés L et l est égale à : $A = L \times l$.
L'aire d'un carré de côté c est égale à : $A = c^2$.

··· POUR ALLER PLUS LOIN ···

Démonstration (elle pourra être omise en première lecture)

Cas 1 : les mesures avec l'unité u des longueurs sont deux entiers a et b. On choisit de paver le rectangle avec des carrés de côté 1 u, donc d'aire 1 u^2. On dénombre $a \times b$ carrés, donc l'aire est égale à $(a \times b)\ u^2$.

Cas 2 : les mesures avec l'unité u des longueurs sont deux rationnels $a = \frac{p}{q}$ et $b = \frac{r}{s}$. On dispose q copies juxtaposées du rectangle (dans la direction de la longueur a), puis on dispose s copies juxtaposées du nouveau rectangle (dans la direction de la longueur b).

Les longueurs du rectangle obtenu sont pu et ru, avec p et r deux entiers, et on se ramène ainsi au cas 1. L'aire de ce rectangle est $(p \times r)u^2$. On a donc $q \times s$ rectangles identiques au rectangle dont on cherche l'aire, qui forment un grand rectangle d'aire $(p \times r)u^2$. D'où l'aire du rectangle de départ de longueur $a = \frac{p}{q}u$ et $b = \frac{r}{s}u$ est égale à $\frac{p \times r}{q \times s}u^2 = \frac{p}{q} \times \frac{r}{s}u^2$.

On peut comprendre le cas général avec un exemple : dans le schéma ci-contre, on cherche l'aire du rectangle coloré de mesures 6/5 et 2/3, avec l'unité u. On a recopié 5 rectangles dans la direction de la longueur et 3 rectangles dans la direction de la largeur. L'aire du grand rectangle ainsi obtenu est $6 \times 2\ u^2 = 12\ u^2$, c'est l'aire de 5×3 rectangles d'aire cherchée. La mesure de l'aire cherchée est donc de $\frac{12}{15}$ avec l'unité d'aire u^2.

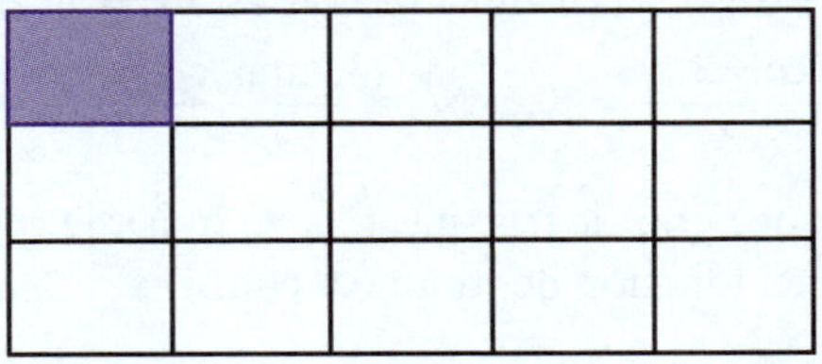

Cas 3 : les mesures avec l'unité u des longueurs sont deux réels positifs non rationnels . On utilise le fait que tout réel peut être approché à n'importe quelle précision par des rationnels (voir chapitre « ensembles de nombres »). On utilise le cas 2. On a montré que l'aire d'un rectangle de côtés au et *bu* est égale à $(ab)u^2$. La définition ci-dessus du produit de deux longueurs permet donc d'écrire la formule de l'aire du rectangle comme produit de longueurs.

b. Aire d'un triangle

Un triangle rectangle peut être « complété », par symétrie par rapport au milieu de son hypoténuse, en un rectangle dont les côtés sont les côtés de l'angle droit du triangle rectangle. L'aire d'un triangle rectangle est la moitié de celle du rectangle ainsi construit.

En traçant la hauteur issue de A dans le triangle quelconque ABC, on fait apparaître deux triangles rectangles et on peut utiliser la formule de l'aire d'un triangle rectangle.

Pour un triangle quelconque, on a deux cas de figures :

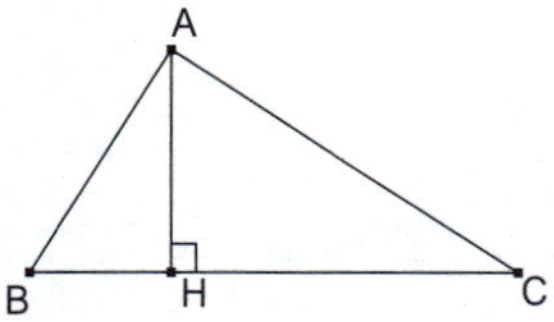

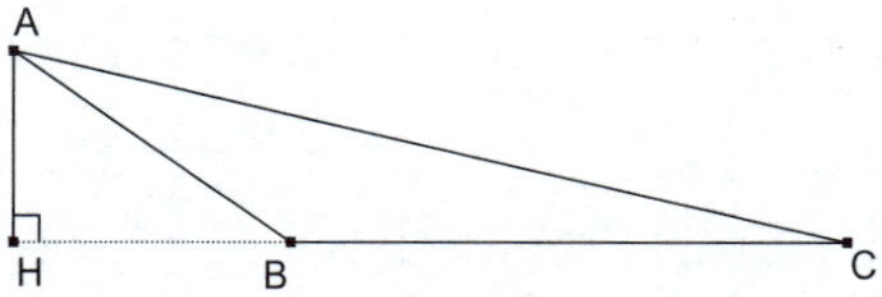

Dans le cas où la hauteur est intérieure au triangle, le point H appartient au segment [BC] et on peut écrire BC = BH + CH et

$$Aire\,(\mathrm{ABC}) = \frac{\mathrm{AH} \times \mathrm{BH}}{2} + \frac{\mathrm{AH} \times \mathrm{CH}}{2} = \frac{\mathrm{AH} \times (\mathrm{BH} + \mathrm{CH})}{2} = \frac{\mathrm{AH} \times \mathrm{BC}}{2};$$

Dans le cas où la hauteur est extérieure au triangle, le point H n'appartient pas au segment [BC] et on peut écrire BC = BH – CH ou BC = CH – BH suivant la position de H à l'extérieur (sur la figure BC = CH – BH) et

$$Aire\,(\mathrm{ABC}) = \frac{\mathrm{AH} \times \mathrm{CH}}{2} - \frac{\mathrm{AH} \times \mathrm{BH}}{2} = \frac{\mathrm{AH} \times (\mathrm{CH} - \mathrm{BH})}{2} = \frac{\mathrm{AH} \times \mathrm{BC}}{2}.$$

Formule

Un triangle dont la longueur d'un côté (appelée base) est b et la hauteur relative (en tant que longueur) est h, a comme aire : $A = \dfrac{b \times h}{2}$.

Exemple

Si BC = 7 cm et si la hauteur relative est AH = 3 cm, alors

$$Aire = \frac{7\,\text{cm} \times 3\,\text{cm}}{2} = 10{,}5\ \text{cm}^2 = \frac{70\ \text{mm} \times 30\ \text{mm}}{2} = 1050\,\text{mm}^2 \cdot$$

Remarque : pour le triangle, il faut choisir le côté qui va servir de base et la hauteur relative en fonction des données connues.

c. Aire d'un parallélogramme et d'un trapèze

La formule de l'aire du trapèze n'est pas explicitement au programme du cycle 4. Il est intéressant de savoir retrouver l'aire du parallélogramme et celle du trapèze par des découpages-recollements comme montré ci-dessous.

Définition

La hauteur relative à une base d'un trapèze, à un côté d'un parallélogramme est égale à la distance entre cette base ou ce côté et le côté opposé parallèle.

Formules

L'aire d'un **parallélogramme** de côté L et de hauteur relative h est égale à : $A = L \times h$.
Un **trapèze** de hauteur h, dont la longueur d'une base est notée B et celle de l'autre base est notée b, a comme aire : $A = \dfrac{(B+b)\times h}{2}$.

Pour démontrer la formule de l'aire du parallélogramme, on utilise le fait que l'aire d'un parallélogramme est le double de l'aire d'un des deux triangles superposables obtenus par le partage par l'une des diagonales, la hauteur du parallélogramme étant aussi une hauteur du triangle (voir figures ci-dessous, dans un cas où la hauteur h relative au côté [BC] est extérieure au parallélogramme et dans un cas où cette hauteur est intérieure).

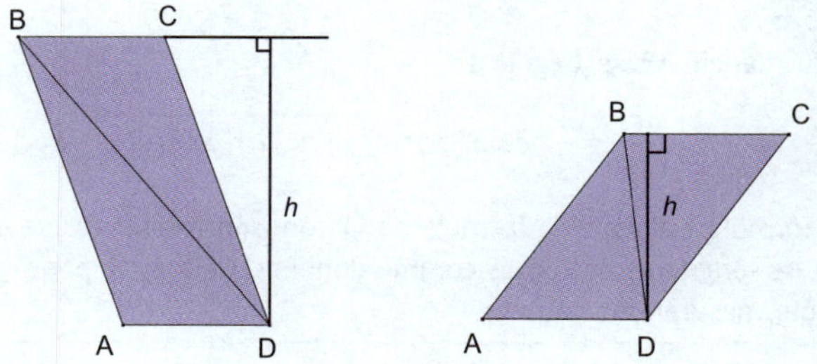

Le parallélogramme ABCD a pour aire le double de l'aire du triangle BCD, c'est-à-dire le double de $\frac{BC \times h}{2}$. On note L la longueur de la base [BC].

$$Aire(\text{ABCD}) = 2 \times Aire(\text{BCD}) = 2 \times \frac{BC \times h}{2} = BC \times h = L \times h$$

Pour démontrer la formule de l'aire du trapèze de bases B et b, on utilise une symétrie de centre le milieu d'un côté autre qu'une base pour doubler l'aire du trapèze et se ramener à l'aire d'un parallélogramme de base $B + b$.

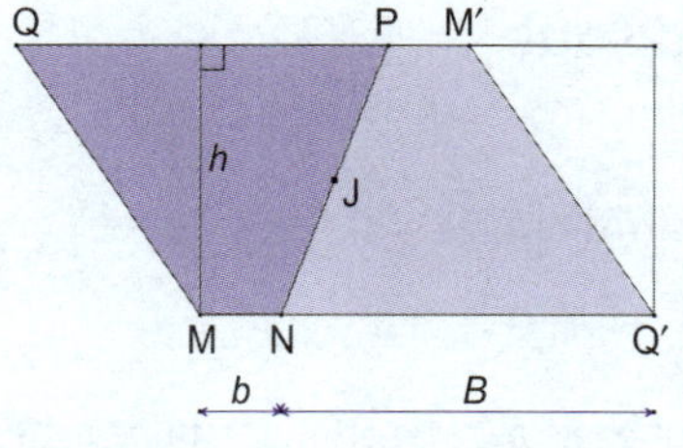

Ainsi l'aire du trapèze QPNM est égale à la moitié de l'aire du parallélogramme MQM'Q' :

$$Aire(\text{MNPQ}) = \frac{1}{2} \times Aire(\text{MQM'Q'}) = \frac{1}{2} \times (b + B) \times h.$$

··· POUR ALLER PLUS LOIN ···

Autres formules de calcul d'aire d'un triangle

(qu'il n'est pas nécessaire de mémoriser pour le CRPE)
Dans le triangle ABC quelconque, si on désigne par :

- a, b, c les longueurs respectives BC, AC, AB,
- p le demi-périmètre, h la hauteur issue de A,
- R le rayon du cercle circonscrit, r le rayon du cercle inscrit,
- α l'angle $\widehat{\text{BAC}}$;

alors l'aire du triangle ABC est égale à :

$$aire = \frac{a \times h}{2} = p \times r = \frac{abc}{4R} = \frac{1}{2} bc \sin(\alpha) = \sqrt{p(p-a)(p-b)(p-c)}$$

La dernière formule est appelée formule de Héron, son intérêt réside dans le fait de nécessiter uniquement les longueurs des côtés comme données. Cela évite par exemple de faire des tracés auxiliaires pour mesurer une hauteur.

REMARQUE

Le calcul d'aires peut être un outil intermédiaire pour le calcul de longueur.

Exemple

On cherche à déterminer la hauteur MH issue de M dans le triangle MBC rectangle en M, sachant que MB = 3 cm, MC = 4 cm et ayant calculé avec le théorème de Pythagore la longueur BC : BC = 5 cm.

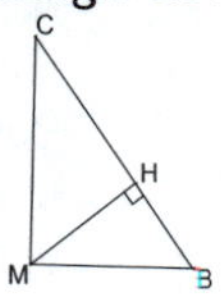

On a : $A = \frac{4\,\text{cm} \times 3\,\text{cm}}{2} = \frac{\text{MH} \times 5\,\text{cm}}{2}$, d'où $\text{MH} = \frac{4 \times 3}{5}\,\text{cm} = 2{,}4\,\text{cm}$.

d. Aire d'un disque

Formule

L'aire d'un disque de rayon R est égale à πR^2.

! L'aire d'un cercle est égale à 0 ! En effet, c'est une ligne.

··· POUR ALLER PLUS LOIN ···

Aire d'une sphère

La formule de l'aire d'une sphère n'est pas explicitement au programme de cycle 4. Si elle est présente dans un exercice au CRPE, elle sera rappelée dans un formulaire, la compétence évaluée sera alors : « savoir utiliser un formulaire ».

Formule

L'aire d'une sphère de rayon R est égale à $4\pi R^2$.

L'aire d'une sphère est l'aire de « l'enveloppe » d'une boule (voir chapitre « Solides de l'espace »).

3 Volumes, contenances

3.1 Généralités

De même que la longueur et l'aire, le **volume** est une grandeur mesurable.

Un protocole expérimental pour comparer les volumes de deux objets consiste à plonger chaque objet dans un récipient rempli d'un fluide non absorbé par chacun des objets, de récupérer tout le fluide qui se déverse lors de leur immersion puis de comparer les deux volumes de fluide obtenus (en les versant dans deux récipients identiques de façon à ne comparer que la hauteur des deux fluides ; on remplace la comparaison de volumes par celle des longueurs). La **contenance** (parfois appelée **capacité**) est le volume intérieur d'un solide évidé (pouvant donc recevoir un fluide). Le protocole expérimental pour comparer les contenances de deux récipients consiste à remplir l'un des deux récipients avec un liquide donné, puis transvaser son contenu dans l'autre récipient. S'il reste du liquide dans le premier récipient et si le second récipient est plein, c'est le premier récipient qui a la plus grande contenance. Sinon c'est le second récipient qui a la plus grande contenance.

3.2 Unités de volume, de contenance

Il y a deux types d'unités, celles liées au système métrique, le mètre cube (m^3) et ses sous-unités et multiples, et celles liées au litre (en général utilisé essentiellement pour les contenances), le litre étant lui-même une sous-unité du mètre cube.

Le mètre cube est défini comme le volume d'un cube de longueur d'arête 1 m. On peut définir le produit d'une aire A et d'une longueur L comme le volume d'un pavé droit, dont une face rectangulaire a comme aire A et une arête perpendiculaire à cette face a comme longueur L ; on dit que **le volume est une grandeur-produit**. On peut alors écrire :

$1\ m^3 = 1\ m^2 \times 1\ m = 1\ m \times 1\ m \times 1\ m = 10\ dm \times 10\ dm \times 10\ dm = 1000\ dm^3$.

Le décimètre cube est le volume d'un cube de côté 1 dm, on a $1\ dm^3 = 1/1000\ m^3$; les sous-unités sont aussi le centimètre cube ($1\ cm^3 = 1/1000\ dm^3 = 10^{-6}\ m^3$), le millimètre cube ($1\ mm^3 = 1/1000\ cm^3 = 10^{-9}\ m^3$).

Pour les volumes, on peut utiliser soit la technique utilisant les relations entre les longueurs, soit celle utilisant le coefficient de proportionnalité pour passer des mesures avec une unité aux mesures avec une autre unité, soit un tableau de conversion (mais qui est complexe à gérer car nécessite de construire trois « sous-colonnes » dans chaque colonne).

Exemple

Technique 1 :

$28\,m^3 = 28 \times 1\,m \times 1\,m \times 1\,m = 28 \times 100\ cm \times 100\ cm \times 100\ cm = 28\,000\,000\ cm^3$

$28\,m^3 = 28 \times 1\,m \times 1\,m \times 1\,m = 28 \times 0{,}001\ km \times 0{,}001\ km \times 0{,}001\ km = 0{,}000000028\ km^3$

Technique 2 : pour passer des mesures en m^3 aux mesures en cm^3, on multiplie par $(10^2)^3 = 10^6$

···›

Grandeurs/mesures

Exemple (suite)

Technique 3 :

km^3			hm^3			dam^3			m^3			dm^3			cm^3			mm^3		
										2	8	0	0	0	0	0	0			
		0,	0	0	0	0	0	0	0	2	8									

Définition

1 litre (abréviation 1 L) est le volume (la contenance) d'un cube de longueur d'arête 1 dm. D'où 1 L = 1 dm^3.

Un décilitre est égal à un dixième de litre, un hectolitre est égal à cent litres.

Exemple

$12\ m^3 = 12 \times 1\ m \times 1\ m \times 1\ m = 12 \times 10\ dm \times 10\ dm \times 10\ dm = 12000\ dm^3$
$= 12000\ L.$

On peut aussi utiliser un tableau de conversion :

		hL	daL	L	dL	cL	mL		
	1	2	0	0	0	0	0		

1200 L = 12 hL = 120 000 cL.

… POUR ALLER PLUS LOIN …

Autres unités de volume

Le **stère** est une autre unité de volume, qui n'est plus reconnue par le système international, mais qui est encore utilisée dans le commerce du bois, c'est le volume du pavé droit « enveloppe » du tas de bois et non le volume des bûches de bois. Un stère correspond à un mètre cube.
Le **baril** est une autre unité de contenance (ou de volume) surtout utilisée pour le pétrole. Il vaut environ 159 L.

3.3 Formules de volumes

Volume d'un pavé droit et d'un cube

Le volume d'un pavé droit de longueurs d'arêtes L, l et h est égal à : $V = L \times l \times h$.
Le volume d'un cube de longueur d'arête a est égal à : $V = a^3$.

Volume d'un cylindre et d'un prisme

Le volume d'un cylindre d'aire de base A, de hauteur h est égal à : $V = A \times h$.
Si le cylindre est un cylindre de révolution de hauteur h et de base un disque de rayon R, alors : $V = \pi \times r^2 \times h$
Le volume du prisme suit la même formule : $V = A \times h$.

Exemple

Un prisme à base un triangle rectangle de longueurs de côtés relatifs à l'angle droit 3 cm et 4 cm et de hauteur 5 cm a comme volume : $V = \left(\frac{1}{2} \times 3\,\text{cm} \times 4\,\text{cm}\right) \times 5\,\text{cm} = 30\,\text{cm}^3$.

Volume d'un cône et d'une pyramide

Le volume d'un cône d'aire de base A, de hauteur h est égal à :

$V = \frac{1}{3} A \times h.$

Si le cône est un cône de révolution de hauteur h et de base un disque de rayon r alors le volume V est égal à : $V = \frac{1}{3} \times \pi \times r^2 \times h.$

Le volume d'une pyramide se calcule avec la même formule $V = \frac{1}{3} A \times h.$

Exemple

Un cône de révolution de base de rayon 3 cm et de hauteur 5 cm a comme volume : $V = \frac{1}{3}\left(\pi \times 3^2\ \text{cm}^2\right) \times 5\,\text{cm} = 15\pi\ \text{cm}^3 \approx\ 47{,}123\ \text{cm}^3$.

L'approximation ici est donnée au mm³. Si rien n'est indiqué, les approximations seront données à la précision d'une sous-unité de volume, et donc les mesures seront approchées à 10^{-3}, ou 10^{-6}... près.

!

Certains problèmes demandent de calculer l'aire latérale d'un solide et non son volume. Dans le cas d'un cylindre de révolution, par exemple, il s'agit de trouver l'aire du rectangle qui forme la surface latérale en s'enroulant.

Volume d'une boule

Le volume d'une boule de rayon r est égal à : $V = \frac{4}{3}\pi \times r^3$.

4 Durées

4.1 Généralités

La **durée** est une grandeur mesurable : on peut comparer deux durées, les additionner. La somme de deux durées d et d' est la durée écoulée entre les instants t_1 et t_3 tels que la durée de t_1 à t_2 est d et de t_2 à t_3 est d'. Contrairement aux grandeurs étudiées jusqu'ici, les unités de durées ne font pas partie du système métrique, les relations entre unités de durée et sous-unités ne sont pas basées sur la numération en base dix.

4.2 Unités de durée

1 **année** = 365 jours (sauf années bissextiles) ; 1 **jour** = 24 h ; 1 **h** = 60 min ; 1 **min** = 60 s. Au delà des secondes, on utilise les dixièmes, centièmes de seconde...

C'est la **seconde** qui est l'unité de durée du système SI, la seconde est définie comme la durée de 9 192 631 770 périodes de la radiation correspondant à la transition entre les niveaux hyperfins F = 3 et F = 4 de l'état fondamental $^6S_{1/2}$ de l'atome de césium 133. Depuis le 20 mai 2019, la seconde « est définie en prenant la fréquence de la transition hyperfine de l'état fondamental de l'atome de césium 133 non perturbé, égale à 9 192 631 770 lorsqu'elle est exprimée en Hz, unité égale à s^{-1} ». L'année sidérale (durée qui correspond à une révolution complète de la Terre autour du Soleil) est environ égale à 365,25 jours.

Exemple

Convertir en mois, jours, heures, minutes, secondes la durée de 10 000 000 secondes.

- Combien de minutes dans 10 000 000 secondes : on effectue la division euclidienne de 10 000 000 par 60 ; le quotient est 166 666, le reste 40 ; donc il y a 166 666 min et 40 s.
- Combien d'heures dans 166 666 min : on effectue la division euclidienne de 166 666 par 60 : le quotient est 2777, le reste est 46 ; donc il y a 2777 h et 46 min.
- Combien de jours dans 2777 h : on effectue la division euclidienne par 24 : le quotient est 115, le reste est 17 ; donc il y a 115 jours et 17 h.
- Combien de mois dans 115 jours : on effectue la division euclidienne par 30 : le quotient est 3, le reste 25 ; donc il y a 3 mois de 30 jours et 25 jours. Le cas échéant, on tiendra compte de la durée effective des mois concernés (28, 29, 30 ou 31 jours).
- 10 000 000 s = 115 j 17 h 46 min 40 s = 3 m 25 j 17 h 46 min 40 s.

REMARQUE

Le mot « temps » est polysémique. Selon le contexte, il peut désigner une grandeur mesurable[1] (durée) ou une grandeur repérable mais pas « mesurable » au sens des mathématiciens (instants comme les dates, les heures de la journée...). On peut indiquer si un instant est avant un autre mais on ne peut pas ajouter deux instants. C'est cette propriété d'ordre qui permet d'établir des chronologies.

5 Masses

La masse est une grandeur mesurable. Le protocole expérimental pour la comparaison consiste à utiliser une balance à plateaux (balance Roberval), la masse la **plus grande** est celle de l'objet sur le plateau le **plus bas**.

Unités de masse

Le **kilogramme** est l'unité de masse du système SI, défini depuis 1889 comme la masse d'un prototype déposé au pavillon de Breteuil. Depuis le 20 mai 2019, le kilogramme est défini à partir d'une constante appelée constante de Planck.

1 g = 1/1 000 kg ; 1 dg = 1/10 g ; 1 mg = 1 /1 000 g ; 1 **tonne** = 1 000 kg.

1. *Cf.* chapitre « Grandeurs et mesures », § 2.

Pour les conversions de mesures de masse, on peut aussi utiliser un tableau de conversion.

Exemple

0,325 kg = 325 g = 325 000 mg.

	tonne			kg	hg	dag	g	dg	cg	mg		
				0,	3	2	5					

REMARQUE

1 quintal = 100 kg.

6 Agrandissement-réduction et grandeurs

Propriété

Si dans un agrandissement-réduction, les longueurs sont multipliées par un coefficient k, les aires sont multipliées par k^2, les volumes sont multipliés par k^3.

Dans le chapitre « Fonctions, proportionnalité », on voit que l'étude d'une situation de proportionnalité permet de définir de nouvelles grandeurs appelées grandeurs-quotients comme la vitesse, l'allure, le débit, la masse volumique, la concentration, la quantité d'information, la densité de population, le rendement d'un terrain.

Pour un solide en matériel homogène pour lequel les masses sont proportionnelles aux volumes, dans un agrandissement-réduction de rapport k, les masses sont multipliées par k^3.

Exemple

Un professeur a agrandi, pour qu'elle soit visible, une pyramide en multipliant les longueurs par 5. L'aire du carton nécessaire pour la construction est multipliée par $5^2 = 25$, le volume est multiplié par $5^3 = 125$.

24 Grandeurs et mesures à l'école

Cours et méthodes

Avant d'étudier ce chapitre il est recommandé de travailler la partie mathématique, en particulier le chapitre « Grandeurs et mesures » où sont définis les termes de grandeur, mesure et unité.

1 Introduction

Le thème « Grandeurs et mesures » permet une interface avec les autres thèmes des mathématiques enseignées à l'école primaire (« Nombres et calcul », « Espace et géométrie ») ; en effet certaines grandeurs sont intimement liées à la géométrie (longueur, aire, volume) et l'action de mesurer engage le passage du cadre des grandeurs au cadre numérique en le favorisant. Le programme 2018 de cycle 2 et 3 insiste sur le lien entre les grandeurs, le système métrique et la numération ; dans le thème « Nombres et calcul » du programme du cycle 3, on trouve : « *Les fractions puis les nombres décimaux apparaissent comme de nouveaux nombres introduits pour pallier l'insuffisance des nombres entiers, notamment pour mesurer des longueurs, des aires et repérer des points sur une demi-droite graduée [...] Les caractéristiques communes entre le système de numération et le système métrique sont mises en évidence.* » ; dans le thème « Grandeurs et mesures » de cycle 2, il est indiqué : « *liens entre les unités de mesure décimales et les unités de numération* ».

Le thème « Grandeurs et mesures » est un domaine où les liens avec d'autres disciplines sont forts ; des opportunités de mesurage sont fréquentes : en EPS (comparaison de durées de course, construction de parcours de longueurs variées, etc.), en sciences et technologie (comparaison de masses, construction d'objets de longueur donnée, etc.), en géographie (mesure de longueur, problème d'échelle), en histoire (frises chronologiques), en musique (durées). En maternelle (programme 2015), les grandeurs sont présentes dans les paragraphes « §4.2 Explorer des formes, des grandeurs... » et « §5 Explorer le monde... ».

Une introduction précoce de la mesure est considérée comme source de difficultés pour les élèves dans ce domaine. Ainsi les travaux de Marie-Jeanne Perrin et Régine Douady, qui ont été repris dans les documents ressources associés aux divers programmes ultérieurs de l'école primaire[1] montrent la **nécessité de travailler suffisamment longtemps dans le cadre de la grandeur sans mesurer.**

Les techniques dans le cadre des grandeurs s'appuient sur la perception (même pour les masses et les durées), sur des protocoles expérimentaux (pour les longueurs et les angles par superposition, pour les aires par superposition après un découpage-recollement éventuel, pour les masses avec la balance type Roberval, pour les durées avec le sablier, pour les contenances avec les transvasements). Voir chapitres « Grandeurs et mesures » et « Grandeurs : exemples ».

L'introduction de la mesure doit être motivée : on mesure quand on ne peut pas mettre en œuvre des procédures dans le cadre de la grandeur (ou lorsqu'elles sont trop coûteuses) ; c'est le cas par exemple lorsque les objets sont trop grands, trop petits, éloignés les uns des autres, inaccessibles ou lorsque la situation nécessite de communiquer des informations. D'un point de vue didactique, il est nécessaire de réaliser au moins une fois (pour la plupart des grandeurs étudiées) l'action de mesurage matériel effectif, de comprendre qu'il est nécessaire de choisir une unité ou un étalon adapté, qu'il est possible de reporter l'étalon, que le nombre-mesure dépend de l'unité choisie.

Exemples

- Unité adaptée : pour mesurer l'une des longueurs de la salle de classe, on remarquera que l'unité 1 cm n'est pas adaptée et qu'il est intéressant de construire une règle de 1 m en mettant bout à bout 100 segments de longueur 1 cm.
- Étalon adapté : pour mesurer l'aire de la surface ci-contre, l'étalon sera une surface de forme un triangle équilatéral.

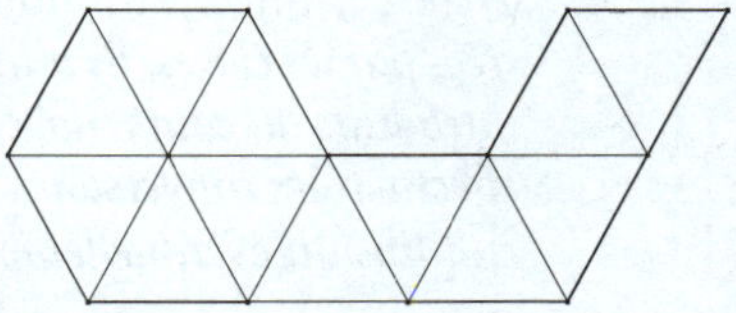

Au CP, il est conseillé de faire construire aux élèves la règle graduée en plusieurs étapes avant de faire utiliser celle du commerce.

Il est essentiel que les élèves puissent se représenter concrètement les différentes unités de mesure. Le document ressources « Grandeurs et mesures au cycle 2 » (juin 2016) indique : « *Au cycle 2, les élèves commencent à se constituer un répertoire de mesures de certaines grandeurs auxquelles ils peuvent se référer pour estimer d'autres mesures.* »

Exemple

On peut construire dans la cour ou sur le terrain de sport une longueur de 10 m, si possible 100 m, pour apprendre aux élèves à se représenter mentalement ces distances ; on peut dessiner un carré d'un mètre de côté que l'on remplit ensuite avec des carrés de côté 10 cm.

Il est important de varier les types d'objets (objets non rectilignes pour les longueurs, non rectangulaires pour les aires…).

1. Voir avec profit *Mathématiques. École primaire.* Paris : CNDP 2005, p. 78-88 [www2.cndp.fr/archivage/valid/68718/68718-10580-14939.pdf] et DURPAIRE Jean-Louis, MÉGARD Marie *et al. Le nombre au cycle* 2. Paris : MEN - CNDP 2010, p. 75-84. [media.eduscol.education.fr/file/ecole/00/3/Le_nombre_au_cycle_2_153003.pdf].

Grandeurs/mesures

Exemple

L'équipe ERMEL[1] propose de « tracer sur la feuille une ligne de 1 m de long » (feuille de format A4).

On détermine ensuite des mesures dans une autre unité que celle initiale (conversions). Pour cela, il est nécessaire de mettre en évidence la propriété fondamentale de conversion : les nouvelles mesures sont proportionnelles aux anciennes. Du CP au CE2 où l'on ne dispose pas du terme « proportionnel », on utilise le langage du domaine multiplicatif : « les mesures en centimètre sont 100 fois plus grandes que celles en mètre ». Les programmes demandent au cycle 2 d'encadrer une mesure de grandeur par deux nombres entiers d'unités. Ils proposent d'exprimer aussi les grandeurs avec des expressions complexes par exemple 2 m 15 cm ou 2 m 1 dm 5 cm, 1 h 20 min etc. Jusqu'au moment où l'on dispose des décimaux (en cours de CM1), le professeur veille à ne pas donner de conversions dont le résultat serait un décimal non entier. Les conversions (sauf pour les durées où les sous-unités ne suivent pas le système décimal) sont travaillées en liaison avec la numération et le calcul mental (multiplier par 10, 100..., diviser par 10, 100...). On introduira aussi la technique suivante (décrite dans les chapitres « Grandeurs et mesures » et « Grandeurs : exemples »), par exemple : $3 \text{ m} = 3 \times 1 \text{ m} = 3 \times 100 \text{ cm} = 300 \text{ cm}$.

Le tableau de conversion est proposé depuis longtemps à l'école comme un outil permettant d'effectuer des conversions. Le document ressources sur les grandeurs au cycle 2[2] (juin 2016) indique : « *Au cycle 2, seules quelques unités usuelles sont rencontrées par les élèves, ils n'utilisent donc pas de tableaux de conversion. Ces tableaux seront introduits au cours moyen pour institutionnaliser la suite des préfixes et au collège pour effectuer des conversions. Au cycle 2, les conversions s'appuient sur les relations connues, en utilisant éventuellement des unités intermédiaires.* »

On peut remarquer que le tableau de conversion a toujours posé problème à de nombreux élèves (comment le remplir, comment lire le résultat, certaines unités intermédiaires à mettre dans le tableau sont non usuelles comme l'hectomètre) et bon nombre d'entre eux le perçoivent comme une technique à automatiser peu porteuse de sens. Il est souvent bien plus efficient et efficace pour effectuer une conversion d'utiliser les relations multiplicatives entre les unités que le tableau de conversion ; quand il est introduit en cycle 3, d'après le document ressources, il sera nécessaire de le construire avec les élèves comme synthèse des relations entre les unités et sous-unités rencontrées depuis le CE1 et en le mettant en relation avec le tableau de numération.

Le document ressources précise : « *Il est tout à fait pertinent de faire figurer les unités dans les calculs. Cela aide les élèves à s'assurer qu'ils effectuent des additions ou des soustractions sur des mesures données dans la même unité et les encourage le cas échéant à gérer mentalement les conversions en présentant leurs calculs en ligne :* $25 \text{ cL} + 330 \text{ mL} = 250 \text{ mL} + 330 \text{ mL} = 580 \text{ mL}$. »

Les formules seront construites ou justifiées expérimentalement.

1. CHARNAY Roland *et al. Apprentissages numériques et résolution de problèmes. CE2.* Paris : Hatier 2005, p. 384-387.
2. Voir [eduscol.education.fr/cid102696/ressources-maths-cycle.html].

> **!**
> De façon synthétique, on peut distinguer cinq grandes étapes dans une séquence sur les grandeurs[1] :
> - une construction de la grandeur indépendamment de la mesure par des activités de comparaisons directes ou indirectes ;
> - une construction de l'autonomie de la grandeur par rapport à une autre grandeur ; par exemple le plus lourd n'est pas toujours le plus volumineux ou le plus haut, l'aire la plus grande ne correspond pas toujours au périmètre le plus grand, etc. ;
> - une construction de la mesure en faisant percevoir la nécessité de mesurer, avec différentes phases : recours à une unité commune si on veut comparer deux grandeurs lors de situations de communication, estimation d'une mesure, construction d'instruments de mesure (règle graduée, sablier, quadrillage, etc.)... ;
> - une introduction des unités conventionnelles (l'unité conventionnelle de base, ses multiples et ses sous-multiples) avec des référents sociaux (par exemple le pack de lait pour le litre, etc.) ;
> - une construction des formules (par exemple pour périmètre et aire).
>
> Pour une même grandeur certaines étapes peuvent être réparties sur des années d'enseignement différentes à l'école primaire, voire au collège.

Cette progression est reprise dans les repères de progression associés aux programmes 2018.

2 Progressivité des apprentissages

2.1 Des grandeurs et mesures

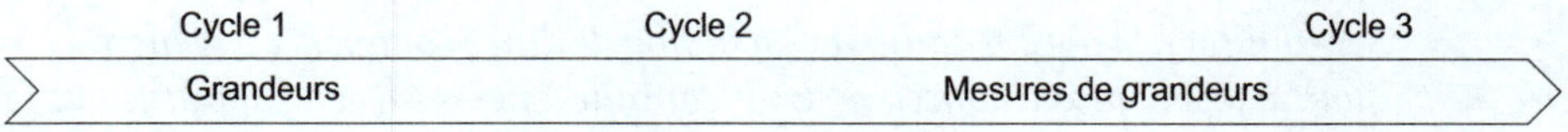

Attendus de fin d'école maternelle

- *Classer ou ranger des objets selon un critère de longueur ou de masse ou de contenance.*

Attendus de fin de cycle 2

- *« Comparer, estimer, mesurer des longueurs, des masses, des contenances, des durées. »*
- *« Utiliser le lexique, les unités, les instruments de mesures spécifiques de ces grandeurs. »*
- *« Résoudre des problèmes impliquant des longueurs, des masses, des contenances, des durées, des prix. »*

Attendus de fin de cycle 3

- *« Comparer, estimer, mesurer des grandeurs géométriques avec des nombres entiers et des nombres décimaux : longueur (périmètre), aire, volume, angle. »*
- *« Utiliser le lexique, les unités, les instruments de mesures spécifiques de ces grandeurs. »*
- *« Résoudre des problèmes impliquant des grandeurs (géométriques, physiques, économiques) en utilisant des nombres entiers et des nombres décimaux. »*

1. D'après HANSEL Natacha. *50 activités pour mesurer les longueurs au cycle 2*. Nancy : CRDP de Lorraine 2005.

Les différentes unités sont introduites et mises en relation progressivement au cours du cycle 2 :

- la longueur (comparaison, double et moitié, mesure en cm et m, dès le CP, mesure en dm, cm, m, km au CE1 puis en mm au CE2) ;
- la masse (en g et kg, au CE1, puis en g, kg, et tonne, ces unités sont toujours mises en relation) ;
- la contenance (en litres au CE1, en cL et dL au CE2) ;
- la durée (jour et semaine et leur relation tout au long du cycle, relations entre j et h, entre h et min en cours de CE1, j, mois, année et leurs relations, année, siècle, millénaire et leurs relations, min, s et leur relation au CE2) ;
- le prix (en euros dès le CP, en euros et en centimes d'euros, en relation au CE1).

En **cycle 3**, en liaison avec la géométrie, le travail sur les longueurs permet en particulier de consolider la notion de périmètre, et d'établir la notion de distance entre deux points, entre un point et une droite. L'usage du compas permet de comparer et reporter des longueurs à partir du CE2, et en cycle 3, de comprendre la définition du cercle (comme ensemble des points à égale distance du centre).

Le programme 2015 de maternelle indique : « *Très tôt, les jeunes enfants discernent intuitivement [...] des grandeurs (longueur, contenance, masse, aire...). [...] À l'école maternelle, ils construisent des connaissances et des repères sur quelques formes et grandeurs. L'approche [...] des grandeurs, se fait par la manipulation et la coordination d'actions sur des objets. [...] Ces connaissances qui resteront limitées constituent une première approche de la géométrie et de la mesure qui seront enseignées aux cycles 2 et 3. [...] Par des observations, des comparaisons, des tris, les enfants sont amenés à mieux distinguer différents types de critères : forme, longueur, masse, contenance essentiellement. [...]*

Sensibiliser à la notion de durée : La notion de durée commence à se mettre en place vers quatre ans de façon subjective. En recourant à des outils et dispositifs qui fournissent une appréciation plus objective, l'enseignant amène les enfants non pas à mesurer le temps à proprement parler, mais à le matérialiser en visualisant son écoulement. Ainsi, les sabliers, les enregistrements d'une comptine ou d'une chanson peuvent permettre une première appréhension d'une durée stable donnée ou la comparaison avec une autre. »

D'autres grandeurs sont rencontrées par les élèves en école élémentaire sans être étudiées pour elles-mêmes (comme objet d'étude), comme par exemple la vitesse dans des problèmes de proportionnalité, la température en sciences, etc.

Le programme 2018 de cycle 2 et 3 insiste sur le type de tâches « estimer une grandeur », en donnant comme exemples en cycle 3 : « *estimer en prenant appui sur des références déjà construites : longueurs et aire d'un terrain de basket, aire d'un timbre-poste, masse d'un trombone, masse et volume d'une bouteille de lait* » ; le programme précise également qu'il faut exprimer les mesures dans une unité adaptée.

2.2 Des calculs (formules, etc.)

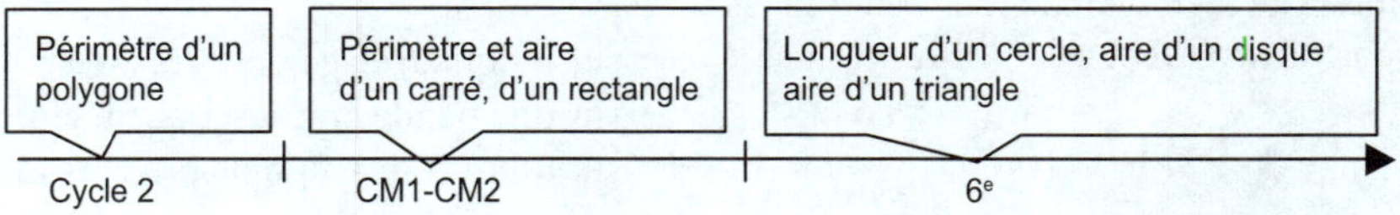

La formule de la longueur du cercle n'est plus au programme de l'école primaire depuis 2016, elle est vue en 6e.

Dans les programmes 2018, seules les contenances sont vues à l'école primaire, le volume d'un pavé droit est introduit au collège.

3 Des types de tâches dans deux cadres différents et les techniques associées

On consultera les techniques décrites dans le chapitre « Grandeurs et mesures » rappelées brièvement et complétées.

3.1 Dans le cadre de la grandeur

- Comparer, classer et ranger des objets selon une de leurs grandeurs (par exemple comparer des aires de surface, des angles d'une figure ; comparer un angle à l'angle droit - angles aigus, droits ou obtus en cycle 3).

Techniques

Comparer de façon perceptive, utiliser un protocole expérimental pour comparer directement ou indirectement (recours à un objet intermédiaire ou transformation de l'un des objets pour le rendre comparable à l'autre).

- Construire des objets de grandeur (longueur, aire, contenance, etc.) égale, double, triple, moitié, quart de celle d'un objet donné.

Technique

Reporter des gabarits de longueur, d'aire, etc.

3.2 Dans le cadre de la mesure

En plus des types de tâches précédents (avec de nouvelles techniques liées aux mesures), on a de nouveaux types de tâches ;

- Mesurer ou estimer une grandeur, l'unité étant donnée ou non ;

Technique 1

Reporter l'étalon (représentant matériel de l'unité) et dénombrer les reports	Par exemple pour les aires c'est un report par juxtaposition sans recouvrement

Grandeurs/mesures

Technique 2

Dénombrer les représentations de l'unité après leur construction éventuelle	Par exemple • sur un quadrillage pour les aires ; • sur une bande graduée pour les longueurs ; • sur un cadran à aiguille pour les masses.

Technique 3

Lire directement le nombre-mesure sur un instrument de mesure à affichage digital	Par exemple le chronomètre pour les durées

Technique 4

Calculer la mesure à partir d'autres mesures, en utilisant éventuellement une formule.

- Effectuer des conversions *(voir les différentes techniques dans le chapitre « Grandeurs et mesures » § 4.4. et sur les exemples de grandeurs du chapitre « Grandeurs : exemples »).*

3.3 Ce qui prépare et ce qui est travaillé en même temps que les grandeurs

- le classement d'objets suivant des propriétés ; le travail sur les oppositions (long/court, lourd/léger, etc.) précède le travail de comparaison (plus long que…) et de rangement sur les grandeurs qui aide à construire la relation d'ordre ;
- la connaissance des nombres (entiers puis décimaux) et des opérations ;
- les rapports entre les grandeurs (par exemple « la longueur d'une ligne trois fois plus grande que celle d'une autre ligne », « la masse d'un objet deux fois plus petite que celle d'un autre objet », etc.) et les rapports entre les nombres (2 est la moitié de 4) ;
- les systèmes de numération pour comprendre le système des unités légales.

4 Les outils, matériels et vocabulaire

4.1 Les outils et matériels

Longueur

- **bande** de papier (pliable), de carton, en matériel non sécable, plus longue que les longueurs à comparer (on repère sur la bande les extrémités des objets rectilignes à partir d'une même origine) ou moins longue (on doit reporter la bande) ;
- **ficelle** : élastique ou morceau de laine (pour voir qu'un matériel extensible ne convient pas comme étalon) ;
- **règle graduée** avec une unité non conventionnelle, règle graduée en centimètre avec graduation zéro au bord, proche du bord ou au milieu de la règle, règle cassée sans zéro ;
- **mètre** de couturier, mètre pliant ou mètre ruban de bricolage, décamètre ;
- **compas** (au cycle 3, le compas a une nouvelle fonction, outre celle de tracer des cercles, il permet de comparer des longueurs).

Masse

- **balance Roberval** (il est indispensable que les élèves aient au moins une séance avec une vraie balance et en comprennent le principe avant de travailler sur des schémas de balance ; attention certains schémas de manuels sont erronés) ;
- **balance à cadran à aiguille ou digitale** (culinaire, pèse-personne, etc.).

Pour des comparaisons en utilisant le sens barrique (c'est-à-dire la perception des poids), on peut utiliser des objets « fabriqués » (par exemple, sachets remplis avec du sable, des graines) avant d'utiliser les **masses marquées**.

Prix

- représentations en plastique ou carton de **pièces et billets** (beaucoup de fichiers de cycle 2 en proposent).

Contenance

Comme pour les autres grandeurs, on commence par comparer des contenances sans les mesurer.

- **bouteilles de diverses contenances** avec des unités différentes (L, cL, mL, plus rarement dL) ;
- **récipients gradués** (verres-mesureurs…).

Volume

- divers objets pleins ou évidés (contenants), de formes diverses, en divers matériaux (pâte à modeler, polystyrène, etc.), matériel de numération « Dienes base dix » pour l'initiation aux unités métriques de volume en CM2…

Durée

- **sablier, clepsydre, chronomètre** (les montres, horloges et pendules sont des instruments pour repérer des instants, les instants sont une grandeur repérable et non mesurable) ;
- **calendriers** (différents types, par exemple tableau, éphéméride, forme circulaire, etc.) ;
- **droite graduée** avec d'un côté les instants (temps-chronologie), de l'autre les durées.

Exemple

Droite graduée

Pour le déroulement d'une sortie scolaire, le schéma suivant peut servir de support au raisonnement pour répondre à des questions comme « À quelle heure se fait la pause de déjeuner ? », « Quelle est la durée de sortie » ? :

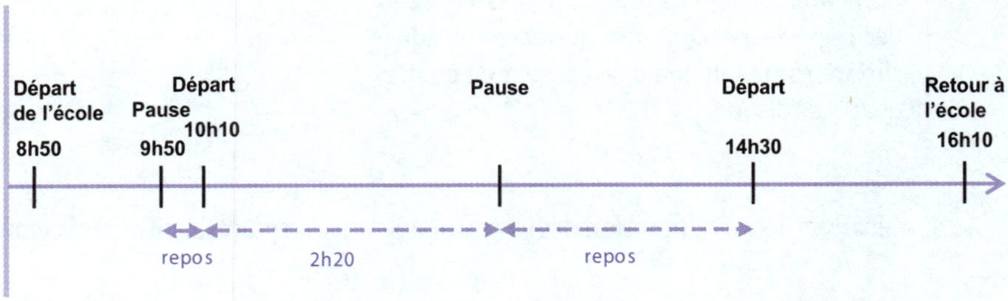

Angle

- **gabarits d'angle** (superposables aux secteurs angulaires considérés), en papier, carton ou sur papier calque (comparer les angles d'une figure en utilisant un gabarit au cycle 3) ; **porte-angle** ou guide-angle (deux bandes de carton reliées par une attache parisienne, *cf.* dessin ci-contre) ;

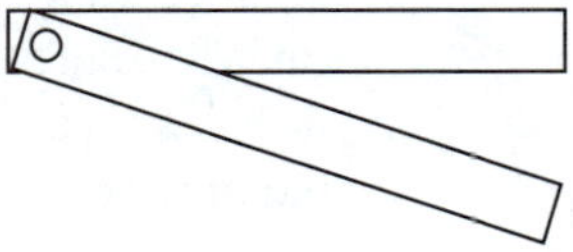

- **gabarit d'angle droit, équerre** en papier, équerre en plastique…

4.2 Le vocabulaire

- Vocabulaire de la comparaison (égal à…, différent de…), de l'ordre (plus … que, moins … que).
- Vocabulaire spécifique à chaque grandeur.

Exemples

- Pour la longueur : largeur (large), hauteur (haut), épaisseur (épais), taille (grand), profondeur (profond), altitude (élevé), distance, périmètre, rayon, diamètre, côté, etc. ;
- pour les masses : lourd et léger ;
- superficie et aire ; etc.

- Mesure, unité, étalon, convertir / conversion. Voir chapitre « Grandeurs et mesures » § 4.

5 Difficultés, erreurs

5.1 Erreurs de mesurage

- Difficulté de report de l'étalon ; les erreurs sont souvent dues à la simultanéité de plusieurs tâches : manipulation de l'étalon, mémorisation de la partie de l'objet déjà prise en compte et comptage du nombre de reports.
- Difficulté pour « trouver une décomposition pertinente de » l'objet en « sous-objets plus élémentaires » ; par exemple difficulté pour décomposer une surface en plusieurs surfaces pour appliquer la technique de découpage-recollement.

Exemple 1a

Comparer les aires des deux surfaces. On peut décomposer chacune des surfaces : chaque surface est la réunion d'un carré et de quatre quarts de disque.

d'après le manuel "Cap maths CM1", édition Hatier

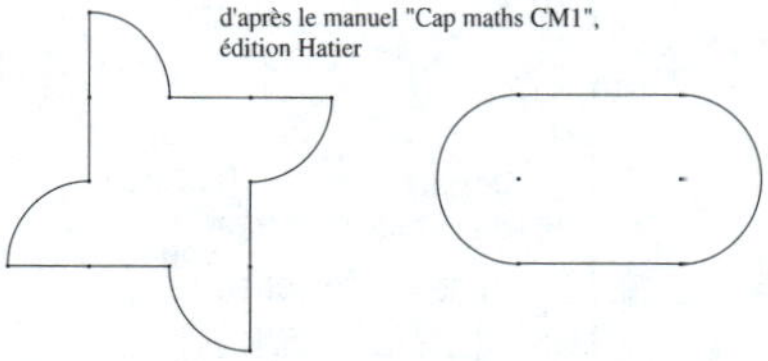

- Erreurs liées à l'utilisation des instruments : mise en place, lecture sur la graduation, etc.

Exemple 1b

La règle graduée en cm est perçue par certains élèves comme une suite de nombres

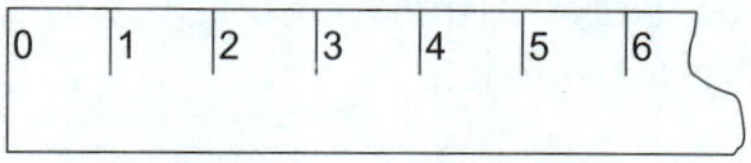

au lieu de la percevoir comme une suite de segments de longueur l'unité 1 cm mis bout à bout, les nombres de la graduation n'aidant qu'à leur dénombrement.

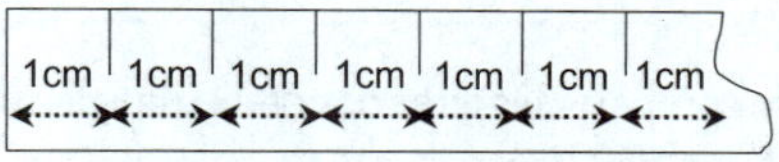

5.2 Erreurs d'unité

- Erreur dans le choix de l'unité appropriée à la grandeur.

Exemple 2a

On demande aux élèves de déterminer l'unité appropriée dans un texte à trous (lors d'une évaluation CE2) avec dans ce qui suit *les réponses d'un élève* : « Monsieur Dupont remplit le réservoir de la voiture avec 50 *kg* d'essence ». Cette erreur peut être due à une absence de familiarité avec la situation, au non repérage du mot « remplit » comme induisant une contenance, à certains usages sociaux spécifiques (en course automobile, on parle de masse de carburant). Un autre élève répond : « Monsieur Dupont remplit le réservoir de la voiture avec 50 *euros* d'essence ». Cette réponse est cohérente avec des expressions du langage courant « j'ai fait un plein de 50 *euros* » mais n'était vraisemblablement pas celle attendue.

- Difficulté dans l'estimation du choix de l'unité avec un ordre de grandeur approprié.

Exemple 2b

Avec la même consigne, un élève répond : « une plaquette de beurre pèse 250 *kg* ». L'élève donne bien une unité de masse mais pas celle appropriée.

5.3 Erreurs de conversion

Elles sont souvent liées à la disponibilité d'une seule technique de conversion, celle du remplissage de tableaux de conversion sans lien avec les relations entre les unités. Certains élèves peuvent utiliser le tableau de conversions des longueurs pour d'autres grandeurs (aire, durée…). Ces tableaux sont souvent introduits trop précocement sans sens pour les élèves. Dans les programmes 2018, les tableaux de conversion ne sont pas cités.

Un autre type d'erreurs concerne l'écriture avec des expressions complexes des grandeurs, nécessitant parfois des conversions.

Exemple 3

Un élève trouve comme périmètre 28 cm 13 mm après addition de longueurs, en effectuant d'abord les additions des millimètres puis celles des centimètres et laisse la réponse ainsi ; on attend un échange des 10 mm contre 1 cm, puis une écriture du type : 29 cm 3 mm. Voir sujet CRPE 2016 groupement 3.

5.4 Erreurs dans les comparaisons de grandeurs

- Difficulté à mobiliser la propriété de transitivité de l'égalité ou de la relation d'ordre.

Exemple 4a

On demande de comparer les aires des deux triangles obtenus en traçant soit l'une, soit l'autre des diagonales d'un parallélogramme. Un élève constate que l'aire d'un triangle est la moitié de l'aire du parallélogramme et que l'aire de l'autre triangle non superposable est aussi la moitié de l'aire du même parallélogramme mais n'arrive pas à conclure sur l'égalité des aires des triangles. Cet élève pense peut-être aussi que deux surfaces doivent être superposables pour avoir la même aire.

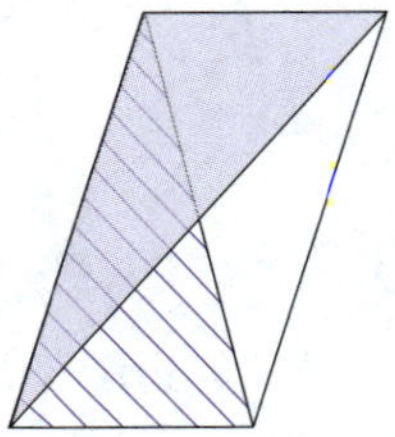

- Comparaison des nombres-mesures sans tenir compte de l'unité.

Exemple 4b

« *la longueur de 2 stylos est plus petite que celle de 4 trombones car 2 < 4* ». Il y a non compréhension du fait que pour comparer des grandeurs à partir de leurs mesures, il est nécessaire d'utiliser la même unité. Cette erreur est probablement due à un travail trop précoce dans le cadre de la mesure et à la non-construction de la propriété « le nombre-mesure dépend de l'unité ».

- Comparaison des unités sans tenir compte des nombres-mesures.

Exemple 4c

« *2 m c'est plus grand que 330 cm parce que les mètres c'est plus grand que les centimètres* ».

- Comparaison d'une autre grandeur (associée au même objet) que celle à comparer.

Exemple 4d

« *C'est le plus lourd car c'est le plus gros* ».

Exemple 4e

« *Le périmètre est plus petit car l'aire est plus petite* ». La confusion (même sens de variation entre l'aire et le périmètre) vient probablement d'un passage trop rapide aux nombres-mesures et à une assimilation aire/nombre, périmètre/nombre. L'erreur peut être liée aux expériences de l'élève tant en classe (où il a peu rencontré de contre-exemples) que dans sa vie courante.

5.5 Erreurs de calcul

- Erreurs relatives à la maîtrise de la numération et aux techniques opératoires.
- Erreurs de choix et de mise en œuvre de formules : ces formules sont parfois introduites trop précocement sans sens pour les élèves, qui se contentent d'appliquer aveuglement la dernière formule vue en classe, en prenant les nombres qui apparaissent sur le dessin ou dans l'énoncé.

Exemple 5a

Évaluations nationales CM2 janvier 2010, exercice 17

Le type de tâches est « mesurer une aire » (voir énoncé ci-dessous). Plusieurs techniques sont possibles :

- par addition d'aires : décomposer la surface grisée en réunion de rectangles, déterminer les mesures des côtés de chaque rectangle, calculer les aires en appliquant la formule de l'aire du rectangle ; utiliser l'additivité des aires ;
- par différence d'aires : considérer l'aire de la surface grisée comme la différence entre l'aire du grand rectangle (dont les dimensions sont indiquées sur la figure) et quatre fois l'aire d'un des carrés identiques, dessinés à partir des sommets ; calculer les aires en appliquant des formules, utiliser l'additivité des aires et le produit d'une aire par un nombre ;
- par mesurage : construire un quadrillage à l'intérieur du grand rectangle en utilisant les carrés dessinés à partir des sommets et dénombrer les carreaux.

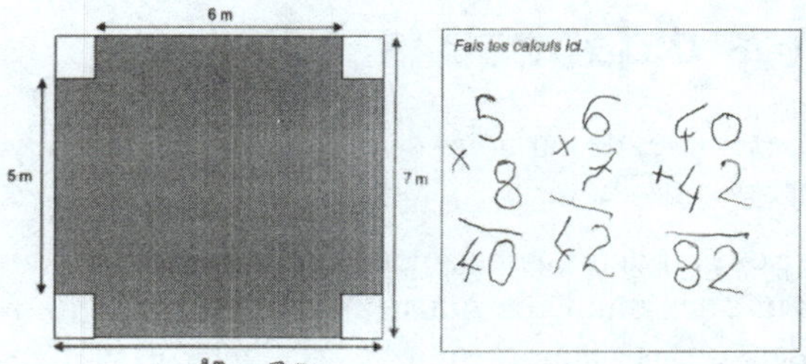

Exercice 17

Observe ce plan de jardin. Les quatre carrés dessinés à partir des sommets du grand rectangle sont tous identiques. Calcule l'aire de la partie grisée du plan.

L'aire de la partie grisée est ....82 m.......

Ci-dessus, l'élève tente d'appliquer la deuxième partie de la première technique (application de formule). Il maîtrise ses répertoires additifs et multiplicatifs, il a associé l'aire au champ multiplicatif mais, pour lui, calculer l'aire, c'est probablement prendre les nombres disponibles et les multiplier puis, lorsque la figure est complexe, ajouter les différentes aires.

Exemple 5b

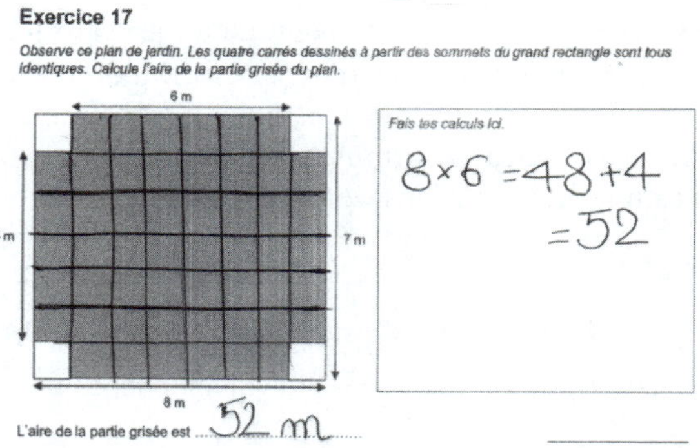

Un autre élève a utilisé la troisième technique (avec ici un quadrillage à maille carrée, la maille étant le carré blanc que l'on enlève). Cependant pour suivre la consigne « calcule », l'élève s'est senti obligé de fournir un calcul, mais qui ne correspond à aucune décomposition rectangulaire du quadrillage. On remarque aussi l'écriture erronée $8 \times 6 = 48 + 4 = 52$, le symbole « égal » représente pour l'élève un signe signifiant « ... a comme résultat ...» et non « il y a une même quantité à droite et à gauche de l'égalité ».

Pour les deux élèves (exemples 5a et 5b) l'unité de la réponse est incorrecte (ils ont probablement repris l'unité des données sur le schéma par souci de cohérence).

6 Variables didactiques

Voici des exemples de variables didactiques pour divers types de tâches concernant les grandeurs et les mesures.

- Nombre de grandeurs associables à l'objet et prédominance éventuelle de la visibilité de l'une des grandeurs : plusieurs grandeurs sont souvent associées à un même objet (dans ce cas, il faudra indiquer à laquelle on s'intéresse) ;

Exemples

Le périmètre ou/et l'aire pour un polygone ; la contenance, la masse ou la hauteur pour une boîte parallélépipédique, etc.

- « Types » d'objets à comparer ou à mesurer : objets sociaux (de la vie courante) ou objets mathématiques, matériau dans lequel est fabriqué l'objet, fluide, solide, possibilité de pliage, de déformation tout en conservant la grandeur étudiée, etc. ;
- Accessibilité des objets : objet « réel » ou non, présent ou non dans la classe, déplaçable ou non, représenté ou dessiné (diverses représentations, à l'échelle ou non, divers supports : papier uni, quadrillé, avec un réseau de points, calque…), évoqué verbalement à l'oral ou à l'écrit ; distance des objets à comparer (l'éloignement favorise un passage à la mesure) ;
- Formes des objets ;

Exemples

Segments, lignes brisées ou courbes, lignes ouvertes ou fermées pour les longueurs ; objets polygonaux ou comportant des portions de disques pour les aires ; récipients tels que la contenance soit proportionnelle ou non à la hauteur de remplissage pour les contenances, etc.

- Taille, ordre de grandeur de l'objet à mesurer par rapport à l'unité ;

Exemples

Si la longueur est par exemple d'environ 20 fois l'unité, le report de l'étalon est fastidieux et on ressent la nécessité de construire des représentants d'un multiple de l'unité (sous forme de règle graduée pour les longueurs).
Si on doit comparer l'épaisseur de deux types de feuilles de papier de grammages différents, les procédures de type « mesurage direct » ne seront pas possibles.

- Matériel à disposition (voir les exemples ci-dessus) ;

Exemple

Si dans la boîte à outils fournie à l'élève pour comparer des longueurs, il n'y a que des bandes de papier plus longues que les objets, de la ficelle, des baguettes, les procédures seront dans le cadre de la grandeur, par contre s'il y a aussi des bandes plus petites et des règles, on pourra avoir les deux types de procédures (dans le cadre de la grandeur et dans le cadre de la mesure).

5

Organisation et gestion des données

25 L'outil tableur

Cours et méthodes

1 Qu'est-ce qu'un tableur ?

Que l'on utilise Excel de Microsoft, le classeur de LibreOffice, Calc d'OpenOffice ou un autre programme, un tableur est un logiciel permettant l'organisation et la gestion de **feuilles de calcul** numériques avec la puissance et les possibilités de mémorisation et d'automatisation d'un ordinateur. Un tableur se présente sous la forme d'un important tableau constitué de colonnes et de lignes :

- Généralement, chaque **colonne** est désignée par des lettres de l'alphabet (A, B, …, Z, AA, AB, …, AZ, BA, BB, … ZZ…) rangées dans cet ordre de gauche à droite ou par la lettre C suivie du numéro de la colonne (C1, C2, …) rangées dans cet ordre de gauche à droite ;
- Généralement, chaque **ligne** est désignée par un nombre (1, 2, 3, …) rangées dans cet ordre de haut en bas ou par la lettre L suivie du numéro de la ligne (L1, L2, …) rangées dans cet ordre de haut en bas.

L'intersection d'une colonne et d'une ligne détermine une unique case. Chaque case de la feuille de calcul est appelée **cellule** et est désignée sous la forme :

- généralement « Lettres_de_la_colonneNombre_de_la_ligne » (comme dans le jeu de bataille navale) ;
- ou « L_numéro_de_la_ligneC_numéro_de_la_colonne ».

Exemples

L'exemple ci-dessous affiche la cellule B6 (ou L6C2), intersection de la colonne B et de la ligne 6 :

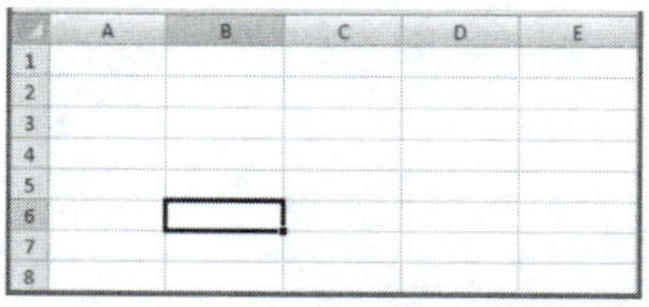

Lorsqu'on souhaite désigner plusieurs cellules contiguës de façon synthétique, par exemple, toutes les cellules dans un rectangle défini par des cases « extrêmales » B1 et C6, on note B1:C6. On parle alors de la **plage de cellules** B1:C6. Une plage de cellules est nécessairement rectangulaire. Ici B1 est le coin en haut à gauche, et C6 le coin en bas à droite.

Chaque cellule est susceptible de recevoir différents types d'informations :

- des données constantes comme :
  - du texte (nom, titre, explication, dénomination en tout genre, symboles typographiques...) ;
  - des valeurs numériques (nombres en écriture décimale ou en notation scientifique, dates...) ;
- des programmes de calcul sous forme de formules, toujours précédées du signe = (ou plus rarement du signe +).

2 Les formules

L'intégration de données textuelles ou numériques dans une cellule est d'usage courant et ne diffère en rien de celle rencontrée avec un logiciel de traitement de texte. L'intérêt principal du tableur réside donc bien dans l'exploitation de formules mathématiques (ou logiques). En effet, les résultats de programmes de calculs s'affichent automatiquement et instantanément après validation par la touche « Entrée ». Par ailleurs, une autre caractéristique remarquable du tableur est que la modification de toute donnée intervenant dans une formule conduit systématiquement et automatiquement à la réactualisation du résultat de la formule.

Exemples

Dans l'exemple ci-dessous, la formule =B1+B2 présente dans la cellule B3 calcule la somme des nombres présents dans les cellules B1 et B2.

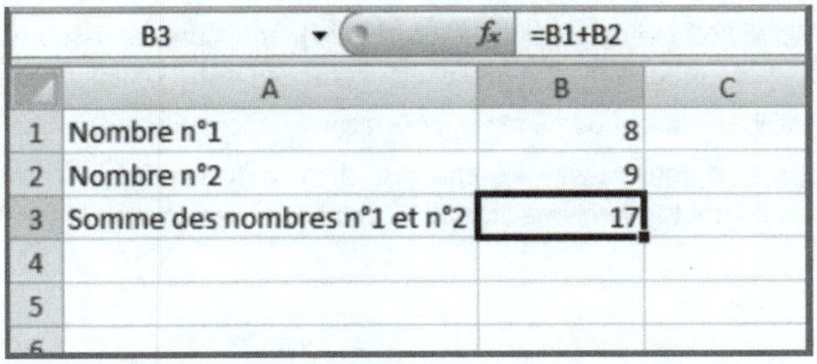

B3 | f_x =B1+B2

	A	B	C
1	Nombre n°1	8	
2	Nombre n°2	9	
3	Somme des nombres n°1 et n°2	17	
4			
5			

Si nous décidons de changer 8 en 4 dans la cellule B1, alors le tableur affiche 13 (13 = 4 + 9) dans la cellule B3 à la place de 17 (17 = 8 + 9) et ce, automatiquement.

Gestion d'un stock

Imaginons quelques instants que nous soyons le gestionnaire d'un commerce vendant différents vins. Nous devons gérer le stock des vins le plus efficacement possible avec les diverses entrées et sorties de produits.
Afin d'effectuer des manipulations mathématiques (ou logiques) sur les quantités des différents produits, nous pouvons utiliser :

- les opérations mathématiques classiques : + pour l'addition, – pour la soustraction, * pour la multiplication, / pour la division ou bien ^ pour l'exponentiation (c'est-à-dire x^b est égal au nombre x^b que l'on lit x à la puissance b, ou x exposant b) ;
- les fonctions mathématiques (ou logiques) prédéfinies dans le tableur.

Exemple (suite)

Pour y accéder, il suffit de cliquer sur le formulaire symbolisé par fx et présent au-dessus de la feuille de calcul.
Détaillons ci-après les formules utilisées :

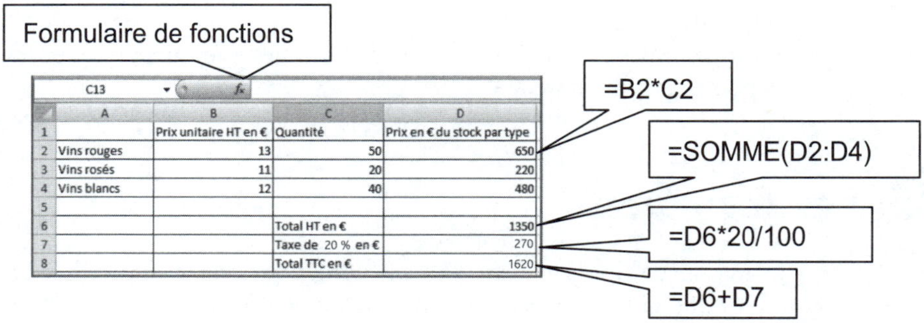

	A	B	C	D
1		Prix unitaire HT en €	Quantité	Prix en € du stock par type
2	Vins rouges	13	50	650
3	Vins rosés	11	20	220
4	Vins blancs	12	40	480
5				
6			Total HT en €	1350
7			Taxe de 20 % en €	270
8			Total TTC en €	1620

Au lieu d'introduire la formule =SOMME(D2:D4) dans la cellule D6 (grâce au formulaire de fonctions), le gestionnaire aurait aussi pu taper =D2+D3+D4.
En tant que gestionnaire, si vous devez augmenter de 1 € la bouteille de vin rouge, vous taperez 14 en B2 : le tableur affichera automatiquement 700 en D2, 1400 en D6, 280 en D7 et 1680 en D8.

REMARQUE

Le formulaire répertorie de nombreuses fonctions. Par exemple, on a :
- MOYENNE(cellule1;cellule2;...) pour faire la moyenne de nombres contenus dans une liste de nombres (références de cellules contenant des nombres séparées par un « ; ») ;
- MOYENNE(cellule1:cellule15) pour faire la moyenne de nombres contenus dans une plage de cellules (toutes les cellules contiguës entre cellule1 et cellule15) ;
- RACINE(cellule) pour déterminer la racine carrée d'un nombre contenu dans la cellule ;
- SI(test_logique;valeur_si_vrai;valeur_si_faux) (avec des « ; » comme séparateurs)

Le tableur offre toujours une aide pour connaître la syntaxe de la fonction choisie.

3 Copier une formule

Afin de faciliter l'automatisation des calculs, un tableur utilise des fonctions spécifiques de recopie : il adapte la formule recopiée en fonction de la ligne ou de la colonne dans laquelle se fait la recopie. Par exemple, la formule =A1+B1 écrite en C1 et copiée dans la cellule C6 « devient » =A6+B6, les numéros de ligne étant adaptés automatiquement.

Lorsqu'on souhaite introduire une même formule dans des cellules contiguës, on peut « étendre » ou « étirer » la formule. Pour ce faire, on copie la formule, on sélectionne la zone où l'on souhaite coller la formule et on la colle (on peut aussi réaliser le « copier-coller » en sélectionnant le carré parfois appelé « poignée de recopie » en bas à droite de la cellule à étendre, et en faisant glisser avec la souris).

Exemple

Pour introduire rapidement sur la première ligne la suite des entiers naturels 0 ; 1 ; 2 ; 3 ; 4 ; 5 ; 6 ; 7, on peut :

- Taper 0 en A1 ;
- Taper la formule =A1+1 en B1 (dans laquelle s'affiche donc 0 + 1 = 1) ;
- Sélectionner le carré noir (le curseur se transforme alors en une croix noire) en bas à droite de la cellule B1

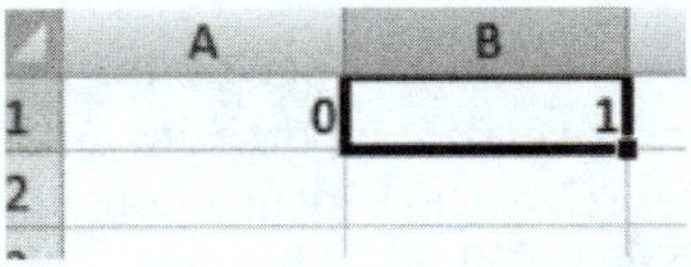

- Cliquer-glisser la souris (en maintenant la pression sur la souris) jusqu'à la cellule H1 :

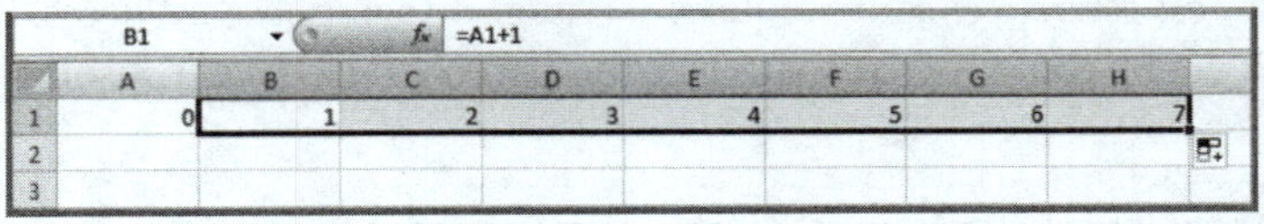

En cliquant maintenant sur les cellules C1, D1, ..., H1, on constate que le tableur y a introduit respectivement les formules =B1+1, =C1+1, ..., =G1+1 : le tableur fait automatiquement varier les lettres désignant la colonne de la cellule à partir de la colonne B.

Répétons les actions décrites ci-dessus mais en introduisant en B1 la formule =$A1+1.
On obtient alors :

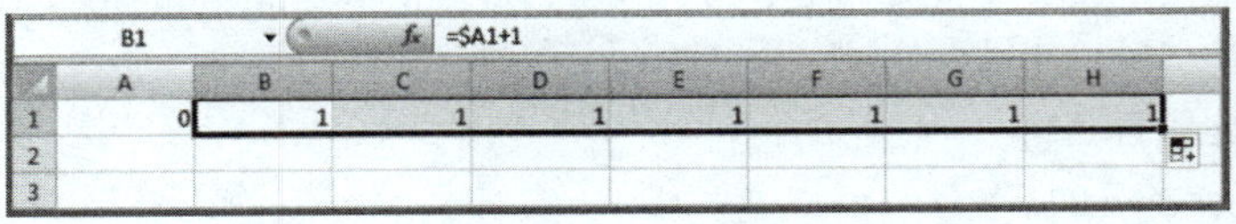

En cliquant sur les cellules C1, D1, ..., H1, on constate que le tableur y a introduit respectivement les formules =$A1+1, =$A1+1, ..., =$A1+1 : le tableur bloque automatiquement les lettres désignant la colonne de la cellule à partir de la colonne B. Ceci fonctionne également pour les lignes.

Ainsi, le symbole $ spécifie au tableur de bloquer le nom de la colonne ou de la ligne qui suit le symbole lorsqu'on l'étire avec la poignée de recopie.

La présence dans une formule de $A1 par exemple signifie que la colonne A est bloquée (le $ étant placé devant la lettre indiquant la colonne), la formule étirée contiendra le nombre figurant dans la colonne A sur la ligne de la cellule où l'on colle. De la même manière la présence dans une formule de A$1 signifie que la ligne 1 est bloquée (le $ étant placé devant le numéro indiquant la ligne) la formule étirée contiendra le nombre figurant dans la ligne 1 et dans la colonne où se trouve la cellule où l'on colle.

Exemple

Voici un tableau dans lequel les formules =A1+1 et =$A1+1 ont été utilisées respectivement en B1 et B3 puis recopiées vers la droite avec la poignée de recopie :

	A	B	C	D	E	F	G	H
1	0	=A1+1 1	2	3	4	5	6	7
2								
3	0	=$A1+1 1	1	1	1	1	1	1
4								

On retiendra donc qu'un tableur permet d'exploiter trois sortes de références :

- soit des **références relatives** par rapport à une cellule qui contient la formule qu'on souhaite étendre ; ces références varient automatiquement lorsqu'on étend la formule et aucun symbole $ n'est utilisé ;
- soit des **références absolues** faisant référence à une colonne, une ligne ou une cellule fixe ; ces références sont bloquées et l'usage du symbole $ est nécessaire ;
- soit des **références mixtes** qui mêlent références relatives et absolues.

REMARQUE

Dans **certains cas**, le tableur est capable de compléter une suite logique. On peut exploiter cette capacité en étendant deux cellules contiguës de la suite logique sans l'usage de formule.

Exemple

Pour introduire rapidement sur la première ligne les multiples de 3 jusqu'à 15 (partie de la table de multiplication de 3), on peut :

- Taper 0 en A1 ;
- Taper 3 en B1 ;
- Sélectionner avec la souris la plage de cellules A1:B1 puis le carré noir (poignée de recopie) en bas à droite de cette plage :

A1

	A	B
1	0	3
2		

- Cliquer-glisser la souris (en maintenant la pression sur la souris) jusqu'à la cellule F1 :

A1 fx 0

	A	B	C	D	E	F
1	0	3	6	9	12	15
2						

4 Divers types de graphiques

Les tableurs permettent aussi de représenter graphiquement des données numériques.

Exemple

Le tableau ci-dessous fournit l'activité préférée des adolescents d'une association :

Activité	Football	Karaté	Musique	Danse
Effectif	20	5	9	4

Après avoir saisi ce tableau dans un tableur, on sélectionne toutes les cellules (qui apparaissent encadrées) puis on insère le graphique correspondant :

- Soit par exemple en colonnes (le tableur nomme « histogramme » ce qui est en fait un diagramme en bâtons) :

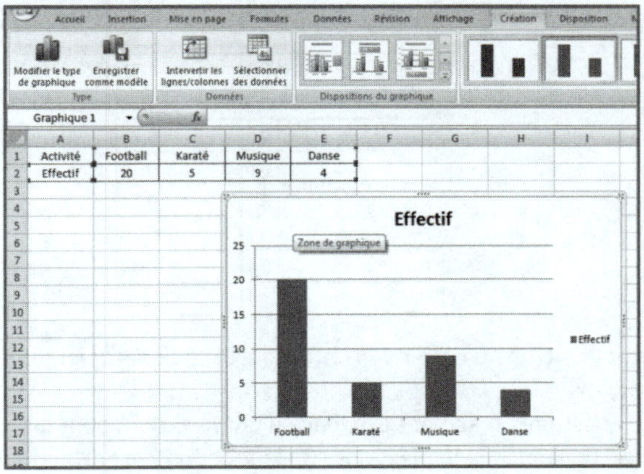

- Soit par exemple en secteurs (diagramme circulaire ou « camembert ») :

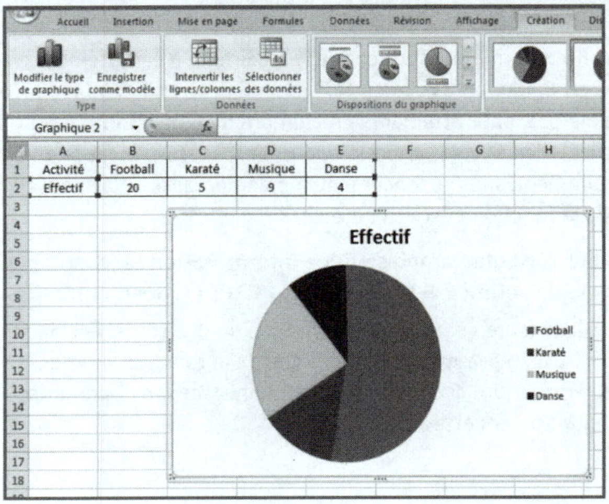

De nombreuses options permettent d'améliorer la représentation :

- la sélection des données à utiliser pour faire le graphique et notamment indiquer ce qui est choisi en abscisse ou en ordonnée (« ligne » ou « colonne ») ;
- le type de graphique choisi (diagramme en bâton ou circulaire, graphique cartésien …) ;
- le choix d'une échelle : un minimum et un maximum pour les données, une unité ;
- l'indication de titres, les « étiquettes » à positionner sur les axes, les légendes, les couleurs utilisées.

REMARQUE

Les rapports de jury indiquent souvent que les candidats ne maîtrisent pas les tableurs. Pourtant les questions posées sur cet outil ne demandent pas une grande expertise.
Voici quelques exemples de questions posées à des CRPE.

I Des formules simples et une interprétation (d'après CRPE groupement 1 session 2013).

On veut étudier la fonction $f(x) = -x^2 + x$.
À l'aide d'une feuille de calcul, on a construit un tableau de valeurs de la fonction f.

	A	B
1	x	$f(x)$
2	0	0
3	0,1	0,09
4	0,2	0,16
5	0,3	0,21
6	0,4	0,24
7	0,5	0,25
8	0,6	0,24
9	0,7	0,21
10	0,8	0,16
11	0,9	0,09
12	1	0

a) Quelle formule a-t-on pu entrer dans la cellule B2, puis recopier jusqu'en B12, pour générer les images par f ?

b) Dans cette question, on admet l'existence d'un maximum pour la fonction f. Peut-on affirmer, à l'aide du tableau, que le maximum de la fonction f est atteint en 1/2 ?

Solution

a) Une formule possible entrée en B2 qui recopiée jusqu'en B12 peut générer les images par f est : `=A2–A2^2` `=A2–A2*A2`

b)Le tableau nous permet d'affirmer que le maximum n'est atteint ni en 0, ni en 0,1, ni en 0,2, ni en 0,3, ni en 0,4, ni en 0,6, ni en 0,7, ni en 0,8, ni en 0,9, ni en 1. Le nombre 0,5 est une valeur possible de x pour atteindre le maximum de f mais toute valeur de x comprise entre 0 et 1 hormis les valeurs citées ci-dessus pourraient correspondre au maximum de f. À l'aide du tableau uniquement, sans raisonnement supplémentaire, on ne peut donc pas affirmer que le maximum de la fonction f est atteint en 1/2 .

II Toujours des formules simples et une interprétation : recherche du maximum de l'aire d'un rectangle de périmètre 14 cm (d'après CRPE groupement 1 session 2014).

On appelle x la mesure en cm de la longueur d'un des côtés, $A(x)$ la mesure de l'aire du rectangle en cm². Une représentation graphique de la fonction A, effectuée sur une calculatrice montre que le maximum de A est atteint pour une valeur de x comprise entre 3 et 4. On utilise un tableur pour affiner cette valeur.

REMARQUE (suite)

	A	B	C	D	E	F	G	H	I	J	K	L
1	x	3	3,1	3,2	3,3	3,4	3,5	3,6	3,7	3,8	3,9	4
2	$A(x)$	12	12,09	12,16	12,21	12,24	12,25	12,24	12,21	12,16	12,09	12
3												

Proposer une formule qui, entrée dans la cellule B2 et recopiée vers la droite, a permis d'obtenir les valeurs de $A(x)$ sur la ligne 2.

À partir du tableau ci-dessus, améliorer l'encadrement de la valeur de x. Donner alors une estimation de la valeur de l'aire maximale.

Solution

a) x est la mesure en cm d'un côté du rectangle, la mesure de l'autre côté en cm est donc $7 - x$ (puisque le périmètre est 14 cm). La mesure de l'aire en cm² est $x(7 - x)$. On peut donc entrer en B2 la formule : =B1*(7–B1)

Dans le tableau on peut lire que $A(x)$ est maximum pour $x = 3{,}5$. On peut penser que la valeur maximale de $A(x)$ est atteinte pour x entre 3,4 et 3,6. En effet, on sait que la fonction A est une fonction polynôme de degré 2 qui est croissante, puis décroissante. Une estimation de la valeur maximale de l'aire est de 12,25 cm² (obtenue pour $x = 3{,}5$).

Remarque : contrairement à l'exemple précédent, c'est bien grâce à la connaissance de la représentation graphique de la fonction A que l'on peut améliorer l'encadrement de la valeur maximale de x en utilisant le tableau. En effet, le tableau seul ne permet pas de conclure car il est toujours possible d'envisager l'existence d'une valeur de x (au centième par exemple) pour laquelle l'aire du rectangle serait supérieure à 12,25 cm².

III Des formules plus complexes données par l'énoncé (d'après CRPE groupement 2 session 2014).

Emma propose à son ami Jules de lui donner ses bonbons à la condition qu'il trouve exactement combien elle en a. Emma lui dit qu'elle a moins de 100 bonbons et que lorsqu'elle les regroupe par deux, trois, quatre, cinq ou six, il lui en reste toujours un.

Pour trouver la réponse, Jules décide d'utiliser un tableur. Pour cela, il utilise la fonction MOD (nombre ; diviseur), qui donne le reste de la division euclidienne du nombre par le diviseur.

Jules a prévu de calculer en colonne les restes de la division euclidienne des nombres de la colonne A par 2, 3, 4, 5 et 6.

	A	B	C	D	E	F
1		2	3	4	5	6
2	1					
3	2					
4	3					
5	4					
6	5					
7	6					
8	7					
9	8					
10	9					
11	10					
12	11					
13	12					
14	13					
15	14					

a) Parmi les formules suivantes, en choisir une qui pourrait être insérée dans la cellule B2 et qui pourrait, en étant étendue vers le bas, compléter correctement la colonne B :

= MOD (1 ; 2)	= MOD (A2 ; B1)	= MOD (A2 ; 2)
= MOD (1 ; B1)	= MOD (A2 ; B$1)	= MOD (2 ; 1)

b) Jules a rempli de la même façon le reste du tableau. Comment peut-il l'utiliser pour résoudre ce problème ?

Gestion de données

REMARQUE (suite)

Solution

C'est la formule =MOD(A2;B$1) ou la formule =MOD(A2;2) qui insérée dans la cellule B2 et étendue vers le bas, compléterait correctement la colonne B.

Rappel : le symbole $ inséré devant la référence de la ligne permet lors de la recopie de figer cette référence. Sans ce symbole, dans la case B3 s'afficherait le reste dans la division euclidienne de A3 par B2.

Pour remplir son tableau en copiant dans toutes les autres cellules, Jules a directement inséré dans la cellule B2 la formule =MOD($A2;B$1), qui par recopie vers le bas dans la colonne et vers la droite sur les lignes permet d'obtenir les résultats demandés. Il reste à rechercher dans le tableau la ou les lignes dans lesquelles ne figurent que des «1». Le nombre en tête de ligne signifiera que le reste dans la division par 2, 3, 4, 5, 6 de ce nombre est égal à 1. Il s'agit du nombre 61.

	A	B	C	D	E	F
1		2	3	4	5	6
2	49	1	1	1	4	1
3	50	0	2	2	0	2
4	51	1	0	3	1	3
5	52	0	1	0	2	4
6	53	1	2	1	3	5
7	54	0	0	2	4	0
8	55	1	1	3	0	1
9	56	0	2	0	1	2
10	57	1	0	1	2	3
11	58	0	1	2	3	4
12	59	1	2	3	4	5
13	60	0	0	0	0	0
14	61	1	1	1	1	1

CONSEILS

- ne pas oublier avant toute formule le symbole = (ne pas écrire B2 =)
- pour la multiplication, écrire * et pas x
- pour la division écrire / et pas :
- pour les carrés écrire ^2 et pas ².

26 Algorithmique

Cours et méthodes

1 Introduction

Le rapport de l'Académie des sciences de mai 2013[1] sur l'enseignement de l'informatique en France fait le constat suivant : « *L'enseignement de l'informatique à l'école est parfois limité à l'utilisation d'un ordinateur. Mais cette vision dénature une discipline scientifique qui donne un rôle essentiel à l'abstraction.* »

Ce rapport met l'accent sur la nécessité d'enseigner la science informatique dès l'école primaire : « *ce sont les règles de grammaire qui définissent un langage, les règles de codages qui permettent d'exprimer des informations, les règles exprimées par les algorithmes qui permettent de résoudre un problème. Cette initiation à l'informatique est donc une occasion pour les enfants de commencer à découvrir à un niveau élémentaire ce pan de notre culture, notamment écrite, fait de signes et de règles pour les manipuler.* »

L'algorithmique et la programmation ont été introduits depuis un certain nombre d'années dans les programmes de lycée. En 2016, ils font leur apparition dans les programmes de l'école et du collège[2]. Comme indiqué dans le chapitre « Utilisation des TICE à l'école », outre la compréhension et l'appropriation progressive des codes indispensables à l'entrée dans l'écrit, on retrouve l'activité de codage de déplacements ou de représentations spatiales en cycle 1. D'après les repères de progression 2018, « *Dès le CP ou le CE1, les élèves codent des déplacements à l'aide d'un logiciel de programmation adapté.* » Dès le CE2, « *Ils comprennent et produisent des algorithmes simples pour la programmation des déplacements d'un robot ou ceux d'un personnage sur un écran (par exemple une succession de flèches parmi : aller à gauche, aller à droite, tourner à gauche, tourner à droite).* » Au cycle 3 une initiation à la programmation est faite à l'occasion notamment d'activités de repérage ou de déplacement ou d'activités géométriques.

Pour résoudre une question d'algorithmique au CRPE et utiliser cet outil à l'école primaire, il est important dans un premier temps d'identifier les compétences et connaissances mathématiques du programme susceptibles d'être développées à l'aide de l'outil de programmation. Il faut ensuite concevoir et proposer des tâches propres à l'environnement de programmation permettant de mobiliser et mettre en

1. Extrait du rapport de l'Académie des sciences, mai 2013 : « L'enseignement de l'informatique en France : il est urgent de ne plus attendre », voir : [www.academie-sciences.fr/pdf/rapport/rads_0513.pdf].
2. [www.education.gouv.fr/pid285/bulletin_officiel.html?pid_bo=33400].

œuvre ces connaissances et compétences afin de résoudre le problème posé dans cet environnement (*cf.* le premier exemple sur le tracé du carré donné ci-dessous).

L'objectif de ce chapitre est de donner d'une part quelques éléments mathématiques et informatiques sur ce sujet ainsi que des exemples.

2 Algorithmique et programmation

2.1 Quelques définitions

Que recouvrent ces termes d'algorithmique et de programmation ?

a. Algorithmes

DÉFINITION

Un **algorithme** est une suite finie d'actions, effectuées dans un certain ordre, éventuellement répétées, à appliquer à un nombre fini de données, amenant à la résolution d'une classe de problèmes.

Le dictionnaire de mathématiques de Bouvier, George et Le Lionnais[1] précise : « Un algorithme ne résout donc pas un problème unique mais toute une classe de problèmes ne différant que par les données mais gouvernés par les mêmes prescriptions ».

Voir des compléments en ligne sur la notion de variable algorithmique.

Exemples

Exemple : tricoter un pull avec une machine à tricoter. Il va s'agir d'exécuter une suite d'actions élémentaires : pour les rangs de 1 à i, tricoter avec le motif 1 (celui-ci demandant pour chaque rang « répéter une maille endroit, une maille envers », cela j fois), pour les rangs de $i + 1$ à k, tricoter avec le motif 2 (celui-ci demandant de répéter n fois « deux mailles endroits, deux mailles envers »), etc. Suivant la taille du pull souhaité, on entrera les valeurs des variables i, j, k, n.

Exemple en mathématiques : les techniques opératoires de calcul posé sont des algorithmes : il y a une suite finie d'actions élémentaires (disposer spatialement les chiffres les uns au-dessus des autres, commencer le traitement des chiffres de la colonne de droite, etc.), l'algorithme permet de résoudre une classe de problèmes, par exemple déterminer le résultat du produit de deux entiers.

Connaissant le but, construire un algorithme permettant de l'atteindre c'est trouver une suite ordonnée d'actions élémentaires, possibles à réaliser à partir d'éventuelles données, pour parvenir à la résolution d'un problème quelconque de la famille de problèmes.

On distingue en général plusieurs phases dans l'écriture d'un algorithme :

1. BOUVIER Alain, GEORGE Michel et LE LIONNAIS François. *Dictionnaire des mathématiques*. 7e édition. Paris : P.U.F. 2005, p. 27.

- Déterminer les entrées : quelles sont les données du problème considéré ? Par exemple pour un algorithme de multiplication de deux entiers, les données vont être deux nombres entiers. Ces entrées pourront être différentes à chaque exécution de l'algorithme, ce sont des variables (voir définition ci-après) qui pourront être entrées au clavier à un moment prévu dans l'algorithme, ou bien elles pourront être internes, fabriquées par l'algorithme lui-même.
- Traiter les données : il s'agit de déterminer les instructions élémentaires, leur ordre, leur répétition éventuelle.
- Afficher la solution du problème ; par exemple le produit des deux entiers.

Cette construction demandera ensuite une justification : est-ce qu'il y a un nombre fini d'actions élémentaires, est-ce que si l'on suit les instructions, on parvient bien au résultat ?

b. Variables

DÉFINITION

Une variable informatique[1] « est un nom symbolique qui désigne une adresse mémoire quelque part dans la machine. L'affectation est une instruction qui consiste alors à modifier le contenu de cette case mémoire. »

Voir des compléments en ligne sur la notion de variable algorithmique.

Exemple

On considère la fonction g qui à x associe $x + 1{,}5$. On souhaite faire afficher $g(x)$ en donnant successivement diverses valeurs à x, puis faire afficher $2g(x)$.
On définira dans ce cas deux variables informatiques : l'une nommée x par exemple, l'autre nommée y ; le logiciel demandera une valeur de x, que l'on saisira, qu'il gardera en mémoire (avant qu'elle ne soit « écrasée » lors de la saisie suivante d'une nouvelle valeur de x), puis on demandera le calcul de $x + 1{,}5$ que l'on stockera en mémoire dans y. On lui fera ensuite d'afficher ce qui est stocké dans la « variable informatique » y, puis afficher $2y$.
Voir exemple 2, dans la partie « Exemples » de ce chapitre.

c. Programmation

Une fois cette suite d'actions définies, on les exprime dans un certain langage, ce qui relève de la programmation.

Il existe divers langages de programmation, les calculatrices scientifiques de lycée sont munies en général d'une application « programmes », en classe de collège et lycée actuellement on utilise essentiellement Scratch et Python.

Le document ressource *Algorithmique et programmation*[2] du cycle 4 indique : « *Le programme définit comme attendu de fin de cycle*[3] *:* « Écrire, mettre au point et exécuter un programme simple. » *Il met l'accent sur l'analyse d'un problème en vue de concevoir un algorithme, mais aussi sur la phase de programmation effective, indissociable d'une étape de mise au point. Cependant, il ne faut pas nécessairement insister sur une chronologie précise, ces trois phases avançant souvent en parallèle : la mise au point comprend la phase*

1. Définitions adaptées de celles données dans : Commission inter-IREM lycée. *Algorithmique au lycée.* Brochure n°1003. Paris : APMEP 2014.
2. Ressources d'accompagnement cycle 4. *Algorithmique et programmation.* site eduscol 2016 [eduscol.education.fr/cid99696/ressources-maths-cycle.html].
3. On considérera cela aussi comme un attendu du concours CRPE.

d'essais-erreurs où l'élève construit petit à petit un programme qui répond au problème qu'il s'est posé. De même, au moment de la programmation effective l'élève peut se retrouver confronté à une question algorithmique qu'il n'avait pas prise en compte dès le départ. »

2.2 Algorithmique et enseignement : généralités

L'algorithmique et la programmation permettent de s'exercer à la résolution de problèmes, notamment par la décomposition d'un problème en plusieurs sous-problèmes, la mise en œuvre de démarches d'essais-erreurs, la formulation de conjectures et de validation.

Au même titre que la géométrie par exemple, ce thème est propice à la formation du raisonnement logique, par exemple lorsqu'on élabore des tests, des boucles, lorsqu'on écrit des conditions pour effectuer des instructions.

3 Exemples

Afin d'illustrer les propos, et comme le document ressource le propose, nous utiliserons notamment par la suite le logiciel Scratch, qui offre un environnement d'édition et d'exécution des programmes.

On donnera la plupart des exemples d'une part en langage dit « naturel » ou « algorithmique » (sans que celui-ci prenne une forme conventionnelle), d'autre part avec le logiciel Scratch.

L'écran proposé par le logiciel Scratch est divisé en trois : une partie dite « script », c'est-à-dire la liste des instructions à réaliser, une partie pour la réalisation de ces instructions par un « lutin », c'est-à-dire un personnage ou un objet positionné sur l'écran (nous avons choisi comme « lutin » de garder le personnage à l'ouverture de Scratch, qui est un chat), et une partie centrale où l'on cherche dans des sous-menus les instructions élémentaires. Ce langage de programmation fonctionne par blocs « aimantés » les uns aux autres, ces blocs sont pré-définis et on les déplace de la partie centrale dans la partie « script ». Ci-dessous nous ne donnerons que des copies d'écran de la partie « exécution » et la partie « script ».

Pour une prise en main du logiciel Scratch, nous conseillons de le télécharger et de suivre les tutoriels disponibles en ligne sur le site du MIT[1] ainsi que le guide de prise en main disponible sur le site de l'INRIA (Institut National de Recherche en Informatique et Automatique)[2]. On pourra également consulter avec profit les ressources disponibles sur le site de l'APMEP[3].

! Comme il y a de fréquentes mises à jour des logiciels, il est possible que les formulations des instructions dans ce livre ou sur des sites web ne soient pas les mêmes que celles du logiciel le jour où vous téléchargerez le logiciel.

Pour certains exemples, des questions sont posées, essayez de les chercher avant de lire la réponse qui est juste en-dessous.

1. [scratch.mit.edu].
2. [wiki.inria.fr/mecsci/image/1/15/Starting_from_Scratch_TUTOR_FR_MCC_V0.pdf].
3. [www.apmep.fr/Programmer-avec-Scratch].

3.1 Exemple 1 : Tracé d'un carré

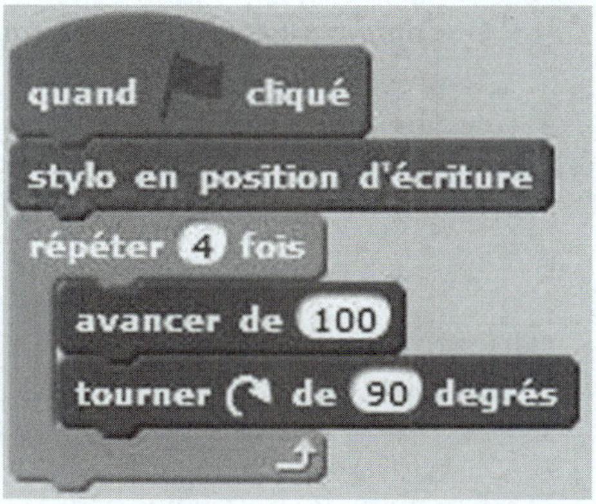

Ici le lutin est programmé pour tracer un carré. Pour écrire le script, nous avons dû analyser la figure que nous voulions obtenir et traduire ses propriétés caractéristiques en actions à réaliser par le lutin : le carré a quatre côtés possédant des propriétés communes (), de même longueur (), et l'angle entre deux côtés consécutifs est égal à 90°, ce qui entraîne que l'angle entre le trajet qu'on allait prendre si on n'avait pas tourné et celui que l'on va prendre est égal à 180° - 90° ().On peut aussi faire tracer le carré en cachant le lutin en utilisant la commande 

Répéter 4 fois
Avancer de 100
Effectuer un quart de tour dans le sens indirect

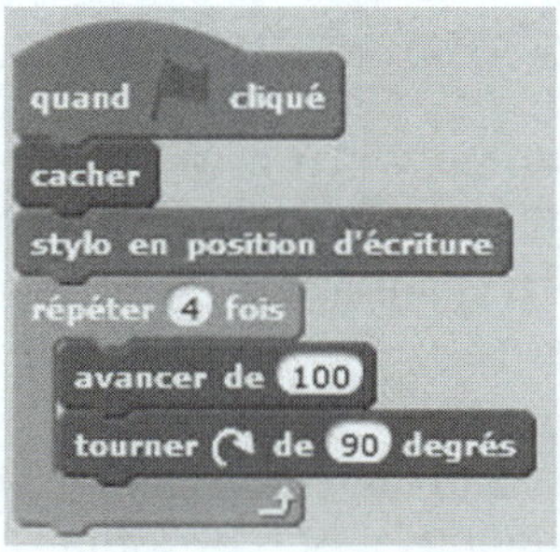

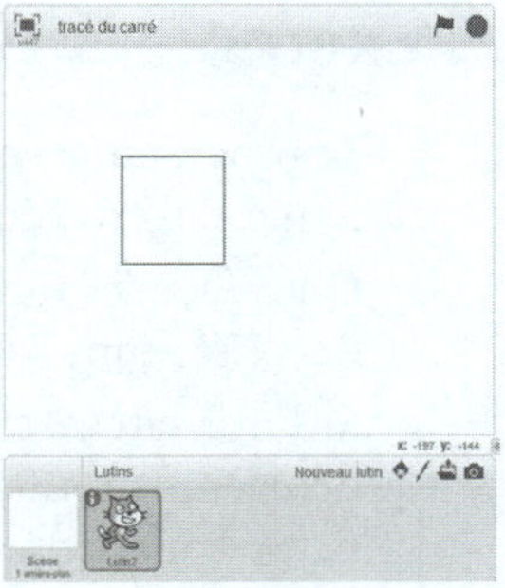

COMPLÉMENT

Comprendre l'instruction « tourner de x degrés »

Lorsque le lutin se déplace de A **vers** B, une fois arrivé en B, le « regard » du lutin étant dirigé vers E (en pointillés bleus la direction vers laquelle porte le regard du lutin avant de tourner) l'instruction , l'oriente vers un point C tel que l'angle $\widehat{EBC}$ est égal à x°. On obtiendra donc un angle $\widehat{ABC}$égal à (180 – x)° supplémentaire de l'angle $\widehat{EBC}$.

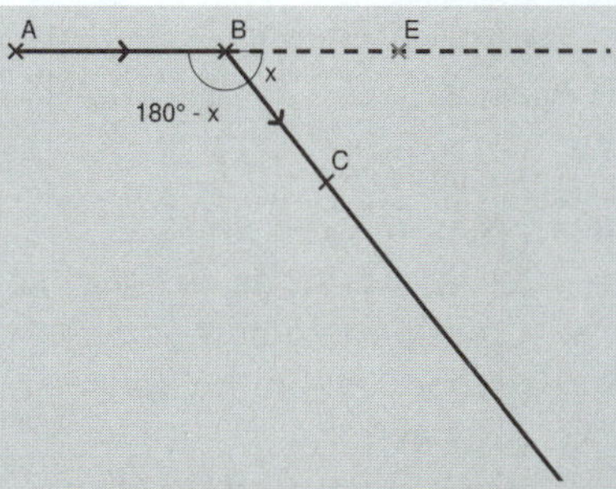

Conseil : imaginez que vous vous trouvez à la place du lutin pour prévoir les déplacements.

3.2 Exemple 2 : Image d'un nombre par une fonction

On considère la fonction f qui à tout réel x associe $2x + 3$.

Le programme suivant fait « dire » au lutin, dans une bulle, l'image par f d'un nombre x saisi par l'utilisateur. On déclarera x comme variable au préalable.

Choisir un nombre x
Calculer $2x + 3$
Afficher le résultat

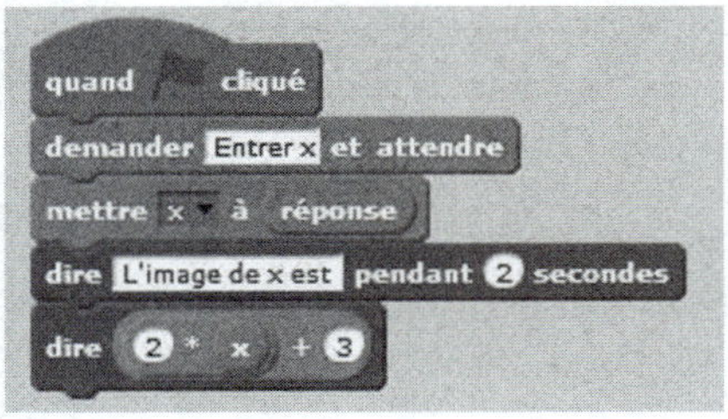

Exécution du programme pour la valeur 6 de x.

3.3 Exemple 3 : Liste des diviseurs d'un entier

Le programme suivant va générer la liste des diviseurs d'un entier a choisi par l'utilisateur. Il est recommandé d'avoir travaillé le chapitre « Arithmétique » auparavant.

On créera des variables et une liste. Sous Scratch, on distingue « Créer une variable » de « Créer une liste ».

Si l'utilisateur choisit la valeur 24 pour a, il obtient ce qui est donné dans la deuxième capture d'écran (attention : la fonction « plancher » permet d'obtenir la partie entière d'un nombre, c'est cette formulation qui était présente sur le logiciel à la création de ce programme, il se peut que la formulation ait changé dans des versions ultérieures).

Variables : a, d
Liste : *diviseurs de a*
(*ce sera la liste des diviseurs de a*)
Choisir un nombre entier
Affecter ce nombre à a
Affecter 1 à d
Répéter jusqu'à d supérieur à a
    Si la partie entière de (a / d) est égale à (a / d) alors
        Ajouter d à *diviseurs de a*
    Ajouter 1 à d
Afficher *diviseurs de a*

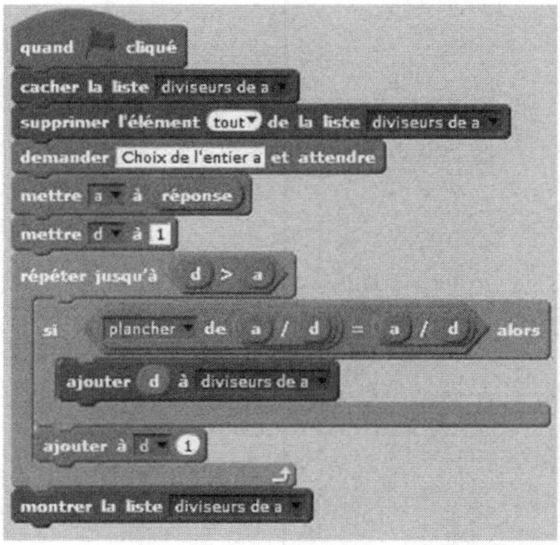

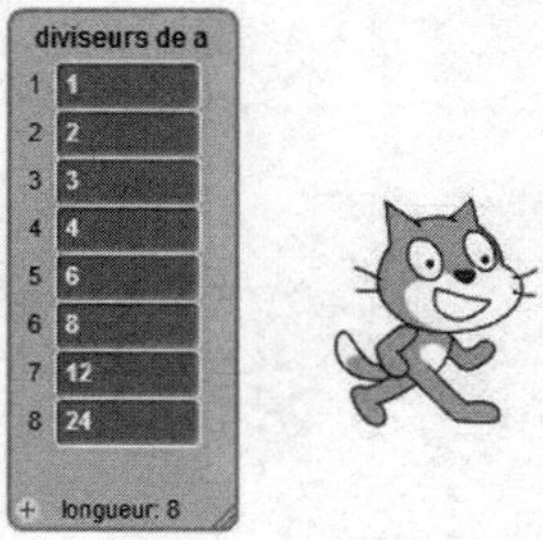

Explications sur la programmation de cet exemple sur Scratch

Dans le menu Données, on a créé deux variables *a* et *d* et une liste nommée *diviseurs de a*.

On cache et vide cette liste au départ.

On demande à l'utilisateur de saisir un entier *a* et la réponse est affectée à la variable *a*. On affecte initialement à la variable *d* la valeur 1 puis on répète jusqu'à ce que *d* soit strictement supérieur à *a* les instructions suivantes :

Si la partie entière de *a* / *d* () est égale à *a* / *d*, alors *d* est un diviseur de *a*, on l'ajoute à la liste *diviseurs de a*. Lorsque l'on sort de la boucle, c'est-à-dire lorsque *d* est supérieur à *a*, on affiche la liste *diviseurs de a*. La copie d'écran ci-dessus, à droite du programme, montre une exécution du programme dans laquelle on avait choisi de cacher les variables *a* et *d* (pour cela on avait ajouté une instruction pour cacher la variable *a* et une instruction pour cacher la variable *d*).

Contraint par les fonctionnalités du logiciel, on a exprimé la condition « *a* / *d* est un entier » par la condition équivalente, « *a* / *d* est égale à sa partie entière ».

Il peut bien sûr exister plusieurs programmes pour obtenir un même résultat.

On sait par exemple qu'il suffit de chercher les diviseurs d'un entier *a* parmi les entiers compris entre 1 et $\sqrt{a}$ (voir chapitre « Arithmétique »). Ce qui peut conduire au programme suivant :

```
Variables : a, d
Liste : diviseurs de a

Choisir un nombre entier
Affecter ce nombre à a
Affecter 1 à d
Répéter pour tous les entiers d compris entre 1 et √a
      Si la partie entière de (a / d) est égale à (a / d) alors
            Ajouter d à diviseurs de a
            Ajouter (a / d) à diviseurs de a
      FinSi
Fin Répéter
Afficher diviseurs de a
```

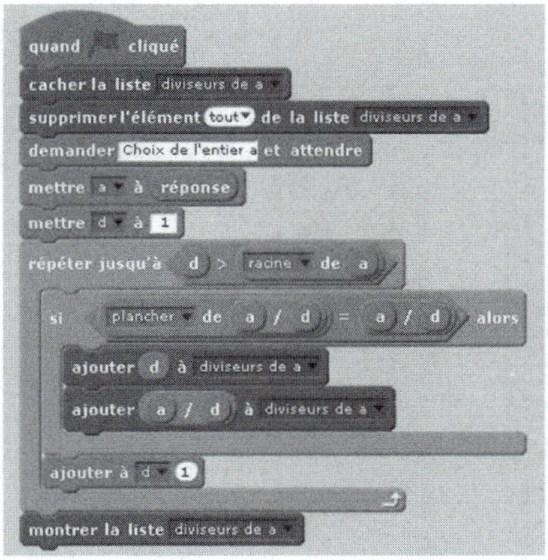

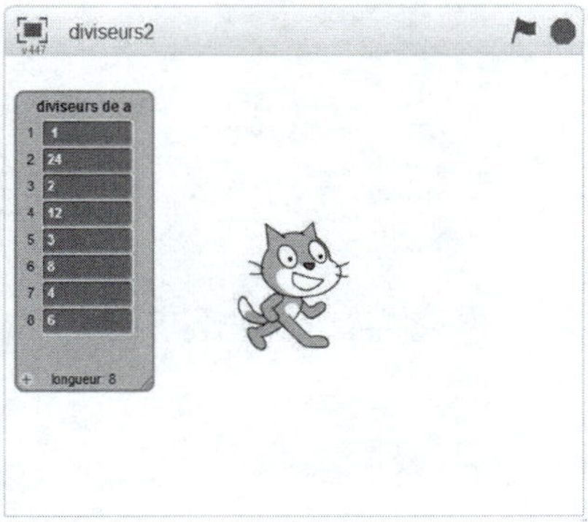

Si l'on demande la liste des diviseurs de 36, le programme précédent affiche deux nombres « 6 » dans la liste des diviseurs de *a*. Le programme suivant évite la répétition d'un diviseur dans la liste en testant s'il y figure déjà avant de l'y ajouter.

Variables : *a*, *d*
Liste : *diviseurs de a*
Choisir un nombre entier
Affecter ce nombre à *a*
Affecter 1 à *d*
Répéter jusqu'à $d > \sqrt{a}$
  Si la partie entière de (*a* / *d*) est égale à (*a* / *d*) alors
    Ajouter *d* à la liste des diviseurs de *a*
    Si *d* n'est pas égal à *a* / *d*
    Ajouter (*a* / *d*) à la liste des diviseurs de *a*
  Ajouter 1 à *d*
Afficher *diviseurs de a*

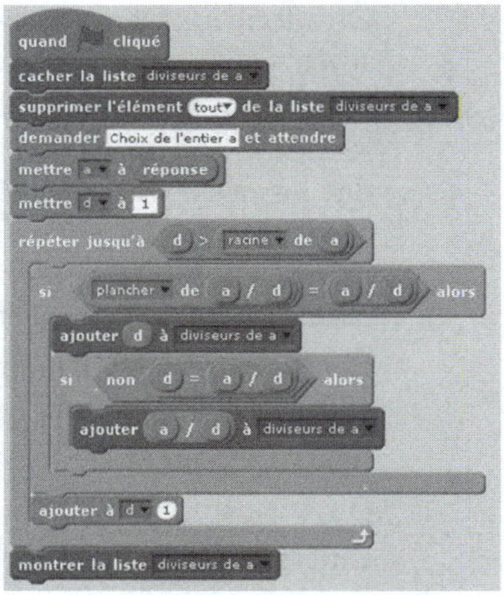

3.4 Exemple 4 (inspiré du sujet 0 du brevet)

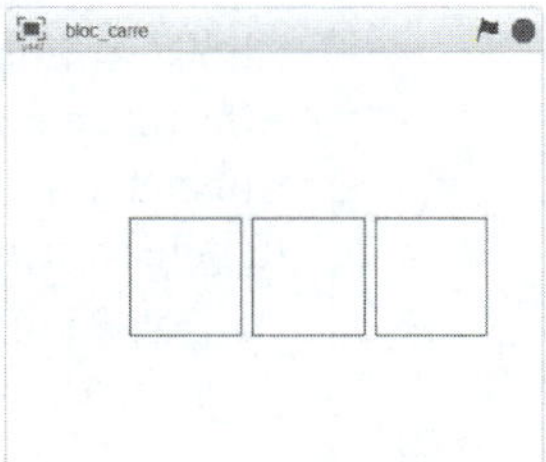

Reprenons l'exemple 1 du tracé d'un carré en l'enrichissant. En s'inspirant de ce que nous y avons fait, nous définissons un bloc 

, suite d'instructions permettant de tracer un carré.

Nous pouvons alors utiliser ce bloc dans le programme principal visant à tracer trois carrés les uns à côté des autres avec un petit espace entre deux carrés consécutifs. Cela nécessitera, une fois un carré tracé, de faire relever le stylo puis de faire avancer le lutin de la somme de la longueur du carré et de la longueur de l'interstice.

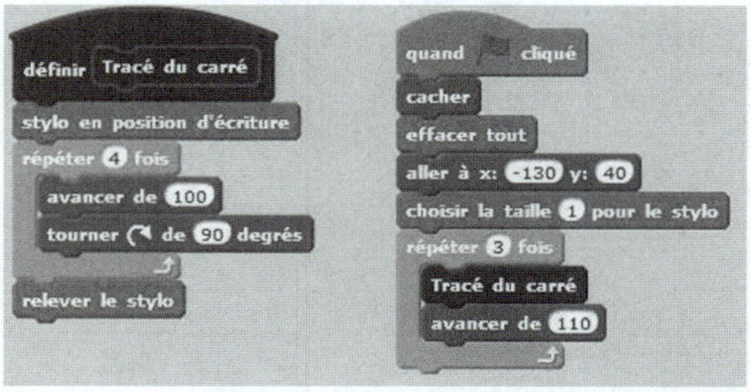

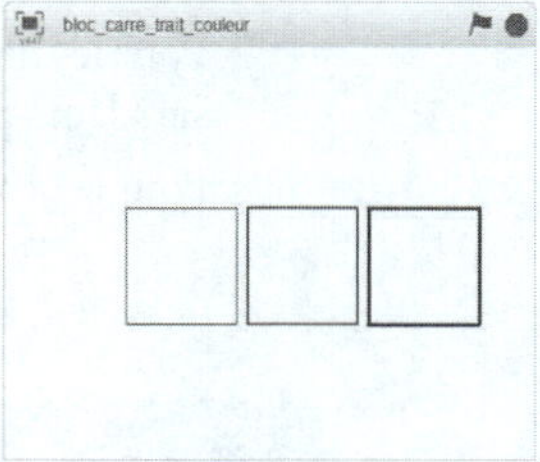

On désire à présent obtenir la production suivante, où les traits de tracé des carrés sont de plus en plus épais ; on peut augmenter l'épaisseur des traits grâce à l'instruction : 

QUESTION

Indiquer où insérer cette instruction dans le programme ci-dessus.

Réponse : Il faut qu'à chaque nouveau tracé du carré, la taille du stylo augmente, c'est donc dans la boucle de répétition qu'il faut insérer cette instruction.

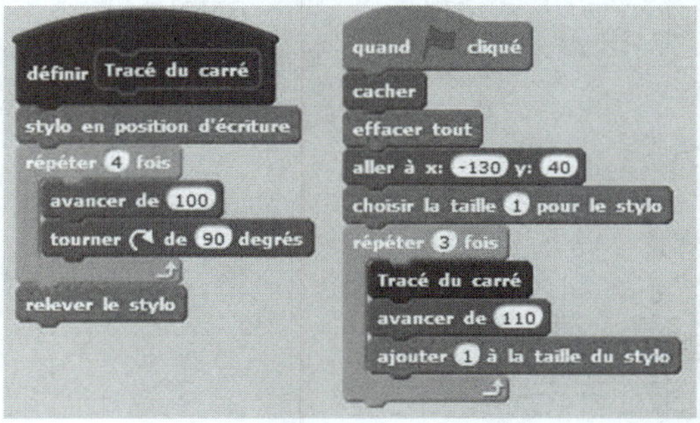

4 Types de questions en algorithmique et programmation

On peut envisager différents types de questions :

- analyser et décoder un algorithme ou un programme qui fonctionne (en identifiant la production lorsqu'elle est conforme à l'attendu ou en retrouvant l'erreur sinon) ;
- associer un algorithme ou un programme à une réalisation ;
- compléter un algorithme ou un programme pour qu'il fonctionne connaissant les données et le produit final ;
- écrire un algorithme ou un programme à partir d'une donnée et d'un attendu.

4.1 Associer un programme à un résultat ou un processus

a. Programmes de tracé

QUESTIONS

1. Associer chaque programme à la figure qu'il produit.
2. Pour les quadrilatères particuliers, indiquer les instructions des programmes traduisant leurs propriétés.
3. Pour le programme 1, le réécrire en utilisant une boucle de répétition.

<table>
<tr><th>Programme</th><th>Figure produite</th></tr>
<tr><td>
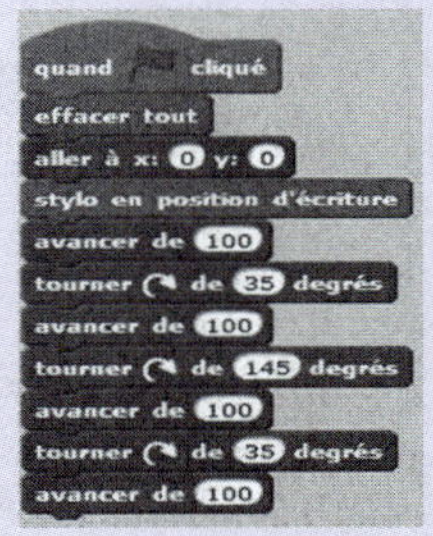

Programme 1
</td><td>
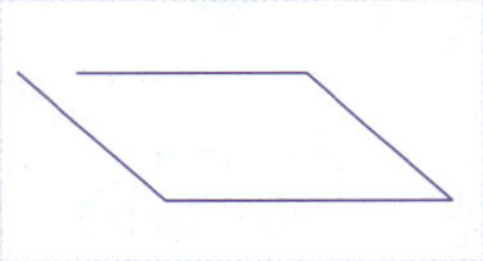
figure A
</td></tr>
<tr><td>
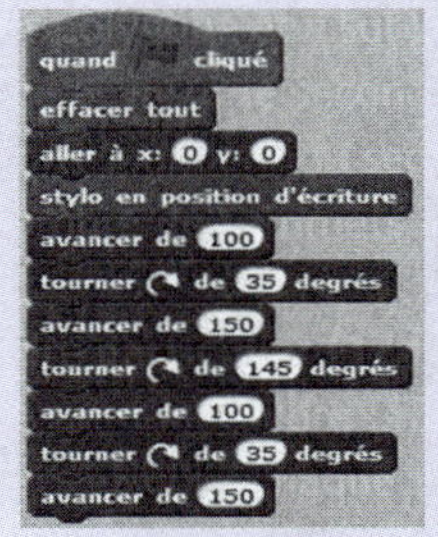

Programme 2
</td><td>
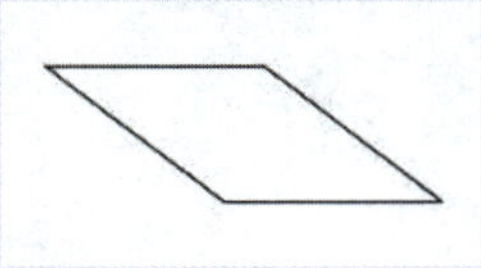
figure B
</td></tr>
<tr><td>
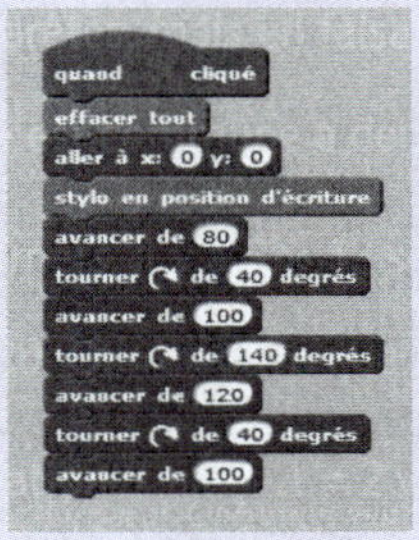

Programme 3
</td><td>
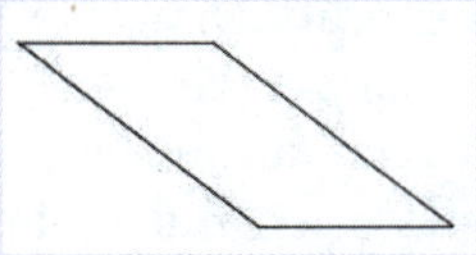
figure C
</td></tr>
</table>

Réponses

Dans ces programmes, le lutin était caché.

Question 1 et 2 : le premier programme trace des segments de même longueur, donc parmi les trois figures proposées, il permet d'obtenir le losange (fig. B) (les angles consécutifs sont bien supplémentaires du fait que 145°+35°=180°).

On peut remarquer en observant le premier « tourner à droite de 35° » que la figure a été commencée par le sommet en haut à gauche ; ceci signifie que c'est là que se situe la position du point de coordonnées (0 ; 0). On peut aussi comprendre sur la figure l'orientation du stylo au départ ; si on fait exécuter deux programmes à la suite, on obtiendra successivement des figures identiques mais d'orientations différentes. Pour obtenir des figures identiques, il faudrait en début de programme fixer l'orientation du crayon, par exemple en ajoutant l'instruction « s'orienter à 90° ».

Le deuxième programme trace des segments deux à deux isométriques (les angles consécutifs sont supplémentaires pour la même raison que précédemment), donc parmi les trois figures proposées il permet d'obtenir le parallélogramme (fig. C).

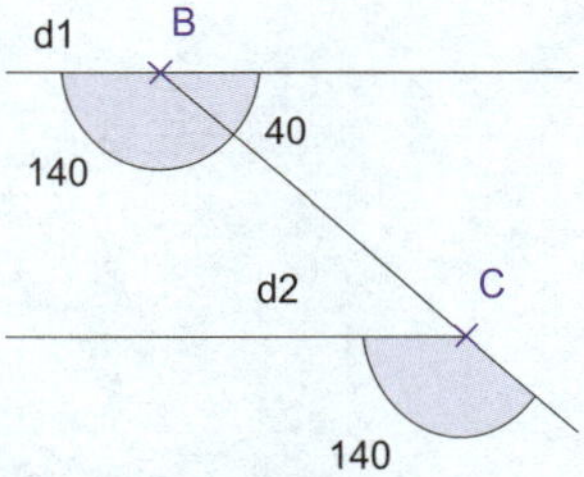

Par élimination, le troisième programme permet donc d'obtenir la figure A. Vérifions en plus que l'on obtient bien la figure A.

En interprétant les instructions « tourner de *x* degrés », on montre que la ligne polygonale a ses segments deux à deux parallèles :

dans la configuration ci-contre, l'égalité de deux angles correspondants, chacun de mesure 140 (en degrés), nous permet de conclure au parallélisme des droites d1 et d2.

De même [BC] est parallèle au quatrième segment tracé. Cependant la longueur du premier segment est strictement inférieure à celle du troisième ; on obtient donc une ligne polygonale non fermée.

Question 3 : voir réponse ci-contre

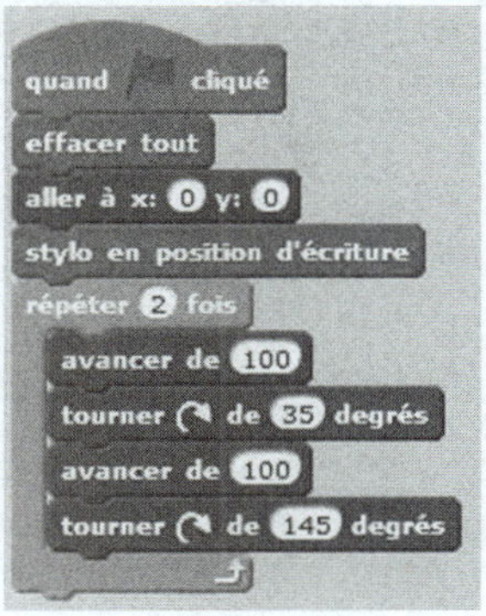

b. Programmes de calcul

CONSIGNE

Associer chaque programme aux actions qu'il produit.

Remarque : à l'invitation « Entre ton nombre *x* », l'utilisateur a saisi « 3 », à chaque fois.

REMARQUE

Dans Scratch, l'opérateur « regroupe » comme son nom l'indique, permet de regrouper dans une même phrase différents éléments. Dans les exemples ci-dessous, on a regroupé du texte et des résultats d'expressions calculées.

Programme	Actions produites
Programme 1 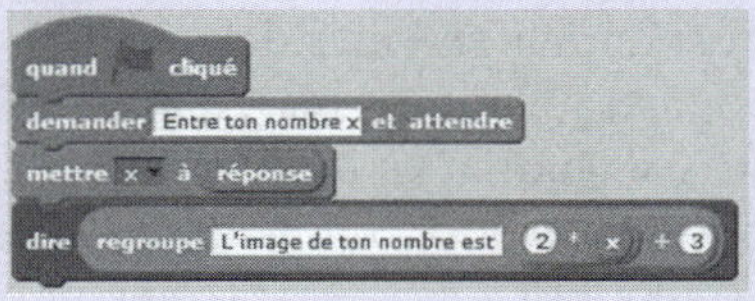	A) On a successivement obtenu à l'affichage 
Programme 2 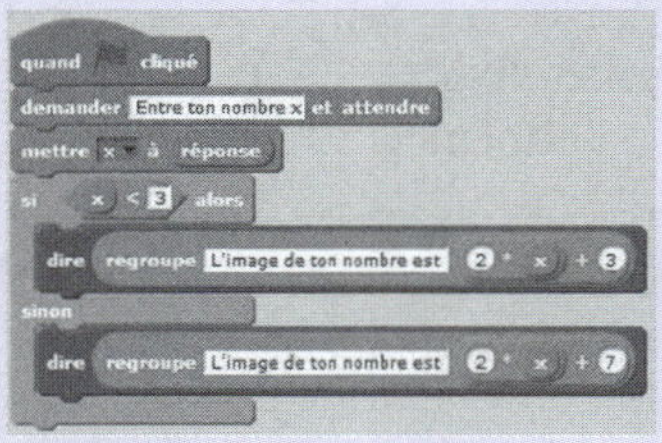	B) On a successivement obtenu à l'affichage 
Programme 3 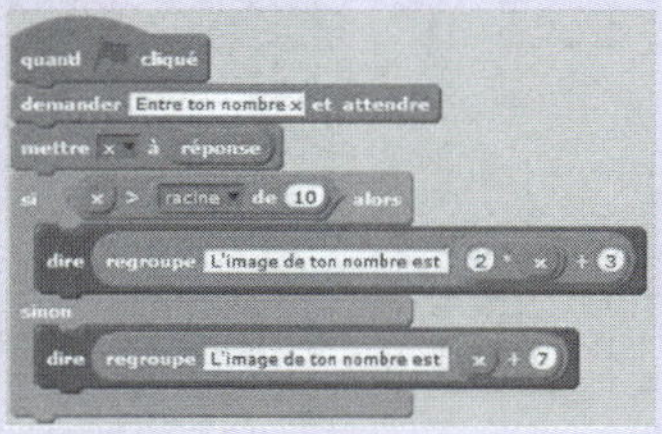	C) On a successivement obtenu à l'affichage 

Réponse

Le premier programme calcule l'image du nombre x saisi par la fonction : $f : x \mapsto 2x+3$. L'image de 3 est donc 9 (réponse C).

Le deuxième programme calcule l'image du nombre x saisi par la fonction :

$f : x \mapsto \begin{cases} 2x+3 \text{ si } x<3 \\ 2x+7 \end{cases}$. Dans ce cas, l'image de 3 est donc 13 (réponse A).

Le troisième programme calcule l'image du nombre x saisi par la fonction :

$f : x \mapsto \begin{cases} 2x+3 \text{ si } x>\sqrt{10} \\ x+7 \end{cases}$. Dans ce cas, puisque $3<\sqrt{10}$, l'image de 3 est donc 10 (réponse B).

4.2 Anticiper le résultat d'un programme

QUESTION

Comment compléteriez-vous le rectangle blanc dans l'instruction 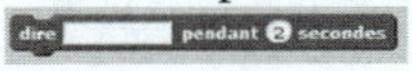

afin de rendre explicite ce qu'a calculé le programme ?

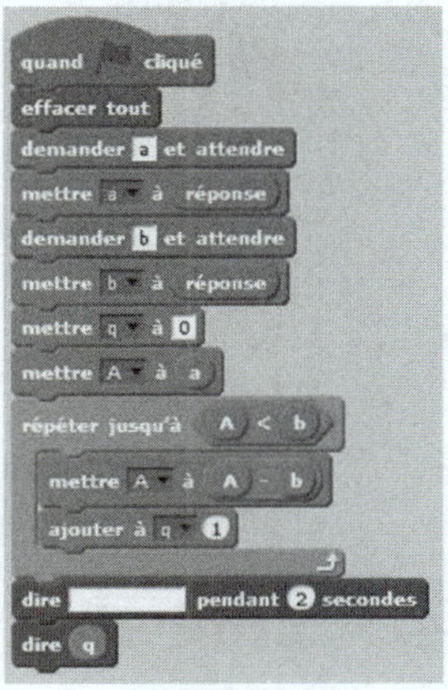

Réponse

Le programme calcule le quotient de la division euclidienne de *a* par *b* en effectuant pas à pas les soustractions successives. On peut donc compléter le rectangle blanc par « Quotient ».

4.3 Modifier un programme

ÉNONCÉ

On aurait pu faire dire une autre information à la suite du programme donné en 4.2.

a) Laquelle ?

b) Indiquer les instructions à saisir afin d'y parvenir.

Réponse

a) On peut demander le reste de la division euclidienne de *a* par *b*.

b) On a ajouté les deux lignes suivantes à la fin du programme :

On aurait aussi pu faire afficher la variable *A* qui à la fin du traitement contient le reste de la division.

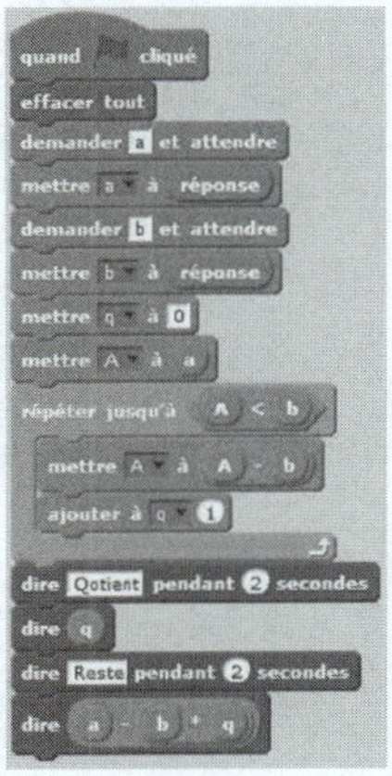

4.4 Trouver une erreur dans un programme

ÉNONCÉ

On souhaite faire tracer un polygone régulier à *n* côtés.

Indiquer si le programme ci-contre le permet. Sinon proposer une correction permettant d'obtenir la figure souhaitée.

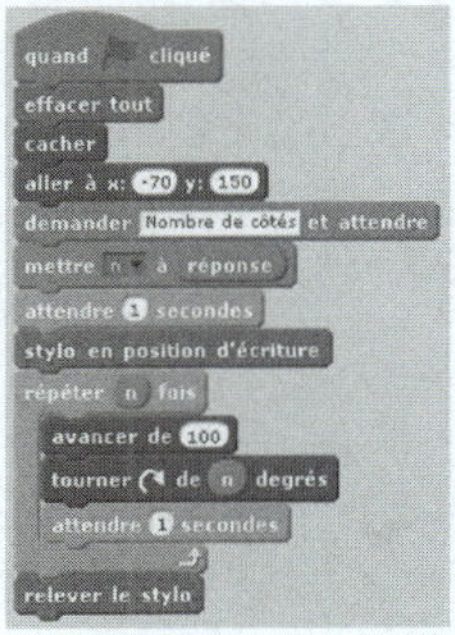

Réponse

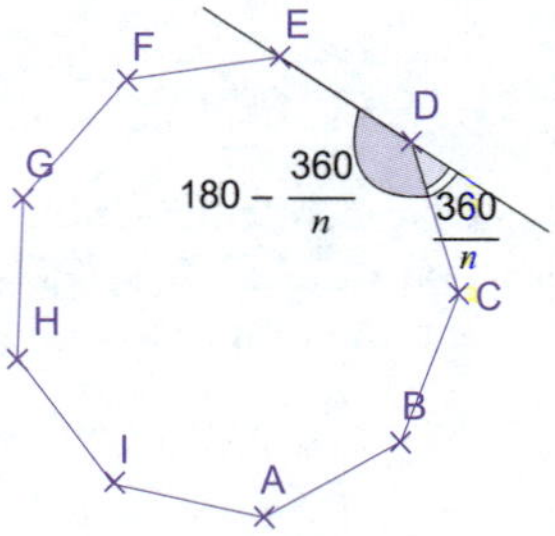

L'erreur se situe dans l'instruction 

(*cf.* exemple 1). Dans un polygone régulier, tous les angles intérieurs sont de même mesure égale[1] à $180-\dfrac{360}{n}$. L'angle extérieur associé (qui est celui dont on a besoin pour donner l'instruction « tourner de x degrés », voir complément §3.1) a donc pour mesure $\dfrac{360}{n}$.

On corrige donc le programme en remplaçant simplement « tourner de n degrés » en « tourner de $360/n$ degrés ».

4.5 Écrire un programme

CONSIGNE

Écrire un programme permettant d'obtenir la liste des nombres de la forme 2^k, avec k variant de 0 à n, n désignant un entier choisi par l'utilisateur.

Réponse :

On a créé une variable liste nommée « puissances de 2 » qui sera vidée en début de programme et qui contiendra les différentes puissances de 2 en fin de programme. On a aussi créé trois variables n, i et p. n est la valeur de l'exposant de la dernière puissance de 2 à mettre dans la liste, cette valeur est choisie par l'utilisateur, i et p sont des variables internes au programme.

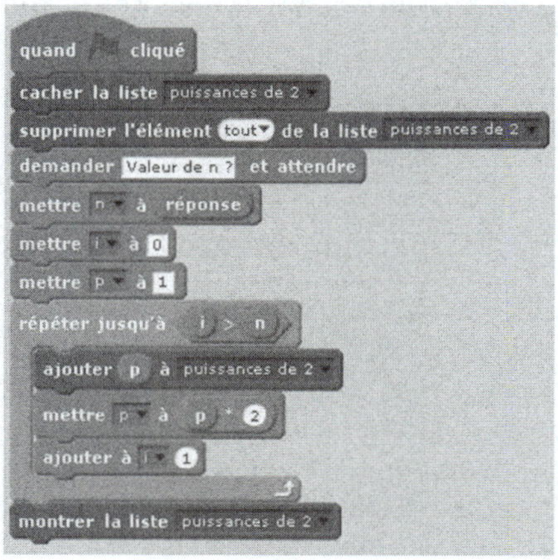

1. Cette valeur des angles intérieurs n'est pas à connaître par cœur mais à savoir retrouver. Dans le sujet 2019 groupement 1 elle était redonnée.

27 Fonctions, proportionnalité

Cours et méthodes

1 Fonctions

DÉFINITIONS

On appelle **fonction** définie sur un intervalle I de $\mathbb{R}$ (ou une réunion d'intervalles), tout processus qui à tout réel x de I associe un unique réel y.

On note : $f : I \to \mathbb{R}$ $\quad$ y est appelé **l'image** de x (*elle est unique*).

$$x \mapsto y = f(x)$$

x est **un antécédent** de y *(un nombre peut avoir zéro, ou un, ou plusieurs antécédents selon les cas)*. On note C_f **la représentation graphique de la fonction** f dans un repère (en général orthogonal). C_f est l'ensemble des points M dont les coordonnées $(x\,;y)$ vérifient l'égalité $y = f(x)$ appelée **équation de** C_f. Pour ces points, l'ordonnée est l'image de l'abscisse.

Exemple

On s'intéresse aux variations de température dans une serre, entre 0 h (minuit) et 4 h du matin, au cours d'une nuit de décembre. À 1 h du matin un thermostat a déclenché la mise en route du chauffage, qui s'est arrêté à 3 h suite à un dysfonctionnement. L'instant exprimé en heures est noté x et la température correspondante en °C est notée y.

La fonction f qui à un instant donné x associe la température correspondante y (on note $y = f(x)$) a été représentée dans le repère ci-après. Au CRPE, il est conseillé d'ajouter des pointillés pour indiquer comment s'est faite la lecture dans le cas d'un graphique joint à la copie.

Exemple (suite)

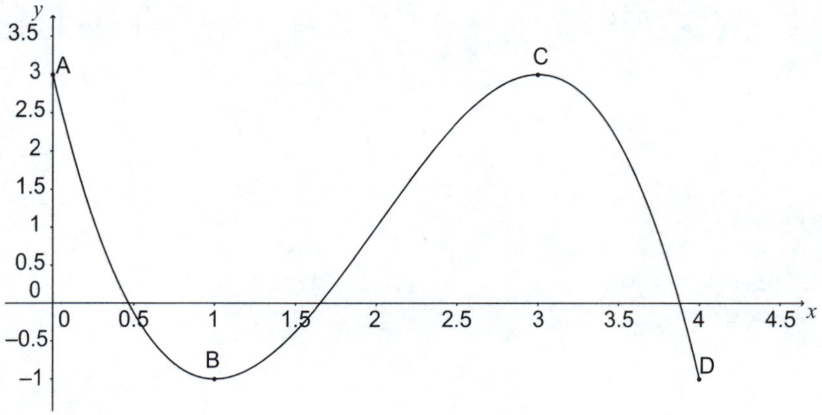

La lecture de ce graphique fournit de nombreuses informations.
Il faisait – 1°C à 1 h, 1°C à 2 h… on peut noter $f(1) = -1$; $f(2) = 1$, etc. et on dit que l'image de 1 par f est – 1, que l'image de 2 par f est 1, etc.
Dans cet intervalle de temps, 3 a deux antécédents (0 et 3), donc il faisait 3°C à 0 h et à 3 h ; 3,5 n'a pas d'antécédent par f, donc il n'a jamais fait 3,5 °C.
La valeur maximale de f sur l'intervalle I = [0 ; 4] est 3 ; elle est atteinte pour $x = 0$ et pour $x = 3$.
La valeur minimale de f sur l'intervalle I = [0 ; 4] est – 1 ; elle est atteinte pour $x = 1$ et pour $x = 4$.

1.1. Sens de variation d'une fonction

Exemple

Si on reprend l'exemple précédent, on a :
a. f est strictement croissante sur l'intervalle $I_1 = [1 ; 3]$, c'est-à-dire que :
pour tous les réels x et x' de l'intervalle I_1, si $x < x'$ alors $f(x) < f(x')$ (« les images sont rangées dans le même ordre que leurs antécédents »). Concrètement cela signifie que lorsque l'instant x augmente entre 1 h et 3 h du matin, la température $f(x)$ ne cesse d'augmenter de – 1° à 3°.
b. f est strictement décroissante sur $I_2 = [0 ; 1]$, c'est-à-dire que :
pour tous les réels x et x' de l'intervalle I_2, si $x < x'$ alors $f(x) > f(x')$ (« les images sont rangées dans l'ordre contraire de leurs antécédents »). Concrètement cela signifie que lorsque l'instant x augmente entre 0 h et 1 h du matin, la température $f(x)$ ne cesse de diminuer de 3° à – 1°.
c. On a également f strictement décroissante sur l'intervalle $I_3 = [3 ; 4]$.
On peut rassembler ces résultats dans un tableau de variation de f :

x	0	1	3	4
$f(x)$	3 ↘	– 1 ↗	3 ↘	– 1

DÉFINITIONS

Soit I une partie de $\mathbb{R}$,

f est **croissante** sur I si : pour tout élément a de I et tout élément b de I, $a \leq b$ implique $f(a) \leq f(b)$.

f est **décroissante** sur I si : pour tout élément a de I et tout élément b de I, $a \leq b$ implique $f(a) \geq f(b)$.

f est **constante** sur I si : pour tout élément a de I et tout élément b de I, $f(a) = f(b)$

Une fonction **monotone** sur I est une fonction qui est soit croissante sur I, soit décroissante sur I.

Étudier le **sens de variation** d'une fonction sur un intervalle I, c'est déterminer sur quels sous-ensembles de I la fonction est monotone ou constante.

Techniques | **Étude du sens de variation d'une fonction**

- Lecture graphique comme ci-dessus.
- Étude du signe de $f(x) - f(x')$: si pour tous x et x' dans un intervalle I, $f(x) - f(x')$ est du même signe que $x - x'$, alors f est croissante sur I, si $f(x) - f(x')$ est du signe contraire de celui de $x - x'$, alors f est décroissante sur I.

1.2. Équations de droite

Dans ce paragraphe, on va déterminer des égalités vérifiées par l'abscisse et/ou l'ordonnée de points d'une droite, un repère étant donné. Ce paragraphe est surtout utile pour introduire du vocabulaire pour la représentation graphique des fonctions affines (vocabulaire non exigible), pour la résolution d'équations dans le cadre graphique, mais permet aussi de s'intéresser à des droites qui ne représentent pas graphiquement une fonction (celles parallèles à l'axe des ordonnées).

Soit d une droite représentée dans un repère.

1er cas

Si d est **parallèle à l'axe des ordonnées**, tous ses points ont la même abscisse ; il existe un réel c qui est l'abscisse de tous les points de la droite d. Si M est un point quelconque de la droite d, et si ses coordonnées sont $(x\,;\,y)$, elles vérifient l'égalité $\boldsymbol{x = c}$.

$x = c$ est l'équation d'une droite d parallèle à l'axe des ordonnées.

Ainsi $x = 0$ est l'équation de la droite représentant l'axe des ordonnées. Dans ce cas, la droite n'est pas la représentation graphique d'une fonction.

2e cas

Si d est **sécante à l'axe des ordonnées**, il existe un réel a et un réel b tels que les coordonnées $(x\,;\,y)$ d'un point quelconque M de la droite d vérifient l'égalité : $\boldsymbol{y = ax + b}$. $y = ax + b$ est l'**équation de la droite** d. Le nombre a est nommé **coefficient directeur** et le nombre b est l'**ordonnée à l'origine** (car c'est l'ordonnée du point de la droite d'abscisse 0).

Cas particulier : si d est parallèle à l'axe des abscisses, tous ses points ont la même ordonnée ; il existe un réel e qui est l'ordonnée de tous les points de la droite d. Si M est un point quelconque de la droite d, et si ses coordonnées sont $(x\,;y)$, elles vérifient l'égalité : $\boldsymbol{y = e}$. L'équation d'une droite **parallèle à l'axe des abscisses** est $y = e$. Ainsi $y = 0$ est l'équation de la droite représentant l'axe des abscisses. C'est un cas particulier des droites d'équation du type $y = ax + b$ avec $a = 0$. Ceci nous permet d'affirmer que le coefficient directeur d'une droite parallèle à l'axe des abscisses est nul.

··· POUR ALLER PLUS LOIN ···

Les équations ci-dessus se nomment équations réduites de droite. Pour n'avoir qu'un seul cas, on peut se ramener à une équation du type $ux + vy = w$ où u, v, w désignent trois nombres réels, u et v non simultanément nuls. En effet si v est nul on retrouve une équation du type $x = c$ $(c = \frac{w}{u})$, de même si u est nul on retrouve une équation du type $y = e$ $(e = \frac{w}{v})$ et pour les autres cas une équation du type $y = ax + b$.

Propriété

Si $(x_M\,;y_M)$ et $(x_P\,;y_P)$ sont les coordonnées de deux points d'une droite d'équation $y = ax + b$, tels que $x_P = x_M + 1$, alors :
$y_P = ax_P + b = a(x_M + 1) + b = ax_M + a + b = (ax_M + b) + a = y_M + a$. En résumé, pour des points de la droite, si la différence des abscisses est 1, alors la différence des ordonnées est a.

Cette propriété permet de déterminer la valeur du coefficient directeur a à partir de la seule donnée de la représentation graphique d'une droite non parallèle aux axes, il suffit pour cela de repérer deux points de la droite dont la différence des abscisses est 1 et de lire sur l'axe des ordonnées, la différence des ordonnées correspondantes.

Techniques — **Déterminer l'équation d'une droite connaissant les coordonnées de deux points distincts de la droite**

- Par lecture graphique : pour les droites non parallèles à l'axe des ordonnées, lecture de l'ordonnée à l'origine et détermination du coefficient directeur en lisant la différence des ordonnées pour deux points dont la différence des abscisses est 1.
- Par calcul : soient M et N deux points distincts de la droite de coordonnées $(x_M\,;y_M)$ et $(x_N\,;y_N)$.

  Si $x_M = x_N$, alors la droite est parallèle à l'axe des ordonnées et l'équation est $x = x_M$.
  Si $x_M \neq x_N$, alors la droite n'est pas parallèle à l'axe des ordonnées et l'équation est du type $y = ax + b$.
  Si $y_M = y_N$, alors la droite est parallèle à l'axe des abscisses et l'équation est $y = y_M$.
  Sinon, on écrit que : $y_M = ax_M + b$ et $y_N = ax_N + b$, où les nombres x_M, y_M, x_N, y_N sont connus et les nombres a et b inconnus. On résout le système de deux équations à deux inconnues et on trouve :

$$a = \frac{y_N - y_M}{x_N - x_M} = \frac{y_M - y_N}{x_M - x_N} \quad \text{et} \quad b = y_M - ax_M = y_N - ax_N$$

1.3. Fonctions de référence

DÉFINITION

On dit qu'une fonction f est une **fonction affine** si elle est définie pour tout x réel par $f(x) = ax + b$ (où a et b sont des réels fixés).

Dans ce cas, sa représentation graphique est la droite d'équation $y = ax + b$ (a est le coefficient directeur de la droite et b son ordonnée à l'origine).

Si $a > 0$, f est croissante sur $\mathbb{R}$;

Si $a < 0$, f est décroissante sur $\mathbb{R}$;

Si $a = 0$, la fonction affine f est constante et la droite qui la représente est parallèle à l'axe des abscisses.

Si $b = 0$, la fonction affine f est appelée **fonction linéaire** et la droite qui la représente passe par l'origine du repère. On verra ci-après l'importance des fonctions linéaires comme modèle des problèmes de proportionnalité.

Techniques — **Représentation graphique d'une fonction affine**

La représentation graphique est une droite ; une droite étant déterminée par deux points, il suffit de déterminer deux points de la représentation graphique. On prend souvent les points de coordonnées $(0 ; b)$ et $(1 ; a + b)$ ou $\left(-\frac{b}{a} ; 0\right)$.

Techniques — **Déterminer une fonction affine dont on connaît la représentation graphique dans un repère donné**

- La fonction affine a une expression du type : $f(x) = ax + b$. On détermine les coordonnées de deux points de la droite M et N notées ici $(x_M ; y_M)$ et $(x_N ; y_N)$.
  On a alors : $f(x_M) = ax_M + b$ et $f(x_N) = ax_N + b$.
  On résout le système d'inconnues a et b.
- Par lecture graphique : b est l'ordonnée du point d'intersection de l'axe des ordonnées avec la droite représentant la fonction affine; a est la différence des ordonnées de deux points dont la différence des abscisses est 1. En utilisant le concept d'équation de droite : on détermine l'équation de la droite du type $y = ax + b$ (voir les techniques du paragraphe précédent). La fonction affine associée a comme expression : $f(x) = ax + b$.

··· POUR ALLER PLUS LOIN ···

Fonctions polynômes de degré 2

On dit qu'une fonction f est une fonction polynôme de degré 2 si elle est définie pour tout x réel par $f(x) = ax^2 + bx + c$ (où a, b et c sont des réels fixés, a étant non nul).
Dans ce cas, sa représentation graphique est appelée parabole.

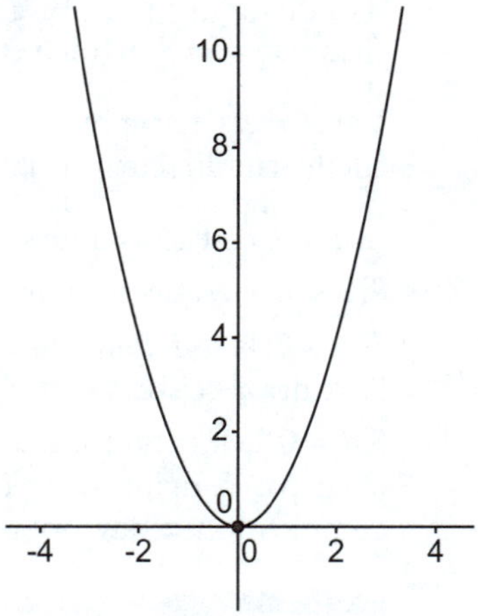

Exemples :
$f(x) = x^2$ (représentée ci-contre).
f est décroissante sur $]-\infty\,;0]$ et croissante sur $[0\,;+\infty[$.
On peut déduire les variations d'autres fonctions polynômes de degré 2 à partir de celle-ci. Par exemple la fonction g définie par $g(x) = -2x^2$ est croissante sur $]-\infty\,;0]$ et décroissante sur $[0\,;+\infty[$ puisqu'on multiplie par le réel négatif – 2 ce qui change le sens des inégalités.

Fonction inverse

La fonction inverse est une fonction définie sur la réunion des intervalles $]-\infty\,;0[$ et $]0\,;+\infty[$ notée $\mathbb{R}^*$, c'est-à-dire qu'elle n'est pas définie en 0.

$$f:\mathbb{R}^*\to\mathbb{R}$$
$$x\mapsto y=\frac{1}{x}$$

Dans ce cas, sa représentation graphique est appelée hyperbole.

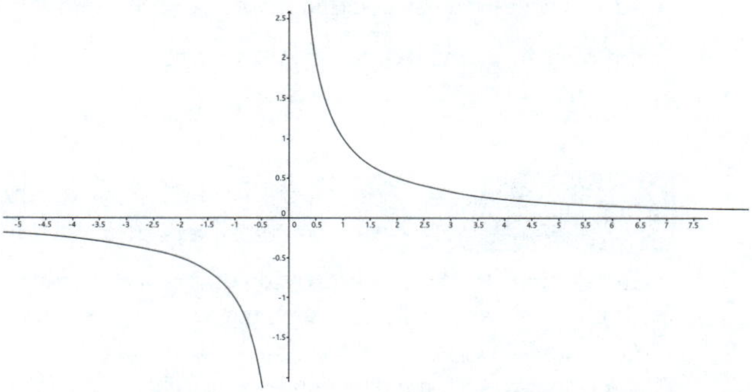

Propriété

La fonction inverse est décroissante sur $]-\infty\,;0[$, elle est décroissante sur $]0\,;+\infty[$ (cela correspond à la propriété sur les inverses vue dans le chapitre « Opérations »), mais sur $\mathbb{R}^*$ elle n'est pas monotone : si a et b sont de même signe, leurs images sont rangées dans l'ordre inverse de a et b, s'ils sont de signes différents, par exemple $a < 0 < b$, alors leurs images sont rangées dans le même ordre : $\frac{1}{a} < 0 < \frac{1}{b}$.

2 Proportionnalité

Exemples

Résoudre les problèmes suivants :

Problème 1 : la consommation d'eau en 7 jours a été de 1000 L. De combien est-elle en 28 jours ? en 1 jour ? en 29 jours ?

Problème 2 *:* 5 km sur le terrain correspondent à 2,5 cm sur une carte. Quelle distance réelle correspond à 3 cm sur la carte ? à 5 cm ? à 8 cm ? Par combien de centimètres représente-t-on 25 km sur le terrain ?

Ce qui réunit ces deux problèmes, c'est le modèle mathématique.

Dans le problème 1, on suppose que la consommation est la même quel que soit le jour (ce qui en réalité n'est sûrement pas le cas). On dit qu'on choisit un modèle de proportionnalité pour ce problème réel. L'intérêt d'un modèle est de pouvoir faire des prévisions.

Dans le problème 2, le choix du modèle de proportionnalité est déjà fait dans le choix de la représentation : on choisit de représenter des longueurs réelles dans un rapport de 10 par exemple (50 km est 10 fois plus grand que 5 km) par des longueurs sur la carte dans un même rapport de 10.

REMARQUE Les problèmes ci-dessus sont souvent appelés « problèmes de recherche de quatrième proportionnelle » car on connaît trois données et on cherche la quatrième dans une situation de proportionnalité entre deux grandeurs ou deux séries de nombres.

2.1. Aspects théoriques

a. Modèle mathématique

Quand on met en relation deux grandeurs pour lesquelles on dispose d'une série de mesures, x_1, x_2, x_3, … pour la première et y_1, y_2, y_3, … pour la seconde, la numérotation étant faite de telle sorte que chaque y_i soit en correspondance avec x_i, on peut conclure à une situation de proportionnalité si on peut déterminer un nombre k non nul tel que : $y_1 = k \times x_1$; $y_2 = k \times x_2$; $y_3 = k \times x_3$; … Dans ce cas, la mesure y de la seconde grandeur est une fonction linéaire de la mesure x de la première grandeur, autrement dit, $y = f(x) = k \times x$.

Le nombre k est appelé **coefficient de proportionnalité**.

On appelle aussi coefficient de proportionnalité le multiplicateur permettant de passer de la première grandeur à la seconde. Cela peut être soit un réel, soit une grandeur ; dans le problème 1, c'est une grandeur appelée grandeur-quotient, ici le débit en Litres par jour, dans le problème 2 c'est un réel (car les deux grandeurs en relation sont des longueurs).

On dit que l'on modélise le problème de proportionnalité par une fonction linéaire.

REMARQUE

Si la seconde grandeur est proportionnelle à la première (k étant le coefficient de proportionnalité entre la première et la seconde), alors la première est proportionnelle à la seconde et le coefficient de proportionnalité entre la seconde et la première est $\frac{1}{k}$.

Propriétés de linéarité

Si f est une fonction linéaire, alors elle vérifie deux propriétés :

(P1) (propriété de linéarité additive ou propriété de linéarité pour l'addition) : $f(x + x') = f(x) + f(x')$;

(P2) (propriété de linéarité multiplicative ou propriété de linéarité pour la multiplication ou propriété d'homogénéité) : pour tout t réel (on dit aussi que t est un scalaire), $f(t \times x) = t \times f(x)$.

Remarque : nous avons donné ci-dessus les différentes dénominations que l'on trouve dans les programmes et documents ressources, dans des ouvrages de didactique.

REMARQUE

Le terme « propriété d'homogénéité » est un terme utilisé dans les documents ressources de collège, le mot « homogène » signifie que l'on reste pour les calculs à l'intérieur de la même grandeur (voir exemples ci-dessous).
Réciproquement, si une fonction f fait correspondre à des valeurs x des valeurs y et vérifie la propriété (P2), alors la fonction est linéaire. Cette réciproque permet de reconnaître si un problème est un problème de proportionnalité.

Exemple

Problème 2 : 50 km est 10 fois plus grand que 5 km, donc sur la carte la longueur représentant 50 km sera 10 fois plus grande que celle représentant 5 km, donc la longueur représentant 50 km est égale à 10 × 2,5 cm = 25 cm.
La propriété utilisée (si la première grandeur est multipliée par 10, la grandeur correspondante aussi) est la propriété de linéarité multiplicative.

Représentation graphique d'une fonction linéaire

On représente graphiquement dans un repère un problème de proportionnalité associant les mesures x_1, x_2, x_3, … aux mesures y_1, y_2, y_3, … en plaçant les points de coordonnées $(x_1 ; y_1)$, $(x_2 ; y_2)$, $(x_3 ; y_3)$. Comme la fonction qui à x associe y est linéaire, sa représentation graphique est une droite passant par l'origine. Les points sont donc alignés avec l'origine du repère.

b. Différentes techniques de résolution d'un problème de proportionnalité

Il existe différentes techniques de résolution d'un problème de proportionnalité. Même quand on est habitué à en utiliser une systématiquement, il est intéressant de connaître les autres, car suivant les données, certaines sont plus rapides ou permettent des calculs simples.

Technique 1	
Propriétés de linéarité	**Problème 1 :** 28 jours c'est 4 fois plus que 7 jours, donc la consommation est 4 fois plus grande, soit 4×1000 L = 4000 L. 1 jour c'est 7 fois moins que 7 jours, donc la consommation est de 1000 L divisé par 7. 29 jours c'est 28 jours plus 1 jour, donc la consommation est de $4000\text{ L} + \frac{1000}{7}\text{ L}$. Pour le calcul pour 28 jours et celui de 1 jour, on a utilisé (P2), pour 29 jours on a utilisé la propriété d'additivité (P1).

REMARQUE

Dans certains ouvrages, on les appelle procédures scalaires[1].

Technique 2	
« Passage à l'unité », (dite aussi règle de trois ou passage par l'image de l'unité)	**Problème 1 :** On cherche la consommation en 1 jour (unité). En 1 jour, la consommation est 7 fois moins importante qu'en 7 jours, donc on consomme $\frac{1000}{7}$ L. En 28 jours, elle consommera $28 \times \frac{1000}{7}$ L. La justification de cette procédure est la même que la précédente, on utilise aussi la propriété de linéarité (P2). $28 \times \frac{1000}{7} = \frac{28 \times 1000}{7}$; il faut essayer de faire les calculs en minimisant l'utilisation de valeurs approchées. Ici par exemple il vaut mieux commencer par la division de 28 par 7 plutôt que d'effectuer la division de 1000 par 7 qui donnera une valeur approchée à son tour multipliée par 28, ce qui augmente l'erreur d'approximation.

REMARQUE

Pendant longtemps[2] le terme « règle de **trois** » a désigné les problèmes de proportionnalité (on a **trois** données, on cherche la quatrième, problèmes nommés maintenant problèmes de recherche de quatrième proportionnelle). Ce terme « règle de trois » actuellement est associé à une technique, celle de « passage à l'unité ».

1. BOISNARD Danièle *et al. La proportionnalité et ses problèmes*. Paris : Hachette Éducation 1994 (ouvrage non réédité que l'on pourra consulter dans des médiathèques).
2. Pour plus d'informations, on pourra consulter : HERSANT Magali. « La proportionnalité dans l'enseignement obligatoire en France, d'hier à aujourd'hui ». *Repères IREM*, n°59. Grenoble : IREM de Grenoble 2005 [hal.archives-ouvertes.fr/hal-00450476/document].

Technique 3

« Coefficient de proportionnalité »

Problème 1 :

durée en jours	7	28
volume en Litres	1000	$28\times\dfrac{1000}{7}$

$\times\dfrac{1000}{7}$

REMARQUE

Cette technique est parfois appelée procédure de type fonction.

Cette technique est particulièrement efficace quand il y a de nombreuses valeurs à calculer tant pour la seconde grandeur que pour la première.

Par rapport à la première technique, le multiplicateur-coefficient de proportionnalité, ici $\times\dfrac{1000}{7}$, est beaucoup plus compliqué que le rapport interne entre 7 et 28 (interne car on reste à l'intérieur de la grandeur durée). Ce qui peut poser problème dans cette procédure, c'est l'interprétation du coefficient de proportionnalité : ici les deux grandeurs qui sont proportionnelles sont de natures différentes (une durée et un volume) et on a vu que le coefficient de proportionnalité est une nouvelle grandeur, un débit, dont l'unité est L/jour.

Dans le **problème 2** où l'on cherche la distance réelle correspondant à une distance sur une carte, le coefficient de proportionnalité est un nombre sans unité (appelé scalaire), c'est le cas lorsque les grandeurs sont de même nature ; ici le coefficient de proportionnalité est l'échelle, cette situation est un cas particulier de problème d'agrandissement-réduction qui met en relation deux longueurs.

Technique 4

« Produit en croix »

Problème 1 :

durée en jours	7 $(= a)$	28 $(= b)$
volume en Litres	1000 $(= c)$	x

Les lettres a, b et c sont rajoutées ici pour l'explication qui suit mais n'apparaissent pas dans la mise en œuvre de ce type de technique. À la place du x, on peut mettre un point d'interrogation, ou la case peut être vide.

On écrit :

Version 1 : $7\times x = 28\times 1000$ puis $x=\dfrac{28\times1000}{7}$.

Version 2 : $x=\dfrac{28\times1000}{7}$ (*cf.* système de flèches dessinées sur le tableau).

Justification de cette technique :

Si k est le coefficient de proportionnalité, on a : $k=\dfrac{c}{a}=\dfrac{x}{b}$, les règles de calcul sur les fractions donnent :

$$x=b\times\frac{c}{a}=\frac{b\times c}{a}.$$

On peut enchaîner plusieurs problèmes de proportionnalité à la suite (parfois appelés « problèmes de **proportionnalité composée** »).

Exemple

Problème 3 :

Avec 100 kg de blé, on produit 75 kg de farine et avec 25 kg de farine, on fabrique 30 kg de pain. Quelle est la masse de blé nécessaire pour produire 450 kg de pain ?

C'est un problème de **proportionnalité composée** : la masse de farine est proportionnelle à la masse de blé, la masse de pain est proportionnelle à la masse de farine, d'où la masse de pain est proportionnelle à la masse de blé. On peut le résoudre en deux étapes, ou en une seule. Il y a dans ce cas plusieurs relations de proportionnalité en jeu.

Masse de blé	100 kg	$450 \text{ kg} \times \frac{10}{9} = 500 \text{ kg}$
Masse de farine	75 kg	
Masse de pain	90 kg	450 kg

$\times \frac{10}{9}$ (de 450 kg de pain vers 500 kg de blé)

2.2. Reconnaître si une situation est une situation de proportionnalité ou non

a. Reconnaître une situation de proportionnalité

Technique 5

Si l'on met en correspondance deux grandeurs, si lorsqu'on multiplie une valeur de la première par un nombre la seconde est multipliée par le même nombre, alors les grandeurs sont proportionnelles.

C'est la technique employée pour le **problème 2 :** une distance double d'une autre sur le terrain sera représentée par une distance double sur la carte.

Technique 6

Si les quotients entre les mesures de la seconde grandeur et celles correspondantes de la première sont tous égaux, alors les grandeurs sont proportionnelles. Rigoureusement, il faudrait dire qu'il y a proportionnalité sur les mesures connues.

durée en jours	7	28	3,5	52,5	31,5
volume en Litres	1 000	4 000	500	7 500	4 500

$\frac{1000}{7} = \frac{4000}{28} = \frac{500}{3,5} = \frac{7500}{52,5} = \frac{4500}{31,5}$;

les quotients sont égaux, donc il y a proportionnalité entre le volume et la durée sur les mesures connues.

Technique 7 — **Technique graphique**

On place dans un repère les points ayant comme abscisse la valeur de la première grandeur et comme ordonnée la valeur correspondante de la seconde. Si les points sont alignés avec l'origine, alors la situation peut être modélisée par une fonction linéaire ; les grandeurs sont alors proportionnelles..

! Attention, cela peut être « local », c'est-à-dire que le modèle ne sera valable que sur un intervalle. Par exemple, l'allongement d'un ressort positionné verticalement est proportionnel à la masse suspendue uniquement entre la longueur à vide du ressort et celle d'extension maximale.

b. Reconnaître une situation de non-proportionnalité

Technique 8

S'il existe une valeur de la première grandeur pour laquelle la multiplication par un nombre t ne fait pas correspondre la deuxième grandeur correspondante multipliée par t (en termes mathématiques : s'il existe x et t tels que $f(t \times x) \neq t \times f(x)$) alors la situation n'est pas une situation de proportionnalité.

Exemples :

- Les tarifs postaux : si le poids d'une lettre est multiplié par 2, le tarif d'affranchissement n'est pas multiplié par 2.
- La taille d'un enfant n'est pas proportionnelle au poids.

Technique 8 bis

S'il existe trois valeurs de la première grandeur, l'une étant la somme des deux autres pour lesquelles on n'a pas la même propriété de somme pour les valeurs correspondantes de la seconde, alors les deux grandeurs ne sont pas proportionnelles.

Exemple :
La taille d'un enfant à 10 ans n'est pas la somme de sa taille à 6 ans et de celle à 4 ans.

Technique 9

On représente graphiquement la situation. Si les points ne sont pas alignés avec l'origine, alors la situation n'est pas une situation de proportionnalité.

! Attention, lorsqu'on fait par exemple des mesures du périmètre d'un cercle et qu'on représente le périmètre en fonction du diamètre, les points ne sont pas forcément alignés étant données les imprécisions des mesures. On peut cependant conjecturer qu'il y a proportionnalité entre le diamètre et le périmètre du cercle.

2.3. Autres problèmes de proportionnalité

Les problèmes de proportionnalité englobent des problèmes plus complexes, comme les problèmes de proportionnalité multiple ou inverse. Dans certains cas, une même grandeur est proportionnelle à plusieurs grandeurs (on parle alors de problèmes de **proportionnalité multiple**).

Exemples

Problème 4 :

Les élèves d'une école préparent une classe de neige pour 50 enfants, qui durera 28 jours. Calculer la consommation de sucre à prévoir, sachant qu'il faut compter 3,5 kg de sucre par semaine pour 10 enfants.

Il y a trois grandeurs en relation, la masse de sucre, la durée du séjour et le nombre d'enfants. La masse de sucre est à la fois proportionnelle à la durée et au nombre d'enfants, c'est-à-dire si on fixe le nombre d'enfants, la masse est proportionnelle à la durée, si on fixe la durée, la masse de sucre est proportionnelle au nombre d'enfants. On dit que c'est un problème de **proportionnalité double**. On peut aussi le modéliser mathématiquement ; si d est la durée en jours, n le nombre d'enfants, m la masse en kilogrammes, on a : $m = k \times d \times n$.

Pour résoudre le problème, on peut utiliser le modèle ou utiliser des propriétés de linéarité.

Avec le modèle : on a $m = 3{,}5$ kg si $d = 7$ jours et $n = 10$ enfants, c'est-à-dire :

3,5 kg = $k \times 7$ jours × 10 enfants, d'où $k = 0{,}05$ kg/jour/enfant.

Si $d = 28$ jours et $n = 50$ enfants, $m = 0{,}05 \times 28 \times 50$ kg = 70 kg.

Avec les propriétés de linéarité : 50 enfants, c'est 5 fois plus que 10, donc pour 50 enfants en une semaine il faut 5 × 3,5 kg = 17,5 kg. 28 jours c'est 4 fois plus qu'une semaine, donc 50 enfants en 28 jours consomment 4 × 17,5 kg = 70 kg.

Problème 5 :

Un fermier a de la nourriture pour nourrir 6 vaches pendant 60 jours. Il achète deux vaches de plus. Pendant combien de temps pourra-t-il nourrir son troupeau ?

On suppose que chaque vache mange la même quantité que les autres et cela chaque jour. On a trois grandeurs en relation, la durée de nourriture en jours, le nombre de vaches, la masse de nourriture. La masse de nourriture est doublement proportionnelle à la durée et au nombre de vaches. Or ici la masse est fixe, la durée varie en fonction du nombre de vaches, si le nombre de vaches double, la durée est divisée par 2. On dit que la durée est **inversement proportionnelle** au nombre de vaches. Le modèle mathématique est la fonction $x \mapsto \frac{k}{x}$, c'est-à-dire une fonction associée à la fonction inverse. Le nombre de vaches passe de 6 à 8, donc est multiplié par $\frac{8}{6} = \frac{4}{3}$, d'où la durée est divisée par $\frac{4}{3}$ ce qui revient à multiplier par $\frac{3}{4}$. Il pourra donc nourrir son troupeau pendant $\frac{3}{4}$ de 60 jours, soit 45 jours.

3 Pourcentages

Les problèmes de pourcentage sont des cas particuliers des problèmes de proportionnalité.

3.1. Pourcentages exprimant une proportion

DÉFINITION

Si dans une population D d'effectif n, on a une sous-population G d'effectif k, on appelle **proportion** de G dans D le nombre $\frac{k}{n}$.

Généralisation à toutes les grandeurs : si W_A et W_T sont deux valeurs de grandeurs de même espèce (par exemple deux valeurs de volumes), on appelle proportion de A dans T ou proportion de A par rapport à T le nombre $\frac{W_A}{W_T}$.

REMARQUE

Le mot « population » est pris dans le sens statistique, ce ne sont pas forcément des humains ou des animaux, cela peut être des objets. Dans le langage courant on trouve aussi le mot « part de G dans D ». Dans des manuels anciens, l'expression « même proportion » était utilisée pour indiquer une égalité de rapport.

Pour les grandeurs, le rapport $\frac{W_A}{W_T}$ est bien un nombre, car le rapport de deux volumes par exemple est bien un nombre réel, on parle aussi de scalaire.

Exemple

Dans un mélange de peinture, on dit que la proportion de peinture blanche est de 2/3 si le rapport entre le volume de peinture blanche et le volume total est égal à 2/3.

DÉFINITION

Dans un alliage de bronze constitué de deux parts de cuivre et d'une part d'étain (en masse), on dira que la masse de cuivre et la masse d'étain sont dans le ratio 2 : 1 que l'on lit usuellement « 2 pour 1 »[1].

De même dans un laiton composé de 60 % de cuivre, 35 % de zinc et 5 % de plomb, on dira que les masses de cuivre, de zinc et de plomb sont dans le ratio 12 : 7 : 1.

1. La notion de ratio est utilisée en économie et a été introduite dans les programmes de cycle 4 en 2016.

Exemple

Problème 6 :

Dans une classe A, il y a 11 filles et 17 garçons, dans une classe B, il y a 8 filles et 15 garçons. Dans quelle classe la proportion de filles est la plus importante ?

La comparaison est difficile car les effectifs des deux classes ne sont pas les mêmes. La proportion de filles dans la classe A est $\frac{11}{28}$, dans la classe B est $\frac{8}{23}$. Pour comparer des rationnels une technique revient à choisir des écritures fractionnaires de même dénominateur. Ici cela revient à se ramener à des classes A' et B' avec un effectif fictif identique, par exemple 100, en gardant la même proportion de filles dans les classes fictives. On choisit souvent 100 car cela est une taille de population que l'on se représente, pour d'autres problèmes on pourra choisir 1000 ou un autre nombre qui simplifie les calculs.

$\frac{11}{28} \approx 0,39 = \frac{39}{100}$ et $\frac{8}{23} \approx 0,34 = \frac{34}{100}$.

La proportion de filles dans la classe A est plus importante que dans la classe B.

! Convention d'écriture : le nombre $\frac{t}{100}$ est noté *t* % et se lit « *t* pour cent ».

Technique 1 — **Techniques de calcul d'un (taux de) pourcentage**

Déterminer une valeur approchée décimale de la proportion et exprimer le décimal comme une fraction décimale de dénominateur 100 (voir exemple ci-dessus).

Technique 2 — **Techniques de calcul d'un (taux de) pourcentage**

À proportion fixée, l'effectif du caractère « fille » est proportionnel à l'effectif total. Pour les grandeurs : W_A et W_T sont proportionnelles (avec les notations précédentes).

On emploie ensuite l'une des techniques de résolution d'un problème de recherche de quatrième proportionnelle.

Exemple

Effectif du caractère « filles »	11	x
Effectif total	28	100

L'effectif total est proportionnel à l'effectif du caractère « fille ».

Exemples

Appliquer un taux de pourcentage

Problème 7 :

Un mélange de peinture est composé de 28 % de peinture verte, le reste étant de la peinture blanche. Quelle quantité de peinture blanche doit-on prévoir pour un volume de peinture de 12 L ?

La peinture blanche constitue (100 % – 28 %) du volume de peinture, soit 72 %. 72 % de 12 L est égal à $\frac{72}{100} \times 12\text{ L} = 8{,}64\text{ L}$.

Déterminer la mesure du total connaissant la mesure d'une partie et la proportion

Dans un mélange de peinture comme celui du problème 7, on a utilisé 14 L de peinture verte. Quel est le volume total de peinture et celui de peinture blanche ?

Si V est le volume de peinture, on a :

$\frac{28}{100} \times V = 14\text{ L}$, d'où $V = \frac{100}{28} \times 14\text{ L} = 50\text{ L}$.

On a utilisé $\frac{72}{100} \times 50\text{ L} = 36\text{ L}$ de peinture blanche.

Une autre façon de déterminer le volume de peinture blanche est de calculer 50 L – 14 L. Il peut être intéressant de trouver une autre façon d'arriver à un résultat pour pouvoir vérifier celui initialement trouvé.

Exemple

Pourcentage de pourcentage

Problème 8 :

60 % des élèves déjeunant à la cantine mangent au premier service, il y a 85 % d'élèves de l'école qui mangent à la cantine. Quelle est la proportion d'élèves de l'école qui mangent au premier service ?

Si x est le nombre d'élèves mangeant à la cantine, il y a $\frac{60}{100} \times x$ élèves mangeant au premier service. Si y est le nombre total d'élèves de l'école, il y a $\frac{85}{100} \times y$ élèves qui mangent à la cantine, donc $x = \frac{85}{100} \times y$. D'où il y a $\frac{60}{100} \times \left(\frac{85}{100}\right) y = \frac{51}{100} y$ élèves mangeant au premier service. D'où : 51 % d'élèves de l'école mangent au premier service.

On pourra retenir :

Pourcentage de pourcentage

t % de u % d'une population revient à $\frac{t}{100} \times \frac{u}{100}$ de cette population.

3.2. Pourcentages d'évolution

Exemple

Problème 9 :

Une population augmente de 2 % par an. Sachant que la population initiale est de 12 000 personnes, quelle est la population au bout d'un an ? de 5 ans ?

2 % de 12 000 est égal à $\frac{2}{100} \times 12000 = 2 \times \frac{12000}{100} = 2 \times 120 = 240$. On ajoute 240 personnes à la population initiale, au bout d'un an la population est de 12 240 personnes.

Il faut repartir de cet effectif pour calculer la population au bout de deux ans. Pour obtenir la population au bout de 5 ans, il faudra refaire le calcul plusieurs fois.

Une méthode plus rapide revient à modéliser le problème d'augmentation comme un problème de proportionnalité. En effet la population finale après augmentation est proportionnelle à la population initiale. Montrons-le :

Si n est l'effectif de la population initiale, n' celui de la population finale, on a :

$n' = n + \frac{2}{100} \times n = \left(1 + \frac{2}{100}\right) \times n = 1{,}02 \times n$. La population finale est bien obtenue en multipliant la population initiale par une constante. Au bout de 5 ans, la population sera de $(1{,}02)^5 \times n$, soit environ 13 249 personnes.

Dans un problème d'augmentation (respectivement de diminution) de t %, la grandeur après augmentation (respectivement diminution) est proportionnelle à la grandeur initiale.

Augmenter de t % c'est multiplier par $\left(1 + \frac{t}{100}\right)$;

Diminuer (réduire) de t % c'est multiplier par $\left(1 - \frac{t}{100}\right)$.

$\left(1 + \frac{t}{100}\right)$, respectivement $\left(1 - \frac{t}{100}\right)$, est nommé coefficient multiplicateur.

Exemple

Augmenter de 200 % c'est multiplier par 3 car : $\left(1 + \frac{200}{100}\right) = 1 + 2 = 3$.

Lors d'une augmentation, on a $p' = \left(1 + \frac{t}{100}\right) \times p$. On voit que suivant ce que l'on cherche, on a trois types de problèmes ; on a déjà traité des exemples de recherche de p' connaissant p et t, regardons les autres types de problèmes.

Exemple

Déterminer une valeur initiale connaissant la valeur finale et le pourcentage d'évolution

Problème 10 :

Une voiture coûte 12 000 euros après une réduction de 20 %. Quel est le prix initial p ?

$12\,000 = (1 - 0{,}2)\,p = 0{,}8\,p$.

D'où $p = 12\,000 : 0{,}8 = 12000 : \dfrac{8}{10} = 12\,000 \times \dfrac{10}{8} = 12\,000 \times 1{,}25 = 15\,000$.

On remarque que le prix initial n'est pas obtenu en rajoutant 20 % au prix initial, mais 25 %.

Exemple

Déterminer le pourcentage d'évolution connaissant les valeurs initiale et finale

Problème 11 :

Les tarifs d'un transport scolaire sont passés de 59 euros à 175 euros. Quel est le pourcentage d'évolution ?

Le coefficient multiplicateur est égal à $\dfrac{175}{59} \approx 2,96 = (1 + 1,96) = 1 + \dfrac{196}{100}$. Les prix ont été environ multipliés par 2,96, ce qui correspond à une augmentation d'environ 196 %.

3.3. Composition d'évolutions

Exemple

Problème 12 :

Augmenter de 20 % puis diminuer de 20 % permet-il de revenir à la valeur initiale ?

Non, cela ne le permet pas puisque l'on multiplie d'abord par 1,2 puis par 0,8, donc en tout on a multiplié par $1,2 \times 0,8 = 0,96 = 1 - \dfrac{4}{100}$; augmenter de 20 % puis diminuer de 20 % équivaut donc à diminuer de 4 %. On voit que comme la multiplication est commutative, cela revient à diminuer d'abord puis augmenter ensuite.

On peut aussi s'en convaincre sur un exemple « générique », comme 100.

$100 + (20\,\% \times 100) = 120$ et $120 - (20\,\% \times 120) = 96$.

Augmenter de t % puis de u % n'est pas égal à augmenter de $(t + u)$ %, cela revient à multiplier par $\left(1 + \dfrac{t}{100}\right) \times \left(1 + \dfrac{u}{100}\right) = 1 + \dfrac{t+u}{100} + \dfrac{t \times u}{10000}$.

Augmenter d'abord de t % puis de u % revient à augmenter d'abord de u % puis de t %.
Augmenter de t % puis diminuer de u % (avec $t > u$) n'est pas égal à augmenter de (t – u) %, cela revient à multiplier par

$$\left(1 + \dfrac{t}{100}\right) \times \left(1 - \dfrac{u}{100}\right) = 1 + \dfrac{t-u}{100} - \dfrac{t \times u}{10000}.$$

28 Statistiques

Cours et méthodes

La statistique a pour objet de recueillir, traiter et interpréter des données afin de répondre à une grande variété de questions. Les statistiques sont les données elles-mêmes. Pour étudier les statistiques on utilise des outils variés : tableaux, graphiques, indicateurs numériques, qui sont particulièrement utiles lorsque les données sont trop nombreuses pour que leur liste exhaustive soit facilement interprétable. Cependant, dans ce chapitre, afin d'éclairer les différentes notions statistiques, on se limitera parfois à des séries de données peu nombreuses.

1 Le vocabulaire des statistiques

On appelle **population** l'ensemble qui fait l'objet de l'étude, **individu**, un élément de la population et **caractère** ou **variable**, la propriété de la population qui est étudiée.

Exemples

Exemple 1

Intéressons-nous à la note obtenue à un examen par chacun des étudiants d'un groupe dont l'effectif total est douze ($n = 12$) : 10 ; 13 ; 8 ; 14 ; 11 ; 8 ; 18 ; 10 ; 10 ; 14 ; 9 ; 16. La population est l'ensemble des étudiants du groupe, un individu est un des étudiants du groupe, le caractère est la note obtenue à l'examen. En notant (x_i) où i varie de 1 à 12 cette *série* de notes, on a $x_1 = 10, x_2 = 13, \ldots, x_{12} = 16$.

Exemple 2

On peut s'intéresser à la répartition des groupes sanguins dans la population française.

Le caractère ou variable peut prendre plusieurs **modalités** ou **valeurs** (8, 9, 10, 11,13, 14, 16 et 18 dans l'exemple 1 ci-dessus). Le caractère est dit **qualitatif** lorsque les modalités ne sont pas numériques et il est dit **quantitatif** sinon (cela peut être des mesures de grandeurs).

Exemple

Dans l'exemple 1, le caractère est quantitatif discret. Dans l'exemple 2, le caractère est qualitatif et a quatre modalités : A, O, B, AB.

Lorsqu'il y a un nombre infini (ou un très grand nombre) de modalités, on regroupe souvent les modalités en intervalles ou classes (voir exemple paragraphe 5). Les classes peuvent avoir même amplitude (c'est-à-dire les intervalles ont même longueur) ou non.

··· POUR ALLER PLUS LOIN ···

Le caractère est dit *qualitatif ordinal* lorsque les modalités sont naturellement ordonnées (exemples : taille de vêtements : XXS, XS, S, M, L, XL, XXL – niveau de scolarité : primaire, collège, lycée, université – appréciations : médiocre, passable, assez bien, bien, très bien ou pas du tout, un peu, beaucoup, passionnément, à la folie...). Sinon il est dit *qualitatif nominal* (exemples : genre : féminin, masculin – pays – profession...).
Le caractère est dit *quantitatif discret* lorsque les modalités sont « isolées » (exemples : nombre d'éléments d'une collection, nombre d'enfants par famille...) et sinon il est dit *quantitatif continu* lorsque l'ensemble des modalités est un intervalle de nombres réels, c'est-à-dire qu'entre deux modalités observées, tout nombre réel est une modalité possible (exemples : taille d'un individu, mesures en m^3/s du débit d'une rivière...).

2 Les indicateurs de dispersion et de position

Les données statistiques peuvent être très nombreuses, pour synthétiser les informations sur la population étudiée, on va utiliser plusieurs « indicateurs », certains dits de « position », d'autres de « dispersion », ces qualificatifs seront introduits au fur et à mesure de ce paragraphe.

2.1 Le mode

DÉFINITION

Le mode ou la valeur modale d'une série est la modalité la plus fréquente.

Le mode est un indicateur de position. Dans certains cas, il peut y avoir plusieurs valeurs modales.

Exemple

Dans l'exemple 1, le mode est égal à 10 ; cette valeur apparaît trois fois, c'est plus que les autres valeurs. Dans l'exemple 2, le mode est le groupe sanguin A (A (45 %) ; O (43 %) ; B (9 %) ; AB (3 %) d'après l'Institut National de la Transfusion Sanguine).

Les indicateurs suivants sont tous relatifs à des caractères quantitatifs.

2.2 L'étendue

DÉFINITION

L'étendue d'une série quantitative est la différence entre la plus grande et la plus petite des valeurs. On note *max* la plus grande valeur et *min* la plus petite ; l'étendue est alors la différence *max* – *min*.

Exemple

Dans l'exemple 1, l'étendue est 10 ; elle s'obtient en calculant : $max - min = 18 - 8$.

L'étendue d'une série est un indicateur de dispersion.

2.3 La moyenne

Dans le cas d'une série statistique discrète, notons $x_1, x_2, \ldots x_n$ les valeurs prises par la première donnée, la seconde, etc., on entendra le mot « valeur » au sens de nombre ou de grandeur (par exemple pour le professeur les notes des élèves dans sa liste alphabétique, pour une association de consommateurs les prix de chaque mois de l'année).

DÉFINITION

La **moyenne *m*** d'une série statistique quantitative est le quotient de la somme des valeurs de toutes les données par l'effectif total : $m = \dfrac{x_1 + x_2 + \cdots + x_n}{n}$.

Attention : plusieurs données peuvent avoir la même valeur numérique, par exemple $x_1 = x_{25}$, dans ce cas, on prend en compte dans la somme à la fois x_1 et x_{25}. Quand le nombre de données est très important avec beaucoup de données ayant la même valeur, on réorganise la présentation de la série en déterminant l'effectif de chaque valeur distincte.

REMARQUE

La moyenne est la modalité fictive constante que prendrait le caractère pour chaque individu de la population de telle sorte que la somme totale des données soit la même.

Technique 1	Calcul d'une moyenne
Calculer la somme des valeurs des données et diviser par l'effectif total	Dans l'**exemple 1** : $m = \dfrac{10+13+8+14+11+8+18+10+10+14+9+16}{12} = 11,75$ La somme des valeurs des données est égale au produit de la moyenne par l'effectif total. On peut donc ainsi considérer qu'un groupe fictif de 12 étudiants obtenant tous la même note de 11,75 parviendrait au même total de points.

Technique 2	Calcul d'une moyenne
La série étant présentée avec des données « brutes », calculer les effectifs p_i de chaque valeur distincte, notée x'_i	Dans l'**exemple 1**, la valeur 8 apparaît deux fois et a donc un effectif égal à 2, la valeur 10 apparaît trois fois et a donc un effectif égal à 3, on note : $x'_1 = 8, p_1 = 2$; $x'_2 = 9, p_2 = 1$; $x'_3 = 10, p_3 = 3$; $x'_4 = 11, p_4 = 1$; $x'_5 = 13, p_5 = 1$; $x'_6 = 14, p_6 = 2$; $x'_7 = 16, p_7 = 1$; $x'_8 = 18, p_8 = 1$

Diviser la somme des produits $p_i x'_i$ par la somme des p_i	La moyenne est égale à : $$m = \frac{2\times8+1\times9+3\times10+1\times11+1\times13+2\times14+1\times16+1\times18}{2+1+3+1+1+2+1+1}$$ $$= \frac{141}{12}$$ $$= 11{,}75$$ On retrouve le même résultat que ci-dessus où on avait additionné toutes les données (certaines valeurs étant répétées) ; cette nouvelle technique permet de gagner du temps.

Moyenne pondérée

DÉFINITION

Lors de l'étude d'une série statistique, on peut affecter les valeurs prises par le caractère d'un « poids », par exemple le coefficient d'une épreuve. Si on note x'_i les valeurs distinctes et p_i les poids associés, la moyenne pondérée est alors :

$$m = \frac{p_1 x'_1 + p_2 x'_2 + \ldots + p_k x'_k}{p_1 + p_2 + \ldots + p_k}$$

Exemple

Exemple 3

À un examen, le coefficient de l'épreuve A est 4, de l'épreuve B est 4, de l'épreuve C est 6. Si les notes obtenues aux épreuves sont respectivement 12 et 7 et 14, la moyenne est égale à : $\dfrac{4\times12+4\times7+6\times14}{4+4+6} = \dfrac{160}{14} \approx 11{,}43$

La moyenne est aussi un indicateur de position.

2.4 La médiane

DÉFINITION

La **médiane M** d'une série quantitative est un nombre tel que la moitié au moins des données du caractère sont inférieures ou égales à **M** et la moitié au moins sont supérieures ou égales à **M.**

La médiane vise à « partager » la population en deux populations de même effectif « environ » : un groupe d'individus pour lequel les données sont inférieures ou égales à la médiane et un groupe d'individus pour lequel les données sont supérieures ou égales à la médiane.

REMARQUE

On a écrit « environ » entre guillemets : en effet dans certaines séries, on peut avoir plusieurs données égales à la médiane (voir exemple 4), dans ce cas on pourra avoir 60 % (par exemple) des données supérieures ou égales à la médiane, donc plus de la moitié. On retiendra cette idée de « moitié ».

Pour déterminer la médiane, la première étape (très importante) consiste à ranger les données (x_i) de la série par ordre croissant.

Exemple

Dans l'exemple 1, l'effectif total est pair.
Commençons par ranger les données dans l'ordre croissant, on obtient :
8 ; 8 ; 9 ; 10 ; 10 ; 10 ; 11 ; 13 ; 14 ; 14 ; 16 ; 18.
D'après la définition de la médiane appliquée à l'exemple, tout nombre *N* compris entre 10 et 11, 10 et 11 compris, conviendrait puisque dans ce cas au moins 6 étudiants auraient une note inférieure ou égale à *N* et au moins 6 étudiants auraient une note supérieure ou égale à *N*.

Calcul de la médiane, convention dans le cas pair

Si l'effectif total de la série est un nombre pair égal à $2k$, par convention, on choisit de prendre pour M la demi-somme des deux données centrales de la série ordonnée : $M = \frac{x_k + x_{k+1}}{2}$.
Si l'effectif total de la série est un nombre impair égal à $2k + 1$, la médiane est la donnée x_{k+1}, c'est-à-dire la $(k + 1)$-ième donnée de la série ordonnée.

Ainsi lorsque n est pair, la médiane n'est pas forcément une donnée de la série.

Technique	Calcul d'une médiane
Étape très importante : ranger les données dans l'ordre croissant	Dans l'**exemple 1** : 8 ; 8 ; 9 ; 10 ; 10 ; 10 ; 11 ; 13 ; 14 ; 14 ; 16 ; 18.
Déterminer si l'effectif total est pair (égal à $2k$) ou impair (égal à $2k + 1$)	L'effectif total est pair
Si l'effectif est pair, calculer la demi-somme des deux données centrales de la série x_k et x_{k+1}, s'il est impair chercher la $(k+1)$-ième donnée de la série ordonnée	$M = \frac{x_6 + x_7}{2} = \frac{10+11}{2} = 10{,}5$

Exemple

Exemple 4

Voici le nombre de jours de pluie par semaine relevés pendant 25 semaines dans un lieu donné :
0, 2, 3, 4, 2, 2, 4, 1, 0, 2, 3, 5, 5, 5, 2, 1, 1, 0, 0, 5, 0, 5, 0, 1, 6.
Déterminons l'effectif total, l'étendue, la moyenne et la médiane de cette série.
La **population** concernée ici est l'ensemble des 25 semaines étudiées. Le **caractère** étudié est le nombre de jours de pluie par semaine. L'**effectif total** de cette série est le nombre d'éléments de la population, soit 25. L'**étendue** est la différence entre la valeur maximale et la valeur minimale, soit 6 – 0 = 6. La **moyenne** s'obtient en faisant le quotient de la somme de toutes les données par 25, soit environ 2,4 ; ce qui signifie que les semaines considérées ont en moyenne 2,4 jours de pluie environ.

Exemple (suite)

Pour déterminer la médiane il faut d'abord ranger les données dans l'ordre croissant : 0, 0, 0, 0, 0, 0, 1, 1, 1, 1, 2, 2, 2, 2, 2, 3, 3, 4, 4, 5, 5, 5, 5, 5, 6.

Cette série contient 25 valeurs ; la **médiane** est la treizième valeur de la série ordonnée, soit 2 ($x_{13} = 2$).

Il y a en fait 60 % des valeurs supérieures ou égales à 2 (donc au moins la moitié) et 60 % des valeurs inférieures ou égales à 2 (donc au moins la moitié), le fait qu'on dépasse 50 % de l'effectif supérieur à la médiane est dû au fait que plusieurs données prennent la valeur de la médiane.

Médiane et moyenne sont ici deux nombres distincts. 2,4 est le nombre moyen de jours de pluie par semaine pour les semaines considérées. 2 est le nombre médian de jours de pluie (la moitié au moins des semaines ont au plus deux jours de pluie et la moitié au moins des semaines ont au moins 2 jours de pluie).

La médiane est un indicateur de position.

2.5 Effectifs cumulés

Lorsque l'effectif total n est grand : on a vu que l'on regroupe fréquemment les données par valeurs identiques en précisant les effectifs partiels n_i (nombre de données ayant l'une des valeurs distinctes x'_i). Pour déterminer la médiane et résoudre certains problèmes, il peut être commode de calculer alors les **effectifs cumulés croissants** n'_i (nombre de valeurs inférieures ou égales à x'_i).

Exemple

Exemple 5 : dans le cas où l'effectif de la série est important

Par exemple dans le tableau suivant, on a rassemblé les prix en euros d'un même article dans 30 magasins différents :

Prix en € (x_i)	17,5	18	**18,5**	19	19,5	20	20,5	**21**	21,5	22	22,5	23
Effectifs (n_i)	1	1	**2**	2	4	5	5	**4**	3	1	1	1
Effectifs cumulés croissants (n'_i)	1	2	**4**	6	10	15	20	**24**	27	28	29	30

La quatrième colonne (en comptant celle de titres) signifie qu'il y a 2 magasins pour lesquels le prix de l'article est de 18,5 €, et qu'il y a en tout 4 magasins pour lesquels le prix de l'article est inférieur ou égal à 18,5 €.

Les effectifs cumulés croissants indiquent le nombre de magasins pour lesquels le prix de l'article est inférieur ou égal à une valeur donnée.

Dans l'exemple ci-dessus, il y a 24 magasins pour lesquels les prix sont inférieurs ou égaux à 21 €.

Le dernier nombre inscrit dans la ligne des effectifs cumulés croissants nous indique l'effectif total de la série.

Les effectifs cumulés croissants permettent aussi de déterminer rapidement la médiane et de répondre à des questions du type « déterminer la plus petite valeur de la série telle qu'au moins 25 % des prix sont inférieurs ou égaux à cette valeur ».

Exemple (suite)

Ici n = 30, n est un nombre pair donc la médiane **M** est la demi-somme des valeurs centrales :

$M = \frac{x_{15} + x_{16}}{2} = \frac{20 + 20,5}{2} = 20,25$; la médiane est 20,25 €.

25 % de l'effectif est égal à 7,5. Pour qu'au moins 25 % des prix soient inférieurs à une valeur de la série, il faut qu'au moins 8 valeurs soient inférieures ou égales à celle-ci. La plus petite des valeurs est 19,5.

Quelquefois, les effectifs sont traduits en **fréquences,** celles-ci pouvant être données sous forme de fractions ou de **pourcentages.**

2.6 Fréquences

DÉFINITION

$$\text{fréquence}_{\text{relative à une modalité}} = \frac{\text{effectif}_{\text{relatif à une modalité}}}{\text{effectif total}}$$

$$\text{fréquence}_{\text{cumulée}} = \frac{\text{effectif}_{\text{cumulé}}}{\text{effectif total}}$$

Exemple

Exemple 5 (suite)

Prix en € (x_i)	17,5	18	18,5	19	19,5	20	20,5	21	21,5	22	22,5	23
Effectifs (n_i)	1	1	2	2	4	5	5	4	3	1	1	1
Fréquences (f_i)	$\frac{1}{30}$	$\frac{1}{30}$	$\frac{2}{30}$	$\frac{2}{30}$	$\frac{4}{30}$	$\frac{5}{30}$	$\frac{5}{30}$	$\frac{4}{30}$	$\frac{3}{30}$	$\frac{1}{30}$	$\frac{1}{30}$	$\frac{1}{30}$
Fréquences en % (arrondies au dixième)	3,3	3,3	6,7	6,7	13,3	16,7	16,7	13,3	10	3,3	3,3	3,3
Fréquences cumulées	$\frac{1}{30}$	$\frac{2}{30}$	$\frac{4}{30}$	$\frac{6}{30}$	$\frac{10}{30}$	$\frac{15}{30}$	$\frac{20}{30}$	$\frac{24}{30}$	$\frac{27}{30}$	$\frac{28}{30}$	$\frac{29}{30}$	1
Fréquences cumulées en % (arrondies au dixième)	3,3	6,7	13,3	20	33,3	50	66,7	80	90	93,3	96,7	100

4 Représentations graphiques

Il s'agit ici de la représentation graphique des distributions d'effectifs et/ou de fréquences des variables. Il existe trois principaux types de représentations graphiques selon que la variable est qualitative, quantitative discrète ou quantitative continue. Ces mêmes types de graphique peuvent être utilisés dans d'autres contextes que la statistique.

Les **diagrammes circulaires** ou **semi-circulaire, en barres** ou **en bandes** sont souvent utilisés pour représenter une variable qualitative et pour ceux-ci, **les aires sont proportionnelles aux effectifs** ou aux fréquences.

Pour les diagrammes circulaires, on peut aussi utiliser le fait que les angles au centre des portions de disques sont proportionnels aux effectifs (ou aux fréquences).

Exemple

Exemple 7

Étude de la répartition des étudiants inscrits en master en 2010 (source INSEE chiffres arrondis au millier).

Masters 2010	Droit, sciences politiques, économiques et sociales...	Lettres, langues, sciences humaines	Sciences et techniques hors santé	Santé	Enseignement
Nombre de milliers d'étudiants	137	48	82	130	58

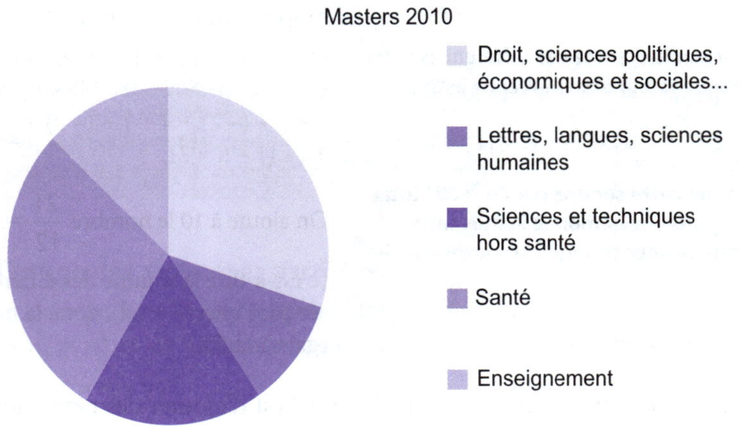

Le **diagramme en bâtons** est souvent utilisé pour représenter une variable quantitative discrète ou qualitative et pour ceux-ci, **les hauteurs sont proportionnelles aux effectifs** ou aux fréquences.

Exemple

Exemple 8

On a demandé à des élèves le nombre de films qu'ils ont vus au cinéma depuis la rentrée. Voici leurs réponses : 2 élèves ne sont jamais allés au cinéma ; 4 élèves ont vu 1 film au cinéma, 7 élèves ont vu 2 films, 8 élèves ont vu 3 films, 9 élèves ont vu 4 films, 6 élèves ont vu 5 films et 3 élèves en ont vus 6.

On peut représenter ces données sous la forme d'un diagramme en bâtons, en abscisse on inscrit le nombre de films vus et en ordonnée l'effectif correspondant. Les hauteurs des bâtons sont proportionnelles aux effectifs.

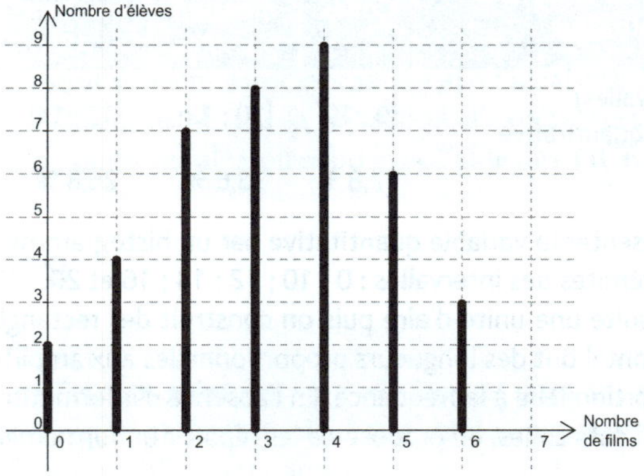

5 Cas des séries statistiques regroupées en classes

On considère une série statistique numérique continue dont les valeurs sont regroupées en k classes $[a_i ; a_{i+1}[$, chaque classe ayant l'effectif n_i ; l'effectif total, somme des n_i est égal à n. En supposant la répartition régulière à l'intérieur de chaque classe, nous allons estimer la moyenne et la médiane.

Moyenne : on prend comme valeur de x_i le centre de la classe $\left(x_i = \dfrac{a_i + a_{i+1}}{2}\right)$ et la moyenne est égale à : $m = \dfrac{n_1x_1 + n_2x_2 + \cdots + n_kx_k}{n}$.

Médiane : on effectue la représentation graphique des effectifs cumulés croissants e_i en plaçant dans un repère le point de coordonnées $(a_1 ; 0)$ puis pour i strictement supérieur à 1, les points de coordonnées $(a_i ; e_i)$, que l'on relie par des segments de droite. La médiane est l'abscisse du point dont l'ordonnée est la moitié de l'effectif total.

DÉFINITION

À partir d'une expérience aléatoire, on peut définir un **événement** qui est un sous-ensemble de l'ensemble des issues possibles.

Exemple

Dans un lancer d'un dé, on peut choisir comme événement, « obtenir un nombre pair ». Cet événement est réalisé pour les issues : 2 ; 4 et 6 ; on dit que ces trois issues sont **favorables** pour cet événement.

DÉFINITION

Un événement réalisé par une seule issue est un **événement élémentaire**.

Deux événements sont dits **incompatibles** s'ils ne peuvent se produire en même temps.

Exemple

Les événements « obtenir un nombre pair » et « obtenir le nombre 1 » sont des événements incompatibles.

DÉFINITION

L'**événement contraire** d'un événement est celui qui se réalise lorsque ce dernier n'a pas lieu.

Exemple

L'événement contraire de « obtenir 1 » est l'événement « obtenir 2, 3, 4, 5 ou 6 ».

REMARQUE

Deux événements contraires sont incompatibles. La réciproque est fausse ; dans l'exemple ci-dessus, l'événement « obtenir 1 » et l'événement « obtenir 2 ou 3 » sont incompatibles mais ne sont pas contraires.

2 Approche « classique » de la probabilité

2.1 Probabilité

Soit A un événement, on note P(A) la probabilité que l'événement A se réalise.

Par exemple dans le cas du lancer de dé, le dé étant équilibré, les six événements « obtenir 1 », « obtenir 2 », ..., « obtenir 6 » ont la même probabilité $\frac{1}{6}$ et la probabilité de l'événement « le nombre tiré est pair » est $\frac{3}{6}$, somme des probabilités des événements élémentaires « obtenir 2 », « obtenir 4 » et « obtenir 6 ».

DÉFINITION

La **probabilité d'un événement** est égale à la somme des probabilités des événements élémentaires réalisant l'événement.

C'est une mesure sur une échelle allant de 0 à 1, des « chances » de cet événement de se réaliser.

2.2 Équiprobabilité

Exemple

Dans un sac ayant la composition comme représentée ci-dessous, on tire une boule et chaque boule a la même probabilité d'être tirée (dans le sac, les boules sont en « vrac » et non disposées en ligne comme dans la représentation ci-dessous, choisie pour faciliter la visualisation de la composition) ; on dit qu'il y a équiprobabilité du tirage d'une boule. Attention, il n'y a pas équiprobabilité des nombres marqués sur les boules. En effet :

Les probabilités d'obtenir les différents nombres sont :

$$P_{(\text{obtenir 1})} = \frac{4}{12} = \frac{1}{3}$$

$$P_{(\text{obtenir 2})} = \frac{2}{12} = \frac{1}{6}$$

$$P_{(\text{obtenir 3})} = \frac{3}{12} = \frac{1}{4}$$

$$P_{(\text{obtenir 4})} = \frac{2}{12} = \frac{1}{6}$$

$$P_{(\text{obtenir 5})} = \frac{1}{12}$$

On peut vérifier que $\frac{1}{3}+\frac{1}{6}+\frac{1}{4}+\frac{1}{6}+\frac{1}{12}=1$.

On a deux modèles possibles pour les issues :

- soit on choisit comme ensemble des issues l'ensemble $\{a\,;b\,;c\,;e\,;f\,;g\,;h\,;i\,;j\,;k\,;l\}$ où a désigne la boule portant le numéro 1 en haut à gauche et ainsi de suite ; dans ce cas il y a équiprobabilité de chacune des issues,
- soit on choisit {1 ; 2 ; 3 ; 4 ; 5} et dans ce cas les issues ne sont pas équiprobables.

Calcul dans le cas d'équiprobabilité et d'un nombre fini d'issues

S'il y a équiprobabilité de chaque issue, la probabilité d'un événement est égale au quotient du nombre d'issues favorables par le nombre total d'issues.

2.3 Propriétés, définitions

DÉFINITION

Dans le cas d'un nombre total d'issues fini, un événement est **impossible** s'il a une probabilité nulle.

Dans le cas d'un nombre total d'issues fini, un événement est **certain** s'il a une probabilité égale à 1.

PROPRIÉTÉS

Une probabilité est un nombre compris entre 0 et 1.
La somme des probabilités de tous les événements élémentaires est égale à 1.
Si A et B sont deux événements : $\mathrm{P}(A \text{ ou } B) = \mathrm{P}(A) + \mathrm{P}(B) - \mathrm{P}(A \text{ et } B)$.
On note parfois $\mathrm{P}(A \cup B) = \mathrm{P}(A) + \mathrm{P}(B) - \mathrm{P}(A \cap B)$.
Si deux événements sont incompatibles, la probabilité que l'un et l'autre se réalisent en même temps est égale à 0, la probabilité que l'un ou l'autre se réalise est égale à la somme de leurs probabilités.

Exemple

Dans l'exemple du lancer de dé

$$\mathrm{P}_{(\text{obtenir un nombre impair ou premier})} = \mathrm{P}_{(\text{obtenir 1, 2, 3 ou 5})} = \frac{4}{6}$$

$$\mathrm{P}_{(\text{obtenir un nombre impair et premier})} = \mathrm{P}_{(\text{obtenir 3 ou 5})} = \frac{2}{6}$$

$$\mathrm{P}_{(\text{obtenir un nombre impair})} + \mathrm{P}_{(\text{obtenir un nombre premier})} = \mathrm{P}_{(\text{obtenir 1, 3 ou 5})} + \mathrm{P}_{(\text{obtenir 2, 3 ou 5})} = \frac{3}{6} + \frac{3}{6}$$

On vérifie sur cet exemple la propriété : $\frac{4}{6} = \frac{3}{6} + \frac{3}{6} - \frac{2}{6}$

Notons A un événement et $\overline{A}$ son événement contraire. Alors on a :

$$\mathrm{P}(\overline{A}) = 1 - \mathrm{P}(A)$$

Exemple

Dans l'exemple ci-dessus, la probabilité de ne pas obtenir 4 est :

$$\mathrm{P}_{(\text{ne pas obtenir 4})} = 1 - \mathrm{P}_{(\text{obtenir 4})} = 1 - \frac{1}{6} = \frac{5}{6}.$$

CONSEIL

Si un événement est une combinaison complexe d'événements élémentaires, son événement contraire est souvent aisé à déterminer, le calcul de $\mathrm{P}(\overline{A})$ est alors plus simple et on déduit ensuite aisément P(A) par la formule ci-dessus.

2.4 Probabilités dans le cadre géométrique

Exemple

Sur l'écran circulaire de rayon r d'un radar, on suppose que le point représentant un avion se projette « au hasard » sur l'écran.

« Au hasard » signifie que la probabilité relative à une région est proportionnelle à son aire.

Quelle est la probabilité pour qu'il apparaisse dans la zone grisée, c'est-à-dire dans le disque de rayon $r / 2$?

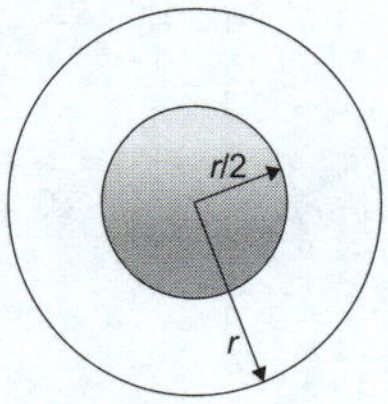

Le disque grisé est une réduction du grand disque de rapport $\frac{1}{2}$, donc les aires sont dans un rapport $\left(\frac{1}{2}\right)^2 = \frac{1}{4}$, qui est la probabilité cherchée.

3 Approche « fréquentiste » de la probabilité

Il y a des situations où seule l'expérience peut nous permettre d'approcher la probabilité d'un événement.

Exemple

Lorsqu'on lance une punaise, quelle est la probabilité qu'elle retombe sur le chapeau ?
Suivant la façon dont sont confectionnées les punaises, cette probabilité va varier.
Si nous lancions la punaise un grand nombre de fois, nous constaterions que la fréquence d'apparition de la chute sur le chapeau se stabiliserait vers une certaine valeur.

Si on note p la probabilité d'un événement lors d'une expérience aléatoire, alors lorsqu'on augmente le nombre d'expériences, la fréquence de l'événement sur l'ensemble des répétitions a tendance à se stabiliser autour de p. On peut donc approcher expérimentalement la probabilité d'un événement par la fréquence de cet événement sur un grand nombre de répétitions de l'expérience.

4 Utilisation d'un arbre

Exemple

Le cas d'une expérience à une épreuve

Considérons la roue ci-contre (chaque secteur a la même probabilité de sortie).

Soit S l'événement « sortie d'un nombre supérieur ou égal à 2 ».

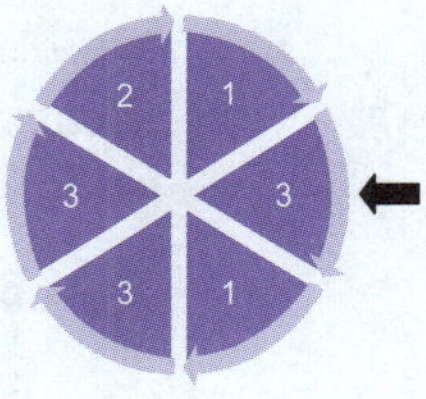

Cet événement est réalisé par la sortie des nombres 2 et 3.

Nous pouvons faire un schéma nommé arbre de probabilité sur lequel sont représentés les événements (noeuds) et leurs probabilités (branches antérieures).

Exemple (suite)

$P(S) = \frac{1}{6} + \frac{1}{2} = \frac{4}{6} = \frac{2}{3}.$

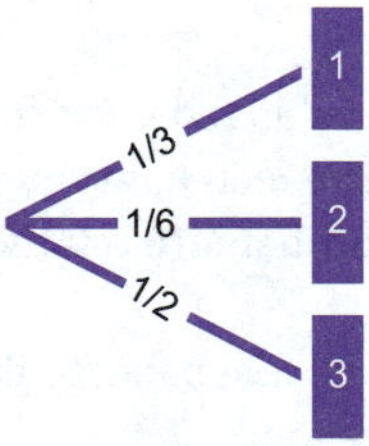

Exemple

Exemple d'une expérience à deux épreuves

On joue d'abord à pile ou face, puis on fait tourner la roue ci-dessus.

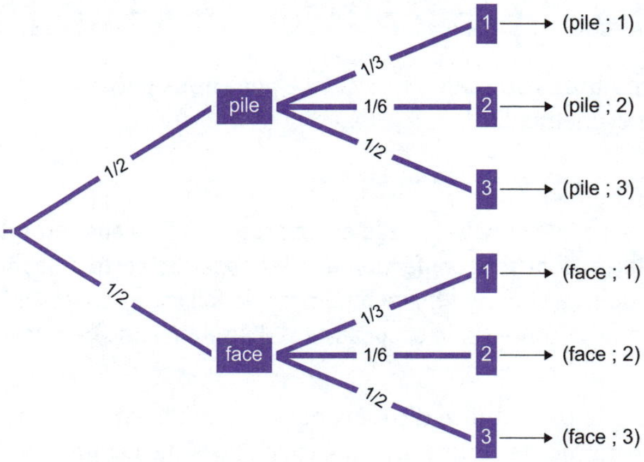

Lorsqu'on fait un arbre pour représenter plusieurs épreuves, une succession de plusieurs branches est appelée un **chemin**.

L'arbre ainsi réalisé permet de :

- lire la probabilité de chaque issue sur sa branche ainsi par exemple : la probabilité d'obtenir l'issue « pile » à la première épreuve est de $\frac{1}{2}$;
- d'observer que la somme des probabilités des branches issues d'un même « noeud » vaut 1. Ainsi par exemple, à la deuxième épreuve : $P_{(\text{obtenir } 1)} + P_{(\text{obtenir } 2)} + P_{(\text{obtenir } 3)} = 1$;
- calculer la probabilité d'un événement représenté par un chemin en utilisant la propriété suivante :

Propriété

Avec un arbre, la probabilité d'une des issues s'obtient en effectuant le produit des probabilités figurant le long du chemin conduisant à cette issue.

Exemple

$P(\text{face et } 1) = P(\text{face}) \times P(1) = \frac{1}{2} \times \frac{1}{3} = \frac{1}{6}$.

Grâce aux propriétés ci-dessus et ci-dessous, l'utilisation d'un arbre pour modéliser la situation permet de calculer les probabilités des différents événements.

Propriété

La probabilité d'un événement représenté par la réunion de plusieurs chemins est égale à la somme des probabilités des évènements élémentaires représentés chacun par un chemin.

Exemple

Une urne contient 7 boules : 3 noires et 4 blanches. On tire au hasard une première boule, on note sa couleur, on la remet dans l'urne puis on effectue le tirage d'une deuxième boule de façon indépendante.

Déterminons la probabilité des événements suivants :

E_1 est l'événement : obtenir une seule boule noire sur les deux tirages ;

E_2 est l'événement : obtenir deux boules de la même couleur ;

E_3 est l'événement : ne pas obtenir de boule noire ;

E_4 est l'événement : au moins une des boules tirées est noire.

Pour cela construisons l'arbre de probabilité :

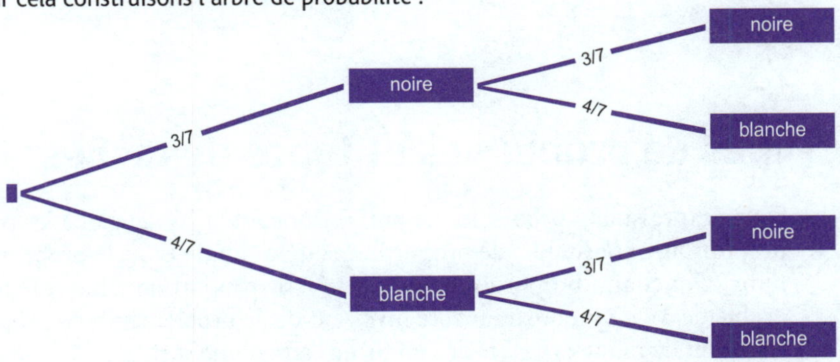

$P(E_1) = P(N \text{ et } B) + P(B \text{ et } N) = \frac{3}{7} \times \frac{4}{7} + \frac{4}{7} \times \frac{3}{7} = \frac{12}{49} + \frac{12}{49} = \frac{24}{49}$;

$P(E_2) = P(N \text{ et } N) + P(B \text{ et } B) = \frac{9}{49} + \frac{16}{49} = \frac{25}{49}$;

$P(E_3) = P(B \text{ et } B) = \frac{16}{49}$;

$P(E_4) = P(N \text{ et } B) + P(N \text{ et } N) + P(B \text{ et } N) = \frac{12}{49} + \frac{9}{49} + \frac{12}{49} = \frac{33}{49}$;

ou bien observer que E_3 et E_4 sont deux événements contraires, donc

$P(E_4) = 1 - P(E_3) = 1 - \frac{16}{49} = \frac{49-16}{49} = \frac{33}{49}$.

! Si le tirage est sans remise, l'arbre de probabilité n'est pas le même. Il est nécessaire de bien lire les énoncés.

Gestion de données

30 Proportionnalité à l'école

Cours et méthodes

! Il est conseillé de travailler la partie mathématique (chapitre « Fonctions, proportionnalité ») avant celle-ci.

1 Types de problèmes et types de tâches

Sous l'expression « problèmes de proportionnalité », on englobe les problèmes de proportionnalité simple, de proportionnalité multiple (voir le problème 4 du chapitre « Fonctions, proportionnalité », §2.3), de proportionnalité composée (voir le problème 3), de proportionnalité inverse (voir le problème 5), de proportionnalité « produit de mesures » (lors de l'étude de l'aire d'une surface).

À l'école primaire et au collège, seuls les problèmes de proportionnalité simple et « produit de mesures » sont étudiés ; on pourra rencontrer les autres problèmes dans des cas simples sans que ce soit un objet d'étude.

Deux types de problèmes de proportionnalité simple

- Les problèmes de quatrième proportionnelle : on connaît trois données et on cherche la quatrième. Si l'un des nombres est égal à 1, on a le cas particulier des problèmes de multiplication et de division ; si aucun nombre n'est égal à 1, on parle souvent de « problèmes de recherche de quatrième proportionnelle ». Une dénomination ancienne est « problèmes de règle de trois ». On réservera le mot « règle de trois » à la technique (décrite dans le chapitre « Fonctions, proportionnalité §2.1.b) partie mathématique) et non à une famille de problèmes ;
- Les problèmes de comparaison de proportions.

À l'école primaire, la proportionnalité sera travaillée dans différents domaines du socle, dans les trois thèmes du programme de mathématiques « Nombres et calculs », « Grandeurs et mesures » et « Espace et géométrie ». Les contextes seront variés (contextes usuels des différentes grandeurs au programme de l'école, cardinaux de collections, contexte géométrique avec les agrandissements-réductions). Les deux grandeurs proportionnelles sont soit de même nature (par exemple dans une recette, la masse de sucre est proportionnelle à la masse de farine), soit de natures différentes (par exemple le prix est proportionnel à la quantité). C'est un autre classement possible des problèmes de proportionnalité.

Différents types de tâches

- déterminer si un problème est un problème de proportionnalité ou non ;
- déterminer une quatrième proportionnelle ;
- comparer des proportions ;
- calculer un coefficient de proportionnalité (dans des cas simples ; par exemple la détermination d'une échelle, qui est un coefficient de réduction ou d'agrandissement, à partir du CM2).

Dans le cas particulier des pourcentages, les types de tâches sont (sur des exemples simples, pour les exemples plus complexes cela relève plutôt du collège) :

- déterminer une proportion sous forme de pourcentage (par exemple, si 15 élèves sur 20 mangent à la cantine, il y a 75 % des élèves qui mangent à la cantine) ;
- déterminer l'effectif d'une partie connaissant le pourcentage et l'effectif du tout (par exemple 50 % des 126 élèves participent à la chorale).

2 Progressivité des apprentissages

À l'école primaire, la proportionnalité n'est pas étudiée pour elle-même (en tant qu'objet) mais cette notion est mise en fonctionnement comme outil ; l'étude systématique de la proportionnalité relève du collège. Elle est au carrefour de plusieurs domaines qui permettent de l'aborder de nombreuses façons dans des situations concrètes : problèmes de prix, de recettes, de pourcentages, conversions, agrandissements et réductions de figures (proportionnalité entre deux longueurs), échelles, vitesses moyennes (proportionnalité entre une durée et une longueur), graduations, représentations graphiques, etc. Les problèmes de proportionnalité permettent de réinvestir de façon conjointe des connaissances qui ont été construites séparément.

À l'école primaire, il s'agit d'étendre la reconnaissance de problèmes qui relèvent des structures multiplicatives ; en effet la proportionnalité fait partie du champ conceptuel multiplication-division.

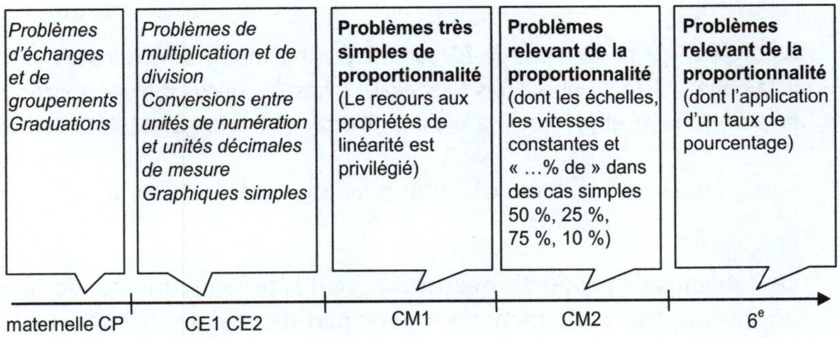

On rencontre des problèmes du champ conceptuel de la multiplication-division dès le cycle 1 et le CP par les problèmes très simples de multiplication ou de division. À partir du CE1, des problèmes simples sont abordés avec des conversions de mètres en centimètres ou des calculs de prix d'objets en connaissant le prix unitaire, sans que le terme de proportionnalité soit mentionné. À partir du CM1, la proportionnalité commence à être un objet d'enseignement.

En CM1, des problèmes simples de recherche de quatrième proportionnelle sont donnés comme problèmes pour apprendre à chercher ; ils sont variés et identifiés comme des problèmes de proportionnalité ; on peut avoir plusieurs recherches de quatrième proportionnelle dans un même problème, c'est le cas, par exemple, des problèmes autour des recettes de cuisine comme le problème de l'exemple 1 ci-après.

Les procédures sont dégagées, explicitées, en s'appuyant sur des verbalisations du type « fois plus », etc. (voir § 3 sur les techniques).

On traitera également les problèmes de comparaison de proportion dans des cas simples. Les problèmes de conversion sont travaillés au fur et à mesure du travail sur les grandeurs.

Des situations de proportionnalité et de **non-proportionnalité** doivent être présentées mais il faut être attentif au fait que les élèves n'ont souvent pas assez d'expérience pour savoir a priori si la situation qu'ils étudient relève ou non de la proportionnalité. Il y a souvent une proportionnalité implicite (le prix d'un lot d'oranges est proportionnel à la masse) ou il faut admettre qu'on peut modéliser par une situation de proportionnalité (la distance parcourue proportionnelle à la durée est un modèle permettant de faire des estimations, des prévisions et non la réalité). Parfois le recours à l'expérimentation et à la mesure peut permettre de modéliser un phénomène par une situation de proportionnalité, c'est le cas par exemple entre la longueur d'un cercle (appelée aussi circonférence ou périmètre) et son rayon ou son diamètre qui seront étudiés en 6e.

Ce qui prépare l'étude de problèmes de recherche de quatrième proportionnelle

- connaissance des quatre opérations sur les entiers, ultérieurement sur les décimaux ;
- des expressions rencontrées en CE : deux fois plus, moitié moins, le quart de…, *n* fois plus ;
- compétences en calcul mental pour mettre en relation les nombres de façon additive ou multiplicative : mettre en relation 42 avec 6 en faisant appel au résultat mémorisé « 42 c'est 6 × 7 » ;
- connaissance implicite des propriétés des opérations ;

Exemple

Au CP, le calcul de la moitié de 70, comme étant la moitié de 60 plus la moitié de 10, au CE1 le fait que : « 5 fois 7 plus 3 fois 7 est égal à 8 fois 7 », relèvent d'une approche implicite de la proportionnalité et préparent à la compréhension de la propriété de linéarité additive.

- problèmes qui relèvent de la multiplication et de la division.

Les outils

Les tableaux de proportionnalité facilitent la présentation des données et la gestion des calculs, leur introduction est donc pertinente dans une situation qui comporte beaucoup de données, en revanche, ils peuvent amener à une perte de sens liée à l'automatisation des procédures ; aussi la capacité de remplir correctement un tableau de proportionnalité n'est pas un gage suffisant de la compréhension de la situation et peut poser problème aux élèves.

Dans des problèmes simples de recherche de quatrième proportionnelle, le tableau n'est pas nécessaire, ou alors il est préférable de le présenter comme un tableau à 6 cases et non à 4, c'est-à-dire d'avoir en ligne ou en colonne une légende indiquant chacune des grandeurs proportionnelles (voir tableau dans le paragraphe suivant).

3 Techniques

3.1 Techniques relatives au type de tâches « déterminer une quatrième proportionnelle »

Dans le chapitre « Fonctions, proportionnalité » on a vu qu'il y avait quatre techniques que l'on redonne sur l'exemple suivant :

« calculer le prix de 20 roses sachant que 4 roses coûtent 12 € ».

Technique 1 — **Propriétés de linéarité**

20 roses c'est 5 fois 4 roses, donc 20 roses coûtent 5 fois plus cher, soit 60 €.

5 est le rapport interne entre les deux valeurs de la même grandeur.

Le rapport entre deux valeurs de la même grandeur est parfois appelé rapport interne (car interne à une grandeur) ou rapport scalaire (car c'est un nombre).

On trouve dans le programme 2018 le terme « propriétés de linéarité (additive, multiplicative) », et dans le document ressources cycle 3 « propriété de linéarité pour l'addition », « propriété de linéarité pour la multiplication par un réel ».

Technique 2 — **Passage par l'unité dit « Règle de trois »**

4 roses coûtent 12 €
donc une rose coûte 4 fois moins, soit 3 €
donc 20 roses coûtent 20 × 3 €, soit 60 €.

Cette technique consiste à appliquer deux fois la technique utilisant la propriété de linéarité multiplicative ; elle permet de calculer au passage le coefficient de proportionnalité. On trouve aussi comme nom « passage par l'image de l'unité ». On pourrait retenir le nom « règle de trois » en constatant que cette technique « passe » par trois états : l'état initial (4 roses), l'état intermédiaire (1 rose), et l'état final (20 roses).

Technique 3 — **Coefficient de proportionnalité**

4 roses coûtent 12 €, donc on obtient le prix en € en multipliant le nombre de roses par 3, donc 20 roses coûtent 3 × 20 €, soit 60 €.

Technique 4	**Produit en croix**
20 roses coûtent ((20 × 12) : 4) €, soit 60 €.	

Seules les trois premières techniques peuvent être construites par les élèves, avec des difficultés inégales de mise en œuvre suivant le choix des valeurs des variables didactiques. La technique de type « produit en croix » est à proscrire à l'école primaire, ce qui signifie que le professeur ne doit pas la montrer aux élèves. C'est en milieu de cycle 4 au collège qu'elle peut être introduite car des résultats sur les fractions permettent de la justifier. Le document ressources d'accompagnement des programmes du cycle 3[1] relatif à la proportionnalité précise : « *Les propriétés de linéarité pour l'addition et pour la multiplication par un nombre doivent être le plus souvent possible explicitées et sont une opportunité pour travailler l'expression orale. Les procédures relatives à la linéarité sont les premières rencontrées.* »

Exemples

Exemple 1 : Analyse de procédures correctes d'élèves qui donnent des réponses exactes

Énoncé : « Pour faire un cake, j'ai trouvé la recette suivante : des raisins secs, 600 g de farine, 300 g de sucre, 6 cL de rhum, 12 œufs. Quelles quantités de sucre, de rhum et d'œufs me faut-il pour 1 kg de farine ? »

Le type de tâches est : résoudre plusieurs problèmes de recherche de quatrième proportionnelle, soit entre des grandeurs de même espèce (masse de farine et masse de sucre), soit entre des grandeurs d'espèces différentes (masse de farine et volume de rhum ou masse de farine et cardinal d'une collection, ici d'œufs).

Procédures d'élèves de CM2 (première séance de résolution de problèmes de proportionnalité, les élèves ayant déjà travaillé ce type de problème en CM1) ;

[La description de la disposition spatiale des calculs proposés par les élèves figure entre crochets].

Élève P : « J'ai vu que si 600 on le divise par 6 ça fait cent donc je divise le sucre, le rhum et les oeufs par 6. Puis je multiplie leurs résultats par 10 puisque 100 × 10 = 1000.

Il y aura 500 g de sucre, 10 cl de rhum et 20 oeufs [Opérations posées en colonne en dessous : 300 : 6, 6 : 6, 12 : 6, 50 × 10, 1 × 10, 2 × 10.] ».

Analyse : la technique employée est celle utilisant la propriété de linéarité multiplicative, appliquée deux fois, avec un retour à l'unité « 100 g » ; on peut donc aussi considérer que c'est une technique de type « règle de trois » avec une unité adaptée, ici 100 g. 100 g est plus facile d'un point de vue calcul que 1 g. On voit sur cet exemple de procédure d'élève que la technique « règle de trois » nécessite parfois un choix d'une unité adaptée au problème.

Élève J : « Je cherche la quantité de sucre. Je sais que 300 est la moitié de 600. Donc je cherche quelle est la moitié de 1000 c'est 500. Donc pour 1000 g de farine il faut 500 g de sucre.

Je cherche la quantité de rhum. Je vois que 6 est cent fois plus petit que 600. Donc je cherche un chiffre cent fois plus petit que mille je trouve 10. Donc pour 1000 g de farine il faut 10 cl de rhum.

1. Il est vivement conseillé de lire cette ressource d'accompagnement des programmes (« Résoudre des problèmes de proportionalité au cycle 3 ») : [eduscol.education.fr/cid101461/ressources-maths-cycle.html].

Exemple (suite)

Je cherche la quantité d'oeufs. Je vois que le rhum est la moitié des oeufs. Donc il faut 20 oeufs pour 1000 g de farine. »

Analyse : la technique employée est celle du coefficient de proportionnalité, appliquée systématiquement, sur les grandeurs prises deux par deux. Les coefficients de proportionnalité ne sont pourtant pas mis en évidence sous la forme « je multiplie par » ou « je divise par » mais par des mots-type comme « la moitié de », « cent fois plus petit ».

Élève G : « Je cherche la quantité de sucre. Je sais que 300 c'est la moitié de 600, je multiplie 1000 × 300 = 300 000 et je divise 300 000 ÷ 600
500 g de sucre [Posée en colonne à droite : 1000 × 300 et 300 000 : 600.]
300 g → 600 g
500 g → 1 kg = 1000 g
Je cherche la quantité de rhum. Je multiplie 1000 × 6 = 6 000 et je divise par 600 :
6000 ÷ 600 = 10 cl [les deux opérations sont posées à côté en colonne.]
6 cl → 600 g
10 cl → 1 kg = 1000 g
Je cherche la quantité d'oeufs
Je multiplie 1000 × 12 = 12 000
et je divise 12 000 ÷ 600 = 20 oeufs
[Les deux opérations sont posées à côté en colonne.]
12 oeufs → 600 g
20 oeufs → 1 kg = 1000 g. »

Analyse : après une première phrase laissant penser que l'élève va s'engager dans une technique de type « coefficient de proportionnalité », les calculs permettant de déterminer les réponses sont des calculs correspondant à la mise en œuvre de la technique de type « produit en croix ».

REMARQUE

Vraisemblablement, quelqu'un a montré à l'élève cette technique qui relève du collège. Ici, elle est pourtant bien exécutée par cet élève, on l'acceptera en évitant toutefois de la mettre en avant lors de la mise en commun.

Élève E : « 1 kg = 1000 g. Je cherche la quantité de sucre. Je sais que 300 c'est la moitié de 600. Donc je cherche la moitié de 1000 et c'est 500.
La quantité de sucre dans 1 kg de farine est de 500 g de sucre. Je cherche la quantité de rhum. Dans 600 g de farine, il y a 6 cl de rhum. Donc dans 100 g de farine, il y a 1 cl de rhum. 100 × 10 = 1000 donc je fais 1 × 10 = 10.
La quantité de rhum dans 1 kg de farine est de 10 cl de rhum. Je cherche la quantité d'oeufs. Dans 600 g de farine, il y a 12 oeufs. 12 : 6 = 2. Donc dans 100 g de farine, il y a 2 oeufs. 2 × 10 = 20.
La quantité d'oeufs dans 1 kg de farine est de 20 oeufs. »

Analyse : pour le sucre, la technique est celle « coefficient de proportionnalité » ; pour le rhum et les œufs, c'est une technique de type « règle de trois ».

REMARQUE

On remarque sur cet exemple qu'un même élève peut utiliser des techniques différentes selon que les grandeurs sont de même nature ou non, ou selon la nature des rapports numériques (soit le rapport interne à une grandeur, soit le coefficient de proportionnalité).

3.2 Techniques relatives au type de tâches « déterminer si une situation est une situation de proportionnalité ou non »

Situation de proportionnalité

La technique 5 du chapitre « Fonctions, proportionnalité » §2.2 est accessible en primaire ; par exemple, si le nombre d'objets est multiplié par 2, respectivement par 4, etc., alors le prix est multiplié par 2, respectivement par 4, etc. La technique 6 (graphique) et la technique « le rapport entre chacune des valeurs de la première grandeur et les valeurs associées de la seconde est constant » relèvent du collège.

Situation de non-proportionnalité

La technique 8 du chapitre « Fonctions, proportionnalité » §2.2 (par exemple, si l'âge double, la taille ne double pas) peut être proposée ; la technique 9 relève du collège.

3.3 Techniques relatives au type de tâches « déterminer l'effectif d'une partie connaissant le pourcentage et l'effectif du tout »

Exemple

Exemple 2

Énoncé : « Sur 350 élèves, 40 % mangent à la cantine. Combien d'élèves mangent à la cantine ? »

Technique

La technique consiste à se représenter la tâche comme une situation de proportionnalité (à proportion fixée, l'effectif du sous-ensemble est proportionnel à l'effectif total), puis à calculer la quatrième proportionnelle, connaissant *t* % et *N*.
On est donc ramené au type de tâches précédent avec les techniques décrites ci-dessus.

Effectif du sous-ensemble	Effectif du total
t	100
?	N

Exemple de procédure d'élève :
« *Sur 100 élèves, 40 mangent à la cantine. Donc sur 300 élèves, 120 mangent à la cantine et sur 50 élèves, 20 y mangent. Donc sur 350, 140 élèves mangent à la cantine.* »

Analyse : tout d'abord l'élève reconnaît la situation de proportionnalité en donnant du sens à 40 %, puis, dans un premier temps, il met en œuvre (bien sûr sans la citer) la propriété multiplicative de linéarité en multipliant le nombre 40 par 3 (300 étant égal à 3 × 100), et en le divisant par 2 (50 étant égal à 100 : 2) ; et, dans un second temps, la propriété de linéarité additive : puisque 350 c'est 300 + 50, le résultat recherché est 120 + 20.

3.4 Techniques relatives au type de tâches « comparer des proportions »

Comparer des proportions revient d'un point de vue mathématique à comparer les coefficients de proportionnalité de deux (ou plusieurs) situations de proportionnalité de même « type », ce qui signifie que la première situation est une situation de proportionnalité entre une grandeur G et une grandeur H, la seconde aussi.

Par exemple, il s'agira de comparer si un mélange A eau-sucre (situation de proportionnalité entre un volume et une masse) est plus ou moins sucré qu'un mélange B (situation de proportionnalité pour un autre mélange).

Exemple

Exemple 3

Énoncé[1] : « Dans la bouteille A, je mets 4 verres d'eau et 2 morceaux de sucre. Dans la bouteille B, je mets 12 verres d'eau et 10 morceaux de sucre. » Quelle est la bouteille où l'eau est la plus sucrée ?

Technique 1

Calculer pour chaque situation de proportionnalité une quatrième proportionnelle, une des données étant la même pour chaque situation.	Analyse mathématique : l'énoncé présente deux situations de proportionnalité de même type entre une masse (de sucre) et un volume (d'eau), d'une part pour une bouteille A, d'autre part pour une bouteille B. Cette technique consiste à déterminer dans la situation A et dans la situation B le nombre de morceaux de sucre si on a un même volume (fictif). On prendra 12 verres d'eau, car 12 est multiple de 4. Une procédure possible est : « Si on a trois bouteilles de type A, on a trois fois plus d'eau et de sucre, c'est-à-dire 12 verres d'eau et 6 morceaux de sucre. Pour 12 verres d'eau, dans le mélange A on a 6 morceaux de sucre, dans le mélange B on a 10 morceaux de sucre. Le mélange B est plus sucré ». On voit que si on avait choisi de comparer les volumes à nombre de morceaux de sucre égaux (par exemple, pour 10 morceaux de sucre, 20 verres d'eau pour le mélange A et 12 pour le mélange B), il aurait fallu interpréter que le mélange le plus sucré est celui où il y a le moins d'eau.

1. Tiré de CHARNAY Roland *et al. Apprentissages numériques et résolution de problèmes. CM1*. Paris : Hatier 2005, p. 284-287.

Technique 2	
Comparer les deux nombres coefficients de proportionnalité, en les mettant éventuellement sous forme de pourcentages.	On calcule le coefficient de proportionnalité entre le volume et la masse pour chacun des deux mélanges. Pour le mélange A la proportion est $\frac{2}{4}$ morceaux sucre/verre eau (on prend comme unité de masse la masse d'un morceau de sucre, comme unité de volume celui d'un verre d'eau, on voit ici l'intérêt de choisir des unités appropriées au problème), pour le mélange B c'est $\frac{10}{12}$ morceaux sucre/verre eau. Il faut comparer les fractions $\frac{2}{4}$ et $\frac{10}{12}$. Cette technique n'est pas accessible sous cette forme à l'école primaire, la comparaison de fractions, la réduction de fractions au même dénominateur sont des compétences de collège même si, sur des exemples simples, on peut comparer des fractions à l'école primaire comme $\frac{6}{12}$ et $\frac{10}{12}$; on peut cependant avoir une procédure d'élève de primaire se référant à cette technique : « *pour le mélange A, le nombre de morceaux de sucre est la moitié du nombre de verres d'eau, pour le mélange B, le nombre de morceaux de sucre est plus grand que la moitié du nombre de verres d'eau, d'où le mélange B est plus sucré que le A* ».

4 Erreurs, difficultés

4.1 Difficultés liées à la modélisation de la situation (proportionnalité)

- Difficulté à reconnaître qu'il s'agisse d'une situation de proportionnalité ou pouvant se modéliser par une situation de proportionnalité ;

Exemple

Exemple 4

Calculs de prix : « sachant que 100 g de poisson coûtent 4 €, quels sont les prix des quantités suivantes de poisson : 200 g, 450 g, 75 g, 37 g ? »
La proportionnalité est ici implicite et s'appuie sur une convention sociale.

- difficulté à identifier les grandeurs qui sont en relation ;
- difficulté à trier les données associées à chacune des grandeurs en jeu, en particulier lorsque les deux grandeurs sont de même nature ;

Exemple

Dans l'exemple 1, il y a deux grandeurs (des masses) de même type, ceci nécessite un tri des données correspondant d'une part aux masses de sucre, d'autre part aux masses de farine ; de même dans les agrandissements-réductions, il faut distinguer les longueurs avant agrandissement et après agrandissement.

- surcharge lors de nombreuses relations de proportionnalité.

Exemple

Dans l'exemple 1, il y a dans ce type de recettes plusieurs relations de proportionnalité : nombre d'œufs/masse de farine, volume de rhum/masse de farine, masse de farine/masse de sucre…

4.2 Difficultés liées au choix et à la mise en œuvre d'une technique

- Erreur liée à la prégnance d'un modèle additif, conduisant l'élève à ajouter une même valeur aux deux grandeurs ;

Exemple

Exemple 5

Dans le cadre d'un travail sur les échelles, si 5 cm ont été ajoutés à la distance sur le papier, l'élève ajoute 5 km à la distance réelle.

Exemple

Exemple 1 suite

Élève A : « *300 g de sucre c'est la moitié de la quantité de farine* [flèche vers un cadre où 600 : 2 est posé en colonne] *1 kg = 1000 g de farine. Je cherche la quantité de sucre pour 1 kg de farine. De 600 pour arriver à 1000 g il y a 400 g de différence entre les deux. Je rajoute donc la différence à 300 g de sucre, se qui fait 700 g de sucre. Les quantités*

de sucre	*de rhum*	*d'oeufs*	*de farine*
300 g	*6 cl*	*12*	*600 g*
700 g	*40,6 cl*	*16*	*1000 g*

Je cherche la quantité de rhum qu'il faut dans 1 kg de farine. Je rajoute 400 cl à 6 cl qui me fait 40,6 cl. Je cherche le nombre d'oeufs qu'il y a pour 1 kg de farine. Je rajoute 4 oeufs à 12 se qui me fait 16 oeufs. »

Analyse : l'élève n'arrive pas à mettre en œuvre le modèle multiplicatif de la proportionnalité malgré une tentative au tout début. Il utilise ensuite un modèle additif « ajouter 400 » que ce soit des grammes ou des centilitres, en l'adaptant à la taille des nombres et à la « vraisemblance » du résultat puisqu'il ajoute 4 œufs et non 400. On peut faire l'hypothèse que le résultat 40,6 cL comme égal à 400 cL ajoutés à 6 cL n'est pas une erreur de calcul mais une rectification par contrôle sur la « vraisemblance » de la réponse, c'est-à-dire que l'élève cherche à donner des résultats cohérents avec la réalité.

- difficulté à identifier les relations de linéarité (multiplicative ou additive) entre les valeurs d'une même grandeur, soit mentalement, soit à l'aide d'une opération.

Exemple

Exemple 6

« 12 roses coûtent 18 €. Combien coûtent 8 roses ? »
Sur cet exemple, la mise en relation se fait pour les élèves de primaire en deux étapes : diviser par trois (prix de 4 roses) puis multiplier par 2 (prix de 8 roses) ; trouver ces deux étapes est difficile. Ce n'est qu'en collège que la nouvelle définition des fractions permettra de savoir que le nombre qui multiplié à 12 donne 8 est le nombre $\frac{8}{12}$.

- difficulté liée à la nature du coefficient de proportionnalité entre deux grandeurs de nature différente ; par exemple la vitesse est une grandeur-quotient, coefficient de proportionnalité entre une durée et une longueur (distance parcourue) ;

REMARQUE

La notion de grandeur-quotient est étudiée à partir de la classe de 4e, cependant des problèmes de vitesse sont données dès l'école primaire avec des données numériques permettant la mise en œuvre d'une des techniques de l'école primaire.

Exemple

Exemple 7

Problème de vitesse : « Un train roule toujours à la même vitesse. Il met 6 minutes pour parcourir 18 kilomètres. Quelle est la distance parcourue en 25 minutes ? » L'élève peut surmonter cette difficulté en mettant en œuvre l'une des techniques suivantes :

- une technique de type « passage à l'unité » dite « règle de trois » : en 1 min, le train parcourt une distance 6 fois plus petite, soit 3 km, en 25 min il parcourt une distance 25 fois plus grande, soit 75 km ;
- une technique de type « coefficient de proportionnalité » : 18 est le triple de 6, pour passer des mesures de durée en minutes à la distance en kilomètres, on multiplie par 3. La distance parcourue en 25 min est égale à 3 × 25 km, soit 75 km.

Exemple

Exemple 8

« Lors d'un cross, un élève a mis 15 min pour parcourir 2 km. Quelle est sa vitesse moyenne en km/h ? »
Dans cet exemple aussi, l'élève peut réussir en constatant que 15 min est égal à ¼ h, d'où en 1 h, la distance parcourue sera 4 fois plus grande, la vitesse est donc de 8 km/h.

- difficulté, dans les problèmes de comparaison de proportion, d'imaginer des valeurs « fictives » pour résoudre le problème ;

Exemple

Dans l'exemple 3, dans la technique 1, il est nécessaire d'imaginer que l'on peut considérer trois bouteilles d'un des mélanges eau-sucre.

- erreurs de calcul dans la mise en œuvre d'une technique, soit par non maîtrise des techniques opératoires de calcul (mental ou posé), soit par absence de connaissances sur les opérations portant sur des fractions (qui relèvent pour la plupart du collège).

Exemple

Dans l'exemple 6, un élève qui cherche à mettre en œuvre la règle de trois sur ce problème va devoir calculer le prix d'une rose (soit 18 € : 12) puis multiplier par 8. Sans l'aide d'une calculatrice, ce type de calcul peut être difficile en primaire en raison du quotient décimal non entier. L'élève peut toutefois observer par exemple que 18 € c'est 12 € + 6 € et que 6 c'est la moitié de 12 pour déduire qu'une rose coûte 1,5 €.

REMARQUE

On voit sur cet exemple qu'il est extrêmement important que les élèves disposent de plusieurs techniques, de telle sorte qu'ils puissent changer de technique en fonction des relations entre les nombres, s'ils sont bloqués par des difficultés ou par une impossibilité calculatoire dans la mise en œuvre d'une technique.

!

En conclusion : les **procédures personnelles** seront largement sollicitées et exploitées. Elles doivent être anticipées par le professeur. Les techniques les plus simples pour les élèves sont celles utilisant les propriétés de linéarité. Selon la situation, le **coefficient de proportionnalité** n'est pas toujours à la portée des élèves, on l'introduira en fin de cycle 3. Un usage exclusif d'une seule technique peut mener les élèves à des impasses calculatoires en l'absence de connaissances niveau collège.

5 Variables didactiques

L'étude des techniques, des difficultés des élèves permet de dégager des variables didactiques relatives aux différents types de tâches sur la proportionnalité :

- la situation de proportionnalité est explicite ou non ;
- les grandeurs sont de même nature ou non ;
- le nombre de valeurs à calculer ; en effet si le nombre est important, une procédure de type « calcul du coefficient de proportionnalité » sera plus efficace ;
- la nature du coefficient de proportionnalité : entier, inverse d'un entier (ce qui revient à diviser), rationnel, non rationnel (exemple le nombre π entre le diamètre et la longueur d'un cercle en 6e) ; dans le cas où il est entier, on peut introduire la notion de « visibilité » dans les tables et les répertoires mémorisés : il est plus facile de mettre en relation 7 et 21 que 7 et 84 (car 21 figure dans la table de multiplication usuelle de 7, c'est-à-dire de 1×7 à 9×7).
- les relations entre valeurs données d'une même grandeur : rapports internes, leur nature, leur « visibilité » dans les répertoires ; valeurs sommes de deux autres valeurs.

Exemple

Exemple 6 (suite)

Énoncé 6a : « 12 roses coûtent 18 €. Combien coûtent 8 roses ? »

Énoncé 6b : « 4 roses coûtent 11 €. Combien coûtent 8 roses ? »

Énoncé 6c : « 4 roses coûtent 11 €. Combien coûtent 64 roses ? »

Énoncé 6d : « 4 roses coûtent 8 €. Combien coûtent 11 roses ? »

Énoncé 6e : « 28 roses coûtent 56 €. Combien coûtent 2 roses ? »

Regardons comment ont été fixées les valeurs des variables didactiques :

dans ces cinq énoncés, les grandeurs ne sont pas de même nature (cardinal d'une collection et prix), la proportionnalité n'est pas explicite dans l'énoncé (mais les élèves qui auront déjà traité des situations de prix la reconnaîtront comme telle), il y a une seule valeur à calculer (un seul problème de quatrième proportionnelle).

Dans les trois premiers problèmes, le coefficient de proportionnalité est un rationnel décimal $\left(\frac{18}{12} \text{ et } \frac{11}{4}\right)$. Pour les deux derniers, c'est un entier (2) mais il est plus facile de l'identifier entre 4 et 8 qu'entre 28 et 56.

Les rapports internes (entre les nombres de roses) sont entiers (2 « visible » pour le 6b, et 16 « moins visible » pour le 6c) ou rationnels (non décimal pour le 6a mais son inverse est décimal). Pour le problème 6e, il s'agit de l'inverse d'un entier (diviser par 14), peu identifiable mentalement.

On voit bien sur ces exemples que selon les énoncés (ou plutôt selon les valeurs des variables didactiques), l'élève a intérêt à mettre en œuvre des techniques différentes en fonction de leur efficience.

31 Tableaux et graphiques à l'école

Cours et méthodes

Il est conseillé de lire le chapitre « L'outil tableur » avant ce chapitre.

Dans de nombreux domaines il est nécessaire de savoir organiser des données, de savoir les lire, les présenter, de façon à résoudre des problèmes, à diffuser de l'information sous forme synthétique.

1 Divers types d'organisation des données

Divers types d'organisation des données sont possibles dès l'école maternelle et seront travaillés tout au long de l'école dans des activités fonctionnelles, rituelles ou dans d'autres disciplines.

1.1 Les listes

La fonction des listes est une mise en mémoire de données. Les listes peuvent être ordonnées ou non. Lorsqu'il s'agit d'une liste ordonnée de tâches, il s'agit d'un algorithme.

Exemples

Faire la liste de ce que devra contenir le panier des courses, et celle des boîtes aux lettres dans la tournée d'un facteur.

1.2 Les classements

Les **classements** vont permettre de trouver un objet d'une famille ou un intrus en réalisant une partition d'un ensemble en sous-ensembles.

Exemple

Dans une classe de moyenne section, un jeu de type puzzle demande aux élèves de trouver rapidement un carré dans un lot d'une cinquantaine d'objets (comme les boîtes de matériel de formes). Cette recherche peut s'avérer fastidieuse, ce qui permet de motiver une activité de classement suivant la forme.

1.3 Les tableaux

- Les **tableaux à une entrée** : présentation de plusieurs listes.

Exemple

Dès la deuxième partie de l'année de petite section, on peut utiliser, pour la répartition en ateliers, des listes d'élèves présentées par tableaux de prénoms.

Groupe rouge	Groupe bleu	...
Chloë	Lucas	
Janaïna	Rania	
...	...	

- Les **tableaux à double-entrée.**

Ils seront introduits dans des activités fonctionnelles, lors de jeux. Il s'agira d'abord d'apprendre à les lire, puis au cycle 3, ils pourront être construits pour présenter des données, communiquer des résultats de mesure.

Exemple

En colonne, on met la liste des types de goûters, en ligne les jours scolaires de la semaine et on coche la case au croisement ligne-colonne correspondant au goûter de chaque jour.

- Certains tableaux, institutionnalisés comme outils dans la classe, incluent des relations implicites entre les lignes ou les colonnes : tableau de numération (CP...), tableaux de proportionnalité (au cycle 3, lorsqu'il y a de nombreuses données).

Quelques conseils didactiques pour l'utilisation des tableaux

- Il faut éviter que la présentation en tableau soit associée systématiquement à une situation de proportionnalité.
- Pour les conversions de mesure, les unités de mesure seront présentées en tableau pour faire apparaître les ordres successifs des unités, le tableau de conversion est un outil au programme de cycle 4 (voir chapitre « Grandeurs et mesures à l'école »).
- Les grandeurs proportionnelles dans un tableau de proportionnalité seront parfois en ligne et d'autres fois en colonne.

Pour les tableaux sur lesquels on souhaite se repérer, il existe deux types de repérages :

- Repérage des cases en affectant un codage (nombres, lettres, symboles) à chaque ligne et à chaque colonne, (*cf.* par exemple le tableau ci-dessous) ;

	♣	♠	♥	♦
A				
B				

- Repérage des « nœuds », points d'intersection d'une droite verticale et d'une droite horizontale ; dans ce cas, divers codages sont possibles dont le codage sous forme de repère cartésien (*cf.* ci-après).

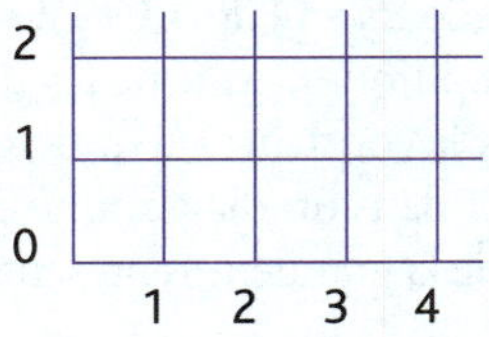

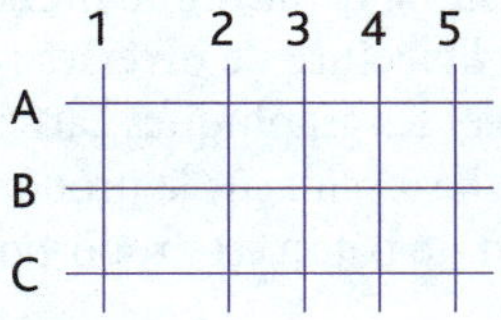

1.4 Les graphiques

Les représentations graphiques du type diagramme en bâtons et les graphiques cartésiens sont construits de la façon suivante : on se place dans un repère avec en abscisse les modalités d'un caractère ou les mesures d'une grandeur et en ordonnées les effectifs de cette modalité ou les mesures d'une autre grandeur liée à la première.

! Les diagrammes circulaires et histogrammes sont à utiliser avec précaution à l'école primaire car ce sont les aires qui sont proportionnelles aux grandeurs. Pour le diagramme circulaire, on utilise la mesure d'angles, ce qui n'est pas au programme de l'école primaire.

2 Progressivité des apprentissages

Dans les programmes 2018, le travail sur l'organisation des données est présent dans tous les thèmes, en liaison avec les autres domaines, en particulier « Questionner le monde ». On trouve dans le descriptif de la compétence « chercher » :
« *Prélever et organiser les informations nécessaires à la* ***résolution de problèmes*** *à partir de supports variés : textes, tableaux, diagrammes, graphiques, dessins, schémas, etc.* »

Cycle 2 : « *Exploiter des données numériques.*
Présenter et organiser des mesures sous forme de tableaux.
Modes de représentation de données numériques : tableaux, graphiques simples, etc. »

Cycle 3 : « *Prélever des données numériques à partir de supports variés. Produire des tableaux, diagrammes et graphiques organisant des données numériques. Exploiter et communiquer des résultats de mesures.*

Lire ou construire des représentations de données :
- *tableaux (en deux ou plusieurs colonnes, à double entrée) ;*
- *diagrammes en bâtons, circulaires ou semi-circulaires ;*
- *graphiques cartésiens.* »

Le travail de lecture se fera sur des données effectives, en géographie, en sciences, tout en veillant à ce que la lecture soit possible pour les élèves (pas de données en pourcentage avant de les avoir introduits) ; le travail de production se fera sur des cas simples ou en utilisant un tableur.

Ce qui prépare et ce qui est en relation

En maternelle les listes, les classements, les informations organisées sous forme de tableaux sont rencontrés. Des compétences spatiales sont aussi nécessaires pour se repérer dans un tableau (par exemple pour repérer la case au-dessus d'une case donnée).

Le travail sur la demi-droite numérique, sur les longueurs en CP et CE1 va préparer le travail sur la lecture de diverses représentations graphiques, comme les diagrammes en bâtons et les graphiques cartésiens. Le travail sur la construction de diagrammes en bâtons est lié à celui sur la proportionnalité ; en effet dans un diagramme en bâtons la longueur d'un bâton est proportionnelle à la valeur de la grandeur représentée.

3 Les outils et matériels, le vocabulaire

Les outils sont des tableaux vides ou pré-remplis par le professeur (certains en affichages de référence dans la classe : tableau de numération…), des quadrillages au sol dans la cour ou le gymnase, des graphiques issus de documents.
Le vocabulaire est celui des tableaux (case, ligne, colonne) et celui de la spatialité (la case à gauche de la case grisée, etc.), celui des graphiques (axes, échelle, coordonnées d'un point).

4 Difficultés, erreurs

- Difficultés de lecture :
  - pour un tableau à double entrée, difficulté à comprendre que les cases n'ont pas toutes le même « statut », certaines sont des cases « en-tête », celles en départ de ligne et de colonne, les autres demandent de croiser les informations ;
  - pour un tableau à double entrée, difficulté à coordonner une lecture en ligne et une lecture en colonne et changer de ligne ou de colonne en cours de lecture : en effet, l'élève doit, virtuellement ou à l'aide de ses doigts, se déplacer horizontalement et verticalement pour obtenir l'intersection de deux bandes ;
  - pour une représentation cartésienne : même type de difficulté de coordination pour rechercher un point dont on connaît les coordonnées ; on peut également observer des erreurs liées à la lecture sur les graduations (comprendre l'échelle, retrouver l'abscisse d'un point…). Par exemple lorsqu'entre deux nombres entiers consécutifs apparaissent quatre graduations créant cinq intervalles, l'élève risque d'interpréter la première comme correspondant à l'entier, la seconde comme correspondant à 0,1 alors qu'il s'agit de 0,2.
- Difficultés de codage : difficulté de choix d'un codage adapté au problème à résoudre, difficulté de placement dans le tableau à double entrée.
- Erreurs liées à la proportionnalité dans les calculs nécessaires à la construction de graphiques.
- Difficultés liées au vocabulaire : le mot « ligne » est polysémique, on parle d'un tableau à 5 lignes et 3 colonnes, mais le mot « ligne » peut aussi être compris dans son sens courant de droite mathématique, la « ligne » est alors graphiquement le trait qui sépare deux « lignes » ou deux colonnes d'un tableau.
- Difficultés pour lire des documents bruts, très denses, et avec des conventions que les élèves ne connaissent pas. Ce n'est qu'au CM que ces documents sont utilisables ; dans les classes qui précèdent, il faut simplifier les documents utilisés.

32 Utilisation des TICE[1] à l'école

Cours et méthodes

1 Introduction

Les outils sont principalement la calculatrice, l'ordinateur, la tablette ou le TBI. Quel que soit le matériel ou le type de logiciel utilisé (**tableur**, **calculatrice**[2] ou **logiciel de géométrie**), une phase d'appropriation est nécessaire pour les élèves ; ils pourront se constituer avec profit une fiche technique qu'ils rempliront avec un descriptif des fonctionnalités au fur et à mesure qu'ils les rencontreront.

Il est cependant évident que l'école primaire ne cherche pas à former des spécialistes de tel ou tel logiciel, logiciels qui seront probablement caduques lorsque les élèves seront en âge d'entrer dans la vie professionnelle. À l'école, les compétences numériques des élèves sont évaluées dans le cadre du socle commun de connaissances, de compétences et de culture conformément au livret scolaire unique (LSU)[3].

Dans le chapitre « L'outil tableur », on trouvera la description de cet outil.

La plupart des traitements de texte proposent des outils de dessin. Par ailleurs, il existe des **logiciels de dessin,** de géométrie dynamique libres[4] ou sous licence[5]. Un **logiciel de géométrie dynamique** est un logiciel de dessin de droites, points, cercles, etc., qui intègre de plus des relations géométriques. Par exemple, il permet de tracer la perpendiculaire à une droite donnée passant par un point donné, les points d'intersection de droites et de cercles, etc. Il est dynamique dans le sens où si l'on déplace un point, tous les objets liés à ce point par des relations s'adaptent à ce déplacement ; par exemple, la perpendiculaire à une droite en un point se déplace en conséquence lors du déplacement du point.

1. Technologies de l'Information et de la Communication pour l'Enseignement.

2. DOSSAT Luce, FROMENTIN Jean, HOUDEMENT Catherine *et al. Mathématiques École primaire. Document d'accompagnement des programmes 2002*. Paris : CNDP 2005, chapitre « Utiliser les calculatrices » [www2.cndp.fr/archivage/valid/68718/68718-10580-14939.pdf].

3. [www.education.gouv.fr/].

4. GeoGebra (pour le PE) [www.geogebra.org/cms/fr/], Declic [emmanuel.ostenne.free.fr/declic/index_.htm], apprenti-géomètre [www.crem.be/#/logiciels/1], CaRMetal [carmetal.org]…

5. Cabri II Plus [www.cabri.com/fr/].

Il existe des **logiciels spécifiques** à certains apprentissages, notamment des logiciels d'entraînement au calcul mental.

Les TICE (on rencontre aussi, principalement dans le primaire, le sigle TUIC[1]) sont un complément – et en aucun cas ne se substituent – aux autres supports (espace physique ordinaire, feuille de papier...). On inclut en général l'utilisation de la calculatrice dans les TICE.

Dans le livret scolaire unique (LSU) de l'élève du CP à la troisième, l'utilisation des outils numériques apparaît dans le domaine 2 « *Méthodes et outils pour apprendre* ».

Le **robot**[2] est un nouvel outil pédagogique proposé dans les programmes depuis 2016 en particulier dans les activités de repérage, de codage de déplacements. On verra dans le paragraphe 3 son intérêt didactique.

2 Progressivité des apprentissages

Les programmes de mathématiques de 2018 de cycle 3 précisent notamment :

« *Calcul instrumenté : utiliser une calculatrice pour trouver ou vérifier un résultat. Utiliser les fonctions de base de la calculatrice.* »

Une nouveauté du programme depuis 2016 est l'initiation à la programmation[3]. Les programmes ou repères de progression indiquent :

Cycle 2 : « *Dès le CE1, les élèves peuvent coder des déplacements à l'aide d'un logiciel de programmation adapté, ce qui les amènera au CE2 à la compréhension, et la production d'algorithmes simples.* »

Cycle 3 : « *initiation à la programmation notamment à travers la programmation de déplacements ou de construction de figures.* » Les repères de progression précisent : « *Au CM1 puis au CM2, les élèves apprennent à programmer le déplacement d'un personnage sur un écran. Ils commencent par compléter de tels programmes, puis ils apprennent à corriger un programme erroné. Enfin, ils créent eux-mêmes des programmes permettant d'obtenir des déplacements d'objets ou de personnages. Les instructions correspondent à des déplacements absolus (liés à l'environnement : "aller vers l'ouest", "aller vers la fenêtre") ou relatifs (liés au personnage : "tourner d'un quart de tour à gauche").* »

1. Techniques Usuelles de l'Information et de la Communication
2. Il existe un certain nombre d'expérimentations sur l'utilisation du robot en classe, que l'on pourra consulter sur le web comme par exemple sur le site : [www.robotsenclasse.ch].
3. Voir le document ressources sur l'initiation à la programmation sur le site eduscol, site que l'on consultera régulièrement.

3 Intérêts didactiques

Dans le cadre de l'utilisation d'un robot par exemple, l'élève peut être amené à **observer** et **décrire** des déplacements d'un robot mais aussi à **émettre des hypothèses** sur des déplacements élémentaires permettant de rejoindre un point B à partir d'un point A (en évitant éventuellement des obstacles) avant de **vérifier** son « programme de déplacement » à l'aide du robot. S'il a échoué, il peut modifier ses instructions à partir des essais effectués.

Le fait de pouvoir multiplier les observations en faisant varier les valeurs numériques à l'aide d'une calculatrice, la taille ou la position d'un figure avec un logiciel de géométrie dynamique offre la possibilité d'émettre ou de conforter des conjectures (et ceci avec un coût très limité pour un nombre important d'essais).

Les TICE permettent de décharger l'élève de tâches fastidieuses, chronophages ou mécaniques au profit de la réflexion, mais nécessite l'apprentissage de l'organisation de ses recherches et des traces qu'il faut en garder.

Les TICE permettent d'imposer des contraintes (en inactivant des touches sur une calculatrice par exemple), de limiter (en restreignant les outils disponibles dans le menu d'un logiciel de géométrie dynamique par exemple) ou d'étendre (grâce aux macros par exemple dans un logiciel de géométrie dynamique ou un tableur) les fonctionnalités des outils et techniques disponibles ; en effectuant ces choix, l'enseignant influe sur les procédures des élèves. Ces paramétrages de logiciels ou calculatrice constituent alors de véritables variables didactiques.

Il est aussi possible de mémoriser la session de travail (affichages successifs des différentes étapes de la construction ou du calcul) ce qui permet à l'enseignant de garder trace du cheminement de l'élève.

Dans le cadre de l'utilisation d'un logiciel de géométrie dynamique[1], par la mobilisation des outils via les menus, apparaît la nécessité d'employer un vocabulaire précis ; cela constitue, en géométrie, un intermédiaire pertinent entre le tracé de la figure et son programme de construction ; certains logiciels permettent d'ailleurs d'afficher sous forme simplifiée le programme de construction. De même, les affichages des « info-bulles » dits « escamots » est didactiquement très intéressant ; cela agit comme de multiples formulations et mobilisations du lexique correspondant, chaque fois que l'élève envisage d'utiliser un outil (à condition toutefois que le lexique affiché corresponde à celui utilisé en classe). Le fait d'obtenir des figures soignées bien tracées qu'on peut imprimer peut être une médiation provisoire pour les élèves maladroits ou peu soigneux ou en difficulté avec l'utilisation des outils réels de géométrie (comme l'équerre par exemple).

1. Le professeur pourra utiliser un logiciel de géométrie dynamique dès l'école primaire, mais sans évaluer les élèves dans l'utilisation de cet outil, cette évaluation relève de la 6e.

4 Calculatrices

Les différents types de tâches que l'on peut réaliser et l'intérêt de la calculatrice

- **rechercher/explorer :** l'élève aborde des notions mathématiques nouvelles ou les travaille sous un angle qu'il ne connaît pas encore ou apprend à chercher un problème ; la calculatrice permet de découvrir, de conjecturer, de produire et d'effectuer des calculs à interpréter.

Exemples

- La calculatrice peut elle-même être source d'activités de résolution de problèmes ; par exemple au CE1, pour travailler la numération, on demande d'« afficher 34 puis 44, 54, 64 sans effacer » (voir chapitre « Calculs à l'école » §1) ; la procédure de l'élève est validée instantanément par l'affichage de la calculatrice.
- Autre exemple[1] au CM : problème dit de la « calculatrice cassée » : « Avec la calculatrice, on ne peut utiliser que les touches [+], [×], [=] et 2. On affiche au départ le nombre 18. Sans effacer ni éteindre, comment peut-on atteindre le nombre 330, en utilisant le moins possible de calculs ? » Ici, il s'agit d'utiliser la calculatrice comme un outil d'exploration en expérimentant différentes solutions pour en tirer des conclusions sur la plus économique, en tenant compte de plusieurs contraintes, en prenant des initiatives et en étant critique vis-à-vis de son travail.
- Explorer en CM dans le cas d'un problème ouvert : les élèves doivent rechercher trois nombres entiers dont le produit est 1001, aucun des nombres n'est égal à 1. Il s'agit bien d'un problème ouvert : l'énoncé est court, n'induit ni la réponse ni la méthode et se situe dans un domaine conceptuel (la multiplication d'entiers) avec lequel les élèves ont assez de familiarité. L'utilisation de la calculatrice permet d'alléger la tâche de calcul de l'élève et favorise une procédure par essais successifs ; l'élève prend aussi conscience de la nécessité d'élaborer une trace écrite au fur et à mesure pour mieux organiser sa recherche.

- **approfondir/conceptualiser :** l'élève approfondit des notions mathématiques déjà abordées afin d'améliorer sa compréhension du concept ou de la technique utilisés. C'est aussi l'occasion d'aiguiser son sens critique vis-à-vis des données de la calculatrice.

Exemples

- Au cycle 2, les élèves vont découvrir que la soustraction permet de résoudre des problèmes qui évoquent une augmentation lorsque la question posée porte sur la quantité de départ. Il s'agit d'une nouvelle signification de la soustraction et, selon la typologie de Vergnaud, qui relève de la recherche de l'état initial avec transformation positive dans une situation de transformation d'état. Prenons l'énoncé : « Elio vient de me donner 127 timbres, maintenant j'ai 703 timbres dans ma collection. Combien en avais-je avant ? ». Les procédures autres que la soustraction (additions à trou, schéma, comptage,...) seront laborieuses et source d'erreurs pour les élèves de CE1 et parmi toutes les procédures possibles, la seule qui puisse être instrumentée est la soustraction. Le recours

1. DOSSAT Luce, FROMENTIN Jean, HOUDEMENT Catherine *et al. Mathématiques École primaire. Document d'accompagnement des programmes 2002.* Paris : CNDP 2005, chapitre « Utiliser les calculatrices » [www2.cndp.fr/archivage/valid/68718/68718-10580-14939.pdf]

Exemples (suite)

à la calculatrice va donc permettre aux élèves de découvrir la soustraction comme outil expert de résolution. On retrouve ce type de situations dans le livre ERMEL[1] lorsqu'il s'agit de construire l'équivalence entre « b pour aller à a » et « $a - b$ » ; sont ainsi proposés aux élèves des calculs du type 4376 + ? = 9052, que ceux-ci doivent résoudre en utilisant la calculatrice. En faisant des essais, ou des bonds successifs, la démarche est fastidieuse mais en calculant la différence 9052 – 4376 elle s'avère très rapide.

- En cycle 3, pour redonner du sens à la multiplication, l'enseignant demande aux élèves d'effectuer à la calculatrice le produit 255 × 8 sans utiliser la touche [×]. Un élève peut ainsi transformer l'écriture multiplicative en faisant appel à l'addition réitérée (255 + 255 + 255 + 255 + 255 + 255 + 255 + 255) ou à la propriété de distributivité de la multiplication par rapport à la soustraction ou l'addition.
- En CM : pour travailler sur les propriétés des opérations, l'enseignant demande de calculer 2 345 678 × 987 654 . Ce calcul dépasse la capacité de la calculatrice, le résultat ne pourra pas être obtenu directement, ceci permettra aux élèves d'utiliser les propriétés dans un contexte différent. Un élève peut par exemple utiliser la décomposition (2345 × 987654) × 1000 + (678 × 987654), il utilisera la calculatrice pour effectuer (2345 × 987654) et (678 × 987654), la multiplication par 1000 et l'addition seront faites à la main.

- **exécuter** : la machine peut exécuter des tâches inaccessibles à un moment de l'apprentissage, fastidieuses, longues ou répétitives ;

Exemple

En CP (avant la technique de l'addition posée), les élèves doivent réunir deux collections, l'une de 35 éléments, l'autre de 87 éléments et anticiper combien d'éléments comporte la réunion. L'objectif est qu'ils reconnaissent une situation additive. Cependant les élèves voudront savoir quel est le résultat de 35 + 87 (fastidieux avec du matériel, difficile par calcul à ce moment-là). La calculatrice permettra de donner le résultat. Si on avait donné des nombres plus petits dans le domaine de calcul des élèves, par exemple 17 et 5, les élèves auraient pu se passer de l'addition en surcomptant dans leur tête ou en faisant des dessins et en recomptant.

- **vérifier** : la calculatrice permet de vérifier une estimation ou un calcul effectué à l'aide d'une autre technique (calcul mental, calcul posé…).

1. CHARNAY Roland et al. *Apprentissages numériques et résolution de problèmes. CE2*, Paris : Hatier 2005, p. 118.

5 Exemple d'utilisation de logiciel de géométrie dynamique

Exemple

Dans le chapitre « Géométrie plane à l'école », une situation de recherche de la plus courte distance d'un point à une droite est présentée, en proposant d'utiliser un logiciel de géométrie dynamique. Les élèves doivent conjecturer que la plus courte distance entre le point fixé et un des points de la droite semble être atteinte lorsqu'on trace la perpendiculaire à la droite passant par le point.

Ci-dessous une présentation séquentielle des diverses étapes (figures réduites).

<table>
<tr><td>Tracé de la droite d et du point A (données initiales)</td><td>Placement d'un point M mobile sur la droite d (on va pouvoir le bouger)</td><td colspan="2">Mesure de la distance de A à M</td></tr>
<tr><td>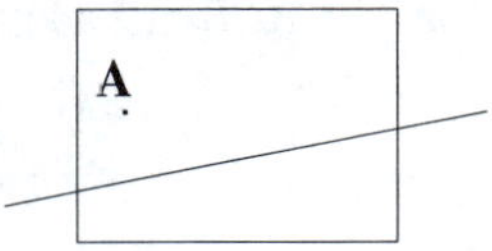
</td><td>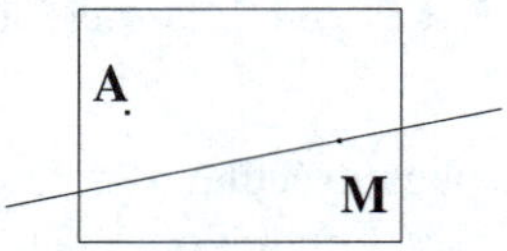
</td><td colspan="2">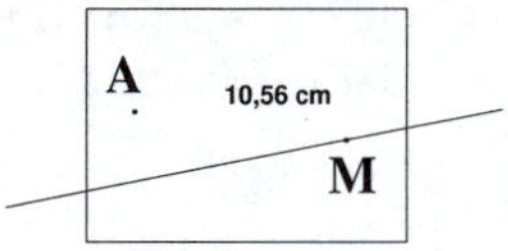
</td></tr>
<tr><td colspan="4">Divers écrans en faisant glisser le point M sur la droite d, dernier écran : position expérimentale du minimum.
Avec la plupart des logiciels, pour déplacer un objet, on clique sur un bouton (symbole flèche, main), sur l'objet que l'on veut déplacer, puis on fait glisser avec la souris</td></tr>
<tr><td>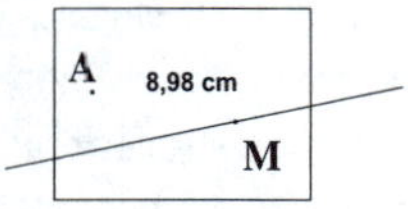
</td><td>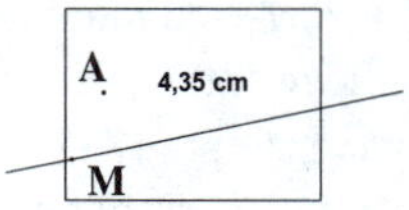
</td><td>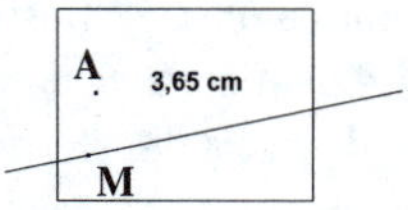
</td><td>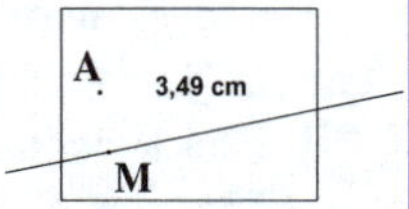
</td></tr>
<tr><td colspan="2">Vérification expérimentale de la conjecture par tracé de la perpendiculaire à la droite d en A</td><td colspan="2">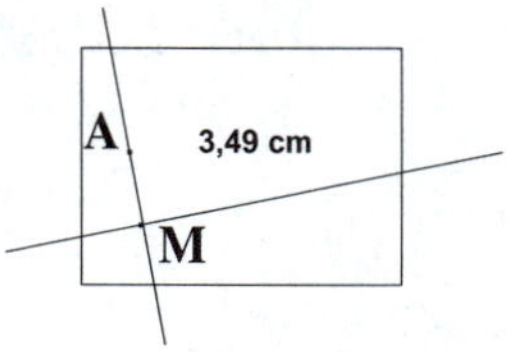
</td></tr>
</table>

80168 - (I) - OSB 80° - 267 - BPA - GCR

JOUVE
1, rue du Docteur Sauvé, 53100 MAYENNE
N° 2916360T
Dépôt légal : août 2019

Imprimé en France